［意］斯特凡诺·伊那马◎著

海关总署关税征管司◎译

国际贸易中的原产地规则

RULES OF ORIGIN IN INTERNATIONAL TRADE

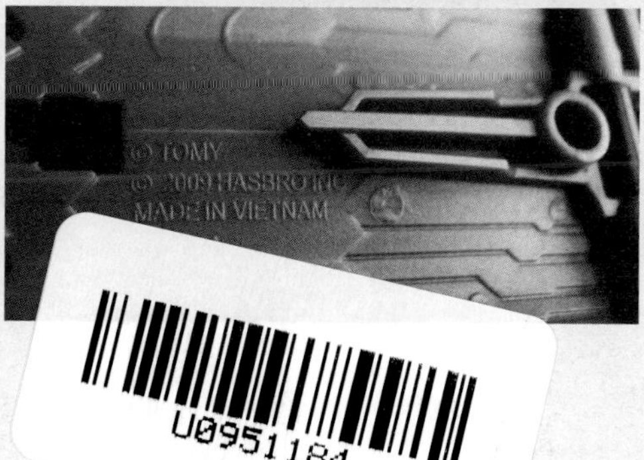

CAMBRIDGE

中国海关出版社

图书在版编目（CIP）数据

国际贸易中的原产地规则 /（意）伊那马著；海关总署关税征管司译.
—北京：中国海关出版社，2012. 10
ISBN 978-7-80165-896-8

Ⅰ. ①国… Ⅱ. ①伊… ②海… Ⅲ. ①原产地规则--研究 Ⅳ. ①D996

中国版本图书馆 CIP 数据核字（2012）第 191253 号

北京市版权局著作权合同登记号：图字：01-2012-7330

国 际 贸 易 中 的 原 产 地 规 则

GUOJI MAOYI ZHONG DE YUANCHANDI GUIZE

作　　者：［意］斯特凡诺·伊那马著，海关总署关税征管司译
责任编辑：黄华莉
出版发行：中国海关出版社
社　　址：北京市朝阳区东四环南路甲 1 号　　邮政编码：100023
网　　址：www. hgcbs. com. cn；www. hgbookvip. com
编 辑 部：01065194242-7531（电话）　　01065194231（传真）
发 行 部：01065194221/4238/4246（电话）　　01065194233（传真）
社办书店：01065195616（电话）　　01065195127（传真）
北京市建国门内大街 6 号海关总署东配楼一层
印　　刷：北京铭成印刷有限公司　　经　　销：新华书店
开　　本：710mm × 1000mm　1/16
印　　张：32. 75　　字　　数：640 千字
版　　次：2012 年 10 月第 1 版
印　　次：2012 年 10 月第 1 次印刷
书　　号：ISBN 978-7-80165-896-8
定　　价：60. 00 元

中译本序

近年来，全球经济形势复杂多变，受国际金融危机和欧债危机拖累，世界经济增长乏力，今年经济下行压力和不确定性加大；WTO 多哈回合谈判受阻，贸易保护主义盛行，国际贸易体系面临严峻挑战。为了应对这一局面，越来越多的国家选择通过双边或次多边合作，加速区域经济一体化进程，以消除壁垒，增强竞争力，达到优化资源配置、扩大贸易和发展经济的目的。同时，随着国际竞争的加剧，各国采取的贸易救济措施频仍。在此大背景下，自由贸易区和区域贸易安排等国际贸易制度框架如雨后春笋般蓬勃发展，传统上被视为海关三大技术之一的原产地规则，越来越多地被应用于各种贸易政策工具之中。在国际贸易中，如何通过原产地规则的制定和实施，既切实维护和保障本国正当的经济商业利益，又促进贸易便利化，防止原产地规则沦为新的贸易壁垒，已成为各国政府和商界共同关注的重要课题。

随着我国自贸区战略不断向前推进，原产地规则作为实施国家贸易政策的配套工具和区域贸易安排的重要组成部分，越来越受到我国社会各界的关注。但是，原产地规则技术性强，且与贸易政策、税收政策和产业政策关联度高，国内相关专业著述十分匮乏。海关总署作为我国进出口货物原产地职能管理部门，以普及和传播原产地规则知识为己任，继 2011 年出版海关第一本系统介绍原产地规则的《原产地知识普及读物》之后，组织专家翻译出版国际知名原产地规则专家斯特凡诺·伊那马（Stefano Inama）所著的《国际贸易中的原产地规则》，填补了我国原产地规则引进著作的空白，丰富了原产地规则典籍。

《国际贸易中的原产地规则》一书倾注了作者 20 年来对原产地规则学术研究与实践和对发展中国家技术援助的热情和心血。该书通过多学科视角，抽丝剥茧式地对原产地规则与贸易政策、经济学之间的关系进行分析，深入浅出地对原产地规则的各个方面，包括多边原产地规则的发展历程和方向、世界上主流原产地规则体系、原产地规则的经济原理和效应及原产地规则的制定与管理实践进行了探讨，为读者更好地了解原产地规则及其影响提供了指南，是国际原产地规则研究领域的集大成之作。在海关总署的精心组织下，各位专家经过近两年的艰苦努力，深耕勤耘，力求在译文中最大限度地忠实展现作者论述的原意，把作者的研究成果奉献给读者。

值本书中文版付梓之际，我谨向在本书翻译中付出辛劳的各位专家，向在海关原产地工作岗位上恪尽职守的同志们表示由衷的感谢和诚挚的敬意。“集大成也者，金声而玉振。”我相信，本书中文版的出版，必将有助于我国海关及相关部门拓展国际视野，剔除门户之见，学习和借鉴国外先进的原产地管理理念和经验，不断完善我国原产地管理制度；必将有助于产业界、贸易界和学术界更全面深入地了解原产地规则，从而为我国在经济全球化时代进一步提高对外开放水平和参与国际竞争能力作出新的贡献。

是为中译本序。

海关总署副署长

【内容简介】本书在多学科视野下对原产地规则的各个方面进行了探讨。本书首次对已经持续10余年的《世界贸易组织（WTO）原产地规则协定》下非优惠原产地规则谈判的状况及其对WTO其他协定可能产生的影响进行了全面评述。本书论述的范围广泛，不仅涉及诸如普惠制（GSP）、《除武器以外的产品倡议》（EBA）、《非洲增长与机遇法案》（AGOA）等单边贸易工具下的优惠原产地规则，而且涉及自由贸易区的优惠原产地规则。伊那马（Inama）对美国和欧共体（EC）在发展《北美自由贸易协定》（NAFTA）和泛欧原产地规则方面的经验进行了分析。他还对南半球的主要区域贸易协议进行了比较和探讨，其中包括南锥体共同市场（Mercosur）、东南亚国家联盟（ASEAN）、中国—东盟自由贸易区、东部和南部非洲共同市场、东非共同体，以及南部非洲发展共同体与欧盟所进行的伙伴关系协议谈判等。本书对不同体系的原产地规则的演变、原产地规则经济学，以及拟订原产地规则（包括拟订产品特定原产地规则的方法）的技术方案进行了探讨。

【作者简介】斯特凡诺·伊那马（Stefano Inama）是联合国贸易与发展会议项目管理人及贸易与海关事务高级专家。他为各国政府、私营企业和区域贸易组织秘书处提供原产地规则谈判方面的各种建议，并且应邀定期在意大利米兰博科尼大学、美国纽约哥伦比亚大学等高等学府及各个国际组织就贸易问题发表演讲。

目　录

图　例

表　格

缩略语

缩略语	定义
ACFTA	中国—东盟自由贸易区
ACP	非洲、加勒比和太平洋（简称“非加太”）
AD	反倾销
ADA	《反倾销协定》
AFIS	反欺诈信息系统
AFTA	东盟自由贸易区
AGOA	《非洲增长与机遇法案》
ALADI	拉丁美洲一体化协会
ARO	《原产地规则协定》
ASCM	《补贴与反补贴措施协定》
ASEAN	东南亚国家联盟（简称“东盟”）
ATC	《纺织品与服装协定》
BTN	《布鲁塞尔税则目录》
CACM	中美洲共同市场
CAFTA	中美洲自由贸易区
CAFTA - DR	中美洲—多米尼加共和国自由贸易区
CARICOM	加勒比共同市场
CBI	《加勒比海盆地倡议》
CBP	海关与边境保护局（美国）
CC	章改变
CCC	《欧共体海关法典》
CC Committee	海关合作委员会
CCCN	《海关合作理事会税则目录》

缩略语	定义
CCRA	加拿大海关及税务署
CEEC	中欧及东欧国家
CEFTA	《中欧自由贸易协定》
CEPT	共同有效优惠关税方案
CIF	成本、保险费加运费
CIS	海关信息系统
CITA	《纺织品协定》执行委员会
COMESA	东部和南部非洲共同市场
CPA	《科托努伙伴关系协定》
CRO	原产地规则委员会
CTC	税则归类改变
CTH	品目改变
CTHS	拆分品目改变
CTSH	子目改变
CTSHS	拆分子目改变
CUSFTA	美国加拿大自由贸易区
DC	发展中国家
DFQF	免关税免配额（倡议）
DRAM	动态读写存贮器
DSU	争端解决谅解
DTI	工业贸易部
EAC	东部非洲共同体
EBA	《除武器以外的产品倡议》
EC	欧洲共同体（简称“欧共体”）
ECJ	欧洲法院
ECSC	欧洲煤钢共同体
EEA	欧洲经济区
EEC	欧洲经济共同体
EEZ	专属经济区
EFTA	欧洲自由贸易区

缩略语	定义
EPA	《经济伙伴关系协定》
EPROM	可编程只读存储器
ESA	东部和南部非洲
EWS – C	关税预警系统
EWS – E	国内税预警系统
FAO	粮食与农业组织（简称“粮农组织”）
FDI	外国直接投资
FOB	船上交货价格（又称“离岸价格”）
FPA	《渔业伙伴关系协定》
FTA	自由贸易区
GAAP	公认会计原则
GATT	《关税与贸易总协定》（简称《关贸总协定》）
GC	总理事会
GIR	归类总规则
GPT	普惠关税
GSP	普惠制
HIC	高收入国家
HRO	协调原产地规则
HS	《协调制度》
HTS	《协调税则》
HTSUS	《美国协调税则》
HWP	协调工作计划
ISIC	《国际产业标准分类目录》
LDC	最不发达国家
LDCT	最不发达国家税率
MARUSR	海事监管

缩略语	定义
MFN	最惠国
MMTZ	马拉维、莫桑比克、坦桑尼亚和赞比亚
NAFTA	《北美自由贸易协定》
OCT	海外国家和领土
OCU	操作控制部件
ODI	海外开发学院
OECD	经济合作与发展组织（简称“经合组织”）
OJ	欧盟《官方公报》
OLAF	欧盟反欺诈办公室
QUAD	四方集团（欧共体、美国、日本和加拿大）
RBM	活页机制
RMG	成衣
RTA	区域贸易协议
RVC	区域价值成分
SAARC	南亚区域合作联盟
SACU	南部非洲关税同盟
SADC	南部非洲发展共同体
SME	平方米当量
SPS	卫生与植物卫生
SSA	撒哈拉以南非洲国家
TAXUD	国内税与关税同盟总司（欧盟委员会）
TCRO	原产地规则技术委员会
TDCA	《贸易与发展合作协定》
TRIP	《与贸易相关的知识产权协定》
UNCTAD	联合国贸易与发展会议

缩略语	定义
UNIDO	联合国工业发展组织
URAA	乌拉圭回合协定法案
USTR	美国贸易代表
VAR	增值规则
WAEMU	西非经济与货币联盟
WCO	世界海关组织
WITS	世界贸易整合解决方案
WTO	世界贸易组织

前　　言

值此撰写本书前言之际，我的思绪回到了上世纪 80 年代后期。当时随着“亚洲四小龙”出口猛增及欧共体和美国贸易防护机制的抬头，引发了关于原产地规则的技术话题。该话题主要涉及针对上述贸易防护机制的所谓规避行为。其中，受到反倾销调查影响的生产商将某些制造或加工工序转移到临近国家，或者直接转移到出口国。此举在欧盟和美国原产地调查结果面前效果尽失。欧美的原产地调查结果显示，从临近国家出口的产品，或者在其境内制造的产品，实际上仅进行了微小制造或加工，因而这些产品与被征收反倾销税的产品在原产地上并无二致。

自那一时期起，原产地规则开始占据新闻报道的头条。贸易界和反倾销律师们突然对原产地话题产生了兴趣。我很快意识到原产地规则之所以成为这场争论的一个理想话题，是因为这些规则在其技术性的、隐晦的细节掩饰下，为武断的或随意的做法提供了依据。早期原产地规则条款寥寥可数。几乎没有任何国际规则、公约或者多边工具能够为最初的这些争论提供指南。

各国政府在这一方面迟缓的反应再一次证明商业发展永远快过规则制定。简单地说，在国际贸易法领域，原产地规则从某种程度上看依然是一片“无人区”。

除了《京都公约》之外，国际上把原产地规则引入多边轨道的首次尝试是在联合国贸易与发展会议的领导下进行的。联合国贸易与发展会议于上世纪 70 年代初成立了普惠制原产地规则工作组，虽然未取得很大成果，但是许多有益的技术性工作得以开展。大约 20 年后，世界贸易组织《原产地规则协定》启动了非优惠原产地规则协调工作计划，许多卓有成效的技术性工作再次得以开展。尽管这些技术性工作已经结束，但是，截至本书成稿之日，最终的协议仍未达成。

我有幸能够有机会揭示原产地规则的多学科性质。在撰写本书时，我特意从不同的角度进行探讨。本书的第二个重要特点和我个人的职业生涯有关，它凝聚了我 20 年以来在该领域开展学术研究和对发展中国家开展技术援助所获得的经验。本书中许多材料来源于这些经验。在本书的撰写过程中，我一直注意使它保持一定程度的实用性，为读者理解原产地规则及其影响提供一个具备多学科视野的工具。

本书所表达的观点纯属我的个人观点，并不代表联合国贸易与发展会议或其他任何联合国机构的观点。

斯特凡诺·伊那马

2008 年 6 月

第一章

构建多边规则的努力

一直以来，原产地规则更多地被视为一项海关技术，与贸易和经济政策毫不相干。然而，原产地不仅对于贸易政策，而且对于规范将产品卖到最终消费者手上的国内市场交易秩序，都具有十分深远的影响。传统观念上，也许不会把原产地标记、地理命名相关事项或者“国内产业”的定义与仅仅作为边境监管工具的原产地直接联系在一起。只有在把原产地规则（一种“辅助性贸易政策工具”）与主要贸易政策工具，如关税、应急保护措施及贸易优惠等联系在一起时，其相关性才能充分体现。

人们通常把原产地规则与优惠贸易体制联系在一起，因为满足原产地标准是适用优惠关税的一项前提条件。非优惠原产地规则适用于不享受关税优惠或其他贸易优惠的贸易活动。非优惠和优惠原产地规则之间的主要区别之一，在于前者往往要穷举确定原产地的方法。对于优惠原产地规则，如果达不到原产地标准，就不能适用优惠关税。除非有两个以上缔约方涉及优惠关税待遇①，否则，通常没有必要借助别的方法得出原产地的结果。对于非优惠原产地规则，即便达不到主要的原产地标准，仍应有办法确定货物的原产地，以便对贸易政策措施进行管理。因此，当主规则无法满足时，应当根据其他规则确定原产地，因为海关必须确定货物产自何处。此时，用于确定原产地的此类辅助规则，通常被称为“补遗规则”。

传统上，国际贸易中的货物原产地被视为海关管理的手段之一，与通过诸如大英帝国等殖民纽带②给予的优惠关税安排息息相关。起初，关税优惠的给予是以遵守原产地规则为条件的，这些原产地规则要求通常以增值标准为基础。

上述原则的一个引人注目的例外是美国的原产地规则。基于不同的历史背景，最初与美国的原产地规则相关联的是原产地标记③，而不是优惠关税待遇的给予。正如下文提到的，这种差别对美国立法中原产地概念的演变具有直接影响。

在最初的《关税与贸易总协定》（GATT）谈判中，原产地规则问题并未引起太多的关注（与之相反，由于美国的影响，原产地标记被写入《关税与贸易总协定》第9条）。相反，在1947年举行的筹备委员会第1次会议上，一个分委会认为：“应当明确，为了适用最惠国待遇（MFN）条款，依照其法律确定货物是

---

① 例如，当自由贸易区缔约各方具有不同的分阶段降税方案，或者在诸如欧共体普惠制的单边优惠方案中，准予在由最不发达国家和非最不发达国家的发展中国家组成的区域集团内进行区域累积时，这种情况就会出现。在上述情况下，以及当两个或两个以上国家参与最终产品的制造过程，而这些最终产品随后将出口到给惠国时，为了适用不同的优惠关税，需要借助“补遗”规则在上述受惠国中间指定原产地。可参见《全球化与国际贸易体系：原产地规则相关问题》，联合国贸易与发展会议 ITCD/TSB/2，1998年3月24日。

② 参见1919年《联合王国财政法案》。

③ 参见1890年《关税法案》第1244章第6段，第26卷第567页、第613页。

否确实产自某一特定国家，属于各个进口成员方的管辖范围。”① 直到后来——1951 年及 1952 年②——才有了协调原产地规则的首次尝试（没有成功）。

最初的《关税与贸易总协定》对原产地规则问题缺乏关注，很可能是因为起草者专注于创设无条件的最惠国待遇原则并将其包含在第 1 条中。在全世界均适用最惠国待遇的情况下，没有必要对货物的原产地进行检查。这就意味着，作为一个一般概念，原产地是带着歧视性倾向进入世界贸易领域的：无论何时，只要有歧视性措施存在，就需要确定原产地③。

除了早期《关税与贸易总协定》框架下的这些讨论以外，建立协调优惠原产地规则的最早尝试之一是由联合国贸易与发展会议（UNCTAD）在进行与普惠制有关的讨论时作出的。事实上，联合国贸易与发展会议的成员方在讨论建立普惠制时，认识到有必要在多边和制度层面检视“原产地”的问题④。然而，规则的优惠性质、政策目标，以及普惠制的单边特性不允许拟订一套单一的普惠制原产地规则。在第一轮谈判结束时，给惠国选择保留各自的原产地制度，在作出某些调整后将其扩大适用于普惠制。30 多年后，尽管最惠国税率普遍降低，给惠国仍然不愿意在多边层面就 2005 年世界贸易组织香港部长级会议上发起的“免关税免配额”（DFQF）倡议项下的原产地规则进行讨论。

1973 年，在《京都公约》谈判期间，在多边纪律缺失的情况下，各方作出了编撰和充实原产地一般概念的努力⑤。然而，该公约的附约 DI 仅包含了指引，

① 参见 PCT/174，第 3 ~4 页。

② 例如，参见 1951 年《关于海关对货样及广告材料的处理、货物进口的单证要求及领事手续：国际商会的决议的报告》（GATT/CP6/36，1951 年 10 月 24 日通过，II/210）和 1952 年《关于进口单证要求、领事手续、海关估价、进口货物的国籍及数量限制相关手续的报告》（G/28，1952 年 11 月 7 日通过，15/100）。

③ 但是，这种观点并不能完全解释为何在《关税与贸易总协定》第 6 条关于反倾销的框架下认为确定原产地是没有必要的，尽管在该协定第一段（二）2 清晰地提到了原产地生产成本的情况。

④ 关于联合国贸易与发展会议原产地规则工作组 1967 年至 1995 年的工作和进展情况综述，参见《联合国贸易与发展会议普惠制原产地规则工作组及历次会议工作及分析简编》第一部分（联合国贸易与发展会议/ITD/GSP/34，1996 年 2 月 21 日）。同时参见 S. Inama：《根据〈乌拉圭回合协议〉对优惠和非优惠原产地规则普遍制度的比较分析：协调或进一步分化的可能途径》，《世界贸易期刊》第 29 卷第 1 期，1995 年 2 月。

⑤ 《京都公约》（全称为《关于简化和协调海关业务制度的国际公约》），1974 年在京都举行的海关合作理事会第 41/42 次会议上获得通过。实质上，附约 DI 并未制定即可使用的原产地规则。尽管对于“完全在一国生产”的产品标准已足够准确，但是，对于“两个或两个以上国家参与生产时的实质性改变标准”，除了列举可以解读实质性改变的三种不同方法之外，并未作进一步明确。上述三种方法包括税目改变、从价百分比规则及特定制造或加工工序。参见朝仓弘教：《〈协调制度〉与原产地规则》，《世界贸易期刊》第 27 卷第 4 期，1993 年 8 月。

规定得不够详细，这样就使各成员方可以自由选择其他不同的原产地确定方法。由于协调程度较低，加之实际上仅有为数不多的国家批准了该附约，这就意味着该附约只能用作各国确定原产地的一般性指引。

在多边层面进行原产地规则协调，甚至是确定有效的原产地评定方法的收效甚微，这与1979年东京回合达成的《海关估价守则》，以及1988年在海关合作理事会主持下达成并施行的《商品名称及编码协调制度的国际公约》形成了对照。由此，直到达成乌拉圭回合协定之前，原产地规则依然是各国实施的三种海关基本法中唯一不受多边纪律约束的一种。

第一节 “实质性改变”的概念和在多边层面对其进行界定的首次尝试：1973年和2000年《京都公约》

“确定原产地的规则采用两种基本标准：在某一特定国家‘完全生产’货物的标准，即赋予原产地时只有一个国家是需要考虑的；‘实质性改变标准’，即有两个或两个以上国家参与了货物的生产。‘完全生产’标准主要适用于‘天然’产物和完全由天然产物制成的产品。因此，含有进口的或原产地不明的零件或材料的货物不包括在此适用范围之内。‘实质性改变’标准在其实施上可以用各种不同方法加以表述。”（摘自1973年《京都公约》序言）

实质性改变/充分制造或加工

作为一项一般性定义，在一个国家完全或部分使用进口材料、零件或部件（包括原产地不明的材料、零件或部件）制成的货物视为原产于该国，只要这些材料、零件或部件经过了“实质性改变”或者“充分制造或加工”。

在不同的多边条文或国内规定中，“实质性改变”或“充分制造或加工”的一般性概念定义被进一步细化，这一方面反映了需要更好地界定“实质性改变”的共识，另一方面也反映了采用不同“模式”对“实质性改变”进行界定的开始。

当代对“实质性改变”的最早定义之一是在一个著名案例中由法官作出的①：

“通过某一制造工序制成的产品，当其名称、特征或者用途不同于其生产工序中所使用的原材料的名称、特征或者用途时，即发生了实质性改变。”

在欧洲，欧共体层面的第一个定义出现在1968年②：

“其生产过程涉及一个以上国家的货物，应当视为原产于这样一个国家，这些货物在该国的制造或加工企业经过最后的、实质性的、有正当经济理由的制造

① 参见“Anheuser－Busch酒厂诉美利坚合众国”案，207 US 556（1907）。

② 欧洲理事会条例第802/68号，欧共体《官方公报》，L 148/1（1968）。

或加工后被制成一项新产品，或者该项制造或加工代表了制造的重要阶段。”

在随后的数十年间，人们逐渐认识到，这种一般性定义不能适应国际贸易不断发展变化的形势。1973 年《京都公约》附约 DI 正是在多边层面对“实质性改变”定义引起的若干概念性问题进行澄清的尝试之一：

“实践中，实质性改变标准可以采用下列方法表述：

● 采用要求在特定的税则目录中发生税目改变的规则加以表述，另附例外清表，以及/或者

● 采用制造或加工工序清表加以表述。其中列明赋予或者不赋予货物原产国的制造或加工工序（在该国进行的），以及/或者

● 采用从价百分比标准加以表述。其中，既可以用所使用的材料价值所占百分比加以表述，也可以用增值百分比所达到的一定水平加以表述。”

“从海关和使用者的角度，这些不同表述方法的利弊归纳如下。

1. 税目改变

通常的运用方法是规定一项普通规则，当制成品归入系统性货品目录中的品目不同于所使用的每种材料所属品目时，该产品即可视为已经过充分制造或加工。

该项普通规则通常附有以系统性货品目录为基础的例外清表；详细列出品目改变不具有决定性的情况或者附加更多条件。

● 优点

这种方法可以对确定原产地的条件作出准确和客观的说明。如需出示证明，制造商一般不难提供足以证明该货物确实符合所需条件的资料。

● 缺点

通常，制订例外清表的难度大，而且该清表必须不断更新，以适应技术发展和经济现状。对制造或赋予原产资格的加工工序的描述不能过于复杂，否则会导致制造商在诚实守信的情况下犯错误。

此外，在确定原产地时采用系统性货品目录的前提是，出口国和进口国采用同一目录作为各自税则的基础并统一付诸实施。

2. 制造或加工工序清单

这种方法一般采用总列表对每项产品被视为至关重要的技术制造或加工工序（‘赋予原产资格的加工工序’）进行描述。

● 优点

其优点与第 1 部分（税目改变标准）所列优点相同。

● 缺点

除了第 1 部分所列缺点外，总列表更冗长、更详细，因此拟订的难度更大。

3. 从价百分比规则

采用这种方法确定原产地，必须参照货物的增加值，据以判断货物在一国经

过制造或加工的程度。当此项增加值等于或超过一定百分比时，货物即获得进行制造或加工国家的原产资格。

增加值也可参照制造或加工货物时所使用的国外的或原产地不明的材料或部件加以计算。只有在上述材料或部件不超过最终产品价值的一定百分比时，该货物才能保留原产于某一特定国家的资格。因此，实践中，这种方法需要将进口材料或原产地不明材料的价值与最终产品的价值进行比较。

进口成分或原产地不明成分的价值一般根据进口价格或进货价格加以确定。出口货物的价值一般采用制造成本、出厂价格或出口价格加以计算。

这种方法可以通过以下形式加以运用：

● 通过第1部分所述的例外清表或者第2部分所述的总列表，与其他两种方法结合使用，或者

● 通过一项普通规则规定统一的百分比，无需参照各种产品列表。

● 优点

这种方法的主要优点是准确和简单。

进口原材料或原产地不明材料的价值可以根据现有商业记录或文件加以确定。

当出口货物的价值是以出厂价格或出口价格为基础时，通常上述两种价格均比较容易确定，并且能够用相关贸易商提供的商业发票和商业记录加以证明。

● 缺点

在介乎两者之间的情况下，很可能会出现困难。此时，高于或低于所规定的百分比的微小差别，会导致某项产品满足或者不满足原产地要求。

同样，原产地的赋予很大程度上取决于国际市场原材料价格的波动情况，同时还取决于汇率的波动情况。这种波动有时会很显著，使得以此为基础制定的原产地规则在实施时受到明显扭曲。

另一个主要缺点是，制造成本或所使用的产品总成本等可能作为计算增加值依据的要素常常难以确定，而且，在出口国和进口国，这些要素的构成及其解释都有可能各不相同。对于某些要素（特别是一般管理费用）是否应当分摊到制造成本或者销售成本、分销成本或其他成本当中，会引发争端。

尽管上述各种原产地确定规则都不同程度地存在优缺点，但必须强调，进出口货物共同原产地规则的缺失，不仅使海关和原产地证明文件授权签证机构的工作复杂化，而且给国际贸易经营者带来困难。这就凸显了各方在此领域逐步推进协调进程的愿望。尽管在优惠关税安排中引入了不同的方法，以反映经济现状或谈判因素，但这些规则似乎仍应存在于一个共同的或标准的框架之中，以更便于贸易商理解，更便于海关实施。然而，尽管这些目标宏大，在实践中却是不现实的。”（摘自1973年《京都公约》）

经修订的2000年《京都公约》附约十包含1973年《京都公约》原附约DI的两章。之所以对与原产地规则相关的这些章节进行修订，大概是因为世界贸易组织（WTO）的协调工作已经启动。事实上，原第一章所包含的正是目前世界贸易组织框架内在实质性改变的定义方面正在谈判的内容。

“3. 推荐做法

如果两个或两个以上国家参与了货物的生产过程，该货物的原产地应当根据实质性改变标准加以确定。

4. 推荐做法

适用实质性改变标准时，应当采用《商品名称及编码协调制度的国际公约》。

5. 推荐做法

以从价百分比规则对实质性改变标准进行表述时应当考虑的价值：

● 对于进口材料，为进口时的完税价格，或者，对于原产地不明的材料，为这些材料在制造国境内最早可以确定的实付价格；以及

● 对于所生产的货物，为根据本国立法确定的出厂价格或出口价格。”

事实上，应当注意到，2000年《京都公约》已不再采用特定制造或加工工序作为表述实质性改变的方法。但是，附约十的第二章与将来的实施密切相关，因为该章明确无误地涵盖了与证明文件及原产地证书有关而在WTO《原产地规则协定》中又没有涉及的各个方面。经修订的《京都公约》的第二章涵盖原产地证明文件，除其他内容外，还包含以下标准做法和推荐做法：

● 只有在适用优惠关税或经济贸易措施时才需提供原产地证明文件。

● 小额货物、暂准进口货物、转口货物，或者根据双边或多边协议免予提供原产地证明文件的，无需提供原产地证明文件。

● 涉嫌瞒骗时，应当提供原产地证明文件。

● 原产地证书范本。

● 原产地证书应当以英文或法文印制。

● 不应要求对原产地证书的细节进行翻译。

● 应当作出规定，对提供或导致提供包含虚假信息的文件的任何人予以处罚。

第二节　联合国贸易与发展会议原产地规则工作组

早在《京都公约》和《原产地规则协定》之前，联合国贸易与发展会议已进行了建立多边原产地规则的首次尝试。

在工业化国家的市场施行优惠关税税率的构想——现称“普惠制”（GSP）——是由联合国贸易与发展会议首任秘书长劳尔·普雷维什（Raul Prebisch）在1964年举行的联合国贸易与发展会议第1届大会上提出的。1968年，在新德里举行的联合国贸易与发展会议第2届大会上，普惠制的构想最终获得采纳。

在普惠制框架下，发展中国家（DC）获准在发达国家市场享受优惠关税待遇，以帮助他们提高出口收入，提升工业化水平，并加快经济增长的速度。普惠制是一种有利于发展中国家的非互惠和非歧视性优惠制度。入选普惠制的原产于发展中国家的产品适用较低的关税税率或零税率。此外，最不发达国家还可享受涵盖更大产品范围的特别优惠关税待遇。

普惠制实施之初就很清楚，有必要建立一套原产地规则，以确定货物是否有资格享受优惠关税税率。

起草一套适用于各个给惠国的不同普惠制方案的统一原产地规则，是优惠安排特别委员会第2次会议上的首要目标①。因此，特别委员会决定成立原产地规则工作组，启动原产地规则技术方面的磋商，以期起草普惠制统一适用的原产地规则。

在拟订工作组的工作领域时，特别委员会忆及，产品需要达到较高程度的改变才能享受优惠待遇的原产地规则，只能让极少数发展中国家从优惠方案中获益。另一方面，其又指出，极端宽松的原产地规则“也会存在很多弊端”②。在规则中仅要求产品经过微小改变或者少量增值，这样会存在风险，因为发达国家可以把产品发送到发展中国家，在那里仅经过某些微小加工③，由此享受优惠关税待遇。在规则中允许这种产品出口的话，显然是对发展中国家不利的，同时也达不到普惠制鼓励发展中国家扩大工业生产和出口、促进工业生产和出口多元化的目的④。

此外，在规则中规定在发展中国家所经过加工的重要程度，可促进生产单位的建立，鼓励投资和技术转让。这些举措将可促进发展中国家扩大出口，推动其出口多元化⑤。因此，要求工作组在起草原产地规则时，“应当注意确保规则尽可能简单，易于管理，宽松实用，考虑到发展中国家的工业潜力，同时也应确保规则严格程度适中，以推动发展中国家经济的工业化和多元化。必须在上述要求之间找到合理的折中方案”。⑥按照上述思路，特别委员会认为，适用大致相同的

---

① 然而，在第二次会议报告的概要及结论中，特别委员会仍然认为“通过对国际层面迄今所涉及的各个方面进行全面深入的讨论，尝试拟订第一份原产地规则草案的时机似乎尚未成熟”。参见联合国贸易与发展会议文件TD/B/AC. 5/3，第3页，1968年。

② 参见联合国贸易与发展会议文件TD/B/AC. 5/3，第7段。

③ 同上，第7段。

④ 同上，第7段。

⑤ 同上，第8段。

⑥ 同上，第10~74段。

原产地规则是发达国家市场准入条件可比较的前提，因此，应尽可能确保发达国家的“分摊责任”相等。特别委员会还认识到：“多种原产地规则显然会给发展中国家带来极大的实际困难，并且必然会阻碍这些国家扩大出口①。”

为了贯彻落实特别委员会的要求，工作组最初将其工作重心放在每个发达国家与各个发展中国家建立的优惠贸易体制所适用的原产地规则上。着重对以下国家的优惠贸易安排进行了分析：澳大利亚、欧共体、欧洲自由贸易区、英国和美国。在其第1次会议②和第2次会议③（均在1970年举行）上，工作组在确定了原产地规则的最重要特征（确定原产地的标准——实质性改变和完全生产货物、证明文件、核查、相互合作、标准单元、处罚、对包装的处理、对混合物的处理、小额货物、展览、认证、微小加工、直接运输）④ 以后，对给惠国与发展中国家进行贸易时所适用的原产地规则的异同进行了分析。分析是通过针对每个优惠贸易安排项下原产地规则的上述主要部分进行比较而展开的。⑤ 直到在第3次会议⑥上，工作组才精心拟订了一个涵盖普惠制所适用的原产地规则各个方面（实质性改变的判定标准除外）⑦ 的已达成一致的文本⑧。

与此同时，协调给惠国各自的普惠制所适用的原产地规则，特别是协调原产地判定标准的目标，是工作组工作的主要议题之一。然而，工作组探讨的解决方案，也就是“所有给惠国接受统一的一种或多种原产地标准”遭到这些国家的反对⑨。在经济合作与发展组织（OECD）贸易委员会优惠安排专责工作组⑩（1970年成立于巴黎），给惠国发表了这样的看法：既然是单边非契约性给惠，其总原则应当是，给惠国在听取受惠国的意见后，可以自主决定他们认为适当的原产地规则。因此，他们认为，工作组就原产地规则已经得到协调的某些方面最终拟订的文本应以一般性说明为限，包括向受惠国提供的信息，以及给惠国在其普惠制原产地规则的概括性说明中可能包含的要素之类。

特别是，给惠国认为，联合国贸易与发展会议工作组的协调进程应当仅限于

① 参见联合国贸易与发展会议文件 TD/B/AC. 5/3，第9段。

② 参见联合国贸易与发展会议文件 TD/AC. 5/3/Add. 4，1970年3月19日。

③ 参见联合国贸易与发展会议文件 TD/B/AC. 5/31，1970年7月10日。

④ 参见联合国贸易与发展会议文件 TD/AC. 5/31，第24段。

⑤ 参见联合国贸易与发展会议文件 TD/B/AC. 5/3。

⑥ 参见联合国贸易与发展会议文件 TD/B/AC. 5/38，1970年12月21日。

⑦ 参见联合国贸易与发展会议文件 TD/B/AC. 5/38。

⑧ 参见联合国贸易与发展会议文件 TD/B/AC. 5/38，附录1。

⑨ 参见联合国贸易与发展会议文件 TD/B/AC. 5/31，第14段、第16段、第18段和第22段。

⑩ 参见经济合作与发展组织贸易委员会优惠事务专责小组第二次会议报告，TC/Pref. /70. 25，第9页，1970年9月25日于巴黎。

某些实际操作层面，譬如认证、监控、核查、处罚和相互合作。上述意见在工作组第2次会议上得到了各方考虑，各方指出："就任何原产地规则的基本要素，就实质性改变标准而言，在现阶段就一整套统一标准达成一致意见是不可行的"①。然而，第3次会议（1970年12月举行）是朝着协调目标迈出的重要一步。工作组在许多主题上达成了一致文本，并以恰当的形式对以下要素进行定义：(1) 完全生产货物；(2) 微小加工；(3) 小额货物；(4) 直接运输；(5) 证明文件；(6) 核查；(7) 处罚；(8) 相互合作；(9) 对包装的处理；(10) 标准单元；(11) 展览及展销②。

原产地规则工作组第5次会议对每个给惠国所采用的原产地规则进行了比较分析。③ 此次会议还就前次会议上已达成一致的文本在起草规则时得到考虑的程度、规则的性质及偏离该文本可能带来的影响作了阐述。正如第3次会议所阐述的那样，大多数国家将其对实质性改变的要求建立在加工工序标准的基础之上④。对于采用这种标准的国家，当出口货物归入《布鲁塞尔税则分类目录》的品目不同于生产中所使用的进口的或原产地不明的任何材料以及/或者部件的品目时，通常就发生了实质性改变。但是，在许多情况下，这些国家分别拟订了两套清表。清表A详细列出了经过加工发生了品目改变（CTH），但不赋予"原产"产品资格，或者在特定条件下才赋予原产产品资格的某些制造或加工工序。清表B详细列出了经过加工没有发生税目改变，但仍赋予"原产"产品资格的制造或加工工序。⑤ 其他国家⑥将其对实质性改变的要求建立在增值标准的基础之上，所需百分比从50%到100%不等⑦。在第5次会议上，各方一致同意，作为经济合作与发展组织成员的给惠国将尽一切努力，完成普惠制原产地规则的文字性和实质性协调工作。根据此项约定，经济合作与发展组织秘书长向联合国贸易与发展会议传送了经济合作与发展组织给惠国所适用的普惠制原产地规则汇编⑧。

随着各国不同的普惠制方案施行，工作组的角色注定要发生改变。事实上，

① 参见联合国贸易与发展会议文件 TD/B/AC. 5/31，1970年7月10日。

② 参见联合国贸易与发展会议文件 TD/B/AC. 5/38，第48段，1970年12月21日。

③ 参见联合国贸易与发展会议第五次会议文件 TD/B/AC. 5/2，1992年11月30日。

④ 这些国家包括：澳大利亚、保加利亚、丹麦、欧洲经济共同体、芬兰、冰岛、日本、挪威、瑞士和英国。参见联合国贸易与发展会议文件 TD/B/C. 5/2，第8段，1972年11月30日。

⑤ 参见联合国贸易与发展会议文件 TD/B/C. 5/2。

⑥ 捷克斯洛伐克、匈牙利和新西兰。同上，第10段。

⑦ 捷克斯洛伐克规定，发展中国家的货物必须在该国经过加工获得基本特征，使其原始价值增值至少100%，才能视为原产于该国。参见联合国贸易与发展会议文件 TD/B/C. 5/2，第10段。

⑧ 参见联合国贸易与发展会议文件 TD/B/626。

1974 年所有普惠制方案均已付诸实施①。

特别委员会第 5 次会议决议所包含的新指令②在工作组随后的会议中通过以下各种方式得以实施。

1. 准备就以下问题进行分析研究。

（1）对普惠制项下原产地规则实施中所产生的问题进行分析，研究提出解决上述问题的具体建议；

（2）对各个给惠国在其普惠制方案中所采用的原产地规则与工作组在此前会议上已达成一致的文本中所包含的原产地规则之间存在的差异进行监控。

2. 通过向给惠国和受惠国的政府③，以及给惠国国内与普惠制有利益关系或者相关的某些非政府组织④进行问卷调查，收集受惠国与给惠国在原产地规则领域所遇到困难的有关信息。

3. 将每个给惠国普惠制方案所采用的不同原产地规则加以整合汇编⑤。

4. 对第 1 项所述研究情况和调查问卷的回复情况进行分析，并提出具体建议。

1987 年，工作组改为优惠安排特别委员会属下的会期委员会⑥。这项指令拓展了委员会的工作范围，对判定实质性改变的不同标准的协调工作给予了特别关注。

结果，在 1990 年举行的特别委员会第 17 次会议上⑦，各方同意：

1. 在下次审议过程中，应当考虑对“实质性改变”的现行定义，即加工工序标准和百分比标准进行研究；

2. 给惠国在对其普惠制方案进行审议时，应当根据其 20 多年的经验对上述两项定义进行研究，并在优惠安排特别委员会未来举行的会议上就此交换看

---

① 关于各国普惠制方案的施行时间，参见联合国贸易与发展会议文件 TD/B/442。

② 参见联合国贸易与发展会议文件 TD/B/442。

③ 普惠制方案实施后，工作组通过联合国贸易与发展会议秘书长向成员方政府发放了三份调查问卷；问卷的具体内容和回复情况参见以下文件：

- TD/B/C. 5/WG（VII）/5，1978 年 8 月 11 日。
- TD/B/C. 5/WG（X）/2，1985 年 8 月 19 日。
- TD/B/SCP/AC. 1/2/Add. 1，1995 年 5 月 8 日。

④ 参见联合国贸易与发展会议文件 TD/B/C. 5/WG（VII）/5，第 2 段。

⑤ 参见联合国贸易与发展会议文件 TD/B/626，1976 年 10 月 8 日。《经济合作与发展组织给惠国普惠制所适用的原产地规则简编》；该简编在 1976 年举行的原产地工作组第 6 次会议上提交。

⑥ 参见联合国贸易与发展会议文件 TD/B/C. 5/WGO/2，第 2 页。

⑦ 参见联合国贸易与发展会议文件 TD/B/C. 5/132，第 144 段到第 167 段。

法①。

1992年，在特别委员会第19次会议召开期间举行的会期委员会②专注于在加工工序标准和百分比标准之间进行比较分析，以就何种制度更切合普惠制方案的目标进行评估③。

尽管直到1995年才设立了更多的会期委员会，但是，在优惠安排特别委员会第20次会议④和第21次会议⑤上，关于普惠制原产地规则的讨论仍然继续进行。优惠安排特别委员会第20次会议主席在总结报告⑥中表达了发展中国家对“目前在两种不同标准的基础上对原产地规则的协调毫无进展”的关注。一些发展中国家对“原产地规则问题并未在本次会议上得到充分讨论”的情况表示不满，并建议在下次会议上对这一问题进行全面和详细的审议。

在特别委员会第21次会议上，各方就从整体上增强普惠制的活力所可能采取的途径和方法进行了深入讨论。作为这种努力的一部分，会议决定推进普惠制原产地规则的协调、简化和完善，并建立政府间原产地规则专家组，作为筹备1995年普惠制政策审议的组成部分。⑦ 事实上，政府间原产地规则专家组建议特别委员会采取以下步骤：

● 作为观察员跟进并监督原产地规则技术委员会（TCRO）所开展的工作，并在适当的时候推动其技术性工作；

● 每年向优惠安排特别委员会报告技术委员会工作的进展及其所取得的成果，以推进普惠制原产地规则的协调；

● 一旦技术委员会实现其目标，并适当考虑世界贸易组织（WTO）的工作，即向联合国贸易与发展会议成员方提出关于一整套协调原产地规则（包括对规则的适当修改和修正）的建议，供其考虑并采纳。⑧

1996年，在南非米德兰举行联合国贸易与发展会议第9次大会期间，联合国贸易与发展会议进行了改革，取消了其属下的所有常设委员会，包括优惠安排特别委员会及其附属机构，即原产地规则会期委员会。从此，国际贸易界失去了讨

---

① 参见文件TD/B/1263，1990年5月14日到20日。

② 参见文件TD/B/39（1）/2，第47段到第65段。

③ 参见文件TD/B/C. 5/141，《关于实质性改变的定义和协调影响的研究：简化和自由化可能途径的倡议》，1992年2月28日。

④ 参见文件TD/B/40（1）/10。

⑤ 参见文件TD/B/10（1）/2。

⑥ 参见文件TD/B/42/（2）/4。

⑦ 参见文件TD/B/SCP/14。

⑧ 参见“政府间原产地规则专家组的一致结论”，联合国贸易与发展会议文件TD/B/SCP/14，1995年8月24日。

论普惠制原产地规则的唯一政府间论坛。迄今，在联合国贸易与发展会议内部没有再建立其他政府间专家会议制度。

第二章

乌拉圭回合《原产地规则协定》：非优惠原产地规则协调工作计划

依照 WTO《原产地规则协定》（ARO）制订的非优惠原产地规则协调工作计划（HWP，以下简称“协调工作计划”）本应于 1998 年 7 月完成。在撰写本书之际，该项工作虽已接近尾声，但最终协定尚未达成。本章将充分运用协定谈判中所使用的现有资料，对协调工作计划的现状作出详细概述。协调工作计划的大部分技术工作已经完成，其最终结果预计不会与以往的分析有实质性差别。

协调工作计划的最初结果涵盖三大卷，篇幅达 2,000 多页，涵括了数以千计的产品特定原产地规则，最近才形成了人们迫切需要的仅有 320 页的精简版（WTO/G/RO/Rev. 2，2008 年 5 月 23 日）。这些数字需要人们来作初步评述。从技术层面看，协调工作计划的结果可以说代表了原产地规则的顶峰，协调工作计划所耗费的人力、物力和财力几乎是空前的，尽管这让人们回想起《协调制度》（HS）经过 10 多年的谈判才得以获得通过。然而，拟订协调工作计划时所采用的高技术水准，最近已被出于贸易政策考虑而达成的妥协所取代。最典型的例子是，《原产地规则协定》第 1 条第 2 款和第 3 条（a）项中关于将协调工作计划的结果同等适用于所有目的的义务已被淡化。这是因为美国不愿意在反倾销和反补贴程序中采用协调工作计划的结果来判定原产地。在撰写本书之际，此类妥协的另一个例子是，WTO 成员可以在第 84 章至第 90 章选择采用税则归类改变标准（主要得到美国支持）或者从价百分比标准（得到欧共体支持）。从技术层面看，这种妥协有许多欠缺之处，会引发实施上的困难和争执。

需要指出的另一要点是协调工作计划的宽松特征。非优惠原产地规则遵循不同的基本原理，并与贸易政策工具相关联，这与优惠原产地规则有所不同。即使把这一差异考虑在内，在具体产品上，相对于优惠原产地规则的限制性而言，协调工作计划的结果是极其宽松的。

表 2.9 对《协调制度》的一些主要章节项下的泛欧原产地规则、北美原产地规则及协调工作计划的结果作了简要对比。其差异程度相当惊人，很难用符合优惠原产地规则的货物所获得的优惠幅度来加以解释。

自协调工作计划启动初期，产业部门就深度参与进来，这对谈判人员更好地评估采用宽松原产地规则所带来的正面影响或许有所帮助。这些方面的通盘考虑及其对其他 WTO 协定的影响最终战胜了导致在区域贸易协议（RTAs）中采用严格原产地规则的狭隘利益。这是一种积极因素，有待学界作全面分析。

协调原产地规则（HRO）的最新草案将 2010 年定为生效日期。应请求，允许发展中国家和最不发达国家延迟三年实施。

由于协调原产地规则卷帙浩繁，并且需要技术专家进行管理，因此对于发展中国家和最不发达国家来说，实施和管理协调原产地规则很可能是一项最为艰巨的任务。此外，该协定并未涉及原产地证书和行政管理合作方法。

如前所述，从技术上讲，协调工作计划的结果也许是最高级的原产地规则，但又十分复杂，甚至对于那些精通原产地问题的专家来说也是如此。如果考虑到实施协调原产地规则所面临的挑战与实施 WTO 可能达成的贸易便利化协议所面临的挑战会相互重叠，这一点就更确切无疑了。

世界海关组织（WCO）原产地规则技术委员会（TCRO）的一份文件①把实施协调工作计划的结果所需的主要要求归纳如下：

● 应当在《原产地规则协定》第 1 条第 2 款所述的，并且在总规则 I 草案中被进一步细化的应用范围内，实施非优惠原产地规则。

● 应当实行这样的原则：被判定为某一特定货物原产地的国家应为完全获得该项货物的国家，当一个以上国家参与了货物的生产时，应为最后完成实质性改变的国家。

● 应当依照协调工作计划的结果适用规则，适用进出口货物的规则不得严于确定货物是否属于国产货物时所采用的规则。

● 不得在成员间造成歧视，无论有关货物生产商的从属关系如何。

● 应当以一致、统一、公平和合理的方式对规则进行管理。

● 与原产地规则有关的普遍适用的法律、法规、司法决定及行政裁定应当予以公布。

● 像本书第一章所阐述的优惠原产地事务那样，在 150 天内作出原产地评定。

● 对原产地规则作出的修改不得追溯实施。

● 允许独立于发布裁定的主管机关的司法、仲裁或行政法庭对任何原产地确定的行政裁定进行审查。

● 应当对信息予以保密，除非得到提供该信息的个人或政府的特定许可，或者该信息是在司法程序中予以披露。

对于发展中国家，尤其是就最不发达国家而言，确定执行上述各项任务的政府机构或政府间机构将是一项重要挑战。无论《京都公约》还是《原产地规则协定》，均未明确由哪个政府机构或政府间机构负责《原产地规则协定》的实施。所称“机构”，也许是指某个政府部门；但经验表明，与原产地事务相关的各种职责可以在不同的实体间进行分配，其中也包括诸如商会等非政府角色在内。为上述目的而负责确保原产地规则正确实施的机构在不同国家之间不尽相同，有可能是贸易部，也有可能是工业部或财务部。问题是由谁来负责日常原产地规则的实施。尽管多数情况下是由海关负责此项事务，但其他机构也会介入其

① 参见 2001 年 12 月 3 日在原产地规则技术委员会第 20 次会议上提出的实施 WTO《原产地规则协定》的实务指引文件 OC0066E3。

中，这取决于各个 WTO 成员的行政管理架构，包括商会、国家统计部门、政府采购委员会或国家监管机构（例如，原产地标记监管机构）等。

第一节 《原产地规则协定》

原产地规则领域缺乏清晰并有约束力的多边纪律，为各国以各种理由将原产地规则作为一项贸易政策工具大开了方便之门。对原产地规则所蕴涵的贸易政策意义的日益关注最终促使人们期待已久的多边纪律破茧而出①。与过去围绕这一主题的多边谈判相比较，《原产地规则协定》在诸多方面均有创新，并且明确界定了非优惠原产地规则与优惠原产地规则体系之间的区别及其适用范围。

《原产地规则协定》第 1 条第 1 款将非优惠原产地规则定义为：

"就本《协定》第一部分至第四部分而言，原产地规则应定义为任何成员为确定货物原产地而实施的普遍适用的法律、法规和行政裁定，只要此类原产地规则与导致给予超出 1994 年《关税与贸易总协定》第 1 条第 1 款适用范围的关税优惠的契约式或自主贸易制度无关。"

第 1 条第 2 款规定，为以下目的，应当采用原产地规则来判定货物的原产地：

- 最惠国待遇（MFN）和国民待遇；
- 数量限制；
- 反倾销税和反补贴税；
- 保障措施；
- 原产地标记要求；
- 任何歧视性数量限制或关税配额；
- 政府采购；
- 贸易统计

承诺将协调原产地规则用于上文提到的贸易政策工具是《原产地规则协定》的一项首要目标。第 3 条（a）项对过渡期结束后的纪律作了明确规定，即协调工作计划一旦完成，协调规则应同等适用于所有目的：

"考虑到所有成员的目标是——作为第四部分所列协调工作计划的结果——制定协调原产地规则，在开始实施协调工作的结果时，各成员应当保证：

（a）将原产地规则同等适用于第 1 条所列的所有目的。"

过渡期之所以存在，是由于《原产地规则协定》第 9 条第 2 款中含有一项既

---

① 关于导致达成《原产地规则协定》的美国立场，参见 D. Palmeter：《向 GATT 提出的美国原产地规则建议：一神论还是多神论》，《世界贸易期刊》1990 年第 2 期第 24 册。

定日程，即拟订协调工作计划，以实现非优惠原产地规则的协调：

“工作计划

2.（a）工作计划应当在WTO协定生效后尽早开始，并在开始后三年内完成。

（b）第4条规定的委员会和技术委员会应当作为进行此项工作的适当机构。

（c）为使海关合作理事会（CCC）提供详细的投入，委员会应当要求技术委员会依据第1款所列原则，就下述工作提出解释和意见。为确保按时完成协调工作计划，该项工作应当在《协调制度》（HS）税则目录的各章或各类所代表的产品部门基础上进行。

（ⅰ）完全获得及微小加工或处理

技术委员会应当为下列术语给出协调一致的定义：

● 被视为在一国完全获得的货物。此项工作应当尽可能详细；

● 本身不得赋予一项货物原产资格的微小加工或处理。

应当在收到委员会请求后三个月内，将此项工作的结果提交委员会。

（ⅱ）实质性改变——税则归类改变

● 技术委员会应当依据实质性改变标准，在制定特定产品或产品部门的原产地规则时，考虑并详述如何使用税则子目或品目上的变化，以及在适当时，税则目录中满足此项标准的最小变化。

● 技术委员会应当考虑到《协调制度》税则目录的章或类，按产品对上述工作进行划分，以便至少每季度向委员会提交其工作结果。技术委员会应当在收到委员会请求后的一年零三个月内完成上述工作。

（ⅲ）实质性改变——补充标准

如果单纯使用《协调制度》税则目录无法表示实质性改变，根据第（ⅱ）项的规定完成每个产品部门或者各个产品类别的工作后，技术委员会：

● 在制定特定产品或某一产品部门的原产地规则时，应当依据实质性改变标准，考虑并详述如何以补充或排他方式使用其他要求，包括从价百分比①以及/或者制造或加工工序②；

● 可以就其建议作出说明；

● 应当考虑到《协调制度》税则目录的章或类，按产品对上述工作进行划分，以便至少每季度向委员会提交其工作结果。技术委员会应当在收到委员会请求后的两年零三个月内完成上述工作。”

尽管工作计划本应于WTO协定生效后的三年内（即1998年年中）完成，但

① 如果规定采用从价标准，原产地规则中还应注明该项百分比的计算方法。

② 如果规定采用制造或加工工序标准，应当准确列明赋予有关产品原产资格的工序。

是，由于所涉及问题的复杂性，在撰写本书之际，该项工作尚未如期完成。

《原产地规则协定》第 4 条规定在世界贸易组织（WTO）成立原产地规则委员会（CRO），在世界海关组织（WCO）成立原产地规则技术委员会（TCRO）。两个委员会的各自职责在《原产地规则协定》第 4 条第 1 款、第 2 款及第 6 条中作了明确规定。原产地规则技术委员会的具体职责包含在《原产地规则协定》附件 1 内。

实际上，就《协调原产地规则》进行谈判的大量技术工作是由原产地规则技术委员会完成的。另一方面，原产地规则委员会本来就是作为所谓的“政治”委员会来处理政治问题而非技术问题的。在谈判后期，很大一部分技术工作也由原产地规则委员会进行，以便就最棘手的问题提出技术解决方案。

规则的一些主要技术方面——采用何种方法来判定是否发生了实质性改变——在《原产地规则协定》中作了明确规定。第 9 条第 2（c）项规定，原产地规则技术委员会必须就以下术语给出协调一致的定义：

（ⅰ）完全获得产品及微小加工或处理；

（ⅱ）实质性改变——税则归类改变；

（ⅲ）补充标准，在完成第（ⅱ）项所规定的工作之后展开，并以实质性改变标准为依据。

《原产地规则协定》明确规定，原产地规则技术委员会应当主要采用税则归类改变作为实质性改变标准［即子目改变（CTSH）或品目改变（CTH）］。此外，应当考虑到《协调制度》税则目录的章或类①，按产品对原产地规则技术委员会的工作进行划分。

第 9 条第 2（ⅲ）项规定，原产地规则技术委员会应当考虑并详述所采用的补充标准：“如果单纯使用《协调制度》税则目录无法表示实质性改变，根据第（ⅱ）项的规定完成每个产品部门或者各个产品类别的工作（即基于品目改变标准的工作）后……”

从谈判伊始乃至整个谈判过程，制定《协调原产地规则》所使用标准的这一精确顺序便已通告各方。

尽管取得了这些成果，《原产地规则协定》却未能对优惠原产地规则进行规范。这就给原产地规则的多边纪律留下了巨大的漏洞。WTO 各成员在进行自由贸易区（FTAs）谈判或者给予自主性优惠待遇时，可以自行订立其原产地规则。在此领域，WTO 各成员仅发表了一项“共同宣言”。与协调非优惠原产地规则的具体计划及各方就此作出的明确承诺相比较，该共同宣言仅包含了“尽最大努

① 《商品名称及编码协调制度》（HS）是应用于税则和贸易统计的一部统一商品目录，为 180 多个国家所采用，涵盖 90% 的世界贸易。

力”的承诺。其主要的实际成果只是确立了原产地预确定的程序①。

“共同宣言”第2点对优惠原产地规则的范围进行了界定，用以判定货物是否有资格享受本书第三章所论及的契约性或自主贸易制度下优惠关税待遇（优于最惠国待遇）。优惠原产地规则的例子包括：

● 自主性优惠关税待遇：

●普惠制项下的原产地规则；

●《非洲增长与机遇法案》（AGOA）；

●契约性非互惠原产地规则，例如，欧共体与非加太（ACP）国家之间先前订立的《科托努伙伴关系协定》（CPA）所包含的原产地规则。

● 契约性互惠原产地规则，即自由贸易协议项下的原产地规则：

●《北美自由贸易协定》（NAFTA）项下的原产地规则；

●泛欧原产地规则及欧共体与非加太（ACP）国家之间订立的《经济伙伴关系协定》（EPAs）所包含的原产地规则；

● 南锥体共同市场（Mercosur），南部非洲发展共同体（SADC），东部和南部非洲共同市场（COMESA），东盟（ASEAN）等项下的原产地规则。

“共同宣言”第3点包含了WTO各成员同意保证在优惠原产地规则领域满足的实质性要求：

“各成员同意保证：

(a) 在发布普遍适用的行政裁决时，明确规定应当满足的要求，特别是：

(ⅰ) 在适用税则归类改变标准的情况下，此种优惠原产地规则及其任何例外情况说明必须明确列明该规则在税则目录中针对的子目或品目；

(ⅱ) 在适用从价百分比标准的情况下，优惠原产地规则中还应注明计算百分比的方法；

(ⅲ) 在适用制造或加工工序标准的情况下，应当准确列明赋予优惠原产资格的工序；

(b) 其优惠原产地规则应当基于肯定标准。作为对肯定标准的部分澄清或不需要使用肯定标准判定优惠原产地的个别情况下，可以允许使用说明在何种情况不赋予原产资格的优惠原产地规则（否定标准）；

(c) 如同遵从并依照1994年《关税与贸易总协定》第10条第1款的规定，其与优惠原产地规则有关的普遍适用的法律、法规、司法判决和行政裁定应当予以公布；

(d) 应出口商、进口商或有正当理由的任何人请求，应当尽快但不迟于提出

① 参见《原产地规则协定》附件二“关于优惠原产地规则的共同声明”第3（D）项。

评定请求后的150天①，发布其对货物优惠原产地的评定意见，只要所有必要要素均已呈交。此类评定请求应当在有关货物贸易开始前予以接受，也可以在随后的任何时间予以接受。只要据以作出评定意见的事实和条件（包括原产地规则）仍然可以进行比较，此类评定意见在3年内保持有效。在第（f）项所指的审查中，如果所作出的决定与评定意见相左，只要有关各方预先得到通知，此类评定意见将不再有效。此类评定意见可以公之于众，但必须遵守第（g）项的规定；

（e）如果对其优惠原产地规则进行修改或者采用新的优惠原产地规则，此类修改或者所采用的新规则不得依照其法律或法规的规定追溯实施，也不得损害其法律或法规；

（f）其实施的与优惠原产地确定有关的任何行政行为均可由独立于发布该项确定的主管机关的司法、仲裁或行政法庭或者程序迅速进行审查，通过审查，可以修改或撤销该项确定；

（g）对于秘密性质的所有信息或者为实施优惠原产地规则而在保密基础上提供的信息，有关主管机关应当严格按保密信息处理，未经提供该信息的个人或政府的特别许可不得披露，除非在进行司法程序时需要予以披露。”

“共同宣言”第4点规定如下：

“各成员同意迅速向秘书处提交其优惠原产地规则，包括他们实施的优惠安排的清单、在WTO协定对其生效之日有效的与优惠原产地规则有关的普遍适用的司法判决和行政裁定。此外，各成员同意尽快向秘书处提供对其优惠原产地规则所作出的任何修改或者新的优惠原产地规则。秘书处应当将其收到的及所拥有的信息清单向各成员散发。”

其实，上述各点所包含的许多规定早已涵括在主流的原产地规则（例如，泛欧原产地规则或《北美自由贸易协定》）当中。因此，它们既非创新，也不要求优惠原产地规则主要使用者采取行动或承担更多义务。就发展中国家而言，由于其向WTO秘书处通报的信息相当有限，要衡量南南区域贸易安排中所采用的原产地规则执行第3点规定的程度是比较困难的。第（d）项中的约束性原产地信息有可能是最难以执行的承诺，对发展中国家的海关而言，情况尤为如此。

第二节　协调工作计划及原产地规则技术委员会制定协调原产地规则所采用的工作方法

协调工作计划从一开始就将技术问题置于优先地位。若干年后，人们才得

① 对于WTO协定生效后第一年提出的请求，各成员仅需尽快发布此类评定意见。

以对其发展历程进行分析[①]。本节利用从谈判历史中拾取到的材料和案例来对协调工作计划进行概述。如后面几节中所提到的那样，原产地规则技术委员会并没有采用最简单的方法来拟订原产地规则。《原产地规则协定》原本预计技术工作在三年内，即不迟于1998年7月完成，而原产地规则技术委员会（尽管付出了巨大努力[②]）却要求延期。因此，原产地规则委员会要求原产地规则技术委员会在1999年5月前完成其工作并将所有悬而未决的问题提交给日内瓦解决。

此外，原产地规则技术委员会经过努力，最终未能解决一系列重大问题。一旦认为技术工作谈判无法再往前推进且补时已过，原产地规则技术委员会就会将悬而未决的问题提交给原产地规则委员会。原产地规则委员会由此发现有455个未决问题需要解决[③]。因此，原产地规则委员会不得不加强能力建设，以处理诸多技术问题。事实上，原产地规则技术委员会的工作在原产地规则委员会继续进行——从一开始便参与此项工作的部分人员和专家仍置身其中。

协调工作计划已几经延期。尽管大部分技术工作已经完成，但是，在本书出版之际，该工作计划尚未完成，在2001年春季举行的会议上，WTO各成员同意订出一个时间表，以便WTO第四届部长级会议在多哈召开之前完成协调工作计划。

原产地规则技术委员会第20次会议报告[④]称，原产地规则委员会在2001年间举行了五次会议，解决了300多个遗留问题，还有155个问题尚待解决。但是，几乎无人相信协调工作计划能够如期完成，因为一系列重大问题仍然悬而未决。由于结束多哈谈判的时限再次被错过，加上各成员的立场越趋强硬，总理事会（GC）被迫将谈判时限推迟到2002年年底。尽管如此，截至2002年6月底，原产地规则委员会仅奉命额外举行了两次会议，祈求解决遗留的问题。同时，从中剔出为数不多的政策层面核心问题提交给总理事会进行讨论并作出决定。

截至2002年7月中旬，原产地规则委员会主席向总理事会报告了94个核心政策问题[⑤]。各成员认为约有50个问题为非关键问题，因此仍然交由原产地规则委员会解决。

总理事会进行了好几次非正式讨论，以求解决这94个核心政策问题中的大

① 对原产地规则技术委员会和原产地规则委员会谈判历程的审视，参见H. Imagawa和E. Vermulst在《原产地规则协定》一书中的论述。P. F. J. Macrory、A. E. Appleton及M. G. Plummer编著：《法律经济及政治分析》，卷I（2005）。

② 原产地规则技术委员会原产地规则委员会每两周或三周就举行几次会议，会议时间从上午9点至下午7点，午餐时间很短。

③ 包含在文件G/RO/41及该主体文件的许多增补文件中（即G/RO/41/Add. 1等）。

④ 参见原产地规则技术委员会文件第OCOO71E2号，2002年2月20日。

⑤ 参见WTO文件G/RO/52。

部分问题。同样，总理事会几度延长了完成遗留工作的时限，从2002年12月延至2003年7月，接着又延至2003年年底，以便原产地规则委员会完成遗留的技术工作。但这些时限一再被错过。

2006年，原产地规则委员会主席再次作出重大努力，以求在谈判进程上取得突破，以便在2006年7月如期解决这些核心政策问题。在2006年2月举行的非正式磋商中，主席为下一步工作提出了一系列建议：（a）认识到实施影响问题和机械产品的横向问题由于其高度敏感性而需要更多时间和努力作出决定，各成员应当首先解决产品特定规则的问题，以便能在2006年5月前完成工作；（b）原产地规则委员会主席应当在2006年4月初散发所有产品特定原产地规则的最终一揽子文稿（机械产品的产品特定原产地规则除外）；（c）各成员应当在2006年5月30日举行的下一次没有规定结束日期的磋商会上对所提交的最终一揽子文本草案进行讨论，以对该一揽子文本予以赞同（或者不赞同）；（d）各成员在解决了产品特定规则问题后，应当转而处理实施影响问题、机械产品特定原产地规则及附录一的定义2［即从专属经济区（EEZ）捕捞的鱼产品问题］。

WTO各成员接受了上述工作安排，并在2006年7月举行的会议上对主席提出的建议进行了审议。大多数代表团对一揽子文本表示支持。但是，一系列产品特定规则问题仍有待考虑。有些代表团则要求给予更多时间，以便对一揽子文本进行深入研究。

在本书撰写之际，原产地规则委员会的工作已被延期至2008年年底，人们普遍希望在2007年年底之前能够在诸多问题上取得突破。文本草案的最新版本规定协调工作计划于2010年实施。根据文本草案，发展中国家和最不发达国家成员可要求延迟三年执行。原产地规则委员会于2008年10月举行的最后一次会议上并未设定完成谈判的最后期限。

谈判开始时遇到的困难和谈判过程中产生的实质性核心问题

由于从一开始就假设，在原产地的整体概念上应当把某一产品的原产地指定为某一特定国家，因此，谈判中碰到的困难首先是，在原产地规则中，如何界定“国家”和“领海”①。当开始讨论是否应该把关税同盟包括在“国家”的定义范围内时，看起来只是为上述术语给出法律定义的这么一个程序，其所隐含的意义很快就变得十分清晰了。在这种情况下，就原产地和配额及反倾销税等贸易措施而言，欧共体应当被视为一个单一国家。

对国家的定义本应包含在一揽子文本的“总体结构”中，但很显然该议题在

---

① 在其他有关文件当中，参见原产地规则技术委员会第一次会议报告，文件39～310，1995年2月10日。同时参见WTO于1995年6月7日草拟的文件G/Ro/W/3：《“国家”一词的定义：来自原产地技术委员会的请求》。

原产地规则委员会的谈判过程中被取消了，因为国家一词并未出现在现有的定义清单上。总规则3的情况也是如此，它说明了如何确定原产地，但未就如何对国家进行认定作出指引。

“国家的定义

对国家的定义缺乏明确和可预测的准则会在未来影响到协定的执行。

一家瑞士企业从不同的欧共体成员方把滚珠轴承出口到美国，将其申报为原产于欧共体，并且获得了有资格的商会签发的原产地证书。尽管如此，美国还是不接受其按‘欧盟原产’申报，原因是美国针对滚珠轴承的不同原产国——在本案中分别为意大利、法国和德国——实行不同的配额限制。因此，美国主管机构对这家瑞士企业处以2万多美元的罚款。

在缺乏明确定义的情况下，对原产地的确定取决于各国的具体做法。这一漏洞在原产地规则实施时会引发问题和困难。例如，在上述案例中，美国根据滚珠轴承的出产地将产品的原产地确定为意大利、法国或德国。另一方面，瑞士则将所有欧共体国家视为一个单一实体，这就同等于接受其为原产‘国’。”

《原产地规则协定》对原产地规则技术委员会所采取的工作方法的主要指导，是要求其把依据税则归类改变标准制定原产地规则这项工作作为其核心议程。协调非优惠原产地规则的结构在一定程度上秉承了传统的原产地规则模式，就是以完全获得产品和不赋予原产资格的微小加工或处理为原则。

原产地规则技术委员会在对完全获得产品和微小加工或处理的定义进行协调时花费了相当多的时间。在谈判过程中，对后两项定义的范围作了严格限定。在这些定义上取得进展后，原产地规则技术委员会将其注意力转到了按产品逐一制定具体的原产地规则上面，从最容易的《协调制度》章节（即第25章——盐、硫黄、泥土和石头）入手。正如人们普遍预期的那样，单纯使用《协调制度》税则目录来确定货物的原产地已成为原产地规则技术委员会所面临的首要问题，因为《协调制度》原本仅为海关商品归类而设，而不是为原产地目的而设。因此，有必要根据实际情况作出调整。

《协调制度》适合用来确定原产地，主要在于其基本结构。《协调制度》首先把货物分为21类，然后再将其分为96章（以两位数表示，原则上按产业部门进行划分）。各章再细分至四位数品目及六位数子目。原则上，每一章的品目按产品的加工程度顺序排列①。《协调制度的》这些特征使其成为一种合适的工具，用以通过税则归类改变方法把“实质性改变”的概念应用到对原产国的判定当

① 例如，第72章（钢铁产品）以生铁开始（品目7201），随着产品被进一步加工，品目数量不断增加，由此得出：铁锭（品目7204）、半成品（品目7206）、平板轧材（品目7208至7212）、条和杆（品目7213至7215），以及角材、型材和异型材（品目7217）。

中。

按照原本的税则归类改变标准，原则上，如果最终产品的税则归类不同于用于生产该产品的非原产材料的税则归类，该产品即被视为经过了充分的制造或加工。由此，该产品获得了生产国（即发生“最终实质性改变”的国家）的原产资格。

然而，《协调制度》的章与章之间、类与类之间，其结构均有所不同，这取决于归入其中的货品的性质。在某些章节中（例如，涵盖木材及木制品、软木及软木制品、贱金属及贱金属制品的各章），基于加工程度的归类原则一般是比较容易适用的；在其他章节中，特别是涵盖农产品的各章，这一原则就难以适用了。比较典型例子是第1章，该章涵盖了不同种类的活动物，在其结构上根本无法反映出产品所经过加工的程度。换句话说，在马出生之前，没有任何一章能够对其进行归类。在这种情况下，章改变（CC）规则不适用，原产地规则技术委员会创设了一种特定语言，明确解释了认定此类货物原产国所应遵循的方法（见表2.1）。

鉴于“在一国出生并饲养的活动物”这一提法已包括在完全获得产品的协调定义清单之中，我们可以对原产地规则技术委员会讨论过程中各国代表团所提出的解决方案进行分析。对于品目0101，方案1含蓄地表示，饲养进口马匹不得视为反映了最终实质性改变。方案2很好地呼应了前面提到的完全获得的定义。方案3和方案4分别反映了方案1和方案2，但意味着，通过对进口动物进行饲养和育肥，有关动物已经发生根本改变，其重量及其商业价值均大幅增加；为此设定了饲养动物的国家被赋予原产地所需的饲养和育肥最低期限。对于品目0205项下产品的原产地判定标准来说，情况同样如此。在方案2中我们可以发现一些很微小但又很有意义的差别。根据该选项，必须发生章改变。这就意味着，为了获得品目0205项下的原产“马肉……”，使用品目0101项下的“活马……”就足够了。换言之，对马匹进行屠宰可视为实质性改变。

再举一例，章改变标准适用于第5章中的所有品目，因为该章所包含的来源于动物的各种材料，在税则目录的任何其他章节均无涉及。因此，品目0501至0511项下不同动物来源的产品不可能经过任何程度的加工。在这种情况下，品目改变规则是不适用的，因为不可能从第5章中的其他产品中获得诸如马毛一类的产品，因此需要采用章改变标准。

就咖啡（HS品目0901）而言，需要作进一步探讨，因为在浸除咖啡碱和焙炒的问题上各方尚未达成一致（见表2.2）。

一方面，对于没有经过焙炒和浸除咖啡碱处理的咖啡，其原产国为植物生长的国家——即完全获得。另一方面，如果咖啡经过了焙炒和浸除咖啡碱处理，对其原产地的判定就要取决于所适用的原产地规则是否将上述一种或两种加工视为赋予原产资格的加工。子目 0901.12 包括未经焙炒但已经过浸除咖啡碱处理的咖啡。一些代表团认为，浸除咖啡碱处理并非实质性改变，因此在确定货物的原产地时不应予以考虑；另一些代表则认为，所投入的原材料化学结构发生改变意味着，经浸除咖啡碱处理，生成了一种新产品，因此，货物的原产地应为完成这一最终实质性改变加工工序的国家。就后者而言，所适用的原产地标准为子目改变规则。该规则同样适用于经焙炒的咖啡。就子目 0901.22 而言，表 2.2 列出了第三种方案：经焙炒和浸除咖啡碱处理的咖啡不得源自经焙炒含咖啡碱的咖啡。在这种情况下，货物的原产地为完成焙炒加工工序的国家。

表 2.1　关于某些动物和动物产品原产地标准的建议

HS 编码	商品描述	主规则	评述
0101	活的马、驴、骡	[本品目所述货物的原产地应为动物出生的国家（瑞士、马来西亚、加拿大、墨西哥、美国、阿根廷、新西兰、斐济、澳大利亚、泰国、印度、巴西、洪都拉斯）]。 [本品目所述货物的原产地应为动物出生并饲养的国家（欧共体、日本、摩洛哥）]。 [本品目所述货物的原产地应为动物被育肥至少 6 个月的国家；或者为动物出生的国家（埃及、韩国、多米尼加、欧共体、日本、摩洛哥、菲律宾、委内瑞拉）]。 [本品目所述货物的原产地应为动物被育肥至少 6 个月的国家；或者为动物出生并饲养的国家（摩洛哥）]。	提交原产地规则委员会作决定（文件 42.146，问题 1） 请注意，原则上，只有与最后加工阶段有关的问题才会在 **E** 栏注明。 对于香肠而言，并未提及动物饲养问题，因为该问题已经与较早的生产阶段相关联。（秘书处）
0205	鲜、冷、冻马、驴、骡肉	[本品目所述货物的原产地应为动物出生的国家（塞内加尔、阿根廷、菲律宾）]。 [章改变（加拿大、美国、墨西哥、马来西亚、澳大利亚、瑞士、日本、危地马拉、印度）]。 [本品目所述货物的原产地应为动物出生并饲养的国家；或者为动物育肥至少 3 个月的国家（欧共体）]。 [本品目所述货物的原产地应为动物育肥至少 3 个月的国家；或者为动物出生并饲养的国家（韩国、摩洛哥、欧盟、委内瑞拉、埃及、日本、巴西）]。	提交原产地委员会作决定（文件 42.146，问题 2）
0503	马毛及马毛废料，不论是否制成有或无衬垫的毛片	章改变	第一摞规则（已经原产地委员会审定）

注：带方括号的方案仍未达成一致，待作出正式决定（表中所列问题可能已经非正式解决但仍有待原产地规则委员会审定）。本节中的图表摘录自 WTO 文件 G/RO/45，有几处作了增补和修正。谈判期间所使用的好几个非正式文件在本章中被作为参考材料使用。

资料来源：WTO 文件 G/RO/45/ADD8/REV3。

表 2.2 关于各种形态咖啡原产地标准的建议

HS 编码	商品描述	原产地标准	评述
第 9 章	咖啡、茶、马黛茶及调味香料		
0901	咖啡，不论是否焙炒或浸除咖啡碱；咖啡豆荚及咖啡豆皮；含咖啡的咖啡代用品 - 未焙炒的咖啡：	具体标准见各子目。	
0901.11	- - 未浸除咖啡碱	本子目所述货物的原产地应为植物生长的国家。	第一摞规则（已经原产地委员会审定）
0901.12	- - 已浸除咖啡碱	[本子目所述货物的原产地应为植物生长的国家（巴西、加拿大、瑞士、科特迪瓦、哥伦比亚、哥斯达黎加、厄瓜多尔、美国、危地马拉、洪都拉斯、印度、日本、肯尼亚、墨西哥、乌干达、秘鲁、菲律宾、塞内加尔、乌拉圭、韩国、马来西亚、斯里兰卡、委内瑞拉欧共体、新西兰、挪威、瑞士、泰国)]。 [子目改变（新加坡、阿根廷、埃及)]。	提交原产地规则委员会作决定（文件第 42.146 号，问题 30）
0901.21	- 已焙炒的咖啡： - - 未浸除咖啡碱	本子目所述货物的原产地应为植物生长的国家（巴西、科特迪瓦、哥伦比亚、危地马拉、印度、肯尼亚、墨西哥、乌干达、秘鲁、菲律宾、塞内加尔、乌拉圭、马来西亚、韩国、斯里兰卡、委内瑞拉、古巴)]。 [子目改变（欧共体、瑞士、新加坡、加拿大、新西兰、日本、美国、阿根廷、埃及、新西兰、泰国)]。	提交原产地规则委员会作决定（文件第 42.146 号，问题 31）
0901.22	- - 已浸除咖啡碱	[本子目所述货物的原产地应为植物生长的国家（巴西、科特迪瓦、哥伦比亚、危地马拉、印度、肯尼亚、墨西哥、乌干达、秘鲁、菲律宾、塞内加尔、乌拉圭、马来西亚、韩国、欧共体、泰国)]。 [子目改变新加坡、阿根廷、埃及)]。 [子目改变，子目 0901.21 改变至此的除外（加拿大、新西兰、美国、日本)]。	提交原产地规则委员会作决定（文件第 42.146 号，问题 30、31）

资料来源：WTO 文件 G/RO/45/ADD8/REV3。

第三节 改编《协调制度》使之适应原产地的需要：一些决定性的技术问题及其蕴涵的影响

在谈判的最初阶段，每当单纯采用《协调制度》税则目录可能引起原产地判定上的困难，或者由于《协调制度》的结构编排方式而使得特定的生产工序不被认可赋予原产资格时，原产地规则技术委员会也曾作出过一些更加缜密的调整，使《协调制度》与之相适应。世界海关组织秘书处在 1995 年草拟的相关文件中列举了可能需要作出调整的情况并提出了以下解决方案①：

（1）未列明子目或品目改变不足以表示发生了实质性改变产品或产品部门的情况。

原产地规则技术委员会可以提出这样的规则，根据该规则，有关产品生产过程中所使用的非原产材料必须归入具体指定的子目或品目项下（例如，“由品目 yy. yy 改变至品目 xx. xx”），或者酌情归入具体指定的章中。必要时，在对某一产品或产品部门的实质性改变进行表述时，可规定使用澄清性的否定标准，例如：“品目改变，但子目 zz. zz. zz 除外”，“品目改变，但品目 xx. xx 至 yy. yy 除外”，或者甚至可以表述为“品目改变，但品目 xx. xx 除外，并带有特定的附加条件”（见表 2. 3）。

表 2. 3　带例外情况说明的品目改变举例

HS 编码	商品描述	原产地标准	评述
7213	不规则盘卷的铁及非合金钢的热轧条、杆	品目改变，由品目 7214 改变至此的除外	第一摞规则（已经原产地委员会审定）
7214	铁或非合金钢的其他条、杆，除锻造、热轧、热拉拔或热挤压外未经进一步加工，包括轧制后扭曲的	品目改变，由品目 7213 改变至此的除外	第一摞规则（已经原产地委员会审定）

资料来源：WTO 文件 G/RO/45/ADD12/REV2。

（2）子目或品目没有足够准确的商品描述，使这些子目或品目不能对有关特定产品所需的规则进行表述的情况②。在这种情况下，原产地规则技术委员会可以用标注“ex”的方式对那些子目或品目进行拆分。基本的原产地规则分别是拆分品目改变（CTHS）或者拆分子目改变（CTSHS）。

（3）单纯使用《协调制度》税则目录不能对产品部门或各个产品类别的原产地规则进行表述的情况，这时就有必要制定补充标准。

① 参见 WCO 文件 39. 486E：“工作计划第二阶段的工作方法”，1995 年 7 月。

② 特别是“一摞”子目或品目，这些子目或品目包含了未涵括某一章中前面的子目或品目内的产品。从长远来看，完成工作计划后，应该要求《协调制度》委员会对有关子目或品目进行拆分，以提供更为详细具体的商品描述，以满足原产地确定的需要。

表 2.4 关于《协调制度》结构调整的建议

HS 编码	商品描述	原产地规则
第 25 章	盐；硫磺；泥土及石料；石膏料、石灰及水泥	
2507	高岭土及类似土，不论是否煅烧	具体标准见各子目。
ex2507（a）	已煅烧的	拆分品目改变
ex2507（b）	其他	章规则
2518	白云石，不论是否煅烧或烧结、粗加修整或仅用锯或其他方法切割成矩形（包括正方形）的板、块；夯混白云石	具体标准见各子目。
2518.10	未煅烧的白云石	货物的原产地应为在天然或未经加工状态下获得本子目项下白云石的国家
2518.20	已煅烧的白云石	拆分品目改变

资料来源：WTO 文件 G/RO/45/ADD3/REV.1。

显然，《协调制度》是否适合于用于确定原产地，还要取决于客观和准确的归类，考虑到国际市场上的货物种类数以百万计，要做到准确归类绝非易事。此外，《协调制度》归类未必总能反映原产地规则技术委员会认为构成实质性改变的制造或加工工序。

如前文所述，对逐项产品的分析是从当初被认为最容易的章（第 25 章）开始的。在这种情况下，作为一项章级规则，原产地规则技术委员会原则上赞同使用以下术语（即本书第二章第五节中提及的所谓“渥太华语言”）来反映天然生成的矿物质：“货物的原产地应为在天然或未经加工状态下获得本品目（视情况而定）项下材料的国家。”但是，一些代表认为，矿物质的煅烧工序应当被视为赋予原产资格的工序。例如，如表 2.4 所示，HS 品目 2507（高岭土及类似土，不论是否煅烧）并未作任何进一步细分：此类陶土即便已经过煅烧，仍归入同一品目。在此情况下，为了调整《协调制度》的结构以满足原产地需要，并认可煅烧为赋予原产资格的工序，有必要设置两个拆分品目：一项是已煅烧高岭土。根据拆分品目改变规则，其原产地应为进口高岭土经煅烧加工的国家；另一项是“经煅烧的高岭土除外”，适用普通规则。最终，煅烧工序被认同为赋予原产资格的工序。

另一方面，HS 品目 2518 已经适当地细分为两个子目（子目 2518.10：“未煅烧的白云石”，及子目 2518.20：“已煅烧的白云石”）；采用子目改变规则就很容易将已煅烧的白云石的原产地确定为经煅烧加工的国家。

谈判期间拟订了一份术语指南，用以解释采用税则归类改变要求时的各种表述方式，如下文所示。

"术语指南

Ⅰ. 品目级规则:

(a) 如果规则是针对整个品目:

品目改变（CTH）——从其他品目改变至本品目

(b) 如果规则是针对某一分拆品目:

拆分品目改变（CTHS）——从本品目的任何分拆品目或任何其他品目改变至本分拆品目

品目改变（CTH）——从任何其他品目改变至本分拆品目（备注：从本品目的任何分拆品目改变至此的除外）

Ⅱ. 子目级规则:

(a) 如果规则是针对整个子目:

子目改变（CTSH）——从任何其他子目或任何其他品目改变至本子目

品目改变（CTH）——从任何其他品目改变至本子目（备注：从本品目的其他任何子目改变至此的除外）

(b) 如果规则是针对某一分拆子目:

拆分子目改变（CTSHS）——从本子目的任何分拆子目或从任何其他子目或品目改变至本分拆子目

子目改变（CTSH）——从任何其他子目或品目改变至本分拆子目（备注：从本子目的任何分拆子目改变至此的除外）

品目改变（CTH）——从任何其他品目改变至本分拆子目（备注：从本子目的任何分拆子目或本品目的任何子目改变至此的除外）

Ⅲ. 品目级或子目级规则

章改变（CC）——从任何其他章改变至本章"

一、机械产品"组装"的定义

原产地规则技术委员会在使用《协调制度》制定成套协调原产地规则时，遇到的一个困难是如何处理不完整品或未组装件。事实上，《协调制度》规定了6项归类总规则作为归类准则。在《协调制度》税则目录归类中最重要的一个概念是货物的"基本特征"。这一概念与不完整品或未制成品及未组装件或拆散件密切相关。

《协调制度注释》归类总规则2（a）的第一部分关于"不完整或未制成品"的表述，扩大了涉及特定货品的任何品目的范围，不仅包括完整品或制成品，还包括处于不完整或未制成状态的货品，只要这些不完整品或未制成品在报验时具有完整品或制成品的基本特征。归类总规则2（a）的第二部分关于"未组装件或拆散件"的表述阐明，以未组装件或拆散件报验的完整品或制成品，应当与已组装的货品归入同一品目。货物以这样的状态报验，通常是为了满足包装、搬运或运输的需要，或者为了方便包装、搬运或运输。

《协调制度注释》列举了许多具体范例，以阐明归类总规则2（a）所述的“基本特征”概念。例如，纵观第十六类的机械设备，凡是提到机器或设备的地方，不仅包括完整的机器设备，也包括不完整的机器设备。就是说，零件的组装已达到这样的程度，使其具备了完整的机器设备的基本特征。第87章总注释中关于机动车辆的注释就是一个很好的例子：

“不完整或未制成的车辆，只要具有完整品或制成品的基本特征，应按相应的完整或制成车辆归类，例如：

- 尚未装有车轮、轮胎及电池的机动车辆。
- 尚未装有发动机或内部配件的机动车辆。
- 尚未装有座垫及轮胎的自行车。”

不完整或未制成品，包括未组装件或拆散件，构成了原产地确定中最为复杂的一个领域。总体上，原产地规则技术委员会已达成共识，由零件组装成货品基本上已发生了实质性改变。但是，各成员对于应否制定一项共同原产地规则各执己见，并就此提出了不同的建议，如表2.5所示。

《协调制度》所指的零件包括三大类：（a）通用零件，（b）专用于或主要用于特定品目项下的机器设备的零件，以及（c）本身将作为其他货品的零件或部件使用的制成品。因此，对一些货品而言，用零件组装成制成品将引起品目改变（例如，用品目8508的零件制成品目8701至8705的机动车辆）；对其他货品而言，将引起子目改变（例如，用子目8716.90的零件制成品目8716的拖车或半拖车）。但是，在某些情况下，零件与已制成的车辆归入同一品目，且无细分子目。因此，零件用于生产品目8715项下的婴儿车等货品时，就不会引起税则归类改变（见表2.5）。

区分零件与不完整品或完整品的问题，自然成为贯穿整个机械类产品的问题。在谈判过程中，各国代表团的主要关注在于如何在排除简单组装加工（所谓的“螺丝刀”工序，也与反倾销程序有关）的同时获得实质性改变。基于这些关注，许多代表团提出了各自的建议。一些代表团侧重从《协调制度》考虑，将从零件到成品的改变认同为实质性改变，有时也会对这种改变设置一些限制，以把简单组装加工排除在外。有些代表团建议设置章注，以涵盖机械设备组装的各个方面，例如，如何对待货品的拆散件，或者如果通过重新检测或重新鉴定（《协调制度》下有些机器设备是根据其功率或电压进行归类）等简单处理导致了税则归类改变，又应如何处理。如何对不完整品或未制成品（及零件）进行界定？它们应当适用何种规则？这些都是系统性问题。

欧共体对简单组装的问题表示关注，建议采用增值规则（VAR）来赋予经组装加工产品的原产资格。巴西起初的立场也与欧共体一致；但只有为数不多的国家对此建议表示支持。

也有人试图将重点放在组装加工过程中经过的不同工序上，例如，将零件黏合、焊接或拴接起来制成最终商品。但问题是，针对不同类型的机械设备，这些加工工序可以被视为简单加工，也可以被视为复杂加工。同样，在组装过程中将这些加工工序结合起来也是不可行的，因为组装加工所涵盖的各种产品之间的差别实在太大了。

表 2.5　第 87 章中制成品及零件的归类

HS 编码	商品描述	主规则	评述
第 87 章	车辆及其零件、附件，但铁道及电车道车辆除外	具体标准见各子目。	
8702	客运机动车辆，10 座及以上（包括驾驶座）	［品目改变（瑞士、日本、墨西哥、埃及、摩洛哥、突尼斯、土耳其、新加坡、美国、印度、泰国、加拿大、菲律宾）］。 ［品目改变，但由品目 87.06 改变至此的除外（马来西亚）］。 ［30% 增值规则（印度）］。 ［60% 增值规则（欧共体、澳大利亚、巴西）］。	提交原产地规则委员会作决定
8715	婴孩车及其零件	［品目改变（日本、墨西哥、新加坡、马来西亚）］。 ［品目改变或 45% 增值规则（欧共体、澳大利亚）］。 ［具体标准见各分拆品目（瑞士、加拿大、美国、韩国、菲律宾、泰国）］。	提交原产地委员会作决定（问题 1 至 6，问题 8 至 13）
ex8715（a）	婴孩车	［分拆品目改变（瑞士、加拿大、美国、韩国、菲律宾、泰国）］。	提交原产地委员会作决定（问题 1 至 6，问题 8 至 13）
ex8715（b）	婴孩车零件	［品目改变（瑞士、加拿大、美国、韩国、菲律宾、泰国）］。	

注：当建议分拆品目或分拆子目时，会突出显示其不是《协调制度》条文。

资料来源：WTO 文件 G/RO/45/ADD15/REV1。

由于按零件归类的货品也可由更小的零件实质性组装而成，而认同由零件组装成（未）制成机械产品的规则，对于在某一品目或子目内进行的相同加工工序应该同样适用。这样就带来了新的困难。尽管有的代表团提出了一个相当实用的建议，即对组装成部件的零件数量进行计算（只要五个以上零件组装在一起就认同其原产资格），但是，相对于认同类似的组装加工而言，无论其处于制造或加工的哪个阶段，欧共体提出的增值标准都具有明显的优势。第三种方案是结合此类组装加工工序，对不同的加工工序标准进行界定。

从以下摘自较早前的谈判文本可以看到谈判中提出的各种方法及其技术上的

复杂性：

"针对组装的章级规则建议摘要

[赋予原产资格的主规则（秘书处）]：(新加坡、印度)。

A. 不是在一国完全获得的本章货品应当视为原产于发生下列改变之一的最后一个国家：

(a) 非原产材料发生了税则归类改变，无论其源自任何其他子目，包括同一品目项下的其他子目（子目改变），或者源自任何其他品目（品目改变）；或者

(b) 通过组装，包括局部组装所获得的货品应当视为反映了最后的实质性改变；或者

(c) 特定品目或子目所界定的加工工序（例如，集成电路的组装）使最终产品具有新的特征或新用途。(新加坡)

B. 经过组装加工，制成一项具有新的特征的新货品，应当视为经过了实质性改变。(印度、摩洛哥、塞内加尔。其中塞内加尔的立场仅限于第84章至第86章的产品)

C. 由未制成品或零件制成的最终产品或零件（毛坯件除外）：(瑞士)

当第84章至第90章以及第93章项下货品所列的税则归类改变规则无法确定货物的原产地时，应当适用下列实质性改变规则：

(a) 由与最终产品或零件归入同一品目或子目的非原产的未制成品或零件制成的最终产品或零件，应当原产于制成该产品或零件的国家，只要：

(ⅰ) 未制成品或零件在其进口状态下未具备其最终功能，并且经过了以下至少两道以上的工序加工：

● 经过但不限于以下组装：熔焊、焊接、缩印、拴接、黏合、装配、固定、缠绕、卷绕、连接、接线；或者

● 热处理或热化学处理，例如，灼烧、回火、淬火，或者

● 为塑型、冷成型或热成型等加工所作的处理；或者

● 机械处理，即对模型点位及最终的功能形状定位面公差的精加工，例如，车削、铣削、钻孔、拉削、研磨、抛光、珩磨、烧蚀；或者

● 表面处理，例如，涂层、压缩、浓缩、浸渍（不包括为了运输以及/或者贮存需要而进行的临时保藏）、绝缘；或者

● 系统工程、软件开发及应用；以及

(ⅱ) 制成品或零件经过了最终测试，这些测试包括但不限于称重、旋转、电压测试、性能或绝缘测试。

D. [其他（美国）][章补遗规则（秘书处）]：(问题1)

在列表中的产品特定规则及前述的法定注释均不能作为确定原产地的决定因素的情况下，应当适用下列规则：(美国、瑞士、澳大利亚、土耳其)。[其中土

耳其的立场仅针对子目 ex8471.60（a）项下的分拆子目（A）和（B）]

（a）由五个以上零件｛[第15类注释2所规定的通用零件或类似的塑料零件（第39章）（美国）][《协调制度》第16类注释1（g）所规定的通用零件（澳大利亚）]除外｝组装而成的货品，其原产地应为组装该货品的国家（美国、澳大利亚、土耳其）[其中土耳其的立场仅针对子目 ex8471.60（a）项下的分拆子目（A）和（B）]，或者

（b）用非原产的部件加工成具有一项以上新的机电性能装置或设备，其原产地应为进行此类加工的国家（美国、土耳其）[其中土耳其的立场仅针对子目 ex8471.60（a）项下的分裂子目（A）和（B）]，或者

（c）补遗规则——由五个以下零件[《协调制度》第15类注释2所规定的通用零件或类似的塑料零件（第39章）]组装而成的货品，其一个或多个零件｛[《协调制度》第15类注释2所规定的通用零件或类似的塑料零件（第39章）（美国）][《协调制度》第16类注释1（g）中所规定的通用零件（澳大利亚）]除外｝满足组装国家的原产要求，其原产地应为组装该货品的国家（美国、澳大利亚、土耳其）[其中土耳其的立场仅针对子目 ex8471.60（a）项下的分拆子目（A）和（B）]。”

表2.6 第84章中制成品及零件的归类

HS编码	商品描述	主规则	评述
8420	－研光机或其他滚压机器及其滚筒，但加工金属或玻璃用的除外	具体标准见各子目。	
8420.10	－研光机或其他滚压机器 －零件	[子目改变]（日本、美国、加拿大、瑞士、墨西哥、哥伦比亚、新加坡、菲律宾、摩洛哥、澳大利亚、中国香港） [品目改变 或 45% 增值规则]（欧共体） [60% 增值规则]（巴西）	提交原产地规则委员会作决定（问题1至13）
8420.91	－滚筒	[品目改变]（日本、美国、加拿大、瑞士、墨西哥、哥伦比亚、新加坡、菲律宾、摩洛哥、澳大利亚、中国香港） [品目改变或45%增值规则]（欧共体） [60%增值规则]（巴西）	提交原产地规则委员会作决定（问题1至13）
8420.99	－其他		

资料来源：WTO 文件 G/RO/45/ADD15。

谈判中遇到的许多困难缘于北美和欧洲的产业部门采用不同的原产地规则体系（同时源于不同的优惠原产地规则）。就机械部门而言，总体上，欧共体坚持采用增值百分比标准，美国则希望采用税则归类改变标准。考虑到这一因素，总

理事会拟提出的最新折中建议是：将这两种规则均作为可选择的主规则。在撰写本书之际，从最新的草案可以看到，采用上述两种原产地标准的其中一种或者另一种的选择权将留待进口国在草拟实施协调工作计划的本国立法时决定。一旦作出选择，WTO 成员应当在 90 天内向原产地规则委员会通报。

允许选择意味着，生产商和出口商必须首先了解进口国所选择采用的方法，以确定在采用税则归类改变或者增值规则的情况下其产品是否符合原产地规定。

试举一例来阐明这些不同方法。如果我们将表 2.6 所述的研光机置于子目 8420.10 项下的机械所建议采用的子目改变规则之下，那么，使用子目 8420.91 至 8420.99 项下的零件进行组装加工就足以赋予原产资格。如果采用欧共体的方法，将零件加工成制成品（或未制成品）的组装加工必须实现较大增值才能赋予原产资格（表 2.5 所述的规则为简述版，应当表述为："制造或加工过程中所使用的所有非原产材料的价值不得超过产品出厂价的 45%"）。

考虑到上述摘录中所包含的各种建议，只要使用五个以上零件组装加工成较大的零件，那么，即使这些较大零件与所使用的零件归入同一子目（例如，子目 8420.91 或 8420.99），也足以赋予原产资格。同样，对子目 8420.10 项下的货品进行组装加工，即使通过这种加工所制成的设备具有新的机电功能，或者具有新的特征，这种组装加工也应赋予原产资格。但是，各成员之间对这些"新"功能有不同解读。

二、"拼合"纺织品及服装的定义

零件组装的问题也与纺织品密切相关，而就原产地确定而言，纺织品是最为敏感的部门之一。对于第 61 章的货品（"针织或钩编的服装及衣着附件"），原产地委员会就有关选择性建议进行了讨论。其中一个问题涉及品目 6101 至 6105 项下货品的拼合加工——用针织或钩编成形的零件进行拼合加工的拆分章级规则，特别是这种加工能否视为赋予原产资格的加工？因为在许多国家看来，拼合加工并不足以使货品发生实质性改变（见表 2.7）。因此，为了确定这些货品的原产地，有必要编撰章注。

对于表 2.7 中的方案一，一些代表团认为，如果织物经裁剪、针织或钩编成形后进行的所有主要拼合加工均在一个国家完成，那么，在该国使用针织或钩编成形的零件拼合成货品，应当视为发生了实质性改变。在确定货品是否在一个国家拼合成形时，一些细微加工（例如，制作扣眼、折边或者添加配饰、纽扣或其他扣件、口袋等物品）不予考虑。在这种情况下，其适用的原产地规则应当是改变至该分拆章节项下的货品，只要该货品是依照章注 1/方案一的规定进行拼合加工（未列入表 2.7）。

支持方案 2 和方案 3 的代表团则认为，在一个国家使用针织或钩编成形的零件进行拼合加工，仅需经过微小加工，通过圈结或简单缝纫加工把零件拼合起来，因此，这种加工不能反映实质性改变。根据这些建议，此类货品的原产国应该是把货品针织或钩编成形并进行缝制加工或者其他拼合加工的国家，或者是针织或钩编这些零件的国家，无论这些零件是否在同一国家进行拼合加工。

表 2.7　章拆分举例

HS 编码	商品描述	主规则	评述
第 61 章	针织或钩编的服装及衣着附件	具体标准见分拆章节。	
ex - 第 61 章（a）（品目 ex 6101 至 6117）	针织或钩编成形的货品，包括零件及附件	本分拆章项下货物的原产地应为将这些货物针织或钩编成形的国家（方案一）。	第一摞规则
ex - 第 61 章（b）（品目 ex 6101 至 ex6115）	品目 6101 至 6115 项下用针织或钩编成形的零件拼合而成的货品	［根据章注改变至本分拆章（方案五）（印度）］［只要货品是在一个国家拼合而成的，根据章注改变至本分拆章（方案一）（欧共体、日本、菲律宾、马来西亚、土耳其、瑞士、挪威、斐济、哥斯达黎加）］ ［章改变，只要这些货品的零件均在申明原产资格的国家针织或钩编成形并进行缝制或其他拼合加工（阿根廷、巴基斯坦、泰国、乌拉圭）］（方案二） ［本分拆章项下货品的原产国应为这些货品的零件针织或钩编成形的国家（美国、印度、墨西哥、加拿大、塞内加尔、埃及、危地马拉、澳大利亚、巴西、日本、韩国、新西兰、菲律宾）（方案三）	提交原产地规则委员会作决定（文件 42.271，问题 45）

注：（1）当建议分拆品目或分拆子目时，会突出显示其不是《协调制度》条文；（2）（菲律宾）认为，在满足 ex－第 61 章（ⅰ）所列条件的情况下，对本分拆章项下货品（包括零件及附件）的刺绣加工应当视为实质性改变。

资料来源：WTO 文件 G/RO/45/ADD1/Rev. 2。

第四节　次要原产地规则及补遗原产地规则

如前所述，非优惠原产地规则旨在将原产地分配到进口到一个国家的所有货物。因此，在任何情况下都必须确定其原产地，因为海关必须确定货物的原产地，以便对贸易政策工具进行管理。如果主要的原产地标准（品目改变、加工工序要求或者增值标准）未能得到满足，就应该有次要的补遗规则，以确定其原产地。即使《原产地规则协定》本身在这一点上并未作出规定，各成员仍然认为，上述争议必须加以解决，因此，应当适用补遗规则。

原产地技术委员会所面临的第二个基本问题是，如何确定补遗规则的适用次序及其实施——即当货物不能满足主要的原产地规则而必须采用补遗规则时会出现什么情况。原产地技术委员会对两种基本方法进行了讨论。第一种方法（长期以来得到美国支持）规定，如果主规则在一个国家未能得到满足，主规则应当适用于处于生产链下游的国家，以确定该规则在这些国家中的任何一个是否得到满足。只有在主规则在“上述”国家均无法得到满足的情况下，才能适用补遗规则。这就是所谓的“追溯法”。第二种方法（得到欧共体支持）规定，应当对主规则适用于“完成最后生产工序”的国家的情况加以限制。因此，如果主规则无法适用于完成最终生产工序的国家，应当适用补遗规则。

于是，评估这些备选规则的潜在影响就显得至关重要了。根据追溯法，在适用情况下，海关将不得不依据所得到的文件，对上述国家的原产地进行追溯。在某些情况下，这种程序是非常困难的，而且费时费力，因为它要求海关确定最终产品所经过的不同制造或加工阶段，确定在不同国家完成的具体加工工序。出于商业原因及保守秘密的需要，这种追索法也会遇到障碍。对于发展中国家的出口商、生产商及管理机构而言，实施这一规则要求各国海关高度合作。此外，关于有关信息及文件的规定会要求出口商、进口商及海关等各方精通该规则，并对实施该规则可能造成的影响有所认识。

根据欧共体所采用的方法，原产地确定在很大程度上取决于货物进口时海关确定货物原产地的能力。如果主规则得不到满足，经营者或海关关员就得直接采用补遗规则。但是，采用这种方法意味着，进口国的经营者或者负责实施《协调原产地规则》的官员对生产过程中所使用的所有部件的原产地是了解的。

1999 年 11 月，原产地技术委员会在这一问题上部分达成了一致，总体上放弃了追溯的做法，但在补遗规则（以及在一定程度上在附录 II 所列的完全获得产品清单规则）中对追溯的方法予以保留。事实上，在对“渥太华规则”进行解读时，原产地往往是指完成某一制造或加工工序的国家。这就意味着，最后的出口国必须基本了解在其他国家完成的制造或加工工序。在谈判的最后阶段，关于“追溯法”实施范围的问题有可能会重新浮出水面。

第五节　协调非优惠原产地规则的现状[①]

一、总体结构

“总体结构”一词通常是指协调原产地规则的框架及其适用顺序。它包括规则的整体结构及其所适用的法则。

---

① 本节是以 2007 年 2 月底之前的非官方记录所散发的草案作为参考资料而撰写的。校稿时（2008 年 10 月）没有或没有得到已经散发的其他相关草案。参见最新公布的合并文本 G/RO/W/111/Rev. 2，2008 年 5 月 23 日。

作为管理协调原产地规则的组织结构，《原产地规则协定》在许多方面均未作出明确指引。但是，人们很快就明白，必须制定一些总规定，以便对整套规则进行管理。原产地技术委员会很快就投入到审议产品特定规则的工作中。而早在1995年11月，原产地委员会就要求原产地技术委员会还要制定一套总体结构。原产地委员会要求原产地技术委员会“提出……一套建立总体结构设计方案的通用格式，以便把根据第9.4条的规定而完成的协调工作计划各个阶段的工作成果涵盖其中”。

尽管《原产地规则协定》的有关规定在很大程度上对总体结构及现有结构的谈判提供了指引，但是，许多问题并未得到解答，随着谈判向前推进，又有一些新的问题显现出来。

特别是，《原产地规则协定》第9条第1（b）项规定：“原产地规则应当规定，确定为特定货物原产地的国家，应为完全获得该货物的国家，在该货物的生产过程涉及一个以上国家时，应为完成最后实质性改变的国家。”

因此，协调工作计划的结构应当给出以下术语的定义：视为在一个国家完全获得的货物、自身不得赋予货物原产地的微小加工或处理［第9条第2（c）（i）项］及税则归类改变标准的使用［第9条第2（c）（ii）项］。当税则归类改变不适于界定产品特定原产地规则时，还应制定补充规则，包括从价百分比以及/或者制造或加工工序［第9条第2（c）（iii）项］。产品特定原产地规则界定方法的这一适用顺序，成为希望采用补充标准的代表团（主要是欧共体与其他代表团）之间争议的焦点。与此相反，美国倾向于全面采用税则归类改变标准。在本书撰写之际，该争议仍未完全得到解决，这已为事实所证明，即就第84章至第90章而言，任由WTO成员进口国选择采用各章税目一级的税则归类改变或从价百分比标准。

为了解决涉及总体结构的一些关键性问题，召集了两次非正式会议（渥太华和米其湖会议）。在渥太华会议上，各方就附录一（完全获得）及附录二（产品特定规则）的适用范围达成了一致。

在这次会议上，欧共体与美国及加拿大还就拟订附录二（产品特定规则）时所使用的“完全获得”这一术语达成了妥协。

对于附录二第1章所述的活动物，欧共体根据其在优惠原产地规则方面的经验，建议在产品特定规则中引用完全获得货物的概念。一方面，这一建议遭到了一些代表团的反对，这些代表团认为，考虑到各方已就规则的适用顺序达成一致，完全获得货物的概念仅适用于附录一。另一方面，其他代表团则认为，由于《协调制度》并未就第1章所述活动物的源体作出规定，税则归类改变规则难以实施。

各方就以下渥太华语言的措辞达成了妥协：

（1）对于废碎料，原产地规则应以产生废碎料的国家为依据；

（2）对于有源体的货物，原产地规则应以带有例外情况说明的税则归类改变标准为依据；以及

（3）对于没有源体的货物，原产地规则应以在天然或未加工状态下获得该货物或材料的国家为依据。①

其后，上述第三项定义依其所适用的章而有所发展。例如，在第 1 章中，“材料”一词在拟订第 1 章的产品特定规则时被“动物”一词所取代；就乳制品而言，“材料”一词被“乳”一词所取代，以此类推。

从各方在米其湖会议上所达成的建议可以看到，其后在拟订总体结构方面的大部分工作是根据各方达成一致的以下原则进行的：

（1）没有必要为应对微小加工或处理的问题而单独制定附录 3，因为可以将其置于总体结构中的适当地方。

（2）在附录二中可以订立两种规则：“主规则”和“补遗规则”。

（3）在附录二中，可将“主规则”置于章首；在其适用于特定的品目或子目时，也可将其置于税目表中。

（4）对各项主规则应当同等对待。

（5）“主规则”可以规定某些处理或加工不得赋予原产资格（否定式主规则）。

（6）只有在主规则未能赋予原产资格的情况下，才能适用补遗规则。

（7）补遗规则可以置于附录二之首，也可置于各章。

（8）必须按时间顺序在各项主规则及补遗规则中选择所适用的规则，即最后得到满足的赋予货物原产资格的规则 。

根据第 9 条所规定的、各方在各次非正式会议上所达成的原则及各种方法的应用顺序，谈判者们逐步创建了一个总体结构（分为总规则、附录一及附录二三部分）。

二、总规则

事实上，所称“总规则”反映了协调工作计划的总体结构，它对非优惠原产地规则的范围和定义、微小加工或处理、一般适用规则、按顺序运用附录一及附录二的规定确定货物原产地的途径作了规定。

以下为总规则及其评述。

① 参见 WCO 文件 40. 510 的附件 C/2。

"总规则①

总规则一：适用范围

本附件所述的原产地规则应当与《关于建立世界贸易组织（WTO）的协定》所附的《原产地规则协定》第1条第1款所下定义相同，并且应当适用于《原产地规则协定》第1条第2款所述目的。（较早前版本）

（B）各成员在立法时应当对使用本附件附录二规定的原产地规则的本协定第1条第2款所述的非优惠商业政策工具（以下简称为"商业政策工具）作出规定。各成员应当在本附件生效之日起90天内，就其商业政策工具情况向原产地规则委员会通报。（2007年2月散发的最新草案）"

其后，在2008年5月散发的合并文本中，该规则被删除了（参见2008年5月23日散发的WTO文件G/RO/W/111/Rev. 2）。一旦各方最终达成协议，该规则也许会被纳入文本当中。总规则1的较早前版本（以斜体字表述）反映了《原产地规则协定》的规定，目前仍在谈判当中。事实上，关于《原产地规则协定》"第1条第2款所述目的"的表述，将协调原产地规则的适用范围延伸到其他WTO协定。这一问题一般被称为对其他WTO协定的影响，将在本章第八节进行论述。第二个版本包含了两款规定。A款（未报告）明确规定，给出"完全获得货物"定义的附录一同等适用于WTO协定第1条第2款所述的所有目的。第2款（b）项包含了建议WTO各成员通报其适用附录二的产品特定规则的非优惠商业政策工具情况的内容。其后，为将其表述得更清楚，转而将该规定作为附录二的规则1，再后来又将规则1从总规则中完全删除，目前各方尚未就此最终达成协议。这样的表述使得WTO各成员可以任意选择采用附录二所包含的产品特定规则来确定原产地的商业政策工具。如本章第八节所述，这是各方为打破在协调工作计划对其他WTO协定影响问题上的僵局所达成的妥协。实际上，这一僵局已持续多年，它使得协调工作计划无法取得任何进展。

"总规则二：《协调制度》

所称品目及子目，是指经修订并生效的《商品名称及编码协调制度》（以下简称《协调制度》或HS）中的品目及子目。货品在《协调制度》项下品目及子目中的归类，应当遵循《协调制度》归类总规则及任何有关的类注、章注和子目注释。除本附件所列规则另有规定的外，为实施原产地规则而增设的子目项下货

---

① 本章提及的较早前草案是指WTO文件G/RO/45/Rev 2。所提及的2007年2月散发的最新草案为没有官方纪录的非正式草案。为查找方便，将两个文本作了比较，以便读者了解谈判的复杂性、各方不同的谈判立场及所取得的进展。在本书撰写之际，2007年2月散发的草案已被纳入最新的秘书处合并文本当中。参见2008年5月23日散发的WTO文件G/RO/W/111/Rev. 2，略有修改。

品的归类，也应遵循《协调制度》归类总规则及任何有关的类注、章注和子目注释。[①]（本规定现已纳入2008年5月23日散发的最新合并文本，作为一项总规则）”

《协调制度》目录需要定期修订，同时，协调工作计划在制定产品特定原产地规则方面广泛采用了《协调制度》，基于这样的事实，有必要对这两个法律文件之间的关系作出规定。这项规则应当连同《原产地规则协定》第6条第（3）款一起进行解读。该条款规定，原产地规则委员会应当会同原产地规则技术委员会，结合第9条所确立的目标和原则，建立研究协调工作规划成果并提出修订建议的机制。这方面的情况包括：需要使规则更具操作性，或者考虑到新的生产工艺或受到任何技术变化的影响，需要对规则进行更新。

在本书撰写之际，对于采用何种机制以确保《协调制度》的修订能够完全反映在协调原产地规则中的问题，各方尚未最终达成协议，尽管原产地规则委员会已就这些方面连同原产地规则技术委员会提交的建议进行了全面审议。[②] 在一份已散发的草案中，各种方案罗列其中。《原产地规则协定》第6条第3款规定，原产地委员会应当建立研究协调工作规划成果并提出修订建议的机制，在以下两种情况下，需要对规则进行修订：其一，需要使原产地规则更具操作性；其二，因技术变化或新的生产工艺需要对规则进行更新。

但是，必须考虑到，如《原产地规则协定》第9条第4款所规定的那样，协调原产地规则将成为《原产地规则协定》不可分割的一部分。因此，《原产地规则协定》所设想建立的新的修订机制应当结合WTO协定第10条的规定进行考虑。该条款对修订WTO多边贸易协定条款的程序作了规定。

当我们面临对协调原产地规则进行修订的实际需要，并依照WTO协定第10条的规定完成其所需程序时，困难出现了。特别是，因《协调制度》发生变化而需要对协调原产地规则进行修订时，所有WTO成员必须采取联合行动。理想情况下，一俟世界海关组织协调制度委员会完成修订《协调制度》的工作，即应启动协调原产地规则的修订工作。

此类实际需要有可能会受制于法律义务上的规定。有人提出了两种方案：

1. 第一种方案遵循WTO协定第10条所列出的一般修订程序：根据原产地规则委员会的建议，由货物贸易理事会向总理事会提交修订协调原产地规则的建议；随后，总理事会将根据WTO协定第10条的规定，决定将修订建议提交各成员，提请各成员接受。如果有成员向总理事会提出其修订建议，总理事会可以结

① 选择文本包含在WTO文件G/RO/45/Rev. 2中。此段文字也可参见前面讨论过的原产地规则修订草案文本。

② 参见WCO文件OC0071E的附件E/2或WTO文件G/RO/51。

合上文提到的原产地规则委员会的报告，就此作出决定。

2. 第二种方案是建立特别的修订机制，以取代WTO协定第10条所规定的修订程序。由于需要经常对协调原产地规则进行修订，似乎应当把这种修订工作视为原产地规则委员会现有职责的组成部分，而不是把它视为一项协议修订工作。值得注意的是，对协调原产地规则的修订可能会改变各成员之间在现有原产地规则上所达成的利益平衡。基于此，修订协调原产地规则可适用原产地规则委员会和总理事会的常规决策程序，而非WTO协定第10条所规定的程序。

就修订协调原产地规则的实际需要而言，任何方案均未提出简单的解决办法。在本书撰写之际，又散发了一份关于海关归类争端解决安排的草案。各成员之间的海关归类争端主要根据《商品名称及编码协调制度的国际公约》第10条进行管理：

"10.1 缔约国间对本公约解释或执行方面有任何争议应尽可能通过争议各方之间协商解决。

10.2 协商无法解决的争议应由争议各方提交协调制度委员会审议并提出解决建议。

10.3 协调制度委员会无法解决的争议，由委员会将问题提交理事会，由理事会按《关于创立理事会的公约》第3条（5）项的规定提出建议。

10.4 争议各方可事先商定同意接受委员会或理事会的建议并遵照执行。"

根据《原产地规则协定》第7条和第8条的规定，也可把归类争端诉诸WTO争端解决谅解机制（DSU）。由于WTO争端解决谅解机制的决定具有约束力，WTO各成员很可能会将其用于《协调制度》相关事务中。基于这种考虑，该草案力求就此达成谅解。不过，该草案又建议，在专家组程序中应当采纳协调制度委员会的专家意见，以便从技术层面对归类问题进行研究。

"总规则三：原产地的确定

货品的原产国应当根据这些总规则及依顺序适用的附录一和附录二的规定加以确定。（此项规定作为总则二出现在2008年5月23日散发的最新合并文本中）"

总规则3对基于附录一所包含的完全获得货物这一传统概念及非完全获得货物的规则的适用顺序作了规定。

完全获得货物的原产地应当根据附录一所包含的规则加以确定。做不到这一点的话，对于不符合完全获得货物定义的货物，应当适用附录二所包含的原产地规则。

"总规则四：中性要素

确定货物是否原产于某一国家时，为获得货物而使用的动力及燃料、厂房设施（包括安全设施），或者货物生产中使用的机器设备，或者未保留在货物中或构成货物一部分的材料，其原产地不予考虑。（此项规定作为总则三出现在2008年5月23日散发的最新合并文本中）”

这是众多原产地规则中的一项相当普通的规则，指明了在原产地确定中不予考虑的要素。这一规则增加了原产地规则管理的确定性和明确性。

“总规则五：包装、包装材料及容器

除附录一或附录二另有规定的外，凡与货品一同报验的包装、包装材料及容器，如果其在《协调制度》中是与货品一同归类的，则在依据附录一的相应规则及附录二所列的税则归类改变规则或特定工序规则确定货品的原产地时，此类包装、包装材料及容器的原产地应不予考虑。不与货品一同归类的包装、包装材料及容器，视为单独货品，其原产地应按附录一或附录二所列的相应规则确定。（此项规定作为总规则四出现在2008年5月23日散发的最新合并文本中）”

同上述情况一样，这是众多原产地规则中的一项相当普通的规则，在很大程度上是不言自明的。它反映了《协调制度》归类总规则5的下述规定：

“（a）制成特殊形状或适用于盛装某一或某套物品，适合长期使用的照相机套、乐器盒、枪套、绘图仪器盒、项链盒及类似容器，如果与所装物品同时报验，并通常与所装物品一同出售的，应当与所装物品一并归类。但本规则不适用于本身构成整个货品基本特征的容器。

（b）除上述规则5（a）规定的以外，与所装货品同时报验的包装材料或包装容器，如果通常是用来包装这类货品的，应与所装货品一并归类。但明显可重复使用的包装材料和包装容器不受本款限制。”

这里所述的“零售包装”问题，在后面的产品特定规则中也会涉及，因为某些具体的HS子目使用这一方式进行表述。

“总规则六：配件和备件，以及工具

与货品一同归类和报验的附件、备件、工具及说明书或其他信息材料，如果其通常是与货品一同销售，且在品种及数量上与其所属正常设备相匹配，在依据总规则三确定货品的原产地时，应不予考虑。（此项规定作为总则五出现在2008年5月23日散发的最新合并文本中）”

汽车的备用轮胎是解释该规则适用范围的典型案例。确定汽车的原产地时不应考虑备用轮胎的原产地。这一原则在谈判初期即已达成一致。

2008年5月散发的最新合并文本增加了关于微小加工及处理的总规则六，它包含在较早的草案附录一规则二中，具体如下：

“附录一：完全获得的货品

规则一：适用范围

本附录列出了视为在一个国家完全获得的货品的定义。

规则二：微小加工及处理

为下列目的而进行的加工或处理，无论是单独完成还是相互结合完成，均视为微小加工或处理，在确定货品是否在一个国家完全获得时，应不予考虑：

(1) 为便于运输或储存而确保货品保藏处于良好状态；

(2) 为便于装运或运输；

(3) 为便于销售而对货品进行包装或展示。

该规则二已被挪到总规则六。在2008年10月举行的原产地规则委员会会议上，各方针对总规则六提出了各种议案。”

在大多数原产地规则中，人们对微小加工及处理的概念是相当熟悉的。根据本章第五节述及的各方在米其湖会议上所达成的谅解，微小加工或处理通常包含在总规则中，而不是包含在涉及完全获得货物的有关规则中。事实上，如前文所述，在2008年5月散发的最新合并文本中，这一规定已被挪到总规则六。

事实上，《原产地规则协定》第9条第2（c）（i）项明确规定，应当就“不能完全获得货物、自身不赋予货物原产资格的微小加工或处理”制定协调统一的定义。

在谈判初期，这些规则包含在附录3中。第二种处理方式是该项规则分别在附录一和附录二中适用。在对协调工作计划进行讨论期间，各成员代表团围绕微小加工或处理这项总规则的内容及其适用范围展开了争论。含有微小加工或处理注释和说明的草案已向各成员代表团散发。

一些代表团认为，由于需要制定产品特定规则，加之微小加工的问题通常在章注中均会涉及，因此，为微小加工设置一项总规则显得有些多余。其他代表团则认为，列出微小加工或处理的清单是非常有用的。

近来，一些代表团越来越相信，在附录二中不必包含这样的规则，因为所适用的主规则已经确定某项微小加工或处理能否赋予原产资格。

各方一致同意，将原来的总规则五插入到附录一中，作为仅适用于完全获得货物的一项规则。考虑到涉及微小加工或处理的许多问题已涵括在附录二的章注中，对该规则的实际处理不失为一种务实的妥协。

“完全获得货物的定义

定义	注释
(1) 下列货品视为在一个国家完全获得：	
(a) 在该国出生并饲养的活动物；	在定义1（a）、（b）、（c）中，所称“动物”包括所有动物，其中包括哺乳动物、鸟类、鱼类、甲壳动物、软体动物、爬行动物、细菌及病毒。
(b) 在该国通过狩猎、诱捕、捕捞、搜集或捕获所获得的动物；	定义1（b）包括在野外获得的动物，不论其是活的还是死的，也不论其是否在该国出生并饲养。

定义	注释
(c) 在该国从活动物获得的产品；	定义1 (c) 包括从活动物获得的未经进一步加工的产品，其中包括乳、蛋、天然蜂蜜、毛发、羊毛、精液及粪便。
(d) 在该国收获、采摘或采集的植物及植物产品；	定义1 (d) 包括所有植物，其中包括果实、花、蔬菜、树木、海藻、真菌，以及在该国种植的活植物。
(e) 在该国提取或取得的定义 (a) - (d) 项所列范围之外的矿物及其他天然生成的物质；	定义1 (e) 包括天然矿物及其他天然生成的物质，其中包括岩盐或日晒盐、游离状态的自然硫、天然砂、黏土、石头、金属矿、原油、天然气、沥青矿物、天然泥土、普通天然水、天然矿泉水、天然雪及冰。
(f) 在该国从制造、加工或消费过程中得到的，仅适用于弃置或原料回收的废碎料；	定义1 (f) 包括所有废碎料，其中包括在同一国家从制造、加工或消费过程中得到的废碎料、废机器、废弃包装和家庭垃圾，以及不能再用于原用途而仅适于弃置或原料回收的所有产品。此类制造或加工作业包括各种类型的加工，不仅包括工业或化学加工，还包括矿业、农业、建筑、精炼、焚化及污水处理作业。
(g) 在该国收集的、不能再用于其原用途，也无法修复或修理，而仅适于弃置或者零件或原材料回收的物品；	
(h) 在该国从不能再用于其原用途，也无法修复或修理的物品中回收的零件或原材料；	
(i) 在该国单纯从以上 (a) - (h) 项所列产品中获得或生产的货品。	

截至2008年5月。”

所有成员一致认为，从一国的领海（不超过12海里）获取的鱼和其他产品，应以沿海国为原产地。从专属经济区（EEZ）（不超过200海里）获得的鱼和其他产品的原产地问题是一个极具争议的问题。在供选择的文本当中，一项文本建议从专属经济区获得的鱼和其他产品，应以捕捞船舶悬挂船旗所代表的国家为原产地。另一项文本则建议，从专属经济区获得的鱼和其他产品，应以沿海国为原产地。这一方案主要得到发展中国家的支持。

最新的供选择文本认为，解决这一问题的最好办法是交由进口国依照其对《海洋法》的法律立场来确定货物的原产地。

经过长达数年的谈判，最新草案显示，各方在渔业产品原产地规则这个棘手问题上达成了暂时性协议：

	定义	注释
(2)	(ⅰ) 从一个国家以外海域取得的海洋渔业捕捞产品及其他产品，视为在从事捕捞作业的船舶有资格悬挂的船旗所代表的国家完全获得。 (ⅱ) 在一个国家以外的加工船上获得或生产的货品，视为在从事该项作业的船舶有资格悬挂的船旗所代表的国家完全获得，只要该货品是由原产于同一国家的上述 (ⅰ) 项所列产品制造的。 (ⅲ) 从一个国家以外的海床或海床底土取得的产品，视为在根据《联合国海洋法公约》的规定对该海床或底土拥有开发权的国家完全获得。①	

截至2008年5月。

如上一节所概述的那样，制订一份完全获得货物的定义清单是原产地规则技术委员会的首要任务之一。

所有的原产地规则都含有一份完全获得货物的清单。现有版本比《京都公约》所含版本更为精确。特别是，各方围绕上述（1）（g）和（1）（h）两个定义及其环境考虑因素展开了激烈的争论。

附录一所含的定义（i）中的还包括了对一国出口的仅从该国完全获得的材料或产品获得的货物的原产地的定义。① 如下例所示。

“A 国出口货物：

● 仅从该国的天然岩石中开采的天然磷酸盐中获得的已碾磨天然磷酸钙（子目2510.20）；或者

● 仅从该国蜂箱中获得的天然蜂蜜（品目0409）；或者

● 仅在该国收获的谷物（品目1001至1008）。”

由于在上述出口货物的加工过程中没有添加任何外国原材料，因此，A 国为完全获得货物的国家，应为货物的原产国。

“B 国出口货物：

● 用从 A 国进口的甘蔗（品目1212）在 B 国制得的蔗糖（品目1701）。”

在此例中，由于蔗糖不是完全获得的产品，因此，B 国不是完全获得货物的国家，尽管根据附录二的规则，该国应为货物的原产国。

“附录二：产品特定原产地规则

规则一：适用范围

当货物的原产地无法按附录一确定时，其原产国应当根据本附录所列的规则确定。（较早前版本）

（a）当货物的原产地无法按附录一确定时，其原产国应当根据本附录所列的

---

① 这些定义应当理解为，不是《联合国海洋法公约》成员方的成员方的权利与义务不受损害。

② 这些范例摘自 WTO 文件 G/RO/W/56。

规则确定。

(b) 各成员应当在其立法中，就C栏或D栏所列的第八十四章至第九十章及第九十二章的成套主规则的适用问题作出规定。但是，就品目87.01至87.16中的每个品目而言，各成员可以选择采用C栏或者D栏所列原产地主规则中的一种。各成员应当在本附件生效之日起90天内，将其选定的原产地规则通知原产地规则委员会。(截至2008年5月)”

正如前面提到的，在第84章至第90章的产品特定规则采用税则归类改变标准还是从价百分比标准的问题上，上述（b）项所列的最新草案看来是欧共体与美国双方妥协的结果。至此，WTO各成员将不得不在90天内明确说明其国内管理机构将采用何种制度。

“规则二：规则的适用

(a) 本附录所列规则适用于本附件总规则二所述的、按照《协调制度》及其增设的任何附加品目（子目）进行归类的货品。

(b) 在根据本附录规则三确定货品的原产地时本附录特定章、品目、子目或拆分品目（子目）各级所列的所有主规则应当同等对待。

(c) 以税则归类改变为基础的主规则，仅适用于非原产材料。

(d) 主规则要求归类改变的，在确定货品的原产地时，下列归类改变不予考虑：

● 因拆解而导致改变的；

● 因包装或重新包装而导致改变的；

● 对于按未组装件或拆散件报验的零件集合，仅因运用《协调制度》归类总规则二（a）而导致改变的；但是，如果货品的原产资格是由其他加工赋予的，则不排除此类改变赋予其原产资格。

(e) 当货品仅由一个国家的原产材料生产时，应当视为该货品原产于该国。

(f) 当主规则均未得到满足时，货品的原产地应根据本附录规则三（c）至（f）确定。

截至2008年5月。”

考虑到当今的生产全球化使得越来越多的产品在一个以上国家进行生产，附录二包含了适用于当今生产和贸易的大多数货物。这些规则是谈判过程中最折磨人和磋商得最多的规则之一。

附录二包含了7条规则，其中规则1至规则3关系到与总体结构相关的最关键问题。

规则二（a）规定，原产地规则的适用是从货物在《协调制度》中的归类及在非优惠协调原产地规则中找到相应的商品描述开始的。

规则二（b）规定，在各章和产品特定规则清单一级的所有主规则应当同等对待。换言之，它们在赋予原产资格方面是等效的。

这些规则反映了各方在米其湖会议上所达成的某些基本谅解。在对化学品章节进行讨论时，各方认为有必要制定此类规则。为此，各方在章一级（化学反应）和具体子目一级（子目改变）提出了多项规则建议。但是，各方认为，成千上万种化学品经过实质性改变制成其他化学品后，仍有可能归入同一子目。据原产地规则技术委员会估计，把某一子目拆分为成千上万的拆分子目，以便使拆分子目改变规则适用于上述所有拆分子目，这种做法是根本不可行的。其更倾向于将化学反应规则置于章首。但是，这一做法有可能会在章规则和产品特定规则中的子目改变规则之间造成混淆。因此，制定规则2（b）是非常必要的。

规则二（d）涵盖了税则归类改变不赋予原产资格的若干情形。如前所述，包装、重新包装及拆解等加工通常是有关“微小加工或处理”争论议题的一部分，并涵盖在微小加工或处理的规定中。但是，在谈判期间，各方更倾向于根据不同情况进行处理，而不是通过制定一项单独规定，对此作出更具体的指引。

各成员一致认为，拆解不得赋予原产资格。规则的第一款对于从货物上拆下（回收）或取下、仍具有原有功能或者可以修复或修理的零件或物品的原产地作了规定。

因此，这一问题涉及的零件或物品不属于定义（f）、（g）和（h）项下完全获得货物的范畴。

这包括将旧的和折旧的零件拆解成零部件的情况。例如，普遍的做法是，更换新的处理器，以对电脑进行升级，尽管电脑本身仍然可以使用。这时就发生了税则归类改变，因为旧的处理器从品目84.71转移到了品目84.73的卡式微处理器。由此，如果针对品目84.73的规则是品目改变或子目改变规则，则此类拆解加工应当赋予原产资格。在产品特定规则中涵盖此类情况是不可能的，因此，原产地规则技术委员会同意设定这项否定规则。

规则二（d）中的第二个问题是关于包装或重新包装所引起的税则归类改变。还要注意到，在谈判期间，各方曾一致认为，重新包装不会引起税则归类改变，协调制度委员会第23次会议已将此意见记录在案。但是，为了确保在任何情况下，包装和重新包装均不得赋予原产资格，各方还是建议设定此项规则。

规则二（d）第3款涉及货物以未组装件或拆解件报验的情形。《协调制度》归类总规则（GIR）二（a）规定如下：

“总规则二（a）品目所列货品，应当视为包括该项货品的不完整品或未制成品，只要在报验时该项不完整品或未制成品具有完整品或制成品的基本特征；还应视为包括该项货品的完整品或制成品（或按本款规则可作为完整品或制成品归类的货品）在报验时的未组装件或拆散件。”

国际贸易中可能会出现这样的情形：将货物的零部件进口到一国，然后再以套件形式出口到另一国。在这种情况下，根据归类总规则二（a）的规定，可以适用品目改变规则。

这一规则旨在避免上述情形的出现：归入其他品目的最终产品零件的简单集合，因运用《协调制度》归类总规则二（a）而导致品目改变，并由此赋予原产资格。

根据规则三进行原产地确定

规则三是附录二的核心，对主规则和补遗规则的适用顺序作了规定。目前，规则三含有7款，一些代表团提出了不同的案文。由于规则三涵盖了若干复杂情况，并包含了若干可供选择的方案，该规则被进一步细分为主规则和补遗规则。

“规则三：原产地的确定

原产国应当根据下列规定依次确定：

主规则

(a) 货品的原产国应为根据其所适用的主规则指定的国家。（欧共体、挪威、日本）

当主规则明确规定以自然状态或未经加工状态获得货品的国家为该货物的原产国时，该货品的原产国应为以此状态获得该货物的［单一（印度）］国家。(印度)

当主规则规定货品的原产国为以下国家时，应当运用主规则，将其原产国确定为这些国家（加拿大、挪威）：

(ⅰ) 以自然状态或未经加工状态获得的货品，该货品的原产国应为以此状态获得该货品的单一国家；或者

(ⅱ) 达到特定的生产阶段时，货品的原产国应为达到该特定生产阶段的单一国家。(美国)

(b) 货品的原产国应为最后一个生产国，只要适用于该货品的主规则在该国得到满足。[①] (较早前版本)

规则三：原产地的确定

原产国应当根据下列规定依次确定：

主规则

(a) 当主规则本身指定以自然状态或未经加工状态获得货品的国家为该货品的原产国，或者以其他方式指定货品的原产国时，该货品的原产国应为据此指定的单一国家；

(b) 货品的原产国应为最后一个生产国，只要该货品所适用的主规则在该国

① 这也适用于要求货物的原产地为以自然状态或未加工状态获得货物的国家的主规则。(菲律宾)

得到满足。(2008 年 5 月散发的最新草案)”

规则三开门见山地指出，突出强调规则三项下各种概念的适用顺序非常重要，因为（a）和（b）款适用于主规则，其余（c）到（f）款则适用于补遗规则。截止 2008 年 5 月散发的最新草案，规则三的这一结构保持不变。

如以上较早前散发的草案所示，由于采用不同的拟订方法，一些代表团在拟订规则三（a）时存在分歧。但是，这些分歧并不是实质性的，只是定义上的问题。2008 年 5 月散发的草案显示，这方面已取得较大进展，各方的意见趋于一致。

欧共体针对规则三（a）提出的原建议涉及附录中的产品特定原产地规则，具体例子如前所述。

美国针对规则三（a）提出的原版本明确涉及所谓的“渥太华语言”，以及产品特定规则所要求的其他“特定生产阶段”。就后一种规则而言，机械部门的例子很多，例如，有关规则明确要求根据阴极射线管的生产加工情况赋予电视机的原产资格。

现有版本的规则三（b）涵盖了原产货物和非原产货物均在最后一个生产国加工的情形。只要其主规则得到满足，最后一个生产国即被视为原产国，如下例所示：

“B 国出口货物：

● 分别通过加工原产的可可豆（品目 1801）、铁矿砂（品目 2601）和棉花（品目 5201）而产生的可可壳（品目 1802）、冶炼钢铁熔渣（品目 2619）和废棉（品目 5202）；或者

● 用原产及非原产的水果（品目 0810）和蔗糖（品目 1701）制作的糖渍水果（品目 2006）；或者

● 用第 29 章项下的原产及非原产的有机化学品经过化学反应、混合或提纯后制得的同一章项下的有机化学品；或者

● 由进口的未加工钻石（子目 7102.21）制得的切割成形的工业用钻石（子目 7102.29）。”

在以上四种情形中，B 国都满足了适用于出口货物的主规则，即第 1 款的“渥太华语言”，第 2 款的章改变，第 3 款的章规则及第 4 款的子目改变加上特定加工工序。

“规则三：补遗规则

（c）当货品是由与其归入同一品目（子目）目的物品进一步加工制成时，该货品的原产国应为原产该物品的单一国家。(2008 年 5 月散发的最新草案)

[当货品经过一项或多项加工而未发生税则归类改变时，最终产品的原产地应为进行此类加工前货物的原产国，只要所添加的任何材料满足该货品所适用的

任何税则归类改变规则。]（较早前上述规则三的选择性草案）”

规则三中关于补遗规则的条款必须在主规则不能得到满足的情况下按顺序适用。如前所述，在非优惠原产地规则中之所以需要制定补遗规则，是因为这些规则必须详尽无遗：始终必须得出原产地确定的结果，因而应当在规则上作出规定。2007 年 2 月散发的最新版本对（c）款至（f）款作了规定，如以下几页中所示。2008 年 5 月散发的最新草案也请参见以下几页。

补遗规则三（c）（通常称为原产地保留规则）适用于以下情形：原产货物在第二国经进一步加工，而这种加工不足以导致原产货物税则归类改变。就是说，没有出现税则归类改变。在这种情况下，货物的原产地被生产原产货物的国家“保留”了下来。各方一致认为，较早前的两项草案中所称“归类/拆分品目或子目”，是指适用于主规则的税则归类/拆分品目或子目。

举例①如下：

“A 国的货物出口到 C 国：

● 散装原产苹果酒（品目 2206）。这些苹果酒在 C 国经进一步发酵，用产自 B 国的糖（品目 1701）加甜后，瓶装复出口（品目 2206）；或者

● 完全获得的天然软木（子目 4501.10）。这些软木在 C 国被研磨成粉状或粒状后复出口（子目 4501.90）；或者

● 原产的碳纤维和石墨材料（子目 ex6815.10（b））；这些材料在 C 国被加工成碳纤维（子目 ex6815.10（a））后复出口。”

在上述例子中，只要货物在 C 国的加工未导致这些货物所适用的主规则所规定的税则归类改变（即品目改变），根据规则二（c）的规定进行原产地确定时，复出口货物的原产地应为进口材料的原产国，即 A 国。

规则三项下的各款，特别是（c）款之后的各款是最为棘手的谈判议题之一。为了让读者对有关背景有更多了解，各方提出的后续草案也被纳入到本节的论述当中。

“规则三：补遗规则（较早前草案）

（d）货品的原产国应按其所适用的章级补遗规则确定；

（e）当货品是由全部原产于单一国家的材料生产时，该货品的原产国应为这些材料的原产国；

（f）[当货品是由一个以上国家的材料（不论是否原产）生产时，该货品的原产国应为根据各章具体规定确定的这些材料主要部分的原产国。（如果两个以上国家提供了同等分量的材料，该货品的原产地应当在多个国家中进行分配）]；（印度）

---

① 这些例子摘自 WTO 文件 G/RO/W56。

当货品是由一个以上国家的材料（不论是否原产）生产时，其原产国应为未满足该货品所适用的主规则的材料的单一原产国；]（美国）

[当货品是由一个以上国家的材料（不论是否原产）生产时，该货品的原产国应为根据各章具体规定确定的这些材料主要部分的原产国。但是，当所有使用的材料中原产材料占至少50%时，货品的原产国应为这些材料的原产国；]（欧盟）

(g)[由一个以上国家的材料（不论是否原产）生产的货品未满足该货品所适用的主规则时，该货品的原产国应为根据各章具体规定确定的这些材料主要部分的原产国。]（美国）”

规则三（d）和规则三（e）在很大程度上是不言自明的。就规则三（d）而言，很明显，如果存在章级补遗规则，即可根据该规则得出原产地确定的结果。

规则三（f）通常称为主要部分规则。但是，在规则三（f）上，美国的立场是：货物原产国应为未满足主规则的原产于单一国家的材料的原产国，由此对根据主规则得出的原产地确定结果作了补充。如果所适用的主规则为品目改变，“但由具体品目改变至此的除外”，那么，主规则的原意显然是：特定的税则归类改变未导致实质性改变。根据美国的建议，把关注的重点放在未经所需税则归类改变的材料的原产地上是符合逻辑的，也是非常适当的。

欧共体的建议包含了增值方法的内容。在磋商过程中，各方普遍认为，补遗规则的适用顺序应当是：首先，测试主规则在最后一个生产国是否适用；其次，测试保留原产地的概念是否适用；最后，测试主要部分的概念是否适用。但是，在较早前散发的草案中，各方（特别是欧共体与美国之间）在主要部分的概念如何适用的问题上存在分歧。下面所举例子也许能够对补遗规则的适用作出进一步澄清。

举例如下：

“C国出口货物：

● 用原产于A国的稻谷（子目1006.10）和原产于B国的糙米（子目1006.20）加工而成的经磨光大米（子目1006.30）；或者

● 用从A国和B国进口的织物（第十一类）及原产织物生产的未经药物浸涂的医用绷带[品目ex3005（b）]；或者

● 用原产于A国和B国的成卷X光胶片（子目3702.10）生产的X光硬片（子目3701.10）；

● 用原产的手表零件[品目9114]和产自A国和B国的不完整手表机芯[品目ex9110（a）]生产的未组装完整手表机芯[品目ex9110（a）]。”

在上述例子中，用于生产出口货物的所有材料（无论是否原产）均未满足这些货品所适用的主规则。因此，应当根据规则三（f）的两个方案，依所使用材料的主要部分，将原产地赋予A国、B国或C国，或者按照美国的方法，将原产地赋予未满足主规则的材料原产国。

谈判期间所散发的另外一个例子说明，采用不同的规则方案，其适用范围是不同的，也会得出不同的原产地确定结果。①

A国用原产的新鲜木薯（品目0714，200公斤，50美元）加上原产于B国的木薯粉（品目1106，50公斤，150美元）和原产于C国的黏结料（糖浆）（品目1703，3公斤，20美元）生产木薯丸（品目0714，100公斤），用于出口。针对品目0714的产品特定主规则是“税则归类改变标准，由品目11.06改变至此的除外”。假设适用规则二（g）或（f）的标准是按重量计，那么哪个国家应为木薯丸的原产国？

显然，在此主规则得到满足，因为生产过程中使用了品目11.06项下的货物。因此，既不适用规则二（c），也不适用规则二（e），因为原料原产于一个以上国家。

根据印度所支持的规则二（f）的第一种规则方案和美国所支持的规则二（g），其原产国均应为A国，因为它提供了材料的主要部分。

但是，如果采用规则二（f）的第三种规则方案，木薯丸的原产地就应是B国，因为它提供了非原产材料的主要部分（按重量计）。之所以得出不同的结果，是因为规则二（f）的第三种规则方案中没有“无论是否原产”的表述，并且现有案文把重点放在了非原产材料上。这样一来，如果仅仅突出强调非原产材料的话，在确定原产地时，200公斤的原产新鲜木薯就只能忽略不计了。

“补遗规则（2007年2月散发的草案）

（d）货品的原产国应按其所适用的章级补遗规则确定；

（e）当货品是由全部原产于单一国家的材料生产时，该货品的原产国应为这些材料的原产国；

（f）当货品是由一个以上国家的材料（不论是否原产）生产时，其原产国应为未满足该货品所适用的主规则的材料的单一原产国；

（g）当货品是由一个以上国家的材料（不论是否原产）生产时，该货品的原产国应为根据各章具体规定确定的这些材料主要部分的原产国。但是，当所有使用的材料中原产材料占至少50%时，货品的原产国应为这些材料的原产国；

（h）如果两个以上国家提供了同等分量的材料，该货品应当视为多国原产；当两个或两个以上国家为货物生产提供了同等份额的材料时，该货物的原产地应当在这些国家中进行分割和分配。如果货物的原产地不能分割，则应视为多国原产。”

---

① 该例最初是由秘书处设计出来的，后来被世界海关组织用于技术援助活动，并被Imagawa和Vermulst引用。为与WTO文件G/RO/Rev2.中的总体结构规则相适应，此处对该例作了调整。

对比上述两个草案不难看出，各方在某种程度已经达成共识。需要指出的要点如下：

● （d）款和（e）款保持不变。

● 分别反映了美国和欧共体原有立场的（f）款和（g）款也保持不变。

● （h）款似乎是一个折中方案，它融合了印度提出的（f）款原有方案和美国提出的（g）款方案。如（h）款所反映的那样，这一折中方案在可预见性和管理的难易程度上是极具争议的：在多个国家中对货物的原产地进行分配，这样的做法有违《原产地规则协定》的原意，即对于某一货品而言，只能得出一个原产地结果。

以下文本内容摘自2008年5月散发的最新草案中的规则四（d）款至（f）款。

"规则四：中间材料

已获得一国原产资格的材料，在确定含有该材料的货品或者使用该材料在该国经进一步加工制成的货品的原产地时，应当视为该国的原产材料。

（d）货物的原产国应按其所适用的章级补遗规则确定；

（e）当货品是由全部原产于单一国家的材料生产时，该货品的原产国应为这些材料的原产国；

（f）当货品是由一个以上国家的材料（不论是否原产）生产时，该货品的原产国应为根据各章具体规定确定的这些材料主要部分的原产国。"

前面所述的（f）款、（g）款和（h）款已被整合成（f）款，由此解决了上面提到的诸多关注。

该规则反映了原产地规则技术委员会较早前达成的共识：一项货物在一国被赋予原产资格后，该货物不会因为在同一国经过后续加工而丧失其原产资格。这项中间材料规则成为优惠原产地规则的一大特色，在欧共体的优惠原产地规则中常被称为吸收规则，在北美模式优惠原产地规则中被称为累加（roll - up）测试。① 它为原产地规则提供了法律上的确定性和明确性。

"规则五：可互换货品及材料

如果原产于不同国家的可互换材料或货品依商业惯例不适于分开存放，那么，混合材料或货品中每种材料或货品的原产国，可以依据混合材料或者货品的国家认可的库存管理方法加以分配。与将混合材料或货品实际分开相比，此方法的使用不应导致更多产品原产于某一特定国家。（截至2008年5月）"

此规则涵盖了这样一种情形：生产商使用从不同国家进口的可互换材料来生产最终产品。就是说，使用散装的化工原料来生产最终产品。出于商业原因，要

---

① 这些规则的有关案例和解释参见本书第三章。

按其原产地来将这些材料分别贮存是很困难的，甚至是不可能的，因此，可以将这些材料混合存放，并根据库存管理方法保留其原产地。

“规则六：成套货品或套件

A. ［美国］除本附录另有规定外，成套货品应当保留其中各项物品的原产地。

B. ［印度］成套货品或套件应当保留其中各项物品的原产地，除非该货品在《协调制度》的品目或子目项下明确描述为成套货品或套件，或者根据《协调制度》归类总规则三（b）是按成套货品或套件归类。在此情况下，成套货品或套件的原产地应为把货品配置成套的国家。

C. 仅仅将物品配置成套不得赋予原产资格：如采用这种方案就不必针对成套货品制订特定的规定，尽管将这一要素纳入新的规则二 b）/旧规则三（规则的适用）也许是可取的做法。在这种情况下，也许可以把该规则表述为：‘仅仅由于装配成套而引起的品目改变不得赋予原产资格。’（墨西哥）（较早前草案）

规则六并未出现在 2008 年 5 月散发的最新草案中。”

该规则旨在涵盖这样一种情形：将原产于一个以上国家的物品配置成套。成套货品可分成三类：

（1）《协调制度》中明确描述的成套货品（例如，品目 8214——修指甲包；子目 3006.50——急救药箱及药包；品目 9605——个人梳妆用成套旅行用具）；

（2）根据归类总规则三（b）或（c）的规定按成套货品归类的货物；

（3）仅仅被放置在一起，根据归类总规则三（b）或（c）均不按成套货品归类的货物。

在谈判过程中，越来越多的代表团达成这样的共识：把货品配置成套不得赋予原产资格；不必针对成套货品制订特定的规定，也不必在附录二的规则二（d）中提及这一情况。这最终导致规则六在 2007 年 2 月散发的最新草案中被删除。由原产于一个以上国家的物品配置成套的货物的原产地，应当根据补遗规则三（f）加以确定。

“规则七：微小含量

适用本附录规则三（B）时，如果未满足该规则的非原产材料的总量不超过货品价值、重量或体积（详见各章）的 10%，则这些非原产材料不予考虑。(2008 年 5 月散发的最新版本)”

作为对可能妨碍原产地规则得到满足的材料忽略不计的一种方法，微小含量方法为许多国家的海关所熟悉。就此而言，正像谈判中许多代表团所争论的那样，微小含量规则（或称容忍规则）使主规则更有可能得到满足，同时也减少了对补遗规则的过分依赖。

针对该规则的优缺点，以及该规则能否横向适用或者仅适用于附录二的问题，各方曾有过激烈的争论。特别是，各方考虑到：在基于特定制造或加工工序的原产地规则中，该规则是否适用？设定临界值有何理据？该规则对发展中国家来说会带来哪些困难？越来越多的代表团就该规则达成了共识。按推动方的建议，对该规则中的10%加了方括号。

第六节　悬而未决的产品特定规则问题

多年来，各国代表团在某些特定产品有关问题上一直未能达成共识。尽管这些问题在文字上是以技术语言进行表述的，但是，它们反映了各方对于某些原产地结果所蕴涵的贸易政策影响具有不同意见。直到最近，才取得了明显进展。

在1999年5月底举行的原产地规则技术委员会会议上，各方最终就1241个品目中的511个品目项下的产品特定规则达成一致。所移交的66个文件中包含了486个悬而未决的产品特定规则问题，涉及730个品目。原产地规则技术委员会移交的文件含有650页的叙述性解释，总篇幅长达2,000多页。2001年，在解决许多产品特定规则问题上取得了明显进展，300多个问题得到了解决。尽管如此，由于2002年间进展缓慢，是年7月，原产地委员会主席向总理事会提交了94个核心政策问题，其中的12个被视为关键性问题。

2007年7月27日，在WTO总理事会会议上，主席就94项悬而未决的核心政策问题所取得的有限进展作了报告。其中93个问题为产品特定规则方面的问题，剩下的是贯穿各领域的问题——协调原产地规则的实施对其他WTO协定的影响。

尽管在许多领域都取得了进展，并且各方立场上的差距已不断缩小，但是，直到2006年年初，各方仅在两项产品特定规则（即咖啡的混合及石油产品的混合）上达成了一致。

许多代表团认为，要解决剩余的未决问题，就必须形成一个一揽子方案。但是，很显然，只有在各方就协调规则对与贸易救济相关的其他WTO协定的影响这一问题达成共识时，才有可能形成一揽子方案。

2006年秋天，通过重新拟订总规则——适用范围，贸易救济的问题得以解决，从而为各方就最终的一揽子方案达成一系列妥协铺平了道路。无论如何，最新散发的文件显示，在许多未决问题上取得了若干进展。①

本节将对最密切相关的产品特定规则未决问题及其演变作简要分析。分析是

① 参见2007年2月22日散发的WTO文件JOB（01）/52/Rev. 6。在下文中该文件被称为“2007年2月散发的最新草案”。

以原产地规则委员会主席先前提出的方案①（以下简称“2006年7月散发的一揽子方案”）为依据，对各种问题进行归纳和概括，以便于各方参考。由此可以看到，这种针对产品特定规则而进行的分析远远谈不上完整和详细。它旨在围绕某些谈判议题及其演变作出说明和概览。事实上，根据各方在2006年提出（在本章第二节已论及）的一系列建议，原产地规则委员会主席散发了一个产品特定规则最终一揽子方案。

一揽子方案基于《原产地规则协定》第9条第1款所规定的协调原产地规则的目标和原则，同时也基于这样一种看法：协调原产地规则谈判应当尽可能减少对有关的货物贸易现行体制的影响。正如《原产地规则协定》第9条第1（d）项中明确规定的：“尽管原产地规则与有关措施或手段相关，但原产地规则不得被用作直接或间接追求贸易目标的手段。”

一、渔产品

除本章第二节论及的有关领海定义的未决问题外，关于鱼的干燥、（重度）盐渍、熏制及切片等问题均未得到解决。

有些代表团（主要是日本和韩国）认为，切片加工不应赋予原产资格，因此鱼片的原产地应回溯到鱼的捕捞国或者养殖国。就鱼的切片加工而言，日本提出了一个折中方案：只有在有关鱼类不受区域渔业管理组织所采取的保护措施管制的情况下，切片加工才能赋予原产资格。这些管理组织制定了包括禁止进口等联合措施，以防止过度捕捞。

根据日本和韩国的建议，目前已针对金枪鱼及类似鱼类采取了一些联合措施，包括禁止从某些国家进口这些鱼类及其产品，以便在现行的区域保护和管理框架下防止对这些资源的过度捕捞。如果金枪鱼及类似鱼类的切片加工被赋予原产资格，则极易形成对禁止进口措施的规避（“金枪鱼洗货”），因为海关将很难采取必要的管理措施来完成资源保护组织所交付的职责。鉴此，日本和韩国认为，这样的原产地规则会妨碍保护这些鱼类的联合措施有效执行，因此，制定这样的规则是不适当的。根据2007年散发的最新草案，这一问题仍未得到解决。根据主席的建议，切片加工不得赋予原产资格。

对于鱼的干燥和熏制，有迹象表明各方会达成共识，将其视为赋予原产资格的加工。在此情况下，日本和韩国表示，在协调工作成果的实施对标记要求及卫生与植物卫生措施的影响问题上，如果能够适当顾及他们的关切，他们将与各方意见保持一致。

特别是，日本的意见如下：

“（i）在某些情况下，完全地、自动地将一直进行的协调工作的成果用于

① 参见2006年7月17日散发的WTO文件JOB（06）/86/Rev. 2。

国内适用的食品标记要求是不太恰当的。

（ⅱ）在决定是否实施植物卫生措施时诉诸协调原产地规定的做法是不符合逻辑的。”①

实际上，日本和韩国建议在标签要求及卫生与植物卫生措施（SPS）方面不要考虑协调原产地规则。就标签而言，消费者政策目标对标签的要求会超过海关程序所规定的单一原产地要求。就加工食品而言，在国内环节，除了产品的单一原产地要求外，还要求注明食品成分的原产地。日本则认为，协调原产地规则不应阻止产品贴上适当的标签，以满足消费者的关切（往往超过注明产品单一原产地的要求）。同样的推论也适用于植物卫生方面。其国内植物卫生立法更是如此，不仅要求注明产品的原产地，还要求注明产品的历史（鱼是在哪里捕捞、冷冻加工或者其他方式保藏或运输的，等等）。

因此，协调原产地规则不应阻止采取植物卫生措施来防止瘟疫或疾病的发生。对鱼进行重度盐腌的工序导致了所谓的“鳕鱼干”共识的形成——认为这种盐腌工序应当赋予原产资格。但是，针对重度盐腌工序所形成的这种共识是基于挪威②和粮食与农业组织（FAO）提供的定义。与之相反，对鱼进行简单腌制不应视为赋予原产资格的加工。

在2006年7月散发的一揽子方案中，主席提出的建议可概述如下：

● 对鱼进行干燥、熏制或重度盐腌为赋予原产资格的加工；

● 对鱼进行切片为不赋予原产资格的加工，鱼片的原产地应为捕捞这些鱼产品的国家；或者，就养殖鱼而言，应为从鱼卵或鱼苗（包括幼鱼）开始对鱼进行养殖的国家。

二、动物屠宰

自协调工作计划的工作开展以来，活动物的屠宰和育肥一直是其中一项重要议题。与各方在鱼切片加工问题上的争论相似，其争论焦点同样与植物卫生和消费者信息问题有关。

美国、阿根廷、巴西和澳大利亚等肉类生产国坚持认为，屠宰为赋予原产资格的加工，植物卫生问题应当通过检疫等适当措施而非通过原产地规则加以解决。

另一组国家（包括欧共体、日本和一些拉美国家）则认为，只有在结合育肥期（四个月）一起考虑的情况下，屠宰才能赋予原产资格。欧共体担心屠宰被某些国家用于规避对激素牛肉的禁令。

---

① 参见WTO文件G/RO/W/74。

② 品目0305项下经盐腌的鱼是一种鱼类产品，鱼肉完全被盐浸渍，每百克水中的含盐量达20.4克以上。

对于阿根廷、澳大利亚和印度而言，屠宰仍然是一个争议性问题。根据2007年2月散发的最新草案，越来越多的国家（包括欧共体、美国、日本和加拿大）把屠宰视为赋予原产资格的加工。对比之下，阿根廷等国家显得相当孤立。

三、乳制品

澳大利亚、新西兰和其他代表团把获得调制乳或复制乳、浓缩牛奶、乳粉、乳产品、奶酪及固体乳含量超过50%的饮料的加工视为赋予原产资格的加工。

另一方面，欧共体却认为，这些加工不应赋予原产资格。凯恩斯集团成员（倡导农业贸易自由化）与欧共体（乳产品方面最大的贸易保护主义者）之间的分歧并不令人感到诧异。但是，在这种情况下，欧共体的立场看来是出于对实施有关出口补贴内部规则的担忧，而不是受到贸易保护主义动机的影响。欧共体关于乳制品的原产地始终应当回溯到乳的生产国的立场，是为了避免此类补贴措施的滥用。

此外，保留或丧失乳制品的原产地对于向消费者销售最终产品也会有一些影响。这个问题特别与加工乳酪和酸乳相关。澳大利亚和新西兰所支持的自由规则似乎与许多农产品原料生产商的立场相矛盾，后者希望这些产品经进一步加工后仍保留其原产地。

在2006年散发的一揽子方案中，原产地规则委员会主席建议，所有乳制品的原产国均应为在天然或未加工状态下获得乳的国家。但是，作为妥协方案，他又建议，这些产品的原产国应为获得固体乳含量超过50%的酸乳或食品的国家。

这一折中方案显然未能让所有国家满意。新西兰对这些乳制品经农业加工后产生的增加值表示关注。① 新西兰表示，一揽子方案把可可膏向可可粉的转变视为实质性改变，却不把乳向乳粉的转变或者乳酪向加工乳酪的转变视为实质性改变，缺乏连贯性。上述两种加工均属于资金密集型的复杂加工。正如可可粉是不同于可可膏的另一种商品一样，乳粉及加工乳酪也是如此。新西兰在这些问题上的立场同样受到《原产地规则协定》第9条的引导："原产地规则不得被用作直接或间接追求贸易目标的手段。"

四、咖啡产品

与屠宰问题一样，在谈判的初期即已引发了对咖啡产品的争论。一些主要咖啡生产国（例如，哥伦比亚）希望保留咖啡的原产地，而不把焙炒和浸除咖啡碱视为赋予原产资格的加工。另一方面，从事咖啡加工（例如焙炒、焙炒并混合、浸除咖啡碱或者生产咖啡制品）的国家却希望，通过这些加工制得的产品能够获得原产资格。

---

① 参见2006年7月19日的文件JOB（06）/86/Rev. 2/Add. 1。

正如我们将要在本章第八节所论述的那样，就种植咖啡的国家而言，保留原产地可以作为一项重要的营销工具。当把该问题与“哥伦比亚咖啡”或“牙买加蓝山”等著名品牌形象联系在一起时，情况尤为如此。

在商业上，常常将不同质量的咖啡（例如，阿拉伯咖啡、罗布斯塔咖啡等）混合制成咖啡或咖啡制品。这种混合是必要的，是为了调制出具有不同酸度和特色的咖啡，以满足消费者的偏好。

较早前原产地规则委员会主席散发的一项妥协方案，建议将产品的原产地赋予焙炒中所使用的青咖啡豆占85%以上的国家。达不到这一比例的，其原产地应当赋予焙炒咖啡的国家。

由于咖啡或咖啡制品通常是由不同种类的咖啡制成的，判断是否满足该规则中85%的要求是非常困难的。因此，该规则的适用范围十分有限，这实际上就为适用另一种规则（将原产地赋予焙炒咖啡的国家）留下了更多余地。

2006年散发的一揽子方案建议将有关子目拆分为两个子目，其原产地要求如下：

HS子目0901.21

● 子目ex0901.21（a）（用子目0901.11项下的咖啡豆焙炒的咖啡，在一个单一国家完全获得）

原产地规则：本拆分子目项下货品的原产国应为植物生长的国家。

● 子目ex0901.21（b）（其他）

原产地规则：子目改变。

因此，根据子目ex0901.21（a）的原产地要求，未经各种咖啡混合的焙炒不得赋予原产资格。但是，伴随混合的焙炒赋予原产资格。根据2007年2月散发的最新草案，越来越多的代表团达成这样的共识：浸除咖啡碱应视为赋予原产资格的加工。

五、油脂精炼

美国（得到巴西和阿根廷等国代表团支持）认为，油脂的精炼不属于赋予原产资格的加工，因为精炼并未改变产品的基本特征。

欧共体（得到日本和其他国家代表团支持）则认为，精炼应当赋予原产资格，因为粗榨的油脂经过精炼后适合于消费或使用。他们认为，要使精炼加工赋予原产资格，中和、除色及除臭等三道工序必须在一个国家完成。2007年2月散发的最新草案显示，在该问题上未取得任何进展。

2006年散发的一揽子方案采纳了以下临时性妥协方案：

品目改变；或者，对于品目15.01至15.06、品目15.08至15.13、子目1515.11至1515.19、1515.30至1515.90、品目15.16，以及拆分品目ex15.21（a），由精炼改变至此（赋予原产资格）；

对于品目 15.07（豆油）、品目 15.14（菜子油或芥子油），以及子目 1515.21 至 1515.29（玉米油），品目改变（不赋予原产资格）。

六、糖、糖食及糖蜜的精炼

糖的国际贸易历来是一个敏感话题，因此，各方未能在相关问题上达成一致也就不足为奇了。主要的产糖国（例如，澳大利亚、古巴和新西兰等）认为，对糖进行精炼应当赋予原产资格。

另一些国家（包括欧共体、美国，以及巴西等发展中国家，同样是主要产糖国）却认为，精炼不得赋予原产资格。转化糖、糖浆和糖蜜的生产也存在类似问题。在生产和出口糖方面具有价格竞争优势的国家（例如，澳大利亚、新西兰等）希望其糖类产品尽早失去原产资格，以避免各国对其生产的糖和糖类产品采取贸易保护措施。

另一方面，传统上对糖采取更严厉的贸易保护主义政策的国家（例如，欧共体和美国），则希望所制定的规则保留糖的原产地，以便对这些政策进行管理，防止对这些贸易措施的规避或者对国内补贴政策的滥用。原产地规则委员会主席在 2006 年 7 月散发的一揽子方案中建议，精炼不视为实质性改变。

七、可可制品及巧克力

各国代表团立场上的根本差异在于：生产原材料（即可可豆）的国家希望其下游产品（可可膏和可可脂等）的原产地仍保持不变。其他国家则认为，用可可膏制成可可粉应当赋予原产资格。

一个相关联的问题是，用巧克力碎块制成零售的巧克力制品。生产可可原材料的国家主张制定比较严厉的原产地规则。其他国家则认为，用巧克力碎块制作零售食品应当赋予原产资格。

拥有较强糖果工业的工业国家认为，上述相对简单的加工应当赋予原产资格。擅长生产某些高品质巧克力产品的其他工业国则希望制定较严格的规则。瑞士就认为，把巧克力碎块加工成零售的巧克力不应赋予原产资格。

2006 年 7 月散发的一揽子方案提出了以下妥协方案：

● 将可可豆加工成可可膏是实质性改变；

● 将可可膏加工成可可脂是实质性改变；

● 加入糖，将可可粉加工成甜可可粉不是实质性改变；

● 将可可粉加工成含量超过 2 公斤的液态、膏状、粉状或颗粒状的可可制品（加甜的可可粉除外）是实质性改变；

● 将可可碎块加工成零售的巧克力制品是实质性改变。

八、果汁及酒

与可可制品一样，问题出现在原材料（水果、蔬菜和葡萄）生产国与将原材料加工成最终产品的国家之间。

种植水果的国家（主要是发展中国家）认为，果汁的原产地应为种植和收获水果的国家。其他国家则认为，用进口的水果和蔬菜制作果汁和蔬菜汁应当赋予原产资格。最后，还有一些国家认为，调制果汁/蔬菜汁并且加入油及精汁应当赋予原产资格。最后一项规则方案显得比较宽松，尤其是把该方案与其他方案进行对比时，情况尤为如此。在最近达成的一项折中方案（得到巴西和美国支持）中，对柑橘属果汁采用比较严格的规则（章改变），对其他果汁/蔬菜汁则采用较为宽松的规则（品目改变）。

在传统葡萄酒生产国与不生产葡萄酒的国家或者像澳大利亚那样的新兴葡萄酒生产国之间，针对葡萄酒产生了类似争议。

但是，即便是一些新兴生产国（例如，阿根廷和智利），也认为葡萄酒是一种特殊产品，葡萄酒的特征应由其品质决定，因此，应由其原材料（葡萄）的原产地连同某些酿酒技术决定。鉴此，这些国家认为，就葡萄酒和葡萄汁而言，其原产地应为葡萄生长的国家。

美国和其他发展中国家则认为，使用进口葡萄或葡萄汁生产葡萄酒属于赋予原产资格的加工。显然，争论的根源在于：有些国家希望保留葡萄酒的原产地（例如，法国或意大利酿制的葡萄酒）；有些国家（新兴葡萄酒生产国）则希望通过发展新的酿酒技术使其生产的葡萄酒获得原产资格。在此问题上，协调原产地规则与其对产品标签的影响之间的联系再次成为真正争议性话题。

但是，必须指出，鉴于产品的内在特性，原产地规则在此领域是很难实施的：很难对当地产的葡萄和使用进口葡萄生产的葡萄汁进行区分。此外，在某些情况下，采用补遗规则得出的原产地结果并不能反映规则的原意。

2006 年 7 月散发的一揽子方案提出了以下方案：

果汁：

● 将第 20 章的水果或蔬菜加工成汁是实质性改变，但将新鲜柑橘属水果制成鲜柑橘属果汁的除外。

● 将水果或蔬菜浓缩汁加工成调制果汁或蔬菜汁不是实质性改变。

葡萄酒：

● 将葡萄加工成子目 2204. 30 项下的葡萄汁不是实质性改变。

● 将葡萄汁（HS 子目 2204. 30）加工成葡萄酒不是实质性改变。

● 将葡萄汁（第 20 章）加工成葡萄酒是实质性改变。

九、混合物

关于混合物的讨论很早就出现在原产地规则技术委员会的谈判中，但是，提交原产地规则委员会的最终文本却未包含任何具体条款。因此，其原产地的确定只能适用补遗规则。不过，在原产地规则技术委员会谈判过程中，各方曾经提出了两种拟订方法：（ⅰ）针对具体产品或产品部门拟订混合物特定原产地规则；或者（ⅱ）拟订一项涵盖所有产品的的通则。

针对具体产品拟订规则的方法后来在拟订化工和农业部门的产品特定规则时得到采用。其主要争论源于葡萄酒和威士忌的混合、各种香料的混合，以及各种蔬菜或水果的混合。例如，在葡萄酒与威士忌混合的问题上，一些国家认为，混合属于赋予原产资格的加工。

总体而言，农产品的混合不视为赋予原产资格的加工。尽管如此，农产品的混合/掺和是不容忽视的商业现实，必须制定适当的规则加以解决。

作为折中方案，原产地委员会主席采纳欧共体先前提出的建议文本。① 按照该方案，需要针对这些农产品混合物制定一项特定的章级补遗规则。

因此，在一揽子文本中，应当在涵盖农产品的各章之首设置以下补遗规则：

“‘适用于混合物的章级补遗规则’

(1) 在本补遗规则中，“混合”是指有目的、按比例将两种或多种相同或不同的可互换材料混合在一起。

(2) 农产品混合物的原产地应为占混合物的体积/重量超过 X% 的原料的原产国；相同原产地的材料体积/重量应合并计算。

(3) 当所使用的材料均达不到规定百分比时，混合物的原产地应为进行混合处理的国家。”

按照上述折中方案，所需最低比例应设定为 50%。将最低比例设定在这一水平意味着，一国产的材料必须占所使用的材料一半以上才能被确定为该混合物的原产国。这一条件未能得到满足时，产品应当视为原产于进行混合加工的国家。

但是，对某些产品需要设定更高的比例，以顾及这些产品的特性。为此，欧共体提出以下建议：

● 对于品目 2204 和拆分品目 ex2208 项下的葡萄酒和烈性酒，所要求的最低比例为占混合物体积的 85%；

● 对于橄榄油（品目 1509），所要求的最低比例为占混合物重量的 75%。

原产地规则委员会主席在 2006 年 7 月散发的一揽子方案中提出的方案非常相似：原产地应当赋予占所用材料重量 50% 以上的材料的原产国。当所使用的材料均达不到规定百分比时，混合物的原产地应为进行混合处理的国家。

例外：对于葡萄酒（品目 2204）和烈性酒（品目 2208），其比例要求为产品体积的 85%；对于橄榄油（品目 1509），其比例要求为产品重量的 75%。

---

① 参见 WTO 文件 G7RO/W/64。

十、香料研磨

具备自然条件种植和收获香料的国家与进口香料并将其碾碎和研磨后进行销售的国家之间，对此存在意见分歧。前者认为，碾碎和研磨香料只是微小加工，并不能赋予产品任何新的特性。后者则认为，碾碎和研磨改变了货品的特征，因为香料经加工后扩大了表面积，释放出香精油，从而开发了一种易于使用的配制香料形式。

2006 年 7 月散发的一揽子方案建议："将香料碾碎和研磨不视为实质性改变。"

十一、水泥

水泥是通过研磨熟料制得。欧共体及其他国家认为，研磨加工应当赋予原产资格。美国则认为，这种加工不应赋予原产资格。上述意见分歧主要源于美国现行的反倾销措施，美国担心宽松的原产地规则会导致对这些措施的规避。此外，澳大利亚认为有必要针对水泥制定特定的混合物规则，因为在商业上通常使用原产地不同的熟料进行混合，制备水泥。

2006 年 7 月散发的一揽子方案中包含了这样的共识：将熟料加工成水泥应当视为实质性改变。此外，原产地规则委员会主席还建议制定以下补遗规则："使用原产地不同的熟料生产的水泥的原产地，应为在水泥熟料中按重量计占最大比例的熟料的原产国。"

十二、化学品

在化学品章节（《协调制度》第 28 章至第 40 章），有几个相互交叉的问题与从事特定制造或加工工序的工业相关。这些工业加工旨在使化学品标准化，并使最终的化学品或组成成分适于某种特定用途。这些加工包括根据预定的规格有目的、按比例地对材料进行混合。

就石油产品而言，各方已达成共识："在货品的生产中，根据预定的规格有目的、按比例地对材料进行混合（包括分散），使货品具有与其目的或用途相应的、不同于初始投料的物理或化学特性，视为赋予原产资格。"

在增加粒度是否赋予原产资格的问题上，各方尚未达成一致。该问题与石油产品的有关问题相似。为此，有人就设立章注的问题建议如下：

"有目的地控制改变货品的粒度（仅经破碎或挤压的除外），使货品具有与其目的或用途相应的限定粒度、限定粒度分布或限定表面积，且具有不同于初始投料的物理或化学特性，视为赋予原产资格。除归入品目 3004 项下的药物外，主席提出的折中方案建议将此规则用于的所有化学品章节。"

根据支持设立这一章规则的有关方面的说法，合成制得的固体化工原料通常呈粉状，其粒度分布很广。这种形态的化工原料一般不能用于工业加工，因为它们还包含了像尘埃一样的极小微粒（小于50微米）。其化学特性本身有价值、但因其粒度、粒度分布或表面积（平均值）而不利于使用的产品，可以通过控制增加粒度，将其物理改变为有价值的产品。这种增加粒度的加工应视为一种实质性改变，因而应当赋予原产资格。

关于稀释加工的问题也必须达成同样的共识。有目的、按比例地把稀释剂控制加入化学品或预混料当中，是混合加工的一个关键环节，能够使货品具有与其目的或用途相应的、不同于初始投料的物理或化学特性。因此，有些国家认为此类加工应当赋予原产资格。

最后，将成药加工药片、胶囊和药粒应否视为赋予原产资格的加工也是各方争论的焦点。

瑞士和其他国家认为上述加工应当赋予原产资格。另一方面，美国则持反对意见，其认为增加粒度和添加稀释剂均不属于赋予原产资格的加工。后来，各方就药品问题达成了折中方案。

2006年7月散发的一揽子方案包含了以下建议：

对于第30章：章规则，品目3004除外，该品目不适用增加粒度的规则。

对于第28章、第29章、第32章、第38章及第39章：同上。

章规则如下：

“有目的地控制改变货品的粒度（仅经破碎或挤压的除外），使货品具有与其目的或用途相应的限定粒度、限定粒度分布或限定表面积，且具有不同于初始投料的物理或化学特性，视为赋予原产资格。”

另外，对化学品进行稀释不是实质性改变。

针对品目30.04（药品）的规则建议如下：

品目改变，仅将药品压制成片或装入胶囊的除外。

十三、皮革

关于皮革的议题已取得进展，各方在这一问题上达成了共识：皮革复鞣应视为赋予原产资格的加工。剩下的是皮革整理加工问题。

欧共体及其他国家认为，进行染色、压纹、压花、上浆、抛光及上蜡等加工属于赋予原产资格的加工。其他皮革生产国（例如，阿根廷）则认为，只有经过至少三道皮革整理加工工序后，才能赋予原产资格。

原产地规则委员会主席提出的折中方案涵括了各种皮革制品（品目4104至4107），具体如下：

品目4104——临时保藏的牛皮或马皮：品目改变，由品目4101改变至此的除外；

经鞣制的皮革，湿的：拆分品目改变；

其他：拆分品目改变。

十四、纺织品与服装

纺织品和服装是国际贸易中最敏感的产业部门之一。不出所料，《纺织品和服装协定》（ATC）关于废除配额的过渡期于2005年1月结束，但这并未给这一敏感部门带来和平。欧共体和美国市场的进口增长引发了大量的应急贸易保护措施（例如，保障措施、配额和反倾销措施等），这些措施与原产地确定的问题紧密交织在一起。当前许多国家的谈判立场都蕴涵了对规避这些应急保护措施的关注。因此，许多未决问题都集中在这一产业部门也就不足为奇了。

在原产地规则技术委员会的谈判初期，各方达成了一系列重要原则：（ⅰ）用纤维纺纱；（ⅱ）用纱线生产织物，（ⅲ）服装、零件或衣着附件的针织或钩编成形。所有这些均视为赋予原产资格的加工。

早期达成的这一谅解意味着，许多优惠贸易协定项下的双重或三重改变标准未被采纳。由此，许多加工工序被认定为赋予原产资格的加工，协调原产地规则在这一领域注入了重要的贸易自由化元素。

显然，各方在许多方面还存在意见分歧。美国及部分国家认为，对纱线进行印花和染色不属于赋予原产资格的加工。欧共体等其他国家（得到印度和埃及等纱线生产大国的支持）则认为，对未漂白的纱线作永久性的印染处理，应当视为赋予原产资格的加工。

对于织物的印染问题，各方也提出了不同的建议。对于的织物的印花和染色加工，美国认为，如果伴随两道或两道以上规定的整理工序，印花和染色加工可赋予原产资格。

欧共体及大多数国家（包括印度、埃及和巴基斯坦等）则认为，经过至少两道预处理或整理工序，对未漂白织物进行染色或印花加工，应当赋予原产资格。另一些国家（主要来自拉丁美洲）认为，即使染色和印花同时进行，也不构成实质性改变。

织物的涂布加工也面临类似问题。大多数国家倾向于将其视为赋予原产资格的加工。美国则添加了一个条件，即最终产品中橡胶或塑料的重量应当超过产品重量的50%。根据2007年2月散发的最新草案，各方已达成一致。但是，马来西亚、巴基斯坦和印度认为，织物涂布加工不应赋予原产资格。

各方对刺绣加工也有意见分歧。依据不同的拟订方法和基于不同的实质性观点，各方提出了不同的建议。各方一致认为，刺绣加工可以赋予原产资格；但货品的原产地应当根据以下标准确定：（ⅰ）欧共体提出以增值为标准（得到广泛支持）；（ⅱ）墨西哥提出以刺绣的重量为标准；（ⅲ）日本和加拿大提出以刺绣图案与平针织物边缘之间的距离为标准。对于平面刺绣产品，美国提出了一种保守方法，即如果织物是用纱线或纤维生产的，则绣品的原产地应为生产织物的国家。其他国家认为，增值测试应该是正确的规则选择。

2007 年 2 月散发的最新草案显示，各方就刺绣加工问题已达成一些共识：肉眼看不到底料的刺绣加工（品目改变），以及条状和图案刺绣加工（品目改变）应赋予原产资格。

在上述所有问题上支持制定严格原产地规则的国家担心的主要是对应急贸易措施的规避。这一担忧还反映在与纺织品拼合成最终产品有关的一些未决问题上。

各方几乎一致认为，对服装和裁剪成形的衣着附件进行拼合加工属于赋予原产资格的加工。相反，将服装和针织成形的衣着附件的拼合加工视为赋予原产资格的加工，各方对此仍难以认同。

在平面和三维纺织品的原产地确定上仍然存在一些困难。美国和其他国家认为，货品的原产地应为生产织物的国家。但最近在此问题上取得了一些进展。其他国家和地区（主要是印度和香港）认为，在同一国家裁剪或针织成形并进行拼合加工就足以赋予原产资格。各方在纺织品和服装部门问题上意见相左的最后一点是，是否有必要制定关于将零件拼合成服装的章级补遗规则。

2006 年 7 月，原产地规则委员会主席提出了以下建议：

● 经过至少两道预处理或整理工序，将未漂白或预漂白纱线/织物永久染色或印花，应当视为实质性改变。

● 用橡胶或塑料将织物加工成涂层织物，应当视为实质性改变。

● 将织物加工成肉眼看得见底料的刺绣品及其他刺绣品，应当视为实质性改变；改变至本品目，只要非原产材料的价值不超过产品出厂价的 50%。

● 将针织或钩编成形的零件拼合成服装不应视为实质性改变。（本拆分章节项下货物的原产地应为将这些货物的零件针织或钩编成形的国家。）

● 将裁剪成形的零件拼合成服装不应视为实质性改变。[改变至本拆分章节项下的货品，只要货品是按照章注（选择 1）的规定在一个单一国家进行拼合加工的。]

● 将针织或钩编成形的零件拼合成衣着附件（领带、手套等）不应视为实质性改变。（本拆分章节项下货物的原产地应为将这些货物的零件针织或钩编成形的国家。）

● 将裁剪成形的零件拼合成衣着附件（领带、手套等）不应视为实质性改变。[改变至本拆分章节项下的货品，只要货品是按照章注（选择 1）的规定在一个单一国家进行拼合加工的。]

● 将织物加工成平面纺织品（围巾、床单、床罩等）应当视为实质性改变，只要产品的漂白、染色/印花、裁剪和封边都在一个单一国家完成。（品目改变，只要初始材料为预漂白或未漂白织物）

● 将织物加工成三维纺织品应当视为实质性改变。

十五、鞋

一系列未决问题与鞋类产品有关。大多数国家（包括美国、欧共体、日本和其他发展中国家）认为，由零件组装加工成鞋应当赋予原产资格，但由带有永久内底（紧贴鞋的底部）的鞋面组装的除外。印度和摩洛哥认为，即使是用带内底的鞋面进行组装加工也应赋予原产资格。品目6406对鞋的各种零件作了归类。

为了便于完成根据税则归类改变标准制定原产地规则的任务，品目6406被分拆为：

- ex 6406（a）：带有永久内底的鞋面
- ex 6406（b）：其他
- ex 6406（c）：鞋面零件

对于鞋类产品，还有一系列问题有待解决，其中包括用未成型的鞋面及用其他鞋零件生产成品鞋的问题。

原产地规则委员会主席在2006年7月散发的一揽子方案中提出以下建议：

对鞋面和其他零件进行加工应视为实质性改变：

- ex 6406（a）〔带有永久内底（紧贴鞋的底部）的鞋面〕：拆分品目改变；
- ex 6406（b）（其他）：拆分品目改变；
- ex 6406（c）（鞋面零件）：品目改变。

由鞋面加工成鞋应视为实质性改变。

原产地规则委员会主席建议：品目改变，由拆分品目ex 6406（a）［带有永久内底（紧贴鞋的底部）的鞋面］改变至此的除外。

十六、钢铁制品涂层

像纺织品和服装一样，钢铁产品也是进口敏感产品，在许多国家受到进口限制或应急贸易措施管制。与前面提到的敏感部门一样，支持制定较严格规则的国家主要担心的是对贸易保护措施的规避。

美国和其他国家认为，钢铁的涂层或电镀（通常使用锌或另一种贱金属）是将最终产品浸入熔化物中，或者利用电解的方式进行加工。这种加工旨在使钢具有抗腐蚀性能，虽然涂层会随着时间推移而磨损。这种加工不会在任何其他方面使钢铁发生变化，不会对钢铁的延展性、抗张强度或其他特性及钢铁的尺寸产生任何有意义的影响。因此，经过这种加工后，不会发生实质性改变。这些国家把涂层加工与包覆加工作了对比。后者被视为赋予原产资格的加工。事实上，包覆加工是将两种或多种金属结合在一起，使产品具有与投入材料显著不同的强度和其他冶金特性。

以欧共体为首的部分国家则认为，对热轧或冷轧钢铁产品的涂层加工，并不是将热轧钢卷展开，进行喷涂、喷漆，然后再卷起来这么简单，需要进行多工序加工，包括预处理、涂层、烘烤和后处理。彩钢的表面有三层涂层——锌、铬和油的涂层，覆盖着贱金属。彩钢被视为一种新产品，创造了几乎 100% 的增加值，因其具有较强的抗腐蚀和防风雨性能，被用于建筑的内外装饰。同时，也被用于家电产品（例如，冰箱、空调等)，使其具有漂亮的外观。①

2006 年 7 月散发的一揽子方案提出了下列原则，接着是针对所投入的钢铁产品的产品特定规则：

● 用锡、锌等材料将平板钢材及角材、型材和异型材加工成带涂层的钢铁产品，应当视为实质性改变。

● 用锡、锌等材料将钢丝、钢管及钢管段加工成带涂层的钢铁产品，不赋予原产资格。

十七、机电产品

关于机械行业的主要技术问题，本章第三节第一部分已做过论述。这里我们利用原产地规则委员会主席较早前提出的建议和 2007 年 3 月散发的最新文本草案，对各方谈判立场的演变作进一步的阐述。

一方面，机械行业的复杂性在一定程度上与《协调制度》的结构有关。另一方面，机电行业的生产分工也带来了一系列问题，需要找出各方均能接受的技术解决方案。例如，自谈判伊始，机械组装问题一直是各方争论的焦点。组装加工通常被认为是将物品的零件组装成最终产品。但是，人们很快认识到，在当今的商业运作中，组装的概念也包括“从零件到零件”的加工。各厂商采购分组件和元器件，将其制成零件，然后再将其组装成其他零件。由于企业需要保持竞争力和成本效益，导致生产链中的原材料和分组件采购渠道越来越趋于多样化。

面对这种日益复杂的生产分工，各方形成了两种技术解决方案——美国提出的以税则归类改变标准表示的组装法和欧盟提出的增值法。两种方案均保留在谈判桌上，2007 年 3 月推出了最新的折中方案。我们将在随后几页中对这些方案进行概述。无论如何，即使是在造成采用组装法的国家当中，在“从零件到零件”加工的问题上也有意见分歧。特别是，有些国家（例如，加拿大和日本）坚持对相关子目和品目进行拆分，以便使“从零件到零件”的组装加工符合税则归类改变标准。根据其原来的建议，这种拆分无需过于详尽，因为可以制定补遗规则作为补充。美国（得到印度支持）建议针对这种“从零件到零件”组装加工给出定义和要求，并采用税则归类改变标准。② 有些自相矛盾的是，这种新方法与《原产地规则协定》第 9 条第（2）（c）（iii）项关于补充标准的规定中利用制造或加工工序对实质性改变进行界定的做法极为相似。

原产地规则委员会主席起草了一系列折中方案，对机械产品谈判中出现的主

---

① 参见原产地规则委员会散发的未记录在案的技术简报。

② 采用这种方法的一系列例子参见本章第七节。

要问题作了概述。最新的方案综合了欧盟和美国的方案，基本上建议采用可供选择的原产地规则。

主席的方案中提出了以下最新的表述方法：①

“（1）对于用其他品目项下的物品生产的零件（零件制造）：品目改变。

（2）对于用同一品目项下的零件生产的零件，对于用零件制得的机械，以及对于用同一品目/子目项下的机械生产的机械（“货物”）：品目改变、子目改变、拆分品目改变、拆分子目改变

或者

生产中使用的非原产材料价值不超过产品出厂价的60%。”

为了能达成妥协，该方案同时采用了增值标准和税则归类改变标准。这种十分简单的表述方法背后所蕴涵的是相当复杂的技术问题，采用主席先前关于将这些技术问题分别处理的折中方案来对这些技术问题进行解释，可能会更清楚一些。这些问题并不受谈判文本演变和谈判最终结果的影响，但仍然是正当和相关的，因为当《协调制度》被用于确定机械产品的原产地时，这些问题与《协调制度》的结构相关。归根到底，这些相互交织的问题是理解各种谈判技术和谈判立场及协调工作计划最终结果的关键性概念。下面，我们将对原产地规则委员会于2007年3月散发的最新方案作进一步论述。

使用其他品目项下的物品生产的零件

这一问题与使用其他品目项下的物品生产的机械零件相关。根据主席提出的方案，使用其他品目项下的物品生产零件应视为赋予原产资格的加工。因为这种加工（用其他品目项下的物品生产零件）通常会发生品目改变，采用简单的品目改变规则并不特别困难。例如，进口电动机（HS品目8501）并将其安装在洗碗机（零件子目HS 8422.90）的机壳内。②

在某些情况下，从零件到零件的加工应否赋予原产资格，各国代表团对此存在意见分歧。有些代表团（例如，欧盟）支持采用品目改变规则，采用其他品目项下的非原产发动机、电动机和其他材料生产上述零件，应当视为赋予原产资格。其他代表团则认为，应当采用品目改变规则，但由电动机（HS品目8501）改变至此的除外。

使用相同品目项下的零件制得的零件

从零件到零件的组装加工不一定会发生税则归类改变，因为并不是所有的加

① 参见2005年5月15日散发的文件JOB（03）/132/Rev.8。

② 反之亦然：如果零件是进口的，经组装后的产品仍是那些零件，那么根据品目改变规则，这种组装加工不应赋予原产资格。但是，如果采用“增值规则”方案，只要其附加值达到所规定的百分比，即可赋予原产资格。

工工序都能够在《协调制度》中得到反映。为此，主席建议采用适当的税则归类改变标准或增值标准。该问题是最为复杂的技术问题之一，谈判期间所散发的技术文件列举许多例子：

"举例：进口仅适用于洗碗机（HS 子目 8422.90）的门，并将其安装到洗碗机的外壳上。"

认定将门安装到外壳上的这种组装加工为赋予原产资格的加工，可选择采用下列方法：

（a）设置一个拆分子目，并适用拆分子目改变规则。

（b）对组装加工进行界定，无论是否采用拆分子目改变规则，即适用拆分子目改变规则，将门焊接到洗碗机外壳上。

（c）增值规则。

对于用零件制得的机械：

使用不同 HS 品目或子目项下的零件进行组装加工应视为赋予原产资格的加工，并满足所需的税则归类改变标准。

"举例：将进口的干洗机（子目 8451.90）零件组装成干洗机（子目 8542.10）。"

使用同一品目/子目项下的机械制成的机械（"货物"）

对具有最终产品基本特征的机械所进行精加工和组装加工，就会出现这种情况。一般情况下，这些加工并未在《协调制度》中得到反映。因此，需要对《协调制度》的结构作出调整，以满足原产地的需要。

"举例：用同一品目项下的扳手钢坯件生产子目 8204.11 项下的扳手成品。使用同一品目项下的纺纱环锭毛坯件，通过特殊的热处理、表面构造和热化学处理，将其制成子目 8448.33 项下的高性能纺纱环锭。"①

除上述规则建议外，各方还对以下法定注释进行了审议：

法定注释

法定注释并不受各方谈判立场的影响。下面，就法定注释的特点进行概述，从中可以看到，在美国和欧盟建议采用的方法中存在一些差异。

注释 1：零件的集合

凡运用《协调制度》归类总规则二（一）的规定，将零件的集合按另一品目或子目项下的未组装件报验的规定而导致归类改变的，各个零件集合前的原产地应予保留。

"举例：进口机械或货物的零部件作暂时储存，然后以套件出口。"

---

① 本例摘自谈判期间散发的未记录在案的技术简报。

在这些例子中，有可能出现在该国未经实质性制造或加工而发生由零件到成品的税则归类改变情况。在这种情况下，因援引《协调制度》归类总规则二（一）的规定而发生的税则归类改变应不予考虑，零部件的原产地应保留不变。

注释2：零件集合的组装

由零件集合组装而成的货品，运用《协调制度》归类总规则二的规定按已组装货品归类的，其原产地应为对货品进行组装加工的国家，只要这种组装加工满足货品的主规则，货品的各项零件是单独报验的，而不是按零件集合报验的。

“举例：假设针对HS品目8703（汽车）的主规则为“品目改变”。在此情况下，如果A国从B国进口所有零件的集合，并将其组装加工成客车，则该客车的原产地应为A国，因为各项零件均满足品目改变规则。如果A国从B国进口已具备汽车基本特征的汽车半组装件及其他零件，则组装加工不应赋予原产资格。”

注释3：重新鉴定或重新检测（可适合于注释7）

因对货品进行重新鉴定或重新检测而导致税则归类改变的，不应视为附表所列规则要求的改变。

注释4：货物的拆解

因拆解而导致税则归类改变的，不应视为附表所要求的改变。从货品中回收的零件的原产国应为回收零件的国家，除非进口商、出口商或任何人有正当理由，依据确凿证据（例如，零件本身的原产地标记或证明文件），证明零件的原产地为另一原产国。

“举例：用更新型的处理器替换旧处理器，以便对个人电脑进行升级。这种拆解加工导致了由品目8471到品目8473项下微处理器的品目改变。如果品目8473所适用的规则为品目改变或子目改变，这种简单的拆解加工就可以赋予原产资格。该规则之所以将原产地赋予回收零件的国家，因为是这样最易于管理，需要警惕的是，在某些情况下，凭借原产地标记，很容易追溯到其原来的原产地。”

注释5：由毛坯件制成的零件和附件

由毛坯件制成的货品，依据《协调制度》归类总规则二（一）的规定归入与完整品或制成品同一品目或子目的，其原产国应为对毛坯件进行最后加工的国家，只要这种最后加工包括：经切削（仅经珩磨、抛光或珩磨抛光的除外）或者弯曲、锻造、挤压或冲压等成型加工，使其形成最终形状。

上款适用于可归入“零件”或“零件及附件”品目或子目项下的货品（包括该品目或子目项下具体列名的货品），并适用于可归入品目8480及8483项下的货品。

机电产品的其他未决问题

内存模块的组装

该问题与电子集成电路或微电子组件的组装加工有关。大多数代表团认为，这种组装加工应视为赋予原产资格的加工，并建议采用品目改变规则或增值规则。美国建议采用品目改变规则，但由品目 8542 改变至此的除外，即使用集成电路组装内存模块不应赋予原产资格。对于已装配及未装配的半导体，大多数代表团提到了扩散加工的问题。

电视机的组装

该问题与用阴极射线管组装电视机有关。美国认为，这些组装加工不应赋予原产资格，电视机的原产地仍应为阴极射线管的原产国。其他国家认为采用品目改变规则就足够了。欧共体则认为采用增值规则更适当。

车辆的组装

欧共体和其他代表团认为采用增值规则比较适当：

"经过制造或加工，以及由于安装了原产于生产国的零件（如果有的话）所实现的增加值，至少占产品出厂价的（45%至60%）。"

美国和其他国家则坚持采用税则归类改变方法：

"品目改变，只要车身、底盘、发动机、变速箱或转向机构中任何一项原产于组装国。"

手表的组装

最后一个问题与手表的组装加工有关。瑞士和欧共体认为，主要以测试和校准为代表的此类组装加工应当赋予原产资格。另一方面，香港、韩国和美国则认为，如果手表是用机芯组装而成的话，其原产地仍应为机芯的生产国。

原产地规则委员会主席在 2005 年 7 月散发的一揽子文本中提出了以下建议：

● 将机芯加工成手表或钟表应当视为实质性改变。

第七节 关于机电产品的主席建议

如前所述，原产地规则委员会主席提出的最新方案①综合了欧共体和美国的方法。但是，与其先前提出的方案（由各成员在两种方法中任选其一）不同的是，文本的规则一规定，WTO 成员在实施协调原产地规则时，对于机械产品，要么选择采用美国的原产地规则，要么选择采用欧共体的原产地规则。

（b）款中的 C 栏包含了美国提出的方案，D 栏包含了欧共体提出的方案。

"规则一：适用范围

（a）依据附录一的规则，货物的原产地不能确定时，应当依据本附录的规则加以确定。

① 2007 年 3 月 8 日散发。

(b) 各成员在立法时，应当选择采用C栏或D栏所列的第84章至第90章的主规则。这些主规则在品目、拆分品目、子目或拆分子目一级列出。各成员应当在实施本附录之日起90天内向原产地规则委员会通报其实施情况。”

与一些代表团希望通过采用选择性原产地规则找到折中方案的预期相反，其结论是，每项产品均可采用选择性原产地规则。但是，各国必须在实施协调原产地规则时一次性作出选择。

该方案结合较早前的美国和欧共体提出的方案稍微作了调整。下面的文本摘自美国提出的方案，并列出了先前方案中的相关例子。该方案与2007年3月散发的现有文本所提出的最新方案基本相同，只是列举了若干例子并加以评述，以便从技术上阐明，支持纯粹采用税则归类改变标准的国家是如何解决《协调制度》的结构引起的一些技术难题的。

现行的美国方案的第一部分与上文提及的法定注释极为相似。兹把全文摘录如下：

“适用于C栏所含主规则的第八十四章至第九十章的主规则

1. 附表中适用税则归类改变规则的限制——当本章的规则完全是在下列情况得到满足时，货物的原产地应当按下列规定确定：

拆解获得的货物

因拆解而导致归类改变的，不应视为附表所要求的改变。从货品中回收的零件的原产国应为回收该零件的所在国，除非进口商、出口商或任何人有正当理由，依据确凿证据（零件本身的原产地标记或证明文件等），证明该零件的原产地为另一原产国。

零件的集合

凡运用《协调制度》归类总规则二（一）的规定，将零件的集合按另一品目或子目项下的未组装件报验而导致归类改变的，各个零件集合前的原产地应予保留。

重新鉴定或重新检测：

因对货品进行重新鉴定或重新检测而导致税则归类改变的，不应视为附表所列规则要求的改变。

零件集合的组装

由零件集合组装而成的货品，运用《协调制度》归类总规则二的规定按已组装货品归类的，其原产地应为对货品进行组装加工的国家，只要这种组装加工满足货品的主规则，货品的各项零件是单独报验的，而不是按零件集合报验的。

2. 附加的主要章规则——当章规则1不适用，并且本章的其他主规则在最后一个生产国未得到满足时，应当依次适用下列规则：

(a) 由毛坯件制成的零件及附件

(1) 由毛坯件制成的货品，依据《协调制度》归类总规则二（a）的规定与完整品或制成品归入同一品目或子目的，其原产国应为对毛坯件进行最后加工的国家。这种最后加工必须包括：经切削（仅经珩磨、抛光或珩磨抛光的除外）或者弯曲、锻造、挤压或冲压等成型加工，使其形成最终形状。

(2) 上述第（1）款适用于可归入‘零件’或‘零件及附件’品目或子目项下的货品（包括该品目或子目项下具体列名的货品），并适用于可归入品目8480及8483项下的货品。

(b) 当货品是由已发生税则归类改变、但未满足该货品所适用的主规则的材料或零部件制成时，该货品的原产国应为供应全部或主要部分材料或零部件的国家。

(c) 下列规则仅适用于可归入‘零件’或‘零件及附件’品目或子目项下，并且在《协调制度》中未具体列名的货品。这些规则应依次适用。

[解释：章规则2（C）适用于《协调制度》中未具体列名的零件和附件。例如，该规则不适用于子目8420.91（该子目项下的滚筒按滚压机器的零件归类），但适用于子目8420.99（不能一一列举的滚压机器的其他零件）。该规则也适用于由套件组装而成的货品。]

3. 由五个或五个以上零件（无论是否原产）[规则三（二）3所列的零件除外] 组装而成的货品，其原产地应为组装该货品的国家。

[解释：将其他零件组装成零件或附件应当视为赋予原产资格的加工，只要：(1) 由至少五个零件组装而成；(2) 经过了除章规则2（C）(3) 所列加工以外的其他加工。通用零件及章规则2（C）(3) 所列的其他零件不在本规则的要求之列。]

4. 将非原产零部件［规则2（C）(3) 所列的零件除外］安装到某一装置或设备中而制成、具有一项或多项新的机械或电气功能的货品，其原产地应为进行这种加工的国家。

[解释：只要经过了除章规则2（C）(3) 所列加工以外的其他加工，所制成的零件具有其生产材料所不具备的机械或电气功能，这种加工应当视为赋予原产资格的加工。有关例子作为本文件的附件。]

5. 在适用规则2（C）(1) 时，不应计入下列零件；在适用规则2（C）(2) 时，下列加工也不应视为赋予新的机械或电气功能的加工：

(ⅰ) 将机器固定在机座上；

(ⅱ) 将机器或设备装入机柜或类似箱体中；

(ⅲ) 安装《协调制度》第十五类注释二所定义的通用零件或类似的塑料零件（第三十九章）；

(ⅳ) 安装手柄、刻度盘、球形把手、手动曲柄及其他用户操控部件；

(ⅴ) 安装电源线，或者通过加装变压器、适配器或变频器，改变主电源的电压/频率；

（ⅵ）安装电池、蓄电池、传感器、温度调节装置或者不是作为货品永久零件的其他物品。”

“章补遗规则

在附录二的规则三（d）中，下列补遗规则应依次适用：

1. 可归入‘零件’或‘零件及附件’品目或子目项下，且未具体列名的货品，其原产地应为组装该货品的国家，只要该货品是由两个或两个以上零件［《协调制度》第十五类注释二所定义的通用零件或类似的塑料零件（第三十九章）除外］组装而成，并且其中一个或多个零件［《协调制度》第十五类注释二所定义的通用零件或类似的塑料零件（第三十九章）除外］满足对货品进行组装加工的国家的原产地要求。在适用本条规则时，不应计入下列零件，所列加工也不应视为赋予原产资格的加工：

［解释：将两个或两个以上零件组装成零件或附件应当视为赋予原产资格的加工，只要：（1）组装的零件中至少有一个原产于进行组装加工的国家，并且（2）经过了除下面所列加工以外的加工。本规则仅适用于《协调制度》中未具体列名的‘零件’或‘零件及附件’。例如，该规则不适用于子目8420.91（该子目项下的滚筒按滚压机器的零件归类），但适用于子目8420.99（不能一一列举的滚压机器的其他零件）。］

2. 当货品是由原产于单一国家的材料制成，而该材料未发生税则归类改变，也或未满足适用于该货品的主规则时，货品的原产国应为上述材料的原产国。

3. 在基本特征的原则可以适用的情况下，货品的原产国应为赋予货品基本特征的［材料］［功能要素］的原产国。否则，货品的原产国应为上述原产材料中按重量计占其主要部分的原产国。

C. 主规则：关于子目8471.50、8471.60、8471.70及8471.80的法定注释。

在子目8471.50、8471.60、8471.70及8471.80中，将上述子目项下的货品与该组内其他子目项下的部件组装在同一机壳内，应当赋予原产资格。［WTO秘书处于2008年5月散发的最新合并文本对美国提出的建议文本稍微作了修改（未举例）。］”

“将部件加工成具有新的机械或电气功能的设备或装置举例

1. 使用下列4种部件组装录像机（子目8522.90）用的录像头：

底板（子目8522.90）

印刷电路（子目8534.00）

录像头芯片（子目8522.90）

录像头导线（子目8544.11）

其原产地应为组装录像头的国家，因为已装配的录像头具备了新的电气功能，即将电流的变化转换为波动的磁场，从而把图像录制在磁带上。

2. 使用下列3种部件组装自动数据处理设备等离子显示器（子目8473.30）用的等离子显示板：

后板（子目8473.30）

前板（子目8473.30）

氖－氙混合气

其原产地应为组装等离子显示板的国家，因为已装配的等离子显示板具备了新的电气功能，即将电流转换为可见光谱中的电磁能。

3. 使用下列部件组装加工手动电子篱笆修剪器用的（子目8508.80）刀片总成：

顶板（子目8508.90）

切割刀片（品目8208）

底板（8508.90）

通用零件

其原产地应为组装刀片总成，因为已装配的刀片总成具备了新的机械功能，即将刀锋的水平运动转换为剪刀。

4. 使用下列部件组装厨房垃圾处理机用的推动板：

推动板（子目8509.90）

推动臂（子目8509.90）

推动臂垫块（子目8509.90）

通用零件

其原产地应当赋予组装推动板的国家，因为推动板具备了新的机械功能，即利用离心力将食物垃圾从处理器空腔的中心甩至处理器空腔的外围，用碎物圈把废物搅碎。"

欧共体提出的方案：增值方法

欧共体及有些代表团倾向于采用增值法。尽管将其定义为"增值"，其计算方法却是基于一个公式，通过减法计算增加值。根据支持采用增值法的国家先前提出的方案，增加值的计算方法如下：

"所制得产品的出厂价减去所有非原产材料的价值（进口材料的海关价值或其他材料的出厂价）。"

用减法计算增加值的这种方法与欧共体优惠原产地规则的习惯做法是一致的。但是，考虑到下面的方案草案文本，与欧共体在其优惠原产地规则中采用的计算公式比较，这种计算公式似乎不够直接和明确。① 此外，令人感到诧异的

① 与本书第三章所列的公式相比较。

是，世界其他国家（由美国牵头）在拟订原产地规则时（正如本书第五章所阐述的那样），纷纷摒弃这种原产地规则拟订方法，而欧共体却提出了增值的概念。更让人诧异的是，尽管“绿皮书”（将在本书第六章中述及）中建议在普惠制优惠原产地规则中采用这种方法，欧共体却极少将增值法作为一种普通标准。

仔细观察一下机械的产品特定规则即可发现，在多数情况下，都采用品目改变标准或35%的增值标准。在其他情况下，必须满足带例外情况说明的品目改变标准或35%的增值要求。在个别情况下，仅需满足品目改变标准，没有选择性标准。对于机动车辆，必须满足35%或45%的增值标准。

事实上，必须满足的增值百分比的水平并无太大差异，这是与讨论初期人们所作的某些假设相矛盾的。先前的谈判文本提出了下列增值百分比的水平：

电器：	25%
电子机械：	30%
机械：	40%
商用车辆：	40%
客用小轿车：	45% ~50%

针对同一产品制定选择性规则是欧共体优惠原产地规则的一个特点，但是，相对于协调原产地规则的产品特定规则广泛采用品目改变标准或35%的增值标准的做法，这些规则在处理方法上显得更加精细。根据各种具体情况，其处理方法也有所不同。例如，对于滚珠轴承，必须满足特定加工工序的要求。在有些情况下（例如，电视机），仅需满足45%的增值标准。

兹把欧共体所提方案的全文摘录如下：

“D. 适用于D栏所含主规则的第84章至第90章的主规则

(a) 增值规则的适用

‘X%增值规则’是指经过制造或加工，以及由于安装了原产于生产国的零件（如果有的话）所实现的增加值，至少占产品出厂价的X%。‘X’代表每个品目所列的百分比。

‘出厂价’是指为所获得的产品向完成最后制造或加工工序的制造商支付的价格（该价格不应包括产品出口时予以退还或可能退还的国内税）。

‘经过制造或加工，以及由于安装了原产于生产国的零件而获得的价值’是指装配本身，连同任何预处理、整理及检验工序所带来的增值，以及由于安装了原产于进行该工序国家的任何零件所带来的增值，包括在该国进行上述加工所产生的利润及一般成本。

‘非原产材料价值’是指所使用的非原产材料进口时的海关价值，或者，当其未知以及不能确定时，在进口国为这些材料支付的最先可确定的价格。

(b) 税则归类改变

2.6.1. 拆解获得的货物

因拆解而导致归类改变的，不应视为附表所要求的改变。从货品中回收的零件的原产国应为回收该零件的所在国。

2.6.2. 零件的集合

凡运用《协调制度》归类总规则二（a）的规定，将零件的集合按另一品目或子目项下的未组装件报验而导致归类改变的，各个零件集合前的原产地应予保留。

2.6.3. 重新鉴定或重新检测

因对货品进行重新鉴定或重新检测而导致税则归类改变的，不应视为本附录所列规则要求的改变。

2.6.4. 零件集合的组装

由零件集合组装而成的货品，运用《协调制度》归类总规则二的规定按已组装货品归类的，其原产地应为对货品进行组装加工的国家，只要这种组装加工满足货品的主规则，货品的各项零件是单独报验的，而不是按零件集合报验的。

（c）由毛坯件制成的零件及附件

由毛坯件制成的货品，依据《协调制度》归类总规则二（a）的规定与完整品或制成品归入同一品目或子目的，其原产国应为对毛坯件进行最后加工的国家。这种最后加工必须包括：经切削（仅经珩磨、抛光或珩磨抛光的除外）或者弯曲、锻造、挤压或冲压等成型加工，使其形成最终形状。

上款适用于可归入‘零件’或‘零件及附件’品目或子目项下的货品（包括该品目或子目项下具体列名的货品），并适用于可归入品目 8480 及 8483 项下的货品。

（d）本附录补遗规则三（f）——主要部分规则的适用

就第 84 章至第 90 章而言，应以其价值作为确定本附录规则三（f）所列材料主要部分的标准。”

第八节　协调工作计划对原产地规则及其他 WTO 协定的贸易政策影响：“同等用于所有目的”的问题

在原产地规则技术委员会谈判初期，并未就贸易政策方面的考虑进行公开讨论。但是，协调原产地规则所带来的影响及贸易政策效应已成为各方争论的话题，并在很大程度上影响着 WTO 各成员的立场。

《原产地规则协定》第 1 条和第 3 条（a）款明确规定，WTO 各成员在实施协调工作计划时，应当“将原产地规则同等适用于第 1 条所列所有目的”。

事实上，协调非优惠原产地规则必须适用于好几个 WTO 协定，这对谈判产生了深远影响，使谈判进展缓慢，因为这一规定与某些 WTO 成员此前的有关做法相矛盾，并且/或者这一规定对大多数发展中国家来说是新生事物。例如，根据 WTO 成员通报的情况，迄今只有 42 个 WTO 成员实施了非优惠原产地规则，有 41 个 WTO 成员并未实施此类规则。①

WTO 各成员将《原产地规则协定》第 3 条（a）款提到的“同等适用于所有目的”作为“影响问题”。②

事实上，原产地规则的实施也许会在许多领域产生意想不到的影响。如果这些领域与产品特定规则的数量及其可能得出的各种原产地结果成倍增加，那么，这种结合体的结果很可能是无限级的，而且在某种程度上是难以预料的。在许多情况下，尤其是农业和加工食品行业，仅需经过相对简单的加工，其原产地即可赋予另一国家，从而对关税配额或植物卫生措施的实施造成影响。如果基于某一特定制造或加工工序而赋予原产地的话，很可能会触发应急保护措施。例如，如果一项原产地规则将用鞋零件生产成品鞋视为赋予原产资格的加工，那么，此项规则对实施应急保护措施所造成的影响是不同的，这取决于其产业结构。例如，如果组装加工是在许多国家进行的，此项规则就会使“原产鞋”的生产遍布许多国家。相反，假设鞋的原产地规则规定，鞋的原产地依特定的加工工序（例如，对鞋面的加工）而定。同时假设在特定的产业结构中，仅有几家专门企业进行这种加工，从“原产地角度”看，其最终结果是，鞋的生产会更加集中于一个或多个生产鞋面的国家，从而便于锁定采取应急保护措施的目标。各个产业部门不同的生产和产业战略会促使为实施不同的原产地规则而进行游说。

再举一例，棉织物通常被列为应急贸易措施的“敏感产品”，如果一国为棉织物的生产和出口大国，该国会乐于将印花和染色视为赋予原产资格的加工。这样一来，从该国运往第三国进行印花和染色加工的所有棉织物后，这些棉织物从这些国家向最终目的地国复出口时，将获得该国的原产资格。通过这种方式，棉织物生产国就可将出口分散，减少出口的集中度，从而降低棉织物出口所面临的触发应急贸易保护措施的威胁。相反，如果不把印花或染色加工视为赋予原产资格的加工——即使这些加工是在第三国进行——这些加工就不会影响到对织物原产地的认定，所有织物的原产地应为织物的最初原产国。

另一个问题与鱼产品的切片加工有关。多年来，该问题一直困扰着原产地规则技术委员会和原产地规则委员会。一方面，讨论围绕着这样一个技术问题展开，即将一条活鱼切成“扁平”的鱼片应否视为实质性改变，因为经过这种加工鱼片的价值会翻番。另一方面，讨论情况表明，某些成员担心这样的规则所产生

① 参见 WTO 文件 G/RO/W/92。

② 参见本节的进一步详细阐述。

的影响会超越原产地事务。尤其令人担忧的是某些区域渔业管理措施和配额机制的实施，以及通过切片加工，把鱼产品的原产地变成第三国，并借此进行规避的可能性。事实上，并非所有的渔业国都是此类区域渔业管理组织的成员，这样的情况令人担忧。但是，这些国家当中，有些国家还要在受保护的海域捕捞受保护的鱼种（例如，金枪鱼），结果造成渔业管理组织的成员禁止进口来自此类第三国的鱼产品。

这些渔业管理组织的成员担心的是，通过在另一国进行切片加工，受到禁止的鱼产品会改变其原产地，规避禁令，从而使管理和保护渔业资源的努力落空。因此，谈判伊始，这些国家就坚持切片加工不应视为实质性改变的立场。

另一些国家则乐于“获得”原产地，即使在该国进行的制造或加工属于微小加工。在农产品加工和食品加工领域会出现这种情况。例如，技术委员会进行讨论时，有一个代表团认为，进口肉类进行干燥和调味处理应当赋予原产资格。国内有关企业在国内市场上销售肉脯产品，通常能卖到好价钱，因为消费者会觉得该产品风味独特。传统上，制肉脯所使用的材料也会产自该国国内某个特定地区；但是，近年来当地的生产商开始使用进口的肉类制作肉脯。如果这种加工能够赋予原产资格的话，使用进口鲜肉制作的肉脯即可作为当地原产产品合法地进行销售。由此，国内生产商就能使用更便宜的进口肉类制作经干燥及调味处理的肉产品，同时还能保留高品质地域产品的原产地和标识。

还有这样的情况，尽管一国的出口产品在销售给消费者之前在第三国进行了加工，该国也乐于“保留”该产品的原产地。例如，在原产地规则技术委员会会议上，哥伦比亚认为，浸除咖啡碱和焙炒不应赋予原产资格，而美国、欧共体和日本的意见正好相反。如果浸除咖啡碱和焙炒被视为赋予原产资格的加工，那么，在美国和欧共体经浸除咖啡碱和焙炒加工的哥伦比亚咖啡都将作为美国和欧共体产品在市场上销售。在哥伦比亚代表团看来，这会严重削弱作为具有独特风味的高品质产品的哥伦比亚咖啡的形象价值和销售潜力。①

总之，在协调原产地规则方面，各国需要在“失去”、“保留”或者“获得”原产地这一关键问题上作出决定。其难点在于，必须针对逐项或者逐类产品作出决定；对每个国家最有利的规则依其工业基础及其在全球范围内的产业战略考量而定。

另一个问题涉及编制贸易统计数据和协调原产地规则之间的关系。将同一套原产地规则同时适用于统计和海关目的，这在世界贸易中几乎是前所未有的。在大多数情况下，进口统计数据是按发票中列明的原产国进行归类的。这大多是货物的出口国，却不一定是海关所指的货物原产地。海关原产地规则与贸易统计数

① 在此案中，“哥伦比亚咖啡”似乎是由一家私人联合会所拥有的私人商标。

据的收集更加趋于一致，将对测定贸易流量和贸易平衡产生重大影响。

反倾销、补贴与反补贴及保障措施等 WTO 协定项下的应急贸易措施，其最低门槛均以贸易统计数据中进口额为依据。改变收集统计数据的方法会对这些应急贸易措施的触发机制产生直接影响。

“实质性经济利益标准、全球化与贸易统计

一篇新闻报道了一个相关案例，结合原产地标准、生产全球化及贸易统计等方面进行了概述。

美国一家商店出售芭比娃娃，商品盒上贴有“中国制造”的标签，售价为 9.99 美元。该篇报道的记者采用扣除法进行计算并推定，使用不同中间材料在多国加工而成的芭比娃娃，其原产地为中国。美国海关也持同样观点。但是，人们却发现，在其零售价 9.99 美元当中，中国所获得的“实质经济利益”仅为 35 美分左右。追溯芭比娃娃的生产过程，即可对下列成本进行分析：

零售价	$9.99
船运、陆运、营销、批发、零售及利润	$7.99
中国出口价格	$2.00
可将出口价格进一步分解为下列国家（地区）数据：	
一般管理费用（中国香港）	$1.00
中间材料：	
尼龙发丝（日本）、乙烯基塑料（中国台湾）、包装材料（美国）、生产乙烯基塑料用的石油（沙特阿拉伯）、其他（中国）	$0.65
劳动力（中国）	$0.35

中国被认定为该产品的原产国，在贸易统计数据中录得的出口价值为 2.00 美元，但从中获得的经济利益仅为 0.35 美元。据美国海关统计，1995 年，美国从中国进口的玩具总值达 54 亿美元，约占美国全部贸易赤字 362 亿美元的六分之一。但是，中国却认为美国的贸易数据是扭曲的，因为它既未考虑到经济现实，也未将在香港进行的增值加工、其他中间加工及装运纳入考虑范畴。因此，据美国商务部称，美国的贸易赤字为 380 亿美元，而据中国称，其贸易赤字仅为 86 亿美元。

据估计，在该产品的多国生产链中，美国 Matel 控股公司可从每个芭比娃娃中获得 1.00 美元的利润，芭比娃娃 9.99 美元的成本中大部分是在美国境内累计得出的。这一结果似乎与一些美国贸易政策声明中屡被提及的对丧失就业岗位的担忧相矛盾。

芭比娃娃的案例为逆向工程分析结果提供了极具价值的例证。它揭示出了芭比娃娃的生产链及其实质经济利益。与此同时，它也印证了原产地确定的困难及其在贸易统计中的适用性。基于这些结果，一些分析家提出了这样一种想法，即应对公司的原产地而非货物的原产地进行核定。不过，面对当前公司合并、认购和合资的发展趋势，这种做法也会像核实货物的原产地那样，同样面临重重困难。”（摘自1996年9月22日的《伦敦时报》，作者：R. Tempest）

如前所述，海关原产地与原产地标记之间密切相关。原产地标记用以告知消费者产品的原产国。1994年《关税与贸易总协定》第9条提到了原产地标记（制成品在向最终消费者销售前怎样贴上标签）与用于海关目的的原产地之间关系的问题。改变原产地也意味着改变原产地标记。这肯定会对消费者的选择产生重大影响，特别是，人们常常把品牌或某些高品质商品与某些国家联系在一起。对环保或人道主义问题的关注也会引导消费者选择那些被视为尊重人权、劳动法或环保条约的国家的产品。尽管产品生产的全球化已经使在某一特定国家“完全生产或获得”产品的概念显得过时，但是，消费者仍然会将某些高品质产品与特定的地理区域或国家联系在一起。

最后，各方在对废碎料、从废碎料中回收的零件及旧货的原产地问题进行讨论时，对环保问题的关注和对循环产业的考虑也被纳入谈判范围，围绕着应该把原产地分配给哪个国家的问题而展开：是生产废碎料的国家，还是使用所收集的零件生产货品的国家，抑或是使用货品的国家，或者是对这些货品进行再利用的国家？根据原产地分配的情况，发展中国家对于自身被归入哪一类极为关注。

按零件的收集情况对原产地进行分配，对于把循环产业或有害产业迁往发展中国家可能是一个潜在的激励因素。其他方面的关注可能与这样一种情况有关：旧货在发展中国家与国产产品展开竞争。总体而言，对于什么是废碎料或旧货的问题，工业化国家和最不发达国家的看法是不同的。例如，在工业化国家，电脑的平均商业寿命为两到三年，而使用了同样年限的电脑在发展中国家仍具有重要的商业价值。

所有这些关注被一项明确的规则所取代。各方一致同意：在一国的制造或加工作业或者消费中产生的，仅适于弃置或者原材料回收的废碎料，① 应当视为在该国完全获得。就是说，其原产地应为生产废碎料的国家。

为避免将循环产业或有害产业迁往发展中国家，规则把所收集的废物限定在物品而非零件。既不具有其原有功能，又无法修复或修理，仅适于弃置或者零件或材料回收的货物，应当视为在收集这些货物的国家完全获得。

既不具有其原有用途，又无法修复或修理的零件或原材料，应当视为原产于

① 废碎料具体是指在同一国家进行的制造或加工作业或消费中产生的材料、废旧机械、废弃的包装、家庭垃圾，以及所有不再具有其原有功能、仅适于弃置或材料回收的产品。此类制造或加工作业包括各种加工，不仅包括工业或化学加工，还包括矿业、农业、建筑、冶炼加工、焚化和污水处理等。参见协调工作计划一揽子谈判文本中的总体结构，G/RO/45/Rev. 1，2001年4月31日。

回收这些零件或原材料的国家。

美国原来提出的建议将这些规则用于附录二——产品特定原产地规则。与此同时，各方对《协调制度》第84章项下的机械产品特别关注。各方关注的是被收集、被回收或被拆解的零件或者被撤换物品（涵盖了不属于完全获得货物定义范畴的零件或物品）的原产地。

作为一项普通规则，拆解不得赋予原产资格，尽管如此，被拆解或被回收的零件或者被撤换的物品的原产国，应为回收零件的国家，除非进口商、出口商或有正当理由确定零件的原产地的任何人有确凿证据（例如，零件本身的原产地标记或证明文件）证明，零件的原产国为另一国家。规则的第二部分非常直观：如果被回收的零件带有明确的原产地标记——例如，带有“意大利制造”标记的汽车发动机——就没有理由将新的原产地赋予回收该零件的国家了。

总体上，人们可以看到，鉴于谈判上的技术性，具体产品层面的初始谈判结果大多是受产业驱动的。大部分未决问题均是如此，因为各国的国内企业在哪种加工工序应被视为“实质性改变”的问题上持有不同意见。大多数国内企业倾向于捍卫自身的利益。他们认为，在其工厂经过制造或加工，应当视为实质性改变，并应获得原产资格。此外，在对原产地进行确定时还会遇到纯粹的技术问题，对于采用新技术的加工工序，在理解上也有一定的困难。

由于许多类似的问题已出现了好几年，这极大地阻延了谈判进程。WTO各成员不得不考虑的一个关键问题，就是要决定是否应该考虑利用原产地规则来解决上述问题，还是将其诉诸其他贸易政策工具。

一、关于协调工作计划对其他WTO协定的影响的谈判议题及建议

1998年，印度、其他发展中国家和美国在其提案中首次公开提到了原产地规则对其他WTO协定的影响的问题。[①] 美国在其提案中列举了一系列例子，揭示了《原产地规则协定》的实施对《纺织与服装协定》（ATC）、《原产地标记协定》、《与贸易有关的知识产权协定》（TRIPS）、《卫生与植物卫生措施协定》（SPS）等一系列WTO协定可能产生的影响。各方注意到，这些影响关系到各成员在一些问题上达成共识的灵活性，因为各方对于如何才能保持关系到特定产品或产品领域的某些贸易政策措施或贸易制度的完整性表示关注。

美国认为，打破这个僵局的一个可能的解决方案是，各方对未来将原产地规则“同等适用于所有目的”的义务的共同理解达成一致，即不一定要求各成员必须“将原产地规则用于所有这些目的”。毫无疑问，对某些成员来说，这种“按菜单点菜”的方式将便于达成共识；但就其他成员而言，这种灵活性将会极大地削弱整个协调工作计划的价值，因为在目前多边协议规则缺失的情况下，它会对

① 更多信息参见WTO文件G/RO/W/42，G/RO/W/48，G/RO/W/50及G/RO/W/65。

整个协议本应具有的法律确定性和可预见性造成损害。正如本章第六节中所讨论的那样，在涉及适用范围的总规则一的一份最新草案中，各成员似乎可以自由选择在哪种“商业政策工具”中采用协调工作计划的结果来确定原产地（其后的草案甚至没有提及这一规则）。

发展中国家，尤其是其中的最不发达国家，可能会觉得这样的方案颇具吸引力，因为该方案可以被理解为能够减轻他们在《原产地规则协定》中所承担的部分义务及其实施上的负担。如前所述，对发展中国家来说，实施协调工作计划结果的工作比较复杂，给他们的海关管理造成负担。

但是，我们必须记住，无论如何，即便这些国家决定“选择不干”，原产于发展中国家的出口货物运往那些答应全面实施协调工作计划的 WTO 成员时，仍然受到协调工作计划的纪律约束。因此，是否将协调工作计划的结果用于某些商业政策工具，实际上只能由进口方及本国立法作出选择。最终，出口商和生产商仍然会关注在进口国实施协调工作计划对其他 WTO 协定造成的影响，而进口国会根据自身的优先考虑和贸易利益来实施协调工作计划。由此一来，所造成影响的程度很可能由美国和欧共体等最大进口国来决定。

美国较早前提交的方案中提出了另一种方法，即与负责《原产地规则协定》第 1 条所列事务的所有其他 WTO 机构进行沟通，借此对协调工作计划对其他 WTO 协定可能产生的影响进行审查。从理论上讲，这种方法似乎比较正确。但是，后来人们发现，由于影响的范围较广，所涉及的问题比较复杂，这种办法进一步限制了在一个比较现实的时间框架内完成协调工作计划的可能性。

2002 年 10 月 7 日，巴西就影响问题和可能的解决方案提交了一个方案。①巴西对 1998 年以来的谈判背景情况作了回顾，重申了《原产地规则协定》第 1 条和第 3 条（a）款所列的原则，并对各方在原产地规则委员会会议上所达成的广泛谅解归纳如下：

“（a）各成员承诺将原产地规则同等适用于所有目的［《原产地规则协定》的第 9 条（a）项］。

（b）《原产地规则协定》第 1 条第 2 款仅仅列举了用到原产地规则时应当适用协调原产地规则的情形。

（c）应当由各成员根据他们在其他 WTO 协定中所作承诺，决定在特定情况下，原产地确定应否应作为一项强制性要求。

（d）在原产地确定作为一项强制性要求的情况下，或者在某一成员自主决定进行原产地确定的情况下，作为《原产地规则协定》附件的协调原产地规则（一旦达成后）均应适用。

① 参见 WTO 文件 G/RO/90 或 WT/GC/W/479。

(e) 应当由WTO的相关机构决定是否需要就原产地规则作为一项强制性要求的各个协定作出解释。

(f) 这样的谅解并不妨碍各成员实施超出依据协调原产地规则得到的具体原产地判定结果的法律、法规或行政决定的权利，只要其行为与源自其他WTO协定的权利和义务相一致；对于另一成员履行其承诺的方式，各成员将始终保留行使自身权力的权利。”

根据这一谅解，实施《原产地规则协定》是每个成员的责任。各成员还必须决定，在某一特定问题（即协调原产地规则在另一协定中的适用问题）上，应否将原产地确定作为一项强制性要求。如果该成员决定实施这些要求，或者单独决定采用非优惠原产地规则，那么，该成员应当采用协调原产地规则。

巴西还针对原产地规则以外的其他规则提出了问题。只要这些措施（例如，卫生与植物卫生措施）与源自其他WTO协定的义务相一致，这些措施是允许采用的。①

如果某一成员感到其他协定关于是否适用原产地规则的规定不明确，巴西建议由WTO的相关机构决定是否有必要就其他协定作出解释。归根到底，只有部长会议有权对WTO协定进行解释。

巴西在其提交方案的最后陈述中提出，对于另一成员履行其承诺的方式，各成员始终可以行使其权利。这一条并不是革命性的，但是，即使某一成员认为自己正确实施了WTO协定，另一成员对于正确实施原产地规则的解释有争议时，仍然可以对其提出质疑。此时，就应当启动正常的争端解决程序。

显然，多个代表团对巴西为解决“一项问题”而作的努力及其提出的建议表示赞赏。但是，他们认为，仅在总规则一②中加入一句话并不足以解决所有的关注。

尽管各方在总理事会（GC）层面有过各种尝试，一种解决方案是，由WTO各成员自行选择采用协调原产地规则的商业政策工具，并通知原产地规则委员会。

澳大利亚和新西兰也积极参与到这场争论之中，并对原产地规则委员会主席先前就实施影响问题提出的方案表示关注。该方案会在后面进行讨论，具体表述如下：③

---

① 同时参见本章第八节。

② 《原产地规则协定》附件的总规则1规定：“本附件所规定的原产地规则，是指《建立世界贸易组织（WTO）的协定》的附件《原产地规则协定》第1条第1款所规定的原产地规则。此类原产地规则应当同等适用于《原产地规则协定》第1条第2款中所列的所有目的，并与源自WTO相关协定的权利和义务相一致。”

③ 参见WTO文件JOB（03）/132。

总规则一第二款：

“无论何时，如果某一成员必须或者在没有此项要求的情况下自愿决定在实施WTO协定附件1A中所列的一项协定时确定货物的原产地，那么，本附件所规定的原产地规则应当同等适用于《原产地规则协定》第1条第2款中所列的所有目的。但是，本附件中的原产地规则不应对各成员实施非优惠商业政策工具方面的权利和义务造成损害。”

澳大利亚和新西兰认为，通过举例（例如，《反倾销协定》）的办法可以把第一句解释得更加清楚。《反倾销协定》规定，各成员既可用“原产国”来确定原产地，也可用“出口国”来确定原产地。在这种情况下，各成员可以选择采用“出口国”标准，这样就无需采用协调规则。但是，在有些情况下（货物经第三国转运或者货物并非由出口国生产），各成员必须使用“原产国”标准。这时，他们就必须采用协调规则。

澳大利亚和新西兰的意见主要针对第二句。他们认为第二句的含义不清晰。“用于非优惠商业政策工具的原产地规则”出自《原产地规则协定》第1条（第2款），包括最惠国待遇、国民待遇、《关税减让表》、原产地标记、配额、反倾销、反补贴及保障措施的实施。第二句可以被解读为将某些措施排除在《原产地规则协定》的范围之外。澳大利亚和新西兰质疑，这是否意味着，即使各成员任意选择或者必须确定原产地（例如，在《反倾销协定》中采用“原产国”标准），也不一定非要采用协调原产地规则不可。

最后，澳大利亚和新西兰还正确地指出，第二句给予各成员太大的灵活性，使他们可以选择怎样实施协调规则。他们还认为，第二句与建议文本中的第一句及《原产地规则协定》第1条第2款是相互矛盾的。

有的代表团建议，要么删除第二句，要么对其作出修改，以反映巴西提交的方案中的原有表述，包括澳大利亚提出的修改建议，即“以与源自WTO相关协定的权利和义务相一致的方式。”因此，第二款第二句应当表述为：

“本附件中的原产地规则应当以与源自WTO协定的权利和义务相一致的方式加以实施。”

巴西提出的方案和澳大利亚及新西兰的建议出现在主席于2006年4月提出的最新建议文本当中。①

2007年2月和2008年5月散发的总规则一的最新草案已在本章第五节第二部分论及。在2008年10月举行的原产地规则委员会会议上，各方并未就“实施影响”问题提出任何解决方案。

---

① 2006年4月5日散发的文件JOB（03）/132/Rev. 11。

二、对《实施1994年〈关税与贸易总协定〉第6条的协定》可能产生的影响：《反倾销协定》[①]

上世纪80年代，伴随着反倾销税和其他应急贸易措施或贸易保护措施的实施，非优惠原产地规则多边纪律的缺失首次引起了政策制定者和分析家们的注意。

作为上世纪80年代和90年代最重要的贸易政策工具之一，反倾销法规的出现在很大程度上促成各国越来越重视将原产地规则作为商业政策工具，这对生产国际化与生产布局之间的互动产生了影响。反倾销税的征收，加上不断加速的生产全球化，催生了某些公司在欧共体和美国等战略市场上对有形资产进行重新布局的第一批案例。上世纪80年代，欧共体和美国的国内企业针对在其境内建立螺丝刀工厂的投诉，促成了两国的立法机构制定反规避法。[②]

通常情况下，反倾销程序是应国内产业针对原产于某一国家的产品的诉讼请求而启动的。因此，正常的反倾销程序（与倾销和损害相关的调查结果除外）要求调查部门对由第三国出口的产品的原产地进行认定。但是，调查部门这方面的做法并非始终如一。[③]

另一方面，对于提起诉讼的国内产业产品的原产地恐怕也要进行审查。但是，提出诉讼的国内产业一方通常无需提供国内产业的原产地证明。乌拉圭回合《反倾销协定》第4条（国内产业的定义）并未规定，提出诉讼的国内生产商必须生产原产产品。[④] 由此一来就实施了双重标准，即对于被指倾销的出口产品，需要进行原产地审查；对于提出诉讼的当地产业的产品，则无需进行原产地审查。另一方面，国内产业在指控产自A国的产品存在倾销的同时，又在进口零

---

① 此领域的一项开拓性研究极大地促成了本节的写作，参见联合国贸易与发展会议（UNCTAD）出版物《全球化与国际贸易体系：原产地规则的相关问题》（UNCTAD/ITCD/TSB/2，1998年3月24日）；E. Vermulst，P. Waer，J. Bourgeois：《国际贸易中的原产地规则：比较研究》，密歇根大学出版社1994年版；Inama和Vermulst著：《反规避和反倾销程序》，见于P. Mavroidis，即将出版。

② 关于美国立法，参见Pub. L. No. 100－418，§1321，102 Stat. 1192，adding §781to the Tariff Act of 1930，as amended，19. USCA §1677j。关于美国反规避措施的分析，参见N. Komuro著：《美国反规避措施与GATT规则》，载于《世界贸易期刊》，vol. 28，no. 3，1994年6月。关于欧共体反规避立法，参见最初通过的1987年6月22日《理事会条例》1761/81，O. J. 2167（1987）。有关欧共体反倾销和反规避措施的详细讨论，参见E. Vermulst和P. Waer著：《欧共体反倾销法律与实践》，Sweet & Maxwell 1996）。

③ WTO《反倾销协定》第9条第（2）款中并未明确提出这一要求。在一个涉及产自韩国的小屏幕彩电的具体反倾销案例中，欧委会选择采用了“生产国”的概念，而不是“原产国”的概念。参见欧盟《官方公报》L. 324/1（1990）（临时措施），O. J. L. 107/56（1990）（最终措施）。有关该案例的说明参见上述Vermulst和Waer。

④ 参见WTO《反倾销协定》第4条关于国内产业的定义。

件，以生产同类产品。欧共体于上世纪 80 年代发起的某些反倾销诉讼中，这个问题即现实地摆在人们面前。尤其是在复印机案和其他产品案例中，[①] 欧共体的调查部门发现，根据欧共体原产地规则，某些型号的复印机是用从日本进口的零件组装的。但是，由于有关厂家打算增加产品中的欧共体成分，此事最终不了了之。

从法律观点看，反规避措施的根本问题在于多边协议规则的缺失，同时还在于由此而导致的调查部门的单边随意性做法。直到最近，无论是美国还是欧共体——此类措施的最主要实施者——均未制定具体的非优惠原产地规则。此外，他们有时还会采用不同的原产地测试，这取决于进行原产地确定的贸易工具。

举例来说，在美国的实践中，商务部在反倾销调查中认定的半导体的原产地就与美国海关所认定的结果不同。[②] 直到共同海关法规于 1992 年生效之前，在欧共体的立法中，非优惠原产地规则的法规是非常少的，甚至是缺失的。即便如此，其原产地规则法规也是不完整的。只有在协调工作计划取得进展之后，欧共体才开始在非优惠原产地规则上实施一贯的政策，采纳了协调工作计划的现有初步结果。

---

① 在涉及复印机、舷外发动机、磁带录像机、小屏幕彩电、动态随机存储器、可擦可编程序只读存储器等产品案例中，欧委会不得不对某些欧共体生产商的立场及位于欧共体境内由所拥有或者与处于损害倾销调查之下的生产商有联系的制造基地的立场进行审查。特别是，在对复印件进行调查期间，欧委会不得不对兰克施乐（其中一个申诉方）的立场进行审查。欧委会所作的原产地判定显示，至少其中一家工厂所使用的复印件零件大部分原产自日本，原产自欧共体的很少。尽管如此，考虑到与原产地无关的因素（例如，“长期在欧共体生产”等），欧委会承认兰克施乐公司为国内生产商。更深入的分析参见 P. Waer 著：《国际贸易中的原产地规则》，见于 E. Vermulst，P. Waer 和 J. Bourgeois（编著），密歇根出版社安娜堡大学，1994 年。关于具体调查情况，参见《来自日本的舷外发动机》（1983）欧盟《官方公报》L152/18 最终措施）；《来自日本的复印机》（1987）欧盟《官方公报》L 54/12（临时措施）；《来自日本和韩国的录像机》（1988）欧盟《官方公报》L240/5（临时措施）；《来自韩国的小屏幕彩电》（1990）欧盟《官方公报》L107/56（最终措施）；《来自日本的动态随机存储器》（1990）欧盟《官方公报》L193/1（最终措施）；《来自日本的可擦可编程序只读存储器》（1991）欧盟《官方公报》L65/1（最终措施）。关于美国的情况，例如，参见 Brothers Industries 诉美国案，No. 91－11－00794（slip. op 92－152）（1992），在该案中，美国国际贸易法院推翻了商务部关于 Brother 不具备提起反倾销起诉资格的决定。关于这一案例，参见 Palmeter，载于上述 E. Vermulst，P. Waer 和 J. Bourgeois。

② 参见 Palmeter 著：《美国的原产地规则》，见于上述的 Vermulst，Waer 和 Bourgeois，第 74 页，以及美国海关关于半导体组装和测试赋予原产资格的结论，C. S. D. 80227，14，Cust. b. &Dec. 1133（1980）。在案例中，美国商务部为反倾销目的而认定组装和测试不能赋予原产资格：来自日本的可擦可编程序只读存储器（EPROMs）；最终被认定其以低于公平价格进行销售。51，Fed. Reg. 39680，39692（1986）。同时参见 D. Palmeter 著：《原产地规则或限制性规则：对新型贸易保护主义的评述》，载于《世界贸易期刊》第 11 期第 1 页，1987 年。

在取得这些进展以前，欧委会在进行调查时，通常凭经验采用45%的增值测试。[1]但是，这并不妨碍欧共体机构根据实际需要制定组装产品的特定规则，颇具争议的滚珠轴承案[2]、复印机案[3]及半导体案[4]就是这种情况。1991年12月发布的最终法案草案（又被称为“敦克尔草案”）中的《反倾销协定》草案包含了详细的规避条款。但是，美国的谈判代表认为，这些条款是“软弱无力”的，这些规定最终在《反倾销协定》中被删除了。

该项草案后来被一项部长决定所取代，该决定对规避的问题表示认同，并希望尽快制定统一的反规避规则。该项决定将有关问题交由反倾销事务委员会解决。

美国和其他WTO成员认为，部长级决议承认了反规避措施的合法性，由此并不排除各成员保留、修改或制定反规避措施。

乌拉圭回合结束后，人们认为并希望协调工作计划的结果能妥善地地解决反规避的问题。由于《原产地规则协定》明确规定，协调工作计划的结果将被用于反倾销程序，因此，协调工作计划的结果可始终如一地被用于确定经第三国出口的产品是否确实原产于该第三国，还是仅仅为了规避反倾销税而经第三国出口。

一些国家大量利用反倾销程序来保护其本国产业不受竞争的影响。正如美国所指出的那样，[5] 据WTO秘书处的数据，36个成员已通报WTO秘书处，他们并未制定非优惠原产地规则。[6] 尽管人们知道，这些国家当中许多实施了反倾销措施，但是，原产地规则似乎并未被用于这些措施之中——鉴于这些成员已通报WTO秘书处，他们并未制定非优惠原产地规则。这些成员中许多积极参与了协调工作计划，他们很可能会支持采纳关于实施范围的规则一的最新表述，以保持其在反倾销程序中拥有自由裁量权的做法。

此外，韩国认为[7]，反倾销措施是基于“出口国”而非“原产国”的概念。在计算倾销幅度（即出口价格与正常价格之差）时，正常价格采用的是出口国类似产品的国内价格。只有在《反倾销协定》第2条第2款和第5款所指的例外情

① 参见E. Vermulst和P. Waer著：《作为商业政策工具的欧共体原产地规则》，载于《世界贸易期刊》，1990年。

② 参见1990年12月18日发布的关于确定滚珠轴承、滚子轴承或滚针轴承原产地的第3672/00号欧共体条例，O. J. L356（1990）。

③ 例如，参见1989年7月11日发布的关于确定复印设备原产地的第2971/89号欧共体条例，O. J. L196/24。

④ 参见1989年2月3日发布的关于确定集成电路原产地的第288/89号欧共体条例，O. J. L33（1989）。

⑤ 参见WTO文件G/RO/W/65，《协调原产地规则的实施对其他WTO协定的影响》。

⑥ 参见WTO文件G/RO/W/73，原产地规则委员会——草案——《原产地规则协定》实施与运作的第七年审议，秘书处注解。

⑦ 参见WTO文件G/RO/W/38，协调原产地规则实施对其他WTO协定的影响。

况下，原产国才能发挥作用。第一种情况（第2条第2款）是指出口国国内市场上的正常贸易过程中没有类似产品的销售，或者出口国国内市场上销售量较低，其价格不适于用作正常价格。在这种情况下，产品的原产国就有了意义。第二种情况（第2条第5款）是指产品经中间国（出口国）进口。如果产品仅经过转运，或者该产品不是在出口国生产的，或者在出口国没有该产品的可比价格，倾销幅度就有可能通过与原产国的价格比较而得出。

韩国所提出的上述观点，在前面提到的36个成员向WTO通报其甚至并未制定非优惠原产地规则的情况下很难适用，尽管这些成员中许多都实施了反倾销措施。事实上，在各成员的反倾销制度中，“出口国”与“原产国”的做法多种多样。同时，各成员对于未来履行将协调原产地规则同等适用于所有目的义务所带来的影响明显缺乏共识。

《原产地规则协定》第1条第2款结尾处的一项脚注写道：“各方理解，此项规定不应对为了界定“国内产业”或“国内产业的类似产品”或者其所适用的类似术语而作出的确定造成损害。”印度提出，[①] 这是否意味着，采取限制措施的成员可以采用不同于有关产品所适用的原产地规则的标准来界定国内产业？与按协调原产地规则对国内生产进行界定相比，这样会显得国内产业遭受了更大的损害。如果“类似产品”一词在反倾销措施中的定义不同于其在协调规则中的定义，那么，这将有悖于《原产地规则协定》中“将原产地规则同等适用于所有目的”的原则。

三、对实施1994年《关税与贸易总协定》第9条可能产生的影响：原产地标记

海关原产地和原产地标记之间的联系源自美国的实践。进口到美国的产品必须标注原产国的要求可以追溯到1890年，此后一再得到重申。[②] 这种要求旨在告知消费者产品的原产国，同时也会产生偏向国内产品胜于与之竞争的国外产品的间接效应。因此，在某些国家定期倡导“购买国货”的许多措施中，原产地标记可以起到非关税壁垒的作用。

“原产地标识的影响

在原产地规则技术委员会谈判的早期阶段，瑞士代表团建议，用零件组装加工成手表应当赋予原产资格，因为这种加工涉及一系列复杂的加工工序，必须提供专业服务。瑞士在其普惠制方案中所采用的相应原产地规则一般要求用于制造

① 参见WTO文件G/RO/W/42：《关于纺织品与服装协定项下准入产品协调原产地规则若干主要建议的影响：可能产生的效果分析》。

② 关于美国原产地标记的讨论，参见Samter著：《国家果汁产品协会诉美国案：为原产国标记而确定实质性改变的更狭义方法》，载于《国际商业法律与政策期刊》（1986），第671页。

手表的国外材料不得超过手表出厂价的40%，并且非原产材料的价值不得超过国内材料的价值。同时，瑞士代表团认为，在产品上标注生产国的国名时，海关原产地也不一定是充分的判定标准，因为成员方有可能提出附加的标准要求，例如，瑞士国内法针对手表及其零件提出了国家地理标识的要求。该代表团进一步指出，瑞士的此项国内法应被视为WTO《与贸易有关的知识产权协定》第22条及1996年《关贸总协定》第9条第6款中所指的地理标识。此类地理标识可能超出了简单的‘海关原产地’概念。其他代表团，尤其是来自亚洲地区的代表团则认为，原产地应当赋予生产钟表机芯的国家。他们认为，手表的基本功能是计时，而计时功能是由钟表机芯而非组装和测试加工工序来完成的。

瑞士关于非优惠原产地规则的建议的一个可能结果是，允许瑞士的钟表制造商进口日本或第三国产的钟表表芯，并保留其原产地。与此同时，第三国的钟表制造商在普惠制方面将面临更为严格的规则，使其产品很难享受普惠制的优惠。此外，瑞士建议将原产地标记与WTO《与贸易有关的知识产权协定》第22条中所指的地理标识联系起来，这显然会对贸易政策和市场营销产生影响。这种联系在协调原产地规则最新草案的前言中似乎被排除了。该前言明确提到，《原产地规则协定》不应对WTO协定附件1B和1C的条款所规定的权力和义务造成损害。根据瑞士的建议，由于机芯被组装成完整的手表，采用品目改变标准将会导致原产地的改变，但其原产地标记却不可能改变，因其受到了‘瑞士制造’的国内立法的制约。”

鉴于其历史背景，原产地标记的问题在美国多次成为争端的焦点，牵涉到美国法庭、海关及国外产品的进口商。多数争端是因食品、纺织品、钢铁产品及鞋类产品等敏感产业而引起的。①其中，产品标签、进口商品的敏感度，以及对消费者健康的考虑因素都会影响到最终的结果。通过对这些争端进行全面分析，我们得出以下几点：

（1）生产的全球化给原产地确定带来困难。在进口商看来，误报原产地或原产地标签有误都会遭到重罚，这让他们雪上加霜。

（2）作为用以判定哪些国家从产品销售中获得了重大经济利益的标准，原产

① 关于原产地标记法规中确定原产地时所产生的一种争议在Koru North America公司诉美国案的裁决中找到了例证。在该案中，船舶在新西兰领水以外捕捞鳕鱼。这些船舶由新西兰公司承租，但悬挂了新西兰、苏联和日本的国旗。他们在新西兰专属经济区内捕鱼，并且在船上进行开膛清洗和冷冻处理。其后，将这些鱼运到岸上，在新西兰进行整理后先运往韩国，然后再运至美国。进口商称，这些鳕鱼片的原产国是新西兰，而美国海关却认为，其原产地应分别为新西兰、苏联和日本。但是，法庭认定，这些鱼产品在韩国经过了实质性改变，因此，应当把鳕鱼片视为该国的产品。在纺织产业方面，《金融时报》于1997年4月10日刊登了一则关于美国一家大零售商因为误标中国产品而被罚缴纳数百万美元关税的报道。

地标记和海关原产地越来越显得不够充分。

(3) 原产地标记对消费者选择某些种类产品（例如，食品、药品和时尚产品）具有深远影响，。

美国和欧共体之间在 WTO 发生的一起关于原产地规则和原产地标记的贸易争端对原产地规则的变化所带来的影响作了很好的概括，由此使人们进一步考虑到其对原产地规则和贸易统计的影响。

1996 年 7 月，美国针对纺织品的原产地颁布了新的法规。新的纺织品原产地规则引入了不同于美国以往实践和立法的多项变化。表 2.8 对这些变化作了概括。

表 2.8　美国纺织品和服装原产地规则的变化

纺织品主要种类	1996 年 7 月以前赋予原产资格的加工工序	1996 年以后赋予原产资格的加工工序
服装	裁剪	拼合
织物	对织物进行染色和印花加工，只要伴随两道以上整理加工工序	用纱线织造

早在 1996 年 10 月，意大利纺织品生产商协会就针对美国纺织品原产地规则改变向欧委会投诉。① 由于证据确凿，欧委会又将该案提交到了 WTO，并在适当时候与美国当局展开了磋商。② 事情的原委是，根据新的规则，采用第三国生产的坯布在欧共体成员方经过染色、印花及整理加工的围巾不能获得欧共体的原产资格。投诉中最重要的方面与这样一种要求有关：有关产品必须贴上原产于织物生产国——中国的标签，其后果必然是，美国的消费者不能正确识别欧共体的产品。

尽管难以量化，在高级时装的高端纺织品市场，品牌和原产地标记显然对消费者的选择有极大影响，这也验证了最终产品生产商的关注。虽然生产的全球化已摈弃了产品在某一特定国家完全生产和完全获得的概念，但是，消费者仍然可以根据具体的地域或国家对某些高品质产品进行识别。此外，在时尚纺织品产业中，设计和风格的支出可能并不包含在广告和研究的支出内，加上生产厂家的所有权，这些因素都与实质性改变的概念不一致。

四、对实施《关于实施卫生与植物卫生措施的协定》可能产生的影响

日本就协调原产地规则与食品标签要求的关系所提交的建议③提出了实施协

① 参见 1996 年 11 月 22 日的欧盟《官方公报》C. 351。

② 参见 1997 年 2 月 18 日欧委会关于就美国改变纺织品原产地规则导致在欧共体加工的某些产品不被赋予欧共体原产的问题启动国际磋商与争端解决程序的决定——欧盟《官方公报》L 62（1997），以及 1997 年 6 月 3 日的 WTO 文件 C/TBT/D/13——《适用于纺织品和服装的美国措施：欧共体的磋商请求》。

③ 参见 WTO 文件 G/RO/W/66。

调工作计划和其他非 WTO 协定（例如，预包装食品标签的通用法典标准）时可能引起的问题。非 WTO 协定中包含的规定也许会超出原产地规则的要求，因为两者的目标是不同的。例如，采纳上述法典通用标准旨在实现保护消费者利益（即消费者保护）的政策目标，这已超出了海关管理的目的。

事实上，《原产地规则协定》第 1 条规定："原产地标记要求属于本协定范围之内"。但是，正如原产地规则委员会委员会在先前的会议上所指出的那样，该条款并未提到（根据日本的建议），《原产地规则协定》是否也适用于原产地标签要求。在日本看来，"为了避免在对条文进行解释时可能出现争议，在该问题上达成共识是至关重要的。"

正如预包装食品标签法典通用标准的有关条款所规定的那样，法典标准的原则旨在防止消费者受到误导或欺骗，记住这一点非常重要。这些目标均有别于原产地规则协调工作的目标，后者主要是为海关程序而设。

此外，有的成员提交了一份讨论文件，建议对现行法典标准中的原产地标签安排进行修改。该文件建议，肉类的原产地应当是实际的动物出生、饲养和屠宰唯一地点。① 如果这些地点互不相同，就应当逐一申报。

关于食品法典标准的这一建议在其思路上确实反映了现实情况，即为实现消费者政策目标而实施的"原产地标签"要求（向消费者提供包括产品的历史在内的精确信息）有别于为海关管理目的而实施的"原产地标签"要求（每项产品仅需报明一个原产国）。

基于上述情况，日本认为，将原产地规则委员会正在进行的协调工作的决定与食品法典委员会制定的标签标准加以合理区分是合理合法的，二者不应相互抵触，以免各成员在实施协调原产地规则时扰乱其国内食品标签制度的法律稳定性。

---

① 对预包装食品标签法典通用标准的修改建议：

● 食品的原产地应当申报。

● 只有当产品的所有主要原料或成分均来自所认定的国家，并且与该食品相关的所有生产/制造工序均在该地或该国完成时，才能使用"××出产"的术语（或者瑞士"的产品"、瑞士"生产"、瑞士"原产"等同等术语）。当食品的主要原料并未来自有关国家时，才允许有例外。

● 肉类产品的原产地应当是动物出生、饲养和屠宰的地点。如这三个地方互不相同，就应当逐一申报。

● 如果不使用"××生产"或同等术语，所申报的原产地应当认定为按其性质最终发生了实质性改变的国家，并应使用适当的术语，例如，"××加工处理"、"××加工"、"××制作"或者"××制造"等。基于上述目的，包装、切割、切片、绞碎、切碎、磨碎及其他类似工序不得视为实质性改变食品性质的加工工序。

● 食品标签上印有可能暗示原产地的其他原料时，其原产地申报应当足够明显，以免误导消费者。

各成员在动物屠宰问题上的不同选择，也引起了各方对卫生与植物卫生措施的关注。但是，这一次各方关注的不仅仅是日本提出的问题，而且涉及某些成员基于货物的原产地而采取的上述所有卫生措施。有的代表团认为，倘若将原产地赋予动物屠宰国，将导致卫生与植物卫生措施无法执行。换言之，可以轻易地规避卫生与植物卫生措施。为了避免出现规避的情况，一些代表团建议将屠宰加工与活动物在同一国家的特定育肥期联系起来。

"疯牛病、牛群的移动及标签

2003 年，加拿大的一头死牛被检测出患有疯牛病。这一消息立即引发包括主要牛肉进口国在内的 30 多个国家禁止进口加拿大牛肉。在宰杀了 2000 多头牛之后，动物卫生专家仍然不能科学地解释，在一个偏僻农场上，一头牛是怎样单独染上这种疾病的。因此，对加拿大牛肉的进口未能解禁。

美国官方希望能帮助加拿大农户走出困境。然而，日本方面表示，美国重启对加拿大牛肉的进口会扰乱美国牛肉对日的出口，除非美国对运往日本的牛肉及其副产品贴上标签，以排除加拿大牛肉及副产品。

美国方面称，鉴于美国和加拿大两国养牛产业完全融合，牛群每日跨境移动是常事，因此，这种贴标签程序既费钱又费时。"（资料来源：先驱论坛报）

各方对卫生与植物卫生措施的此类关注似乎已反映在协调原产地规则最新草案的序言中。其明确写明：

认识到原产地规则不应对各成员在其国内实施食品标签要求或卫生与植物卫生措施的权力和义务造成损害。

插入这段文字似乎可以将许多卫生与植物卫生措施从协调原产地规则的影响中剥离开来。

五、《原产地规则协定》对纺织品与服装可能产生的影响

一些国家认为，原产地规则谈判在很大程度上受到纺织品和服装领域配额分配制度的影响。然而，带有配额制度的《多种纤维协定》已经终止。这就意味着，影响的问题是无关宏旨的。但是，某些成员仍然认为这一问题依然存在，因为有些配额还在，有些则被反倾销程序取代了。

将织物的印花或染色加工认同为赋予原产资格的加工，也许已对"旧"配额的利用率和传统贸易流产生了极大的影响。坯布的出口大国会从中受益，因为这些坯布的配额都会算到处于产业链下游的国家头上，而不是算在他们自己头上。同时处于两种生产链或者仅仅处于印染生产链的国家会面临突如其来的出口份额下降，因为来自第三国的坯布会计入他们自己配额之中，而从前这些印花或染色织物会保留坯布的原产地不变。

根据这种观点，并非所有国家都受到配额制度的限制，因此，已经用完自身配额的国家有可能将其生产的坯布运往不受此类措施限制的第三国进行印花或染

色加工。

“美印之争：过渡期内美国服装原产地规则的变化

2001 年 1 月 11 日，印度就美国《乌拉圭回合协议法案》第 334 节、2000 年的《贸易与发展法案》第 405 节，以及实施这些条款的海关规章中规定的美国纺织品与服装原产地规则提出了一系列问题。

《乌拉圭回合协议法案》（URAA）第 334 节就确定纺织品和服装的原产地作出了新的规定。例如，某些织物、丝质手绢和围巾被视为原产于针织或织造底布的国家，任何后续加工不予考虑。

2000 年的《贸易与发展法案》第 405 节首先对《乌拉圭回合协议法案》第 334 节所列的纺织品原产地规则作出了修改，恢复了《乌拉圭回合协议法案》之前即以存在的针对丝棉织物、人造纤维和植物纤维的原产地规则。根据该规则，如果坯布必须在第二个国家经过印花及染色加工，加上至少两道其他指定的整理加工工序，则应以该国为原产国。但是，新法规没有改变羊毛织物的原产国；其原产地仍然由制成织物（织造或针织）的国家决定。

其次，第 405 节还改变了某些非服装类纺织品的原产地，其中大部分目前必须依据 19 U. S. C. 第 3592 节（b）（2）（A）项所规定的“特殊”原产地规则加以确定。目前，此类产品的原产地应根据织造或针织其组成织物的国家加以确定。根据新的规定，其中一些产品的原产地将根据对组成织物进行染色和印花加工，并经过两道或多道特定整理加工工序的国家加以确定。其他非服装类纺织品，包括棉织品、羊毛织品或含棉量较高的纺织品（即按重量计含棉量达 16% 以上的产品），其原产地将继续根据将其组成织物制成“坯布”形态的国家加以确定。

在印度与美国的有关争端发生之前，欧盟于 1997 年 5 月提请进行磋商，代表其围巾织造、织物整理和床上用品产业，控告《乌拉圭回合协议法案》所修改的原产地规则违反了美国在多项协定项下应尽的义务。1997 年 7 月，双方达成了会议记录，后来又作了修改。1999 年 1 月，双方举行了正式磋商。

1999 年 8 月，美国和欧盟同意最终解决争端。双方达成的第二份会议记录中包括美国有关当局承诺提出修改上述《乌拉圭回合协议法案》第 334 节所规定的原产地规则的法律，以允许染色、印花加工及两道或两道以上整理加工工序赋予某些织物及其产品原产资格。特别是，此项染色及印花规则仅适用于在（HTS）中按丝绸、棉、人造纤维和植物纤维产品归类的织物。该规则还适用于清单中所列的《协调税则》18 个特定子目所列的各种产品，但棉织品、羊毛织品或含棉 16% 或以上的混纺纤维织品除外。

印度声称，第 334 节所列并在第 405 节中作了修改的原产地规则、这些法律的海关实施细则，以及这些法律规定和实施细则的实施：

（a）被美国用作追求贸易目标的手段，因而违反了《原产地规则协定》第 2

条（b）款的规定。第334节被用作保护美国纺织品和服装产业的手段。第405节被用作偏向来自欧共体的有关进口产品的手段。

（b）产生了限制、扭曲和扰乱国际贸易的效应，由此与《原产地规则协定》第2条（c）款第一句项下美国应当履行的义务不符；

（c）要求满足与制造或加工无关的某种条件，并提出过分严格的要求，因而与《原产地规则协定》第2条（c）款第二句的规定不符；

（d）第405节的规定在各成员之间造成歧视，尤其偏向欧共体，因而与《原产地规则协定》第2条（d）款项下的美国应当履行的义务不符。

专家组驳回了印度提出的上述（a）项指控，理由是印度未能举出实证证明织物成形规则导致更多配额管制下的制成品进口到美国。

无论如何，即使印度提供了此类信息，专家组已指出：'仅凭使得配额制度更具限制性这一事实本身并不能归咎于织物成形规则。为了追求合法目标，也会采用限制性的织物成形规则。'

为了理解专家组的推理逻辑，我们必须考虑到，原产地规则的任何改变都可能对贸易流产生影响。因此，仅仅指控'织物成形'规则具有了限制性贸易效应，这本身并不意味着国内产业受到更多保护，也不意味着利用原产地来追求贸易目标。换言之，专家组认为，印度未能证明织物成形规则产生了数量限制效应，并且这些效应'并非是为了追求合法目标而引起的'。

根据同样的推理逻辑，专家组还驳回了印度关于第405节的规定被用作偏向欧盟进口产品的工具的指控。对于（b）项所述的第二项指控，专家组也裁定，指控织物成形规则具有限制性效应的量化证据不足。

基于（b）项的其他论点同样被驳回，因为人们不能简单推断出原产地规则的改变产生了扭曲或扰乱国际贸易的影响。"

六、《原产地规则协定》第三部分在与贸易有关的知识产权方面可能产生的影响：地理标识

关于协调工作计划与在《与贸易有关的知识产权协定》（TRIPs）第22条第1款和第23条项下的地理标识之间的关联性，各方是有争议的，但两者都关系到原产地和原产货物的问题。有些国家认为，由于《原产地规则协定》包含在附件A（《货物贸易多边协定》）内，因此该协定并不适用于附件1C（《与贸易有关的知识产权协定》）。由此推断，如果协调工作计划同等适用于《与贸易有关的知识产权协定》项下的原产地确定，就可能会对不是在某一特定区域生产、却符合协调工作计划项下的原产地要求的产品带来影响；反之亦然。例如，有些成员在谈判中认为，使用进口的葡萄酿制葡萄酒应当被视为赋予原产资格的加工。

这一建议一旦得到采纳，将会对《与贸易有关的知识产权协定》第23条项下的地理标识保护事项产生潜在的影响。某些葡萄酒生产商会声称他们生产的是

原产的波尔多酒，因为他们满足了协调工作计划项下的原产地要求。就是说，使用进口的葡萄酿制葡萄酒应当赋予原产资格。显然，身为 WTO 成员的传统酿酒国是反对这种观点的。他们认为，必须使用在同一国家生长和收获的葡萄酿制葡萄酒，只有在此情况下，葡萄酒的制酒工序才能赋予原产资格。有的成员提出了一个折中方案，他们认为，只有从葡萄到葡萄酒的整个制酒工序均在同一国家内完成时，才能赋予原产资格。

七、非优惠原产地规则与规避

反倾销立法中反规避措施的适当性这一未决问题，过去是、现在依然是原产地规则与全球化相互作用的最明显表现。在反倾销的案例中，我们也可以见到各式各样的规避纺织品配额的案例。

正如本章第八节第二部分所预见的那样，日本在《关税与贸易总协定》对欧共体在上世纪 80 年代颁布的反倾销条例中的反规避规定提出异议并取得了成功。

“通过转移加工进行规避

欧共体在 1988 年颁布的反倾销条例中包含一项反规避条款。该条款规定，如果以下条件得到满足，允许对在欧共体境内组装或生产后进入欧共体市场的产品征收反倾销税：

● 组装或生产产品的一方与出口应征最终反倾销税的类似产品的任何生产商有关联；

● 组装或生产是在发起反倾销调查后开始的或者显著增加的；

● 组装或生产中所使用的原产于应征反倾销税的产品出口国的零件或材料的价值，超出所使用的所有零件或材料价值至少 50%；

在适用本条规定时，需要考虑个案的具体情况，特别是在组装或生产中产生的变动成本，以及在欧共体境内进行的研发情况和所采用的技术。

据此规定，欧共体在 1987 至 1989 年间发起了 7 起有关组装加工的诉讼，涉及日本的电子打字机、电子秤、复印机、滚珠轴承、挖掘机等产品组装的转移加工。

日本政府通过《关贸总协定》专家组的裁决对此项规定提出了异议，并获得了成功。《关贸总协定》专家组就能否根据《关贸总协定》第 20 条（s）款的规定实施反规避措施的问题进行了审查。该条款规定：

‘本协定的任何规定不得被解释为阻止任何成员采取或实施以下措施……（d）为保证与本协定的规定不相抵触的法律或法规得到遵守所必需的措施……’

反规避措施是否为保证对进口的最终产品征收最终反倾销税的法规（‘法律或法规’）得到遵守所必需？专家组对此进行了审查。在这方面，欧共体认为，广义上，所称‘保证得到遵守’应被解释为：不仅包括法律和法规本身的执行，而且包括对法律和法规的目标具有贬损效应的行为的防范。专门组对这种广义解释不予接受。其指出，《关贸总协定》第 20 条（d）款的条文并非指法律或法规的‘目标’，仅指法律或法规本身。

从此项《关贸总协定》专家组裁决可以清楚地看到，《关贸总协定》第20条（d）款不能被援引为实施反规避措施的一般法律依据，这样会背离第6条（涉及反倾销）所规定的条件。由此可知，只有在完全符合《关贸总协定》所规定的征收反倾销税的条件（即得出倾销和实质性损害的结论，并且两者存在因果关系）的情况下，才能实施反规避措施。

乌拉圭回合谈判并未就反规避措施达成协议。事实上，《马拉喀什最后文件》仅将此事交由根据协定的规定设立的‘反倾销实施委员会’解决。欧共体在其最新的反倾销立法中对原来的反规避规定作了更新和修订，由此填补了此项法律真空。”

具体来讲，可能通过下列方式进行规避：（1）将加工厂迁往进口国；（2）将工厂迁往第三方市场；（3）将拆散件出口到进口国进行组装——实际上是上述第（1）种方式的变体。① 要想弄清楚反规避的是非曲直，就必须对控辩双方的不同观点进行分析。原告通常认为，将工厂迁往原告的国内市场或者迁往第三国，其主要目的是为了逃避反倾销税；在那里进行的加工属于微小制造或加工，不应赋予原产资格。因此，他们认为，对于在第三国或本国市场生产的此类产品应该征收反倾销税，因为这些产品仍然保留着应征反倾销税的第三国产品的原产资格（参见下框）。作为被告方的出口商则认为，迁厂纯粹是一项对外直接投资活动，是生产全球化的一个简单步骤，在第三国或其国内市场实现的增值以及/或者进行的制造或加工足以使产品获得原产资格。

“通过在第三国组装进行规避②

（1）在反倾销程序中改变原产地

在涉及来自中国台湾的打字机的一个反倾销案件中，欧委会终止了已经启动的调查程序，理由是：在那里进行的生产加工不足以赋予中国台湾原产的资格。这种调查结论的实际后果是，在中国台湾组装的产品仍应视为日本原产，因此，事实上应当按原产于日本的同类产品征收反倾销税。③ 其后，有些成员方的海关甚至认为，应当对在此之前已从中国台湾进口的打字机追征反倾销税。这最终导

---

① 在此并未就这种规避方式作进一步论述，因为其并非与原产地规则相关，而是与《协调制度》的归类总规则相关。例如，参见 Vermulst 及 Waer 对 Eisbein 案例的评论［Case C. 35/93, Dr. Eisbein GMBH 诉 Hauptzollamt Stuttgart 案（1994 年），《欧洲法院报告》，1－2655］。在该案中，Eisbein——一家进口打字机拆散件的德国工厂认为，这些套件应按“零件”归类，因此，不应按制成的打字机征收反倾销税。

② 对这些案件所涉及的各种问题的具体分析，参见 Vermulst 及 Waer。

③ 来自中国台湾的电子打字机，（1986）O. J. L 140/52。

致了Brother案的发生。[1] 在该案中，经过在Brother公司实地调查，德国海关再次认定，涉案打字机不能视为原产于中国台湾，而应视为原产于日本。对进口的日本打字机征收的反倾销税同样适用于中国台湾出口的打字机，应当对这些打字机追征反倾销税。最后，德国海关勒令Brother公司缴纳300万德国马克的反倾销税。Brother公司对此裁决提出了上诉，其理由是，根据欧共体的原产地规则，所涉打字机应当视为原产于中国台湾。他们认为，虽然产品的大部分零件来自日本，但这些零件是在台湾设施完备的工厂里被装配成即可使用的打字机的。

(2) 具体的原产地确定

原产地规则多边纪律的缺失使美国和欧共体得以在处理有关第三国生产的原产地争端中作出特别的原产地确定。在某些情况下，这些决定招致了国际批评，并导致了五花八门或互相矛盾的法规的出现。上世纪80年代末期，欧委会对位于加利福尼亚州的理光复印机厂进行了实地调查，并得出结论：该厂生产的复印机不能视为美国原产，而应视为日本原产。其后，欧委会针对复印机的原产地制定了具体规定。该规定看似一般性表述，实则针对理光复印机的情况量身订制。此项原产地确定的直接后果是，对从日本直接进口的复印机征收的反倾销税被扩大适用于从加利福尼亚州出口到欧共体的理光复印机，尽管这些复印机的价值里可能包含了较多的美国增加值。

此项针对复印机的决定招致了一些欧共体主要贸易伙伴的批评。当时，美国和日本认为，这些规定具有贸易保护主义色彩，因为它们仅确定了欧共体的生产商所完成的制造或加工的性质，并未提出确定原产地的客观标准，并且/或者在政策上间接帮助了欧洲的制造业。

例如，在针对集成电路的规定中，欧委会规定，赋予原产资格的加工为扩散工序而非组装工序，尽管扩散工序往往伴随着组装和测试工序，组装和测试工序比扩散工序需要更多的劳动力，组装和测试工序所产生的增加值与扩散工序所产生的增加值一样高，有时甚至会更高。此项规定对主要的欧洲公司（例如，西门子公司。当时，西门子在欧共体进行扩散加工，并在第三国进行组装和测试）有利，而对日本的生产商不利，因为他们是在欧共体完成集成电路的组装和测试。

对于涉及来自日本的动态随机存取存储器（DRAMs）和可擦可编程只读存储器（EPROMs）的悬而未决的反倾销诉讼来说，针对集成电路的规定既来得及时，又令人尴尬。直到该规定开始实施，有些成员方的海关仍然认为，组装和测试工序应构成最后的实质性改变。对于已经启动的反倾销程序的结果来说，此种

---

① 参见案件26/88，“Brother International GMBH 诉 Hamptzollamt Giessen 案”，《欧洲法院报告》（1989）。

看法是灾难性的，由此不可避免地会得出这样的结论：现存的唯一欧共体企业是日资企业！

其后，美国对于欧共体在对集成电路的原产地进行确定时将扩散工序视为最后的实质性改变工序的决定表示反对。这似乎与美国的原有立场并不一致，因为美国商务部为了实施其反倾销法，曾经明确无误地表示，扩散而非组装构成最后的实质性改变，由此推翻了美国海关之前出于自身需要把组装和测试视为赋予原产资格的加工工序的原有做法。”

人们认为，协调工作计划一旦完成，协调原产地规则将有助于解决针对第三国的反规避行动的问题。上世纪 90 年代，这些行动已变得颇具争议，涉及针对从原本不受这些行动限制的国家进口的应征反倾销税的进口产品所采取的行动。采取这些反规避行动是因为，据称那些之前被认定存在倾销的公司已将其生产设施迁往第三国。WTO《反倾销协定》在原产地规则的问题上似乎规定得不够明确，因为，正如韩国在其提交的建议（G/RO/W/38）中指出的那样，《原产地规则协定》第 2 条第 2 款和第 5 款中，既提到了“出口国”，又提到了“原产国”。

有些国家认为，运用协调原产地规则中的补遗规则，连同《协调制度》归类总规则二（a）①，应可解决第三国规避的问题。由于在第三国规避的问题上多边协议的缺失，许多国家（包括美国、欧共体和拉丁美洲的发展中国家）都自行制定了反规避规定。由此一来，不协调的非优惠原产地规则继续被用于实施反倾销税措施，并被用于打击第三国规避的行为。因此，协调行动对各方来说都是有益的。

在其提交给规则谈判组的一项建议②中，巴西坚决认为，反倾销调查部门作出的原产地决定与其他部门（例如，海关估价部门）所作出的原产地决定不同。用巴西的话说：“无论从概念上还是从理论上，都没有理由把《反倾销协定》中的原产地概念与《原产地规则协定》中的原产地概念拴在一起。尽管反倾销调查部门和海关估价部门均使用了‘实质性改变’和‘增值’这两个相同概念，但是，当两个部门面对同一件 T 恤时，对于 T 恤的原产地，他们会向自己提出不同的问题，其答案肯定也是互不相同的。”

因此，根据巴西的说法，未来针对规避的任何多边纪律均应清楚地认识到，《原产地规则协定》项下的原产地规则并不适用于反规避。

---

① 归类总规则二（a）的第一部分扩大了任何品目的范围。任何品目所列的特定货品时，不仅包括该货品的完整品，而且包括其不完整品或未制成品，只要其在报验时具有完整品或制成品的基本特征。总规则二（a）的第二部分规定，以未组装件或拆散件报验的完整品或制成品应当与已组装的货品归入同一品目。货物这样报验通常是为了满足包装、搬运和运输的要求，或者便于包装、搬运和运输。

② 参见 2006 年 3 月 3 日散发的 WTO 文件 TN/RL/W/200。

美国提交的建议[①]提出进一步将两者脱钩，在制定反规避纪律时完全无需考虑原产地的问题。

美国建议在《反倾销协定》及《补贴与反补贴措施协定》（ASCM）中插入这样的表述：旨在（1）对传统上为利用贸易救济措施的成员所承认的两种规避方式予以明确认可；以及（2）采用统一、透明的反规避调查程序。

该建议的第一段提出将无需进行新的反倾销调查即可扩大反倾销法令的适用范围的做法编成法律：尽管本协定或 1994 年《关税与贸易总协定》第 6 条有其他规定，如果有关当局依照本段规定进行审查后认定，不属于调查后确定征税的涉案产品范围之内的产品的出口规避了本应征收的反倾销税、反补贴税，有关当局可以对该产品征收反倾销税、反补贴税。

简言之，美国提交的建议旨在通过在《反倾销协定》及《补贴与反补贴措施协定》中插入有关条款，确保上述两个协定明确赋予有关当局对案件的事实进行审查并依据有关事实作出决定的权力。这难免让人心生疑惑：此举除了强化美国的现有做法外，能够对多边规则缺失的现状带来什么变化？

接着，美国在其建议中对规避的情况作了举例说明，所依据的关键概念是：原来的产品改变比较小，以致于改变后的产品与受到反倾销措施管制的原产品基本上具有相同的特征和用途。例如，如果出口商在某种化工产品中加入一种低价值成分，使其税则归类发生了改变，但在消费者看来，所加入的成分并未改变产品的基本特征，此时，有关当局即可认定，改变后的产品规避了针对原来的产品的管理措施。一旦把该问题与原产地脱钩，有关当局即可自行认定产品的变化是否改变了其商业用途。

从以下表述中可以看到，有关当局具有很大的裁量权：

“在下列情况下，不属于涉案产品范围之内的产品的出口规避了本应征收的反倾销税、反补贴税：

（i）提出申请后，涉案产品的出口已经全部或部分被来自同一国家与涉案产品有着相同的一般特征和用途的另一产品所取代。”

规避的第二种形式是：用产品的子部件贸易替代产品贸易，然后在第三国或进口国进行组装或精整。根据美国的建议，只要这些组装或精整加工比较微小，就没有任何理由认为，此类加工地点的迁移会对相关反倾销或反补贴措施产生任何影响。

这种表述似乎忽略了这样一个事实：在协调工作计划中，各方已就什么是简单组装、什么是涉及实质性改变的组装的问题进行过辩论，并就许多技术解决方案达成一致。

---

① 参见 2005 年 10 月 14 日散发的 WTO 文件 TN/RL/GEN/71。

其真正意义在于，尽管美国认识到某些组装或精整工序较为复杂，并且其加工地点有很大的商业价值，但美国并不希望因此被捆住手脚，宁愿授权调查机构来对有关事实进行审查，并依据有关事实作出决定：

“在下列情况下，不属于涉案产品范围之内的产品的出口规避了本应征收的反倾销税、反补贴税：

（ⅰ）（参见上文）；或者

（ⅱ）提出申请后，涉案产品的出口已经全部或部分被涉案产品的零件或未制成品的出口所取代。仅需经过微小或微不足道的精整或组装加工，即可将这些零件或未制成品制成涉案产品。”

最近，规则谈判组主席提出的草案①中包含了一项新建议：

“**规避**

9bis. 1 如果有关当局认定某项产品的进口是在构成规避现行反倾销税的情形下发生的，② 有关当局可以将现行最终反倾销税的适用范围扩大到不属于来自应征反倾销税的国家的涉案产品之列的产品的进口上。

9bis. 2 有关当局只有能够证明以下情形时，才能认定存在第一款所述的规避：

（ⅰ）发起的调查导致征收现行最终反倾销税后，从应征反倾销税的国家进口的涉案产品全部或部分被以下产品的进口所取代：③

● 从应征反倾销税的国家进口产品的零件或未制成品，将其组装或制成与涉案产品相同的产品；

● 从应征现行反倾销税的国家将产品的零件或制成品进口到第三国，将其组装或制成与涉案产品相同的产品后进口的与涉案产品相同的产品；或者

● 从应征反倾销税的国家进口经过轻微改变的产品；④

（ⅱ）出现上述第（i）项所述的变化，其主要原因是对来自应征反倾销税的

---

① 参见2007年11月30日散发的TN/RL/W213号文件。

② 在本条中，反倾销税应被理解为税收或承诺。

③ 考虑涉案的产品是否被取代的相关因素包括：应征反倾销税的出口商的贸易模式有无变化、发生这种变化的时间，以及出口商与进口商或第三方是否有关联关系或补偿安排。这些因素中，一项或多项因素均未必能够起到决定性的指导作用。

④ 经过轻微改变的产品，是指不属于涉案产品之列，但与涉案产品却有着相同的一般特征的产品。考虑产品是否经过轻微改变的相关因素包括：一般物理特性、消费者的期望值、最终用途、贸易渠道、产品的互换性、产品生产过程中所使用的工艺、设施和员工、生产成本差异、产品广告和展示的方式，以及将经过轻微改变的产品制成涉案产品的成本等。这些因素中，一项或多项因素均未必能够起到决定性的指导作用。

国家的涉案产品征收反倾销税，而不是与征收反倾销税无关的经济或商业因素；① 以及

（iii）取代了从应征现行反倾销税的国家进口的涉案产品的进口削弱了反倾销税的救济作用。②

9bis. 3 对于9bis. 2 所述的产品的零件或未制成品及9bis. 2 所述的在第三国组装或制造的产品的进口，有关当局只有在下列情况下才能认定存在规避：（i）仅经过微小或微不足道的加工③，以及（ii）零件或未制成品在组装或制造的产品的总成本中占有较大比例。有关当局只有在确定零件或未制成品的价值占组装或制造的产品中零件或未制成品总价值的60%或以上，并且这些零件或未制成品在组装或制造过程中的增加值占制造总成本的25%或以下时，才能认定存在规避。

9bis. 4 有关当局只有在根据第2条的规定认定此类进口存在倾销的情况下，才能将征收现行最终反倾销税的范围扩大适用于在第三国组装或制造的涉案产品的零件或未制成品的进口。

9bis. 5 应当以应得到适当证实的请求而发起的正式审查为依据，在本条的定义范围内认定是否存在规避。除特殊情况外，有关当局不应发起此类审查，除非有关当局根据国内类似产品的生产商赞成或反对此项请求的程度进行审查后认定，该项请求是由或者代表第5. 4 条的定义范围内的国内产业而提出的。

9bis. 6 第6条中有关证据和程序的规定应当适用于依本条规定而进行的任何审查。任何此类审查应当抓紧进行，并且通常应当在发起审查之日起12个月内结束。

9bis. 7 如果有关当局根据本条规定认定存在规避，有关当局可以将反倾销税适用于已被认定规避现行最终反倾销税的进口产品，④ 包括对发起审查之日后进口的产品进行追征。”

---

① 有可能与经济或商业因素的作用的考量相关。但与反倾销税无关的因素包括技术发展、消费者偏好的改变及相关成本的变化。这些因素中，一项或多项因素均未必能够起到决定性的指导作用。

② 考虑反倾销税的救济作用是否受到削弱的相关因素包括在进口国或第三国组装或制成的产品或者经过轻微改变的产品的价格及数量变化，以及这些产品是否与应征现行最终反倾销税的产品一样，销售给相同的顾客群体，并具有相同的用途。这些因素中，一项或多项因素均未必能够起到决定性的指导作用。

③ 考虑制造或组装加工是否属于微小或微不足道的加工的相关因素包括投资水平、与制造或组装加工相关的研发、生产工艺的性质和成本，以及制造或组装加工所使用设施的程度。这些因素中，一项或多项因素均未必能够起到决定性的指导作用。

④ 根据本条规定在全国范围发起审查时，如果有关当局认定特定出口商进口的产品并不构成对现行反倾销税的规避，有关当局应当把特定出口商进口的产品剔除在扩大征收反倾销税的范围之外。

对于此项草案，可以初步评述如下：

● 9bis.2 款的三个缩进项确定了规避的三种典型方式：（i）将产品拆解为零件的进口；（ii）通过在第三国组装或制造进行规避；以及（iii）原有产品经过轻微改变。从有关当局在诠释规避的这些方式时可以行使的自由裁量权来看，这些规定与以前的做法或者美国前期所提出的建议没有太大差别。

● 征收反倾销税必须满足多项条件，特别是第 9.3 条第 2 款所规定的条件：有关当局无论如何不得认定存在规避，除非他们认定，零件或未制成品的价值占组装或制造的产品的零件或未制成品总价值的 60% 或以上，并且在组装或制造过程中零件或未制成品的增加值占制造总成本的 25% 或以下。

然而，尽管第一种标准的计算公式作为一种零件价格测试方法是相当直接的（即便它并未明确如何估定材料的价格，有人认为可以参照 WTO《海关估价协定》），但第二种标准的计算方法中分子和分母不够明确。

哪些是制造总成本？哪些成本可计入制造成本？哪些成本不得计入其中？所有这些都是不清楚的。如前所述，这正是这种增值计算中一个难以克服的难题。

最后，与协调工作计划中相对宽松的规则相比，这些原产地规则要求显得比较严格。这或许可以再次解释了某些成员（即美国）为何反对将协调工作计划的结果用于反倾销目的。

● 9bis.4 设定了最基本的条件：在扩大反倾销税的征收范围之前必须认定存在倾销。

综上所述，该建议可被解读为一种妥协，以便在规避的问题上取得一些进展，从而间接地推动各方在《原产地规则协定》下的协调工作计划上最终达成一致。

第九节　实施问题

商业活动总是走在多边贸易谈判的前面。WTO 各成员边境的海关和贸易官员们不得不日复一日地进行原产地确定，实施和执行规则。全球化的快速发展也许解释了，为什么协调规则的拟订在技术细节和复杂程度上几乎是其他 WTO 协定无法相比的。目前正在谈判的原产地规则大多是为主要工业国和较大的发展中国家所主要使用的工业和工艺流程量身定做的。这些要求并不一定能够反映其他发展中国家（尤其是最不发达国家）及海关的需求、能力和资源。协调规则的透明度和可预见性无疑会有利于多边贸易制度。但是，当这些要求被转化为世界贸易组织的承诺时，可能会成为基础薄弱的海关的额外负担。

此外，在与实施相关的若干问题（例如，原产地证书及其管理、原产地核查等）上，《原产地规则协定》并未作出规定。例如，在协调工作计划付诸实施后，WTO 成员是否可以要求每笔进口交易都要提供原产地证书，以及应由哪些机构签发这些证书并予以认证，协定并未给出指引。谈判现阶段，WTO 成员可以选择采用不同版本的机电产品协调工作计划；对协调工作计划对其他 WTO 协定的影响有不同的解读。这种情况会加深人们对协调努力的怀疑。在原产地证书问题上，原产地规则技术委员会的一份文件①颇有助益。即使该问题并未涵盖在《原产地规则协定》之中，《京都公约》（尤其是附约 K）仍然可以用作原产地证书及其管理的指引。事实上，从各国对原产地规则技术委员会文件中有关调查问卷的回复可以看到，许多国家实际上采用了该公约的一系列标准和推荐做法，尽管他们仍然不是该公约的缔约方。调查发现，在非优惠原产地规则的标注、非优惠原产地证明的管理及原产地证明的核查等方面，各国均遵循了《京都公约》的规定。

无论货物进口时是否标明了原产地，有些国家的海关②总是要求出具书面的原产地证明，尤其是原产地证书。③ 原产地规则技术委员会认为，是否需要出具原产地证明应视具体情况而定，不能因此阻碍国际贸易的正常发展。当然，并非不许要求出具原产地证明，而是要将其限定在绝对必要的范围之内。

《京都公约》还就规范非优惠原产地证明核查管理的一些原则，即行政合作、对等性及核查请求的合理原因等作了规定。核查分为两种：一种是对原产地真实性的核查，另一种是对原产地有效性的核查。原产地规则技术委员会希望，协调工作计划完成后，国际贸易会更加成熟，这些原则在实施上会更加简便。

尽管如此，在如何看待原产地书面证明的问题上，仍然是多种方法并存。根据原产地规则技术委员会一份文件的说法，这些差异的存在是很容易解释的，因为各国海关对于海关管理要求和国际贸易便利措施有着不同的理解。

该文件在结论部分指出，一旦完成协调工作计划，原产地证明的问题就应当予以明确。尽管如此，使用不同种类原产地证明的商业经营者还是不希望在此领域作出硬性规定。另一种可能的选项是——具体来说，就是推进原产地证明的协调工作。但是，经历了协调工作计划之后，很多利益相关方对于耗时费力地开展

---

① 参见文件 n. OC0067E1，关于非优惠原产地规则认证和核查制度及通关单证的比较研究。为了对出具原产地证明的不同方法进行比较，世界海关组织决定向各成员发放一份尽量以《京都公约》的相关附件为模板的调查问卷，82 个成员作了答复。最近，世界海关组织对该文件稍作更新，汇总了超过 100 个成员和观察员的意见，该文件包含在文件 OC0084E1 中。

② 这些国家的海关（占回答问卷海关的 14%）包括：阿尔巴尼亚、阿塞拜疆、巴林、孟加拉国、文莱、喀麦隆、埃及、埃塞俄比亚、约旦、吉尔吉斯斯坦、毛里求斯、菲律宾、叙利亚、特立尼达和多巴哥。92 个国家的海关要求在进口申报单上必须注明原产地，无须呈交任何原产地证明。55 个国家的海关要求在出口申报单上也要注明原产地。

③ 可以明确的是，原产地证书是识别货物的特定文件，由有权签发该证书的当局或机构明确证明与该证书相关的货物原产于某一特定国家。该证书也可包括制造商、生产商、供货商、出口商或其他有权出具证明的个人所作出的声明。

另一项协调工作感到有点泄气。

显然，由原产地规则技术委员会专门制作一种原产地证书，将使国际贸易中证明原产地的方法得到统一。除此之外，所有的 WTO 成员都将采用这种新的方法，从而使商业活动变得更加简便。

原产地规则技术委员会提供的另一份文件①涉及实施的问题。该文件主要作为对争论各方的论点进行讨论的一种方式，同时为不了解原产地事务的贸易经营者提供帮助。该文件对协调工作计划所开展的工作进行了分析和解析。该文件涉及三个方面的具体事务：国际或国内法律工具的应用；能够获得的产业和贸易信息及技术数据；以及在负责协定实施的有关当局内部建立一系列组织机制。

该文件对一些基本概念和定义作了解析，以便搞清楚这些概念和定义是如何与《原产地规则协定》相关的。此外，还邀请与原产地规则相关的人员披露他们所知的各种信息。这些人员（包括法人）基本包括商务经营者、海关、其他机构及商会。

该文件对原产地评定或约束性裁定给予了特别关注。请求作出原产地评定的经济经营者应当是进口人、出口人，也可包括经营者的代表。原产地评定申请必须向正式指定的主管机关提出。此类机关可能是商务部、工业部或其他部门、商会或海关。

问题是应在哪里提出原产地评定的申请。《原产地规则协定》第 3 条对提出原产地评定申请的特定地点并未作出具体规定，可以是进口国，也可以是出口国。该条还规定，作出原产地评定的有关当局应当将评定结果公之于众（必须符合与保密相关的（i）款的规定）。

关于时效的问题，《原产地规则协定》规定，只要货物的生产条件和原产地规则没有改变，原产地评定的有效期为三年。但是，对于原产地评定在哪些地域有效，《原产地规则协定》并未作出规定。如前所述，原产地评定申请既可向进口国提出，也可向出口国提出。

原产地规则技术委员会的文件最后还强调了以出版有关手册的形式发布相关信息的重要性。这些手册可以为经营者或任何相关方提供有用或可用的实务指引。

为了实施《原产地规则协定》，必须确定非优惠原产地规则领域所涉及的国家和地方各个管理机关的职责。各成员应当以其认为适当的方式划分国家和地方机关的职责。同样，有关机构可以包括不同的部门、商会和海关。最后，该文件指出，各成员设立一个统一的原产地管理部门会很有帮助，该部门可以通过以下方式发挥协调作用：草拟法律文本、实务指引和有关手册；制定后勤保障的规

① 参见原产地规则技术委员会文件 n. OC0066E1，关于实施 WTO《原产地规则协定》的实务指引，布鲁塞尔，2001 年 12 月 3 日。

定；处理有关案件、法律文件，作出评定；或者收发行政协助请求等。

该文件中涉及实施问题的新内容是关于实施协调工作计划的时间安排。[①] 事实上，《原产地规则协定》第9条第4款规定，部长会议还应就原产地规则附件的生效设定一个时间框架。

考虑到未来附件的复杂性，WCO秘书处建议附件在两年内生效。尤其是，各成员必须承担以下任务：起草必要的法律文本（在某些国家，法律程序既烦琐又冗长），拟订有关手册和实务指引，提供后勤保障，在全国开展培训，为实施原产地规则附件的经营者和政府部门提供技术援助。

2008年5月散发的最新草案规定，附件在三年内生效。发展中国家和最不发达国家可以请求附件延期生效，但最长不得超过三年。

第十节 结论

毫无疑问，非优惠原产地规则的协调将被视为确保国际贸易体制管理框架的透明度及可预见性的一个新的里程碑。在原产地规则技术委员会，谈判主要由某些试图将其制造工序认定为实质性改变的产业部门驱动。实际上，尤其是纺织品这一类部门，其产业利益常常要服从于更广泛的贸易政策考量。更为复杂的是，将某些制造或加工工序认定为实质性改变，并不总是能够与《协调制度》的结构相吻合。因此，各成员试图通过设置“拆分品目或拆分子目”、章注等方法，以便使《协调制度》适应原产地确定的需要。由此一来，呈现在人们目前的谈判初步结果是一套极为精细却又十分复杂的规则。

根据《原产地规则协定》第9条的规定，加上得到一些代表团的强力支持，税则归类改变标准（CTC）几乎成为被采用的唯一标准。这就意味着，涉及各类产品的各种工业加工均须用《协调制度》的术语表示。因此，《协调制度》的结构必须修改，以适应原产地确定的需要。一方面，这种做法提高了原产地规则的可预见性和准确性，减少了自由裁量的空间，在一定程度上方便了规则的管理。另一方面，将税则归类改变标准作为几乎唯一的标准，需要在规则的编排上作大幅度修改，这无异于给那些不熟悉《协调制度》结构和规则的人们出了一道难题。至今仍有代表团建议，在某些情况下可以采用从价规则或特定加工工序规则。

采用《协调制度》结构来拟订产品特定原产地规则，还使得协调工作计划的结果受制于《协调制度》的不断更新。人们会质疑，基于特定制造或加工工序的产品特定原产地规则已被广泛弃用（理由是这些制造或加工工序会随着技术进步

---

① 参见原产地规则技术委员会文件 n. OC0081E1，建议实施协调非优惠原产地规则的时间表，布鲁塞尔，2002年11月12日。

而被淘汰）的同时，为何按照商业和产业发展需要定期更新的《协调制度》在结构上也存在同样的情况。

关于“保留”、“获得”或“失去”产品的原产资格所造成的影响的问题，仍然是界定原产地规则对其他 WTO 协定、原产地标记、统计等方面所带来的潜在影响的驱动力。

在撰写本书时，一系列的问题仍然悬而未决。关于饲养动物是否赋予原产资格的问题从来就没有得到过解决。有些国家在立场上从支持动物出生国为原产地的规则转向了“饲养国”规则。但是，支持“饲养国”规则的国家又不能在动物的一般育肥期和饲养期的问题上达成一致。与此相关的问题是《协调制度》第 2 章中的动物屠宰问题。在此领域，仅凭屠宰即可赋予原产资格是否会造成对某项产品（例如，激素牛肉）进口禁令的规避等卫生与植物卫生措施方面的问题，仍然是谈判背后的考虑。相关的问题还有鱼类的切片加工，这对那些已耗尽本国水域渔业资源的加工国及鱼类物种的保护来说是至关重要的。

关于乳制品的一系列未决问题引起了各方的广泛争论。一些国家认为，牛奶的所有改变及其衍生产品均应赋予原产资格；而另一些国家则主张采用更为严格的规则。对于奶粉、改性牛奶、酸奶或咖啡伴侣等产品，必须溯及最早作为原料使用的牛奶的原产地。各方的主要观点都是技术性的，难以揭示这样的事实：出口补贴也可能是各方立场殊异的真正原因。

与本章已述及的咖啡相似的还有油脂精炼的问题。一些国家明显倾向于通过对进口油脂进行精炼加工可以获得原产资格；另一些国家则不愿意由此失去油脂产品的原产资格，因为这些国家希望他们的国名继续出现在产品的下一道生产工序之中。

在糖的生产领域，技术问题同样与农业补贴问题纠缠在一起。其中最具争议的问题是糖的精炼加工。然而，关于将可可豆加工成巧克力制品的生产工序的问题仍未解决。

果汁是用新鲜水果制成，或者是用浓缩果汁调制而成（将浓缩果汁运往世界各地的运输成本较低）。无疑，许多工业化国家通常倾向于把果汁的生产或调制作为赋予原产资格的加工。但是，提供原材料的发展中国家则希望保留调制果汁的原产地不变。

某些国家认为，葡萄酒的原产地应当追溯到葡萄的原产地。这一立场清楚地表明，这些国家希望将葡萄酒的原产地与葡萄酒受到特别保护的地域名称联系在一起。

将类似产品进行混合可能是基于技术原因，也可能是希望降低或者提高最终产品的质量。无论原产地规则严格与否，均不能禁绝此类加工，但必须将此类加工详细列出，以便对其进行规范。

多年来，无论是在原产地规则技术委员会上，还是在原产地规则委员会上，水泥的生产都是一个热点话题。最新的文本草案建议，将水泥熟料制成水泥不应视为实质性改变。在化工产品方面，一些问题仍留待解决。其中最重要的是关于采用品目 3003 项下的散装药品原料制成品目 3004 项下的药品的问题。

谈判伊始，纺织品和服装就是一个极具争议的问题。很自然，原产地规则对于《纺织品和服装协定》项下的配额归属具有多方面的影响。随着《纺织品和服装协定》项下的配额逐步自由化，这方面的磋商可能会取得某些进展，除非各方把注意力转向其他贸易救济措施（例如，反倾销）。

纱线和织物的印花和染色加工仍将是一个主要问题。对于其他问题（例如，涂布、刺绣或服装拼合加工等），各方达成妥协是有可能的。

钢铁产业受到多种贸易保护措施的影响；因此，涂层钢铁产品（即经电镀、涂漆或类似加工）的问题极为敏感。不可否认，许多涂层工艺相当复杂，经此加工的最终产品增值很大。但是，各方担心的是，一些经营者会利用原产地规则来规避贸易措施。

从贸易量来看，最大的问题是第 84 章至第 90 章的机械和汽车的组装。两种主要方法仍然停留在纸面上：一方面，美国建议以《协调制度》为依据，如果品目（子目）改变标准能够得到满足，组装加工即可赋予原产资格；另一方面，欧共体和巴西仍然建议采用增值方法，以防止简单组装加工赋予原产资格。最终的解决方案也许是把两者合并成可供选择的方案，让生产商任选其一。

在汽车产业，税则归类改变方法和增值方法之间差别更为复杂。各方似乎倾向于保留最低区域价值成分的做法。

关于组装加工的最后一个问题与钟表业相关。对于手表的原产地应当归属对产品进行最终装配的所在地，还是按机芯的原产地加以确定，主要的钟表生产商众说纷纭，莫衷一是。从逻辑上讲，按所有机械章节的主规则，手表的原产地应为对产品进行组装加工的所在地。

最后，协调原产地规则的实施问题应当及早考虑，尤其是将这些规则同等适用于所有目的要求。如前所述，后者对不同的国家和产品，以及进出口贸易的不同流向会产生决定性的不同影响。实施一套协调原产地规则非常复杂，技术性很强，要求管理机构的人员训练有素，私人部门具有高度的知情权。即将实施的规则大多是从贸易大国盛行的机构记忆及其国内既存典章制度“继承”下来的，因此，实施协调原产地规则的负担将会落到发展中国家的身上。满足优惠原产地规则的要求（特别是有关原产地证明的签发）的过程中会遇到各种各样的困难，从中得到的经验应当认真加以考虑，以免将协调工作计划的结果转变为有悖于贸易便利化最新倡议的不必要行政手续。

表 2.9 泛欧原产地规则、《北美自由贸易协定》原产地规则及协调原产地规则对照表

HS 编码	商品描述	泛欧与北美产品特定原产地规则摘录①	协调工作计划已达成一致的规则摘录（带方括号者未达成一致）
第 2 章	鲜、冷牛肉	北美： 由任何其他章改变至品目 0201－0210。 泛欧： 生产中所使用的第 1 章及第 2 章的所有材料为完全获得。	[CC]
0302－0305	鱼，活鱼除外	泛欧： 生产中所使用的第 3 章的所有材料为完全获得（同时参见鱼产品的完全获得要求）。 北美： 由任何其他章改变至品目 0301 至 0307。	[本品目货品的原产国应为捕获该鱼的国家；如果是养殖的，则应为将该鱼从鱼卵或鱼苗（包括小鱼）育为成鱼的国家]（对熏鱼及鱼切片加工的问题仍无定论）
第 4 章	乳品、蛋品、天然蜂蜜、其他食用动物产品	泛欧： 生产中所使用的第 4 章的所有材料已为原产材料。	
泛欧：ex 第 4 章 北美：整章	乳品、蛋品、天然蜂蜜、其他食用动物产品，除了（参见下文）	北美： 由任何其他章改变至品目 0401 至 0410，由下列税目改变至此的除外：1901.9031、1901.9032、1901.9033、1901.9034、1901.9039、1901.9051、1901.9052、1901.9053、1901.9054 或 1901.9059。	
0403	酪乳、结块的乳及奶油、酸乳、酸乳酒及其他发酵或酸化的乳和奶油，不论是否浓缩、加糖、加其他甜物质、加香料、加水果、加坚果或加可可	泛欧： 生产中： ● 所使用的第 4 章的所有材料已为原产材料； ● 所使用的品目 2009 的所有果汁（菠萝汁或葡萄汁除外）为原产材料。 ● 所使用的第 17 章的任何材料的价值不超过产品出厂价的 30%。	CTH
第 9 章	咖啡、茶、马黛茶及调味香料，除了	生产中所使用的第 9 章的所有材料为完全获得。	
0901	咖啡	泛欧： 由任何品目的材料制得。 北美： 由任何其他章改变至品目 0901。	[本子目货品的原产国应为该植物生长的国家] 或 [本拆分子目货品的原产国应为以自然状态或未经加工状态获得该货品所有组分的国家]，取决于子目一级。

① 表 2.9 仅供参考。鉴于协调原产地规则、泛欧规则、北美规则在章、品目及子目一级的产品特定原产地规则很难列表进行比较，本表只是简单地对选定的《协调制度》章节或品目进行比较，以说明在拟订规则的术语及规则严格程度的术语方面的差异。

HS 编码	商品描述	泛欧与北美产品特定原产地规则摘录	协调工作计划已达成一致的规则摘录（带方括号者未达成一致）
0902	茶	泛欧： 由任何其他品目的材料制得。 北美： 0902. 10－0902. 40：由任何其他子目（包括该子目组别的另一子目）改变至子目 0902. 10－0902. 40。	本品目货品的原产国应为该植物生长的国家。
ex9010	香料混合物	泛欧： 由任何其他品目的材料制得。 北美： 0910. 10：由该子目或任何其他章改变至子目 0910. 10。 0910. 20：由任何其他章改变至子目 0910. 20。 0910. 30：由任何其他章改变至子目 0910. 30。	[CTHS] [本拆分品目货品的原产国应为该植物生长的国家]
第 11 章			
ex 第 11 章	品目 ex1106 除外。	泛欧： 生产中所使用的谷物、食用蔬菜、品目 0714 项下的根及块茎为完全获得。 北美： 由任何其他章改变至品目 1101－1109。	CC
第 16 章	肉、鱼、甲壳动物，软体动物及其他水生无脊椎动物的制品	北美： 整章：由任何其他章改变至品目 1601－1605。	
1601	肉、食用杂碎或动物血制成的香肠及类似产品；用香肠制成的食品	泛欧： 由第 1 章的动物制得。	CC，但必须符合章注 1① 的要求。
1602	其他方法制作或保藏的肉、食用杂碎或动物血	泛欧： 由第 1 章的动物制得。	[CC]
1603	肉、鱼、甲壳动物、软体动物或其他水生无脊椎动物的精及汁	泛欧： 由第 1 章的动物制得。但是，所使用的鱼、甲壳动物、软体动物及其他水生无脊椎动物必须已为原产材料。	CTH
1604	制作或保藏的鱼；鲟鱼子酱及鱼卵制的鲟鱼子酱代用品	泛欧： 生产中所使用的所有鱼或鱼卵必须已为原产材料。	[CTH，但必须符合章注 1 的要求]
1605	制作或保藏的甲壳动物、软体动物及其他水生无脊椎动物	泛欧： 所使用的鱼、甲壳动物、软体动物及其他水生无脊椎动物必须已为原产材料。	[CTH]

① 仅通过添加调料或防腐剂（包括糖）而从第 2 章或第 3 章改变至本章，不视为实质性改变。

HS 编码	商品描述	泛欧与北美产品特定原产地规则摘录	协调工作计划已达成一致的规则摘录（带方括号者未达成一致）
第 19 章	谷物、粮食粉、淀粉或乳的制品；糕饼点心		
1901	麦精；细粉、粗粉、淀粉或麦精制的其他品目未列名的食品，不含可可或按重量计全脱脂可可含量低于 40%；品目 04.01 至 04.04 所列货品制的其他品目未列名的食品，不含可可或按重量计全脱脂可可含量低于 5%： – 麦精 – 其他	泛欧： 由第 10 章的谷物制得。 生产中所使用的所有材料归入该产品以外的某一品目。但不得使用品目 1701 的糖。 北美： 1901.1020：由任何其他章改变至税目 1901.1020，但由第 4 章改变至此的除外。 1901.9059：由任何其他章改变至税目 1901.9031、1901.9032、1901.9033、1901.9034、1901.9039、1901.9051、1901.9052、1901.9053、1901.9054 或 1901.9059，但由第 4 章改变至此的除外。	CTSH
1902	面食，不论是否煮熟、包馅（肉馅或其他馅）或其他方法制作，例如，通心粉、面条、汤团、馄饨、饺子、奶油面卷；古斯古斯面食，不论是否制作	泛欧： 生产中所使用的所有谷物（小麦粗粉除外）、肉、肉杂碎、鱼、甲壳动物、软体动物及其他水生无脊椎动物已为原产材料。 北美： 由任何其他章改变至品目 1902 – 1903。	CTH
1903		泛欧： 生产中所使用的所有材料必须已为原产材料。	CTH
ex1904	谷物或谷物产品经膨化或烘炒制成的食品（例如，玉米片）；其他品目未列名的预煮或经其他方法制作的谷粒（玉米除外），谷物片或经其他加工的谷粒（细粉及粗粉除外）： – 不含可可 – 含可可	泛欧： 生产中所使用的所有材料必须已为原产材料。 由任何品目的材料制得，包括品目 1904 的其他材料，但品目 1701 的糖除外，只要所使用的第 18 章的任何材料的价值不超过产品出厂价的 40%。 北美： 1904.10：由任何其他章改变至子目 1904.10。 1904.20：由任何其他章改变至子目 1904.20，但由第 20 章改变至此的除外。	CTH

HS 编码	商品描述	泛欧与北美产品特定原产地规则摘录	协调工作计划已达成一致的规则摘录（带方括号者未达成一致）
1905	面包、糕点、饼干及其他烘焙糕饼，不论是否含可可；圣餐饼、装药空囊、封缄、糯米纸及类似制品	泛欧： 由任何品目的材料制得，但第 11 章的材料除外。 北美： 由任何其他章改变至品目 1905。	
第 30 章	药品①		

① **主规则：**

章注：

1. 化学反应

“化学反应”是指通过分子键断裂并形成新的分子键，或通过改变分子内原子的空间排列而形成具有新结构的分子的过程（包括生化过程）。

就本定义而言，下列过程不视为化学反应：

（a）溶解于水或其他溶剂；

（b）去除溶剂，包括作为溶剂的水；或者

（c）添加或去除结晶水。

符合上述定义的化学反应视为赋予原产地资格。

2. 混合物

[除品目 30.03 的货品外，在货品的生产中根据预定的规格有目的地将数种材料进行比例控制混合（包括分散，仅添加稀释剂除外），使货品具有与其目的或用途相应的、不同于初始投料的物理或化学特性，视为赋予原产地资格。]

3. 提纯

只要满足下列标准之一，提纯视为赋予原产地资格：

（a）货品经提纯，去除已有杂质含量的 80%；或者

（b）货品经减少或去除杂质，适于下列一种或多种用途：

（1）用作制药、医疗、化妆品、兽医或食品级的物质；

（2）用作分析、诊断或实验室用的化学产品和试剂；

（3）用作微电子元件及组件；

（4）特定光学用途；

（5）生物技术用途（例如，细胞培养、遗传技术或作催化剂）；

（6）用作分离流程中的载体；或者

（7）核级用途。

4. 粒度改变

[有目的地控制改变货品的粒度（仅经破碎或挤压的除外），使货品具有与其目的或用途相应的限定粒度、限定粒度分布或限定表面积，且具有不同于初始投料的物理或化学特性，视为赋予原产地资格。本规则不适用于品目 30.04。]

5. 标准物质

标准物质（包括标准溶液）是指适用于分析、校准或参照的配制品，并具有经制造商认

定的精确纯度或配比。标准物质的生产视为赋予原产地资格。

6. 异构体分离

从异构体的混合物中离析或分离异构体，视为赋予原产地资格。

7. 不赋予原产资格的加工

［在第30章至第38章中，加入第29章章注1（f）及（g）项所列添加剂的（不论是否同时加入），不赋予原产资格。］

8. 零售包装

仅仅因为将本章的产品进行零售包装而引起税则归类改变的，在确定其原产地时应忽略不计。

9. 生物工艺

（a）下列货品的生物或生物工艺培养、杂交或基因修饰：

（1）微生物〔细菌、病毒（包括噬菌体）等〕，或者

（2）人体、动物或植物的细胞；以及

（b）细胞或细胞间结构（例如，分离的基因、基因片段及质体）的生成、分离或提纯，视为赋予原产地资格。

章补遗规则

［当运用本章主规则（包括表列的产品特定规则）不能确定原产国时，原产国应按下列规则确定：

1. 由不同原产地的材料混合或其他方式组合而成的品目30.03及30.04的货品，在各单一国家生产的治病或防病材料（不考虑溶剂及其他非活性添加剂）中重量或体积（酌情选择）最大的材料生产国为原产国。

2. 仅因将各种物品包装进急救药箱或药包而满足品目改变规则的子目3006.50的货品，以药箱或药包中物品数量最多的生产国为原产国。

3. 含有纺织材料的子目3005.90货品的原产国应为纺织材料的生产国；货品含有一个以上国家的纺织材料时，其原产国为重量最大的纺织材料的生产国。］

［适用附录二规则三（f）的标准］

本章依据附录二规则三（f）规定确定材料的主要部分时，应以材料的重量为标准。

HS 编码	商品描述	泛欧与北美产品特定原产地规则摘录	协调工作计划已达成一致的规则摘录（带方括号者未达成一致）
ex 第 30 章	药品。品目 3002、3003、3004、3005 及 3006 除外。其规则参见下文。	泛欧： 生产中所使用的所有材料归入该产品以外的某一品目，但也可使用归入同一品目的材料，只要其价值不超过产品出厂价的 20%。	
3003 及 3004	药品（不包括品目 3002、3005 或 3006 的货品）	泛欧： 由活性物质以外的材料制得，但也可使用品目 3003 及 3004 的料，只要其价值加总不超过产品出厂价的 20%。 北美： 3003.10－3003.90： （1）由任何其他品目改变至子目 3003.10 至 3003.90，但由子目 3006.80 改变至此的除外；或者第 6 类注释 20。 （2）由品目 3003 内的任何其他子目改变至子目 3003.10 至 3003.90，不论是否同时由任何其他品目改变至此，但由子目 3006.80 改变至此的除外，只要其区域价值成分不低于： （a）按成交价格法计算，60%； （b）按净成本法计算，50%。 3004.10－3004.31： （1）由任何其他品目改变至子目 3004.10－3004.31。	3003：（CTH） 3004：［CTH，仅压制成片剂或封装而改变至此的除外］
3005	软填料、纱布、绷带及类似物品（例如，敷料、橡皮膏、泥罨剂），经过药物浸涂或制成零售包装供医疗、外科、牙科或兽医用	泛欧： 由任何品目的材料制得，药物除外，但所使用的品目 3005 的材料的价值不超过产品出厂价的 20%。 北美： 3005.10－3005.90： （1）由任何其他品目改变至子目 3005.10－3005.90，但由子目 3006.80 改变至此的除外；或者 （2）由品目 3005 内的任何其他子目改变至子目 3005.10－3005.90，不论是否同时由任何品目改变至此，但由子目 3006.80 改变至此的除外，只要其区域价值成分不低于： （a）按成交价格法计算，60%； （b）按净成本法计算，50%。	ex3005，经浸涂的，CTH

HS 编码	商品描述	泛欧与北美产品特定原产地规则摘录	协调工作计划已达成一致的规则摘录（带方括号者未达成一致）
ex3006	以激素或杀精子剂为基本成分的化学避孕药物；骨骼粘固剂	泛欧： 由活性物质以外的材料制得。 北美： (1) 由任何其他品目改变至子目 3006. 10；或者 (2) 由品目 3006 内的任何其他子目改变至子目 3006. 10，不论是否同时由任何其他品目改变至此，但由子目 3006. 80 改变至此的除外，只要其区域价值成分不低于： (a) 按成交价格法计算，60%； (b) 按净成本法计算，50%。	CTH
第 31 章	肥料		
ex 第 31 章	肥料，品目 ex3105 除外。其规则参见下文。	泛欧： 生产中所使用的所有材料归入该产品以外的某一品目，但也可使用归入同一品目的材料，只要其价值不超过产品出厂价的 20%。 北美： 3101：由任何其他品目改变至品目 3101。 3102. 10 – 3105. 90：由任何其他子目（包括该子目组别的另一子目）改变至子目 3102. 10 – 3105. 90。	CTH
ex3105	含氮、磷、钾中两种或三种肥效元素的矿物肥料或化学肥料；其他肥料；制成片及类似形状或每包毛重不超过 10 公斤的本章各项货品，除了： – 硝酸钠 – 氰氨化钙 – 硫酸钾 – 硫酸钾镁	泛欧： 生产中： ● 所使用的所有材料归入该产品以外的某一品目，但也可使用归入同一品目的材料，只要其价值不超过产品出厂价的 20%；以及 ● 所使用的所有材料的价值不超过产品出厂价的 50%。	CTH
ex 第 39 章[①]	塑料及其制品		

① 第 30 章的章注同样适用。

HS 编码	商品描述	泛欧与北美产品特定原产地规则摘录	协调工作计划已达成一致的规则摘录（带方括号者未达成一致）
3901 – 3915	初级现状的塑料；塑料的废碎料及下脚料： – 加成均聚反应的产品 – 其他	泛欧： 生产中： ● 所使用的所有材料的价值不超过产品出厂价的 50%；以及 ● 所使用的第 39 章的材料的价值不超过产品出厂价的 20%； 生产中所使用的第 39 章的任何材料的价值不超过产品出厂价的 20%。 北美： 3901 – 3920：由任何其他子目（包括该子目组别的另一子目）改变至品目 3901 – 3920，只要其区域价值成分不低于： （a）按成交价格法计算，60%； （b）按净成本法计算，50%。	CTH 3915：货品的原产国应为从制造、加工或消费过程中收集或得到收集本品目废碎料的国家。
3916 – 3921	塑料半成品： – 平板产品，经表面加工以外的进一步加工或者裁切成长方形以外的形状；经表面加工以外的进一步加工的其他产品 – 其他 – 加成均聚反应的产品 – 其他	泛欧： 生产中所使用的第 39 章的任何材料不超过产品出厂价的 50%。 生产中： ● 所使用的所有材料不超过出厂价的 50%；以及 ● 所使用的第 39 章的材料的价值不超过产品出厂价的 20%； 生产中所使用的第 39 章的任何材料的价值不超过产品出厂价的 20%。 北美： 3921.14：由任何其他品目改变至子目 3920.20 – 3920.71，但由子目 3920.20 – 3920.71 改变至此的除外。此外，其区域价值成分不低于： （a）按成交价格法计算，60%； （b）按净成本法计算，50%。 3921.19：由任何其他品目改变至子目 3921.19，只要其区域价值成分不低于： （a）按成交价格法计算，60%； （b）按净成本法计算，50%。 3921.90：由任何其他品目改变至子目 3921.90，但由子目 3920.20 – 3920.71 改变至此的除外。此外，其区域价值成分不低于： （a）按成交价格法计算，60%； （b）按净成本法计算，50%。	3916：CTH；或在本品目范围内改变至经强化、层压或支撑的材料。 3917：CTH；或在本品目范围内改变至经强化、层压或支撑的材料。 3921：CTH；或在本品目范围内改变至经强化、层压或支撑的材料；或在塑料表面真空喷涂金属，在本品目范围内改变至此。
3922 – 3926	塑料制品	泛欧： 生产中所使用的所有材料的价值不超过产品出厂价的 50%。	CTH 3926.20：［CTH，只要按第 61 章或第 62 章章注在单一国家组装］

HS 编码	商品描述	泛欧与北美产品特定原产地规则摘录	协调工作计划已达成一致的规则摘录（带方括号者未达成一致）
第41章			
ex4102	绵羊或羔羊的生皮	泛欧： 将带毛的绵羊或羔羊皮去毛。 北美： 4102：（1）经过可逆鞣制（包括预鞣）加工，由品目4102的任何其他货品或任何其他章改变至品目4102的皮革；或者 （2）由任何其他章改变至品目4102的任何其他产品。	CTH
4104 – 4107	皮革，但品目4108或4109的皮革除外	泛欧： 经预鞣皮革的保存；或者 生产中所使用的所有材料归入该产品以外的某一品目。 北美： 4104：经过可逆鞣制（包括预鞣）加工，由品目4101的任何其他货品或品目4105–4115改变至品目4104。 4105：由品目4102、税目4105.1021、4105.1029或任何其他章改变至品目4105，但由品目4102经过可逆鞣制（包括预鞣）加工的皮革改变至此的除外。 4106.21–4106.22：由品目4103、税目4106.2121或4106.2129或任何其他章改变至子目4106.21–4106.22，但由子目4103.10经过鞣制（包括预鞣）加工的皮革改变至此的除外。 4106.31–4106.32：由品目4103、税目4106.3110或任何其他章改变至子目4106.31–4106.32，但由子目4103.30经过鞣制（包括预鞣）加工的皮革改变至此的除外。 4106.40–4106.92：由品目4103或任何其他章改变至子目4106.40–4106.92，但由子目4103.20或4103.90经过鞣制（包括预鞣）加工的皮革改变至此的除外。 4107：由品目4101或任何其他章改变至品目4107，但由品目4101经过鞣制（包括预鞣）加工的皮革改变至此的除外。	CTH或CTHS
4109		泛欧： 由品目4104–4107的皮革制得，只要其价值不超过产品出厂价的50%。	CTH

HS 编码	商品描述	泛欧与北美产品特定原产地规则摘录	协调工作计划已达成一致的规则摘录（带方括号者未达成一致）
第60章[1]	针织或钩编织物	泛欧： 由下列材料制得： ● 天然纤维； ● 化学纤维短纤，未梳或未经其他纺前加工；或者 - 化学材料或纺织浆料。 北美： 6001－6006：由任何其他章改变至品目6001－6006，但由品目5106－5113、第52章、品目5307－5308或5310－5311或第54章至第55章改变至此的除外。	ex6001（a）针织或钩编的起绒织物，包括“长毛绒”织物及毛圈织物：印花、染色（包括染成白色）：[CTH；或通过对未漂白或预漂白机织物进行永久染色或印花，伴随至少两道预处理或整理工序，改变至本拆分品目] ex6001（b）其他：CTH ex6002（a）其他针织物或钩编织物：印花、染色（包括染成白色）：[CTH；或通过对未漂白或预漂白机织物进行永久染色或印花，伴随至少两道预处理或整理工序，改变至本拆分品目] ex6002（b）其他：CTH

① **第60章**

主规则

类注：

[不影响原产地的微小加工。

为确定不是在某一国完全获得的归入第六十章的货品的原产国，下列单独加工（单独考虑）不影响有关货品的原产地，不论此类加工是否导致归类改变：

（a）通过缝边、滚边、锁边或类似方法或通过结穗，对一边或多边进行加工或整理；

（b）裁剪织物、纱线或其他纺织材料；或剪断呈制成状态的货品的分隔联线；

（c）为方便装运或其他临时需要，用缝合或绗缝方法将货品拼合或连接在一起；或

（d）对货品进行零售包装或成套包装。]

章注：

（a）在本章中，并根据第二款的规定，“在单一国家组装”是指织物经裁剪或各种衣着零件经针织或钩编成形之后的所有装配工序均在该国进行。

（b）在上述第一款中，是否经过以下列举的加工对确定货品是否在单一国家组装没有影响：

——把诸如附件、钮扣及其他扣件、口袋、饰边、袖口、叉口、标签、鞋带、装饰物、皮带环、肩章、领口等物品附在服装或衣着附件上；

——锁扣眼、缝边、熨烫、石磨洗或酸洗。

[增值标准的适用

（a）所称“50%增值标准”，是指经过生产加工，以及由于安装了原产于生产国的零件（如果有的话）所获得的价值的增加，至少占产品出厂价的50%。

（b）所称“出厂价”，是指为所获得的产品向进行最后制造或加工工序的制造商支付的价格（该价格不应包括产品出口时予以退还或可能退还的国内税）；

(c) 所称“经过生产加工，以及由于安装了原产于生产国的零件所获得的价值”，是指装配本身，连同任何预处理、整理及检验工序所带来的增值，以及由于安装了原产于进行该工序国家的任何零件所带来的增值，包括在该国进行上述工序所产生的利润及一般成本。

(d) 所称“非原产材料的价值”，是指所使用的非原产材料进口时的海关价值；或者，如该价值不可知或不能确定，为该材料在进口国最早可确定的已付价格。]

[章补遗规则

在运用本章的主规则（包括表列的产品特定规则）不能确定原产国时，其原产国应按以下规则确定：

(1) 凡由零件组装而成的货品的主规则规定该货品必须完全在单一国家组装的，不是完全在单一国家组装的此类货品的原产国，应为制成该货品过程中完成最重要组装工序的国家。添加钮扣及其他扣件、袢带及挂衣圈、皮带、贴袋、标签、鞋带、肩章、装饰物及其他小部件不予考虑。

(2) 本章其他货品的原产国应为制成纺织物或针织成形部件的国家；当货品包含不止一个国家的纺织物或针织成形部件时，该货品的原产地应为制成重量最大的纺织物或针织成形部件的国家。]

[适用附录二规则三（f）的标准]

[本章依据附录二规则三（f）适用微小含量规定时，应以价格为标准。]

HS 编码	商品描述	泛欧与北美产品特定原产地规则摘录	协调工作计划已达成一致的规则摘录（带方括号者未达成一致）
第61章	针织或钩编的服装及衣着附件	泛欧： 由下列材料制得： ● 天然纤维； ● 化学纤维短纤，未梳或未经其他纺前加工；或者 ● 化学材料或纺织浆料。 北美： 6101.10－6101.30：由任何其他章改变至子目6101.10－6101.30，但由品目5106－5113、5204－5212、5307－5308或5310－5311、第54章或品目5508－5516或6001－6006改变至此的除外，只要： (a) 该货品是在北美自由贸易区的一个或多个国家境内裁剪（或针织成形）及缝制或用其他方法拼合；以及 (b) 第61章章注1所列的可见衬里织物满足所列的税则归类改变要求。 6101.90：由任何其他章改变至子目6101.90，但由品目5106－6113、5204－5212、5307－5308或5310－5311、第54章或品目5508－5516或6001－6006改变至此的除外，只要该货品是在北美自由贸易区的一个或多个国家境内裁剪（或针织成形）及缝制或用其他方法拼合。	ex第61章（a）（ex61.01－ex61.17）针织或钩编成形的货品，包括零件和附件：本拆分章货品的原产国为这些货品针织或钩编成形的国家。 ex第61章（b）（（ex61.01至ex61.15）由针织或钩编成形的零件组装而成的品目61.01至61.15的货品：［本拆分章货品的原产国为这些货品的零件针织或钩编成形的国家］。 ex第61章（c）（（ex61.01至ex61.15）由裁剪成形的零件组装而成的品目61.01至61.15的货品：［如果货品在单一国家组装而成，则改变至本拆分章的货品］。 ex第61章（d）（ex6117.10至ex6117.80）平织刺绣制品（手帕、披巾、头巾、围巾、披纱、面纱及类似品）：［如果所使用的非原产材料的价值不超过产品出厂价的50%，则改变至本拆分章的货品］。 ex第61章（e）（ex6117.10至ex6117.80）其他平织品（手帕、披巾、头巾、围巾、披纱、面纱及类似品）：［如果起始材料为预漂白或未漂白织物，则改变至本拆分章］。 ex第61章（f）（ex61.16、ex6117.20、ex6117.80）由针织或钩编成形的零件组装的附件（领带、领结、分指手套、露指手套、连指手套、手笼、头饰带及类似品）：［本拆分章货品的原产国为这些货品的零件针织或钩编成形的国家］。 ex第61章（g）（ex61.16、ex6117.20、ex6117.80）由针织或钩编成形的零件组装的附件（领带、领结、分指手套、露指手套、连指手套、手笼、头饰带及类似品）：［如果货品按本章章注的规定在单一国家组装而成，则改变至本拆分章的货品］。

HS 编码	商品描述	泛欧与北美产品特定原产地规则摘录	协调工作计划已达成一致的规则摘录（带方括号者未达成一致）
第 62 章	非针织或钩编的服装及衣着附件		
ex 第 62 章	非针织或钩编的服装及衣着附件，品目 6213 及 6214 的货品除外。其规则参见下文。	泛欧： 由纱线制得。 北美： 6201.11 – 6201.13：由任何其他章改变至子目 6201.11 – 6201.13，但由品目 5106 – 5113、5204 – 5212、5307 – 5308 或 5310 – 5311、第 54 章或品目 5508 – 5516、5801 – 5802 或 6001 – 6006 改变至此的除外，只要： （a）该货品是在北美自由贸易区一个或多个国家境内裁剪及缝制或用其他方法拼合；以及 （b）第 62 章章注所列的可见衬里织物满足所列的税则归类改变要求。 6201.19：由任何其他章改变至子目 6201.19，但由品目 5106 – 5113、5204 – 5212、5307 – 5308 或 5310 – 5311、第 54 章或品目 5508 – 5516、5801 – 5802 或 6001 – 6006 改变至此的除外，只要该货品是在北美自由贸易区一个或多个国家境内裁剪及缝制或用其他方法拼合。	ex 第 62 章（a）（ex62.01 至 ex62.12）由零件组装而成的品目 62.01 至 62.12 的货品，62.09 的尿布除外：[如果货品是按本章章注的规定在单一国家组装而成，则改变至本拆分章的货品]。 ex 第 62 章（b）（ex62.09）品目 62.09 的尿布：CC，仅经裁剪及/或缝边改变至此的除外。
6213 及 6214	手帕、披巾、头巾、围巾、披纱、面纱及类似品	泛欧： 由未漂白的单纱制得。 北美： 6213 – 6217：由任何其他章改变至品目 6213 – 6217，但由品目 5106 – 5113、5204 – 5212、5307 – 5308 或 5310 – 5311、第 54 章或品目 5508 – 5516、5801 – 5802 或 6001 – 6006 改变至此的除外，只要该货品是在北美自由贸易区一个或多个国家境内裁剪及缝制或用其他方法拼合。	ex 第 62 章（c）（ex62.13、ex62.14、ex6217.10）平织刺绣制品（手帕、披巾、头巾、围巾、披纱、面纱及类似品）：[如果所使用的非原产材料的价值不超过产品出厂价的 50%，则改变至本拆分章的货品]。 ex 第 62 章（d）（ex62.13、ex62.14、ex6217.10）其他平织品（其他手帕、披巾、头巾、围巾、披纱、面纱及类似品）：[如果起始材料为预漂白或未漂白织物，则改变至本拆分章]。 ex 第 62 章（e）（ex62.15、ex62.16、ex6217.10）由零件组装而成的附件（领带、领结、分指手套、连指手套、露指手套、手笼、头饰带及类似品）：[如果货品是按本章章注的规定在单一国家组装而成，则改变至本拆分章的货品]。 ex 第 62 章（f）（ex6217.90）其他：[本拆分章货品的原产国应为织物的原产国]。

HS 编码	商品描述	泛欧与北美产品特定原产地规则摘录	协调工作计划已达成一致的规则摘录（带方括号者未达成一致）
第 64 章	鞋靴、护腿和类似品及其零件		
6401 - 6405	鞋类	泛欧： 由任何品目的材料制得，品目 6406 的鞋类的非金属零件除外。 北美： 6401 - 6405：由该组别以外的任何其他品目改变至品目 6401 - 6405，但由子目 6406.10 改变至此的除外，只要按净成本法计算，其区域价值成分不低于 55%。 6406.10：由任何其他子目改变至子目 6406.10，但由品目 6401 - 6405 改变至此的除外，只要按净成本法计算，其区域价值成分不低于 55%。 6406.20 - 6406.99：由任何其他章改变至子目 6406.20 - 6406.99。	[CTH，由拆分品目 ex64.06（a）改变至此的除外]
第 70 章	玻璃及其制品		
7006	经弯曲、磨边、镂刻、钻孔、涂珐琅或其他加工的品目 70.03、70.04 或 70.05 的玻璃，但未用其他材料镶框或装配	泛欧： 由品目 7001 的材料制得。 北美： 7003 - 7009：由该组别以外的任何品目改变至品目 7003 - 7009。	ex7006（a）薄型绝缘或金属涂层平板玻璃①：CTHS ex7006（b）其他：CTH，由品目 70.03，70.04 或 70.05 改变至此的除外
7007	钢化或层压玻璃制的安全玻璃	泛欧： 由品目 7001 的材料制得。	CTH
7008	多层隔温、隔音玻璃组件	泛欧： 由品目 7001 的材料制得。	CTH
7009	玻璃镜（包括后视镜），不论是否镶框	泛欧： 由品目 7001 的材料制得。	CTH

① 本拆分品目的玻璃包括应用以下技术对基板做多层涂层的玻璃：
——通过热蒸汽进行物理沉积；
——阴极真空喷镀；
——化学蒸汽沉积。

HS 编码	商品描述	泛欧与北美产品特定原产地规则摘录	协调工作计划已达成一致的规则摘录（带方括号者未达成一致）
7010	玻璃制的坛、瓶、缸、罐、安瓿及其他容器，用于运输或盛装货物；玻璃制保藏罐；玻璃塞、盖及类似封口器	泛欧： 生产中所使用的所有材料归入该产品以外的某一品目；或者瓶的切割加工，只要其价值不超过产品出厂价的50%。 北美： 7010－7020：由任何其他品目改变至品目7010－7020，但由品目7007－7020改变至此的除外。	[CTH，或通过对未经加工玻璃器皿（未经蚀刻、喷砂、研磨、雕刻或其他装饰处理）进行化学蚀刻、喷砂处理、研磨及后续酸法抛光加工产生改变]
7013	玻璃器，供餐桌、厨房、盥洗室、办公室、室内装饰或类似用途（品目70.10或70.18的货品除外）	泛欧： 生产中所使用的所有材料归入该产品以外的某一品目；或者玻璃器的切割加工，只要未裁切玻璃器的价值不超过产品出厂价的50%。	[CTH，或通过对未经加工玻璃器皿（未经蚀刻、喷砂、研磨、雕刻或其他装饰处理）进行化学蚀刻、喷砂处理、研磨后续酸法抛光加工产生改变]
ex7019	玻璃纤维（纱线除外）制品	泛欧： 由以下材料制得： －未上色的梳条、粗纱、纱线及短切纤维；或者 －玻璃棉	CTH或CTSH，依具体子目而定。
第72章	钢铁		
7207	铁及非合金钢的半制成品	泛欧： 由品目7201、7202、7203、7204或7205的材料制得。 北美： 7206－7207：由该组别以外的任何品目改变至品目7206－7207。	CTH
7208－7216	铁或非合金钢平板轧材、条、杆、角材、型材及异型材	泛欧： 由品目7206的锭或其他初级形状制得。 北美： 7208－7216：由该组别以外的任何品目改变至品目7208－7216。	CTH，由品目7213改变至此的除外。 ex7210（a）经包覆的：CTHS ex7210（b）用锡镀层或涂层的及印刷或涂漆的：[CTHS] ex7210（c）用锌镀层或涂层的及瓦楞形的：CTH ex7210（d）其他：[CTHS] ex7211（a）热轧的：CTH ex7211（b）冷轧的：CTHS

HS 编码	商品描述	泛欧与北美产品特定原产地规则摘录	协调工作计划已达成一致的规则摘录（带方括号者未达成一致）
7217	铁丝或非合金钢丝	泛欧： 由品目 7207 的半成品材料制得。 北美： 由任何其他品目改变至品目 7217，但由品目 7213 – 7215 改变至此的除外。	CTH，由品目 72.13 至 72.15 改变至此的除外；或者由品目 72.13 至 72.15 改变至此，只要该材料经过与章注相符的冷成型加工。
ex7218、7219 – 7222	不锈钢的半成品、平板轧材、条、杆、角材、型材及异型材	泛欧： 由品目 7218 的锭或其他初级形状制得。 北美： 7218 – 7222：由该组别以外的任何品目改变至品目 7218 – 7222。	7218：CTH
7223	不锈钢线材	泛欧： 由品目 7218 的半成品材料制得。 北美： 由任何其他品目改变至品目 7223，但由品目 7221 – 7222 改变至此的除外。	CTH，由品目 7221 至 7222 改变至此除外；或者由品目 7221 至 7222 改变至此，只要该材料经过与章注相符的冷成型加工。
ex7224、7225 – 7227	不规则盘卷的其他合金钢的半成品、平板轧材、条、杆、角材、型材及异型材	泛欧： 由品目 7224 的锭或其他初级形状制得。 北美： 由该组别以外的任何品目改变至品目 7224 – 7228。	CTH
7229	其他合金钢丝	泛欧： 由品目 7224 的半成品材料制得。 北美： 由任何其他品目改变至品目 7229，但由品目 7227 – 7228 改变至此的除外。	CTH，由品目 72.27、72.28 改变至此的除外；或者由品目 72.27、72.28 改变至此，只要该材料经过与章注相符的冷成型加工。
第 73 章	钢铁制品		
ex7301	钢铁板桩	泛欧： 由品目 7206 的材料制得。	CTH
7302	铁道及电车道铺轨用钢铁材料（钢轨、护轨、齿轨、道岔尖轨、辙叉、尖轨拉杆及其他叉道段体、轨枕、鱼尾板、轨座、轨座楔、钢轨垫板、钢轨夹、底板、固定板及其他专门用于连接或加固路轨的材料）	泛欧： 由品目 7206 的材料制得。 北美： 7301 – 7303：由任何其他章改变至 7301 – 7303。	CTH

HS 编码	商品描述	泛欧与北美产品特定原产地规则摘录	协调工作计划已达成一致的规则摘录（带方括号者未达成一致）
7304 – 7306	钢铁（铸铁除外）管及空心异型材	泛欧： 由品目 7206、7207、7208 或 7224 的材料制得。 北美： 7304.41、7304.4111、7304.4119： 由子目 7304.49 或任何其他章改变至 7304.4111 或 7304.4119。 7304.49 – 7304.90：由任何其他章改变至子目 7304.49 – 7304.90。 7305 – 7307：由任何其他章改变至 7305 – 7307。	CTH
7308	钢铁结构体（品目 94.06 的活动房屋除外）及其部件（例如，桥梁及桥梁体段、闸门、塔楼，格构杆、屋顶框架、门窗及其框架、门槛、百叶窗、栏杆、支柱及立柱）；上述结构体用的已加工钢铁板、杆、角材、型材、异型材、管子类及其类似品	泛欧： 生产中所使用的所有材料归入该产品以外的某一品目，但不得使用品目 7301 的焊接的钢铁角材、型材及异型材。 北美： 由任何其他品目改变至品目 7308，但因对品目 7216 的角材、型材及异型材进行加工而引起的税则归类改变除外。	ex7308（b）结构体的部件：CTH ex7308（c）其他：CTH，由品目 72.08 至 72.16、品目 73.01 或品目 73.04 至 73.06 改变至此的除外。
第 84 章	核反应堆、锅炉、机器、机械器具及其零件		
8407	点燃往复式或旋转式活塞内燃发动机	泛欧： 生产中所使用的所有材料的价值不超过产品出厂价的 40%。 北美： 8407 – 8408：由任何其他品目（包括该组别的另一品目）改变至品目 8407 – 8408，只要其区域价值成分不低于： （a）按成交价格法计算，60%；或者 （b）按净成本法计算，50%。	CTH CTH，由品目 84.09 改变至此的除外；或 35% 增值规则。
8408	压燃式活塞内燃发动机（柴油或半柴油发动机）	泛欧： 生产中所使用的所有材料的价值不超过产品出厂价的 40%。	CTH CTH，由品目 84.09 的改变至此的除外；或 35% 增值规则。

HS 编码	商品描述	泛欧与北美产品特定原产地规则摘录	协调工作计划已达成一致的规则摘录（带方括号者未达成一致）
8409	专用于或主要用于品目84.07或84.08所列发动机的零件	泛欧： 生产中所使用的所有材料的价值不超过产品出厂价的40%。 北美： 8409.10：由任何其他品目改变至子目8409.10。 8409.91： （1）由任何其他品目改变至子目8409.91；或者 （2）无需税则归类改变至8409.91，只要其区域价值成分不低于： （a）按成交价格法计算，60%；或者 （b）按净成本法计算，50%。 8409.99： （1）由任何其他品目改变至子目8409.99；或者 （2）无需税则归类改变至8409.99，只要其区域价值成分不低于： （a）按成交价格法计算，60%；或者 （b）按净成本法计算，50%。	CTH
8415	空气调节器，装有电扇及调温、调湿装置，包括不能单独调湿的空调器	泛欧： 生产中所使用的所有材料的价值不超过产品出厂价的40%。 北美： 8415.10： （1）由任何其他子目改变至子目8415.10的独立窗式或壁式空调器，但由税目8415.9011、8415.9021或8415.9022或由压缩机、冷凝器、蒸发器、连接管中一种以上货品组装而改变至此的除外； （2）由任何其他子目改变至子目8415.10的“分立式”空调器，但由子目8415.20－8415.83、税目8415.9011、8415.9021或8415.9022或由压缩机、冷凝器、蒸发器、连接管中一种以上货品组装而改变至此的除外；或者第16类注释六。 （3）由子目8415.20－8415.83、税目8415.9011、8415.9021或8415.9022或由压缩机、冷凝器、蒸发器、连接管中一种以上货品组装而改变至子目8415.10的“分立式”空调器，不论是否同时由子目8415.20－8415.83，只要其区域价值成分不低于： （a）按成交价格法计算，60%；或者 （b）按净成本法计算，50%。	CTSH CTH；或35%增值规则

HS 编码	商品描述	泛欧与北美产品特定原产地规则摘录	协调工作计划已达成一致的规则摘录（带方括号者未达成一致）
8418	电气或非电气的冷藏箱、冷冻箱及其他制冷设备；热泵，但品目 84.15 的空气调节器除外	泛欧： 生产中： – 所使用的所有材料的价值不超过产品出厂价的 40%；以及 – 在上述百分比范围内，与产品归入同一品目的材料仅占产品出厂价的 5%；以及 – 所使用的所有非原产材料的价值不超过所使用的原产材料的价值。 北美： 8418.10 – 8418.21：由该组别以外的任何子目改变至子目 8418.10 – 8418.21，但由子目 8418.91 或税目 8418.9910 或由压缩机、冷凝器、蒸发器、连接管中一种以上货品组装而改变至此的除外； 8418.22： （1）由任何其他品目改变至子目 8418.22；或者 （2）由子目 8418.91 – 8418.99 改变至此，不论是否同时由任何其他品目改变至此，只要其区域价值成分不低于： （a）按成交价格法计算，60%；或者 （b）按净成本法计算，50%。 8418.29 – 8418.40：由该组别以外的任何其他子目改变至子目 8418.29 – 8418.40，但由子目 8418.91 或税目 8418.9910 或由压缩机、冷凝器、蒸发器、连接管中一种以上货品组装而改变至此的除外。 8418.50 – 8418.69： （1）由任何其他品目改变至子目 8418.50 – 8418.69；或者 （2）由子目 8418.91 – 8418.99 改变至子目 8418.50 – 8418.69，不论是否同时由任何其他品目改变至此，只要其区域价值成分不低于： （a）按成交价格法计算，60%；或者 （b）按净成本法计算，50%。 8418.91、8481.9910：由任何其他税目改变至税目 8481.9910。 8418.99：由任何其他品目改变至子目 8418.99。	CTSH CTH；或 35% 增值规则

HS 编码	商品描述	泛欧与北美产品特定原产地规则摘录	协调工作计划已达成一致的规则摘录（带方括号者未达成一致）
第 85 章	电机、电气设备及其零件；录音机及放声机、电视图像、声音的录制和重放设备及其零件、附件		
ex 第 85 章	电机、电气设备及其零件；录音机及放声机、电视图像、声音的录制和重放设备及其零件、附件，归入下列品目的货品及下列品目的零件除外：8501、8502、ex8518、8519 - 8529、8535、8537、8542、8544 - 8548。	泛欧： 生产中： - 所使用的所有材料的价值不超过产品出厂价的 40%；以及 - 在上述百分比范围内，与产品归入同一品目的材料仅占产品出厂价的 5%。	
8501	电动机及发电机（不包括发电机组）	泛欧： 生产中： - 所使用的所有材料的价值不超过产品出厂价的 40%；以及 - 在上述百分比范围内，归入品目 8503 的材料仅占产品出厂价的 5%。 北美： 8501： （1）由任何其他品目改变至品目 8501，但由税目 8503.0010 改变至此的除外；或者 （2）由税目 8503.0010 改变至品目 8501，不论是否同时由任何其他品目改变至此，只要其区域价值成分不低于： （a）按成交价格法计算，60%；或者 （b）按净成本法计算，50%。	CTH CTH，由品目 85.03 改变至此的除外；或 35% 增值规则
8520	磁带录音机及其他声音录制设备，不论是否装有声音重放装置	泛欧： 生产中： - 所使用的所有材料的价值不超过产品出厂价的 40%； - 所使用的所有非原产材料的价值不超过所使用的原产材料的价值；以及 - 所使用的品目 8541 的晶体管为原产产品。 北美： 8520.10 - 8520.90：由任何其他子目（包括该组别内的另一子目）改变至子目 8520.10 - 8520.90，但由税目 8522.9010 改变至此的除外。	CTH 45% 增值规则

HS 编码	商品描述	泛欧与北美产品特定原产地规则摘录	协调工作计划已达成一致的规则摘录（带方括号者未达成一致）
8521	视频信号录制或重放设备，不论是否装有高频调谐器	泛欧： 生产中： – 所使用的所有材料的价值不超过产品出厂价的 40%； – 所使用的所有非原产材料的价值不超过所使用的原产材料的价值；以及 – 所使用的品目 8541 的晶体管为原产产品。 北美： 8521.10 – 8521.90：由任何其他子目（包括该组别内的另一子目）改变至子目 8521.10 – 8521.90，但由税目 8522.9010 改变至此的除外。	CTH 45% 增值规则
8522	专用于或主要用于品目 85.19 至 85.21 所列设备的零件、附件	泛欧： 生产中所使用的所有材料的价值不超过产品出厂价的 40%。 北美： 由任何其他品目改变至品目 8522。	CTH 45% 增值规则
8525	无线电话、电报、无线电广播、电视发送设备，不论是否装有接收装置或声音的录制、重放装置；电视摄像机；静像视频摄像机及其他视频摄录一体机	泛欧： 生产中： – 所使用的所有材料的价值不超过产品出厂价的 40%； –在上述百分比范围内，归入品目 8529 的材料仅占产品出厂价的 5%； – 所使用的所有非原产材料的价值不超过所使用的原产材料的价值；以及 – 所使用的品目 8541 的晶体管为原产产品。 北美： 8523 – 8524：由任何其他品目（包括该组别内的另一品目）改变至品目 8523 – 8524。 8525.10 – 8525.20：由该组别以外的任何子目改变至子目 8525.10 – 8525.20，只要对于税目 8529.9011、8529.9012 或 8529.9019 的印刷电路板（PCA）： (a) 除 (b) 另有规定外，产品中所包含的 9 个 PCA 的每个倍数及其任何部分中，只有 1 个 PCA 为非原产 PCA；以及 (b) 产品含有少于 3 个 PCA 时，所有 PCA 必须是原产 PCA。 8525.30、8525.3011、8525.3012：由任何其他税目改变至税目 8525.3012，但由税目 8525.3020 改变至此的除外。 8525.30：由任何其他子目改变至子目 8525.30，但由税目 8529.9011、8529.9012 或 8529.9019 改变至此的除外。 8525.40：由任何其他子目改变至子目 8525.40，但由税目 8529.9011、8529.9012 或 8529.9019 改变至此的除外。	CTH 45% 增值规则

HS 编码	商品描述	泛欧与北美产品特定原产地规则摘录	协调工作计划已达成一致的规则摘录（带方括号者未达成一致）
8528	电视接收装置，不论是否装有无线电收音装置或声音、图像的录制或重放装置；视频监视器及视频投影机	泛欧： 生产中： - 所使用的所有材料的价值不超过产品出厂价的40%； -在上述百分比范围内，归入品目8529的材料仅占产品出厂价的5%； - 所使用的所有非原产材料的价值不超过所使用的原产材料的价值；以及 - 所使用的品目8541的晶体管为原产产品。 北美： 8528.12、8528.1210：由任何其他品目改变至税目8528.1210。 8528.1281： (1) 由税目8528.1210或任何其他品目改变至税目8528.1281，但由税目8540.1211、8540.1219 或 8540.9110改变至此的除外。此外，电视机部件中所使用的税目8542.2110的非原产半导体不超过半数；或者 (2) 由税目8528.1210或任何其他品目改变至税目8528.1281，但由税目8540.1211、8540.1219 或 8540.9110改变至此的除外。此外，其区域价值成分必须不低于： (a) 按成交价格法计算，60%；或者 (b) 按净成本法计算，50%。 8528.1283、8528.1296：由税目8528.1210或任何其他品目改变至税目8528.1283或8528.1296，但由税目8529.9040改变至此的除外。 8528.1291：由任何其他品目改变至税目8528.1291，但由税目8529.9011、8529.9012 或 8529.9019、8529.9031或8529.9039改变至此的除外。	CTH 45% 增值规则

HS 编码	商品描述	泛欧与北美产品特定原产地规则摘录	协调工作计划已达成一致的规则摘录（带方括号者未达成一致）
8529	专用于或主要用于品目 85.25 至 85.28 所列装置或设备的零件 - 专用于或主要用于图像的录制或重放装置 - 其他	泛欧： 生产中所使用的所有材料的价值不超过产品出厂价的 40%。 生产中： - 所使用的所有材料的价值不超过产品出厂价的 40%； - 在上述百分比范围内，与产品归入同一品目的材料仅占产品出厂价的 5%； - 所使用的所有非原产材料的价值不超过所使用的原产材料的价值；以及 - 所使用的品目 8541 的晶体管为原产产品。 北美： 8529.10： （1）由任何其他品目改变至子目 8529.10；或者 （2）无需税则归类改变至子目 8529.10，只要其区域成分价值不低于： （a）按成交价格法计算，60%；或者 （b）按净成本法计算，50%。 8529.90、8529.9011、8529.9012、8529.9019：由任何其他税目改变至税目 8529.9011、8529.9012、8529.9019。 8529.9020：由任何其他税目改变至税目 8529.9020。 8529.9031：由任何其他税目改变至税目 8529.9031。 8529.9039：由任何其他税目改变至税目 8529.9039。 8529.9040：由任何其他税目改变至税目 8529.9040。 8529.9050：由任何其他税目改变至税目 8529.9050。 8529.9061、8529.9069： （1）由任何其他品目改变至税目 8529.9061 或 8529.9069；或者（2）无需税则归类改变至税目 8529.9061 或 8529.9069，只要其区域成分价值不低于： （a）按成交价格法计算，60%；或者 （b）按净成本法计算，50%。 8529.90（1）由任何其他品目改变至子目 8529.90；或者（2）无需税则归类改变至子目 8529.90，只要其区域成分价值不低于： （a）按成交价格法计算，60%；或者 （b）按净成本法计算，50%。	CTH CTSH 或者 45% 增值规则

HS 编码	商品描述	泛欧与北美产品特定原产地规则摘录	协调工作计划已达成一致的规则摘录（带方括号者未达成一致）
8542	集成电路及微电子组件	泛欧： 生产中： －所使用的所有材料的价值不超过产品出厂价的40%；以及 －在上述百分比范围内，归入品目8541或8542的材料仅占产品出厂价的5%。 北美： 8541－8542：注：尽管有本条例第16节（转运）的规定，符合下列规则的子目8541.10－8541.60或8542.10－8542.70的货品可以在北美自由贸易区国家的境外进行后续生产；当进口到北美自由贸易区国家时，将视为原产于北美自由贸易区国家，只要此类后续生产未导致税则归类改变至该组别以外的另一子目。无需税则归类改变至子目8541.10－8542.90。 8543.11－8543.81（1）改变至……	本品目货品的原产国应为采用［封装］［扩散］工艺的所在国。 对于集成电路： 扩散工艺（通过有选择地掺入适当杂质，在半导体基板上形成集成电路）。 对于其他：CTH；或35%增值规则。
第87章	车辆及其零件、附件，但铁道及电车道车辆除外		
ex 第87章	车辆及其零件、附件，但铁道及电车道车辆除外，归入下列品目的货品及下列品目的零件除外：9709－8711、ex8712、8715及8716。	泛欧： 生产中所使用的所有材料的价值不超过产品出厂价的40%。 北美： 8703.10：由任何其他品目改变至子目8703.10，只要其区域成分价值不低于： （a）按成交价格法计算，60%；或者 （b）按净成本法计算，50%。 8703.21－8703.90：由任何其他品目改变至子目8703.21－8703.90，只要按净成本法计算，其区域价值成分不低于50%。	CTH ［35%或45%］增值规则
8711	摩托车（包括机器脚踏两用车）及装有辅助发动机的脚踏车，不论有无边车；边车	泛欧： 生产中： －所使用的所有材料的价值不超过产品出厂价的40%；以及 －在上述百分比范围内，与产品归入同一品目的材料仅占产品出厂价的5%。 北美： 8711： （1）由任何其他品目改变至品目8711，但由品目改变至此的除外；或者 （2）由品目8714改变至品目8711，不论是否同时由其他任何品目改变至此，只要其区域成分价值不低于： （a）按成交价格法计算，60%；或者 （b）按净成本法计算，50%。	CTH ［35%或45%］增值规则

HS 编码	商品描述	泛欧与北美产品特定原产地规则摘录	协调工作计划已达成一致的规则摘录（带方括号者未达成一致）
ex8712	未带滚珠轴承的自行车	泛欧： 由非归入品目 8714 的材料制得。 北美： (1) 由任何其他品目改变至品目 8712；或者 (2) 由品目 8714 改变至品目 8712，不论是否同时由其他任何品目改变至此，只要其区域成分价值不低于： (a) 按成交价格法计算，60%；或者 (b) 按净成本法计算，50%。	CTH，由品目 8714 改变至此的除外；或者 35%增值规则
8716	挂车及半挂车或其他非机械驱动车辆及其零件	泛欧： 生产中： - 所使用的所有材料的价值不超过产品出厂价的 40%；以及 - 在上述百分比范围内，与产品归入同一品目的材料仅占产品出厂价的 5%。 北美： 8716.10 - 8716.80： (1) 由任何其他品目改变至子目 8716.10 - 8716.80；或者 (2) 由子目 8716.90 改变至 8716.10 - 8716.80，不论是否同时由任何其他品目改变至此，只要其区域成分价值不低于： (a) 按成交价格法计算，60%；或者 (b) 按净成本法计算，50%。 8716.90：由任何其他品目改变至子目 8716.90。	CTSH；或者 35%增值规则

第三章

优惠原产地规则

直到20世纪90年代初，优惠原产地规则仍然屈指可数，主要用于调控一些自主性关税优惠措施（例如，普惠制）。由于欧共体（EC）与目前尚存的欧洲自由贸易联盟（EFTA）国家形成了自由贸易区（FTAs）网络，因此，只有欧共体在原产地规则方面制定了全面政策。

在随后几年里，特别是在《美国—加拿大自由贸易协定》和《北美自由贸易协定》（NAFTA）达成后，原产地规则激增，紧随区域贸易协议（RTAs）的蓬勃发展而呈现扩散之势。实际上，每次缔结区域贸易协议，原产地规则都必然成为该协议的一部分。

本章论及：（1）包含在自主性贸易体制（例如，普惠制）和其他单边优惠措施（例如，《非洲增长与机遇法案》）（AGOA）中的单边原产地规则；（2）包含在自由贸易协议（例如，《北美自由贸易协定》）中的契约性原产地规则及由欧共体与各个伙伴国之间所达成的原产地规则，以及这些原产地规则的各自演变。

如上文所述，在优惠原产地规则方面，既没有约束性的多边规则，也没有对其进行协调的努力。由此可见，不仅在普惠制方案中存在着不同的原产地规则，而且，由于在发达国家之间已订立了大量的区域贸易协议，在发达国家与发展中国家之间和在发展中国家之间订立的此类协议也日益增多，优惠原产地规则在内容和性质上也越来越呈现多样化。

与此同时，主流国家（即美国和欧共体）的原产地规则技术和经验，对南南协议中原产地规则的拟订产生了深远影响。当南南协议中的一个伙伴国在此之前已经与他们（即美国或欧共体——译者注）中的一个缔结了区域贸易协议时，这一点尤其得到印证。在此情况下，经验表明，从北方（指发达国家——译者注）传承过来的模式，会将南方（指发展中国家——译者注）之间所缔结的区域贸易协议项下的原产地规则的内容塑造成形。

事实正是如此。例如，墨西哥借用《北美自由贸易协定》的规则，与哥伦比亚、委内瑞拉及哥斯达黎加进行原产地规则谈判。当南非与南部非洲发展共同体（SADC）的伙伴国进行原产地规则谈判时，南非采用了其与欧共体所缔结的自由贸易协议中的原产地规则。

本章将对主要的优惠原产地规则（无论是单边的还是契约性的）进行分析，对泛欧模式和北美模式加以概述，以便对这两套主要的原产地规则进行全面评述。

在上述两个主流国家已经订立的所有不同的优惠原产地规则当中，其主要差异与贸易政策工具及制定这些贸易政策工具所处的背景密切相关。因此，单边优惠原产地规则与契约性原产地规则可以明确地加以区分。

单边优惠原产地规则是指包含在诸如普惠制（GSP）、《加勒比海盆地倡议》

（CBI）、《非洲增长与机遇法案》（AGOA）等单边优惠贸易安排之中的原产地规则。此项定义也可扩展到包括先前的《洛美协定》和《科托努伙伴关系协定》等非互惠契约性协议所包含的原产地规则。

非互惠协议与互惠协议的一个主要区别在于，严格来讲，因这些非互惠协议具有单边特征，其所附的原产地规则议定书通常不是“议定的”。

对单边和契约性优惠原产地规则两者来说，其主要任务都是为了确保关税优惠仅给予受惠国或优惠贸易区成员方原产的货物。

单边原产地规则（例如，普惠制项下的原产地规则）用以实现特定的贸易政策目标，例如，将优惠分配给确实在给惠国生产的产品。但是，在现行的多种优惠原产地规则中，普惠制项下的原产地规则包含两个清晰而明确的内涵。首先，与契约性优惠原产地规则不同，普惠制项下的原产地规则一直以来是自主实施的。因此，它们并不是艰难双边谈判的结果，而是普惠制关税减让自主性特征的体现。WTO《原产地规则协定》的附件“共同宣言”已经认识到这种自主性。“共同宣言”对自主性和契约性优惠原产地规则作了区分。其次，普惠制项下的原产地规则从一开始就作为普惠制所宣称的政策目标（即增加出口收入，促进工业化，加快经济增长速度等所有普惠制方案中带共性的目标）不可分割的一部分。

单边原产地规则（例如，普惠制项下的原产地规则）旨在确保受惠国在增值和投资方面从贸易优惠中得到实惠。尽管这一目标值得称颂，但是，普惠制方案和先前的《洛美协定》及《科托努伙伴关系协定》所包含的原产地规则越来越成为受惠国利用贸易优惠措施的主要绊脚石之一。[①] 原产地累积原则旨在促进发展中国家集团各成员之间或者发展中国家之间的贸易。然而，其附带的技术要求会使这一目标受挫。

在契约性优惠原产地规则中，就是说，在自由贸易协议和其他区域一体化安排中，原产地规则是为管控成员方的贸易模式服务的。自由贸易区与关税同盟的区别在于，其成员方保留了各自的外部关税。这一特征展现了这样一种可能性：以高税率成员方为出口目的地的产品，将会首先进口到低税率成员方，然后再出口到高税率成员方，由此逃避高关税。更加微妙的是，如果从自由贸易区境外进口的原材料在产品的增加值中占大头，那么，低税率成员方的生产商就能够通过削价与其他成员方的生产商抢生意。自由贸易区的原产地规则就是为了防止出现这种可能性。严格的原产地规则可以对上游或下游的第三国生产商的投入产生实

① 参见本书第五章。同时参见《改善面向最不发达国家的市场准入》，联合国贸易与发展会议，2001 年；《面向最不发达国家的贸易优惠：早期评估和改善措施》，联合国贸易与发展会议，2003 年。

质性影响。

这些优惠原产地规则是政策目标的反映，其中最为明显的莫过于防止在自由贸易区中出现贸易转移。然而，它们经常被用于响应国内的产业政策目标。例如，在北美自由贸易区框架内，即使美国的关税总体上低于墨西哥，美国仍然试图采用严格的原产地规则。这就意味着，即使是在没有原产地规则的情况下，也可以把通过墨西哥将最终产品进口到美国的可能性降至最低。美国生产商通过墨西哥进口原材料也就没有意义。贸易保护是原产地规则的主要目标：严格的原产地规则将会削弱墨西哥在与生产最终产品的效率低下的美国公司的竞争中取胜的能力，这就使得从内部市场采购原材料变得更加有利可图。在纺织品和服装这一敏感领域，美国的关税较高，并且贸易创造的潜力很大，因此，三重改变原产地规则就被用于对美国的生产商提供高水平的保护。①

但是，这种贸易保护主义倾向并不限于北美原产地规则。尽管其背景各不相同，但类似的情况已经出现。

第一节　普惠制项下的现行原产地规则

如第一章所述，普惠制实施以来，均由给惠国自主决定实施本国的普惠制方案。② 这就导致了不同的普惠制方案和不同的原产地规则的出现。因此，每个普惠制方案都有其自身的原产地规则。必须遵守这些原产地规则，以便从普惠制项下的优惠关税中受惠。原产地规则的技术性和多样性增加了普惠制方案及其利用上的复杂性。20 多年来，联合国贸易与发展会议（UNCTAD）原产地工作组的讨论专注于通过最佳途径和方式来达到协调普惠制原产地规则的最终目的，即对其进行简化和改进。然而，普惠制实施 30 多年来，变化十分有限。

表 3.1 对截至 2008 年 3 月普惠制项下原产地规则的现行主要体制作了概述。该表试图对主要给惠国现行各种不同规则的主要特点加以概括。

① 参见 A. Panagariya：《区域主义辩论：概览》，《世界经济》1999 年，第 477－511 页。

② 参见经济合作与发展组织文件 TC/Pref/70.25，1970 年 9 月 25 日，第 37 段。

表 3.1　普惠制原产地规则比较表

国家/国家集团	原产地标准	要求	分子	分母	百分比水平	管理要求
欧共体(EBA) 日本	针对所有产品的产品特定规则税目改变作为总规则,随附产品特定规则的单一清单	HS 品目改变,不论是否带有例外情况说明、特定的制造或加工要求以及/或者进口原材料的最高百分比或混合要求	进口原材料的海关价格或者最早可确定的原产地不明材料的实付价格	出厂价格(日本是 FOB 价格)	单一清单中使用的最高进口原材料百分比:5%、20%、25%、30%、40%、47.5% 和 50%	所有产品(EBA)必须申领普惠制 Form A 原产地证书。Form A 由官方指定的政府机构签章(在日本可由商会签章)特定产品才须申领 Form A 原产地证书(日本)
先前的《科托努伙伴关系协定》	针对所有产品的产品特定规则	同上	同上	同上	同上	需申领 EURI 表格,可以自主认证
加拿大	针对所有产品的跨境单一规则:DCs 40%,LDCs 60%,纺织品及服装除外	最高进口成分要求。	进口成分	出厂价格	对 LDCs 的最高进口成分为 60%。针对纺织品和服装的产品特定原产地规则	无需申领普惠制 Form A 原产地证书可以自主认证。纺织品和服装的特种原产地证书
美国	针对所有跨境产品的单一百分比(35%)规则①	最低当地成分要求	受惠国生产材料的成本加上直接加工成本	出厂价格或美国海关估价	至少 35%	无需申领原产地证书
《非洲增长与机遇法案》	所有商品同上,服装除外②	同上	同上	同上	与上述纺织品和服装的特定规则相同	对于纺织品和服装有特别的签证要求

注:发展中国家(DCs);《除武器以外的产品倡议》(EBA);离岸价格(FOB);协调制度(HS);最不发达国家(LDCs)。

① 参见本书第三章第一节。

② 对于产品特定原产地规则,参见本书第三章第一节。

从表 3.1 可以看出，传统上，联合国贸易与发展会议秘书处大致上将给惠国的原产地规则分为两大类：（1）加拿大、美国和俄罗斯（据最近通知）主要采用统一适用所有产品的百分比标准；（2）欧共体、挪威、瑞士和日本采用以品目改变（CTH，无论是否带有例外）为基础的混合标准（通常称为加工标准），无论是否带有例外情况说明、百分比标准、特定的制造或加工工序要求为基础的混合标准（通常称为加工标准）。对具体产品的不同要求包含在一份所谓的“单一清单”中。此外，在采用百分比标准的给惠国中，在所需的最低当地成分和计算公式方面也存在明显差异。挪威、瑞士和欧共体的原产地规则几乎是协调一致的，然而，这些国家集团与日本在单一清单的要求上存在明显差异。① 必须指出，使用加工标准的国家会在单一清单所列要求中采用百分比标准。这主要涉及机械和消费品，在涉及这些产品的产品特定规则清单中，要求进口原材料的价值不得超过制成品出厂价格或者离岸价格的一定百分比。

与其他原产地规则一样，在普惠制方案项下的原产地规则②中，受惠国出口的产品可以分为两类：

(a) 完全在出口国生长、从其土地上提取或收获的产品，或者在出口国完全使用这些产品生产而无需使用任何进口或原产地不明的部件或材料、符合普惠制原产地要求的产品；或者

(b) 使用进口材料、零件或部件生产的产品，即全部或部分使用进口到受惠国或者原产地不明的材料、零件或部件生产的产品。这些产品称为“含进口成分的产品”，它们只有在受惠出口国经过“充分制造或加工”（根据给惠国各自的原产地规则加以界定）后才能获得原产资格。

遵循这些基本定义，每一普惠制方案中都列出了关于“充分制造或加工”的详细规则或定义。这些规则或定义必须得到满足，有关产品才能享受普惠制项下的关税待遇。各种普惠制方案项下原产地规则的共同特点和主要差异将在后面的各部分加以介绍。

一、“完全获得”产品

在普惠制项下的原产地规则中，对“完全获得”标准的解释非常严格。即便含有极少量的进口材料、零件或部件，或者所使用的材料、零件或部件的原产地不能确定，都会使制成品丧失“完全获得”的资格。

举例：木雕是使用在给惠国完全获得的木料制成，但使用进口的蜡进行抛光。因使用了进口蜡，该木雕不得视为“完全获得”。但是，无论是按增值百分

① 对于此类差异的具体举例，参见联合国贸易与发展会议 TD/B/SCP/8，1994 年 3 月 3 日。

② 同时参见联合国贸易与发展会议：《1999 年原产地规则摘要》。

比标准，还是按加工工序标准，雕刻品几乎都可以肯定符合普惠制的要求。

一般而言，所有给惠国①均接受下列类别的产品作为在受惠国“完全获得”的产品：

(a) 从该国的土地或者海床提取的矿产品；

(b) 在该国收获的植物产品；

(c) 在该国出生并饲养的活动物；

(d) 在该国从活动物中获得的产品；

(e) 在该国通过狩猎或捕捞获得的产品；

(f) 该国船舶②从海洋捕捞中获得的渔产品和从海上获得的其他产品；

(g) 在该国的加工船上加工第（f）项所述产品制得的产品；

(h) 在该国收集的仅适用于回收原材料的旧货；

(i) 在该国所进行的生产过程中产生的废碎料；以及

(j) 在该国完全用上述第（a）项至第（i）项的产品制得的产品。③

欧共体针对船舶制定了一系列相当严格的标准和定义，这将在本章第二节第一部分展开讨论。

二、含有进口成分的产品

如前所述，在受惠国完全或部分使用进口材料、零件或部件（包括原产地不确定或原产地不明的材料）制造的产品，视为原产于该国，只要所使用的材料、零件或部件在该国经过充分制造或加工。一般来说，如果经过制造或加工，所使用材料的具体性质或特征发生了实质性改变，该项制造或加工即可视为充分制造或加工。但是，这种一般概念由各个给惠国具体界定。④

（一）加工标准

这一标准被欧共体、日本、挪威和瑞士所采用。

作为这种标准的一项一般规则，当制得的产品符合按普惠制行话称为“单一

① 美国的立法中虽未包括“完全获得”产品的清单，但其承认下列产品为符合美国百分比标准的例子。

② 欧共体和其他欧洲国家针对“其船舶”和“其加工船”采用限制性的定义，这将在泛欧原产地规则中作进一步讨论。

③ 例如，铁板；用铁矿石制成铁杆；用原棉花纺成棉纤维；从机动车电池中回收铅；从金属剃须刀中回收金属。

④ 大部分给惠国所采用的规则通常不包括所谓的“微小加工”。此类加工被视为不充分的制造或加工，因此，其制成品没有资格享受普惠制的关税待遇。

清单"① 所包含的产品特定规则时，其所使用的进口材料、零件或部件（非原产材料）可视为经过充分加工。这些产品特定规则中，有些仅要求相对简单的税目改变，无论是否带有例外，有些则规定了具体的制造或加工工序、百分比要求或包含这些要素的综合要求。日本仍然沿用税目改变作为主要的一般规则，辅之以产品特定规则清单。

当制成品归入《协调制度》② 的4位数品目不同于加工过程中使用的非原产材料、零件或部件所归入的4位数品目时，即视为满足税目改变的要求（称为"HS品目改变"）。

产品特定规则清单是必要的，因为有些产品发生了HS品目改变，但并不总是伴随着充分制造或加工（相反，虽然经过充分制造或加工，在某些情况下，并未发生HS品目改变）。欧共体、挪威和瑞士制订了非原产材料必须经过的制造或加工清单（一般称为单一清单③），由此生产的产品可以获得原产资格。该清单目前包含了必须满足清单中所列条件的所有产品。日本的清单中包含了必须满足的特定条件，以取代HS品目改变的基本要求。对于该清单所包含的产品，只有在该清单中列明时，才需满足HS品目改变的基本要求。

单一清单中含有引言，对该清单中所使用的某些定义加以解释，及针对特定产品（尤其是纺织行业）作出进一步规定。应当指出，在适用的情况下，引言的规定同样适用于使用非原产材料生产的所有产品。这些产品虽不受该清单所含特定条件的限制，但却受品目改变规则的限制。在欧共体的单一清单的引言中，所列条件主要涉及以下内容：

(a) 规定生产过程中所使用的某些原材料必须原产于出口受惠国。

举例：对于HS品目0813的水果干和第8章的坚果和水果干的混合物，该清单规定，所使用的所有水果或坚果必须完全获得。

(b) 规定只有某些非原产材料可用作原材料。

举例：对于HS品目1601的香肠和其他产品，该清单规定须使用第1章的动物作为原材料，也就是说，使用进口的肉不得赋予原产资格。

(c) 上述（1）项和（2）项的结合。

举例：对于HS品目1603的肉、鱼等的精汁，该清单规定须使用第1章的动物作为原材料进行生产；但所使用的所有鱼类等必须已经取得原产资格。

---

① 直到采用泛欧原产地规则，欧共体、瑞士和挪威才将"税目改变"辅之以产品特定规则清单作为一项一般规则。但是，该清单所含产品特定规则中所列的例外超过70页，涵盖大部分产品。

② 《商品名称及编码协调制度》由海关合作理事会于1983年6月14日在布鲁塞尔通过，36个国家签署后，1988年1月1日开始生效，简称《协调制度》或者"HS"。

③ 之所以称为"单一清单"，是因为原来有两张清单，其后合并为"单一清单"。

(d) 规定所使用的非原产材料必须是经一定程度加工——一般为初级加工——的产品。

举例：对于《协调制度》第62章的非针织或非钩编服装及衣着附件，该清单规定由纱线制成；这就意味着，使用进口织物不得赋予原产资格。

对于HS品目7217的铁丝或非合金钢丝，该清单规定使用HS品目7207的半成品材料进行生产；这就意味着，使用加工程度较高的原材料不得赋予原产资格。

(e) 规定所使用的非原产材料不得超过制成品出厂价格的一定百分比。

举例：对于HS品目3922至3926的塑料制品，该清单规定，在制造过程中所使用的所有非原产材料的价值不得超过产品出厂价格的50%。

(f) 允许所使用的非原产材料与出口产品归入《协调制度》同一4位数品目。

举例：对于HS品目4017的硬质橡胶，该清单允许使用硬橡胶作为原材料进行生产，这些硬质橡胶本身与制成品（即由硬质橡胶制成的物品）归入同一HS品目。

对于单一清单中的许多产品，所列条件规定，进口原材料的价值不得超过所获得产品价值的一定比例。为了计算是否达到该百分比，在欧共体、挪威和瑞士，其分子和分母如下：

非原产材料的价值为其进口到受惠国时确定的海关价值，该价值未知或者不能确定时，为在该国最早可确定的为其支付的价格；

制成品的价值为该产品的出厂价格（在日本，此项价格为离岸价格）减去该产品出口时补缴或有可能补缴的任何国内税。它是指为进行最后的制造或加工而支付的价格，只要该项价格包含生产中所使用的所有产品的价值。此外，离岸价格包括在生产国产生的所有其他成本，特别是从工厂到边境或港口的运输成本，以及在该国从事中间贸易所产生的任何成本和利润。

海关价值为根据1979年4月12日在日内瓦获得通过的《关于实施〈关税与贸易总协定〉第七条的协定》确定的海关价值。

（二）百分比标准

加拿大和美国采用这种标准。加拿大对可用于生产出口产品的进口（或者原产地不明的）材料、零件和部件的价值设定了最高百分比。美国在其普惠制规则中，对可用于生产出口产品的国内材料和加工成本的价值设定了最低百分比。对于所有给惠国单独采用百分比标准或者与其他标准综合运用的情况，下面作详细介绍。

1. 加拿大

如果原产于受惠国境外或者原产地不明，用于商品制造或生产的材料、零件或产品的价值不超过装运到加拿大的产品出厂价格的40%（对于最不发达国家该项指标为60%），则这些产品原产于受惠国。

表3.2 加拿大对最不发达国家倡议下针对纺织品和服装的产品特定原产地规则

产品描述	生产要求
纱线和缝纫线	在最不发达国家纺纱和抽丝，在最不发达国家境外未经进一步加工。
织物	用原产于最不发达国家、加拿大普惠制项下的受惠的发展中国家或加拿大的纱线生产，只要这些纱线在最不发达国家、受惠国或加拿大境外未经进一步加工；织物在最不发达国家或加拿大境外未经进一步加工。
服装	用在最不发达国家或加拿大裁剪的织物，或者在最不发达国家或加拿大针织成形的部件，在该最不发达国家缝制而成的服装，只要这些织物或针织成形的部件在以下国家生产： （1）用原产于最不发达国家、受惠国或加拿大原产的纱线在任何最不发达国家或加拿大生产，只要这些纱线或织物在最不发达国家或加拿大境外未经进一步加工；或者 （2）用原产于最不发达国家、受惠国或加拿大的纱线在受惠国生产，只要： （ⅰ）这些纱线和织物在最不发达国家、受惠国或加拿大境外未经进一步加工；以及 （ⅱ）生产产品所使用的、原产于缝制该商品的最不发达国家境外（产品在最不发达国家缝制）的任何材料（包括包装材料）的价值不超过产品装运到加拿大的货物出厂价格的75%。

资料来源：根据《最不发达国家市场准入倡议和最不发达国家税则指南》，2002年12月，加拿大海关及税务署及《备忘录》DAA－4－4，2008年5月27日。

根据加拿大普惠制税则（GPT）最新修正案，针对最不发达国家的纺织品和服装的原产地规则参见表3.2。

2. 美国

在受惠国生长、生产、制造或组装的价值的“特定百分比”必须包括：

（a）在受惠国生产的材料的成本或价值，以及包含在符合原产资格商品（由任何进口材料经过实质性改变①，制成在商业上全新的不同商品）中的任何物品的成本或价值，加上

（b）在受惠国进行加工的直接成本。

此外，《联邦公报》第10.177条规定，在受惠的发展中国家生产的材料的成本或价值应当解释如下：

“（a）在受惠的发展中国家生产的。

在第10.171条至第10.178条中，所称‘在受惠的发展中国家生产的’，是指符合原产资格商品的构成材料，可以是：

（1）完全在受惠的发展中国家生长、生产或者制造；或者

① 美国迄今没有给出更确切的关于实质性改变的定义。这些例子摘录自《原产地规则摘要》，联合国贸易与发展会议，1999年。

(2) 在受惠的发展中国家经过实质性改变，制成在商业上全新的不同商品。”

所称“在商业上全新的不同商品”被美国海关用于商品归类的术语，有关裁定实例列举如下：

● 进口到受惠国并鞣制成皮革的生皮，用于制造皮衣时，可视为“经过实质性改变”的材料；

● 使用进口金条生产的底托，在受惠国加工成戒指时，同样可视为“经过实质性改变”的材料；

● 将皮革进口到菲律宾，裁剪成裁片并制成手套。该裁片视为“经过实质性改变”，可将其价值计入以达到35%的要求；

● 将腊从印尼进口到新加坡，与添加剂（染料、香料、硬脂酸）混合并制成蜡烛。混有添加剂的蜡不能视为经过实质性改变，在确定是否达到35%的要求时，不得将其价值计入其中。

在美国，此项百分比不得低于商品估定价格的35%。当原产地是通过累积处理（参见下文“累积原产地”）获得时，也就是说，就普惠制而言，原产于指定的国家联盟的商品视为原产于一个国家的商品时，其百分比也不得低于估定价格的35%，但是，此项百分比可由组成指定的国家联盟的任一受惠国获得。

“（a）所称“材料的成本或价值”，是指：

（ⅰ）生产商为该材料支付的实际成本；

（ⅱ）将材料运抵生产商工厂的过程中所产生的运费、保险费、包装费及所有其他成本，只要上述成本未包含在生产商为该材料支付的实际成本当中；

（ⅲ）消耗或损耗（耗损材料）所产生的实际成本，减去可回收的废碎料；

（ⅳ）对材料已征收的税收以及/或者关税，只要其在出口时未予免税。

当该材料是以无偿的或者低于公平市场价格的方式提供给制造商时，其成本或价值为下列各项计算之和：

（ⅰ）该材料生长、生产、制造或组装过程中产生的所有费用，包括一般管理费用；

（ⅱ）利润；以及

（ⅲ）将材料运抵生产商工厂的过程中所产生的运费、保险费、包装费及所有其他成本。

（b）“进行加工的直接成本”，是指直接发生的成本，或者可合理分摊到所涉及的具体商品的生长、生产、制造或组装过程中的成本。此类成本包括：

（ⅰ）与具体商品的生长、生产、制造或组装有关的所有实际劳动成本，其中包括额外福利、在职培训，以及工程管理、监督、质量控制成本及类似的人事支出；

（ⅱ）可分摊到具体商品的模具、型模、工具及机器设备的折旧费用；

（iii）可分摊到具体商品中的研发设计、工程和绘制蓝图的费用；以及

（iv）具体商品的检验和测试费用。

不包含在“进行加工的直接成本”中的项目，是指那些未与具体商品直接相关的项目或者不是商品的制造“成本”的项目。它们主要包括：

（i）利润，以及

（ii）既不能分摊到具体商品，又与商品的生长、生产、制造或组装无关的一般管理费用，例如，行政工资、伤亡和责任保险、广告和销售人员的薪水、佣金或开销等。”

“美国原产地标准应用举例说明

假设出厂价格为500美元的摩托车是在受惠国制造并出口到美国的。（应当注意，该出厂价格一般为估定价格。）

案例1：摩托车完全采用当地材料制造。摩托车作为完全由受惠的发展中国家制造的产品，可享受优惠待遇。

案例2：摩托车的制造过程如下：

（i）进口齿轮并装到摩托车上	100美元
（ii）国内材料	150美元
（iii）直接加工成本	100美元
（iv）间接成本（一般管理费用、利润等）	150美元
总计：	500美元

摩托车可以享受优惠待遇，因为国内材料与直接加工成本的总和（即250美元）占出厂价格的50%——不低于其估定价格的35%。

案例3：

（i）进口齿轮	100美元
（ii）链条，用进口的特种钢材制造	50美元
注意：进口的特殊钢材已经过实质性改变	
（iii）车座（用进口皮革制造）	25美元
（iv）国内材料	50美元
（v）直接加工成本	75美元
（vi）间接加工成本（一般管理费用、利润等）	200美元
总计：	500美元

在本案中，国内材料的成本包括第（ii）项、第（iii）项和第（iv）项，因为链条［第（ii）项］和车座［第（iii）项］是用进口材料制成的产品，在受惠国已经过实质性改变。由此得知，国内材料的成本（200美元）占出厂价格的40%——不低于估定价格的35%。因此，该摩托车可以享受普惠制待遇。

案例4：摩托车的制造过程如下：

（ⅰ）进口材料（齿轮 100 美元、车座 25 美元、
轮胎 50 美元） 175 美元
（ⅱ）国内材料 75 美元
（ⅲ）直接加工成本 50 美元
（ⅳ）间接成本（一般管理费用、利润等） 200 美元
总计： 500 美元

在本案中，国内材料［第（ⅱ）项］和加工成本［第（ⅲ）项］的总和（即 125 美元）占出厂价格的 25%，低于估定价格的 35%。因此，该摩托车不得享受优惠待遇。”

估定价格

美国海关估价制度下的估定价格通常与出口商品的出厂价格相等。

3. 俄罗斯联邦

根据俄罗斯最近通报的原产地规则①，如果有两个或两个以上国家参与了产品的生产过程，该产品可视为在受惠国经过充分制造或加工，应以进行最后制造或加工工序达到该法令所规定的充分加工标准的国家为原产国。

对于进口到俄罗斯关境内的产品的原产地确定，如果在产品种类或国家方面没有特别规定，应当适用以下一般规则：如果在一国进行的制造或加工导致《对外贸易货物分类目录》项下任何前 4 位数商品归类编码的变化，则该产品可视为原产于该国。

但是，以下加工不符合充分加工标准：

● 在储存或运输过程中对货物进行保藏处理；

● 为便于销售及运输而进行的处理（分批处理、发货准备、分类、重新包装）；

● 按照俄罗斯政府制订的清单进行的简单组装及其他处理，这些处理并未导致有关货物的状态发生实质性改变；

● 将原产于不同国家的货物加以组合，但最终产品的特征与组装该产品的货物特征没有本质区别。

根据俄罗斯政府规定的程序，也可采用以下充分加工标准确定货物的原产国：

（1）进行了充分的工业或技术加工的，进行该项加工的国家可视为原产国；

（2）生产过程使货物的成本发生了变化，所使用材料的成本所占的百分比或其增加值达到了最终产品价格的一定比例（从价规则）。

针对从俄罗斯给予优惠关税的国家进口的特定产品制订充分加工标准实施程序

① 参见 UNCTAD/ITCD/TSB/MISC/2007/1，2007 年，联合国贸易与发展会议。这是向联合国贸易与发展会议秘书处所作的最新官方通报。如其之前通报的文本所显示的那样，这些规则在若干方面仍然不够清晰。

时，俄罗斯政府有权确定实施直接采购和运输规则的条件，以便给予优惠关税。

三、给惠国成分规则

某些给惠国采用这样一种规则，即在确定最终产品能否享受普惠制待遇时，允许将供给某一受惠国并在该受惠国生产的过程中所使用的该给惠国制造的产品（材料、零件和部件）视为该给惠国原产。

举例：哥伦比亚向加拿大出口绝缘电线，所使用的材料包括美国产的钢材（占出厂价格的20%）、马来西亚产的橡胶（占30%），哥伦比亚产的材料和劳动成本占50%。该电线不得享受普惠制待遇，因其进口成分超过40%。但是，如果使用加拿大产的钢材，该电线就符合给惠国成分规则，因其进口成分仅占出厂价格的30%。

给惠国成分规则为欧共体、加拿大、日本和俄罗斯所采用。在这些国家（日本除外），任何最终产品均可受惠。但是，就日本而言，许多最终产品不适用此项规则。

需要在受惠国进行充分制造或加工的原产于欧共体的产品，可视为原产于该受惠国。此项规定通过允许使用已经获得欧共体原产资格的原材料或中间产品，进一步扩大了累积的选择范围。

欧共体产品的原产资格，必须通过出具 EUR. I 流动证书或者发票声明加以证明。欧共体关于 Form A 原产地证书的签发、使用及后续核查的有关规定，在作必要的修正后，同样适用于 EUR 流动证书和发票声明（关于签发的规定除外）。关于普惠制 Form A 原产地证书和 EUR. I 流动证书签证程序的更多信息将在本书第六章中述及。

欧共体还将“给惠国成分”规则扩展到适用于原产于挪威和瑞士的产品。据了解，这些国家同样给予普遍优惠，而且所采用的原产地定义与欧共体的方案相一致。

受惠国的主管机构应要求为使用原产于欧共体、挪威或瑞士的材料生产的产品签发 Form A 原产地证书时，应当签发欧洲流动证书或发票声明（必要时签发）。在这种情况下，应当在 Form A 原产地证书第 4 栏中注明“Cumul CE”、“Cumul Norvege”、“Cumul Suisse”（用法语填写）或“EC cumulation”、“Norway cumulation”、“Switzerland cumulation”（用英语填写）。自 1996 年 7 月 1 日以后，瑞士已经采用给惠国成分规则。根据此项规定，可以享受瑞士普惠制优惠待遇的产品中所包含的瑞士原产的进口原材料，就其原产地而言，可视为完全在出口受惠国生产。运用给惠国成分规则时，普惠制受惠国的签证机构应当依据瑞士主管机构签发的 EUR. 1 欧洲流动证书，签发最终的 Form A 原产地证书。

根据此项规则，日本要求提供特殊的证明文件加以佐证。除正常的 Form A 原产地证书以外，日本还要求提供从日本进口材料的以下相关证据：由日本指定签发 Form A 原产地证书的机构签发的“从日本进口材料的证明”。

四、普惠制方案中的原产地累积

原则上，普惠制规则是建基于单一国家原产地的概念之上的，也就是说，原产地的要求必须在一个出口受惠国国内完全得到遵守。某些给惠国在其采用部分累积/对角累积的方案中，已放宽了对此项规则的限制，允许使用从其他受惠国进口的材料、零件或部件在某一受惠国制造产品，这些材料可视为原产于申明享受优惠关税待遇的受惠国。在更宽松的累积规则——完全累积中，不仅原产材料，而且在一个以上受惠国进行的制造加工或增加值也可以合并计算，以满足原产地的要求。

如上所述，自主性或单边契约性优惠安排中的原产地规则必须在一个受惠国的关境内得到遵守。但是，如表3.3所示，某些给惠国认为，这一要求本身不切发展中国家的实际，从针对他们所作的区域贸易倡议来看，情况尤为如此。首先，孤立而严格地要求遵守原产地规则，要求过分的“垂直”生产，这在发展中国家是不存在的。其次，过分地要求多阶段加工和增值加工，会妨碍关税优惠所带来的贸易创造效应。

完全累积规则举例：

● 有些针对于织物的原产地规则要求必须在一个受惠国经过纺纱和织造加工。但是，根据某些原产地累积制度，第一道纺纱工序可以在一个受惠国完成，而第二道工序（织造）可以在第二个受惠国完成，所生产的织物符合普惠制的规定；

● 在受惠国A用进口零件生产的收音机组件，可以出口到受惠国B，在B国与其他进口材料等一并制成收音机成品。根据全球累积制度，材料的价值和在A国进行加工的价值可计入到在B国进行的加工增值中，以便确定该收音机是否满足某些给惠国所采用的百分比标准。

能否进行累积在各个给惠国之间有明显区别。在这方面，加拿大对所有受惠国都采用了完全累积、全球累积和给惠国成分规则。

根据加拿大的普惠制方案，在确定原产地时，所有受惠国可视为一个单一区域。在该区域内所产生的全部增加值和所进行的加工工序可以相加，以便使出口到上述任何一个给惠国的产品可以满足原产地要求。这就是所谓的完全累积和全球累积（对最不发达国家的纺织品和服装有一些限制）。

欧共体、日本、挪威、瑞士和美国允许在某些区域联盟进行区域累积。但是，欧共体方案中可以进行区域累积的范围不同于美国和日本的方案。相对于美国和日本方案所给予的完全区域累积，欧共体允许的区域累积称为部分区域累积或对角区域累积。部分区域累积或对角区域累积是指从区域联盟另一成员方进口、并在最终出口国用于进一步加工或生产的原材料，必须已经原产于该国才能被视为该国的国内成分。

表 3.3 主要普惠制方案中的原产地规则：累积与豁免原产地规则的范围

国家/国家集团	累积范围		给惠国成分	文件	额外要求/信息	其他条件	可能豁免原产地规则
	完全或对角	全球或区域					
欧共体《除武器以外的产品倡议》	部分/对角	区域	是	需要证件以说明区域累积的使用	由区域集团协调机构确保规则得到遵守。目前有 SAARC、ASEAN、Andean Group 及 CACM	区域集团必须提出申请，并拥有中枢机构以确保行政合作	是，仅适用于最不发达国家
先前的《科托努伙伴关系协定》(CPA①)	完全	所有非加太国家	是	供应商声明	不适用	与南非和其他发展中国家的有限累积	是，可简化程序
日本	完全	区域	是	需要附加证件以说明累积情况	目前，仅允许 ASEAN 进行区域累积	区域集团必须提出申请	否
美国	完全	区域	否	无具体规定	目前，允许 ASEAN、CARICOM、SADC、WAEMU 及 SAARC 进行区域累积	(a) 准许区域累积(向自贸区和关税同盟申请) (b) 竞争需要限制的评估仅针对“原产国”而不是区域集团。	否
《非洲增长与机遇法案》(对于纺织品和服装，请查阅后面部分的具体列表)	完全	所有撒哈拉以南受惠国	是	无具体规定	不适用(对于纺织品和服装有特别条件)		否
加拿大(对于纺织品和服装，请查阅表 3.2)	完全	所有受惠国	是	无具体规定	对使用发展中国家材料的 LDCs 累积，允许达到出厂价格的 20%	参见 2008 年 5 月 27 日备忘录 D-11	否

注：非洲、加勒比海和太平洋国家(ACP)、东南亚国家联盟(ASEAN)、加勒比海共同市场(CARICOM)、中美洲共同市场(CACM)、南亚区域合作联盟(SAARC)、西非经济和货币同盟(WAEUM)。

① 《科托努伙伴关系协定》于 2007 年 12 月 31 日到期。但它仍然是允许非加太国家进行完全累积的例证。

这种限制在日本和美国方案所采用的地区累积中并不存在，因为在日本和美国的方案中，区域联盟的各个成员方被视为一个单一关境，任何制造或加工均可视为符合原产地规则要求的区域成分。

概括而言，从定性方面看，自主性或单边契约性贸易优惠措施中使用的累积有以下三种：

（1）完全累积；

（2）对角累积或部分累积；

（3）双边累积或给惠国成分。

从定量方面看，累积的概念与累积的地理延伸相关联。例如，在加拿大普惠制方案中，累积可延伸至所有受惠国，而在欧共体普惠制中，累积仅限于诸如东南亚国家联盟（ASEAN）、中美洲共同市场（CACM）、安第斯国家集团（ANDEAN）和南亚区域合作联盟（SAARC）等区域集团。

累积中最细微和最复杂的差别，在于完全累积与部分累积之间的差别。在契约性优惠原产地规则方面，这种差别也是确实存在的，对于执行和利用贸易优惠措施具有决定性的经济效应。

一般而言，原产地的完全累积允许更多地分散或分开在受惠国中间进行劳动生产，因为，为了满足此项原产地标准，可根据商业需要在区域集团成员方中间对生产过程进行配置。就是说，根据成本/利润分析，制造或加工可以在A国开始，在B国继续，然后在C国完成。这种观点看起来与生产的全球化和互相依赖相适应，由此促使发达国家把低技术或劳动密集型生产工序在低成本国家进行外包。一方面，部分累积对这种做法并不特别有利，因为它要求实现较高的增值或者要求经过更复杂的生产工序。另一方面，从给惠国方面考虑，部分累积也许能够吸引更多的资本密集型投资，由此带来技术诀窍上的改进和劳动技能上的提高。

从经济角度审视完全累积或部分累积的影响，可以看出，完全累积允许大量雇用低工资、低技术劳工，有些人也许认为这是一种潜在的不利因素，因为这些工人的收入常常低于平均工资，其储蓄也低于工人储蓄的平均水平。尽管给惠国认为采取限制性的原产地规则是其产业政策的长期目标，但是，现实表明，发展中国家的劳动密集型轻工业在与发达国家的类似产业竞争时，往往是最为有效的。由此，赞成完全累积的观点得到了加强。

对不同累积制度的效果进行评估时，必须找出单边贸易优惠措施与契约性贸易优惠措施中的累积制度之间的本质区别。首先，无论允许采用哪种类型的累积制度，原则上，其目的都是通过扩大地理覆盖范围为遵守原产地规则提供便利。其次，累积可用于阻止使用缔约方境外的第三国材料。这将在本章第二节中论及。

（一）完全累积与部分对角累积的区别

如前所述，欧共体允许的区域累积与日本和美国给予的区域累积之间有着本质区别。实际上，日本和美国在其区域累积方案中，将所有东盟国家视为一个单一关境（新加坡和文莱除外，因其已从美国的普惠制方案中毕业）。因此，在某一东盟国家进行的所有制造或加工，不论其是否取得原产资格，均被视为当地成分。在欧共体的“部分”区域累积方案中，只有在区域联盟的其中一个成员方取得原产资格的材料，才能被视为本国成分。因此，只有根据欧共体普惠制项下的原产地规则原产于东盟其他国家的商品，才能在用于进一步加工时，或者在最后一个成员方用于生产制成品时，被视为当地成分。

为了更好地证明对角累积与部分累积之间的区别，我们根据《科托努伙伴关系协定》（CPA）的“完全累积”条款，重新审视一下欧共体普惠制项下的原产地规则中针对棉夹克衫的示例。这些完全累积规定虽有一些修改，但仍保留在其与非洲某些地区所签订的现行《经济伙伴关系临时协定》及与加勒比海论坛（Cariforum）所签订的《经济伙伴关系协定》中。先前的《科托努伙伴关系协定》和现行对最不发达国家《除武器以外的产品倡议》中的欧共体原产地规则规定，使用进口原材料时，非针织或非钩编服装（《协调制度》第62章）的制造工序从进口纱线算起。但是，根据对角区域累积规则，受惠国C可以使用从B国——它是同一区域集团的成员方——进口的织物，所制成的夹克衫可视为原产产品，因为根据累积规则，进口织物被视为国产原材料，而不是进口原材料。但是，只有当织物是在B国生产并已取得原产资格（也就是说，该项织物既可以是完全获得的，也可以是根据欧共体的织物原产地规则，使用进口的天然纤维制得的）时，此项规则才能适用。这种生产链如表3.4所示。因此，如果织物是用进口的天然纤维在B国制造，而服装是在C国制造，服装成品将可视为原产。

表3.4 部分累积和对角累积下的服装生产链

A国	B国	C国	D国
天然纤维→	用天然纤维制成织物＝原产→	用织物制成服装＝原产→	给惠国

在《经济伙伴关系临时协定》纳入针对第61章和第62章纺织品和服装的单一改变规则之前，欧共体对非加太国家的原产地规则像普惠制那样，规定在使用进口原材料时，制造工序要从进口纱线算起。因为根据欧共体的规定，在原产地规则方面，非加太国家可视为单一关境，这就足以在该地区内满足此项要求。因此，从非加太集团的另一成员方进口的中间材料无需取得原产资格。完全累积的生产链如表3.5所示。

从上述例子可以清楚地看到，完全累积制度允许省掉制造过程中的一个步骤。也就是说，就普惠制下的部分累积来说，必须在区域集团内建立纺纱设施，以将天然纤维纺成纱线，而在完全累积中，纱线可以直接从区域外的第三国进口。

表 3.5　完全累积情况下的服装生产链

A 国	B 国	C 国	D 国
纱线→	用纱线制成织物→	用织物制成服装＝原产→	给惠国

（二）欧盟普惠制方案及《除武器以外的产品倡议》中的累积

在欧共体的普惠制方案中，允许以区域为基础进行部分累积或对角累积（必须满足一定条件）。允许四个受惠国区域经济集团利用欧共体的区域累积制度，即东盟（ASEAN）（文莱、印度尼西亚、马来西亚、菲律宾、新加坡、泰国和越南）、中美洲共同市场（CACM）（哥斯达黎加、萨尔瓦多、危地马拉、洪都拉斯和尼加拉瓜）、安第斯集团（Andean Group）（玻利维亚、哥伦比亚、厄瓜多尔、秘鲁和委内瑞拉）和南亚区域合作联盟（SAARC）（孟加拉国、不丹、印度、马尔代夫、尼泊尔、巴基斯坦和斯里兰卡）。

根据区域累积规则，因国家毕业机制的标准而使某个国家或关境从享受普遍优惠的国家或关境名单中退出，不会影响到使用原产于该国的产品的可能性。

根据欧共体的部分累积和区域累积规则，上述四个集团之一的任何一个成员方从同一集团的另一个成员方进口、用于进一步加工的材料或部件，可视为生产国的原产产品，而不视为第三国产的原材料，只要这些材料或部件已经是有关集团的出口成员方的“原产产品”。原产产品是指因满足欧共体普惠制项下的原产地规则中的单项原产地规定而取得原产资格的产品。

我们查阅一下《欧共体海关法典》（CCC）第 72 条即可得知，“原产”一词是一个决定要素，但人们可以看到，这个重要问题在表述上却惜墨如金：

“通过对第 67 条的背离，为了确定在某一受惠国（区域集团的成员方）生产的某项商品是否原产于该条款所指的国家，原产于该区域集团的任何国家并在该集团另一国用于进一步加工的产品，均应视为原产于进一步加工的国家（区域累积）。”

第 72a 条第一段对据以确定最终产品原产国的规则作了规定：

“当原产于区域集团某一成员方的货物在同一区域集团的另一国进行制造或加工时，应当以进行最后制造或加工的区域集团国家为这些产品的原产国，只要：

（a）在该国的增加值①高于所使用的原产于该区域集团的任何其他成员方的

① 增加值是指产品的出厂价格减去原产于区域集团另一国的包含在制成品中的每种产品海关价值。

产品的最高海关价值，以及

（b）在该国进行的制造或加工超出了第70条（不充分制造或加工）所列的加工范围，对于纺织品，还超出了附件16所规定的加工范围。”①

如果上述条件未得到满足，应当把来自区域集团其他国家的原产产品中所占海关价值最高的区域集团国家作为产品的原产国（《欧共体海关法典》第72a条第2款）。

举例：欧共体的原产地规则规定，棉夹克衫（HS品目6203）应当由“原产”的纱线制造。但是，根据区域累积规则，受惠国A可使用从B国（为同一区域集团的成员方）进口的织物（应当注意，这些织物必须已经在B国取得原产资格），夹克衫成品可视为原产产品。这是因为，进口织物同样必须来自同一集团的原产生产商，根据累积规则，应当视为国产原材料，而不视为进口原材料。但是，如果B国的原产织物的价值高于其在A国的增加值，应当把B国作为该夹克衫的原产国。

举例：欧共体的原产地规则规定，归入HS品目8702的汽车，不得含有超过40%的进口原材料。例如，在马来西亚制造的汽车，可以含有以下原材料（所有价格均以美元计算）：

原产于新加坡的原材料	4,500
原产于菲律宾的原材料	1,400
原产于日本的原材料	1,500
在马来西亚的增加值（当地成分、劳动成本、利润）	2,600
总计（出厂价格）	10,000

根据欧共体的部分累积规则中关于计算进口原材料比例的规定，从新加坡和菲律宾进口的材料如果是这些国家的原产材料，它们将不视为进口材料。原产于东盟其他成员方的材料也将不视为进口原材料。因此，只有从其他国家（在本案中可假设为日本，因其不是东盟成员方）进口的部件被视为进口原材料。由于来自日本的原材料为1,500美元，等于出口价格的15%，低于40%，因此，该汽车可视为原产产品。但是，由于原产于新加坡的原材料价值高于在马来西亚的增加值，该汽车应视为原产于新加坡。

属于某一区域集团的一国向同一集团的另一国出口，用于进一步制造或加工，或者未经进一步制造或加工而复出口的货物，其原产资格应当由第一个国家签发的Form A原产地证书加以证明（《欧共体海关法典》第72a条第4款）。从属于区域集团的一国向欧共体复出口的货物，其原产资格应当由该国在上述证书的基础上出具的另一份Form A原产地证书或发票声明加以证明（《欧共体海关法

① 参见1993年7月2日颁布的第2454/93号条例。

典》第72 a条第5款)。

举例：C国的出口商希望出口含有原产于同一区域集团的A国和B国的进口原材料的制成品。出口商必须向主管机构提交与分别原产于A国和B国的进口原材料相关的、由上述两国主管机构签发的两份Form A原产地证书。随后，C国的主管机构可在这两份证书的基础上，签发与出口制成品相关的最终Form A原产地证书。

(三) 欧盟普惠制方案中背离原产地规则的程序

在普惠制方案中，背离原产地规则的程序仅适用于最不发达国家。这一程序在《欧共体海关法典》第76条中有详细规定：

“1. 当发展现有产业或者创建新的产业具有正当理由时，可允许背离这些规定以帮助受惠的最不发达国家从普惠制中受益。最不发达国家为近年来欧共体理事会条例和欧洲煤钢共同体（ECSC）的决定中列明适用普遍关税优惠的国家。为此，相关国家应当向欧委会提出背离原产地规则的请求，并根据第三段的规定随附该项请求的理由。

2. 对请求进行审查时应当特别考虑到：

(1) 现行原产地规则的实施明显影响到有关国家现有产业继续向欧共体出口能力的情况，特别是导致出口终止的情况；

(2) 能够表明原产地规则使某一产业的投资明显受阻，而旨在鼓励投资项目执行的原产地规则背离可以使规则要求得到分阶段满足；

(3) 需要作出的决定对经济和社会的影响，特别是对受惠国和欧共体就业情况的影响。

3. 为了便于对背离原产地规则的请求进行审查，提出请求的国家应当提供支持其请求的尽可能全面的信息，特别包括以下要点：

- 制成品的描述；
- 在该国加工产品的性质和数量；
- 制造工序；
- 增加值；
- 相关企业的雇员人数；
- 预期向共同体出口量；
- 请求给予背离原产地规则期限的理由；
- 其他情况。

4. 欧委会应当将背离原产地规则的请求提交委员会，由该委员会按议事规则作出决定。

5. ……

第一段至第五段的规定适用于任何延期的情况。”

欧共体已对某些出口纺织品的原产产品定义给予豁免，以照顾老挝、柬埔寨、尼泊尔[①]和孟加拉国[②]四个最不发达国家的特殊情况。相关条例的附件中所列的、在上述四国使用从东盟国家（缅甸除外）、南亚区域合作联盟国家或者先前的《洛美协定》国家进口的这些国家原产的机织物（机织类）或纱线（针织类）生产的产品，应当视为原产于老挝、柬埔寨、尼泊尔或孟加拉国（第一条第一款）。对原产地规则的背离仅适用于在特定时期[③]从老挝、柬埔寨、尼泊尔和孟加拉国进口到欧共体的产品，直到达到附件中针对每种产品所列的每年数量为止。

（四）日本普惠制方案中的累积

根据日本适用于东盟成员方的、与东盟成员方出口到日本的产品有关的完全累积和区域累积规则，东盟成员方可作为一个单一实体来取得原产资格。从东盟任何一个成员方或日本进口的原材料（但是，日本针对不适用给惠国成分规则的产品制订了一份清单）可视为东盟产的原材料，不论在东盟其他成员方生产的中间材料的原产资格如何。

为制成品签发的 Form A 原产地证书必须用“制造或加工累积证明”加以证明。该证明应当由东盟最终的出口成员方签发 Form A 原产地证书的同一家签证机构签发。

（五）美国普惠制方案中的累积

在美国的普惠制方案中，致力于全面区域经济一体化的属于某一国家联盟的受惠国，可以共同请求将其视为一个地区，以满足原产地的要求。在两个或两个以上成员方生长、生产、制造或组装的商品，可享受优惠关税待遇，只要在这些国家生产的材料成本或价值之和，加上在这些国家进行加工所产生的直接成本，不少于该商品进口到美国时海关估定价格的35%。

换句话说，从某些区域联盟中符合普惠制条件的成员方进口时，35%的增值比例可以覆盖一个以上国家。对于在符合条件的某一联盟的两个或多个成员方生产的产品，可准予免税进口，只要在这些国家实现的增加值合计至少达到该商品估定价格的35%。这与单一国家所适用的规定是相同的。竞争需要限制仅针对原产国，而不是针对整个联盟进行评估。目前有五个联盟可以从此项规定中受惠：安第斯集团、东盟（新加坡和文莱除外）、加勒比海共同体（CARICOM）、

① 参见欧委会条例 1713、1714 和 1715/97，欧盟《官方公报》，L242（1997）。

② 参见欧委会条例 2260/97，欧盟《官方公报》，L311（1997）。

③ 1997 年 8 月 1 日至 1998 年 12 月 31 日，从老挝、柬埔寨、尼泊尔进口的产品；1997 年 10 月 15 日至 1998 年 12 月 31 日，从孟加拉国进口的产品。对原产地规则的这些背离已经定期审查，其有效期延长至 2008 年年底。

南部非洲发展共同体（SADC），以及西非经济与货币联盟（WAEMU）。

（六）加拿大普惠制方案中的累积

加拿大最近修订的纺织品和服装原产地规则允许适用宽松的原产地累积规则。本节中摘自加拿大海关材料的以下范例，为有关规则的实施及影响提供了有价值的指引。

对最不发达国家实施完全累积和全球累积规则的基本概念是，为计算符合条件的成分，可将所有最不发达国家视为一个单一区域。在该区域内实现的所有增加值和进行的所有加工，可以合并计算，以满足符合条件的成分要求。商品生产中所使用的加拿大成分，同样视为原产该商品的受惠的最不发达国家成分。另外，装运到加拿大的货物出厂价格的40%中，可含有来自符合普惠关税条件的国家的货物出厂价格的20%。但是，已经进入受惠的最不发达国家或加拿大以外的任何国家的商业领域的商品生产中所使用的任何零件、材料或投入品，将丧失其最不发达国家的原产资格。

举例①：将也门产的羊毛与香港产的弹性纤维和印度产的缝纫线进行混纺，在也门制成羊毛袜子。在本节中，纺织品或服装必须含有价值不低于装运到加拿大的货物出厂价格40%的最不发达国家原产的零件和材料。也门原产的羊毛占出厂价格的35%。印度产的缝纫线和香港产的弹性纤维占另外的7%。本节允许将来自普惠关税（GPT）受惠国（在本案中是指香港和印度）的原材料包括在对零件和材料的40%要求内。来自也门的35%羊毛材料加上来自普惠关税受惠国的7%缝纫线和弹性纤维材料超过了本节规定的40%的原材料最低要求。因此，该羊毛袜可以享受最不发达国家税率（LDCT）。

针对最不发达国家纺织品和服装的特殊累积规则

如表3.2所示，根据加拿大普惠制方案中对最不发达国家的特殊原产地规则，纱线或缝纫线必须在受惠国纺成纱线或者抽丝。一经纺成纱线或者抽丝，产品不得在任何受惠的最不发达国家境外经过进一步加工。

举例：将任何国家产的棉花进口到孟加拉国并在该国纺成纱线，再将纱线运往柬埔寨进行染色。将纱线运回孟加拉国消毒后装运到加拿大。该产品将具有最不发达国家原产资格。

但是，经过纺纱工序后，如果这些纱线在中国（享受加拿大普惠制优惠、但被定义为普遍优惠关税国家而不是最不发达国家的发展中国家）经进一步加工后运回孟加拉国，然后出口到加拿大，那么，该货物将没有资格被认证为原产于最不发达国家，因为这些货物在受惠的最不发达国家境外经过了进一步加工。

---

① 上述所有范例摘自备忘录D11－4－4，渥太华，2003年8月29日，《关于普惠税率和最不发达国家税率的原产地规则》，经2008年5月27日签署的备忘录D11－4－4修订。

为获得最不发达国家的原产资格，织物必须是在受惠的最不发达国家用原产于任何最不发达国家、普惠关税受惠国（即享受普惠关税的任何发展中国家）或加拿大的纱线制成。"织物"所使用的纱线不得在任何最不发达国家或普惠关税受惠国或加拿大境外经过进一步加工。"织物"不得在任何最不发达国家、普惠关税受惠国或加拿大境外经过进一步加工。

举例：将印度产的棉纱线出口到马里，在马里织成棉织物后出口到加拿大。棉织物符合本节所述条件，证明这些货物原产于最不发达国家。

举例：将西班牙产的纱线出口到马里，在马里织成织物后出口到加拿大。由于纱线不是原产于受惠的最不发达国家、普惠关税受惠国或加拿大，这些织物将没有资格被认证为原产于最不发达国家。

为了获得最不发达国家的原产资格，服装必须是在受惠的最不发达国家缝制而成。缝制这些服装所使用的织物必须是在最不发达国家或加拿大裁剪。如果这些服装是用部件拼接而成，这些部件必须是在最不发达国家或加拿大针织成形。

此外，这些织物或针织成形的部件，必须是在最不发达国家、普惠关税受惠国或加拿大用原产于这些国家的纱线制成。这些纱线、织物或针织成形的部件不得在受惠的最不发达国家或加拿大境外经过进一步加工。

举例：马里产的连衣裙或裙子将获得原产资格，并可享受最不发达国家免税待遇，只要这些连衣裙或裙子是在马里用在马里或加拿大裁剪的织物制成。这些织物必须是在最不发达国家或加拿大用原产于最不发达国家、普惠关税国家或加拿大的纱线制成，并且这些纱线或织物在最不发达国家或加拿大境外未经进一步加工。

此外，即使所使用的织物是从另一个普惠关税受惠国进口，规则的第二个变种仍然允许其获得最不发达国家的原产资格。为获得最不发达国家的原产资格，此类"服装"必须是在受惠的最不发达国家缝制而成。缝制这些服装所使用的织物必须是在该最不发达国家或加拿大裁剪。

此外，这些织物或针织成形的部件，必须是在普惠关税受惠国用原产于最不发达国家、普惠关税受惠国或加拿大的纱线制成。这些纱线、织物或针织成形的部件不得在受惠的最不发达国家、普惠关税受惠国或加拿大境外经过进一步加工。

最后，原产于对货物进行装配的最不发达国家境外、该货物生产过程中所使用的任何材料（包括包装材料）的价值，不得超过装运到加拿大的货物出厂价格的75%。但是，货物生产过程中所使用的任何零件、材料或投入品，如果进入受惠的最不发达国家或加拿大以外的任何国家的商业领域，将丧失最不发达国家的原产资格。

举例：上述例子中，在马里生产的同样的连衣裙或裙子将可享受针对最不发达国家的免税待遇，只要这些连衣裙或裙子是在马里缝制而成，而生产连衣裙或裙子所使用的织物是在普惠关税受惠国用原产于最不发达国家、普惠关税受惠国或加拿大的纱线生产。这些纱线和织物不得在最不发达国家、普惠关税受惠国或加拿大境外经过进一步加工。使用普惠关税受惠国产的织物时，非原产于缝制这些连衣裙或裙子的最不发达国家的任何材料（包括包装材料）的价值，不得超过装运到加拿大的货物出厂价格的75%。

为获得最不发达国家的原产资格，“纺织制成品”必须是在受惠的最不发达国家裁剪或针织成形，并经缝制或用其他方式拼接而成。

此外，织物或针织成形的部件必须是在受惠的最不发达国家或加拿大用原产于最不发达国家、普惠关税受惠国或加拿大的纱线制成。这些纱线、织物或针织成形的部件不得在最不发达国家、普惠关税受惠国或加拿大境外经过进一步加工。

举例：阿富汗产的羊毛纱线出口到孟加拉国，在孟加拉国织成羊毛织物。将这些羊毛织物直接运输到老挝，进一步加工成在归类上被称为“其他纺织制成品”的货物。在老挝进行的最终产品生产工序必须包括织物的裁剪或针织成形，并在该国经缝制或用其他方式拼接，以便使该产品满足最不发达国家的原产资格。

五、其他单边贸易优惠方案（即《非洲增长与机遇法案》、《科托努伙伴关系协定》及《经济伙伴关系协定》）中的原产地规则

（一）《非洲增长与机遇法案》

《非洲增长与机遇法案》①（AGOA）是美国对非洲实施新的贸易与投资政策的最新倡议。根据该法案第I－B编的规定，经总统指定的撒哈拉以南非洲受惠国将可享受《非洲增长与机遇法案》这一被称为“超级普惠制”的优惠。

尽管美国现行的“正常”普惠制方案需要在短期内进行定期更新，并且对产品范围有诸多限制，《非洲增长与机遇法案》仍然对普惠制进行了修订，以便为更多产品提供免税待遇，其中包括被视为敏感进口产品的某些纺织品和服装。这些纺织品和服装由于满足具体的原产地和签证要求，依照法律规定，不受“正常”普惠制方案的约束。

《非洲增长与机遇法案》随后得到了修订和更新。

2002年《贸易法案》包含了对《非洲增长与机遇法案》项下服装和纺织品相关规定的修正案。《贸易法案》对《非洲增长与机遇法案》中的某些规定进行了修改，纳入了针织成形的规定，增加了服装进口总量上限，给予博茨瓦纳和纳米比亚最不发达国家地位，修改了美利奴羊毛的技术定义。此外，《贸易法案》还对指定的最不发达国家所适用的特殊规则中纱线的原产地进行了澄清，从而使

① 《非洲增长与机遇法案》是2000年《贸易与发展方案》的一部分，2000年5月18日经美国总统签署成为法律。《非洲增长与机遇法案》实施条例于2000年10月2日公布。

“混纺”的服装产品符合享受优惠的条件（例如，在美国和《非洲增长与机遇法案》国家进行裁剪不至于使织物丧失享受优惠的资格）。

2007年发布的最新报告表明，实际上，《非洲增长与机遇法案》对38个符合条件的撒哈拉以南非洲受惠国出口的所有产品进入美国市场给予了免税待遇。①《非洲增长与机遇法案》对涉及符合该法案条件的受惠国的美国普惠制法规进行了修订，将免税待遇延至2015年，扩大了普惠制产品的范围（约4,600种产品），增加了1,800多个税目。《非洲增长与机遇法案》还免除了针对受惠国的普惠制竞争需要限制。2006年，美国对98%以上来自符合《非洲增长与机遇法案》条件的国家的进口商品予以免税。

2006年12月20日，布什总统签署了《非洲投资刺激法案》[《非洲增长与机遇法案》（四）]。《非洲增长与机遇法案》（四）增加了符合条件的撒哈拉以南非洲受惠国的贸易实惠，加强了美国与撒哈拉以南非洲受惠国之间的经济接触。《非洲增长与机遇法案》（四）扩大了第三国产织物的范围，增加了一项供应充足条款，将某些粗斜纹棉布制品指定为供应充足商品，对从《非洲增长与机遇法案》下欠发达受惠国进口的某些纺织物和纺织制品（非服装类）给予免税待遇。

截至2007年4月，共有26个国家②的服装从《非洲增长与机遇法案》中受惠。在这些国家中，有17个国家③还获准适用《非洲增长与机遇法案》项下针对手工机织和手工制作制品（称为第9类）的规定。2004年《〈非洲增长与机遇法案〉促进法案》把民族风格印花织物加入到可以按第9类出口的商品类别当中。

民族风格印花织物必须达到一套特定标准，才能从《非洲增长与机遇法案》

---

① 《非洲增长与机遇法案》受惠国是：安哥拉、贝宁、博茨瓦纳、布基纳法索、布隆迪、喀麦隆、佛得角、乍得、刚果共和国、刚果民主共和国、吉布提、埃塞俄比亚、加蓬、冈比亚、加纳、圭亚那、几内亚、几内亚比绍、肯尼亚、莱索托、利比亚、马达加斯加、马拉维、马里、毛里求斯、莫桑比克、纳米比亚、尼日尔、尼日利亚、卢旺达、圣多美和普林西比、塞内加尔、塞舌尔、塞拉利昂、南非、斯威士兰、坦桑尼亚、乌干达和赞比亚。对《非洲增长与机遇法案》项下最不发达国家贸易优惠价值的评估，参见《后香港时代贸易优惠的侵蚀》、《贸易优于援助》、《促进贸易援助》，联合国贸易与发展会议，2008年。

② 符合条件享受《非洲增长与机遇法案》优惠的26个国家是：贝宁、博茨瓦纳、布基纳法索、喀麦隆、佛得角、乍得、埃塞俄比亚、加纳、肯尼亚、莱索托、马达加斯加、马拉维、马里、毛里求斯、莫桑比克、纳米比亚、尼日尔、尼日利亚、卢旺达、塞内加尔、塞拉利昂、南非、斯威士兰、坦桑尼亚、乌干达和赞比亚。

③ 这17个国家是：肯尼亚、莱索托、博茨瓦纳、马达加斯加、马拉维、马里、纳米比亚、加纳、莫桑比克、塞内加尔、埃塞俄比亚、尼日尔、尼日利亚、塞拉利昂、坦桑尼亚、乌干达和赞比亚。

中受惠。马里、尼日尔、尼日利亚和坦桑尼亚产的民族风格印花织物已获准被纳入第9类产品的范围。

"增强版《非洲增长与机遇法案》"（AGOA - enhanced）的普惠制优惠措施将执行至2015年9月30日为止。这就为符合《非洲增长与机遇法案》条件的非洲国家的投资者和贸易商提供了额外的安全保障。这些安全要素因负责普惠制事务的美国贸易代表办公室决定不对适用《非洲增长与机遇法案》的产品范围实行常规年度审查而得到进一步加强。

下面就《非洲增长与机遇法案》的有关规定进行概述。

《非洲增长与机遇法案》项下的商品必须符合基本的美国普惠制原产地要求及相关规则①，以享受免税待遇（正如本章第三节第三部分所论及的那样）。在《非洲增长与机遇法案》中，适用基本的普惠制原产地规则时，必须遵守以下两项附加规则：

（a）在美国关境内生产的材料成本或价值可以达到35%的要求，最高不超过商品估定价格的15%。

（b）在一个或多个撒哈拉以南非洲受惠国生产的材料成本或价值累计应当达到35%的要求（在《非洲增长与机遇法案》的指定国家进行累积）。

对合格国家纺织品和服装的具体规定

《非洲增长与机遇法案》给予来自指定的撒哈拉以南非洲受惠国的某些进口纺织品和服装以优惠关税待遇，只要这些国家：（a）已经实行有效的签证制度和相关程序，以防止非法转运和利用伪造文件；以及（b）已经实施并遵循，或者正在采取实质性行动实施并遵循某些海关程序以协助海关进行商品原产地核查。

原产地规则及纺织品和服装优惠类别

《非洲增长与机遇法案》给予选定的纺织品和服装以免税和免配额准入待遇，只要它们是依据纺织品和服装有关规定从指定的撒哈拉以南非洲受惠国进口的。在《非洲增长与机遇法案》中享受普惠制待遇所需的35%增值要求，在纺织品和服装的有关规定中是不需要的。在《非洲增长与机遇法案》中，可以享受优惠的服装产品必须归入10个具体优惠类别之一，并符合相关要求。2002年《贸易法案》对某些规则作了修改，使针织成形的产品可以享受优惠类别中的免税和免配额待遇。

另外，2006年《非洲增长与机遇法案》（四）对该法案项下针对某些纺织品和服装的有关规定作了修订。最新的法令规定如下：

- 将针对欠发达国家的第三国产织物的规定延长到2012年，并且自2006年

① 1974年《贸易法案》第503条（a）（2）。

10月1日起，将《非洲增长与机遇法案》国家使用第三国产的织物制成的服装总量上限增至美国每年服装进口总量的35%。

● 规定了特别规则，以便对在指定的撒哈拉以南非洲受惠国按商业规模（或“供应充足”）生产、用于制造可以享受优惠服装的织物或纱线进行管理。

● 扩大了完全原产于一个或多个《非洲增长与机遇法案》项下受惠的欠发达国家的纺织品或服装（例如，毛巾、床单、制成品）的免税待遇范围。

在对每一优惠类别进行详细剖析之前，值得一提的是，由于允许受惠国使用区域内或国外生产的织物或纱线，第4类和第5类受到被称为“总量上限”① 的数量限制。

能否给予优惠待遇，取决于所使用的织物和纱线的原产地。这就是《非洲增长与机遇法案》项下纺织品和服装的原产地规则。

第1类

使用完全在美国纺的纱线，在美国纺织和裁剪的织物或者针织成形的部件，在一个或多个撒哈拉以南非洲受惠国缝制或拼接而成的服装②：享受免税和免配额待遇。

第2类

使用完全在美国纺的纱线，在美国纺织和裁剪的织物或者针织成形的部件，在一个或多个撒哈拉以南非洲受惠国缝制或拼接并经进一步加工③制成的服装④：享受免税和免配额待遇。

第3类

使用完全在美国纺的纱线，在美国纺织成形并在一个或多个撒哈拉以南非洲受惠国裁剪的织物，或者使用完全在美国纺的纱线，在美国针织成形的部件，或者两者兼有，在一个或多个撒哈拉以南非洲受惠国用美国产的缝纫线缝制或拼接而成的服装⑤：享受免税和免配额待遇。

---

① 美国贸易代表（USTR）将“cap”一词用作关税配额。

② 包括不是用纱线纺织而成的织物，只要此类织物归入《美国协调税则》（HTSUS）品目5602或5603，并完全在美国纺织和裁剪。其制品归入HTSUS子目9802.00.80。

③ 进一步加工包括刺绣、石磨、酶洗、酸洗、帕尔玛熨烫、烤箱烘干、砂洗、成衣染色、筛网印花或类似工序。

④ 包括不是用纱线纺织的织物，只要此类织物归入《美国协调税则》（HTSUS）品目5602或5603，并完全在美国纺织和裁剪。

⑤ 包括不是由纱线纺织的织物，只要此类织物归入《美国协调税则》（HTSUS）品目5602或5603，并完全在美国纺织和裁剪。

第4类

使用原产于美国或一个或多个撒哈拉以南非洲受惠国的纱线，在一个或多个撒哈拉以南非洲受惠国纺织的织物①，或者使用原产于美国或一个或多个撒哈拉以南非洲受惠国的纱线，在一个或多个撒哈拉以南非洲受惠国针织成形的部件，完全在一个或多个撒哈拉以南非洲受惠国拼接而成的服装，或者使用原产于美国或一个或多个撒哈拉以南非洲受惠国的纱线，完全在一个或多个撒哈拉以南非洲受惠国用无缝针织机制成的服装：在总量上限内享受免税和免配额待遇。

第5类

依据针对欠发达国家的特别规则②，对完全在一个或多个撒哈拉以南非洲受惠国拼接而成，或者针织成形并拼接而成（或者两者兼有）的服装，在总量上限内给予免税准入待遇，不论所使用的织物或纱线的原产国如何：在总量上限内享受免税和免配额待遇，直到2012年9月30日为止。

第6类

克什米尔羊绒衫：羊绒衫中按重量计以克什米尔羊绒为主，在撒哈拉以南非洲受惠国针织成形③：享受免税和免配额待遇。

第7类

美利奴羊毛衫：羊毛衫中按重量计羊毛含量在50%及以上，羊毛直径为21.5毫米或更细，在撒哈拉以南非洲受惠国针织成形：享受免税和免配额待遇。

第8类

使用在美国无商业数量现货供应（即“供应短缺”）的织物或纱线完全拼接而成的服装：享受免税和免配额待遇：

（a）依据《北美自由贸易协定》附件401④的规定，使用不是在美国或撒哈拉以南非洲受惠国纺织的织物或纱线，在一个或多个撒哈拉以南非洲受惠国裁剪并拼接而成的服装，在其符合享受优惠待遇条件的范围内，可以享受免关税和免配额待遇，不论这些织物或纱线的来源如何。依据《北美自由贸易协定》的规

---

① 包括不是由纱线纺织的织物，只要此类织物归入《美国协调税则》（HTSUS）品目5602或5603，并完全在一个或多个撒哈拉以南非洲受惠国纺织和裁剪。

② 在《非洲增长与机遇法案》项下的服装特别规则中，欠发达国家是指据世界银行测算，1998年人均国民生产总值低于1,500美元的国家。依据世界银行的《1999—2000年世界发展报告》所含数据，除博茨瓦纳、赤道几内亚、加蓬、毛里求斯、纳米比亚、塞舌尔和南非外，所有撒哈拉以南国家均低于此项人均值，因此，这些国家获准在其服装免税出口到美国时使用第三国（不是美国和非洲国家）产的织物，直到2004年9月30日为止。《非洲增长与机遇法案》修正案特别给予博茨瓦纳和纳米比亚在特别规则中的欠发达国家地位。

③ 其制品归入《美国协调税则》（HTSUS）子目6110.10。

④ 《北美自由贸易协定》附件401可以查阅该协定秘书处网站 http：//www. nafta－sec-alean. org/。

定，生产这些服装所使用的织物或纱线被确定为供应短缺，基于这一事实，依据《北美自由贸易协定》的税目改变和有关规则，《非洲增长与机遇法案》的规定适用于本身是原产货物并因而可以享受优惠关税待遇的服装。

（b）应任何利益方请求①，总统有权宣布，对使用不是在美国或撒哈拉以南非洲受惠国纺织的织物或纱线，在一个或多个撒哈拉以南非洲受惠国裁剪并缝制而成的服装给予免税和免配额待遇，只要总统确定，此类纱线或织物得不到国内工业商业数量的及时供应，并宣布给予此类待遇②。

第9类

手工机织制品、手工制作制品和民俗纺织品：这类产品将由美国与受惠国商定，并且必须经受惠国的主管机构认证属于手工机织制品、手工制作制品或民俗纺织品：享受免税和免配额待遇。

根据13191号行政命令（Executive Order），经过咨询海关和边境保护局局长后，总统授权《纺织品协定》执行委员会（CITA）与撒哈拉以南非洲受惠国协商，以确定哪些特定纺织品及服装应当视为手工机织制品、手工制作制品、民俗纺织品或民族风格印花织物。自2007年3月起，博茨瓦纳、加纳、埃塞俄比亚、肯尼亚、莱索托、马达加斯加、马拉维、马里、莫桑比克、纳米比亚、尼日尔、尼日利亚、塞内加尔、塞拉利昂、斯威士兰、坦桑尼亚和赞比亚已获准为适用第9类项下有关手工机织和手工制作有关规定的受惠国。马里、尼日尔、尼日利亚和坦桑尼亚已获准为适用民族风格印花织物有关规定的受惠国。

除了对原优惠类别作了某些修订外，还对纺织品和服装的规定作了进一步修改，增加了以下新的一段：

第10类

使用完全在美国纺的纱线，完全在美国纺织成形的织物，在美国或者一个或多个撒哈拉以南非洲受惠国裁剪的部件，或者使用完全在美国纺的纱线，在美国或者一个或多个撒哈拉以南非洲受惠国针织成形的部件，使用美国产的缝纫线，

---

① 该法案第112条（b）（3）（c）（v）将利益方定义为“类似品或直接竞争商品的任何生产商；作为在美国生产、制造或销售类似品或直接竞争商品的产业代表的经认证的协会或者被认可的协会、集团或工人；代表类似品或直接竞争商品的生产商或销售商的贸易或商业协会；从事类似品或直接竞争商品主要原材料生产的生产商”。

② 在宣布有关决定前，总统必须听取相关咨询委员会和美国国际贸易委员会的建议，并且必须向众议院筹款委员会（House Ways and Means）和参议院财政委员会（Senate Finance Committee）报告并与其进行协商。总统授权《纺织品协定》执行委员会（CITA）确定此类纱线或织物是否得不到国内工业商业数量的及时供应。供应短缺的更新信息可访问 http://otexa.ita.doc.gov/default.htm.。

或者两者兼有，在一个或多个撒哈拉以南非洲受惠国缝制或拼接而成的服装[1]：享受免税和免配额待遇。

关于纺织品和服装规定的管理细则

如下文所阐析的那样，第 4 类和第 5 类必须面对总量上限和激增机制的问题。

第 4 类和第 5 类的服装进口受到总量上限的限制，应按“先到先得”的原则提供。

《纺织品协定》执行委员会有权执行《非洲增长与机遇法案》项下与纺织品和服装受惠相关的某些规定，其中包括以下内容：

- 对于使用原产于美国或受惠国的纱线在受惠国纺织的织物，在受惠国拼接而成的服装，确定其每年的进口总量上限。该法令允许受惠的欠发达国家使用第三国产的织物在受惠国拼接而成的服装获得优惠待遇，直到 2012 年 9 月 30 日为止；
- 确定纱线或织物得不到美国国内工业商业数量的及时供应，因而将享受优惠待遇的服装扩大到使用此类纱线或织物生产的服装（商业供应）；
- 确定符合享受优惠的条件的手工机织制品、手工制作制品、民俗纺织品或民族风格印花织物；此类产品可以免配额和免关税进口；
- 在符合享受优惠的条件的进口商品大量涌入，并对国内产业造成严重损害或威胁的情况下，有权决定实行“关税回调”；
- 确定美国生产商能否在美国按商业数量生产内衬，从而使包含国外内衬的纺织品不符合享受《非洲增长与机遇法案》优惠的条件；
- 确定出口商是否从事非法转运，并有权在五年内拒绝给予此类出口商优惠待遇。

区域内及第三国的总量上限

《非洲增长与机遇法案》对于使用区域内和第三国的织物制成的服装的进口，按进口到美国的所有服装的合计平方米当量（SMEs）的固定百分比加以限制。自 2006 年 10 月 1 日起，依据上述规定可以享受优惠待遇的进口总量，不得超过进口到美国的所有服装总量的 6.43675%。在上述总量当中，根据针对欠发达国家的特别规则进口的服装，其数量不得超过之前 12 个月内进口到美国的服装总量的 3.5%。

超过上述数量的服装将其按所适用的其他税率征税。免税的进口总量上限不在有关国家之间进行分配，而是根据“先到先得”的原则提供。欲知根据其上限确定的进口总量最新数据，请访问 http：//otexa. ita. doc. gov 网站并点击“AGOA”。

---

① 包括不是由纱线纺织的织物，只要此类织物归入《美国协调税则》（HTSUS）品目 5602 或 5603。

供应充足

《非洲增长与机遇法案》（四）规定了特别规则，用以确定织物或纱线能否在指定的撒哈拉以南非洲受惠国按商业数量（或称“供应充足”）进行生产，以便用于生产符合优惠条件的服装。《非洲增长与机遇法案》（四）规定，由美国国际贸易委员会作出此类决定。同时规定，自2006年10月1日起，3，000万平方米当量的粗斜纹棉布属于供应充足。受这些规则限制，某些服装可能被排除在《非洲增长与机遇法案》第三国受惠的范围之外。

商业可供性

对于使用在商业数量上得不到美国国内工业及时供应的纱线或织物生产的服装，《纺织品协定》执行委员会可以给予免税优惠。截止2007年4月，共有11项商业可供性申请获得批准，8项申请遭到拒绝。如想获得《非洲增长与机遇法案》项下免税待遇的产品的详细信息，请访问：http：//otexa. ita. doc. gov 并点击“Commercial Availability”。

此外，每年的总量上限填满后，产品仍然可以进口，但进口时将按正常贸易税率征税。特别需要指出的是，给予服装和纺织品优惠的规定对于某些国家①来说是至关重要的。这就意味着，传统上向美国出口服装的国家可能会占到总量上限的很大部分。

关于原产地规则和优惠类别的概述如表3.6所示。

针对纺织品和服装的其他特别规则

即使纺织品或服装含有外国原产的衣着零件或边饰，如果衣着零件或边饰②的价值不超过已拼接纺织品或服装部件成本的25%，该纺织品或服装仍然可以享受优惠待遇。衣着零件或边饰包括缝纫线、钩件和扣眼、摁扣、钮扣、领花结、装饰性花边、松紧带、拉链。松紧带只有当其宽度小于英寸并用于生产胸罩时，才被视为衣着零件或边饰。

在第三类和新的优惠类别，缝纫线不能视为衣着零件或边饰，因为第三类和新的优惠类别中明确规定，拼接服装和纺织品用的线必须是在美国纺制的，而不能是外国原产的。

---

① Craig Van Grasstek 在2002年6月为联合国贸易与发展会议草拟的《非洲增长与机遇法案：前期评估》中，对美国从南撒哈拉非洲进口商品关税待遇逐国进行了研究。

② 《非洲增长与机遇法案》第112条（d）（1）（A）。

表 3.6　原产地规则和贸易优惠类别概览

优惠贸易类别(概述)	纱	线	织物	针织成形部件	裁剪	缝制	拼接	待遇
1. 用美国产的纱在美国纺织和裁剪的织物或针织成形部件,在美国拼接而成的服装	美国		美国	美国	美国	SSA	SSA	免关税免配额
2. 用美国产的纱在美国纺织及裁剪的织物或针织成形部件拼接及进一步加工而成的服装	美国		美国	美国	美国	SSA	SSA	免关税免配额
3. 用在美国纺织的织物和在 SSA 裁剪的织物或者用美国产的纱针织成形部件,用美国产的线拼接而成的服装	美国	美国	美国	美国	SSA	SSA	SSA	免关税免配额
4. 用区域内产的织物或纱制成的服装	美国或 SSA		SSA	SSA			SSA 用无缝针织机在 SSA 拼接	在总量上限内免关税免配额
5. 用外国产的织物在欠发达国家拼接或针织成形的服装	外国		外国				SSA 欠发达国家	在总量上限内免关税免配额
6. 克什米尔羊绒衫:针织成形			SSA					免关税免配额
7. 美利奴羊毛衫:针织成形			SSA					免关税免配额
8. 用北美自由贸易区内供应短缺或在美国按商业数量无现货供应的织物或纱裁剪、缝制或拼接而成的服装	外国		外国		SSA	SSA	SSA	免关税免配额
9. 手工机织制品、手工制作制品、民俗风格制品 用美国和 SSA 产的部件在 SSA 拼接而成的新优惠类别/第 10 类商品	美国	美国	美国	美国和 SSA	SSA 和美国	SSA	SSA	免关税免配额 免关税免配额

(表中的 SSA 是指撒哈拉以南非洲受惠国——译者注)。

某些内衬①可以作为衣着零件和边饰享受免税待遇。所允许的内衬仅包括胸衬、"海毛"垫片、机织物或插入纬纱的经编织物制的袖山，以及动物粗毛或人造长丝制的袖山。即使服装和纺织品中含有外国原产的内衬，如果这些内衬（以及任何衣着零件和边饰）的价值不超过已拼接纺织品或服装部件成本的25%，该产品仍然可以享受优惠待遇。如果总统确定此类内衬在美国是按商业数量生产，总统应当终止这项安排。

依据《非洲增长与机遇法案》的微小含量规则②，服装或纺织品中含有不是完全在美国或者一个或多个撒哈拉以南非洲受惠国生产的纤维或纱线时，如果此类纤维或纱线的总重量不超过服装或纺织品总重量的7%，该服装或纺织品仍然可以享受优惠待遇。

（二）先前的《科托努伙伴关系协定》及现行《经济伙伴关系临时协定》中的原产地规则

《科托努伙伴关系协定》是以洛美的名义签署的一系列公约的最后一个（实际上有四个《洛美协定》）。它是欧共体与非加太（ACP）国家之间签订的一项契约性国际条约，执行至2008年1月1日为止。《科托努伙伴关系协定》是非加太国家与其前欧洲殖民者之间长期传统优惠关系的结果，始于1963年和1969年对法语国家的《雅温得公约》，以及1969年对肯尼亚、乌干达和坦桑尼亚的阿鲁沙协议。1975年，上述安排被并入欧共体的9个成员方与46个非加太国家之间签订的第一项《洛美协定》。基于双方在实施《洛美协定》（二）（1980－1985）、《洛美协定》（三）（1989－1990）及《洛美协定》（四）（1990－2000）期间所得到的经验，这种关系最终演变为科托努伙伴关系。

《科托努伙伴关系协定》所给予的贸易优惠与欧共体普惠制方案所给予的贸易优惠相重叠。这一状况概括如下：

"（a）欧共体普惠制方案给予包括非加太国家在内的发展中国家减税或免税待遇。

（b）欧共体普惠制方案规定，自2001年3月5日（《除武器以外的产品倡议》修正案生效之日）起，除了武器和军火外，无限期地给予原产于受惠的最不发达国家的所有产品免配额待遇，但对大米、糖和新鲜香蕉三种敏感产品设有特别规定（按特定的过渡期逐步消除关税）；以及

① 《非洲增长与机遇法案》第112条（d）（1）（B）。

② 《非洲增长与机遇法案》第112条（d）（2）。

（c）《非加太国家—欧共体科托努伙伴关系协定》[①]（CPA，《洛美协定》（四）的继任者）基本上将《洛美协定》（四）之前给予的优惠延期8年并稍有改进，执行至2008年为止[②]。"

目前，《科托努伙伴关系协定》已经失效，其对某些区域和国家的规定已为《经济伙伴关系临时协定》所取代。凡未签署《经济伙伴关系协定》的非加太国家，退回到表3.7所示的普惠制关税优惠水平。

尽管《科托努伙伴关系协定》已经失效，但其原产地规则的制度性安排仍然体现在《经济伙伴关系临时协定》当中。此外，《经济伙伴关系临时协定》把原产地规则谈判摆上了议事日程，作为接下来论及的欧共体原产地规则全面改革的一部分。有鉴于此，下面将对欧共体原产地规则的各种特点及其演变进行概述。事实上，可以从《洛美协定》和《科托努伙伴关系协定》中吸取大量的经验教训，这在拟订《经济伙伴关系协定》项下的原产地规则并就此进行谈判时是极其有用的。

（三）从先前的《洛美协定》、《科托努伙伴关系协定》到《经济伙伴协定》对非加太国家的贸易优惠

欧共体通过《除武器以外的产品倡议》之前的普惠制方案与《洛美协定》/《科托努伙伴关系协定》贸易体制给予非加太国家的关税优惠，两者之间的主要区别之一，是两种优惠安排的法律性质不同。普惠制是由工业化国家提供的一种单边、非互惠的非约束性赠予，旨在促进发展中国家的经济发展。《洛美协定》/《科托努伙伴关系协定》项下的优惠是对双方（一方是欧共体，另一方是非加太国家）有法律约束力的更广泛国际条约的组成部分。在这些国际条约中，欧共体承诺按约定确保给予非加太国家的产品非互惠的市场准入优惠条件，执行至2008年为止。为了使给予最不发达国家的《除武器以外的产品倡议》—普惠制优惠政策保持稳定，欧共体已经承诺，无限期维持对最不发达国家产品有利的特别优惠待遇，免除普惠制基本方案中针对此类优惠待遇的定期审议，也免除就后科托努协定下的此类优惠待遇进行谈判。

---

① 欧共体与78个非加太国家伙伴关系协定于2000年6月23日在贝宁科托努签订。因批准程序悬而未决，根据2000年7月27日非加太国家—欧共体部长理事会通过的第1/2000号决议所确定的模式，该协定于2000年8月2日开始临时实施（2000/483/EC，Official Journal L 195 of 1.8.2000，第46页）。

② 依据《科托努伙伴关系协定》，欧共体期望通过承诺实施《除武器以外的产品倡议》，"在多边贸易谈判结束之时（最迟于2005年），启动建基于第四项《非加太国家—欧共体协定》现有贸易规定水平之上的允许来自所有最不发达国家的基本上所有产品免税准入的程序。该程序将对适用于其出口产品的原产地规则（包括累积规定）加以简化并进行审议"。（《科托努伙伴关系协定》第37条第9款）

表 3.7 非加太国家在《经济伙伴关系临时协定》中的市场准入现状

区域	EPA（9个最不发达国家，26个非最不发达国家）	EBA（32个最不发达国家）	GSP（10个非最不发达国家）
东部和南部非洲	东非共同体（布隆迪、肯尼亚、卢旺达、坦桑尼亚、乌干达）、科摩罗、马达加斯加、毛里求斯、塞舌尔、津巴布韦	吉布提、厄立特里亚、埃塞俄比亚、马拉维、索马里、苏丹、赞比亚	
南部非洲发展共同体	博茨瓦纳、莱索托、纳米比亚、莫桑比克、斯威士兰、安哥拉		
加勒比海地区	安提瓜和巴布达、巴哈马、巴巴多斯、伯利兹，多米尼加、格林纳达、圭亚那、海地、牙买加、圣基茨和尼维斯、圣卢西亚、圣文森特和格林纳达、苏里南、特立尼达和多巴哥		
中部非洲	喀麦隆	中非共和国、刚果民主共和国、乍得、赤道几内亚、圣多美	加蓬、刚果共和国
太平洋地区	巴布亚新几内亚、斐济	东帝汶、基里巴斯、萨摩亚、所罗门群岛、图瓦卢、瓦努阿图	库克群岛、汤加、马绍尔群岛、纽埃岛、密克罗尼西亚、帕劳、瑙鲁
西部非洲	科特迪瓦、加纳	贝宁、布基纳法索、佛得角、冈比亚、几内亚、几内亚比绍、利比里亚、马里、毛里塔尼亚、尼日尔、塞内加尔、塞拉利昂、多哥	尼日利亚

注：本表所示的是截至2008年6月的状况。

《科托努伙伴关系协定》到期时，许多非加太国家已经加入了《经济伙伴关系临时协定》（如表3.7所示）。《经济伙伴关系临时协定》由一个总文本和市场准入减让附件组成。但是，《经济伙伴关系临时协定》包含了在上述地区继续进行谈判的既定谈判议程，旨在像加勒比海论坛国家那样，达成全面的《经济伙伴关系协定》。对于那些已经在东部和南部非洲集团领导下展开谈判的国家，《经济伙伴关系临时协定》第3条同样承诺：

● 在已提建议的基础上，设定进一步进行货物贸易谈判的框架、范围和原则（包括原产地规则、贸易保护工具、海关合作与贸易便利化、卫生与植物检疫措施、贸易和农业技术壁垒）；

● 设定可能在《科托努伙伴关系协定》已经确定的包括服务贸易、贸易相关议题在内的其他议题方面（包括竞争政策、知识产权保护、标准化及认证、卫生与植物检疫措施、贸易与环境、贸易与劳工标准、消费者政策与保护消费者健康，以及税收分拆条款），以及双方共同关心的任何其他领域进行谈判的框架和范围。

第53条（约会条款）明确规定，缔约各方商定依据第3条的规定继续进行谈判，以期达成涵盖下列领域的全面广泛的《经济伙伴关系协定》：

“（a）海关与贸易便利化；

（b）贸易与市场准入方面的突出问题（包括原产地规则及其他相关问题）和贸易防御措施（包括最外围区域的贸易防御措施）；

（c）贸易技术壁垒及卫生与植物检疫措施；

（d）服务贸易；

（e）与贸易有关的问题，即：

（ⅰ）竞争政策；

（ⅱ）投资与私营企业发展；

（ⅲ）贸易、环境与可持续发展；

（ⅳ）知识产权；

（ⅴ）政府采购的透明度；

（f）农业；

（g）经常项目支付和资本项目支付；

（h）发展问题；

（i）税务和司法领域良好治理的合作与对话；

（j）详密的争端解决机制、制度安排；以及

（k）依据《科托努伙伴关系协定》第12条的规定，缔约各方认为有必要进行谈判（包括磋商）的任何其他领域。”

与先前的《洛美协定》一样，《科托努伙伴关系协定》和现行的《经济伙伴关系临时协定》中所包含的原产地规则非常相似；但在《经济伙伴关系临时协定》中也出现了许多实质性变化，下面将就此进行介绍。

（四）先前的《科托努伙伴关系协定》中的原产地规则、累积及豁免程序

欧共体普惠制与现行《除武器以外的产品倡议》项下的原产地规则之间的一个主要区别是，依据《〈伙伴关系协定〉第一议定书》第2条和第6条，《科托努伙伴关系协定》在所有非加太国家与欧共体和海外国家及领土（OCTs）中实行完全累积：

“《科托努伙伴关系协定》第2条

总体要求

1. 为实施附件5的贸易合作规定，以下产品应当视为原产于非加太国家：

（a）本议定书第3条所指的在非加太国家完全获得的产品；

（b）本议定书第4条所指的在非加太国家与不是在非加太国家完全获得的材料组合而成的产品，只要此类材料在非加太国家经过充分制造或加工。

2. 为实施第1款的规定，在非加太国家境内应当视为在同一境内。

使用在两个或多个非加太国家完全获得或者充分制造或加工的材料制成的原产产品，应当视为原产于进行最后制造或加工的非加太国家的产品，只要在非加太国家进行的制造或加工超出了本议定书第5条所述的制造或加工的范围。”

此外，《科托努伙伴关系协定》还包含了详细规定，以便对非加太国家与南非和其他邻近国家的累积进行管理。

与南非的累积

与南非的累积有诸多苛刻限制。首先，这种累积属于部分累积，因为“依据第4款、第5款、第6款、第7款及第8款的规定，当原产于南非的材料在非加太国家成为产品的一部分时，这些材料应当视为原产于非加太国家”。所称“原产材料”明确地对累积的范围作了限定，仅允许部分累积。其次，只有当在非加太国家实现的增加值超过了所使用的原产于南非的材料价值时，作为累积对象的产品才能继续视为原产于非加太国家的产品。否则，有关产品应当视为原产于南非。

举例：原产于南非的棉织物（HS 第52章）在毛里求斯被制成衣服（HS 第62章）。如果在毛里求斯实现的增加值超过了棉织物的价值，这些衣服可视为原产于毛里求斯。

再次，《欧共体与南非贸易、发展与合作协定》临时实施三年后，累积规则才能适用于附件11所列的产品；该协定临时实施六年后，累积规则才能适用于附件12所列的产品。第3款的累积规则不适用于附件13所列的产品。

《科托努伙伴关系协定》附件11将近70页，所列产品包含了8位数税目的产品，所涉及的产品包括化学品、矿产品、纺织品、皮革及电子产品。附件12主要包括纺织品、服装及钢铁制品。附件13涉及汽车、水果及蔬菜。

应非加太国家的请求，对原产地规则的具体豁免可适用于附件11及附件12所列的产品。非加太国家—欧共体大使委员会应当根据非加太国家—欧共体海关合作委员会所起草的报告，对非加太国家的请求所述的逐项产品作出决定。

《欧共体与南非贸易、发展与合作协定》框架下的渔产品关税消除后，累积规则可适用于这些产品。

最后，只有在运用与本议定书所述规定相同的原产地规则确定所使用的南非材料获得了原产产品资格时，累积规则才能适用。

作为部分累积的例外，依据第6条第9款的规定，可以在南部非洲关税同盟（SACU）国家进行完全累积：“在不损害第5款及第7款的情况下，如果这些材料在南部非洲关税同盟的另一成员方经过后续制造或加工，在南非进行的制造或加工应当视为在南部非洲关税同盟的该成员方进行的制造或加工。”

举例：将澳大利亚的羊毛纱线（《协调制度》第51章）进口到南非，并在南非纺成织物（HS 品目5111）。随后将这些织物运往纳米比亚，在纳米比亚缝制成衣服（《协调制度》第62章）。归入第62章的衣服如果是从纱线开始生产的，那么这些衣服可视为原产产品。如果在南部非洲关税同盟的所有成员方进行的加工均纳入考虑范围，那么这些衣服是符合要求的。因此，这些衣服可视为原产于纳米比亚。

最后，在区域经济一体化协议的范围内，如果这些材料在某一非加太国家经过后续制造或加工，应非加太国家的请求，在南非进行的加工可视为在非加太国家进行的加工。

与邻近国家的累积

应非加太国家的请求，除了非加太国家之外，在地理上与其连成一体的邻近发展中国家原产的材料在非加太国家成为产品的一部分时，这些材料应当视为非加太国家原产的材料。

部分累积受到一系列限制：

● 在非加太国家进行的制造或加工要超出微小加工的范围。此外，《协调制度》第50章至第63章中的产品在非加太国家经过制造或加工后，至少使得制成品所归入的品目不同于其生产过程中所使用的非加太国家以外的发展中国家原产的材料所归入的品目。

● 对于本议定书附件9所列的产品，不论其是否发生了品目改变（该清单所含的某些纺织品必须在非加太国家经过特定的制造或加工），只能适用第3栏所列的特定加工工序。

● 非加太国家、欧共体及其他有关国家要就建立有效的管理程序达成协议，以确保本款规定的正确实施。

这一规定不适用于归入《协调制度》第3章或第16章的金枪鱼产品、归入HS品目1006的大米产品或本议定书项下原产地规则附件10所列的纺织品。

《关于累积的联合声明》（附件86）对邻近国家这一含糊表述作了限定：

“为了实施第一议定书第6条（5）项的规定，缔约各方同意采用以下定义：

发展中国家：由经济合作与发展组织（OECD）发展援助委员会所列的任何发展中国家和南非，高收入国家（HIC）和按现行价格计算1992年的国民生产总值（GNP）超过1,000亿美元的国家除外；

所称‘在地理上与其连成一体的邻近发展中国家’是指下列国家：

● 非洲：阿尔及利亚、埃及、利比亚、摩洛哥、突尼斯；

● 加勒比海地区：哥伦比亚、哥斯达黎加、古巴、萨尔瓦多、危地马拉、洪都拉斯、尼加拉瓜、巴拿马、委内瑞拉；

● 大洋洲地区：瑙鲁”

《科托努伙伴关系协定》项下的豁免程序

如同先前的《洛美协定》（四），《科托努伙伴关系协定》规定在具体情况和特定条件下允许一般原产地规则豁免的特别程序①。

多年来，人们注意到，先前的《洛美协定》所包含的原产地规则可能对当地产业的发展起到了限制作用。特别是在非加太国家，其产业发展水平一般较低，通过进口半成品材料生产高价值制成品，对于非加太地区的发展依然是至关重要的。有鉴于此，针对非加太国家实施的原产地规则的有关规定会导致这些规定的目标受挫。为了避免出现这种情况，在第三个《洛美协定》中加入了一项原产地标准的豁免程序。但是，由于这一问题日趋重要，《洛美协定》（四）对整个程序进行了修订，后来又将其并入《科托努伙伴关系协定》，以便更好地对其进行管理，并作出具体规定，以利于其实施。

更具体地说，当发展现有产业或者创建新的产业具有正当理由时，对原产地标准的豁免是有可能被海关合作委员会（依据经修订的第一议定书第 30 条而设立）采纳的。非加太国家必须向海关合作委员会提出原产地规则豁免的书面申请，并向欧共体通报。

为便于海关合作委员会对这些申请进行审查，非加太国家必须通过《科托努伙伴关系协定》第一议定书附件 11 中的随附表格，提供尽可能全面的信息，特别要涵盖下列内容：

● 最终产品的品名；

● 第三国原产材料的属性和数量；

● 原产于非加太国家、欧共体、或者海外国家及领土，或者在上述国家经过加工的材料的属性和数量；

● 生产过程；

● 增加值；

● 有关企业雇员的数量；

● 预期向欧共体出口量；

● 原材料供应的其他来源；

● 为寻找新的供应来源而提出原产地规则豁免期限的理由；

● 其他意见。

同一规则也适用于任何延期请求。

---

① 以下豁免曾经生效：来自纳米比亚的聚酯棉纱线（欧盟《官方公报》L123，2001 年 5 月 4 日，第 29 页），有效期到 2006 年 2 月 28 日为止；来自斐济的纺织品（欧盟《官方公报》L123，2001 年 5 月 4 日，第 31 页），有效期到 2006 年 3 月 31 日为止；来自斯威士兰的包芯纱线（欧盟《官方公报》L144，2001 年 5 月 30 日，第 35 页），有效期到 2006 年 3 月 31 日为止；来自佛得角的男衬衫（欧盟《官方公报》L48，2005 年 2 月 19 日，第 43 页），有效期到 2007 年 12 月 31 日为止；来自所有非加太国家的保藏金枪鱼和金枪鱼腰肉（欧盟《官方公报》L61，2005 年 3 月 8 日，第 48 页），有效期到 2007 年 12 月 31 日为止。

对请求的审查应当考虑：

（1）非加太国家或有关国家的发展水平或地理位置；

（2）现行原产地规则的实施将对非加太国家现有产业继续向共同体出口的能力造成重大影响的情况；

（3）能够清楚证明原产地规则使某一产业的重大投资受阻，以及对原产地规则的豁免有利于投资计划的实现，能够使这些规则分阶段得到满足的具体情况。

在有关非加太国家所使用的非原产产品的增加值至少达到最终产品价值的45%，即可允许原产地规则豁免，只要这种豁免不会对共同体或者一个或多个成员方的经济造成严重损害。

应请求，金枪鱼罐头在4,000吨的年度配额以内，金枪鱼腰肉罐头在500吨的年度配额以内，将自动允许原产地规则豁免。此类豁免申请必须由非加太国家根据上述配额提出并提交海关合作委员会，并以决议形式使其生效。

期望从货物原产地概念的定义中获准原产地规则豁免的非加太国家的各个出口商，不应直接与欧共体交涉，而应通过其政府主管部门提出豁免原产地规则豁免的申请。

按规定，有关非加太国家（适当时包括有关海外国家和领土）的主管部门，应当通过标准化的申请表格（确保提供支持该项请求的尽可能全面的信息）向驻在当地的欧共体代表团——随后将通知欧共体——提交原产地规则豁免的请求，并对该项请求的理由作出说明。

《洛美协定》（四）第一议定书第31条设定了对原产地规则豁免的请求作出决定所应当遵循的程序规则。1990年10月8日发布的欧洲理事会第90/523/EEC号①决议就此作出了更为详细的规定。

根据第一议定书第31条的规定，此类原产地规则豁免的申请应当提交非加太国家—欧共体海关合作委员会，由该委员会负责对请求进行审查。对于非加太国家所提出的所有请求，只要依据《科托努伙伴关系协定》第一议定书的有关规定证明这些请求是适当的，并且这些请求不会对已经建立的共同体产业造成严重损害，欧共体均应予以积极回应。海关合作委员会已经采取必要步骤，以确保在任何情况下，海关合作委员会欧方共同主席在收到请求后的60个工作日内尽快作出决定。在此期限内，欧共体未就其对该项请求的立场通知非加太国家的，视同该项请求已被接受。

海关合作委员会决定准许的对原产地规则的豁免，在一定期限内——通常为五年——有效。

但是，上述委员会决议所设定的程序规则与先前的《洛美协定》第一议定书

---

① 欧共体《官方公报》，L290（1990）。

第31条所设定的程序规则并不完全匹配。欧洲理事会第90/523/EEC号①决议第1条（关于《洛美协定》（四）第一议定书中所列的原产地规则豁免的程序）指明由欧委会作出原产地规则豁免的决定：

对于非加太国家针对《非加太国家—欧共体协定》第一议定书的原产地规则所提出的原产地规则豁免请求，欧委会应当按照第2条所设定的程序采取共同立场。

欧委会代表应当在海关合作委员会欧方共同主席收到原产地规则豁免请求后的20个工作日内，向原产地委员会②提交一份共同立场草案。原产地委员会应当在主席规定的时限内，根据有关事项的紧急程度，对该草案发表意见（第90/523/1990号决议第2条第1款）。欧委会应当采取共同立场并及时知会非加太国家（第2条第2款）。

欧共体应当在60个工作日内对原产地规则豁免请求作出决定。届时未作出决定的，视同该项请求已被接受。该期限自原产地委员会主席收到符合形式要求的请求后开始计算。

非加太国家提出豁免原产地规则的申请时，必须提供支持其请求的尽可能全面的信息，以便原产地委员会和欧委会权衡利弊，决定接受或者拒绝该项请求。但这并不意味着，为便于上述期限开始计算，应当证明这些请求是适当的，因为符合形式要求已经足够了。权衡利弊则另当别论。

（五）《经济伙伴关系临时协定》及《欧盟与加勒比海论坛国家经济伙伴关系协定》中的原产地规则

《经济伙伴关系临时协定》和全面《欧盟与加勒比海论坛国家经济伙伴关系协定》中的原产地规则，与《科托努伙伴关系协定》项下的原产地规则，两者之间没有本质区别。尽管欧共体已宣布对原产地规则进行改革，而非加太国家则雄心勃勃地要对这些原产地规则进行审议，但双方应当认识到，通过谈判达成一项新的原产地规则议定书，时间过于仓促。

这并不意味着原产地规则的档案资料已被封存。所有《经济伙伴关系临时协定》均包含了以下条款：

在本协定生效的头三年内，缔约方应当对本议定书的条款进行审议，以进一步对确定原产地的概念和方法加以简化。在审议中，缔约方应当考虑到技术发展、生产过程和所有其他因素，包括正在进行的原产地规则改革，其中有可能需

---

① 欧共体《官方公报》，L290（1990）。

② 参见1968年6月27日发布的关于货物原产地规则概念共同定义的欧洲理事会条例第802/68号，欧共体《官方公报》，L148（1968），最后经1769/89号条例修订，欧共体《官方公报》，L174（1989）。

要对本议定书的条款进行修改。任何修改均应由第 93 条所规定的联合理事会作出决定。(摘自《南部非洲发展共同体经济伙伴关系协定》第 29 条)

因此，正如本书第五章将更为广泛地论述到的，现行的《经济伙伴关系临时协定》中的原产地规则还可能会受到重新审议。

《经济伙伴关系协定》项下的原产地规则尽管与《科托努伙伴关系协定》项下的原产地规则相似，但两者之间仍有许多不同之处：《经济伙伴关系协定》关于原产地规则的临时议定书是建基于《科托努伙伴关系协定》项下原产地规则的既存典章制度之上的。

尽管《经济伙伴关系协定》项下的临时原产地规则与《科托努伙伴关系协定》项下的原产地规则相似，但两者之间仍有差异。其不同点概述如下：

“(a) 优于科托努的规定 (Cotonou plus)：这是指对服装 (一次性改变)、鱼类 (非原产材料占 15% 的份额，尽管还未检验过此项规则如何付诸实施) 原产地的修改。对于农产品，则有可能选择采用某些产品特定原产地规则 (参见 2008 年 7 月公布的西非国家经济共同体草案)。在撰写本书时，无法进一步对各项《经济伙伴关系临时协定》与加勒比海论坛《经济伙伴关系协定》之间的差异进行分析，尽管某些差异已在后者中 (尤其是在某些产品特定规则中) 有所反映。

(b) 次于科托努的规定 (Cotonou minus)：这是指有损《科托努伙伴关系协定》既存典章制度的条款。特别是，允许进行累积的规则受到一系列条件的限制，而这些条件在《科托努伙伴关系协定》文本中是没有的。同时，一系列处罚和行政管理规定也被引入其中，以应对无法开展行政合作的情况。

(c) 科托努维持现状 (status quo)：这是指虽然非加太国家长期以来期望改变，但是原产地规则的条款和产品特定原产地规则没有实质性变化。这涉及与南非的累积限制、原产地规则豁免的程序、产品特定规则 (尤其是针对鱼类产品的规则) 的普遍减少。”

最有效的创新是废除了《协调制度》第 61 章和第 62 章中的双重改变标准，代之以单一改变标准，以允许使用进口织物。

此外，还对鱼类及鱼类产品的原产地规则进行了修改，纳入允许进口产品占有 15% 份额的规定，如下所示：

品目 1604 和 1605 的鱼类制品：生产过程中所使用的第 3 章的任何材料的价值不超过产品出厂价格的 15%。

品目 0304 至 0307 的鱼片、甲壳动物和软体动物：生产过程中所使用的第 3 章的任何材料的价值不超过产品出厂价格的 15%。

上述有限自由化的影响是难以量化的，因为经营者也许难以遵守诸如符合这些原产地要求所需的会计分离等行政管理规定。

《科托努伙伴关系协定》的其他变化与完全获得的定义相关，其中与船员国籍、船舶所有权、船舶租赁有关的许多要求已经减少：

“（a）船员要求：船员中应当含有50%的协定缔约方国民的要求已被删除。对租赁船舶的类似要求也已被废止。但是，这一改革并不是在所有方面都给非加太国家带来实惠，特别是在西非，其国民一般在欧共体的船舶上工作，因为他们有技术专长，而他们的劳动力又比欧共体的劳动力便宜。不过，对于与欧共体订有《渔业伙伴关系协定》（FPAs）的岛国和沿海非加太国家，对使用船员的国籍要求仍可写入这些协定。

（b）船舶所有权：符合条件的船舶在其定义上仍然要求悬挂协定一方国旗并在该国注册。协定缔约方的国民拥有50%所有权的规定仍予以保留。但是，对于公司所有权的选择性方案，现在仅仅要求‘其总部和……主要营业场所’在某一欧共体成员方或《经济伙伴关系协定》缔约国（无需董事长和董事会成员必须是国民的附加要件）。

（c）船舶租赁：组建和发展一支渔业船队，是一项资本密集型业务，这是非加太国家力所不能及的。因此，《洛美协定》（四）及后来的《科托努伙伴关系协定》规定，如果非加太国家提议就渔业协议进行谈判而遭到欧共体拒绝，此时，欧共体有可能会把租赁船舶认同为非加太国家的船舶。对船员所要求的许多条件仍然适用。此项规定生效后十多年来，人们还未对其使用和价值做过评估。《经济伙伴关系临时协定》规定，非加太《经济伙伴关系协定》缔约国经营者租赁的船舶被视为‘其船舶’，以便其在专属经济区内从事渔业活动，只要该租赁协议（欧方的经营者在其中具有优先承租权）已为海关合作与贸易便利特别委员会所接受。这就为提出请求的《经济伙伴关系协定》非加太缔约国提升渔业能力提供了充分的机会，尤其是赋予了这些《经济伙伴关系协定》非加太缔约国在租赁船舶方面的航海及商业责任。”

现在，只要欧共体拒绝租赁船舶就足够了，无需应邀参加谈判而又拒绝达成一项渔业协议。因此，其中的差异是相当明显的。

在《经济伙伴关系协定》渔业谈判中，欧共体原产地规则中的最重大创新是为太平洋国家归入品目1604和1605的某些加工鱼类产品设置了“全球采购”规则。协议的文本如下：

“在该国使用第3章的非原产材料生产的品目1604和1605的加工鱼类产品，应当视为经过充分制造或加工［第一议定书，第7条（6）（a）项］。”

换言之，不论这些鱼是在哪里捕捞的，也不论船旗、注册或所有权的状况如何：只要这些鱼是由新鲜鱼或冰冻鱼（归入《协调制度》第3章）变为包装、罐装等鱼产品（归入HS品目1604和1605），这些鱼就是原产的。

大体上，在所有《经济伙伴关系临时协定》及加勒比海论坛的全面《经济伙伴关系协定》中，都加入了许多规定，以加强行政合作，并强化累积规则实施上的一系列义务。这些变化让人回想起2007年的《行政管理合作协定》（将在本书第六章论及），使其累积管理制度与泛欧原产地规则中的累积管理制度相一致。

现在，将暂时中止优惠待遇的处罚制度与无法开展原产地行政合作相挂钩。南部非洲发展共同体《经济伙伴关系临时协定》第2条（g）项规定：

“缔约各方还同意进行合作，以确保建立必要的组织机构，使主管部门能够及时有效地对协助请求做出回应。

3. 在本条中，并且在不损害第二议定书第9条的情况下，无法开展行政合作主要是指：

（a）一再不履行第一议定书第34条所规定的对有关产品的原产资格进行核查的义务；

（b）一再拒绝或无故拖延依照第一议定书第34条的规定对原产地证件进行后续核查以及/或者通报核查结果；

（c）一再拒绝或无故拖延获得授权，以执行行政合作使命，依照第二议定书第7条的规定对给予优惠待遇有关的文件的真实性和信息准确性进行核查。

4. 在本条中，特别是当货物进口猛增，超过了根据涉及不正常情况或瞒骗的客观信息所掌握的另一缔约方的正常生产水平和出口能力，而又无法给出合法解释时，即可认定为存在不正常情况或瞒骗。

5. 当缔约一方或南部非洲发展共同体《经济伙伴关系协定》国家（视情况而定）依据客观信息认定对方未开展行政合作，以及/或者存在不正常情况或瞒骗时，在特殊情况下，有关缔约方可以依照本条规定，暂时中止有关产品及具体原产地的相关优惠待遇。”（摘自南部非洲发展共同体《经济伙伴关系协定》文本）

这一条款或类似规定在《科托努伙伴关系协定》或先前的《洛美协定》中根本不存在，显示出欧共体要求非加太国家拥有原产地规则有效管理能力的立场明显趋于强硬。

如下面的南部非洲发展共同体《经济伙伴关系协定》第4条所示，在非加太国家之间的完全累积规则在《经济伙伴关系临时协定》和加勒比海论坛《经济伙伴关系协定》中得到了保留，但必须满足诸多管理要求。下面的南部非洲发展共同体《经济伙伴关系协定》第4条第4款规定，在非加太国家进行的制造或加工可以累积。但是，同一条款的第6段对累积规则的实施设置了诸多管理规定，其中包括有关非加太国家之间必须签订行政合作协议。此类协议有何意味，内容如何，不得而知。最后，依据第6款（c）项的规定，还需把此类协议通报欧委会。

这些条件均未包含在先前的《科托努伙伴关系协定》中。尽管有人会认为，在新体制下这些管理要求是有必要的，但是，毫无疑问，在原产地规则议定书的执行能力方面，其对非加太国家的要求提高了。再者，除了将这些负担转嫁给非加太国家之外，还应探讨其他解决办法。

最后，第7款对与南非的累积范围作了限制：

“南部非洲发展共同体《经济伙伴关系协定》第4条——累积规则

1. 在不损害第2条（2）项规定的情况下，如果在南部非洲发展共同体《经济伙伴关系协定》项下一国获得的产品，包含了原产于欧共体、其他非加太国家、海外国家和领土或南部非洲发展共同体《经济伙伴关系协定》项下其他国家的材料，这些产品应当视为原产于南部非洲发展共同体《经济伙伴关系协定》国家，只要它们在这些国家进行了第7条所指作业以外的制造或加工。此类材料无需经过充分制造或加工。

2. 如果在南部非洲发展共同体《经济伙伴关系协定》国家进行的制造或加工未超出第7条所指处理的范围，只有在该国实现的增加值大于所使用的第1款所指的其他任何一个国家或领土原产的材料价值时，所制得的产品才能视为原产于该国。否则，所制得的产品应当视为原产于在该国生产过程中所使用的原产材料中所占价值最高者的国家或领土。

3. 原产于本条第1款和第2款所指的其中一个国家或领土，在南部非洲发展共同体《经济伙伴关系协定》国家未经任何制造或加工的产品，出口到其中一个国家或领土的，其原产地保持不变。

4. 为了执行第2条（2）（b）项的规定，所制得的产品在某一南部非洲发展共同体《经济伙伴关系协定》国家进行后续制造或加工时，在欧共体、南部非洲发展共同体《经济伙伴关系协定》项下其他国家、其他非加太国家或者海外国家和领土进行的制造或加工，应当视为在该国进行的制造或加工。依照这一规定，在两个或多个国家或领土制得的原产产品，只有在南部非洲发展共同体《经济伙伴关系协定》国家进行了超出第7条所指处理的制造或加工时，它们才能视为原产于该国。

5. 如果在南部非洲发展共同体《经济伙伴关系协定》国家进行的制造或加工未超出第7条所指作业的范围，只有在该国实现的增加值大于所使用的第4款所指的其他任何一个国家或领土原产材料的价值时，所制得的产品才能视为原产于该国。否则，所制得的产品应当视为原产于在该国生产过程中所使用的原产材料中价值最高者的国家或领土。

6. 本条中的累积仅适用于：

(a) 获得原产资格所涉及的国家，以及达成关于确保正确执行本条规定的行政合作协议的目的地国家；

(b) 通过实施本议定书项下同一原产地规则获得原产资格的材料和产品；

（c）南部非洲发展共同体《经济伙伴关系协定》国家应当通过欧委会向欧共体提供与本条所述其他国家或领土达成的行政合作协议的详细资料。欧委会应当在欧盟《官方公报》（C 系列）上，南部非洲发展共同体《经济伙伴关系协定》国家应当根据其各自程序，将本条的累积规则可适用于本条所列的国家或领土（在其满足所需要求后）的日期予以公布。

7. 本条的累积规则不适用于附件 9 所列产品。尽管如此，只有在生产此类产品所使用的材料是原产材料，或者此类产品是在南部非洲发展共同体《经济伙伴关系协定》国家或《经济伙伴关系协定》的另一非加太国家进行制造或加工时，本条的累积规则才能分别在 2015 年 10 月 1 日之后适用于附件 9 所列产品，在 2010 年 1 月 1 日之后适用于品目 1006 的大米。

8. 本条不适用于附件 10 中原产于南非的产品。自附件 11 第 3 栏所述之日起，本条的累积适用于该附件 11 中原产于南非的产品。”

原产地规则议定书第 31 条进一步强调加强行政合作的承诺，从而使能否获得优惠待遇有赖于下列管理要求的执行：

“南部非洲发展共同体—欧共体《经济伙伴关系协定》受惠产品的管理条件

1. 在本议定书的范围内，原产于南部非洲发展共同体《经济伙伴关系协定》国家或欧共体的产品，只有在出口国符合第 2 款所述规定之日或之后出口的条件下，才能在向海关申报进口时享受南部非洲发展共同体—欧共体《经济伙伴关系协定》项下的优惠。

2. 南部非洲发展共同体《经济伙伴关系协定》国家和欧共体应当保证把下列措施落实到位：

（a）执行和实施本议定书规定的规则和程序所需的全国性和区域性安排，必要时包括实施第 3 条及第 4 条（累积）的安排；

（b）建立对产品的原产地进行妥善管理和监督所需的行政组织机构和制度，并遵守本议定书规定的其他条件。

有关部门应当按第 32 条的规定予以通报。”

需再次说明的是，这些条件均未包含在先前的《科托努伙伴关系协定》当中。

（六）欧委会关于 2009 年起实施的普惠制项下新原产地规则的最新建议［国内税与关税同盟总司（欧委会）（TAXUD）2007 年第 2046 号文件］

与欧共体在原产地规则方面的传统政策相比，该提案中包含了许多引人注目的变化。首先，在现行方案中，建议采用平行的跨境百分比标准取代沿用了 30 多年的产品特定原产地规则。对最不发达国家实行 30% 的百分比标准，对发展中国家实行 50% 的百分比标准。其次，在管理程序、核查要求及行政合作上，将基于认证机构的管理制度改为基于出口商的管理制度。此外，如不遵守这些新的管理规定，将中止给予普惠制项下的关税优惠。在 2007 年底举行的欧共体海关委员会第一次会议上，这一提案在许多方面遭到了欧共体成员方的广泛批评。

百分比标准

根据这一提案，新的原产地规则将采用跨境百分比标准，辅之以针对具体产品的若干额外要求。根据欧委会提出的草案，这一方法简单、灵活和透明。但是，对于农产品或渔产品等某些具体产品，需要满足额外的或者不同的条件，以便通过鼓励持续使用在有关受惠国完全获得的材料，支持该国发展。

草案中并未明确满足百分比标准的公式定义，但对公式分子和分母的定义明确如下：

出厂价格的50%（最不发达国家为30%）的充分加工临界值：

“充分加工临界值”是指将其生产过程视为充分制造或加工，并赋予产品原产资格所需的最低当地价值成分，以出厂价格的百分比表示；出厂价格是指产品出厂时向进行最后的制造或加工的生产者支付的价格，只要该价格包括所使用的所有材料的价值，减去产品出口时退还或应当退还的任何国内税；当地价值成分是指在受惠国实现的增加值，即出厂价格与所使用的非原产材料的价值之间的差额，以出厂价格的百分比表示，可以用下列公式表示：

$$\frac{\text{出厂价格} - \text{VNM}}{\text{出厂价格}} \times 100\% \geqslant 30\%$$

其中，VNM 是指非原产材料的价值。

据欧委会某些官员称，之所以采用跨境百分比标准，其中一个原因是为了阻止欧共体的说客以产品特定规则为基础进行谈判的倾向。人们认为，产品特定规则的谈判将会使欧共体的原产地规则改革难以进行且浪费时间。绿皮书公布三年多以后，在撰写本书时，改革仍悄无声息。回顾以往，这一声明令人相当困惑。再者，欧共体如何对不同部门的临界值水平进行测评，也是不明确的。尽管欧委会坚持认为已在布鲁塞尔就此进行了磋商，但很显然，欧共体没有就此与发展中国家以及/或者驻在发展中国家的生产者及出口商或者最不发达国家进行协商。在第一次内部会议上①，欧洲的商业联合会（尤其是渔业、纺织品及服装业）对采用跨境百分比标准表示不满。许多欧共体成员方对采用增值百分比标准表示质疑，因为，与其说它简化了原产地标准，不如说它使原产地标准更加复杂化。

从技术层面看，可以肯定地说，在诸如化学品、钢制品等某些部门，百分比标准并不是一种最佳规则。在纺织品和服装部门，也会有人这么说。

---

① 参见 2007 年 11 月 20 日海关合作委员会原产地工作组报告，TAXUD/C5/ADL/RLD（2007）cr/16。原始草案参见税务与海关同盟总司 2007 年第 2046 号文件。

经注册的出口商

该提案包括一项以经注册的出口商数据库为基础的原产地规则管理新制度。出口商应当在受惠国的主管机构注册，以便于出口后的布控管理。应当承认，这样一套注册制度不可能一蹴而就，同时，还要考虑到受惠国建立和管理这套制度的能力，因此，2012 年之前应当设定一个过渡期。2012 年之后，欧共体将根据该提案推出这套出口商注册制度。

根据这套新制度，只有经注册的出口商才有权出具享受优惠关税待遇的原产地声明。这就意味着将不再需要原产地证书，但受惠国的认证机构将有权指定经注册的出口商。

进行注册时，出口商必须依表格向受惠国的主管机构提出申请。该表格填写齐全后，主管机构才能受理申请。

在对货物进行申报进入欧共体境内自由流通之前，申请人应当注意确保货物符合这些规则，特别是：（a）对申请注册出具有关货物原产地声明的出口商及原产地声明上所包含的所有相关信息进行审核；以及（b）必要时，要求出口商就所申报的货物符合享受优惠待遇的条件作出书面确认。

在此提出一些初步的想法。总体上，这一出口商注册制度一旦与加强行政合作的义务相结合，将把部分原产地规则的管理责任转嫁到受惠国头上。对经注册的出口商的数据库进行管理，同时回应欧共体的质询和核查，这些工作将主要由受惠国负责。

一些出口商会积极考虑这套制度的做法，因为仅需定期对原产地及相关证件进行审核，而无需对每批货物进行审核。一旦出现问题，出口商可以直接与欧共体的进口商进行交涉。毫无疑问，这套制度对常规出口商有利，但对偶尔才出口一次的中小企业不利。

更多的方面将有赖于受惠国认证机构维护数据库并帮助商界适应这一新制度的能力。

第二节　自由贸易区的契约性原产地规则

毋庸置疑，原产地规则在区域经济一体化方案中处于核心地位，因为这些规则可确保优惠的市场准入仅给予在该区域内真正发生了“实质性改变”的货物，而不是给予在其他地方生产并简单地从参与区域经济一体化方案的其中一国转运而来的货物。没有原产地规则，就不可能对来自第三国的进口货物加以区别对待，区域一体化的重要性就会大打折扣。

自由贸易区内之所以有原产地规则存在，主要是基于对贸易偏转的专注。在自由贸易区内，各国均保留其各自对区域外贸易伙伴的外部关税和商业政策。其针对第三国的关税和商业政策各不相同，这就往往会诱使人们通过进口制度和关税最为宽松的国家进口货物。在此情况下，进口商或生产商就会对货物进行微小加工，最后向高关税国家复出口。简言之，这种做法等同于关税规避。

贸易偏转本身并不具有负面的经济效应。事实上，从经济角度看，贸易偏转被认为等同于降低了自由贸易区内高关税国家的关税，从而有利于提高经济效益。尽管如此，贸易偏转仍然被认为是一种消极现象，因为这并不符合自由贸易区缔约各方的目标。最终，贸易偏转会将原来的自由贸易区转变为关税同盟，其外部关税实际上是由实施低关税的国家所决定，由此将偏离缔约各方的初衷。

传统上，对付贸易偏转的“灵丹妙药”就是采用严格的原产地规则。但是，原产地规则越严格，贸易转移就越普遍，因为，这会驱使自由贸易区内的生产商购买该区域内原产的中间材料，尽管这些原材料与自由贸易区以外的国家产的原材料相比成本较高，质量较差。

因此，遵守原产地规则所带来的优惠边际收益越高，并且遵守原产地规则及相关行政管理的成本越低，就越可能发生贸易转移。

要确定自由贸易区内原产地规则的效果，首先要对所涉及国家的产业及经济发展总体水平进行研究。一般可将自由贸易区分为以下三类进行确定：

(1) 在发达国家之间建立的自由贸易区（即原来的美国—加拿大自由贸易区或《欧洲经济区协定》）；

(2) 在发达国家和发展中国家之间建立的自由贸易区（即北美自由贸易区、中美洲自由贸易区、《欧洲—地中海伙伴关系协定》）；

(3) 在发展中国家之间建立的自由贸易区（即南部非洲发展共同体、东盟、南锥体共同市场）。

正如原来的美国—加拿大自由贸易区和《欧洲经济区协定》一样，自由贸易区所采用的原产地规则遵循一体化、国内产业分工、国产中间材料优先于进口原材料的原则，同时要有利于对贸易偏转的控制。显然，产业发展水平越高，针对第三国产的原材料的原产地规则就越严格，而不会实质性降低贸易创造效应。

本节将对两大家拟订和发展原产地规则模式的情况进行探究。其间，将对泛欧原产地规则、北美原产地规则及其演变过程进行讨论。

一、欧共体的泛欧原产地规则

自20世纪70年代初采用一套基本原产地规则以来，欧共体在原产地规则领域的实践多年来保持不变。因此，详尽的原产地规则过去是、现在仍然是欧共体对外签署的每个自由贸易协议或者欧共体所给予的单边贸易优惠的一个共同特点。总体上，欧共体所有优惠原产地规则的共同特征是，采用品目改变标准来界定“实质性改变”的概念，随附一份产品特定原产地规则清单，对所需的品目改变标准（不论是否带有例外情况说明）、特定制造或加工工序或者最大的进口成分百分比作出规定。

数十年来，欧共体所采用的品目改变标准加上产品特定原产地规则的做法，有别于美国和加拿大在普惠制或加勒比海盆地倡议等自主性优惠安排中所采用的原产地规则。事实上，在后者的这种单边优惠方案中，美国的原产地规则包含了统一适用的百分比标准。

美国对优惠原产地规则的这种明显的简单化处理，在《美国—加拿大自由贸易协定》和《北美自由贸易协定》原产地规则谈判时发生了重大转变。

欧共体在原产地政策上保持一贯性，并不意味着欧共体在与第三国所签订的优惠安排中采用同一套原产地规则。相反，以品目改变标准加上产品特定规则为其共同出发点，像欧共体与第三国的有关安排一样，传统上，欧共体在原产地规则上的贸易政策一直是迥异而复杂的。事实上，原产地规则一直是欧共体用以根据重点调控与第三国所达成的协议中减让内容的首选政策工具之一。

与这一传统套路不同，1994 年 11 月 30 日，欧委会在一项通报中针对原产地规则①提出了新的政策，即逐步采用一套统一的原产地规则，就是通常所称的“泛欧原产地规则”。根据这一通报，欧共体着手修改作为欧洲协议②附件的旧的原产地规则议定书，并用标准议定书取而代之。标准议定书被用于与南非及地中海国家的原产地规则议定书谈判，并且逐步适用于享受关税优惠（包括普惠制和《科托努伙伴关系协定》）的所有其他贸易伙伴。与墨西哥及智利谈签的自由贸易协议同样采用了这套标准的泛欧原产地规则。在过去的十多年里，泛欧原产地规则对欧共体与中欧及东欧国家（CEECs）原来签订的协议所指导的贸易关系起到了调节作用。随后，泛欧原产地规则的概念被扩展到地中海国家。欧共体与这些国家共同发起了巴塞罗那进程，以便在 2010 年前建成欧洲—地中海自由贸易区。最近，由于没有更好的选择性解决方案，泛欧原产地规则模式在稍作修改后，已被用作与非加太国家谈签《经济伙伴关系临时协定》的临时性解决方案。有关情况已在前文中论及。

随着中欧和东欧国家加入欧共体，作为欧洲—地中海进程的加冕礼，诚如当初《巴塞罗那宣言》所设想的那样，泛欧洲—地中海原产地累积制度得以创立。欧洲理事会于 2005 年 10 月 11 日通过了作为各项协定附件的原产地规则议定书修正案。目前，对角累积已被应用于欧共体与阿尔及利亚、埃及、以色列、约旦、黎巴嫩、摩洛哥、叙利亚、突尼斯、约旦河西岸和加沙地带、欧洲经济区和欧洲自由贸易区国家（冰岛、挪威和瑞士，其中包括列支敦士登）、法罗群岛及

① 欧委会就欧共体与中欧和东欧国家及欧洲自由贸易区国家间优惠贸易中原产地规则的统一问题，与欧共体理事会进行沟通。

② 这一进程于 20 世纪 90 年代中期完成。

土耳其之间。

说来也奇怪，几乎是在持续推进实施泛欧原产地规则差不多10年的过程中，《关于优惠贸易安排中原产地规则前景的绿皮书》① 为在不远的将来逐步对欧共体的优惠原产地规则进行反思开辟了道路。根据该通报，对欧共体原产地规则的审议并不会马上触及自由贸易区项下原产地规则的内容。最初的计划似乎是要把审议的重点放在原产地规则的相关管理程序上。绿皮书着重对原产地证书的签发和认证、进出口商及认证机构在其中所担当的角色进行了深入研究，并提出了各种替代方案，以便在欧委会、欧共体成员方、企业及公民社会中间展开讨论。绿皮书的内容及各种方案将在本书第六章进行阐述。

依照绿皮书的精神，欧委会于2007年散发了一个文件②，对欧共体与非加太国家谈判达成的《经济伙伴关系协定》框架内原产地规则的显著变化进行了概述。下文（第二部分）将对欧共体原产地规则未来演变的主要特点简要地进行概述。需要谨记的是，根据新的套路，经计算出厂价格与非原产材料海关价格之间的差额满足当地价值成分的产品，将被赋予原产资格。将建立一项基本的临界值，同时随附在某些情况下适用于某些产品的额外价值条件及特定临界值。此外，还提出了关于累积的新规定和基于出口商声明的原产地管理程序。2007年，该提案被欧委会正式采纳为普惠制规则，于2009年实施（如上文所述）。尽管如此，该提案却没有被提到《经济伙伴协定》的谈判桌上。

如前所述，该提案仅适用于普惠制，而不适用于《经济伙伴关系协定》。一旦被欧共体采纳，标志着欧共体所采用的产品特定原产地规则和依赖于认证机构对原产地规则进行管理的传统套路将发生根本性转变。上文和本书第六章从不同方面对该提案作了进一步的阐析。

二、欧共体的优惠原产地规则政策：逐步采用泛欧原产地规则

在未采用泛欧原产地规则之前，在不同的原产地规则议定书中衍生出不同套路的优惠原产地规则。这些规则纷繁复杂，给国际贸易中所涉及的各方（尤其是进出口商及海关关员）带来沉重的负担。此外，乌拉圭回合谈判之后最惠国关税的下降，侵蚀了关税优惠幅度以及遵守格外严格而复杂的优惠原产地规则的空间。有关部门必须对上述实际情况，以及维护不同原产地规则的庞杂制度所涉及的行政管理成本作出调整，使之适应每项优惠贸易协议的商业政策目标。这就促使欧委会在20世纪90年代初采用新的举措，以实现这方面的商业政策目标。

需要特别指出的是，在20世纪90年代，随着柏林墙的倒塌，纷繁复杂的区

① 欧委会就未来布鲁塞尔优惠贸易安排走向中的原产地规则问题致欧共体理事会的通报，2005年3月16日，COM（2005）100 final。

② 欧委会在其第133次会议上提交的及向海关委员会提交的信息通报文件，2007年3月。

域协议网络在西欧和中欧蓬勃发展，每个区域协议都包含了一套不同的原产地规则，这不仅给生产商造成了极大不便，还出现了某些管理漏洞，从而导致规避和贸易偏转现象的发生。采用泛欧原产地规则的初衷，就是通过协调和简化欧共体、欧洲自由贸易区、中东欧国家及欧洲经济区的原产地规则，改变区域和次区域协议的这种混乱状态。

欧共体关于对优惠原产地规则进行渐进式协调的政策考虑从累积制度着手。这些累积制度在构成欧共体、欧洲自由贸易区和中东欧国家等区域的有关协议中均有详细规定，只有在同一（或同一套）协议项下的伙伴国之间才能进行累积，而在不同的协议之间是没有任何联系的。例如：

● 欧共体与中东欧国家之间最初达成的协议，并未就与欧洲自由贸易区国家的累积作出任何规定。

●《中欧自由贸易协定》并未就维舍格勒国家（波兰、匈牙利、捷克和斯洛伐克）与保加利亚或罗马尼亚之间的累积作出规定。

● 欧共体与欧洲自由贸易区国家之间达成的自由贸易协议及《欧洲经济区协定》，并未就与中东欧国家的累积作出规定。

这一协调进程要求逐步消除不同类型的原产地规则之间的所有差别，使之与泛欧模式保持一致，并逐步扩大对角累积规则的应用范围。

欧洲理事会于 1994 年 12 月 9 日及 10 日在埃森（德国）举行会议，会议的结论对地中海国家的新政策作了概述。在欧洲—地中海大会（1995 年 11 月 27 日及 28 日）上，欧洲理事会通过了《巴塞罗那宣言》，该新政策得到最终认可①。这显示出，在 20 世纪 90 年代初期，欧共体主要致力于在政治和经济上支持东欧国家的变革和实施各项欧洲协议，并已形成与地中海国家建立伙伴关系的新战略和新模式。这一新政策要求：

● 就达成涵括货物贸易在内的各个方面的互惠自由贸易协议与地中海国家进行谈判；

● 在 2010 年前建立地中海自由贸易区；

● 提供实质性财政援助，对有必要进行的调整提供支持。

建立该自由贸易区的第一步，是在欧共体和其地中海地区贸易伙伴之间达成一整套欧洲—地中海国家联合协议，建成新型的自由贸易区。这些协议取代了 20 世纪 70 年代所达成的单边贸易优惠合作协议。自 1998 年起，与突尼斯、摩洛

① 参见欧委会向欧洲理事会和欧洲法院的通报：《加强欧盟对地中海政策：建立欧洲—地中海伙伴关系》，1994 年 10 月 19 日，COM（94）427 final，以及欧委会向欧洲理事会和欧洲法院的通报：《加强欧盟对地中海政策：落实欧洲—地中海伙伴关系的建议》，1995 年 3 月 8 日，COM（95）72 final。同时参见 S. Inama 与 E. Vermulst 编著：《欧共体海关及贸易法》，Kluwer，1999 年。

哥、以色列、约旦、黎巴嫩、巴勒斯坦及埃及达成的欧洲—地中海国家联合协议陆续生效。与阿尔及利亚的协议在 2005 年 9 月 1 日生效，与叙利亚的联合协议于 2004 年 10 月 18 日草签。

这一新政策的必然结果是，经过十多年的建设，一种泛欧洲—地中海国家原产地累积制度已逐步建立起来。其建设过程就是采用包含一项基于泛欧模式的新原产地规则议定书的新型互惠自由贸易协议，以逐步取代欧共体在 20 世纪 70 年代与地中海国家缔结的原有协议。这些议定书最终演变成泛欧洲—地中海国家累积制度。

众多前东欧国家、马耳他和塞浦路斯加入了欧共体，以及泛欧洲—地中海国家原产地累积制度逐步形成，这些都意味着，欧洲经济区协议和欧洲—地中海国家协议中所包含的原有议定书已经被取代。

2005 年 10 月 11 日，欧盟理事会通过了作为各项协议附件的原产地规则议定书修正案，推行对角累积制度。目前，这种对角累积制度适用于欧共体 25 个成员方与阿尔及利亚、埃及、以色列、约旦、黎巴嫩、摩洛哥、叙利亚、突尼斯、约旦河西岸和加沙地带、欧洲经济区/欧洲自由贸易区国家（冰岛、挪威、瑞士，其中包括列支敦士登）、法罗群岛和土耳其之间（包括煤炭、钢铁及农产品）。

这些新议定书陆续生效的情况如表 3.8 所示。应当指出，如下文所述，必须满足许多实质要件和形式要件，泛欧洲—地中海国家原产地累积制度才能生效。

（一）泛欧原产地规则的共同结构①

我们谨以最新修订的《欧盟—摩洛哥联盟协定》议定书作为参考②，来对涉及原产产品概念的定义及行政合作方法的泛欧原产地规则第四议定书的共同结构进行阐释。

在整套原产地规则当中，原产地标准是原产地规则的核心。它决定了怎样和何时可以认定一项产品原产于某一受惠国。在泛欧原产地规则中，原产地标准一律被定义为：“如果一项产品在一国完全获得或者在该国经过充分制造或加工，该产品应视为原产于该国。”

1. 完全获得产品

通常，每一原产地规则议定书均包含一份“完全获得”产品清单。生产中完全不含进口原材料的产品归入这一类别。

---

① 参见欧共体与其他欧洲国家及欧洲—地中海国家伙伴关系（2006）参加国之间贸易所采用的优惠原产地规则用户手册，以及泛欧洲—地中海国家原产地规则议定书注释，欧盟《官方公报》2006/C 16/02，2006 年 1 月 21 日。

② 参见欧共体—摩洛哥联盟理事会于 2005 年 11 月 18 日通过的修订关于原产产品概念的定义及行政管理合作方法的泛欧原产地规则第四议定书的第 2/2005 号决议，欧盟《官方公报》，L336，2006 年 12 月 21 日。

表 3.8　泛欧洲—地中海区域关于对角累积原产地规则议定书的生效情况

	欧盟	阿尔及利亚	保加利亚	瑞士（EFTA）	埃及	法罗群岛	以色列	冰岛（EFTA）	约旦	黎巴嫩	列支敦士登（EFTA）	摩洛哥	挪威（EFTA）	占领区	罗马尼亚	叙利亚	突尼斯	土耳其
欧盟				2006. 1. 1		2005. 12. 1	2006. 1. 1	2005. 11. 1			2005. 11. 1	2005. 12. 1	2005. 11. 1					
阿尔及利亚																		
保加利亚																		
瑞士（EFTA）	2006. 1. 1					2006. 1. 1	2005. 7. 1					2005. 3. 1						
埃及																		
法罗群岛	2005. 12. 1			2006. 1. 1				2005. 11. 1					2005. 12. 1					
以色列	2006. 1. 1			2005. 7. 1				2005. 7. 1			2005. 7. 1		2005. 7. 1					
冰岛（EFTA）	2005. 11. 1					2005. 11. 1	2005. 7. 1					2005. 3. 1						
约旦																		
黎巴嫩																		

	欧盟	阿尔及利亚	保加利亚	瑞士（EFTA）	埃及	法罗群岛	以色列	冰岛（EFTA）	约旦	黎巴嫩	列支敦士登（EFTA）	摩洛哥	挪威（EFTA）	占领区	罗马尼亚	叙利亚	突尼斯	土耳其
列支敦士登（EFTA）	2005. 11. 1						2005. 7. 1					2005. 3. 1						
摩洛哥	2005. 12. 1			2005. 3. 1				2005. 3. 1			2005. 3. 1		2005. 3. 1					2006. 1. 1
挪威（EFTA）	2005. 11. 1					2005. 12. 1												
占领区																		
罗马尼亚																		
叙利亚																		
突尼斯																	2005. 7. 1	
土耳其												2006. 1. 1					2005. 7. 1	

（＊）瑞士与列支敦士登公国形成一个关税联盟。

注：阿尔及利亚（DZ）、埃及（EG）、欧盟（EU）、法罗群岛（FO）、冰岛（IS）、以色列（IL）、约旦（JO）、黎巴嫩（LB）、列支敦士登（LI）、摩洛哥（MA）、挪威（NO）、占领区（PS）、巴勒斯坦领土、罗马尼亚（RO）、瑞士（CH）、叙利亚（SY）、突尼斯（TN）及土耳其（TR）。

“1. 下列产品通常被视为在欧共体或摩洛哥‘完全获得’的产品：

（a）从欧共体或摩洛哥的土壤或海床提取出的矿产品；

（b）在欧共体或摩洛哥收获的植物产品；

（c）在欧共体或摩洛哥出生及饲养的活动物；

（d）从欧共体或摩洛哥生长的活动物获得的产品；

（e）在欧共体或摩洛哥猎取或捕捞获得的产品；

（f）由欧共体或摩洛哥的船舶在其领水以外的海域获得的海产品和其他产品；

（g）在欧共体或摩洛哥的加工船上完全用第（f）项所列产品生产的产品；

（h）在欧共体或摩洛哥收集的仅适于回收原材料的废旧物品，包括仅适于胎面翻新或者用作废料的废旧轮胎；

（i）在欧共体或摩洛哥从事制造加工过程中产生的废碎料；在其领水以外的海洋上开采土壤或底土获得的产品，只要欧共体或摩洛哥对上述土壤或底土拥有专有开采权；完全由第（a）至（i）项所列产品生产的货物。

2. 第1款第（f）项及第（g）项所称‘船舶’和‘加工船’仅适用于下列船舶及加工船：

（a）在欧共体成员方或摩洛哥注册或登记；

（b）航行时悬挂欧共体成员方或摩洛哥的国旗；

（c）其所有权至少50%是由欧共体成员方或摩洛哥的国民拥有，或者由总部设在上述国家的公司拥有，并且该公司的经理、董事会主席、监事会主席，以及董事会和监事会的多数成员为欧共体成员方或摩洛哥的国民。此外，对于合资公司或有限公司，其资本中至少50%属于上述国家或者属于上述国家的公共团体或国民。

（d）其船长和高级船员为欧共体成员方或摩洛哥的国民；以及

（e）其船员中至少75%为欧共体成员方或摩洛哥的国民。”

欧共体对渔业产品的原产地规则非常严格，并与欧共体的渔业政策及其与其他伙伴国缔结的渔业协议紧密相关。

按联合国《国际海洋法》（1982年《蒙特哥湾公约》）的规定，上述原产地规则中所指的“领水”被严格限定在12海里区域。涵盖范围更广的专属经济区（EEZ）（可达200海里）的存在与此无关。

对于在12海里区域以外（“公海”）捕捞的鱼类，必须是由符合上述“船舶”定义的船舶捕捞获得的，才能视为完全获得。在内水或领水捕捞获得的鱼类，在任何情况下均视为完全获得。如本章第二节所述，在最近签署的经济合作协议中，对完全获得鱼类的定义有了一些新的变化。

完全获得产品举例如下①：

“（1）在德国砍伐的木材，进口到法国后，仅使用原产于欧共体的化工产品制成木浆（HS品目4701）。该产品视为在欧共体完全获得。

（2）使用葡萄牙生产的天然软木或软木废料在该国制造的葡萄酒瓶软木塞。该软木塞视为在欧共体完全获得。

（3）使用法国出产并纺制的亚麻，在意大利织成床上织物制品，视为在欧共体完全获得。

（4）使用摩洛哥出产的柳条、芦苇及灯芯草等材料在该国制造的篮筐及柳条编织品，视为在摩洛哥完全获得。

（5）使用在摩洛哥砍伐树木所得木材在该国生产的未处理过的天然木材物品，视为在摩洛哥完全获得。

（6）西班牙的渔船在挪威的领水捕捞鱼类，并在西班牙靠岸。此时，这些鱼类应视为在挪威完全获得，因为它们是在挪威的领水捕捞的。

（7）由悬挂埃及国旗并满足议定书所列其他国籍条件的船舶在公海（即领水以外）捕捞获得的鱼类。这些鱼类在运抵法国港口之前，在船上经过处理及冷冻。此时，上述鱼类视为在埃及完全获得。

（8）由悬挂土耳其国旗的船舶在公海捕捞获得的鱼类运抵土耳其港口，然后根据转运安排由陆路运输到欧共体（例如，德国）。上述鱼类视为在土耳其完全获得。”

2. 充分制造或加工——泛欧原产地规则中的产品特定原产地规则

如前所述，采用泛欧原产地规则需要依靠共同的规则及包含相同的产品特定原产地规则的单一清单。原产地规则的基本结构及单一清单所包含的产品特定原产地规则适用于②欧共体现行的和未来达成的贸易协议。《摩洛哥协定》第2条第2（b）项规定：“在摩洛哥加入非完全获得材料制成的产品，只要此类材料在摩洛哥经过了第6条范围内的充分制造或加工”。据此，认定何时才算经过充分制造或加工的核心规定如下（《摩洛哥议定书》第6条）：

“1. 在第2条（原产地确定）中，非完全获得的产品满足附件2（新的单一清单）所列条件的，视为经过充分制造或加工。

对于本协定所涵盖的所有产品，上述条件是指，必须对生产过程中所使用的非原产材料进行制造或加工，并且这些制造或加工必须与此类材料相关。据此，

① 这些例子摘录自欧共体与其他欧洲国家及2006年欧洲—地中海国家伙伴关系参加国之间使用的优惠原产地规则用户手册。渔业产品的原产地规则参见L. Campling著：《中期经济伙伴关系协议中的渔业产品》，ICTSD，2008年。

② 甚至《墨西哥—智利自由贸易协定》都包含了以泛欧原产地规则为模型的规则。仅允许在过渡期内与欧共体—墨西哥协议中的某些特定产品规则存在有限的偏离。

如果一项产品因满足该清单所列条件而获得了原产资格，并被用于另一产品的生产当中，那么，适用于该产品的条件不适用于另一产品，并且在其生产过程中所使用的非原产材料不予考虑。”

第1款清楚地说明，附件2中所包含的产品特定规则清单是全面的。就是说，这些规则并不是一种统一适用的横向规则，而是每一种产品均有各自适用的产品特定规则。

第1款第2小段蕴涵了注释（参见下文）中所谓的吸收原则，并将其纳入到议定书的正文当中。从议定书注释中摘录的下列例子，为该规则在实际运用中的影响提供了宝贵的范例：

“不论是在使用这些产品的工厂获得原产资格，还是在欧共体或摩洛哥的另一工厂获得原产资格，议定书第6条中关于已获得原产资格、被用于其他产品生产的产品的规定均可适用。

举例：品目8407的发动机是用拆分品目7224项下经过锻造的初级形状合金钢制成，按规则规定，可以加入的非原产材料的价值不得超过其出厂价格的40%。如果对非原产钢锭的锻造加工是在欧共体进行的，那么，根据清单中拆分品目7224项下的规则，该合金钢已经获得原产资格。因此，在计算发动机的价值时，该锻造加工可视为原产，不论其是在同一工厂进行锻造加工，还是在欧共体的另一工厂进行锻造加工。因此，在合计所使用的非原产材料的价值时，非原产钢锭的价值不予考虑。”（《摩洛哥协定》议定书注释3.1）

第6条第2款和第3款就价值容忍规则进一步作了规定：

“2. 尽管有第1款的规定，根据清单所列的条件不得用于产品生产的原产材料仍然可以使用，只要：

(a) 其总值不超过产品出厂价格的10%；

(b) 在适用本款规定时，不超过清单中所列的非原产材料最高价值的任何百分比；

本款不适用于归入《协调制度》第50章至第63章的产品。

3. 适用第1款及第2款时应当遵守第7条（非充分制造或加工）的规定。”

上述第6条（2）项规定了容忍规则，允许在产品的生产过程中使用少量的非原产材料。允许使用的非原产材料的最高价值为出厂价格的10%。

举例：由归入不同品目的任何进口材料制成的玩偶（归入HS品目9502）符合充分制造或加工的规定。这就意味着，允许受惠国的制造商进口归入《协调制度》其他章节的塑料、织物等原材料。但是，使用玩偶零件（例如，玩偶的眼睛）是不允许的，因为这些零件与玩偶归入同一品目（HS品目9502）。尽管如此，根据容忍规则，如果其价值不超过玩偶价值的10%，使用这些零件是允许的。

但是，如果附件 2 列出了禁止使用的非原产材料的最高价值百分比，那么，在适用 10% 的容忍比例时，不得超过该清单所列的最高值。例如，在适用税则归类改变规则时，可以采用 10% 的容忍规则。

第 50 章至第 63 章的纺织材料不得从价值容忍规则中受惠。但是，根据附件 2 介绍性说明注释 5 的解释，对于第 50 章至第 63 章的纺织品，容忍规则是允许的，这在每一个原产地议定书的附件 1 中均有规定。

介绍性说明的注释 5. 1 及 5. 2 规定如下：

“5. 1 对于清单所列的特定产品，提及本注释时，第三栏所列条件不得适用于在生产该产品的过程中所使用的任何基本纺织材料，并且这些基本纺织材料合计占所使用的全部基本纺织材料总重量的 10% 或以下。（参见注释 5. 3 及 5. 4）

5. 2 尽管如此，只有在混合纺织品是使用两种或两种以上的基本纺织材料生产的情况下，注释 5. 1 所述的容忍规则才能适用。

举例：由品目 5203 的棉纤维和品目 5506 的合成纤维短纤制成的品目 5202 的纱线就是一种混纺纱线。因此，可以使用未满足原产地规则的非原产合成纤维短纤（必须由化学材料或纺织浆料制得），只要其全部重量不超过纱线重量的 10%。”

3. 依照议定书第 6 条包含在议定书附件 2 中的产品特定原产地规则要求

单一清单中所包含的产品特定原产地规则是根据《协调制度》的章节及品目列出的，如表 3. 9 所示。第 3 栏和第 4 栏所述的制造或加工，是指非原产材料获得原产资格并从优惠原产地获益前必须进行的制造或加工。所列出的制造或加工为货物必须经过制造或加工、以获得原产资格的最低要求。上述制造或加工可以在前期进行，但不得在后期进行。

举例：男衬衫不论由哪种织物制成，均归入品目 6205。由于附件 2 未列出此类服装的特定规则，其所适用的规则为“由纱线制成”。这就意味着，该衬衫要获得优惠原产资格，就不能在纺纱阶段之后对生产衬衫所使用的非原产材料进行制造或加工。尽管如此，用非原产纤维制成纱线的，仍然可以获得原产资格。但是，用非原产织物制成的衬衫不能享受优惠。

清单的第 1 栏（如表 3. 9 所示）标明了税目或章目。该栏涵盖了《协调制度》的每一税目，尽管不是每一税目均在该栏列出。如果一项产品在某一税目中未列出具体规则，那么该产品可以适用指定的章级或品目级规则。

举例：微波炉归入税目 8516。单一清单的第 1 栏未列出税目 8516 项下货物的具体规则。此时，应当适用“ex－第 85 章”前言部分所列的规则。

当不是归入某一章或品目的所有商品适用同一规则时，将在该章或品目前面加上“ex”字样。在上例中，“ex－第 85 章”是指，除某些例外情况外，第三栏和第四栏中所列的相应规则适用于归入第 85 章的商品。

因此，上述例外情况说明在第 2 栏的品目项下列出，与其对应的税则归类在第1栏列出，与其相对应的规则在第3栏和第4栏列出。这些规则也许仅适用于归入该品目的某些商品。

举例：信笺与登记册、日记本归入品目4820。从第1栏往下搜寻，会在“ex－4820”旁边找到信笺（第2栏）及其具体规则（第3栏）。“ex”字样表明并不是品目4820项下的所有产品均包括在第3栏所列规则的范围之内。尽管日记本和登记册与信笺归入同一品目，但它们并未在第2栏中具体列出，因此，应当适用第48章的普通规则。

摘自泛欧原产地规则单一清单的其他内容，将在下文通过列举一些产品特定原产地规则的例子进行阐释。

通过对该清单中所列的具体规则进行分析，可以发现，该清单采用了混合标准来确定原产地。兹概述如下（有关例子摘自《摩洛哥协定》项下原产地规则议定书修正案的附件2）。

品目0203、0206或0207及品目0506项下的骨头分别包括猪肉、猪牛食用杂碎、家禽的肉及食用杂碎，以及未经加工的骨头。规则规定，这些材料不可用于获取归入品目1501的脂肪。换句话说，该规则旨在避免出现这样一种情况，即仅从进口的猪肉或归入品目0506的骨头中剔除脂肪即可赋予原产资格。（参见表3.9）

如前所述，品目1701前面的“ex”字样是指，第3栏所列规则仅适用于第2栏所述的产品。第3栏所列规则对其他进口材料在甘蔗糖或甜菜糖生产过程中的使用作了限定。就是说，用原产的糖对进口的糖进行混合、加香、着色是允许的，只要其不超过最终产品价值的30%。（参见表3.10）

表3.9　品目改变要求

HS品目	商品描述	对非原产材料进行的赋予原产资格的制造或加工
(1)	(2)	(3)或(4)
1501	用骨头或废料制的脂肪	用任何品目的材料制成，但用品目0203、0206或0207的材料或品目0506的骨头制成的除外

表3.10　品目改变要求与百分比规则

HS品目	商品描述	对非原产材料进行的赋予原产资格的制造或加工
(1)	(2)	(3)或(4)
ex1701	固体甘蔗糖、甜菜糖及化学纯蔗糖，加有香料或着色剂	加工中所使用的用任何材料的价值不超过产品出厂价格的30%

第16章的原产地规则要求制造肉罐头或鱼罐头的肉或鱼已获得原产资格。也就是说，使用进口的肉或鱼是不允许的。（参见表3.11）

表 3.11 特定加工工序及要求

HS 品目	商品描述	对非原产材料进行的赋予原产资格的制造或加工
(1)	(2)	(3) 或 (4)
第 16 章	肉、鱼、甲壳动物、软体动物及其他水生无脊椎动物的制品	用第 1 章的动物制造，其中所使用的第 3 章所有材料为完全获得

如表 3.12 所示，第 2 栏所述的第 62 章所列服装的原产地规则规定，制造工序必须从纱线开始。就是说，使用进口织物制作第 62 章的服装不视为赋予原产资格的加工。该规则常常被称为双重加工要求，因为，必须经过两道加工工序才能获得原产资格：(1) 将纱线纺织成织物；(2) 将织物裁剪成形并缝制成服装。对于女式服装或婴儿服装，规定了一项选择性规则。该规则规定，只要满足一定的百分比要求，使用未绣花织物是允许的。经济伙伴关系临时协议议定书首次引入了单一改变的概念，允许使用进口织物。

表 3.12 主要涉及归入拆分品目及一揽子规则品目的产品的纺织品规则

HS 品目	商品描述	对非原产材料进行的赋予原产资格的制造或加工	
(1)	(2)	(3) 或 (4)	
ex 第 62 章	非针织或非钩编的服装及衣着附件，以下货品除外：	用纱线制成	
ex 6202、ex6204、ex6206、ex6209 及 ex6211	绣花的女式服装、婴儿服装及婴儿服装附件	用纱线制成	用未绣花织物制成，只要所使用的未绣花织物的价值不超过产品出厂价格的 40%

如表 3.13 所示，泛欧原产地规则引入了可选择的百分比规则，这就规定了选择性规则。一项规则允许较高的进口含量，但对非原产材料相对于原产材料的的价值作了限制。另一项规则允许较低的进口含量，但对非原产材料相对于原产材料的的价值不作限制。

表 3.13 普通规则之外《协调制度》第 28 章至第 29 章、第 31 章至第 39 章、第 84 章至第 91 章及第 94 章的选择性原产地规则

HS 品目	商品描述	对非原产材料进行的赋予原产资格的制造或加工	
(1)	(2)	(3) 或 (4)	
8528	电视接收装置，不论是否装有无线电收音装置或声音、图像的录制或重放装置，监视器及投影机	在其制造过程中： ● 所使用的所有材料的价值不超过产品出厂价格的 40% ● 所使用的所有非原产材料的价值不超过所使用的原产材料的价值	制造过程中所使用的所有材料的价值不超过产品出厂价格的 25%

4. 泛欧原产地规则的其他特征

放宽地域原则

原产地规则建立在地域原则之上。地域原则规定，对获得原产资格条件的满足过程不得在一个或多个缔约方境内不得中断。与引入一般容忍规则一样，欧共体与欧洲自由贸易区和欧洲经济区所签订的协议中包含了一项规定，允许在不超过10%的范围内有限豁免地域原则，以便利贸易。但是，除了欧共体与以色列签订的《欧洲—地中海协定》以外，该特点并未包括在欧共体的其他任何优惠性贸易安排内，也未包括在与中东欧国家签订的议定书内。这一原则已经被一些新签订的议定书所采纳。欧洲—地中海累积规则如与摩洛哥签订的《欧洲—地中海协定》第12条第3款所示：

“根据第二编所规定的条件而获得的原产资格，不会因为从欧共体或摩洛哥出口的材料在欧共体或摩洛哥境外经过制造或加工后又复进口到欧共体或摩洛哥而受到影响，只要：

(a) 上述材料在欧共体或摩洛哥完全获得，或者其在出口前经过第7条所述‘加工工序’范围以外的制造或加工；以及

(b) 能够使海关确信：

(ⅰ) 复进口的货物是由出口的材料制造或加工制得；以及

(ⅱ) 运用本条的规定计算，在欧共体或摩洛哥境外获得的总增加值不超过申明获得原产资格的最终产品出厂价格的10%。”

不予退税规则

不予退税规则是指包含在欧洲经济区协议、欧共体—欧洲自由贸易区双边协议，以及关于建立欧洲自由贸易联盟的《斯德哥尔摩协定》中的一项条款，但该条款并未包含在旧版本的地中海协议中①。该程序为一项普通海关程序。根据该项规定，为进一步加工及复出口而进口的原材料在加工国无需征收关税。不予退税规则禁止使用该项海关程序。

在实践中，对于因为自由贸易区协议中未对不予退税规则作出规定而可能产生的后果，欧委会在前期达成的欧洲协议的一个早期实例中进行了极为恰当的描述：

“销往欧共体市场的交流发电机是使用台湾原产的部件在波兰制造的。由于没有不予退税规则，这批部件在波兰无需征收关税。这批部件在欧共体同样无需征收关税，因为依照欧共体协议，这批发电机可视为原产于波兰。如果这批发电机是在欧共体制造并在欧共体投入市场，台湾产的部件就应缴纳5.6%的关税。

① 不予退税规则已被纳入欧共体与以色列、突尼斯及摩洛哥签署的新欧洲—地中海联合协议所附的新原产地规则议定书中。

同样的，对于从亚洲进口、用于生产销往波兰市场的部件，波兰制造商也得缴纳关税。鉴此，当制成品向波兰出口时，欧共体制造商会避免为相同的部件缴纳关税①。”

因此，缺少了不予退税规则，就会导致逃避关税等不如人意的结果，还会驱使人们从第三国进口材料，而不是利用自由贸易区内原产的材料——这种情形恰恰是欧共体希望避免的。

该规则最初并未包含在欧共体与突尼斯、摩洛哥、阿尔及利亚签订的协议中，如今已被纳入到欧共体与突尼斯及摩洛哥签订的新议定书中。

目前，该规则还包含在欧共体与以色列、巴勒斯坦解放组织、埃及、黎巴嫩、约旦和阿尔及利亚签订的协议中。上述后四项协议还为协议本身生效后暂缓实施该规则设定了一定期限。也就是说，在欧共体与埃及、黎巴嫩和阿尔及利亚签订的协议中，该暂缓期限为六年；在欧共体与约旦签订的协议中，该暂缓期限为四年。这就意味着，该规则在2010年12月31日前不适用于埃及，在2009年2月28日前不适用于黎巴嫩，在2006年4月30日前不适用于约旦，在2011年8月31日前不适用于阿尔及利亚。暂缓期满后，欧共体与黎巴嫩、埃及和阿尔及利亚签订的协议适用部分退税规则。这就意味着，从第三国进口的非原产材料必须按部分关税税率征税（纺织品按10%征税，所有其他产品按5%征税，农产品除外）。尽管欧共体与巴勒斯坦解放组织签订的协议规定，自2000年1月1日起实施不予退税规则，但该规定被暂缓实施了。欧共体与摩洛哥及突尼斯所签订的新原产地议定书允许在有限的期限内给予部分退税。之所以允许该规则豁免，是因为某些国家适用于非原产材料的关税明显高于欧共体适用于非原产材料的关税。而且，通过允许在一定程度上对不平衡征税给予退税（此举可视为有利于欧共体的生产商），实际上就降低了关税。

只有在错误签发或出具了原产地证明，而下列三个条件又得到满足的情形下，才能给予退税或免税：

(a) 错误签发或出具的原产地证明已被退回出口国的有关机构，或者作为一项选择性条件，进口国的有关机构出具书面声明，证明尚未或者不会给予优惠；

(b) 按现行规定，如果原产地证明未被用于申明获得优惠待遇，生产过程中所使用的产品就应当准予退税或免税；

(c) 未超出准予退税的期限，有关国家关于退税的国内法中所规定的条件得到满足。

举例：

① 参见《欧委会通报》SEC（94）1897最终版第132页脚注。

1. 双边贸易中可以退税的实例:

将阿拉伯联合酋长国原产的铝进口到埃及,在那里制成铝制螺钉(HS 品目 7616)。埃及原产的最终产品向欧共体出口。

由于在埃及获得的原产资格是基于充分的制造或加工,而不是基于与原产于第 3 条及第 4 条所述国家之一的材料所进行的累积,埃及海关可以在原产产品向欧共体出口时,对生产原产产品过程中所使用的非原产材料给予退税。

但是,该螺钉在欧共体境内不得用于泛欧洲—地中海累积。在本例中,埃及原产的螺钉只能凭 EUR. 1 流动证书或发票声明向欧共体出口。

2. 对角贸易中禁止退税的实例:

将哥斯达黎加产的橙子(HS 品目 0805)和欧共体原产的糖(HS 品目 1701)进口到约旦,并在约旦制成橙汁(HS 品目 2009)。欧共体原产的糖的价值超过了产品出厂价格的 30%。约旦原产的产品向埃及出口。因为最终产品在约旦获得的原产资格是基于与第 3 条及第 4 条所述国家之一的累积,所以在本例中,非原产材料不得在约旦获得任何形式的退税或免税。因此,如果优惠原产地证明是在约旦签发的,就要对哥斯达黎加原产的橙子征收关税。在本例中,约旦原产的产品只能凭 EUR – MED 流动证书或 EUR – MED 发票声明向埃及出口。此外,在对角累积制度下,橙汁可以从埃及向第 3 条及第 4 条所述的其他国家复出口。(EUR. 1 流动证书及 EUR – MED 流动证书的使用将在本书第六章进行阐释)

在欧共体与土耳其、瑞士、冰岛和法罗群岛之间开展的双边贸易或对角贸易中,以及在欧共体与以色列签订的协议中,禁止退税规则一直以来都是适用的。

纯粹在欧共体与摩洛哥、阿尔及利亚、突尼斯、埃及、巴勒斯坦、约旦、黎巴嫩和叙利亚之间进行的双边贸易中,可以给予退税。

摩洛哥、阿尔及利亚、突尼斯、埃及、巴勒斯坦、约旦、黎巴嫩和叙利亚可以适用部分退税的规定。货品适用部分退税的规定并不妨碍其适用对角累积规则。

5. 不充分的制造或加工

某些制造工序对于最终产品获得原产资格来说是不相关或不充分的。普通的原产地规则通常设定一份清单,指明在何种情况下被视为不充分的制造或加工(参见《摩洛哥协定》第四议定书第 7 条):

"1. 在不损害第 2 款的前提下,无论第 6 条的要求是否得到满足,下列处理应当视为不足以赋予产品原产资格的制造或加工:

(a) 为确保产品在运输和储藏过程中保持良好状态而进行的储藏处理;

(b) 包装的拆分和组装;

(c) 洗涤、清洁;去除灰尘、氧化物、油、漆或其他涂层;

(d) 纺织品的熨烫或熨压;

(e) 简单的油漆和抛光处理；

(f) 谷物和大米的去壳、部分或全部过滤、抛光和上光；

(g) 为糖着色或形成方糖的处理；

(h) 水果、坚果和蔬菜的剥皮、去核和去壳；

(i) 削尖、简单研磨或简单切割；

(j) 筛选、筛分、分拣、分类、分级、配比（包括将货品拼装成套）；

(k) 简单入瓶、入罐、入袋、入盒、入箱，在卡纸或木板上固定，以及所有其他简单包装处理；

(l) 在产品或其包装上粘贴或印刷标记、标签、标识和其他类似的识别记号；

(m) 产品的简单混合，无论是否将不同种类产品混合；

(n) 将物品的零件简单组装成完整的物品或将物品分解成零件；

(o) 上述第（a）项至第（n）项所列的两项或更多项处理的组合；

(p) 动物屠宰。

2. 在确定某项产品所经过的制造或加工应否视为第 1 款所指的不充分的制造或加工时，在欧共体或摩洛哥对该产品所进行的全部加工应当一并考虑。”

不充分的制造或加工有时（虽然并不是在立法中）被称为微小加工或微小处理。

某些加工对最终产品作用轻微，因此从未赋予原产资格，无论这些加工是单独进行的，还是与其他加工结合进行的。简言之，这些处理阻碍了原产资格的获得。在进行累积时，对货品进行此类处理的国家不得视为货品的原产国。

举例：

例 1：将咖啡原料从哥伦比亚成批进口到欧共体。对咖啡的原产地规则是“用任何品目的材料制成”。在欧共体将咖啡原料除尘、分类，并分成不同的包装。由于除尘、分开包装和重新包装均不属于足以赋予原产资格的加工，所以，仍以哥伦比亚为咖啡的原产国。

例 2：将咖啡原料从哥伦比亚成批进口到欧共体。在欧共体将咖啡原料除尘、烘烤、研磨、分类，并分成不同的包装。由于在欧共体进行的加工足以赋予原产资格（“用任何品目的材料制成”），所以该咖啡获得了欧共体的原产资格。

第一个例子详述了对咖啡原料进行的三种微小加工的组合情况。此类加工无论是单独进行还是结合进行，均不赋予原产资格。因此，仍以哥伦比亚为咖啡的原产国。

在第二个例子中，不仅将咖啡除尘和分成不同的包装，并且对其进行了实质性加工。因此，尽管进行了某些微小加工，但必须考虑到更为实质性的加工。正是经过这种加工，附件 2 所列的规则得到了满足，最终产品由此获得欧共体的原产资格。

欧洲—地中海议定书第7条（1）项列明了对非原产材料单独或结合进行的加工，这些加工不赋予原产资格。该清单的列举是穷尽式的，但应从广义上加以解读。例如，既可以对食品进行筛选或筛分，也可以对工业产品进行筛选或筛分。

例1：将欧共体原产的桶装香水从奥地利出口到摩洛哥，在摩洛哥将香水注入欧共体原产的瓶子中，并用欧共体原产的包装材料加以包装。由于在摩洛哥进行的各项加工均不足以赋予摩洛哥或捷克的原产资格，经最终包装的产品仍以欧共体为其原产地。

但是，在本例中，还必须考虑到另一方面。如果瓶子以及/或者包装是在摩洛哥完全获得的，或者已经获得了摩洛哥原产资格，在确定最终产品的原产地时，瓶子以及/或者包装的价值就应当予以考虑。

例2：将一套德国原产的缝纫设备部件出口到摩洛哥，在摩洛哥将其组装成套件，将其放入塑料套袋并加以包装。

在摩洛哥进行的各项加工均不足以赋予摩洛哥的原产资格，因此，经包装的套件仍保留欧共体的原产资格。但是，塑料套袋和包装材料的原产地也许会对最终产品的原产地产生影响。

6. 泛欧产品特定原产地规则清单的注释

考虑到解释原产地规则时遇到的复杂性，将注释纳入到包含产品特定规则的单一清单中可视为一项格外受欢迎的举措。

在确定生产最终产品过程中所使用的中间材料的原产地时，此类注释尤其恰当和重要。在整份清单中，“吸收原则”用相同的术语表示。吸收原则所表示的概念指向同一结果：如果一项中间产品并入最终产品之前已获得了原产资格，那么，该中间产品中的非原产材料就不应被视为进口原材料。

直到最近，随着泛欧原产地规则逐步被采用，这一原则才公开反映在议定书的正文中（例如，参见《摩洛哥协定》议定书第6条）。

其他注释涉及纺织品及其附件，它们在《摩洛哥协定》所包含的规则中通过注释6.1、6.2和6.3加以规范：

“6.1 对于清单中标有本注释脚注的纺织品，除了不能满足清单第3栏所列规则的衬料和内衬以外，为制成有关产品，可以使用一些纺织材料，只要这些纺织材料归入该产品所属品目以外的某一品目，并且其价值不超过纺织品出厂价格的8%。

6.2 在不损害注释6.3的前提下，不归入第50章至第63章的材料可自由使用，无论其是否含有纺织品。例如，如果清单中的某一规则规定，对于裤子等特定纺织品必须使用纱线，这并不妨碍纽扣等金属物品的使用，因为纽扣不归入第

50 章至第 60 章。同理，这也不妨碍拉链的使用，尽管拉链通常含有纺织品。

6.3 适用百分比规则时，在对已并入的非原产材料的价值进行计算时，必须考虑到不归入第 50 章至第 63 章的材料的价值。”

7. 逐步采用泛欧原产地规则项下的对角累积及其向泛欧洲—地中海国家原产地累积的扩展

根据实施泛欧原产地规则的战略，通过用新议定书取代欧洲协议中的旧议定书的方式，进行渐进式简化和协调。新议定书将对角累积的适用范围扩大到波罗的海国家（拉脱维亚、立陶宛和爱沙尼亚）、罗马尼亚、保加利亚、冰岛、挪威和瑞士。该议定书与欧洲经济区议定书保持一致，包含了不予退税规则、经修订的单一清单和关于简化原产地管理和证明文件的规定。在逐步实施泛欧原产地规则的过程中，必须对旧议定书进行修订，这些旧议定书包括作为欧洲经济区协定①、与捷克、斯洛伐克②、立陶宛③、波兰④、匈牙利⑤、罗马尼亚⑥和保加利亚⑦先前签订的欧洲协议附件的议定书。与斯洛文尼亚⑧的联合协议直接采用了

---

① 参见 EEA 联合委员会决定 71/96，其对 EEA 原产地规则协定的第四议定书进行了修订，欧盟《官方公报》，L 21（1997）。

② 联盟理事会决定 2/97（97/483/ECSC，EC，Euratom），欧共体及其成员方为一方，斯洛伐克为另一方，于 1997 年 1 月 9 日，对以欧共体及其成员方为一方、以斯洛伐克为另一方建立联盟的欧洲协定的第四议定书作了修订，欧盟《官方公报》，L 212（1997）。

③ 联合委员会决定 1/97（97/30/ECSC，EC，Euratom），欧共体为一方，立陶宛为另一方，于 1997 年 2 月 25 日，对欧共体、欧洲原子能共同体和欧洲煤钢共同体为一方，立陶宛为另一方签订的自由贸易及贸易相关事务的协定的第三议定书作了修订，欧盟《官方公报》，L 136（1997）。

④ 联盟理事会决定 1/97（97/593/ECSC，EC，Euratom），欧共体及其成员方为一方，波兰为另一方，于 1997 年 6 月 30 日，对欧共体及其成员方为一方、波兰为另一方之间建立联盟的欧洲协定的第四议定书作了修订，欧盟《官方公报》，L 221（1997）。

⑤ 联盟理事会决定 3/96（96/230/ECSC，EC，Euratom），欧共体及其成员方为一方，匈牙利为另一方，于 1996 年 12 月 28 日，对欧共体及其成员方为一方、匈牙利为另一方建立联盟的欧洲协定的第四议定书作了修订，欧盟《官方公报》，L 92（1997）。

⑥ 联盟理事会决定 1/97（97/127/ECSC，EC，Euratom），欧共体及其成员方为一方，罗马尼亚为另一方，于 1997 年 1 月 31 日，对欧共体及其成员方为一方、罗马尼亚为另一方建立联盟的欧洲协定的第四议定书作了修订，欧盟《官方公报》，L 54（1997）。

⑦ 联盟理事会决定 1/97（97/302/ECSC，EC，Euratom），欧共体及其成员方为一方，保加利亚为另一方，于 1997 年 5 月 6 日，对欧共体及其成员方为一方、保加利亚为另一方建立联盟的欧洲协定的第四议定书作了修订，欧盟《官方公报》，L 134（1997）。

⑧ 理事会和委员会的决定，96/752/ Euratom，ECSC，EC，1996 年 11 月 25 日，关于欧共体、欧洲煤钢共同体和欧洲原子能共同体为一方，斯洛文尼亚为另一方，缔结贸易和贸易相关事务的临时协定的决定，欧盟《官方公报》，L 344（1996）。

该议定书。

捷克、爱沙尼亚、塞浦路斯、拉脱维亚、立陶宛、匈牙利、马耳他、波兰、斯洛文尼亚、斯洛伐克加入欧共体（罗马尼亚和保加利亚最近加入），意味着泛欧原产地规则地理适用范围的重新调整。泛欧累积制度是在欧共体、欧洲自由贸易区国家、中东欧国家及波罗的海国家之间所签订的欧洲经济区协议（1994）的基础上，于1997年创建的，目前在欧共体、欧洲自由贸易区的成员方（冰岛、列支敦士登、挪威和瑞士）及土耳其之间适用。本章引述的《欧洲—地中海—摩洛哥协定》条文仍然把罗马尼亚和保加利亚视为独立于欧共体之外的实体，必须由欧共体的立法者加以更新。为便于查考，本章使用的是《欧洲—地中海—摩洛哥协定》的最初文本。

与此同时，欧共体部长理事会批准实施了泛欧洲—地中海累积制度，以逐步取代欧洲经济区、欧洲—地中海协议中所包含的议定书。

8. 从欧洲协议中的对角累积到欧洲—地中海累积制度

泛欧原产地规则的实施始于《欧洲经济区原产地规则议定书》的第一次修正案，在欧洲经济区的缔约各方之间采用完全累积①，并在欧洲经济区缔约各方、中东欧国家及瑞士之间采用对角累积。《欧洲经济区议定书》与随后被所有中东欧国家采用的议定书之间的主要区别，在于它放宽了地域原则②，在欧洲经济区国家之间实行完全累积，并对某些行政管理程序作了调整。

实施泛欧原产地规则的第二步，是用包含泛欧原产地规则和对角累积的新议定书取代欧洲协议中所包含的旧议定书。

对于地中海国家，得到欧盟允许的第一种区域累积最初仅适用于马格里布国家（阿尔及利亚、摩洛哥和突尼斯），它包含在20世纪70年代所缔结的各项协议中。可供黎巴嫩和埃及等其他地中海国家选择的累积，仅限于与欧共体之间的“双边累积”。

由于采取了泛欧原产地规则战略，与摩洛哥、突尼斯和以色列签订的欧洲—

---

① 参见欧洲经济区联合委员会决定71/96，第2条，第2款：“如果一项产品被视为第4条所指的在欧洲经济区内完全获得，或者第5条所指的在欧洲经济区内经过充分的制造或加工，那么，在本协定的范围内，该产品应当视为原产于欧洲经济区。为此，本协定所适用的缔约方的领土应当视为单一领土。”

② 参见欧洲经济区联合委员会决定71/96，第2条，第3款到第7款。地域原则同样包含在与以色列签订的欧洲—地中海协议中。之所以与突尼斯和摩洛哥及中东欧国家签订的其他欧洲—地中海协议存在这一区别，其部分原因是20世纪70年代所签订的早期协议中也包含了类似的规定。

地中海联盟协议开始成为欧委会努力进行协调的主题，其结果喜忧参半[①]。因此，作为这些协议附件的《原产地规则议定书》，部分是以新的《欧洲经济区议定书》为摹本，与中东欧国家所采用的新议定书基本相似。但是，经过第一轮协调努力之后，仍然存在许多差别：

（1）仍以税目改变规则为核心标准（《突尼斯—欧洲—地中海协定》第7条第1款）；

（2）准许马格里布联盟国家[②]（阿尔及利亚、摩洛哥和突尼斯）适用完全累积；

（3）在与突尼斯及摩洛哥签订的协议中未包含不予退税条款[③]；

（4）在与以色列签订的协议中包含了放宽地域原则和不予退税条款[④]；

（5）与单一清单、简化EUR.1证书签证程序及累积管理程序有关的其他区别。

泛欧原产地规则所引入的对角累积概念还相当复杂难懂。为深刻领会其中含义，通过将先前的《欧盟—斯洛伐克协定》[⑤]与先前的《欧盟—突尼斯协定》中的规定进行比较，或许有助于澄清条文表述上的差异对条款内容上的影响。

采用泛欧原产地规则的《斯洛伐克协议议定书》第4条，明确规定了适用对角累积的下列条件：

“1. 在不损害第2条（2）项规定的前提下，如果产品在斯洛伐克获得，加入了原产于保加利亚、瑞士（包括列支敦士登[⑥]）、捷克、爱沙尼亚、匈牙利、冰岛、立陶宛、拉脱维亚、挪威、波兰、罗马尼亚、斯洛文尼亚、斯洛伐克、土耳其[⑦]或欧共体的材料，根据作为斯洛伐克与这些国家中的每个国家之间签订的协议附件的原产地规则议定书，此类产品应视为原产于斯洛伐克，只要在斯洛伐克进行的制造或加工超出了第7条所列的制造或加工范围。此类材料不必经过充分的制造或加工。

① 在与其他地中海国家（阿尔及利亚、埃及、约旦、黎巴嫩和叙利亚）谈判期间，欧委会的协调进程仍在继续，同时对已经与以色列、摩洛哥和突尼斯签署的欧洲—地中海协议作了必要的修订。当忆及欧共体巴塞罗那部长级会议考虑将对角累积扩大适用于中东欧国家与地中海国家之间时，后一种考虑显得尤为正确。

② 根据先前签订的合作协议，完全累积还准许适用于阿尔及利亚、摩洛哥和突尼斯。

③ 未包含不予退税条款将要求另外努力进行协调，以使这些协议与中东欧国家议定书保持一致。

④ 放宽地域原则及不予退税条款已包含在先前的《欧盟—以色列协定》中。

⑤ 下一节中的例子涉及最初的《欧盟—斯洛伐克协定》原产地规则议定书，欧盟《官方公报》，L 360（1994）。新的原产地规则议定书将在下节中进行详细讨论。

⑥ 列支敦士登与瑞士订立了关税同盟，同时是《欧洲经济区协定》的缔约方。

⑦ 本条所规定的累积不适用于附件5的清单中所列的原产于土耳其的材料。

2. 如果在斯洛伐克进行的制造或加工未超出第7条所列的制造或加工范围，只有在斯洛伐克实现的增加值大于所使用的原产于第1款所列任一其他国家的材料的价值时，所制得的产品才能视为原产于斯洛伐克。否则，所制得的产品应视为原产于该产品在斯洛伐克生产过程中所使用的原产材料中所占价值最高者的国家。

3. 原产于第1款所列某一国家、在斯洛伐克未经任何制造或加工的产品，在出口到上述国家之一时，其原产地保持不变。

4. 只有在运用与本议定书所列原产地规则相同的原产地规则，所使用的材料获得了原产产品的资格时，本条所规定的累积才能适用。

5. 斯洛伐克应当通过欧委会向欧共体提供有关协议的详情及适用于第1款所列其他国家的相应原产地规则。”

上述摘录中的粗体字强调了这样一个事实，就是仅允许 对“原产于保加利亚、瑞士（包括列支敦士登）、捷克、爱沙尼亚、匈牙利、冰岛、立陶宛、拉脱维亚、挪威、波兰、罗马尼亚、斯洛文尼亚、斯洛伐克、土耳其的材料”进行累积。这就意味着，这些材料在斯洛伐克被用作进一步加工的原材料之前，就已依据单一清单所列规则在上述国家获得了原产资格。由此推断，如果这些材料在其本国经过的制造或加工不足以获得原产资格，它们就不得视为原产材料，而应视为进口原材料，必须遵守产品特定原产地规则。

但是，将斯洛伐克议定书第4条与原《欧洲—地中海—突尼斯协定》第5条的条文表述进行对比时，不能得出同样的推断。先前的《原产地规则议定书》第5条规定可以进行完全累积，并对该累积形式与对角累积的区别作了进一步澄清。

“第5条：

1. 为了实施第2条（1）（b）项的规定，在突尼斯进行的制造或加工，或者在满足第4条第3款及第4款所规定的条件下在阿尔及利亚或摩洛哥进行的制造或加工，所制得的产品在欧共体进行后续制造或加工时，在上述国家进行的制造或加工应当视为在欧共体完成。

2. 为了实施第2条（2）（b）项的规定，在欧共体进行的制造或加工，或者在满足第4条第3款及第4款所规定的条件下在阿尔及利亚或摩洛哥进行的制造或加工，所制得的产品在突尼斯进行后续制造或加工时，在上述国家进行的制造或加工应当视为在突尼斯完成。”

因此，根据第5条第1款的规定，在突尼斯、欧共体、阿尔及利亚和摩洛哥进行的任何制造或加工，均可进行累积，以符合原产地的要求。

当不止一个国家参与了制造过程时，准许马格里布国家进行完全累积，其在有关原产地分配的措辞和实质内容方面，同样与斯洛伐克议定书所使用的措辞存在区别。表3.14对这些区别作了概括。

表3.14 准予完全累积

突尼斯协议中的原产地分配	斯洛伐克协议中的原产地分配
4.“当原产产品是在这些规定中提及的两个以上国家制造或者在欧共体制造时，应当按对其进行超出第8条（不充分的制造或加工）所列范围的最后制造或加工的所在地，将其视为该国或欧共体的原产产品。”	第3条第2款：“只有在欧共体或斯洛伐克实现的增加值超过了所使用的原产于波兰、匈牙利或斯洛伐克的材料价值时，依据第1款的规定而获得原产资格的产品，才能视为原产于欧共体或斯洛伐克的产品。否则，为了执行本协议或者欧共体与波兰、匈牙利或斯洛伐克之间签订的协议，应当按波兰、匈牙利或斯洛伐克在所使用的原产材料中所占价值最高者，将有关产品视为原产于波兰、匈牙利或斯洛伐克。”

因此，在对欧共体与第三国所签订的贸易协议项下的原产地规则进行协调的过程中，尽管欧洲协议中的对角原产地规则得到了广泛采用，上文提到的马格里布国家之间的完全累积制度仍然保留在欧洲—地中海联盟协议当中。这反映了泛欧原产地规则在努力进行协调的过程中的一种过渡性例外，这种例外在最新签订的议定书中仍保持不变。

事实上，《摩洛哥协定》的新议定书规定，在欧共体与摩洛哥之间适用双边原产地累积，在欧共体、突尼斯、阿尔及利亚和摩洛哥之间适用完全原产地累积。

根据欧洲—地中海累积的原则，在《巴塞罗那宣言》（阿尔及利亚、埃及、以色列、约旦、黎巴嫩、叙利亚、突尼斯、约旦河西岸和加沙地带）的基础上，新议定书将累积扩展到使用原产于欧共体、保加利亚、罗马尼亚、冰岛、挪威、瑞士（包括列支敦士登）、法罗群岛、土耳其或者本身为欧洲—地中海伙伴关系协议缔约方的任何其他国家的材料。

但是，这一得到扩展的累积制度仅在满足所需条件的国家之间适用。所需条件概括如下：(1) 这些国家必须缔结了自由贸易协议，并且 (2) 议定书中所包含的原产地规则在这些国家之间签订的自由贸易协议中同样适用。这些具体条件将在下文中作进一步阐释。这些国家的名单如表3.8所示。

与摩洛哥签订的《欧洲—地中海协定》的原产地规则议定书第2条第2款对这些一般的原产地要求作了规定：

“一般要求

1. 为了执行本协定的规定，下列产品应当视为原产于欧共体：

(a) 在第5条的含义范围内在欧共体完全获得的产品；

(b) 在欧共体加入了不是在欧共体完全获得的材料而制得的产品，只要此类材料在欧共体经过了第6条含义范围内的充分制造或加工；

(c) 原产于《欧洲经济区协定》第四议定书所指的欧洲经济区（EEA）的

货品；

2. 为了执行本协定的规定，下列产品应当视为原产于摩洛哥：

(a) 在第5条的含义范围内在摩洛哥完全获得的产品；

(b) 在摩洛哥加入了不是在欧共体完全获得的材料而制得的产品，只要此类材料在摩洛哥经过了第6条含义范围内的充分制造或加工；

3. 只有在以摩洛哥为一方、以欧洲经济区中的欧洲自由贸易区国家（冰岛、列支敦士登和挪威）为另一方之间所签订的自由贸易协议适用的情况下，第1(c) 项的规定才能适用。”

实践中，第2条反映了其他议定书中拟订一般要求的通常形式，所不同的是纳入了原产于欧洲经济区的产品。这些产品必须符合第3款的规定，即在欧洲经济区与摩洛哥之间必须订有自由贸易协议，以便此类累积实际可行。

下面摘录的议定书第3条第1款到第4款对对角累积的适用作了规定。特别是，第1款对对角累积在摩洛哥与保加利亚、瑞士、冰岛、挪威、罗马尼亚、土耳其和欧共体之间的适用作了规定。第2款对对角累积在摩洛哥、法罗群岛和其他地中海国家之间的适用作了规定。

“摩洛哥的对角累积

1. 在不损害第2条（2）项规定的前提下，如果产品在摩洛哥获得，加入了原产于保加利亚、瑞士（包括列支敦士登）、冰岛、挪威、罗马尼亚、土耳其或共同体的材料，此类产品应当视为原产于斯洛伐克，只要在摩洛哥进行的制造或加工超出了第7条所列的制造或加工范围。此类材料不必经过充分的制造或加工。

2. 在不损害第2条（2）项规定的前提下，在1995年11月27日和28日举行的欧洲—地中海会议上通过的《巴塞罗那宣言》的基础上，如果产品在摩洛哥获得，加入了原产于法罗群岛或者本身为欧洲—地中海伙伴关系协议缔约方的任何其他国家（土耳其除外）的材料，此类产品就应视为原产于摩洛哥，只要在摩洛哥进行的制造或加工超出了第7条所列的制造或加工范围。此类材料不必经过充分的制造或加工。”

下述第3条第3款及第4款对不止一个国家参与了最终产品制造过程时的原产地分配标准作了规定。在此背景下，需要提醒的是，下文第3款所引用的第7条涉及微小制造或加工：

“3. 在摩洛哥进行的制造或加工未超出第7条所指的制造或加工时，只有在摩洛哥实现的增加值大于所使用的原产于第1款及第2款所列任一其他国家的材料的价值时，所制得的产品才能视为原产于摩洛哥。否则，所制得的产品应当视为原产于该产品在摩洛哥生产过程中所使用的原产材料中所占价值最高者的国家。

4. 原产于第1款及第2款所列某一国家、在摩洛哥未经任何制造或加工的产品，在出口到上述国家之一时，其原产地保持不变。”

为了充分理解欧洲—地中海累积规则的应用，必须对两个概念作进一步阐释。

原产地的分配

正如欧共体普惠制项下的原产地规则中的区域累积那样，一般而言，最终产品的原产地应当由其所经过的“最后制造或加工”加以确定，只要其所经过的制造或加工超出微小制造或加工的范围。

如果来自一个或多个国家的原产材料在进行最后制造或加工的国家无须经过超出微小加工范围的制造或加工被制成最终产品，则该产品的原产地应当分配给在该产品中所占价值最高的国家。为此，应当将在进行最后制造或加工的国家所实现的增加值——包括经充分加工的非原产材料价值——与原产于其他每一国家的材料价值进行比较。

如果材料或产品在出口国未经制造或加工，这些产品或材料出口到有关国家之一时，其原产地保持不变。

可变几何规则

欧洲—地中海累积中采纳的另一个概念是可变几何规则。根据这一规则，在获取原产资格时，只有在最后制造国和最终目的地国与所有缔约方（即所使用的所有材料的原产国）缔结了含有相同原产地规则的自由贸易协议的情况下，累积才能适用。未与最后制造国和最终目的地国缔结协议的国家原产的材料，应当视为非原产材料。

下面的例子就怎样根据前文所述第3条及第4条4款的规定确定原产地进行了阐释：

“（1）按最后的制造或加工进行原产地分配的例子。

将原产于欧共体的织物（HS品目5112；由未梳羊毛制得）进口到摩洛哥；由化学纤维短纤制成的衬料（HS品目5513）原产于挪威。在摩洛哥制成西装（HS品目6203）。

最后的制造或加工是在摩洛哥进行的；所进行的制造或加工（在本例中是指制成西装）超出了第7条所列的制造或加工的范围。

因此，西装获得了摩洛哥的原产资格，可出口到适用累积规则的其他国家。在本例中，如果摩洛哥与挪威之间未缔结含有泛欧洲—地中海原产地规则的自由贸易协议，根据可变几何规则，挪威产的衬料将作为非原产材料对待，该西装因而不能获得原产资格。

（2）当最后的制造或加工未超出微小加工范围时对原产地进行分配的例子；必须借助制造过程中所使用材料的最高价值加以确定。

原产于两个国家的便服套装的不同部件在欧共体进行包装。裤子和裙子原产于瑞士，价值为180欧元；夹克原产于约旦，价值为100欧元。在欧共体进行的微小加工（‘包装’）花去2欧元。经营者使用乌克兰产的塑料袋，价值为0.5欧元。最终产品的出厂价格为330欧元。

由于在欧共体进行的加工属于微小加工，因此，应当将在欧共体实现的增加值与所使用的其他材料的海关价值进行比较：

在欧共体实现的增加值（包括微小加工所花费的2欧元和塑料袋所花费的0.5欧元）=330欧元（出厂价格）-280欧元（180+100）=50欧元=在欧共体实现的‘增加值’

在瑞士实现的价值（180欧元）高于在欧共体实现的增加值（50欧元）及所使用的全部其他原产材料的价值（100欧元）。因此，最终产品具有瑞士的原产资格，并可出口到适用累积规则的其他国家。在本例中，如果欧共体与瑞士之间未缔结含有泛欧洲—地中海原产地规则的自由贸易协议，该便服套装应当作为非原产产品对待，因为瑞士产的原材料既未经充分加工，也未得益于原产地累积。

(3) 未经进一步制造或加工而出口的产品的例子。

将原产于欧共体的地毯出口到摩洛哥，未经进一步加工，两年后将其出口到叙利亚。该地毯的原产地不变，其向叙利亚出口时仍具有欧共体的原产资格。

在本例中，只有在欧共体与叙利亚之间签订了含有泛欧洲—地中海原产地规则的自由贸易协议的情况下，才能为从摩洛哥向叙利亚出口的货物签发优惠原产地证明。”

第3条第4a款保留了完全累积的规定。该规定最初存在于先前与突尼斯、摩洛哥和阿尔及利亚签订的原产地规则议定书中：

“4a. 为了执行第2条（2）（b）项的规定，在欧共体、阿尔及利亚或突尼斯制成的产品，在摩洛哥进行后续制造或加工时，其在欧共体、阿尔及利亚或突尼斯进行的制造或加工，应当视为在欧共体进行的制造或加工。依据这一规定，当原产产品是在两个或多个有关国家制造时，只有在其制造或加工超出了第7条所列制造或加工的范围的情况下，它们才能视为原产于摩洛哥。

将非原产棉纱线（HS品目5205）进口到欧共体，在那里织成织物（HS品目5208）。随后将该织物从欧共体出口到突尼斯，在那里剪裁并缝制成男衬衫（HS品目6205）。

根据制造或加工的累积规则，在欧共体进行织造被视为在突尼斯进行织造。这样一来，HS品目6205关于用纱线制成的规则就得到了满足，男衬衫由此便可获得原产资格。但是，由于其获得原产资格的方式不符合泛欧洲—地中海原产地规则中关于应当在同一个国家进行织造和缝制的规定，该男衬衫从突尼斯出口到马格里布和欧共体以外的其他国家时不能享受优惠。”

第3条第5款列明了泛欧洲—地中海累积制度运作所必须满足的条件。应当指出，根据先前签订的议定书，第4款中所包含的完全累积规定不受此类条件的限制：

“5. 只有在下列情况下，本条的累积才能适用：

(a) 符合《关税与贸易总协定》(GATT) 第24条的优惠贸易协议在获得原产资格所涉及的国家与目的地国家之间适用；

(b) 通过运用与本议定书规定相同的原产地规则，材料和产品已获得了原产资格；以及

(c) 在欧盟《官方公报》(C系列) 上发布公告，摩洛哥依其国内程序发布公告，说明适用累积所必须满足的要求。

本条所规定的累积应当自欧盟《官方公报》(C系列) 上发布的公告中所列日期起适用。摩洛哥应当通过欧委会向欧共体提供协议的细节，包括其生效日期及其适用于第1款及第2款所列的其他国家的相应原产地规则。”

对于地中海国家来说，最重要的条件是，采用累积制度的这一原则，是以这些国家之间订有符合1994年《关税与贸易总协定》第24条的自由贸易协议为条件的①。

自地中海累积的应用范围得到扩展时起，这一条件就一直存在，《约旦协定》所附的《关于第29条的联合声明》即是例证：

“《关于第29条的联合声明》

为了鼓励逐步建立一个广泛的欧洲—地中海自由贸易区，依据戛纳欧洲理事会和巴塞罗那会议的结论，缔约各方：

● 同意缔结关于‘原产产品’定义的第三议定书，以便在地中海国家之间的自由贸易协议达成并生效之前实行对角累积；

● 重申其协调欧洲—地中海各个自由贸易区之间的原产地规则的承诺。必要时，联盟理事会应当采取措施对议定书进行修订，以便实现这一目标。”②

第5款以其新的形式不仅要求在地中海国家之间建立自由贸易区，而且可理解为要求这些自由贸易区国家所采用的原产地规则必须和与欧盟订立的原产地规则相同。

考虑到目前地中海区域的状况，尽管出现了地区间贸易和自由贸易区复兴的新迹象，但在该区域内创建一个与第24条的标准相符的完整自由贸易区网络，

① 参见A. Tovias：《乌拉圭回合后区域主义和多边主义中的“欧盟与地中海国家”》，欧洲大学出版社，布鲁塞尔，1977年。

② 参见COM (97) document 554 final of 29/10/1997。

仍需假以时日。事实上，在地中海国家之间已签订了一系列双边协议，但是，这些协议并未实现“实质性全部贸易”自由化，而且，其在实施上也是滞后的。

对角累积在地中海国家之间适用时，适用对角累积的第二项要求也不容忽视。就是说，这些国家应当采用相同的原产地规则。这一条件虽然在先前订立的议定书中的表述不是很明确，但目前的草案似乎表明，在地中海国家之间建立自由贸易区时，应当采用相同的欧共体原产地规则。这不仅对于这些国家向欧共体出口，而且对于这些国家之间的贸易，都会在满足特定原产地规则的要求时造成困难。

除非在地中海国家之间启动了实质性贸易自由化进程，否则，欧共体仍将作为双边自由贸易区网络的中心。在此情形下，欧共体有可能成为投资者的潜在“轴心”。投资者可将其工厂设在欧共体境内，以便从所有地中海成员方及其市场的优惠准入中获益。除非地中海成员方之间订立自由贸易区，否则，这些国家就有可能沦落为“辐条”的角色，因为逆向操作是不可能的。这样一来，设在欧共体成员以外的其他国家的工厂，只能进入欧共体市场以外的“辐条”国家相当有限的国内市场。

为了避免出现这一情况，人们预料地中海国家之间会展开建立自由贸易区的谈判，以搭建欧洲—地中海自由贸易区的第二根支柱。几乎在展开欧洲协议谈判的同时，作为《中欧自由贸易协定》（CEFTA）成员的国家启动了此类区域贸易自由化的进程。

9. 欧共体原产地规则的最新发展

本章第一节第五部分对关于草签经济伙伴关系临时协议的最新发展及欧委会关于 2009 年新的普惠制项下的原产地规则新建议作了介绍。下面将就提出这些动议的背景作深入讨论。正如本章第二节所提到的那样，随着《关于优惠贸易安排中原产地规则前景的绿皮书》[①] 的公布，欧委会，特别是海关与税务总司（简称“DGTAXUD”）及贸易总司（简称“DG Trade”）着手逐步对欧共体的优惠原产地规则进行反思。最近，为了跟上最迟于 2007 年 12 月 31 日与非加太国家达成经济伙伴关系协议的步伐，这种反思进程加快了[②]。

这份《绿皮书》是与欧共体原产地规则政策传统路径的分道扬镳。首先，它表明欧委会支持将基于“增值测试”的充分加工评估方法作为出发点。根据这一方法，“用进口的非原产材料制造或加工而成的产品，如果其在一国（或者在进行累积的某一区域）所实现的增加值至少达到以最终产品生产净成本百分比表示

---

① 欧委会向欧共体理事会的通报，布鲁塞尔未来优惠贸易安排取向中的原产地规则，16. 3. 2005 COM（2005）100 final。

② 参见《科托努伙伴关系协定》第 37 条，刊登于 Courier 附录，2000 年 9 月。

的某一临界值（‘当地或区域价值成分’最低值），该产品可视为原产产品”。《绿皮书》还引入了一系列新的累积模式。

其次，《绿皮书》还提出了修改欧共体现行原产地管理和核查程序的各种备选方案。《绿皮书》的这一部分将在本书第六章“原产地规则的管理”中论及。

欧委会支持采用增值测试方法的声明打破了之前30多年里倾向采用税目改变作为充分制造或加工界定方法（机电产品除外）的惯例。尽管泛欧模式原产地规则中以税目改变连同一份冗长的例外清单作为普遍标准的惯例已被包含所有产品的产品特定规则的单一清单所取代，但是，大多数规则仍然广泛采用《协调制度》加以界定，更具体地说，是采用包含例外情况说明的税目改变和特定的制造或加工工序要求加以界定。当计算的要素涉及增值测试时，这种转变显得更加不同寻常。因为自20世纪70年代以来，在优惠原产地规则中采用百分比规则时，使用外国原材料占出厂价格最大值的概念已成为欧共体的惯例。而且普惠制方案的受惠国①一直认为，这种计算方法比增值计算方法更有利。

最为引人注目的因素或许是，增值百分比是以生产净成本的百分比表示的。生产净成本的概念是从北美自由贸易区的实践中借鉴过来的（将在下一节中进一步阐释）。但这一概念在北美自由贸易区的实施过程中困难重重。为此，这一概念在美国其后进行的自由贸易谈判中的采用是有限的并逐步遭到摈弃。

欧委会的《绿皮书》提出了渐进的改革方式，即新的政策将首先应用于普惠制项下原产地规则的框架中，其后才应用于经济伙伴关系协议的框架中。

也许是因为《绿皮书》中包含了背离欧共体传统原产地政策的一系列重大变化，并提出了一些有争议的技术性选项，新的政策及其具体实施在欧委会内遭到了批评。改革的内容及其在欧委会工作中的先后顺序等方面的意见分歧使改革受到了迟滞。但是，经济伙伴关系协议谈判的最后期限所带来的压力，以及非加太国家强调就经济伙伴关系协议中的原产地规则重新进行谈判，这些因素都为欧委会采取共同行动提供了新的推动力。

根据《绿皮书》的精神，欧委会在一份文件②中勾画了欧共体与非加太国家进行磋商时可能采纳的原产地规则公约草案的轮廓。该协议拟作为一个保护伞，以便将希望参加该公约的整个非加太区域涵括在内。在撰写本书时，这一公约的法律地位尚不明确。但是，其主要特征在经济伙伴关系临时协议的议定书中，或者在加勒比海论坛经济伙伴关系协议的原产地规则议定书中，均未得到反映。目前，考虑到包含该公约某些特征的普惠制改革建议所遭受到的批评，欧委会在着手采取行动时已变得更加谨慎。

---

① 参见本书第五章。

② 欧委会提交海关委员会的信息通报文件第133页，2007年3月。

该公约中的许多条款及其总体结构均反映了《绿皮书》旨在加强原产地主管机构之间相互合作的意图。

该公约赋予欧共体—非加太原产地联合委员会一项重要职责，即在该公约的实施阶段，经相互协商，联合委员会可以作出重要决定。根据该公约的第 2 条，欧共体—非加太原产地联合委员会享有以下权力：

“特别是，它应当建议：

(a) 除第 3 款所述事项外，对本公约进行修订；

(b) 采取本公约实施所需的任何其他措施。

3. 应当通过决议批准：

(a) 对附录（包括新的国家加入本公约所需的附录）进行修订；

(b) 因对附录进行修订而对本公约进行其他修订；

(c) 依附录 1 第 3 章所规定的条件，就累积作出决议；

(d) 依附录 1 第 32 条所规定的条件，就背离本公约规定的事项作出决议；

(e) 在新成员方加入欧盟时需要采取的过渡措施。”

该委员会的实际和潜在作用将取决于其自身的议事规则、代表的层级及非加太国家代表的专业素质。

相对于先前的科托努规则，其最显著的变化在于，该公约不再把海关作为原产地管理的核心，而是由各国指定其原产地管理主管机构，其条件是，被指定的主管机构必须是政府机构的组成部分。该公约总体结构上的另一个重要方面，就是强调在原产地管理上的合作及责任共担。这方面的内容将在本书第六章中作进一步论述。

该公约基本的实体要素反映了《绿皮书》所提出的一些建议，具体有以下一些相关的变化：

● 保留了“完全获得产品”的概念，但草案显示了一定的灵活性，提出了简化船舶归属条件和取消对船员要求的可能性。

● 保留了单一、统一适用的“充分加工”临界值的理念。

● 根据生产净成本计算增值百分比标准的理念，已为达到具体附件所列的充分加工临界值的“当地价值成分”概念所取代。条文具体规定，对于某些产品，可以设定额外要求和特定临界值；还可对于某些产品规定需要满足的附加条件。较之《绿皮书》先前的“增加值”定义，新的定义似乎与欧共体传统上所采用的百分比标准更为接近。此外，该公约还明智地摒弃了先前打算将生产净成本作为计算百分比时的分母的想法。

● 该公约将“当地价值成分”定义为产品出厂价格与产品生产过程中所使用的非原产材料的海关价值之差。

该公约还包含了与区域累积有关的各种建议，保留了欧共体与非加太地区之间的完全累积，但附带了一些条件。

秉承泛欧原产地规则的精神，累积必须符合以下条件：

● 累积区域内的伙伴国之间适用相同的原产地规则。

● 订有连结各个伙伴国、允许进行累积并开展行政合作的法律框架。这显示出在所有累积伙伴国之间必须订有自由贸易协议的“一般”条件已有所放宽。

● 遵守累积的条件还必须以价值比较为基础：产品的“累积成分”超过以产品出厂价格的百分比表示的“累积临界值”，即可适用累积规则，并可赋予该产品原产资格。显然，这种“累积临界值”的概念，在很大程度上受到了从北美模式借鉴而来的“区域价值成分”的启发。

● 累积成分，为产品出厂价格与产品生产过程中所使用的所有进口材料的价值之差。人们也许会问，完全累积如何适用于基于进口材料价值的规则之中。这种方法是凭直觉进行计算的，由于在其计算公式中并未包含任何计算参数，因此无法将在不同国家进行的制造或加工累加计算。

根据欧委会最初起草的经济伙伴关系协议草案，应当依据单一的经济伙伴关系协议法律文本草案（由非加太国家经济伙伴协议原产地联合委员会管理的公约）进行累积，即

● 在确定原产地时，将每个地区视为单一的领土，作为单一的原产地（所有成员方均享受相同的优惠，否则需按国别进行原产地分配）；

● 允许在欧共体与每个地区（及其成员方）之间、在各个地区之间进行累积，在可能的情况下，还可以与其他国家或领土（海外国家或地区、邻近的发展中国家）进行累积，但必须符合累积的一般条件。该公约草案的一项注释提到，必须确定欧共体对南非——进行累积时的最重要国家——的立场。在《科托努协定》中与南非的累积有了经验后，如何与南非进行累积？欧委会在这方面的真正意图如何？该注释对此是含混不清的。

对于科托努规则，完全累积仍然予以保留，但必须满足许多要求。这些要求一方面是将非加太地区划分为若干次区域的结果，另一方面也反映出，欧共体强调必须在各国的原产地管理机构之间开展更多合作，并共担责任。

某一经济伙伴关系协议所涵盖的区域，可以不参与采用这种共同规则而独立于其他区域之外，在此情况下，该区域就不能与其他区域进行累积。

在实质性要求方面，公约中所包含的规则的宽严程度，主要取决于百分比的临界值，以及针对某些特定产品所设定的附加条件，这些要素在公约草案中均未明确。此外，需要针对多少种类的产品设定多少项不同的临界值，也不得而知。

在附加条件方面，重要的是将“制造”的定义涵盖在公约当中。公约第 5 条第 4 款规定：

“为了实施第 1（b）项及第 2（b）项（视为原产产品）的规定，‘制造’

是指符合下列条件的任何制造或加工：

● 需要特殊技术，或者为应用这些特殊技术而专门生产或安装的机器、装置或设备；

● 所制成的产品与所使用的材料之间存在实际差异（其自身特性、构成及特定品质）。

应当考虑制造或加工的性质及过程，以检验其是否符合条件。”

这些附加标准的性质及其逻辑不明确，也未遵循欧共体的惯例。在一定程度上，它们似乎仿效了早期欧共体统一适用的非优惠原产地规则[①]的表述。上述第二点所包含的定义使人想起了在美国的一个著名案例中法官针对“实质性改变”的最初定义所裁定的规则[②]。

在上述两种情况下，实质性标准以外的此类模糊标准造成了混乱，并给规则实施上的滥用和随意性大开方便之门。令人费解的是，为什么要重拾这一已为时代发展所摒弃的老办法。人们越来越认识到，此类一般定义已不能契合国际贸易的演变与发展。

正如本书第六章所分析的那样，该公约最重要的组成部分，是赋予非加太国家新的管理职责的原产地规则管理改革。

现行公约仅仅是一个草案，已散发给非加太国家征求意见。尽管如此，它揭示了欧委会不同部门（即海关与税务总司、贸易与发展总司）在建立欧共体原产地规则新规制的磋商中的某些倾向，并在很大程度上对经济伙伴关系临时协议中现行原产地议定书的内容产生了影响。

三、《北美自由贸易协定》中的原产地规则[③]

在做法及其经验上，美国的优惠原产地规则与欧共体的优惠原产地规则迥然不同，主要是因为美国对第三国采取了不同的贸易政策，与这些国家具有不同的贸易关系。

直到20世纪90年代初，美国所签订的双边协议还为数不多，其优惠关税关系都是围绕着普惠制、《加勒比海盆地倡议》、安第斯贸易优惠措施及《美国—以色列自由贸易协定》而展开的。当时，美国的优惠原产地规则是以美国普惠制

---

① 在欧盟，第一次在欧共体层面上形成统一的定义是在1968年：“其生产过程涉及一个以上国家的产品，应当视为原产于在某一企业进行最后的、实质性的、具有经济意义的制造或加工，并为此目的而进行装备，制成新的产品或者经过重要制造工序的国家。”

② “当一项产品经过制造或加工有了不同于原材料的名字、特征或用途时，即视为发生了实质性改变。”参见“Anheuser - Busch Brewing Assn. 诉美利坚合众国”案，207 US 556 (1907)。

③ 本节中的案例摘自美国关税与边境保护署网站，网址为 http：//www. cbp. gov/nafta/docs/us/guidproc. htm。

项下的原产地规则为基础，需要满足统一适用的35%的百分比标准①。

当《美国—加拿大自由贸易协定》达成时，美国处理优惠原产地规则的简单方法第一次发生了较大的变化。该协定所涵括的贸易总量及在随后的谈判期间出现的强大游说集团，均要求制定更为严格而具体的原产地规则。美加协议所包含的产品特定原产地规则，在《北美自由贸易协定》的谈判过程中很快演变成为当时最复杂和最详细的原产地制度。

正如一位评论员所描述的那样②，《加拿大—美国自由贸易协定》（CUSFTA）含有1498项单独的原产地规则，它们分布于20页的自由贸易协议相关附件当中③。《北美自由贸易协定》并未公布单独的原产地规则数目，但其相关附件（附件401）所列的具体规则达到148页（第2页至第150页）。较之《加拿大—美国自由贸易协定》的规定，《北美自由贸易协定》的原产地规则更严格、更具体，并因此而臭名昭著④。

《北美自由贸易协定》之所以这么复杂，部分源于谈判中的技术性选择，即税目改变方法的采用，部分源于游说集团的强烈要求及特定产业部门的介入。以上两方面的因素紧密交织在一起。拟订原产地规则时，在确定何时发生“实质性改变”的问题上，有多种技术性方案可供选择⑤。不言而喻，谈判者采用“税目改变”作为主要的原产地判定标准，就已经选择根据《协调制度》的内在结构确定产品特定原产地规则。这就使原产地规则容易受到那些希望尽量减少竞争的有关产业的影响。

美国并不是第一个采用《协调制度》作为主要的原产地判定标准的国家。事实上，在引入泛欧原产地规则之前的20年里，欧共体都一直将品目改变（CTH）标准作为主要的普通标准。但是，基于税目改变要求的一般标准附有一份长达70页左右的产品特定原产地规则清单。清单所列的产品适用各自的产品特定规则，而不适用基于税目改变的普通标准。

---

① 关于美国普惠制及加勒比原产地规则的讨论，参见Palmeter，D：《原产地规则抑或限制规则？对保护主义新形式的评价》，福德海姆国际法期刊，第1卷，1987年第（1）期，以及“包括《非洲增长与机遇法案》特点的美国普惠制指南”，联合国贸易与发展会议，2003年。

② Palmeter，D：《区域贸易协议中的原产地规则：乌拉圭回合后的区域主义和多边主义，共识、分歧及其相互作用》，欧洲大学校际出版社，布鲁塞尔，1997年。

③ 参见Palmeter，D：《自由贸易区的原产地规则：恩泽抑或水漂》，载于Dearden、Hart及Steger合著《与自由贸易共生：加拿大、自由贸易协议及GATT》，公共政策研究所和贸易政策及法律中心，渥太华，1989年，第41页、第47页。

④ 参见Estedeavordal，A，D. Miller：《美国与加拿大之间的原产地规则及贸易模式》，贸易及半球事务部，泛美开发银行，2002年。

⑤ 关于拟订原产地规则的讨论，详见本书第五章。

美国与欧共体在利用《协调制度》制定原产地规则方面的主要区别，在于《北美自由贸易协定》及该协定的类似原产地规则对《协调制度》的细化或分解程度。利用全部6位数编码［在《北美自由贸易协定》中有时还利用税目一级编码（即8位数编码——译者注）］制定原产地规则，是现行的美国模式与欧共体模式的主要区别之一。

如本书第二章所述，美国在《北美自由贸易协定》中所取得的经验及其税则归类改变（CTC）方法，已对协调工作计划（HWP）及一揽子协调非优惠原产地规则的谈判方法产生了重大影响。

如上所述，在拟订原产地规则时，欧共体采用了从特定制造或加工到最高进口成分及基于《协调制度》的税则归类改变等各种方法。但是，欧共体在利用《协调制度》制定原产地规则时，往往仅基于品目一级（4位数），从不像《北美自由贸易协定》那样，基于子目一级（6位数）或者税目一级（参见《北美自由贸易协定》的税目）。

《北美自由贸易协定》的谈判者将原产地规则全面分解到《协调制度》项下的6位数子目，对于某些产品，甚至分解到8位数税目，由此就需要在不同国家的税目（《北美自由贸易协定》中关于税则税目的术语）之间进行协调。由于各国税目每年都会发生变化，海关关员每年都要重复进行繁琐的协调工作。

尽管北美原产地规则异常复杂，但是，在一些评论者和使用者看来，这些原产地规则在使用上还是相当方便的。其理由是，连私营部门都觉得，对《协调制度》的广泛应用使得原产地规则更有预见性，更具透明度。

毫无疑问，无论是在原产地规则的法律层面还是经济层面，北美原产地规则应用上的复杂性及其寓意都成为一个分水岭。因此，难怪加拿大和美国的行政管理部门实施《北美自由贸易协定》的实践，在许多方面成为一个学习样板，在后《北美自由贸易协定》时代，北美各国对于优惠原产地规则的态度也逐渐发生了变化。

造成北美原产地规则如此复杂和详细的一个重要原因，是在《北美自由贸易协定》的谈判过程中被大肆宣传的北美各国对丧失就业机会的担忧。这种忧虑部分源于这样一种观点，即北美各国的工业将迁移到低成本的墨西哥，以获得市场准入上的优惠，并与北美各国的国内产业展开竞争。一般而言，具有较强产业基础的发达国家在与发展中国家建成自由贸易区时，都会担心宽松的原产地规则所带来的贸易偏转或外迁效应会超出它们作为出口国所看重的潜在的贸易创造效应。这种担忧促使美国国内的生产商不断施压，要求在汽车①、纺织品和玩具制造业及彩色显像管等方面制定过细的原产地规则。例如，纺织行业所采用的“从纱线起步”规则，导致来自东亚的低成本中间原料被排除在北美自由贸易区原产纺织品的生产之外，除非进口的是天然纤维。这种排除规则在降低《北美自由贸易协定》的贸易创造效应的同时，最终为在墨西哥发展资本密集型产业提供了动力。有意迁移到墨西哥的美国纺织品公司必须投入更大量的资本，以满足《北美自由贸易协定》的原产地要求。

这些公司如要利用较低的劳动成本及《北美自由贸易协定》的优惠税率，可以选择：(1) 进口没有比较优势的美国棉纱；(2) 用进口的天然纤维或者从北美地区进口的织物进行加工②（由此贸易转移会越来越多）；或者 (3) 规定墨西哥及加拿大的纺织品生产商必须从美国的纺织厂购买纱线，其制成的服装才能获准免税销售给美国的消费者。“从纱线起步”规则与针对进口纺织品的高关税相互结合，将意味着北美地区的生产商更倾向于使用美国生产的织物，而不使用来自亚洲的更具竞争力的织物。

按照本章第二节第三部分所述，正如最近修改的《北美自由贸易协定规则》，以及与中美洲、哥伦比亚及秘鲁的自由贸易区谈判所展现的那样，《北美自由贸易协定》原产地规则也已经发生了演变。

与欧共体相比，美国在《北美自由贸易协定》模式规则的总体结构内，保持了不同程度的灵活性，以便根据不同伙伴国的贸易模式及贸易量定制各个自由贸易区的原产地规则。这种倾向同时也反映了累积在美国所签订的自由贸易协议中的相对重要性。就欧共体而言，累积被视为放宽原产地规则、鼓励区域内贸易的一项重要因素。在美国与拉丁美洲国家最近达成的自由贸易协议中，并没有在这些国家之间建立累积制度的打算。由此可见，美国并不像欧共体那样，在与伙伴国进行谈判时，坚持在不同的贸易协议中采用相同的原产地规则。由于目前没有在美国所签订的自由贸易协议下建立共同累积制度的打算，这就为保持这种灵活性提供了空间。

---

① 参见 Jonathan Cooper：《北美原产地规则及其对北美西北部汽车工业的影响》，载于《国际法与商务》，第 14 卷，1994 年第 2 期。同时参见 Joseph A. La Nasa III：《〈北美自由贸易协定〉项下的原产地规则：实质改变演变为客观透明的保护主义》，载于《哈佛国际法期刊》，第 34 卷，1993 年第 2 期。

② 参见 Richard H. Stringerg：《区域主义的矫正方法：应对北美自由贸易区的贸易转移效应》，载于《斯坦福国际法期刊》，第 29 卷，1993 年第 2 期。

（一）《北美自由贸易协定》中判定原产地的主要标准①

依据最初的《北美自由贸易协定》文本，一般而言，产品符合《北美自由贸易协定》原产地规则并据以享受该协定项下的关税优惠，有下列四种途径②：

——产品在北美自由贸易区内“完全生产或获得”，即它们不包含来自北美自由贸易区境外的任何材料；

——产品中虽然含有非原产材料，但符合产品特定原产地规则；

——产品是在北美自由贸易区内完全使用原产材料生产的，即生产过程中所使用的材料可含有非北美自由贸易区的材料，但这些材料符合《北美自由贸易协定》原产地规则；

——未组装件及与其零部件归入《协调制度》同一类别的货品，虽不符合产品特定原产地规则，但含有足够的北美区域价值成分（符合该类别的产品非常有限）。

（A）尽管存在着显著差异，归入第（1）类的产品仍然与《京都条约》及欧共体原产地规则中所使用的完全获得产品的普通清单及概念相符：

（a）在北美自由贸易区一个或多个国家境内提取的矿产品；

（b）在北美自由贸易区一个或多个国家境内收获的蔬菜或其他产品；

（c）在北美自由贸易区一个或多个国家境内出生并饲养的活动物；

（d）在北美自由贸易区一个或多个国家境内狩猎、捕获或捕捞获得的产品；

（e）在北美自由贸易区某一国家注册或备案并悬挂其国旗的船舶，在海上获得的鱼类、甲壳类动物或其他海洋生物；

（f）在加工船上用上述（e）项所述货品生产的产品。与获得上述货品的船舶一样，该加工船是在北美自由贸易区同一国家注册或备案，并悬挂其国旗；

（g）北美自由贸易区某一国家或该国的个人，从该国的领水以外的海床或海床下面获得的产品，只要该国对该海床享有开采权；

（h）北美自由贸易区某一国家或该国的个人从太空获得，并且未在非北美自由贸易区国家经过加工的货品；

（i）（1）在北美自由贸易区一个或多个国家境内生产所得到的废碎料，或者（2）在北美自由贸易区一个或多个国家境内收集的旧货，但这些货物仅适于回收原材料；或者

---

① 本节的例子及其他资料摘自 NAFTA D-11-5-1 备忘录，2003 年经加拿大税务署修订。

② 如果该货品被《北美自由贸易协定》定义为农产品，则出口商必须保证，其产品符合有关农产品的特定标准。出口商应当对《北美自由贸易协定》关于“农产品”的定义进行研究。经过加工的食品通常不视为《北美自由贸易协定》所定义的农产品，天然纤维（丝、棉等）及毛皮也作此论。

(j) 在北美自由贸易区一个或多个国家境内仅用上述第 (a) 项至第 (i) 项所列货物生产的货品，或者在生产的任何阶段仅用上述货物生产的货品；

(B) 大多数产品归入第 (2) 类。《北美自由贸易协定》的基本做法是列出具体产品的清单，对必须满足的特定要求作出规定：

(a) 税则归类改变 (CTC)；

(b) 税则归类改变 (CTC) 及区域价值成分；

(c) 区域价值成分。

(C) 归入第 (3) 类的产品是指，如果产品完全是在北美自由贸易区一个或多个国家仅使用原产材料生产，这些产品应当视为原产产品。此项规定包括使用符合北美自由贸易区原产地规则的零件或材料生产的产品，即使其中含有某些非北美地区产的原材料。

举例：像酒榨机之类的农业机器是在加利福尼亚制造的，所有原产零件均符合要求，即使零件中含有非北美地区产的金属。本例中的差别在于，外国产的材料已在北美地区发生了改变，足以制成全新的原产零件。这些原产部件随后被用于制造原产的酒榨机。

(D) 如果某一产品不符合产品特定原产地税目改变规则——在第 (4) 类所规定的两种有限情形下——即使附件 401 所列产品特定原产地规则中并未包含区域价值成分的规定，该产品也可符合区域价值成分 (RVC) 要求。这些规定不适用于归入《协调制度》第 61 章至第 63 章的产品 (服装及其他纺织制成品，例如，毯子、床上用品和包装用袋)。该产品完全在北美自由贸易区一个或多个国家境内生产，其中一种或多种非原产材料在《协调制度》中按产品生产过程中所使用的零件归类，但未发生税则归类改变，这时就会适用上述两种情形，因为：

● 该货品是以未组装件或拆散件的形式进口到北美地区，但在《协调制度》中是按已组装的货品归类。

零件与最终产品归入同一品目或子目 (只要该货品及其零件在《协调制度》品目的商品描述中均具体列名，未再细分子目，或者均在《协调制度》子目中具体列名)。

来自德国的自行车组件在加拿大组装并在北美自由贸易区境内销售，如果符合区域价值成分要求，该自行车可视为原产货物。

● 该货品使用进口到北美自由贸易区国家的材料生产，在《协调制度》中是按零件归类，而这些零件与其最终产品归入同一子目或未拆分品目项下。

理发椅及其零件在《协调税则》(HTS) 中均归入子目 9402.10 项下。

不难想象，大多数货品归入第 (2) 类，因为当今大多数产品都含有非原产材料，下面提供一些例子并附带其解释性说明，以更好地揭示北美原产地规则所包含的技术性及其本质：

产品：面包、糕点、蛋糕、饼干（HS 子目 1905.90）。从欧洲进口的非北美地区产的原材料：面粉（归入《协调制度》第 11 章）。

原产地规则："从任何其他章改变至品目 1902 至 1905"。

解释：对于归入《协调制度》品目 1902 至 1905 的产品，所有非北美地区产的原材料必须归入除《协调制度》第 19 章以外的其他章，所制得的产品才能享受《北美自由贸易协定》的关税优惠。这些经过烘焙的货品应当可以享受《北美自由贸易协定》的关税优惠，因为其非原产材料不归入《协调制度》第 19 章（面粉归入第 11 章）。但是，如果这些产品是由非原产的调制品制成，这些产品就不符合要求，因为调制品与已烘焙的货品均归入《协调制度》第 19 章。

（二）微小含量

与泛欧原产地规则一样，《北美自由贸易协定》原产地规则也规定了"微小含量"规则。事实上，北美原产地规则对税则归类改变标准的依赖给这一规则的应用留下了余地。税则归类改变标准要求所有非原产材料必须发生了所规定的改变。由此得知，即便含有很低比例的材料也会导致产品丧失原产资格。《北美自由贸易协定》包含了微小含量条款，其规定，只要此类材料不超过按 FOB 价格调整后的成交价格（有时是产品的总成本）的一定百分比（多数情况下为 7%），该产品仍然符合原产产品要求。

此外，因有关材料未发生所规定的税则归类改变而必须符合最低区域价值成分要求时，如果产品生产过程中所使用的所有非原产材料的价值不超过规定的微小含量值，就无需对该成分进行计算。

但是，如果有关货品适用微小含量的容忍规则后仍然必须符合区域价值成分要求，才能取得原产资格（就是说，如果所有非原产材料的价值超过了所适用的微小含量容忍度），那么，在计算区域价值成分时，所有非原产材料的价值均应予以考虑。

某一生产商从台湾购入便宜的纺织材料制手表带（美国《协调税则》品目 9113），与原产的机械手表机芯（《协调税则》品目 9108）及原产的手表表壳（《协调税则》品目 9112）进行装配。表带的价值低于按 FOB 调整后的手表成品（《协调税则》品目 9102）价值的 7%。

附件 401 针对《协调税则》品目 9102 的原产地标准为：

从其他任何章改变至品目 9101 至品目 9107；或者

从品目 9114 改变至品目 9101 至品目 9107，无论是否从其他章改变至此，只要其区域价值成分不低于：

(a) 60%（采用成交价格方法计算）；或者

(b) 50%（采用净成本方法计算）。

只有非原产材料才须经过所规定的税则归类改变：在本例中指的是纺织材料

制的表带。该表带并未满足所规定的税则归类改变要求，但是，由于其价值低于按 FOB 调整后的手表成品价值的7%，适用微小含量规则，这些手表可视为原产产品。

但是，也有相当多的产品被排除在外，某些类别的产品（例如，纺织品及服装）必须遵守特定的微小含量规定。第 405 条的微小含量规则不适用于下列材料：

● 某些奶制品，以及生产《协调税则》（HTS）第 4 章的产品所使用的制品；

●《协调税则》第 4 章的产品，以及生产含有乳、固状乳或乳脂的产品所使用的某些奶制品；

● 生产某些果汁或浓缩果汁所使用的某些水果及果浆；

● 生产未加香速溶咖啡所使用的咖啡豆（注释：附件 401 针对未加香速溶咖啡的原产地标准是允许含有不超过 60% 的非原产咖啡，因此，实质上是允许其中含有非原产材料）；

● 生产《协调税则》第 15 章的产品所使用的同样归入第 15 章的油、脂及其相关产品（橄榄油、棕榈油及椰子油除外，它们应当适用微小含量规则）；

● 生产《协调税则》品目 1701 至品目 1703 的糖、糖浆及其他产品所使用的蔗糖及甜菜糖；

● 生产巧克力及含有可可的其他食品所使用的《协调税则》第 17 章的糖、糖蜜、糖果及其他货品，以及《协调税则》品目 1805 的可可粉；

● 生产《协调税则》品目 2207 至品目 2208 的含酒精饮料及相关产品所使用的《协调税则》品目 2203 至品目 2208 的啤酒、果酒及其他经发酵的饮料；制造诸如冰箱、冷藏箱、空调器、火炉、炉灶、垃圾捣碎机、干燥器及洗衣机等大件器具的任何非原产材料；

● 生产某一货品所使用的印刷电路组件，只要附件 401 针对该货品的标准中对这些印刷电路组件的使用有限制。

纺织品。与泛欧原产地规则一样，纺织品与服装也适用特别的原产地规则。对于归入《协调制度》第 50 章至第 63 章的纺织品，适用微小含量规则时，是按货品所含成分的重量（而非价值）确定其税则归类（根据《协调制度》的归类总规则确定）。

墨西哥某生产商生产女式衬衫，其衣身是针织的，其衣袖是机织的。针织衣身由按重量计 60% 的棉、35% 的羊毛及 5% 的人造丝构成。衣袖由 100% 的日本产涤纶织物制成。由于针织衣身赋予整件服装的基本特征，因而该衬衣归入 HTS 子目 6106. 10。附件 401 针对 HTS 子目 6106. 10 的原产地标准为“从纱线起步”规则（参见本书第五章关于纺织品原产地规则的介绍）。假设衣身中的棉及羊毛成分符合“从纱线起步”规则，即使人造丝是来自中国，该服装仍应视为原产产品，因为其符合微小含量的规定。在确定该衬衣是否属于原产产品时，衣袖可忽略不计，因为在适用微小含量的规定时，仅需考虑确定该货品税则归类的成分。

农产品。第405条的微小含量规则并不适用于《协调制度》第1章至第24章所列的农产品，除非非原产材料与最终产品归入不同的子目。

以零售包装形式销售的研磨咖啡（《协调税则》子目0901.21）产自墨西哥。其中大部分咖啡豆是在墨西哥种植及烘焙，但是，为了赋予咖啡一种独特的风味，生产商添加了一些肯尼亚产的已烘焙咖啡豆（《协调税则》子目0901.21）。按FOB调整后的每一零售包装的成交价格计算，肯尼亚产的咖啡豆占成交价格的5%。附件401针对HTS品目0901所规定的原产地标准为：

从任何其他章改变至品目0901至品目0910。

该咖啡不能视为原产产品，因为，肯尼亚产的咖啡豆未发生所规定的税则归类改变。微小含量规则不适用，因为肯尼亚产的咖啡豆与最终产品归入同一子目。

注释：如果绿（未烘焙的）咖啡是从肯尼亚进口，并在墨西哥经过烘焙，那么，可以适用微小含量规则，因为，绿咖啡豆是归入《协调税则》子目0901.11——归入不同的子目。由此制成的研磨咖啡将符合原产产品的要求。

雪茄烟及香烟。针对这些产品的微小含量要求为按FOB调整后的成交价格的9%，而不是7%。

位于北美自由贸易区某国的生产商A，使用原产材料及非原产材料生产品目7402的铜阳极。《北美自由贸易协定》针对品目7402的产品特定原产地规则规定，必须发生由其他章改变至该品目的税则归类改变，但对该品目未规定有区域价值成分要求。因此，为了使铜阳极符合表I所列规则而获得原产资格，生产商A在生产铜阳极的过程中不能使用归入第74章的任何非原产材料，除了品目7404所列的少量废铜（与铜阳极归入同一章）以外，所使用的所有材料均应为原产材料。根据微小含量规则，如果非原产废铜的价值不超过铜阳极成交价格或者铜阳极总成本的7%（无论适用哪一规则），该铜阳极均可视为原产产品。

位于北美自由贸易区某国的生产商A，使用原产材料及非原产材料生产子目8414.51的吊扇。子目8414.51列出了两种可供选择的产品特定原产地规则，一种规则规定必须发生由其他品目改变至该子目的税则归类改变，另一种规则规定，必须发生由吊扇零件所属子目改变至该子目的税则归类改变，同时必须符合区域价值成分要求。因此，为了使吊扇符合第一种规则而获得原产资格，与吊扇零件归入同一子目、用于生产吊扇成品的所有材料必须为原产材料。在本例中，生产吊扇所使用的非原产材料满足该规则所规定的税则归类改变要求，即除了与吊扇零件归入同一子目的非原产材料以外，发生了由任何其他品目改变至该子目的税则归类改变。根据微小含量规则，未满足第一种规则所规定的税则归类改变要求的非原产材料，如其价值不超过吊扇成交价格或者吊扇总成本的7%（无论适用哪一规则)，该吊扇均视为原产产品。因此，根据微小含量规则，该吊扇无需同时满足税则归类改变和区域价值成分要求的选择性规则。

位于北美自由贸易区某国的生产商A，使用原产材料及非原产材料生产子目3923.29的塑料袋。表I所列的规则规定，除了子目3920.20或子目3920.71中的某些塑料以外，必须发生由任何其他品目改变至该子目的税则归类改变，同时必须满足区域价值成分要求。因此，根据这一规则中的税则归类改变要求，为了使塑料袋获得原产资格，归入子目3920.20或子目3920.71并用于生产塑料袋的任何塑料都必须是原产材料。在本例中，除了归入子目3920.71的少数塑料以外，生产塑料袋所使用的非原产材料符合所规定的税则归类改变要求。《北美自由贸易协定》的产品特定原产地规则规定，如果不满足税则归类改变标准的非原产塑料价值不超过塑料袋成交价格或塑料袋总成本的7%（无论适用何种规则），该塑料袋可视为原产产品。这本例中，不满足税则归类改变标准的非原产材料，其价值并未超过7%的限制。但是，针对子目3923.29的产品特定原产地规则规定，必须同时满足税则归类改变标准及区域价值成分要求。因此，根据《北美自由贸易协定》的规则，这些塑料袋为了获得原产资格，还要满足该规则所规定的区域价值成分要求。根据微小含量规则，在计算该塑料袋的区域价值成分时，未满足税则归类改变标准的非原产材料价值，以及生产塑料袋所使用的所有其他非原产材料价值，均应予以考虑。

位于北美自由贸易区国家某国的生产商A，使用品目5112的精梳羊毛制作子目6204.41的女式连衣裙。细毛织物同样由生产商A生产，作为连衣裙的面料，这些细毛织物决定了该连衣裙归入子目6204.41。《北美自由贸易协定》针对子目6204.41（连衣裙归入该子目）的产品特定原产地规则规定，除了某些纱线及织物（其中包括精梳羊毛及羊毛织物）所归入的品目及章以外，必须发生由任何其他章改变至该子目的税则归类改变。同时规定，产品的剪裁、缝制或其他拼合工序必须在一个或多个北美自由贸易区国家的境内完成。因此，根据这一规则中的税则归类改变要求，为了使连衣裙获得原产资格，生产商生产连衣裙时所使用的精梳羊毛纱线及细毛织物都必须是原产材料。生产商A在生产细毛织物时使用了少量的非原产精梳羊毛纱线。根据微小含量规则，如果非原产精梳羊毛纱线的总重量不超过生产连衣裙面料（决定连衣裙的税则归类）所使用所有纱线总重量的7%，该连衣裙将视为原产产品。

（三）《北美自由贸易协定》中的区域价值成分

如果认为税则归类改变标准不适用，《北美自由贸易协定》还规定了特定的“区域价值成分”①，以便使某一产品获得《北美自由贸易协定》的关税优惠。尽

① 参见“原产地规则，区域价值成分，《北美自由贸易协定》事实说明文件5011”。

管美国谈判代表在非优惠原产地规则的谈判中对此类规则表示怀疑和不屑一顾，但这些区域价值成分的计算仍然适用。

该规则通常规定，北美成分至少必须达到某一产品价值的50%才能享受《北美自由贸易协定》的待遇。区域价值成分规则在汽车产品及化工品方面应用广泛，但在其他产品领域的使用相当有限①。

根据《北美自由贸易协定》的规定，区域价值成分的计算方法有两种：成交价格或净成本。两种计算方法的公式将在下文进行介绍，其区别在于计算中所使用的成本基础：

● 成交价格一般是指为某一货品实际支付或应当支付的价格；

● 净成本方法要从等式中减去促销、营销及售后服务成本、特许权费、运输及包装成本，以及某些利息成本。

因为采用成交价格计算区域价值成分时，其基数更大，其所需的区域价值成分高于用净成本计算时所需的区域价值成分。多数情况下，用成交价格计算时所需的区域价值成分为60%，用净成本计算时所需的区域价值成分为50%。

一般而言，出口商及生产商可以选择其更愿意采用的估价方法，但也有例外。对于汽车产品、鞋袜及文字处理机，只能采用净成本方法。对于其成交价格不可接受的产品，情况也是如此。对于在进行区域价值成分"累积"时被指定为"中间材料"的货品，也必须采用净成本方法。

一般而言，成交价格方法在使用上更为简便，但生产商可以选择对其最为有利的方法。

按成交价格法计算的非原产材料价值，以世界贸易组织（WTO）海关估价规则计算的货物成交价格的百分比表示。该成交价格是依据WTO《海关估价协定》的原则，经过对包装及其他项目进行调整后，为货物实际支付的总价格。该方法的本质在于，非原产材料的价值可按货物发票价格的百分比计算，而该发票价格通常为实际支付的价格。因为成交价格方法允许生产商将境内产生的所有成本及利润计算在内，所以，按该方法计算所得出的区域价值成分（RVC）的百分比，高于按净成本方法计算所得出的百分比。这种方法在一定程度上类似于泛欧模式中百分比的计算方法，因为它是基于倒扣法，而不是像净成本方法那样，按增加值计算。这些不同的计算方法在原产地规则的管理中可能具有决定性意义，这将在本书第六章中作进一步论述。

如前所述，《北美自由贸易协定》中存在着许多不能采用成交价格方法而只能采用净成本方法的情况。当成交价格不存在，或者在某些关联交易中，或者在

① 值得注意的是，区域价值成分测试并非可供出口商普遍选择的方法，但在附件401特定规则中列出的可以使用。

涉及某些汽车及其零件的情形下，生产商需要累积区域价值成分，以及需要确定指定的中间材料的区域价值成分时，必须采用净成本方法。运用成交价格方法的计算结果对其不利时，生产商也可转而采用净成本方法。

采用成交价格法计算区域价值成分的公式为

$$RVC = \frac{TV - VNM}{TV} \times 100\%$$

其中，RVC 以百分比表示；TV 为在 FOB 价格的基础上经过调整的货物成交价格；VNM 为生产商在货品的生产过程中所使用的非原产材料的价值。

按净成本法计算的区域价值成分价值，以商品生产过程中所产生的净成本的百分比表示。净成本是指生产商所产生的总成本减去促销（包括营销及售后服务）费用、特许权费、运输及包装成本，以及不许计入的利息成本。采用净成本方法所需的成分比例低于采用成交价格方法所需的成分比例，因为在净成本的计算中扣除了某些费用。

采用净成本法计算区域价值成分的公式为：

$$RVC = \frac{NC - VNM}{NC} \times 100\%$$

其中，RVC 以百分比表示；NC 为商品的净成本；VNM 为生产商在商品生产过程中所使用的非原产材料的价值。

以下是基于区域价值成分的原产地规则举例：

产品：木制家具。非北美产的原材料：归入子目 9403.90 的家具零件。

"从任何其他章改变至子目 9403.10 至 9403.80；或者从子目 9403.90 改变至子目 9403.10 至 9403.80，只要其区域价值成分不低于：

● 采用成交价格计算：60%；或者

● 采用净成本计算：50%。"

解释：在两种情况下，木制家具可以享受《北美自由贸易协定》的关税优惠——税则归类改变，或者同时满足税则归类改变及区域价值成分要求。

第一选项——税则归类改变规则——要求所有非原产材料不得归入《协调制度》第 94 章（家具及寝具）。由于所有非原产材料（家具零件）归入第 94 章（子目 9403.90），因此，最终产品不能依据税则归类改变规则获得原产资格。但是，其可通过该规则的第二种选择获得原产资格。第二选项有两个要件——税则归类改变及区域价值成分要求。税则归类改变要求是可以得到满足的，因为非原产材料（家具零件）是按具体列名归入子目 9403.09。但该产品必须满足采用成交价格方法或净成本方法计算的区域价值成分要求。采用净成本方法计算，如果满足以下价值要求，该家具可以享受《北美自由贸易协定》的关税优惠。本例中区域价值成分的计算见表 3.15。生产商为每件货品所花费的净成本为 182 美元（不包括运输费、包装费、特许权费等）。每件货品的成交价格为 200 美元。非原产零件的价值为 90 美元。

表 3.15 计算举例

成交价格方法	净成本方法
（200 － 90）/200×100＝55	（182 － 90）/182×100＝50.5
依据成交价格方法，该货品不具备原产资格，因为其未满足至少60%区域价值成分的要求。	依据净成方法，该货品具备原产资格，因为其满足至少50% 的区域价值成分的要求。

使用日本产的卷发零件（子目8516.90）在墨西哥制造的电热烫发钳（子目8516.32）。每个烫发钳售价为 4 美元；非原产的卷发零件的价值为 1.80 美元。根据附件401 的规定，子目8516.32 的原产地规则为：

● 从子目8516.80 或其他任何品目改变至子目6516.32；或者

● 从子目8516.90 改变至子目6516.32，不论是否同时从子目8516.80 或其他任何品目改变至此，只要其区域价值成分不低于：

● 采用成交价格方法计算：60%；或者

● 采用净成本方法计算：50%。

因为在本例中没有发生税则归类改变，本规则中的第一选项不能得到满足。因此，生产商必须搞清楚，根据第二选项，该烫发钳是否获得原产资格。在第二选项中，因为所需的子目改变已经得到满足（从子目8516.90 改变至子目8516.32），下一步就要计算其区域价值成分。采用成交价格方法，其区域价值成分为

$$\frac{(4.00\ -\ 1.80)}{4.00}\times 100\%\ = 55\%$$

根据这一方法，烫发钳不能视为原产货物，因为采用成交价格方法计算时，其所需区域价值成分为60%。生产商转而采用净成本方法。烫发钳的总成本为3.90 美元，其中包括0.25 美元的运输及包装成本，没有特许权费、促销或者不许计入的利息成本。因此，其净成本为3.65 美元。根据净成本方法，其区域价值成分为

$$\frac{(3.65-1.80)}{3.65}\times 100\%\ = 50.1\%$$

该烫发钳可视为原产货物，因为采用净成本方法计算时，其所需区域价值成分为50%。

（四）采用净成本方法计算的某些方法及举例

在实施《北美自由贸易协定》及基于北美模式的类似协议的过程中，净成本方法因其计算复杂而广受批评。此外，净成本方法在《北美自由贸易协定》中的应用受到广泛关注，是因为它是作为以累加增值来计算百分比标准的唯一方法，

适用于北美自由贸易区的巨大贸易流。

如前所述，美国在普惠制、《非洲发展与机遇法案》及给予加勒比海与安第斯国家的贸易优惠等一系列单边安排中，均采用累加增值计算方法。最近，这一方法还被应用到摩洛哥与约旦签订的自由贸易协议中，尽管同时订立了一长串的产品特定规则，作为一般增值规则（VAR）的例外。

美国对增加值的要求显然是受到最近这些安排中贸易流的影响。纺织品及服装因被排除在普惠制之外，无需订立产品特定规则。但是，当《非洲发展与机遇法案》、约旦与摩洛哥签订的自由贸易协议等贸易安排中包含了纺织品及服装时，就要纳入产品特定规则，此时，一般增值要求就不再适用于这些产品。

对于那些正在进行原产地规则谈判的国家或地区来说，《北美自由贸易协定》及北美模式原产地规则中净成本或累加增值计算方法上的经验教训令人特别感兴趣。在对本书第五章中述及的草拟原产地规则的选择和方法进行讨论时，下文中从《北美自由贸易协定》资料中摘录的实例和评论是值得考虑的。

下文述及的实例阐明了北美原产地规则变得多么的复杂，揭示了基于累加计算增加值的方法的主要弊端，即（1）允许计入成本的定义；（2）向关联方销售；（3）工厂生产的产品多于一种时对成本的分配；（4）外汇的波动①。

计算增加值时遇到的主要困难之一，在于界定哪些成本应当被分摊到货品的生产成本中，哪些成本应当忽略不计，如下文所举例子所示。

举例：位于北美自由贸易区 A 国的某一生产商，向位于北美自由贸易区 B 国的买方销售必须满足区域价值成分要求的商品 A。商品 A 的生产商选择采用净成本方法计算区域价值成分。所适用的区域价值成分要求为 50%。为了计算货品 A 的区域价值成分，生产商首先计算货品 A 的净成本。依据《北美自由贸易协定》第 6 条（11）（a）项的规定，净成本为货品 A 的单位总成本（产品成本、期间成本及其他成本之和），减去应当扣除的单位成本（促销、营销及售后服务费用、特许权费、运输和包装成本及不允许的利息成本之和）。生产商采用以下数据计算净成本：

产品成本：	
原产材料价值	30.00
非原产材料价值	40.00
其他产品成本	20.00
期间成本	10.00
其他成本	0.00

① 但是，这些因素并未穷尽《北美自由贸易协定》规定的库存管理的成本分配方法，以及不允许的利息成本的计算方法的详尽规则。

货品 A 的单总成本	100 美元
扣除的成本：	
促销、营销和售后服务成本	5.00
特许权费	2.50
运输和包装成本	3.00
不允许的利息成本	1.50
扣除的成本之和	12 美元
净成本为货品 A 的单位总成本减去扣除的成本：	
货品 A 的单位总成本：	100.00
扣除的成本	-12.00
货品 A 的单位净成本	88 美元

在计算区域价值成分时，需要计算净成本（88 美元）和非原产材料的价值（40 美元）。生产商采用净成本方法，按以下方式计算货品 A 的区域价值成分：

$$RVC = \frac{NC - VNM}{NC} \times 100$$

$$RVC = \frac{88 - 40}{88} \times 100$$

因此，根据净成本方法，货品 A 获得原产货物资格，其区域价值成分为 54.5%。

根据北美原产地规则，如果生产商将其大部分产品销售给关联方，则其区域价值成分应当采用净成本方法计算，如下例所述。

举例：依据第 6 条（6）（c）项的规定，向关联方销售的某些情况下，须采用净成本方法。1994 年 1 月 15 日，位于北美自由贸易区 A 国的生产商，向位于北美自由贸易区 B 国的关联方销售 1,000 单位的货品 A。自 1993 年 7 月 1 日至 1993 年 12 月 31 日止，该生产商向不同国家的关联方（包括该买方）销售了 90,000单位的相同或类似货物。在上述 6 个月内，该生产商向所有国家的所有买方销售了 100,000 单位的相同或类似货物。在上述 6 个月内，该生产商向关联方销售的相同或类似货物的总量，占该生产商向所有买方销售的相同或类似货物总量的 90%。依据第 6 条（6）（c）项的规定，该生产商必须采用净成本方法计算 1994 年 1 月销售的货品 A 的区域价值成分，因其已超出了 85% 的比例限制。

下面所举的例子涉及百分比计算中所固有的一个难点：当生产商生产不同商品时，对每一种产品成本的详细记录。为方便计算起见，应当设定一个标准，以便将成本合理分摊到每种货品当中。

如下面所举的例子所示，《北美自由贸易协定》允许选择不同的计算方法：

“货品的净成本可由生产商选择采用下列方法进行计算：

（a）计算该生产商生产所有产品时所花费的总成本，减去该总成本中所含的应予扣除的费用，并依表Ⅶ的规定，将余额合理分摊到该货品当中；

(b) 计算该生产商生产所有产品时所花费的总成本，依表Ⅶ的规定，将其合理分摊到该货品的总成本当中，并减去已分摊到该货品当中的成本所含的应予扣除的费用；或者

(c) 依表Ⅶ的规定，将构成该货品总成本一部分的每项费用进行合理分摊，使到这些成本总额中不包含任何应予扣除的费用。”

第（a）项所述情况的举例：

位于北美自由贸易区某国的生产商在其财政年度内生产货品A和货品B。该生产商采用其账本记录的反映货品A和货品B的所有成本的下列数据，计算这些货品的净成本：

产品成本：	
原产材料价值	2,000.00
非原产材料价值	1,000.00
其他产品成本	2,400.00
期间成本：(包括应予扣除的成本1,200美元)	3,200.00
其他成本	400.00
货品A和货品B的总成本	9,000美元

其净成本为货品A和货品B的总成本减去这些货品中应予扣除的成本。

货品A和货品B的总成本	9,000.00
应予扣除的成本	-1,200.00
货品A和货品B的总成本	7,800美元

然后，必须根据下文提到的指引，将净成本合理分摊到货品A和货品B当中。

第（b）项所述情况的举例：

位于北美自由贸易区某国的生产商在其财政年度内生产货品A和货品B。为了计算货品A和货品B的区域价值成分，该生产商使用了其账本中记录的与这些货品有关的下列数据：

产品成本：	
原产材料价值	2,000.00
非原产材料价值	1,000.00
其他产品成本	2,400.00
期间成本：(包括应予扣除的成本1,200美元)	3,200.00
其他成本	400.00
货品A和货品B的总成本	9,000美元

依据第6条（11）（b）项的规定，货品A和货品B的总成本随后依表Ⅶ的

规定被合理分摊到这些货品当中。其成本按以下方式进行分摊：

	分摊到货品 A	分摊到货品 B
总成本（货品 A 和货品 B 的成本 9,000 美元）	5,220 美元	3,780 美元

分摊到货品 A 和货品 B 当中的总成本所包含的应予扣除的成本（1,200 美元）依表Ⅶ的规定被从该数额中减去。

	分摊到货品 A 的应扣除成本		分摊到货品 B 的应扣除成本
应扣除的总成本：			
促销、营销及售后服务费用	500	290	210
特许权费	200	116	84
运输及包装成本	500	290	210
净成本（总成本减去应扣除的成本）		4,524 美元	3,276 美元

由此得知，货品 A 的净成本为 4,524 美元，货品 B 的净成本为 3,276 美元。

第（b）项所述情况的举例：

位于北美自由贸易区某国的生产商在其财政年度内生产货品 C 和货品 D。以下是该生产商的账本中记录的一月、二月和三月的成本，构成总成本一部分的每项成本，依表Ⅶ的规定被合理分摊到货品 C 和货品 D 当中。

	总成本：货品 C 及货品 D（千美元）	分摊到货品 C（千美元）	分摊到货品 D（千美元）
产品成本：			
原产材料价值	100	0	100
非原产材料价值	900	800	100
其他产品成本	500	300	200
期间成本（包括应扣除的成本 420 美元）	5,679	3,036	2,643
减去应扣除的成本	420	300	120
其他成本	0	0	0
	6,759 美元	3,836 美元	2,923 美元

第 3 条至第 7 条关于成本的合理分摊、相关方法及其范例摘录如下，用以阐明净成本方法或增值方法的复杂性及其详细程度。

“第 3 条

（1）当某一货品的生产商为了进行内部管理，采用一种成本分配方法，将直接材料成本或其中一部分分摊到该货品当中，并且以其利益、动机及其承受能力为标准，该方法又合理地反映了该货品的生产过程中所使用的直接材料时，应当采用该方法将成本合理分摊到该货品当中。

（2）当某一货品的生产商为了进行内部管理，采用一种成本分配方法，将直接劳动成本或其中一部分分摊到该货品当中，并且以其利益、动机及其承受能力为标准，该方法又合理地反映了该货品的生产过程中所使用的直接劳动时，应当采用该方法将成本合理分摊到该货品中。

(3) 当某一货品的生产商为了进行内部管理，采用一种成本分配方法，将一般管理费用或其中一部分分摊到该货品当中，而该方法是以其利益、动机及其承受能力为标准时，应当采用该方法将成本合理分摊到该货品当中。

第4条

依据第3条的规定无法合理分摊到某一货品当中的成本，可按以下方法来合理分摊到该货品当中：

(a) 对于直接材料成本，以其利益、动机及其承受能力为标准，可以合理反映该货品的生产过程中所使用的直接材料的任何方法；

(b) 对于直接劳动成本，以其利益、动机及其承受能力为标准，可以合理反映该货品的生产过程中所使用的直接劳动的任何方法；

(c) 对于一管理般费用，按下列任何方法：

(ⅰ) 附录A、附录B或附录C所列的方法，

(ⅱ) 附录A及附录B或者附录A及附录C所列方法的组合，以及

(ⅲ) 以其利益、动机及其承受能力为标准的成本分摊方法。

第5条

第3条或第4条所指的在本附录中某一生产商所使用的任何成本分摊方法，应当用于该生产商的整个财政年度。

无法进行合理分摊的成本

第6条

将下列任何成本分摊到某一货品当中，不得视为合理分摊：

(a) 某一货品的生产商向另一人提供服务所花费的成本，而该项服务与该货品无关；

(b) 停业处置所造成的损益；

(c) 根据其所适用的普遍公认的会计原则的具体要求编报的会计变更所反映的累积效果；以及

(d) 销售生产商的资本资产所造成的损益。

第7条

仅仅是为了使某一货品符合原产货品资格，根据第3条的规定，基于内部管理所采用的成本分摊方法对任何成本所进行的分摊，不得视为合理分摊。

附录A

成本比率法

成本比率的计算

对于需要进行分摊的一般管理费用，生产商可以其利益、动机及其承受能力为标准，选择一个或多个能够反映一般管理费用与该货品之间关系的分摊基础。

对于生产商所选择的能够对一般管理费用进行分摊的每种分摊基础，可以按下列公式计算出生产商所生产的每种货品的成本比率：

CR 为货品的成本比率；

AB 为货品的分摊基础；以及

TAB 为生产商所生产的全部货品的总分摊基础。

将一般管理费用中所含的成本分摊到某一货品中

按下列公式，将与所选择的分摊基础相关的成本分摊到某一货品当中：

$$CAG = CA \times CR$$

其中，CAG 为分摊到该货品当中的成本；

CA 为需要进行分摊的成本；以及

CR 为与该货品相关的成本比率。

应予扣除的成本

依据本附录第6条（11）（b）项的规定，需要分摊到某一货品当中的成本含有应予扣除的成本时，可以采用该成本被分摊到该货品时所使用的成本比率，用以确定从分摊到该货品的成本中减去的应予扣除的成本的数额。

成本的分摊基础

下面是生产商在计算成本比率时所使用的分摊基础的一份非穷举式清单：

直接人工工时

直接人工成本

已生产的产品单位

机器工时

美元或比索销售额

占地面积”

举例：

下列例子阐明了成本比率方法在计算一般管理费用中所含成本时的适用情况。

例1：直接人工工时

生产货品A和货品B的某一生产商，可以生产货品A和货品B所花费的直接人工工时为基础，对一般管理费用进行分摊。生产货品A和货品B总计花费了8,000个直接人工工时：生产货品A花去5,000个工时，生产货品B花去3,000个工时。需要进行分摊的一般管理费用为6,000,000美元。

比率的计算：

货品A：5,000工时/8,000工时＝0.625

货品B：3,000工时/8,000工时＝0.375

将一般管理费用分摊到货品 A 和货品 B：

货品 A：6,000,000 ×0.625 =3,750,000 美元

货品 B：6,000,000 ×0.375 =2,250,000 美元

例 2：直接人工成本

生产货品 A 和货品 B 的某一生产商，可以生产货品 A 和货品 B 所产生的直接人工成本为基础，对一般管理费用进行分摊。生产货品 A 和货品 B 总计产生了 60,000 美元的直接人工成本：生产货品 A 花去 50,000 美元，生产货品 B 花去 10,000 美元。需要进行分摊的一般管理费用为 6,000,000 美元。

比率的计算：

货品 A：50,000/60,000 =0.833

货品 B：10,000/60,000 =0.167

将一般管理费用分摊到货品 A 和货品 B：

货品 A：6,000,000 ×0.833 =4,998,000 美元

货品 B：6,000,000 ×0.167 =1,002,000 美元

例 3：已生产的产品单位

生产货品 A 和货品 B 的某一生产商，可以已生产的产品单位为基础，对一般管理费用进行分摊。已生产的货品 A 和货品 B 的总单位为 150,000：货品 A 为 100,000 单位，货品 B 为 50,000 单位。需要进行分摊的一般管理费用为 6,000,000美元。

比率的计算：

货品 A：100,000 件/150,000 件 =0.667

货品 B：50,000 件/150,000 件 =0.337

将一般管理费用分摊到货品 A 和货品 B：

货品 A：6,000,000 ×0.667 =4,002,000 美元

货品 B：6,000,000 ×0.333 =1,998,000 美元

例 4：机器工时

生产货品 A 和货品 B 的某一生产商，可以生产货品 A 和货品 B 所利用的机器工时为基础，对一般管理费用进行分摊。生产货品 A 和货品 B 所利用的总机器工时为 3,000 小时：货品 A 为 1,200 小时，货品 B 为 1,800 小时。需要进行分摊的一般管理费用为 6,000,000 美元。

比率的计算：

货品 A：1,200 机器时数/3,000 机器时数 =0.40

货品 B：1,800 机器时数/3,000 机器时数 =0.60

将一般管理费用分摊到货品 A 和货品 B：

货品 A：6,000,000 ×0.40 =2,400,000 美元

货品 B：6,000,000 ×0.60 =3,600,000 美元

例 5：美元或比索销售额

生产货品 A 和货品 B 的某一生产商，可以美元销售额为基础，对一般管理费用进行分摊。生产商以 4,000 美元的价格售出了 2,000 单位的货品 A，以3,000 美元的价格售出了 200 单位的货品 B。需要进行分摊的一般管理费用为6,000,000美元。

货品 A 和货品 B 美元销售额总计：

货品 A：4,000 ×2,000 =8,000,000 美元

货品 B：3,000 ×200 =600,000 美元

共售美元：8,000,000 +600,000 =8,600,000 美元

比率的计算：

货品 A：8,000,000/8,600,000 =0.93

货品 B：600,000/8,600,000 =0.07

将一般管理费用分摊到货品 A 和货品 B：

货品 A：6,000,000 ×0.93 =5,580,000 美元

货品 B：6,000,000 ×0.07 =420,000 美元

例 6：占地面积

生产货品 A 和货品 B 的某一生产商，可以生产和储藏货品 A 和货品 B 所使用的占地面积为基础，对与公用事业（供热、供水和供电）有关的费用进行分摊。

生产和储藏货品 A 和货品 B 所使用的总占地面积为 100,000 平方英尺：货品 A 为 40,000 平方英尺，货品 B 为 60,000 平方英尺。需要进行分摊的一般管理费用为 6,000,000 美元。

比率的计算：

货品 A：40,000 平方英尺/100,000 平方英尺 =0.40

货品 B：60,000 平方英尺/100,000 平方英尺 =0.60

将一般管理费用（公用事业费）分摊到货品 A 和货品 B：

货品 A：6,000,000 ×0.40 =2,400,000 美元

货品 B：6,000,000 ×0.60 =3,600,000 美元

“附录 B

直接人工和直接材料比率方法

直接人工和直接材料比率的计算

对于生产商所生产的每种货品，可按下列公式计算直接人工和直接材料比率：

$$DLDMR = \frac{DLC + DMC}{TDLC + TDMC}$$

DLDMR 为货品的直接人工和直接材料比率；

DLC 为货品的直接人工成本；

DMC 为货品的直接材料成本；

TDLC 为生产商所生产的全部货品的直接人工成本总和；以及

TDMC 为生产商所生产的全部货品的直接材料成本总和。

按下列公式将一般管理费用分摊到某一货品：

$$OAG = O \times DLDMR$$

其中，OAG 为分摊到该货品的一般管理费用；

O 为需要进行分摊的一般管理费用；以及

DLDMR 为该货品的直接人工和直接材料比率。

应予扣除的成本

依据本附录第 6 条（11）（b）项的规定，当需要分摊到某一货品的一般管理费用中含有应予扣除的成本时，可以采用将一般管理费用分摊到货品时所使用的直接人工和直接材料比率，以确定从分摊到该货品的一般管理费用中减去的应予扣除的成本数额。”

举例

例 1：

此例阐明了某一货品的生产商选择依据本附录第 6 条（11）（a）项的规定计算货品的净成本时，运用直接人工和直接材料比率方法对一般管理费用进行分摊的情况。某一生产商生产货品 A 和货品 B。一般管理费用（O）减去应予扣除的成本（EC）后为 30 美元，其他相关成本参见下表：

	货品 A	货品 B	总额
直接人工成本（DLC）	5 美元	5 美元	10 美元
直接材料成本（DMC）	10 美元	5 美元	15 美元
总额	15 美元	10 美元	25 美元

分摊到货品 A 的一般管理费用

OAG（货品 A） = O（30 美元） × DLDMR（15 美元/25 美元）

OAG（货品 A） = 18.00 美元

分摊到货品 B 的一般管理费用

OAG（货品 B） = O（30 美元） × DLDMR（10 美元/25 美元）

OAG（货品 B） = 12.00 美元

例 2：

此例阐明了某一货品的生产商选择依据本附录第 6 条（11）（b）项的规定计算货品的净成本，而其一般管理费用中包含应予扣除的成本时，运用直接人工和直接材料比率方法对一般管理费用进行分摊的情况。

某一生产商生产货品 A 和货品 B。一般管理费用（O）为 50 美元（其中包括应予扣除的成本 20 美元）。其他相关成本参见例 1 中的表格。

分摊到货品 A 的一般管理费用

OAG（货品 A）=［O（50 美元）×DLDMR（15 美元/25 美元）］－［EC（20 美元）×DLDMR（15 美元/25 美元）］

OAG（货品 A）=18.00 美元

分摊到货品 B 的一般管理费用

OAG（货品 B）=［O（50 美元）×DLDMR（10 美元/25 美元）］－［EC（20 美元）×DLDMR（10 美元/25 美元）］

OAG（货品 B）=12.00 美元

“附录 C

直接成本比率方法

直接费用

以其利益、动机及其承受能力为标准，按某种方法将直接费用分摊到某一货品当中。

间接费用

按直接成本比率对间接费用进行分摊。

直接成本比率的计算

对于生产商所生产的每一货品，其直接成本比率可按下列公式计算：

$$DCR = \frac{DLC + DMC + DO}{TDLC + TDMC + TDO}$$

DCR 为货品的直接成本比率；

DLC 为货品的直接人工成本；

DMC 为货品的直接材料成本；

DO 为货品的直接费用；

TDLC 为生产商所生产的全部货品的直接人工成本总和；

TDMC 为生产商所生产的全部货品的直接材料成本总和；以及

TDO 为生产商所生产的全部货品的直接费用总和；

将间接费用分摊到某一商品

按下列公式将间接费用分摊到某一货品当中：

$$IOAG = IO \times DCR$$

其中

IOAG 为分摊到货品的间接费用；

IO 为生产商所生产的全部货品的间接费用；以及

DCR 为货品的直接成本比率。

应予扣除的成本

根据本附录第 6 条（11）（b）项的规定，应予扣除的成本：

(a) 包含在需要分摊到某一货品的直接费用当中时，这些成本应从分摊到该货品的直接费用中扣除；以及

(b) 包含在需要分摊到某一货品的间接费用当中时，可以采用将间接费用分摊到该货品时所使用的直接人工比率，用以确定从分摊到该货品的间接费用中减去的应予扣除的成本数额。”

举例

例 1：

此例阐明了某一货品的生产商选择依据本附录第 6 条（11）（a）项的规定计算货品的净成本时，运用直接成本比率方法对间接费用进行分摊的情况。某一生产商生产货品 A 和货品 B。间接费用（IO）减去应予扣除的成本（EC）后为 30 美元，其他相关成本见下表：

	货品 A	货品 B	总额
直接人工成本（DLC）	5 美元	5 美元	10 美元
直接材料成本（DMC）	10 美元	5 美元	15 美元
直接费用（DO）	8 美元	2 美元	10 美元
总额	23 美元	12 美元	35 美元

分摊到货品 A 的间接费用

IOAG（货品 A） = IO（30 美元） × DCR（23 美元/35 美元）

IOAG（货品 A） ×19. 71 美元

分摊到货品 B 的间接费用

IOAG（货品 B） = IO（30 美元） × DCR（12 美元/35 美元）

IOAG（货品 B） –10. 29 美元

例 2：

此例阐明了某一货品的生产商选择依据本附录第 6 条（11）（b）项的规定计算货品的净成本，而其间接费用中包含应予扣除的成本时，运用直接成本比率方法对间接费用进行分摊的情况。

某一生产商生产货品 A 和货品 B。间接费用（IO）为 50 美元（其中包括应予扣除的成本 20 美元）。其他相关成本见例 1 中的表格。

分摊到货品 A 的间接费用

IOAG（货品 A） = [IO（50 美元） × DCR（23 美元/35 美元）] – [EC（20 美元） × DCR（23 美元/35 美元）]

IOAG（货品 A） =19. 72 美元

分摊到货品 B 的间接费用

IOAG（货品 B） = [IO（50 美元） × DCR（12 美元/35 美元）] – [EC（20 美元） × DCR（12 美元/35 美元）]

IOAG（货品 B）=10.28 美元

下列例子阐明了根据《北美自由贸易协定》的净成本计算方法处理外汇波动的情况。

位于北美自由贸易区某国的生产商 A，生产必须满足区域价值成分要求的商品 A。该生产商选择采用净成本法计算该商品的区域价值成分，并按该生产商的整个财政年度进行平均计算。生产商 A 确定，在该财政年度中，生产商 A 在外汇兑换上获利 10,000 美元，在外汇兑换上亏损 8,000 美元，净获利 2,000 美元。生产商 A 还确定，外汇兑换获利中的 7,000 美元和外汇兑换亏损中的 6,000 美元与购买生产商品 A 所使用的非原产材料有关，而外汇兑换获利中的 3,000 美元和外汇兑换亏损中的 2,000 美元与生产商品 A 无关。该生产商确定，在扣除与生产商品 A 有关的外汇兑换的净获利 1,000 美元之前，商品 A 的总成本是 45,000 美元。因此，商品 A 的总成本是 44,000 美元。1,000 美元的净获利未包括在非原产材料的价值当中。

假定生产商 A 确定外汇兑换获利中的 6,000 美元和外汇兑换亏损中的 7,000 美元与购买生产商品 A 所使用的非原产材料有关，除此之外，其他情况与上例相同的话，则商品 A 的总成本为 45,000 美元，包括与生产商品 A 有关的外汇兑换中的 1,000 美元净损失。1,000 美元的净损失未包括在非原产材料的价值当中。

（五）《北美自由贸易协定》中的累积

《北美自由贸易协定》中的累积有别于前面已经讨论过的泛欧原产地规则中的单边贸易优惠措施中的累积或者对角累积。

在《北美自由贸易协定》中，在拟订附件 401 时纳入了对角累积的概念。事实上，《北美自由贸易协定》原产地规则规定，原产地规则可以“作为完全在一个或多个缔约方的境内进行生产的结果”而得到满足。

我们所讨论的区域价值成分是以北美和墨西哥地区为基础进行计算的，其中，非原产材料是指从第三国进口的材料。

因此，当生产商确定货品的区域价值成分时，他们从北美自由贸易区的供应商那里获得的、用于生产该货品的材料的全部价值，可视为完全获得的原产材料或非原产材料的价值。这与泛欧原产地规则中的对角累积相似。

此外，《北美自由贸易协定》中关于累积的规定，允许货品的生产商或出口商选择将生产最终产品时所使用的非原产材料的供应商所实现的任何增加值计入其中，作为货品区域价值成分的一部分。因此，累积允许生产商把已成为那些非原产材料一部分的北美产的原材料纳入考虑范围，以减少货品生产过程中所使用的非原产材料的价值。在此方面，《北美自由贸易协定》中的累积就与完全累积十分相似，因为生产商可以将在其他北美自由贸易区国家所进行的制造或加工进行累积，以符合原产地的要求。下面的例1中的第二种情形便是这种累积的一个例子。

当某一生产商基于（1）其自身的加工成本；以及（2）货品生产过程中所使用的原产材料的价值，无法满足区域价值成分要求时，累积允许其把（3）由其他人在北美自由贸易区内生产的、随后成为最终产品一部分的非原产材料所增加的任何区域价值计入其中。

对累积的运用和管理还有更为详细的条件：

● 选择运用累积的生产商或出口商必须采用净成本方法计算区域价值成分；

● 货品的生产商或出口商必须从非原产材料的生产商（供应商）那里获得关于净成本和货品生产过程中所使用的非原产材料的区域价值成分的信息①；

● 完全在北美自由贸易区一个或多个国家的境内生产商品所使用的全部非原产材料，必须发生《北美自由贸易协定》附件401所述的税则归类改变，并且该货品必须满足所适用的任何区域价值成分要求；并且

● 该货品必须满足其所适用的所有其他原产地规则要求。

下面的例子摘自美国海关与边境保护局②，它们也许可以帮助我们搞清楚《北美自由贸易协定》项下累积的某些概念和应用方法：

例1：

位于北美自由贸易区A国的生产商A，从北美自由贸易区境外将子目8,482.99的轴承套圈未制成品进口到A国。生产商A将这些轴承套圈未制成品进一步加工成制成品，加工后的轴承套圈成品仍归入同一子目项下。生产商A生产的轴承套圈制成品由于未能满足其所适用的税则归类改变，因此不能获得原产

① “（2）当某一具有区域价值成分要求，并且该货物的出口商或生产商拥有生产该货物所使用的材料的生产商所签发的声明：

（a）就已产生的净成本和在生产该材料的过程中生产商所使用的非原产材料的价值作出说明，

（i）该货物的生产商所产生的与该材料相关的净成本，应当是该材料的生产商所产生的净成本，加上第7条（1）（c）至（e）项所提到的成本，只要这些成本未计入该材料的生产商所产生的净成本中，并且

（ii）该货物的生产商所产生的与该材料相关的非原产材料的价值，应当是该材料的生产商所使用的非原产材料的价值；或者

（b）就生产该材料的生产商所产生的净成本的一部分的任何数额作出说明，

（i）该货物的生产商所产生的与该材料相关的净成本，应当是依据第7条（1）项确定的该材料的价值，并且

（ii）该货物的生产商所产生的与该材料相关的非原产材料的价值，应当是依据第7条（1）项确定的该材料的价值，减去声明中所指明的数额。”

② 参见 http：//www. cbp. gov/nafta/docs/us/guidproc. html#accumulation。

货品的资格。轴承套圈制成品（每件）的净成本计算如下：

产品成本：	
原产材料价值	0.15 美元
非原产材料价值	0.75 美元
其他产品成本	0.35 美元
期间成本：（包括应予扣除的成本 0.05 美元）	0.15 美元
其他成本	0.05 美元
每件轴承套圈制成品的总成本	1.45 美元
应予扣除的成本（包括在期间成本内）	0.05 美元
每件轴承套圈制成品的净成本	1.40 美元

生产商 A 以每件 1.50 美元的价格向位于北美自由贸易区 A 国的生产商 B 销售轴承套圈制成品。生产商 B 将其进一步加工成轴承，并打算将其出口到北美自由贸易区 B 国。尽管这些轴承满足其所适用的税则归类改变，但这些轴承仍然必须满足区域价值成分要求。

第一种情形：

生产商 B 选择不对生产商 A 在生产轴承过程中产生的与所使用的轴承套圈相关的成本进行累积。轴承（每件）的净成本计算如下：

产品成本：	
原产材料价值	0.45 美元
非原产材料价值（购自生产商 A 的每件轴承套圈的价值）	1.50 美元
其他产品成本	0.75 美元
期间成本：（包括应予扣除的成本 0.05 美元）	0.15 美元
其他成本	0.05 美元
每件轴承套圈制成品的总成本	2.90 美元
应予扣除的成本（包括在期间成本内）	0.05 美元
每件轴承套圈制成品的净成本	2.85 美元

根据净成本方法，轴承的区域价值成分为

$$RVC = \frac{NC - VNM}{NC} \times 100\%$$

$$RVC = \frac{2.85 - 1.50}{2.85} \times 100\%$$

$$RVC = 47.4\%$$ 。

因此，该轴承为非原产货品。

第二种情形：

生产商 B 选择对生产商 A 在生产轴承过程中产生的与所使用的轴承套圈相

关的成本进行累积。生产商 A 向生产商 B 提供了一份上述脚注 102 提到的第 14 条（2）（a）项所规定的声明。轴承（每件）的净成本计算如下：

产品成本：	
原产材料价值（0.45 美元 +0.15 美元）	0.60 美元
非原产材料价值（购自生产商 A 的每件轴承套圈未制成品的价值）	0.75 美元
其他产品成本（0.75 美元 +0.35 美元）	1.10 美元
期间成本：（0.15 美元 +0.15 美元，包括应予扣除的成本 0.05 美元）	0.30 美元
其他成本（0.05 美元 +0.05 美元）	0.10 美元
每件轴承的总成本	2.85 美元
应予扣除的成本（包括在期间成本内）	0.10 美元
每件轴承的净成本	2.75 美元

根据净成本方法，轴承的区域价值成分为

$$RVC = \frac{NC - VNM}{NC} \times 100\%$$

$$RVC = \frac{2.75 - 0.75}{2.75} \times 100\%$$

$$RVC = 72.7\%\text{。}$$

因此，该轴承为原产货品。

第三种情形：

生产商 B 选择对生产商 A 在生产轴承过程中产生的与所使用的轴承套圈相关的成本进行累积。生产商 A 向生产商 B 提供了一份上述脚注 102 提到的第 14 条（2）（b）项所规定的声明。该声明列明了等于净成本减去生产轴承套圈制成品所使用的非原产材料的价值的数额（1.40 美元 -0.75 美元 =0.65 美元）。轴承（每件）的净成本计算如下：

产品成本：	
原产材料价值（0.45 美元 +0.65 美元）	1.10 美元
非原产材料价值（1.50 美元 -0.65 美元）	0.85 美元
其他产品成本	0.75 美元
期间成本：（包括应予扣除的成本中的 0.05 美元）	0.15 美元
其他成本	0.05 美元
每件轴承的总成本	2.90 美元
应予扣除的成本（包括在期间成本内）	0.05 美元
每件轴承的净成本	2.85 美元

根据净成本方法，轴承的区域价值成分为

$$RVC = \frac{NC - VNM}{NC} \times 100\%$$

$$RVC = \frac{2.85 - 0.85}{2.85} \times 100\%$$

$$RVC = 70.02\%\text{。}$$

因此，该轴承为原产货品。

第四种情形：

生产商 B 选择对生产商 A 在生产轴承过程中产生的与所使用的轴承套圈相关的成本进行累积。生产商 A 向生产商 B 提供了一份上述脚注 102 提到的第 14 条（2）（b）项所规定的声明。该声明列明了等于生产轴承套圈制成品所使用的其他产品成本价值的数额（0.35 美元）。轴承（每件）的净成本计算如下：

产品成本：	
原产材料价值	0.45 美元
非原产材料价值（1.50 美元 -0.35 美元）	1.15 美元
其他产品成本（0.75 美元 +0.35 美元）	1.10 美元
期间成本：（包括应予扣除的成本中的 0.05 美元）	0.15 美元
其他成本	0.05 美元
每件轴承的总成本	2.90 美元
应予扣除的成本（包括在期间成本内）	0.05 美元
每件轴承的净成本	2.85 美元

根据净成本方法，轴承的区域价值成分为

$$RVC = \frac{NC - VNM}{NC} \times 100\%$$

$$RVC = \frac{2.85 - 1.15}{2.85} \times 100\%$$

$$RVC = 59.7\%\text{。}$$

因此，该轴承为原产货品。

例 2：

位于北美自由贸易区 A 国的生产商 A，进口品目 5203 的非原产已梳棉花，用于生产品目 5205 的棉纱。由于从已梳棉花到棉纱的改变是发生在同一章内，因此，该棉花不能满足品目 5205 项下其所适用的税则归类改变。品目 5205 要求的由任何其他章改变至该品目（带有某些例外情况）。因此，生产商 A 用非原产棉花生产的棉纱为非原产货品。

生产商 A 随后向同样位于北美自由贸易区 A 国的生产商 B 销售这些非原产棉纱，生产商 B 将这些棉纱织成品目 5208 的棉机织物。从非原产棉纱到棉机织物的改变不能满足品目项下其所适用的税则归类改变。品目 5208 要求的由品目 5208 至 5212 之外的任何品目改变至该品目（由某些品目改变至该品目的除外，包括品目 5205 的纱线在内的各种纱线均归入这些品目）。因此，生产商 B 用生产商 A 所生产的非原产棉纱生产的棉机织物为非原产货品。

但是，根据第 14 条（1）项的规定①，如果生产商 B 选择对生产商 A 所进行的生产进行累积，可以将生产商 A 所从事的生产视为由生产商 B 所从事的生产。品目 5208（棉织物所归入的品目）的规则并不排除由品目 5203（已梳棉花所归入的品目）改变至该品目。因此，根据第 15 条（1）项的规定，从品目 5203 的已梳棉花到品目 5208 的棉机织物的改变，满足品目 5208 项下其所适用的税则归类改变，棉机织物应视为原产货品。为了选择对生产商 A 所从事的生产进行累积，生产商 B 必须出具一份第 14 条（4）（a）（ⅱ）项所规定的声明。

尽管如此，上述例子并不能满足针对棉纱的规则。这就意味着，对于针织物或钩编织物，有必要从完全获得的②棉花开始进行生产。

（六）《北美自由贸易协定》的其他规定

自产材料和中间材料

这一概念与先前已经讨论过的泛欧原产地规则中的吸收原则相似。尽管概念相似，但该规则在北美原产地规则中的做法及其管理却完全不同。北美原产地规则中针对中间材料的诸多规定和条件，与泛欧原产地规则中的规定并无可比性。

根据北美原产地规则中关于中间材料的规则，生产商可以将生产最终产品过程中所使用的任何自产的原产材料指定为中间材料。只要该中间材料符合原产材料的资格，在确定制成品的区域价值成分时，其全部价值均可视为原产价值。

除下列货品外，这一规定涵盖所有货品和材料：

- 第 403 条（1）项所界定的、附件 403.1 所述的汽车产品；以及
- 附件 403.2 所述的组件，特别是发动机和变速箱。

中间材料可由原产和非原产的附料组成。在确定中间材料可满足第 401 条下其所适用的原产地规则后，生产该中间材料的总成本可视为原产成本。换句话说，计算最终产品的区域价值成分时，生产商不会把生产该中间材料时所使用的非原产材料的价值作为非原产材料部分的价值计入其中。指定中间材料的好处在于，生产商为确定最终产品中非原产材料的价值，可以用类似对待从非关联方采

---

① 第 14 条（1）项规定如下：根据第（2）项和第（4）项，为了确定某一货物是否为原产货物，货物的出口商或生产商可以选择对一个或多个北美自由贸易区国家境内的一个或多个生产商所从事的并入该货物的材料的生产进行累积，以便将材料的生产视为由该出口商或生产商所进行的生产。

② 参见上文关于完全获得产品的定义。

购的原产材料的方式来对待其自产材料。

在指定中间材料方面存在一系列的限制。第一项限制是，如果中间材料必须满足最低的区域价值成分才能符合原产资格，那么就必须采用净成本方法来计算该区域价值成分。

第二项更重要的限制与必须满足区域价值成分要求的材料有关。如果这些材料含有同样必须满足区域价值成分要求的附料，而该附料同样被指定为中间材料，那么它们也许就不能被指定为中间材料。换句话说，这一规则旨在阻止连续指定中间材料的情况，如下例所示①。

Z公司在加拿大制造叉车，并制作生产叉车过程中所使用的某些材料。如上图所示，每种几何符号代表生产叉车过程中所使用的一种材料。

圆形（即轴承外圈、滚珠、钢圈、垫圈、叶轮、轴承、发动机缸体、曲柄轴）代表从非北美自由贸易区国家的销售商那里获得的材料。方形（即杆端轴承、外壳、叶轮组件、发动机）代表自产材料。它们互为横向材料。叶轮组件不能被指定为中间材料，因其未能满足附件401的原产地规则（“从任何其他品目改变至子目8413.91”）。但是，杆端轴承、外壳和发动机均可被指定为中间材料，只要它们满足其所适用的《北美自由贸易协定》项下的产品特定原产地规则。（毫无疑问，外壳符合原产地规则，因该规则规定“从任何其他品目改变至子目8412.90”。发动机和杆端轴承满足附件401的原产地规则中所要求的税则归类改变要求，但还必须满足区域价值成分要求，才能获得原产资格。）在本例中，假设区域价值成分要求已得到满足。

杆端轴承和外壳用于生产汽缸。同样，叶轮组件和发动机用于生产驱动叉车液压机构的泵。汽缸和泵（用三角形表示）为中间材料，它们互为横向关系，与其制作材料则为纵向关系。只要在其纵向流动中必须符合区域价值成分要求的中间材料不超过一种，每种新材料均可被指定为中间材料。根据第401条（c）项的规定，气缸可以获得原产资格，因其是在加拿大完全使用原产材料制造的。但是，这里的发动机和泵均须满足区域价值成分要求。

据此，Z公司可以选择把发动机或者泵指定为中间材料，但不得同时把两者指定为中间材料。因此，Z公司必须选定对其最为有利的材料作为中间材料：将发动机还是将泵指定为中间材料。叉车由此可获得原产货品的资格。

当单一生产商指定了中间材料，而这些中间材料仅仅基于税则归类改变即可获得原产资格时（就是说，无需满足区域价值成分要求），先前已被指定的中间材料在后续加工中还可被指定为中间材料。因此，在前面的例子中，如果发动机

① 该例子摘录自加拿大海关税务署发布的《北美自由贸易协定》三边海关指南，请点击 http：//www.cbsa – asfc. gc. ca. /publications/pub/c – 124 – eng. pdf. 。

无需满足区域价值成分要求，发动机和泵均可被指定为中间材料。

下面的例子旨在进一步澄清允许连续指定中间材料或者不允许连续指定中间材料两者之间的区别，这取决于在先前情况下区域价值成分规则是否适用。

关于单一生产商和把必须满足区域价值成分要求的材料连续指定为中间材料的示例：

位于北美自由贸易区国家的生产商A生产材料X，并用材料X生产货品B。材料X因满足所适用的区域价值成分要求而获得原产材料资格。生产商A指定材料A为中间材料。

生产商A用材料X生产材料Y，材料Y又被用于生产货品B。材料Y还必须满足区域价值成分要求。根据上述条件，生产商A不能指定材料Y为中间材料，即使材料Y满足其所适用的区域价值成分要求，因为材料X已被生产商A指定为中间材料。

关于单一生产商和多次把材料指定为中间材料的示例：

位于北美自由贸易区X国的生产商X，用非原产材料生产自产材料A、B和C。这些自产材料均未被用于生产任何其他自产材料。生产商X用自产材料生产商品O，并将商品O出口到北美自由贸易区Y国。材料A、B和C因满足所适用的区域价值成分要求而获得原产材料资格。由于这些自产材料均未被用于生产任何其他自产材料，即使每种自产材料均须满足区域价值成分要求，生产商X仍可根据第7条（4）项的规定，将所有自产材料指定为中间材料。第7条（4）项所列条件仅适用于自产材料用于生产其他自产材料，而两者均须满足区域价值成分要求的情况。

第二组特定规则与确定中间材料价值的方法有关。总的来说，确定中间材料价值的方法有两种：

● 可合理分摊到该中间材料的、就生产所有货品所发生的总成本；或者

● 可合理分摊到该中间材料的、构成就该中间材料所发生的总成本一部分的每项成本的总和。

在这两种方法当中，允许生产商从中选取最符合其生产和会计实践的一种。采用任何一种方法计算的中间材料价值应当大致相同。但是，对于必须满足区域价值成分要求的中间材料，必须采用净成本方法。《北美自由贸易协定》第402条（8）项列明了采用净成本方法计算中间材料的区域价值成分时不得计入的成本：

● 促销成本，包括营销和售后服务成本；

● 特许权费；

● 运输和包装成本；

● 不允许计入的利息成本。

尽管这些成本被排除在净成本的计算之外，但它们的确构成材料总成本的一部分。因此，在计算某种材料的净成本以确定其是否满足区域价值成分（并由此确定其原产资格并将其指定为中间材料）时，应将诸如特许权费等成本扣除，但是，一旦该材料的原产地得到确定，这些成本仍应计入材料的总值当中。如前所述，中间材料的总值可按原产成本计算。

本田案①

引起广泛争论和备受瞩目的本田案，可视为阐明原产地规则技术上的复杂性、全球化和产业重组及其隐含的政策和产业决策的典型案例。最终，在《美国—加拿大自由贸易协定》背景下发生的本田案，成为随后进行的《北美自由贸易协定》谈判中对原产地规则高度重视的测试案例。

从技术角度和在熟悉原产地规则的看来，要害问题与传统上原产地确定方面所存在的一些问题密切相关：品目改变（CTH）规则在具体应用中的不足，百分比标准中允许计入的成本定义，以及中间材料或成分的原产地如何确定。后者尤其与不断扩大的生产全球化和公司（特别是汽车行业）越来越多地根据与供应商所达成的“零库存”（Just In Time）协议采取子部件制造分包的做法相关。根据《美国—加拿大自由贸易协定》的规定，汽车及其部件的原产地必须同时满足税目改变测试和不低于50%的当地成分要求。汽车的零部件（中间产品）也必须遵守相同的规则。因此，如果汽车的部件——以本田案中的发动机为例——同时达到税目改变要求和在美国实现的50%当地成分要求，该部件即可视为美国原产商品。于是，当该部件在加拿大被用于制造整车时，整个发动机的价值（100%）将按北美成分计算（而不是仅按50%的美国原产当地成分计算），并且其总值将被计入在加拿大获得的当地成分当中，以满足对整车的50%当地成分要求。这一规则被称为“累加规则”（roll－up rule）。颇具争议的是，当该部件不能获得原产资格时，该部件的总值也将按外国成分计算（“扣减规则”）（roll－down rule）。

在本田案中，在一定时期内，加拿大本田公司和加拿大海关把在美国制造的发动机作为原产商品，并将其免税进口到加拿大。当这些发动机随后被组装到本田思域汽车上时，其全部价值按北美成分计算，以达到不低于50%的当地成分要求，免税复出口到美国。这种趋势一直持续到1992年，直到美国海关经调查认定，在加拿大制造并出口到美国的本田思域汽车未能满足50%的区域价值成分要求，因其包含了太多的日本零部件。随后，本田被要求为其复出口到美国的本田思域汽车按2.5%补缴1，700万美元的从价关税。更确切地说，美国海关裁

① 参见Frédéric P. Cantin and Andreas F. Lowenfeld，“原产地规则：《美国—加拿大自由贸易协定》及本田案”，《美国国际法期刊》，第87卷，1993年第3期。

定，设在俄亥俄州的工厂所制造的发动机并不具备北美原产货物的资格。因此，根据“扣减规则”，当计算本田思域汽车所需的50%当地成分时，其全部价值均不得按当地成分计算。结果，在加拿大进行的整个本田思域汽车制造过程均不视为北美制造，因其制造的汽车不再满足50%的本国成分要求，必须视同从日本出口而缴纳关税。

特别是，根据美国海关的解释，在美国发生的某些“加工成本和间接成本”是不允许按当地成分计算的，因此，发动机不具备美国原产资格。对允许计入的成本的确定，以及将此类成本计入当地成分的会计方法，已经成为百分比标准的一种传统而典型的缺陷。

这些技术细节导致了各种各样的政治考虑。首先，美国政府当时正与欧共体争论不休，美国认为，俄亥俄州生产的本田雅阁汽车是美国原产的，因此不应作为日本产汽车被计入法国政府针对日本汽车进口所保持的配额之内。其次，美国海关的调查得出结果后，本田的声誉及其美国本土化的形象受到了影响。美国海关指控日本本田公司在与加拿大本田公司有关的供应商的定价（其中有些供应商为100%日本所有）和转移定价方面存在操纵行为。第三，该问题成为一场政治辩论的主题，在这场辩论中，美国的决策者开始权衡和审视将加工生产植入美国的价值，即它们是帮助了美国汽车业，还是与美国汽车业进行竞争等等。

另一方面，加拿大的一些决策者把美国海关的裁定结果视为将日本的投资从加拿大转移到美国的一种方式。正如一位美国高官所承认的那样，在技术层面得到热议的问题的核心，在于拟订自由贸易协定项下的原产地规则时留下的缺陷或有些人认为漏洞，即在于“累加规则”。从极端上对这一规则进行解读，一位美国高官承认，根据这一规则，将汽车拆解成尽可能多的部件，以获得理论上100%美国产、而实际上只有低于50%当地成分的汽车，这是有可能的。① 最有可能的是，最初在拟订北美原产地规则时，人们并未想到，或许是低估了跨国公司的实践和生产全球化所带来的可能性，它们最终超越了原产地的传统观念和确定原产地的典型方法。联系到本田案，原产地确定中的很多技术问题以前仅仅存在于一些海关官员的想象当中。但是，技术上的进步和经济上的相互依赖的使这些可能性变成了现实。正如一位高管所说：“我们已经进入的时代，不仅是一个跨国公司的时代，而且是一个跨国商品的时代”。不言而喻，“累加规则”和“扣减规则”并未在北美原产地规则中获得新生。经过漫长的谈判，汽车的国内成分要求被锁定在62.5%，分阶段予以实施。

位于北美自由贸易区某国的生产商生产货品B，依据第4条（2）（b）项的规定，该货品必须满足区域价值成分要求。该生产商还生产材料A，材料A用于

① 参见“本田：这是一台美国汽车吗?”《商业周刊》，1991年11月18日，第39页。

生产货品B。在生产材料A时，使用了原产材料和非原产材料。依据第4条（2）（a）项的规定，材料A必须满足税则归类改变要求。生产材料A的成本列举如下：

产品成本：	
原产材料价值	1.00美元
非原产材料价值	7.50美元
其他产品成本	1.50美元
期间成本：（包括特许权费中的0.30美元）	0.50美元
其他成本	0.10美元
材料A的总成本	10.60美元

该生产商将材料A指定为中间材料，并确定，因为生产材料A所使用的所有非原产材料均发生了表I所列的其所适用的税则归类改变，依据第4条（2）（a）项的规定，材料A可获得原产材料资格。因此，在确定货品B的区域价值成分时，生产材料A所使用的非原产材料的成本，不得计入生产货品B所使用的非原产材料的价值当中。由于材料A已被指定为中间材料，在计算货品B的区域价值成分时，材料A的总成本，即10.60美元，可视为原产材料的成本。货品B的总成本按下列数字确定：

产品成本：	
原产材料价值	
—中间材料	10.00美元
—其他材料	3.00美元
非原产材料价值	5.50美元
其他产品成本	6.50美元
期间成本：（包括特许权费中的0.30美元）	2.50美元
其他成本	0.10美元
材料A的总成本	28.20美元

举例：生产商使用中间材料生产制得的原产材料

位于北美自由贸易区A国的生产商A生产开关。为了使开关获得原产货品资格，生产商A指定开关的子配件作为中间材料。这些子配件必须满足区域价值成分要求。它们满足该区域价值成分要求，因此获得原产材料资格。开关同样必须满足区域价值成分要求。连同被指定为中间材料的子配件，开关必须满足的区域价值成分被确定为65%。

生产商A将开关卖给位于北美自由贸易区B国的生产商B，生产商B用这些开关生产开关组件，开关组件又被用于生产商品B。开关组件必须满足区域价值成分要求。生产商A和生产商B并未在第14条的范围内对其生产过程进行累积。

因此，依据第7条（4）项的规定，生产商B可将开关组件指定为中间材料。

如果生产商A和生产商B在第14条的范围内对其生产过程进行累积，生产商B不得将开关组件指定为中间材料，因为两家生产商的生产活动将被视为一家生产商的生产活动。

（七）《北美自由贸易协定》中针对纺织品与服装的原产地规则

尽管是以税则归类改变为基础，就农产品和加工农产品而言，《北美自由贸易协定》中的大部分产品特定原产地规则并不特别复杂或严格。正如本节所揭示的那样，其复杂性表现在针对诸如纺织品和服装等敏感产业产品的原产地规则上。①

如前所述，由纺织材料和纺织品工业制成的货品必须经过多种加工工序。但是，北美原产地规则是以反映下列四种加工工序的产品特定原产地规则为基础：

- 纤维的生产；
- 抽纱和纺纱；
- 通过机织、针织或其他方法织成织物；以及
- 裁剪（或针织成形）和缝制或拼接成衣服或者制成纺织品。

一般来说，非原产材料必须经过上述四种加工工序中的两种才能获得原产资格。这个基本概念与泛欧原产地规则颇为相似但更加严格。就服装而言，非原产材料必须经过三种加工工序。在特定情况下，这些原材料也可仅经过一种加工工序。

纤维起步、纱线起步、织物起步、裁剪并缝制是《北美自由贸易协定》中广泛使用的概念。这些概念适用于纺织行业的各种产品，但也有许多例外情况。

纤维起步：在这个概念中，纤维本身必须是在北美自由贸易区的境内生长或挤出的。该概念既适用于天然生成的棉纤维等产品，也适用于化学纤维短纤。用这些短纤生产的纱或线也必须是在北美自由贸易区的境内挤出或纺成的。生产化学纤维短纤的原材料可以是非原产的。

纱线起步：纱线必须是在北美自由贸易区的境内纺成或挤出的。短纤可以是非原产的。

织物起步：织物必须是在北美自由贸易区的境内加工而成（机织或针织）的。用到纱线时，纱线可以是非原产的。

裁剪并缝制：最终产品必须是在北美自由贸易区的境内进行裁剪并缝制，或者用其他方式拼接而成。

上述概念可用以对生产工序作如下描述：

---

① 下面一节中的例子摘录自 http：//cbp. gov/nafta/docs/us。

纱线起步——基本概念——三重改变

1. 纱线的生产。将非原产的棉花包（品目 5201）制成棉纱（品目 5205）。

2. 织物的织造。将棉纱（品目 5205）制成针织物（品目 6002）。

3. 服装或其他纺织制品的生产。将针织物（品目 6002）制成男衬衫（子目 6105. 10） = 原产衬衫。

举例：从棉纱到棉机织物；从化学纤维长丝纱线到裤袜；羊毛纱线到羊毛机织物再到羊毛服装。

允许使用品目 5201 的原材料制成子目 6105. 10 的产品的特定规则：

“从任何其他章改变至品目 6105 至 6106，从品目 5106 至 5113、品目 5204 至 5212 改变至此的除外……只要该货品是在北美自由贸易区一个或多个缔约方的境内裁剪（或针织成形）并缝制，或者用其他方式拼接而成。”

纤维起步——更严格——四重改变

1. 纤维的生产。将非原产的聚合物切片（品目 3907）制成聚酯短纤（品目 5503）。

2. 纱线的生产。将非原产的聚酯短纤（品目 5503）制成合成纤维短纤纱线（品目 5509）。

3. 织物的织造。将合成纤维短纤纱线（品目 5509）制成针织或钩编织物（品目 6002）

4. 服装或其他纺织制品的生产。将针织或钩编织物（品目 6002）制成餐桌用织物制品（子目 6302. 40） = 原产餐桌用织物制品。

举例：从化学纤维短纤或棉纤维到化学纤维短纤纱线或棉纱；从化学纤维长丝到无纺织物；从化学纤维短纤或棉纤维到化学纤维短纤纱线或棉纱再到化学纤维或棉的针织物。

允许使用品目 3907 的原材料制成子目 6302. 40 的产品的特定规则：

“从任何其他章改变至品目 6302，从品目 5106 至 5113、品目 5204 至 5212、品目 5307 至 5308 或品目 5310 至 5311、第 54 章至第 55 章或品目 5801 至 5802 或品目 6001 至 6002 改变至此的除外，只要该货品是在北美自由贸易区一个或多个缔约方的境内裁剪（或针织成形）并缝制，或用其他方式拼接而成。”

织物起步——较不严格——双重改变

1. 织物的加工。将非原产丝纱线（品目 5004）制成丝机织物（品目 5007）。

2. 服装或其他纺织制品的生产。将丝机织物（品目 5007）制成女衬衫（子目 6206. 10） = 原产服装。

举例：从化学纤维长丝织物到品目 5903 的涂布织物；丝机织物。

允许使用品目 5004 的原材料制成子目 6206. 10 的产品的特定规则：

“从任何其他章改变至品目 6206 至 6210，从品目 5106 至 5113 改变至此的除外……只要该货品是在北美自由贸易区一个或多个缔约方的境内裁剪（或针织成形）并缝制，或者用其他方式拼接而成。”

裁剪并缝制——较不严格——单一改变

(1) 纺织制品或服装的生产。将非原产机织丝织物（品目5007）制成男衬衫（子目6205.90）=原产衬衫。

举例：文胸；由机织丝织物制成的服装；由亚麻机织物（品目5309）制成的服装。

允许使用品目5007的原材料制成子目6205.90的产品的特定规则：

“从任何其他章改变至品目6205.90，从品目5106至5113、品目5204至5212改变至此的除外……只要该货品是在北美自由贸易区一个或多个缔约方的境内裁剪（或针织成形）并缝制，或者用其他方式拼接而成。”

在这些已被广泛使用的基本规则中也有例外，特别是在《北美自由贸易协定》之后签订的自由贸易协议中，针对纺织品和服装的规则纳入了一些元素，以增强规则的宽容度和灵活性：

供应短缺的织物：

通过相互达成的协议，对于在北美地区供应短缺的部分织物，可免予适用针对某些特定货品的纱线起步概念。如果它们是在北美自由贸易区的境内裁剪并缝制，或者用其他方式拼接而成，它们可视为原产货品。

肉眼看得见的衬里规则：

该规则适用于归入《协调制度》第61章和第62章的某些物品。

服装主体部分（不包括袖子）中肉眼看得见的衬里，必须由北美地区产的织物制成（织物起步）。使用进口纱线不会使其丧失全面享受优惠进入北美自由贸易区的资格。

（八）《北美自由贸易协定》中的汽车产品

针对汽车产品的北美原产地规则很可能是这个部门中规定最严格和最详细的原产地规则。本节将围绕这些规则的某些方面展开讨论，这些规则在本书的其他章节会被进一步作为例子使用。

针对汽车产品的北美原产地规则引入了追溯的概念。总之，追溯刚好与中间材料规则相反。追溯允许对进口到北美自由贸易区内的主要汽车部件和子配件的价值进行跟踪，以计算其价值成分。而这些部件和子配件的非原产价值就反映在机动车辆或固有设备用的汽车零件的区域价值成分的计算当中。计算机动车辆（或固有设备用的汽车零件）的区域价值成分时，对于需要追溯的部件，任何非原产（非北美自由贸易区原产）价值在所有装配阶段仍将视为原产价值。应予追溯的汽车部件的价值，可以在非原产部件从北美自由贸易区境外进口后，由加拿大、墨西哥或美国境内拥有这些非原产部件的第一人在收货时加以确定。这些部件的价值将按估价准则加以确定，一般为成交价格。未计入的某些成本（例如，包装费、销售佣金）必须加入到成交价格当中。

我们不难想象，在北美地区使用数千种零件生产数以百万辆计的不同类型汽车的过程中，计算制造汽车的净成本有多么复杂。北美原产地规则设定的另一个重要概念，是一套精细的关于平均方法的规则。

汽车产品的生产商计算区域价值成分时，可以选择计算这些成本的平均值。机动车辆的生产商可以在其财务年度内，对所有机动车辆或者仅对出口到北美自由贸易区另一缔约方的某一类型机动车辆进行平均计算。其四种类型为：

- 同一工厂生产的同一品级车辆的同一车型机动车辆；
- 同一工厂生产的同一品级机动车辆；
- 所生产的同一车型机动车辆；
- 适用于凯米（CAMI）汽车公司特别平均规则。

应予追溯部件的生产商也可对其成本进行平均计算。生产商可按下列方式计算其平均值

- 按货品销售给机动车辆生产商的财务年度；
- 按季度或按月，或者
- 按货品作为零件销售给汽车配件市场的财务年度。

生产商可以选择对销售给一家或多家机动车生产商的任何货品或全部货品的平均值单独进行计算，或者对出口到加拿大、墨西哥以及/或者美国的上述货品单独进行计算。

其他规定。有关累积、可互换货品及中间材料的规定，可用于对遍及加拿大、墨西哥和美国的生产工序加以整合和优化。汽车和轻载车辆用的应予追溯部件可以被指定为中间材料。但是，生产商不得将汽车和轻载车辆以外的机动车辆用的任何应予追溯部件指定为中间材料。

下面对适用追溯的情形举例加以说明。

举例：子目 8501.10 的电动机是从北美自由贸易区国家的境外进口的，并在北美自由贸易区国家的境内用于生产子目 9401.90 的座椅框架。该座椅框架连同电动机一起销售给座椅生产商，座椅归入子目 9401.20。该座椅生产商将座椅销售给轻载车辆生产商。在生产轻载车辆时，座椅被作为原产装备使用。电动机为追溯材料；座椅不是追溯材料，因其不是从北美自由贸易区国家的境外进口。为便于计算座椅的区域价值成分，已装在座椅中的追溯材料的价值，可计入生产座椅所使用的非原产材料价值当中。电动机的价值可计入该价值当中。（但是，电动机的价值不能单独计入座椅的净成本当中，因为电动机的价值是按座椅框架的成本计入的。）在计算轻载车辆的区域价值成分时，电动机的价值应计入生产轻载车辆所使用的非原产材料价值当中，即使该座椅为原产材料。

下面的例子可与泛欧原产地规则的吸收原则中针对发动机制造所举的例子相比较。这些规则在其限制性方面存在明显差异，因为就汽车工业产品而言，泛欧原产地规则比北美原产地规则更宽松，也更简单。

例如，在泛欧原产地规则中，下面所举的例1中，根据吸收规则，发动机的全部价值可按原产价值计算，无需扣除整体铸造汽缸体及汽缸盖和连杆组件的价值。该规则在例2中同样适用，在例2中，活塞不再按非原产材料计算。

例1：

品目8409的整体铸造汽缸体及汽缸盖和连杆组件是由发动机生产商从北美自由贸易区国家的境外进口的。这些货品进口时为该发动机生产商所拥有，并在北美自由贸易区A国的境内将其用于生产品目8407的发动机。经过计算发动机的区域价值成分，确定该发动机为原产商品。该发动机不是追溯材料，因其不是从北美自由贸易区国家的境外进口的。该发动机被出口到北美自由贸易区B国，被轻载车辆生产商作为原产装备使用。

由于品目8409列入了表IV的范围，整体铸造汽缸体及汽缸盖和连杆组件均是进口的，并且在北美自由贸易区国家的境内被组装成轻载车辆。尽管发动机为原产材料，在计算装有发动机的轻载车辆的区域价值成分时，追溯材料的价值应当被计入生产轻载车辆所使用的非原产材料的价值当中。轻载车辆的生产商并未进口追溯材料。但是，由于生产商就追溯材料中的非原产材料价值作出了声明，依据第9条（8）的规定，生产轻载车辆的生产商可以将该价值作为与该发动机有关的轻载车辆的非原产材料价值。

例2：

发动机生产商从北美自由贸易区国家的境外进口子目7601.10的铝锭及品目8409的活塞组件，并在北美自由贸易区A国的境内将其用于生产品目8407的发动机。生产商将铝锭用于生产发动机缸体；随后将活塞组件装入发动机缸体。生产商将品目8409的气缸短体指定为中间材料。该中间材料由此获得原产材料资格。该生产商将装有气缸短体的发动机出口到北美自由贸易区B国，并在生产轻载车辆时作为原产装备使用。品目8409的活塞组件为追溯材料；发动机及气缸短体均不是追溯材料，因其不是从北美自由贸易区国家的境外进口的。在计算发动机的区域价值成分时，即使该中间材料为原产材料，活塞组件的价值仍可计入非原产材料的价值当中。但是，铝锭的价值不得计入非原产材料的价值当中，因为子目7601.10并未列入表IV的范围。铝锭的价值无需单独计入发动机的净成本当中，因为该价值已被计入中间材料的价值，并且中间材料的总成本已被计入发动机的净成本当中。在计算装有发动机（和活塞组件）的轻载车辆的区域价值成分时，装入轻载车辆的活塞组件价值应当计入该轻载车辆的非原产材料价值当中。

（九）北美模式原产地规则的演变：自《北美自由贸易协定》起，经《美国—智利自由贸易协定》、《美国—新加坡自由贸易协定》和其他自由贸易协议，到《中美洲自由贸易协定》的演变

毫无疑问，《北美自由贸易协定》是美国原产地规则的分水岭。北美模式原产地规则往往被称为最复杂和最严格的原产地规则之一。但是，这并非意味着北美模式原产地规则毫无发展。该协定缔约方主动对北美原产地规则本身进行了全面反思。在美国随后与其他伙伴国（例如，澳大利亚、新加坡、智利）签订的区域贸易安排（RTAs）和最近签订的《中美洲自由贸易协定》（CAFTA）中，一些原产地规则要素得到了明显的改进。自《北美自由贸易协定》实施以来，在计算区域价值成分时，缔约方普遍倾向于摈弃采用增值百分比标准，尤其是不再采用净成本方法。在《北美自由贸易协定》中，有2,601项规则包含了增值百分比标准的计算。其后签订的协议中，基于成交价格及净成本计算的百分比标准只有600项左右，已大幅度下降。（参见表3.16。）

表3.16　基于《北美自由贸易协定》的原产地规则的演变

区域价值成分	NAFTA	USAAUS①	CHLUSA	CAFTA	USASIN	MEXTN
成交价格	1,266	581	556	549	331	1,311
净成本	1,355	54	0	54	0	0
材料	0	517	524	519	363	0
区域价值成分	MEXNIC	MEXCRI	MEXBOL	CANCHL	CANCRI	
成交价格	1,254	1,243	1,205	1,117	873	
净成本	1,283	1,271	1,234	1,207	49	
材料	0	0	0	0	8	

注：本表摘自2006年4月25日－27日举行的关于新的原产地制度的谈判与实施的区域研讨会上泛美开发银行Rafael Comejo所作的演示文件。

对净成本方法的使用已经从《北美自由贸易协定》中的1,335项，明显下降到《美国—澳大利亚自由贸易协定》和《中美洲自由贸易协定》中的54项，在《美国—智利自由贸易协定》和《美国—新加坡自由贸易协定》中已被弃之不用。墨西哥与其邻国签订的自由贸易协议中所包含的原产地规则，与美国在北美

① 译者注：USAAUS是指《美国—澳大利亚自由贸易协定》；CHLUSA是指《智利—美国自由贸易协定》；USASIN是指《美国—新加坡自由贸易协定》；MEXTN是指《墨西哥—突尼斯自由贸易协定》；MEXNIC是指《墨西哥—尼加拉瓜自由贸易协定》；MEXCRI是指《墨西哥—哥斯达黎加自由贸易协定》；MEXBOL是指《墨西哥—玻利维亚自由贸易协定》；CANCHL是指《加拿大—智利自由贸易协定》；CANCRI是指《加拿大—哥斯达黎加自由贸易协定》。

原产地规则方面的演变形成对照。如表 3.16 所示，在墨西哥方面，这种变化并不明显。比较之下，从加拿大所签订的协议中可以看出，这种变化是十分显著的。

特别是，美国在《北美自由贸易协定》实施后所签订的协议中包含的原产地规则，充分吸取了净成本方法计算困难所带来的教训。其在《北美自由贸易协定》实施后所签订的所有其他协议中，实际上用累加法（Build - up）和扣减法（Build - down）（将在下一节论及）取代了原来的计算方法。累加法和扣减法在计算中均采用材料的价值，完全以材料的成本作为分子。这种做法在很大程度上减轻了将成本分摊到单一生产单位所遇到的内在困难以及上面的例子所揭示的平均值计算上的复杂性。下面，以摘录自《美国—智利自由贸易协定》的规定为例，对新的区域价值成分计算公式加以说明：

“（ⅰ）本注释第（n）项所述规则列明某一货品的区域价值成分时，除本注释另有规定外，申明该货品享受本注释所规定的关税待遇的人，可以选择依据下文所述的累加法或扣减法计算该货品的区域价值成分：

（A）在扣减法中，区域价值成分可以依据下列公式计算：RVC =［（AV - VNM）/AV］×100。其中，RVC 为区域价值成分，以百分比表示；AV 为经调整的价值；VNM 为生产商在生产货品时所使用的非原产材料价值；或者

（B）在累加法中，区域价值成分可以依据下列公式计算：RVC =（VOM/AV）×100。其中，RVC 为区域价值成分，以百分比表示；AV 为经调整的价值；VOM 为生产商在生产货品时所使用的原产材料价值。”

摘自《美国—智利自由贸易协定》的另一段文字对“经调整的价值”作了解释：

“所称‘经调整的价值’，是指依据《关于实施〈关税与贸易总协定〉第七条的协定》（《海关估价协定》）第 1 条至第 8 条、第 15 条及其相应注释而确定的价值。但是，可以对该项价值进行调整，将货品从出口国运抵进口地过程中所产生的与国际运输、保险和有关服务相关的任何成本、费用或支出加以扣除。”

显然，有赖于《海关估价协定》等多边法律文件，计算区域价值成分方法在应用和管理上的可预见性增强了。

《中美洲自由贸易区—多米尼加协定》（CAFTA - DR）采用这种区域价值成分计算方法，而不是采用《北美自由贸易协定》中经常使用的复杂的净成本方法，对许多具体规则进行了界定，后者如今仅用于汽车工业产品。《中美洲自由贸易协定》针对大多数货品规定了两种区域价值成分计算方法：（1）基于原产材料价值的累加法；以及（2）基于非原产材料价值的扣减法。某些汽车产品的区域价值成分可以用净成本方法计算，但仅限于下列汽车产品：

HTS 税目	商品描述
8407.31 至 8407.34	发动机
8408.20	汽车用柴油发动机
8409	发动机零件

美国最近缔结的自由贸易协议的另一个特点是提出了再生产品（remanufactured goods）的问题。例如，《中美洲自由贸易区—多米尼加协定》中规定，再生产品可以享受新产品的同等关税待遇，但在其原产地方面又享有独特的灵活性。

可以发现，能够进行再生产的产品范围比此前美国与智利和新加坡的谈判中所达成的产品范围更广。中美洲国家[1]在接受更广的再生产品范围（870 个子目，与美国和智利、新加坡所签署的协议中所含子目相比增加了 2，000%）方面并未遇到困难。其原因有两个：首先，由于没有区域化生产，中美洲的大部分再生产品可享受零关税。其次，中美洲的法规允许旧货进口。在《北美自由贸易协定》之后所签订的协议中，引人注目的另一相似之处，就是进口人负有信息举证责任。

最近签订的协议中所包含的一些其他创新与纺织品和服装产品相关。

在《美国—智利自由贸易协定》中，这些方面的变化非常有限，因其基本要素与《北美自由贸易协定》的程序相似。但是，最近签订的《中美洲自由贸易协定》和《美国—秘鲁自由贸易协定》中已包含了更多的变化。在《美国—智利自由贸易协定》中，针对纺织品和衣服的基本概念如下：

“（a）纱线——一般而言，纤维必须原产于智利或美国，才能享受优惠关税待遇。

（b）织物——一般而言，纱线必须原产于智利或美国，才能享受优惠关税待遇。棉和化学纤维针织物必须符合‘纤维起步’规则。

（c）服装——一般而言，纱线必须原产于智利或美国，才能享受优惠关税待遇。”

《中美洲自由贸易区—多米尼加协定》采用材料价值的方法来确定货物是否能够享受《美国—智利自由贸易协定》和《美国—澳大利亚自由贸易协定》等以前签订的协议中所规定的优惠关税待遇。引人注目的另一相似之处是进口人负有信息的举证责任。

一般而言，根据《中美洲自由贸易区—多米尼加协定》的规定，下列非纺织

① 参见 J. Granados 和 R. Corneyo：《美洲的融合：从中美洲自由贸易区—多米尼加自贸区进程中得到的若干经验教训》，《世界经济》，2006 年。

品视为原产货品：

“（a）该货品是在一个或多个缔约方（哥斯达黎加、萨尔瓦多、危地马拉、洪都拉斯、尼加拉瓜、多米尼加或美国）的境内完全获得或生产；

（b）该货品完全在一个或多个缔约方的境内生产，并且

（ⅰ）该货品生产过程中所使用的每项非原产材料均发生了其所适用的具体产品清单中所列的税则归类改变；或者

（ⅱ）该货品满足其所适用的总注释29（n）项中所列的任何区域价值成分要求；并且该货品满足其所适用的所有其他要求；或者

（c）该货品完全在一个或多个缔约方的境内仅用原产材料生产。”

与其他自由贸易协议一样，《中美洲自由贸易区—多米尼加协定》包含了10%的微小含量规定。除某些产品以外，该规定适用于大多数货品。该规定不适用于纺织品，纺织品有其特殊的微小含量规则（基于重量百分比）。根据微小含量规则，未发生总注释29（n）项所规定的税则归类改变的货品，如果该货品生产过程中所使用的所有非原产材料（未发生所需的税则归类改变）的价值不超过该货品经调整价值的10%，该货品仍可视为原产货品。根据其所适用的任何区域价值成分要求，当此类非原产材料的价值被计入非原产材料的总值时，微小含量的规定即可适用。

因确定货品税则归类的部件在其生产过程中所使用的某些纤维、纱线未发生其所适用的税则归类改变而不被视为原产货品的纺织品或服装，如果该部件中所有这些纤维或纱线的总重量不超过该部件总重量的10%，该纺织品或服装仍应视为原产货品。

一些更加基本的纺织品和服装产品所需符合《中美洲自由贸易区—多米尼加协定》受惠资格的加工工序总结如下，其中包含了一些创新。

“（a）纱线——一般而言，纤维必须原产于《中美洲自由贸易区—多米尼加协定》的受惠国或美国，才能享受优惠关税待遇。

（b）织物——一般而言，纱线必须原产于《中美洲自由贸易区—多米尼加协定》的受惠国或美国，才能享受优惠关税待遇。棉和化学纤维针织物必须符合‘纤维起步’规则，即纤维必须原产于《中美洲自由贸易区—多米尼加协定》的受惠国或美国，才能享受优惠关税待遇。

（c）服装——一般而言，纱线必须原产于《中美洲自由贸易区—多米尼加协定》的受惠国或美国，才能享受优惠关税待遇。”

除了该总结外，还加入了一些单一改变规则，适用于行李箱、棉及化学纤维机织连衣裙（但不适用于灯芯绒）、男士平脚短裤、女士文胸及儿童机织睡衣裤和睡衣等。

最近签订的自由贸易协议所引入的另一项重要的灵活措施，是应要求可以扩

大供应短缺的纺织品和衣服清单，对于列入该清单的产品，允许使用进口的纺织材料。

（十）北美模式与泛欧模式原产地规则的比较概述：技术性及实质性要求

不可否认，《北美自由贸易协定》和欧共体对优惠原产地规则的处理方法，在很大程度上对任何其他自由贸易协议框架下优惠原产地规则的拟订起到了主导和影响作用。因此，对两种方法进行技术性和实质性比较，揭示两者之间的主要区别恰逢其时。①《北美自由贸易协定》设定产品特定规则的做法，许多方面有别于欧共体的做法。在欧共体，产品特定规则是按章级和品目级设定，有时会采用“ex”对归入同一品目的具体产品作出规定。而在《北美自由贸易协定》中，产品特定规则是按品目级、子目级和税目级加以设定的。如下文所指出的那样，泛欧模式产品特定原产地规则有时对农产品更具限制性。相反，北美原产地规则对纺织品、服装和机动车辆更严格。在《协调制度》的大部分章节中，《北美自由贸易协定》将规则细分到子目或税目一级，远远超过泛欧原产地规则所涵盖的子目。在纺织品、服装和机械产品方面，情况尤为如此。

在拟订产品特定要求方面，两者之间的另一个显著区别是，除少数情况外，北美原产地规则并不采用制造或加工工序来赋予原产资格。泛欧模式产品特定原产地规则如下面的对照表所示。这些规则并未显示出已纳入经济伙伴关系协议项下产品特定规则（如本章第一节第五部分所概述）中的有关费用。

在规则的拟订方面，两者的差别是显而易见的。那就是，《北美自由贸易协定》几乎完全依靠税则归类改变的方法。例如，对于归入第16章的已加工食品，北美原产地规则的要求是“从任何其他章改变至品目1601至1605”。

简言之，这就意味着，一项货品经过加工，其税则归类从《协调制度》的任何其他章改变至第16章，即可赋予原产资格。另一方面，“从任何其他章改变至此”的要求，明确无误地排除了在第16章内发生税则归类改变的加工工序赋予原产资格的可能性。

假设将冻猪肉（HS品目0203）从匈牙利进口到美国，与从加勒比海地区进口的香料（HTS品目0907－0910）、在美国种植并生产的谷物混合，制成新鲜猪肉香肠（HS品目1601）。由于进口的冻肉归入第2章，香料归入第9章，因此，这些非原产材料可以满足税则归类改变要求，无需考虑谷物是否满足税则归类改变标准，因其是美国原产的——只有非原产材料才须经过税则归类改变。

① 对欧共体和北美原产地规则的另一分析，也可参见A. Estevadeordal and K. Suominem：《欧洲和美洲自由贸易协议中的原产地规则：欧盟—南锥体共同市场跨区域联盟协议的有关问题探究与启示》，INTEL－ITD，工作文件，2004年1月15日。全面综合的比较参见世界贸易组织“区域贸易协定中的原产地规则体制”，区域贸易协定委员会，2002年4月5日。

从表 3. 17 所示的欧共体针对第 16 章的原产地规则，人们可以看到规则描述上的特点及作为原产地要求而被纳入到单一清单中的完全获得概念。完全获得概念的使用并不是《北美自由贸易协定》或以《北美自由贸易协定》为导向的任何其他原产地规则的特征。事实上，在拟订协调非优惠原产地规则时，完全获得概念的使用一直是各方激辩的主题。

像许多其他规则一样，欧共体的原产地规则在其体系结构上对完全获得产品的定义作了规定。① 根据这一概念，完全获得的产品因完全不含进口原材料而获得原产资格。基于税则归类改变的北美模式并不认同采用完全获得的定义作为对产品的具体要求。按照《北美自由贸易协定》的方法，即便是《协调制度》第 1 章的产品（活动物），也要经过章改变，尽管按照《协调制度》的结构，这种章改变是不可能发生的。

只要比较一下这些规则的实质内容，即进口原材料需要经过多少加工工序才能获得原产资格，人们就会发现，欧共体针对第 16 章产品的原产地规则比北美原产地规则更严格。在欧共体，制造第 16 章的原产产品，必须使用第 1 章的材料（活动物）或者第 3 章的材料（鱼、甲壳动物、软体动物和其他水生无脊椎动物），但所使用的后面提到的这些材料必须是完全获得的。这就意味着，使用进口肉类加工成肉制品是不可能的。在使用进口原材料的情况下，活动物必须是在该国屠宰的，只有这样，才能将这些肉类加工成第 16 章的肉制品。对于鱼类制品，其规则更加严格，因为根据欧共体的原产地规则，必须使用完全获得的鱼，即原产于该国的鱼必须是在该国捕捞的。② 相反，在《北美自由贸易协定》中，第 16 章的原产地规则就显得宽松多了，因其允许使用归入第 2 章③的肉类，以将其加工成第 16 章的产品。对于鱼类制品，情况同样如此。因此，将鲜、冷、冻或盐渍④的肉类或食用杂碎进行加工，制成第 16 章的产品，这就足够了，而无需按欧共体所规定的那样，必须用活动物——出生并饲养——制成。

---

① 参见泛欧原产地规则中的完全获得产品清单。参见本章第二节。

② 参见本章第二节。

③ 第 2 章指肉和食用杂碎。因此，不适合人食用的肉和杂碎不包括在内。如海关合作理事会《商品名称及编码协调制度》注释所解释的那样。

④ 参见第 2 章的总体介绍，海关合作理事会《商品名称及编码协调制度》注释。

表 3. 17　泛欧模式与北美模式项下第 16 章产品特定原产地规则的比较

HS 编码	商品描述	北美规则①	欧共体规则②
第 16 章	肉、鱼、甲壳动物、软体动物和其他水生无脊椎动物的制品	从任何其他章改变至品目 1601 至 1605	用第 1 章的活动物制得。所使用的第 3 章的所有材料必须是完全获得的

表 3. 18 对第 60 章的纺织品的欧共体规则和北美规则作了比较。第 60 章所包括的织物不像机织物那样用经线和纬线交织而成，而是通过一系列相互连结的线圈织成，不论使用何种纺织材料。③

表 3. 18　泛欧模式与北美模式项下第 60 章产品特定原产地规则的比较

HS 编码	商品描述	北美规则	欧共体规则
第 60 章	针织或钩编织物	从任何其他章改变至品目 6001 至 6002，从品目 5106 至 5113④、第 52 章⑤、品目 5307 至 5308⑥ 或品目 5310 至 5311⑦，或第 54 章⑧ 至第 55 章⑨ 改变至此的除外	用下列材料制得⑩： ●天然纤维； ●化学纤维短纤，未梳或未经其他纺前加工；或者 ●化学材料或纺织浆料。

① 来源：《加拿大政府、墨西哥政府和美国政府间的北美自由贸易协定》，《北美自由贸易协定》附件 401：特定原产地规则。

② 来源：《以欧共体及其成员方（在欧盟的框架内行事）为一方，以斯洛文尼亚为另一方，建立联盟的欧洲协定》——关于“原产产品”概念的定义及其行政合作方法的议定书 4——欧盟《官方公报》L051，1999 年 2 月 26 日，第 0003 - 0206 页。

③ 参见海关合作理事会《商品名称及编码协调制度》注释。

④ 就是说，将下列材料制成第 60 章的商品，不得赋予原产地；这些材料为非供零售的羊毛、动物细毛、粗梳或精梳羊毛纱线；零售的羊毛、动物细毛纱线；动物粗毛或马毛，不论是否零售；粗疏或精梳羊毛、动物细毛的机织织物，或者动物粗毛或马毛的机织织物。

⑤ 该章为棉花产品。

⑥ 就是说，将下列材料制成第 60 章的商品不得赋予原产地；这些材料为黄麻纱线或其他纺织用韧皮纤维；其他植物纺织纤维；纸纱线。

⑦ 就是说，将下列材料制成第 60 章的商品不得赋予原产地；这些材料为黄麻或其他纺织用韧皮纤维机织织物；其他植物纺织纤维机织织物；纸纱线机织织物。

⑧ 该章为化学纤维长丝。

⑨ 该章为化学纤维短纤。

⑩ 与由混合的纺织材料制成的产品相关的特殊条件，参见所有泛欧国家原产地规则的有关原产地规则议定书的解释性注释。

欧共体的原产地规则通过指明进口原材料的属性来对具体的制造或加工工序作出规定，例如，将天然纤维纺成纱线，然后将其针织和钩编在一起，制成织物。

在《北美自由贸易协定》中，规则的第一缩进项规定，如果发生从任何其他章到有关品目/子目的税则归类改变，即可赋予原产资格。但规则又对各种例外情况作出规定，即不得使用归入有关品目的进口材料。归入例外品目的材料名称一旦得到确认，即可确定被排除的材料是整章棉制品还是其他植物纤维。①

欧共体的原产地规则规定，针织和钩编棉织物至少要经过两道工序加工。实际上，由天然纤维②制成针织或钩编织物，需要经过纺纱和针织或钩编两道工序。北美规则规定，必须发生从任何其他章到有关品目/子目的改变，但从第52章（即棉花产品）到有关品目/子目的改变除外。如果棉织物的生产商希望满足《北美自由贸易协定》项下的这项产品特定原产地规则，除了使用原产于北美自由贸易区国家完全获得的棉花之外，别无他法。

归入第61章的主要是针织或钩编的服装制品和衣服附件。对于该章③的部分服装制品，泛欧原产地规则通常规定，必须经过两道加工工序，即由纱线织成织物或服装零件，然后缝制成衣服。因此，在欧共体所缔结的自由贸易协议中，进口纱线后经过所需的加工工序，即可满足原产地规则。泛欧原产地规则对于归入第61章的其他商品④的规定，与第60章项下的规则相一致。

表3.19中所摘录的北美原产地规则，可以认定为纤维起步规则。⑤ 这是一项相当严格的原产地规则，适用于使用在加拿大、墨西哥和美国大量生产的纤维制成的某些纺织品和服装制品。

正如实施《北美自由贸易协定》的通关指南所解释的那样，⑥ 对于北美地区生产不多的由织物制成的某些针织内衣、文胸和衬衫，其原产地规则就比较宽

① 详情参见北美规则中的第60章脚注。

② 参见欧共体协定中产品特定规则清单的介绍性注释。注释4：（1）清单中所使用的术语“天然纤维”，是指化学纤维或合成纤维以外的纤维。限于纺前加工，包括纤维回收。除非另有规定，包括经过粗梳、精梳或其他纺前加工的纤维；（2）所称“天然纤维”，包括……品目52.01至52.03的棉纤维，即未经粗梳或精梳的棉；废棉；粗梳或精梳的棉。

③ 通过缝制或用其他方法拼接两片或更多片经裁剪成形或直接成形的针织或钩编织物得到。

④ 通过缝制或用其他方法拼接两片或更多片经裁剪成形或直接成形的针织或钩编织物制得的商品除外。

⑤ 参见《北美自由贸易协定》三方海关指南或 http：//www. ccra - adcr. gc. ca。

⑥ 参见 http：//www. aaatrading. com/nafta/guide，同时参见 http：//www. customs. gov/nafta/docs/us/guidproc. html. 。

松。例如，对于丝①和麻②制的服装制品，仅需满足单一改变规则。因此，子目6106.90的丝制女衬衫，即使由非原产织物制成，只要该织物是在北美自由贸易区一个或多个国家裁剪和缝制的，即可视为原产产品。这些例外情况说明为生产商进口北美地区未广泛生产的材料提供了一定的灵活性。实际上，纺织品和服装的基本原产地规则是纱线起步规则。这就意味着，织造织物（其后用于制成服装制品）所使用的纱线必须是北美自由贸易区国家原产的。因此，在加拿大使用阿根廷原产的纱线织成织物羊毛③机织物，并制成羊毛衬衫，该衬衫就不能视为原产产品，因为该纱线并不是北美自由贸易区国家原产的。但是，如果将阿根廷产的羊毛纤维进口到加拿大并纺成羊毛纱线，随后用以生产羊毛织物，该羊毛衬衫应当视为原产产品。

表3.19　泛欧模式与北美模式项下第61章产品特定原产地规则的比较

HS编码	商品描述	北美规则	欧共体规则
第61章	针织或钩编的服装及衣着附件	从任何其他章改变至第61章的所有子目一级，但从品目5106至5113、品目5204至5212④、品目5307至5308或品目5310至5311、第54章、品目5508至5516⑤、品目6001至6002⑥改变至此的除外，只要： (a) 商品是在一个或多个缔约方的境内裁剪（或针织成形）并缝制或用其他方式拼接而成，以及 (b) 第61章注释1所列的肉眼看得见的衬里织物满足所需的税则归类改变要求⑦⑧⑨。	用纱线制得⑩ 用下列材料制得⑪： ●天然纤维； ●化学纤维短纤，未梳或未经其他纺前加工；或者 ●化学材料或纺织浆料。

① 蚕丝包括在第50章内。

② 亚麻包括在第53章内。

③ 羊毛包括在第51章内。

④ 就是说，将下列材料制成第61章的商品，不得赋予原产地：这些材料为棉缝纫线，不论是否零售；精梳、非供零售、含棉量在85%以下的棉纱线（缝纫线除外）；含棉量至少85%的棉机织物，不论是否经漂白、染色或印花；含棉量至少85%的棉机织物，含化学纤维，不论是否经漂白、染色或印花。

⑤ 就是说，将下列材料制成第61章的商品，不赋予原产地：这些材料为合成或人造纤维短纤制的缝纫线；含85%的尼龙、其他聚酰胺、聚酯、聚丙烯腈或变性聚丙烯腈、其他合成或再生纤维短纤（化学纤维）的纱线（缝纫线除外），非供零售用；化学纤维短纤混合再生纤维短纤、羊毛或动物细毛或棉制的纱线，非供零售用；化学纤维短纤制的纱线，非供零售用；含85%的化学纤维短纤的机织物，未漂白或漂白的除外；含化学纤维短纤少于85%，与棉混纺的机织物；化学纤维制的机织物，含或不含粘胶纤维短纤、化学纤维长丝、羊毛或动物细毛；含85%的化学纤维短纤的机织物，漂白或未漂白、染色、染纱、印花；人造纤维短纤制的机织物，漂白或未漂白、染色、染纱、印花。

⑥ 就是说，将下列材料制成第61章的商品，不赋予原产地：这些材料为长毛绒针织或钩编织物；棉、化学纤维或其他纺织材料制的毛圈绒头针织或钩编织物；棉、化学纤维或其他纺织材料制的毛圈针织或钩编织物；羊毛或动物细毛、棉、化学纤维或其他材料制的经编织物；羊毛或动物细毛、棉、化学纤维或其他材料制的针织或钩编织物。

⑦ 同时参见《北美自由贸易协定》附件300－B（纺织品和服装制品），附件6（A）。

⑧ 参见《北美自由贸易协定》第61章的规则1。从该组别以外的任何品目改变至下列品目或子目的看得见的衬里织物：品目5111到5112、子目5208.31到5208.59、子目5212.13到5212.15、子目5212.23到5212.25、子目5407.42到5407.44、子目5407.52到5407.54、子目5407.72到5407.74、子目5407.82到5407.84、子目5407.92到5407.94、子目5408.22到5408.24（不包括税目5408.22.aa、5408.23.aa或5408.24.aa）、子目5408.32到5408.34、子目5512.19、子目5512.29、子目5512.99、子目5513.21到5513.49、子目5514.21到5515.99、子目5516.12到5516.14、子目5516.22到5516.24、子目5516.32到5516.34、子目5516.42到5516.44、子目5516.92到5516.94、子目6001.10、子目6001.92、子目6002.43或子目6002.91到6002.93。

⑨ 参见《北美自由贸易协定》第61章的规则2。为了确定本章商品的原产地，适用于该商品的规则仅适用于决定该商品税则归类的部件，并且这些部件必须符合规则对该商品设定的税则归类改变要求。如果规则要求该商品必须同时符合该章注释1所列的对看得见的衬里织物的税则归类改变要求，该要求仅适用于衣服主体部分中看得见的衬里织物（不包括袖子，该部分覆盖了最大表面），而不适用于可拆除的衬里。

⑩ 通过缝制或用其他方法拼接两片或更多片经裁剪成形或直接成形的针织或钩编织物得到。

⑪ 通过缝制或用其他方法拼接两片或更多片经裁剪成形或直接成形的针织或钩编织物制得的商品除外。

此外，某些服装必须符合第 61 章注释 1 的要求。该注释规定，肉眼看得见的衬里织物必须发生从注释本身所列品目到有关品目/子目的税则归类改变。（参见表 3. 19）

如表 3. 20 所示，《北美自由贸易协定》项下针对第 62 章非针织或非钩编的服装及衣着附件的产品特定原产地规则，与第 61 章的产品特定原产地规则并无实质性的差异，因其要求满足纤维起步规则。在泛欧原产地规则中，第 62 章的产品特定规则规定，制造工序必须从纺纱开始。

表 3. 20　泛欧模式与北美模式项下第 62 章产品特定原产地规则的比较

HS 编码	商品描述	北美规则	欧共体规则
欧共体的表述方法 EX 第 62 章①	非针织或非钩编的服装及衣着附件，除了：	从任何其他章改变至子目 6201. 19，但从品目 5106 到 5113、品目 5204 到 5212、品目 5307 到 5308 或品目 5310 到 5311、第 54 章、品目 5508 到 5516、品目 5801 到 5802 或品目 6001 到 6002 改变至此的除外，只要该商品在一个或多个缔约方的境内裁剪并缝制或用其他方法拼接而成。	由纱线制造②
ex 品目 6202	绣花的女式服装、婴儿服装及婴儿衣着附件	从任何其他章改变至子目 6202. 91 到 6202. 93，但从品目 5106 到 5113、品目 5204 到 5212、品目 5307 到 5308 或品目 5310 到 5311、第 54 章、品目 5508 到 5516、品目 5801 到 5802 或品目 6001 到 6002 改变至此的除外，只要：（a）该商品在一个或多个缔约方境内裁剪并缝制或用其他方法拼接而成，以及（b）第 62 章注释 1 所列的肉眼看得见的衬里织物满足所需的税则归类改变要求。	由纱线制造，或者由未经绣花的织物制造，只要所使用的未经绣花的织物价值不超过产品出厂价格的 40%。

在某些情况下，具体的品目有不同的要求。例如，品目 6210 的产品特定规则规定由纱线制造，或者由未经绣花的织物制造，只要所使用的未经绣花的织物价值不超过产品出厂价格的 40%。假定所使用的未涂层织物的海关价值为 900，其最终的防火装备的出厂价格为 2,300。其计算方法如下：

---

① 参见该清单的介绍性注释，注释 2：

2. 1 清单中前两列为制得的产品描述。第一列标明在《协调制度》中的品目或章目，第二列标明了在《协调制度》中该品目税目或章目项下所使用的商品描述。对应前两列，第 3 列或第 4 列为具体的规则。有时，在第一列前会标注“ex”，表示第 3 列或第 4 列的规则仅适用于第 2 列中所列品目项下的部分商品。

② 与由混合的纺织材料制成的产品相关的特殊条件，参见所有泛欧国家原产地规则的有关原产地规则议定书的解释性注释 5 及 6。

100 ：2，300 = X ：900，

X = 39%

由于 39% 低于 40% 的最大值，因此，该产品为原产产品。

对于机械产品，北美原产地规则和泛欧原产地规则大都采用增值百分比标准。显然，正如表 3.21 所概述的那样，其百分比水平和计算方法完全不同。

表 3.21　泛欧模式与北美模式项下品目 8407 产品特定原产地规则的比较

HS 编码	商品描述	北美规则	欧共体规则
品目 8407	点燃往复式或旋转式活塞内燃发动机	从任何其他品目改变至品目 8407 到 8408，包括该组别内的另一品目，只要其区域价值成分不低于（a）采用成交价格方法时的 60%；或者 （b）采用净成本方法时的 50%。	制造过程中所使用的所有材料的价值不超过产品出厂价格的 40%。

第四章

原产地规则经济学

第一节　原产地规则经济学的基本原理

时至今日，贸易经济学家仍然对原产地规则关注甚少。直到20世纪90年代初，关于原产地规则对经济的影响方面的文献还相当匮乏。常规文献中所探讨的主要是以下一些问题：

●原产地规则对一国的资源配置乃至效率及福利的影响；

●原产地规则是否确保了采用这些规则的贸易工具中所隐含的目标的实现；

●原产地规则在经济一体化安排（自由贸易区、关税同盟）中的作用，特别是这些规则对“寻租”/游说活动的诱导作用。

已开发的大多数经济模型并不直接针对原产地规则，更普遍的是针对“当地成分保护”安排进行分析。根据这些安排，只要最终产品中含有最低比例的当地增加值，当地的生产商即可免税进口原材料。这些模型之所以可用来解析原产地规则问题，是因为在这两种情况下，凡是达不到最低当地增值比例的，就只能履行缴纳关税的义务了。当然，其差别在于，按原产地规则要求，关税是对出口的最终产品征收的；而按当地成分规定，关税是对进口的中间材料征收的。还要指出的是，当地成分模型不仅可以用来分析优惠贸易协议中所包含的原产地规则要求，还可用来分析与反倾销（AD）或配额管理相关的原产地规则要求，尽管在这三类规则下，它对不符合规则的情况所产生的影响是迥然不同的，如表4.1所示。

表4.1　对不符合规则的情况及实施贸易工具可能产生的影响举例

原产地规则要求的基本原理	对不符合规则的情况所产生的影响
优惠原产地规则	出口货物不得享受优惠税率
反倾销措施	出口货物也许要缴纳反倾销税
选择性配额	出口货物不得进入市场

但是，某些符合规则的情况是由于企业针对当地成分及原产地规则要求而采取五花八门的规避行为所导致的。事实上，对反倾销和选择性配额管理的规避意味着，在进口国或第三国境内建立生产设施，用以对原产于被纳入限制性措施管理的国家的原材料进行组装，或者把制造工序迁往第三国。相反，对优惠原产地规则的规避意味着，在出口国境内建立生产设施，用以对原产于被排除在优惠市场准入协议之外的国家的原材料进行组装。从法律上讲，这些情况的发生也会导致不同的结果。

因此，在现实当中，采用当地成分模型来对原产地规则的规定进行分析时要十分小心。此外，由于这些模型是建立在标准假设的基础之上的（例如，最终产品及中间材料等在市场上都处于完全竞争状态），因此也要加以注意。

还应注意的是，由于原产地规则倾向于增加对当地生产的中间材料的需求，这些规则可用于所谓的“直接非生产性寻利活动”，即大型工业集团和行业协会所进行的游说活动。现实就是如此，将来也一样，特别是在自由贸易区的谈判过程中，都会出现上述情况。

然而，关于原产地规则的影响的这些初步分析结果存在着明显的局限性，需要考虑：

● 如果规则是非约束性的，其作用等于零。换言之，如果进口材料与当地生产材料的有效结合要求前者达到一定的百分比，而生产商又满足了该要求，那么，他们就无需为支持当地的中间材料生产商而调整其产品结构。

● 如果规则过于严苛，其作用也等于零。如果进口材料与当地生产材料的有效结合要求进口材料达到一定的百分比，而该百分比又远低于生产商实际使用的比例，那么，遵守规则的成本就会高于预期的减免关税。换言之，最终产品的生产商将会发现，遵守规则得不到经济上的好处。

此外，原产地规则对当地生产材料需求的最终影响还有赖于以下因素：

● 进口材料和当地生产材料的替代弹性①（弹性越高，就越容易使用当地生产材料替代进口材料，因而对当地生产材料需求的影响就越大）。

● 当地生产的中间材料与进口的中间材料在价格上的差别（当地生产材料越昂贵，就越难以被替代，因而对当地生产材料需求的影响就越小）。

● 关税优惠幅度的大小或反倾销税的高低。

● 当地产品的供给弹性（事实上，如果当地中间产品的价格随需求增加而显著提高，对受欢迎的当地生产材料的替代将受到限制，因而对需求的影响就越小）。

● 出示原产地证明的书面证据及行政文书的相关成本（成本越高，满足原产地要求所得到的收益就越低，因而对中间材料需求的影响就越低）。

利用当地成分模型对原产地规则进行分析所得出的结论是，对国产中间材料需求的增长在效率与福利方面是要花费成本的。事实上，此类规则已成为激励生产商不再有效结合使用进口材料与当地生产材料的因素。

一、原产地规则经济效应分析的最新发展

20 世纪 90 年代初，北美地区各个自由贸易区的形成引发了人们对原产地规则问题及其经济影响分析的新兴趣。

---

① 替代弹性，是指替代货物相对价格变化百分比所引起的一项货物需求变化的百分比。对经济学与原产地规则的早期研究成果，参见 P. J. Lloyd：《自由贸易区中原产地规则的关税替代》，《世界经济》，16（6），1993 年。

很显然，契约性原产地规则是自由贸易区的核心，因为它们确保了优惠市场准入仅给予那些在自由贸易区内实际发生了“实质性改变”的货物，而非那些在其他地方生产、仅经某一成员方转运的货物。没有原产地规则，就无法对从第三国进口的商品加以区别对待，区域一体化的意义就会大打折扣。

传统上，自由贸易协定项下的原产地规则之所以存在，主要缘于对贸易偏转的关注。在自由贸易区中，各国维持各自的对外关税及与其外部贸易伙伴有关的商业政策。只要其对第三国的关税及商业政策存在差别，从具有最宽松的进口体制和关税的国家进口货物的诱导因素就会存在。在这种情况下，进口商及生产商就会逐步向对进口货物进行微小加工或处理，最终把货物重新出口到关税较高的国家。总而言之，这无疑是一种关税规避行为。①

近年来，特别是在《北美自由贸易协定》实施后，原产地规则在自由贸易协议中已被作为一种贸易政策工具加以利用。是否给予关税优惠，取决于对区域内原材料的使用。纱线起步规则就是一个典型事例。根据该规则，在墨西哥生产的服装必须使用美国产的纺织材料才能获得关税优惠。

因此，严苛的原产地规则缘于复杂的工业和贸易上的考虑，是曲折的谈判所产生的结果。但是，原产地规则越严格，贸易转移也就越普遍，因为一体化区域内的生产商会倾向于使用该区域内原产的中间材料，尽管与来自自由贸易区以外国家的原材料相比，这些中间材料的成本更高。因此，当遵守原产地规则的优惠幅度越大，且遵守规则的成本及相关行政成本又较低的时候，贸易转移就越明显。

对于单边原产地规则，给惠国的一般看法是，贸易优惠应当给予那些真正在受惠国生产的货物，而非那些从受惠国中转或者仅为获得贸易优惠而在那里经过微小加工或处埋的货物。

一方面，原产地规则是一种为实现支持贸易优惠的发展性的政策目标（即出口增长、工业化并最终实现经济发展）所需的辅助性贸易政策工具。

另一方面，自普惠制的第一套单边原产地规则实施以来，受惠国就一直把原产地规则视为利用贸易优惠的一个主要障碍。②

图 4.1 简要地揭示了原产地规则的严格程度对贸易创造和贸易转移的影响，说明了为什么优惠原产地规则在贸易优惠措施的贸易效应方面显得如此重要。

---

① 贸易偏转本身不会在经济上造成负面效应。事实上，从经济角度看，它被视为等同于降低了高关税国家的关税，因此，实际上它对经济效率具有积极作用。但是，贸易偏转却被视为一种消极现象，因为它并不符合自由贸易协定缔约方的目标。从极端上看，贸易偏转有可能背离缔约方的原意，使原有的自由贸易协定变成一个关税同盟，其对外关税将由实施较低关税的国家来决定。

② 参见 1970 年设立的联合国贸易与发展会议原产地规则工作组的各个报告。

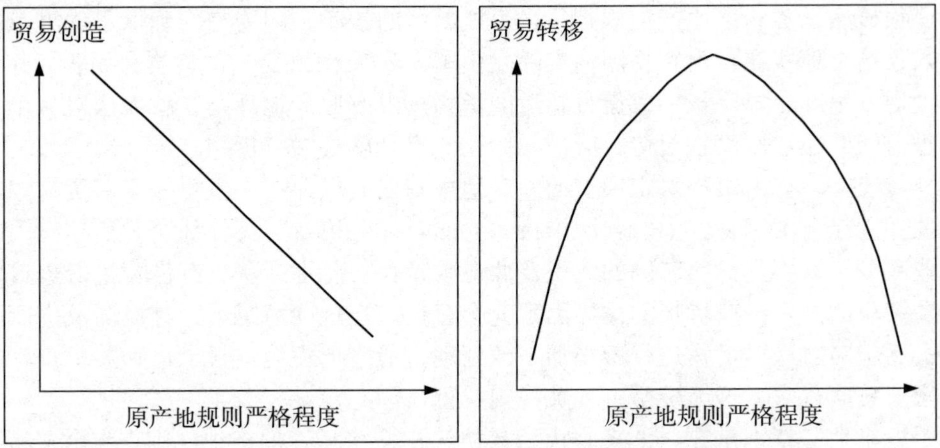

图 4.1　原产地规则的严格程度对贸易创造和贸易转移的影响

直观而言，原产地规则越严格就越难以满足，贸易创造效应①就会降低。事实上，制造商会逐渐发现，要么满足原产地规则所花费的成本超出了优惠幅度所带来的价值，要么在国内市场上根本无法获得所需的原材料。不满足原产地规则意味着货物在通关时将按最惠国税率征收关税。因此，贸易优惠预期产生的贸易效应将等于零。

在契约性原产地规则中，贸易转移②所带来的贸易效应更为明显。尽管如此，当所给予的单边贸易优惠具有累积要求时，这些原产地规则也可产生显著的贸易效应，或者抑制其发生。宽松的原产地规则更容易得到满足，因此会降低对从区域内获取原材料的激励作用，除非这些原材料真正具有竞争力。

假设在某一特定的区域协定下将织物制作成服装可以赋予原产资格。这就等于鼓励服装生产商继续在区域内或者区域外最具竞争力的供应商那里采购织物，将其制成服装，并将其出口到伙伴国。

另一假设是，如果产品特定原产地规则要求制造工序必须由进口的纱线开始，而不是由进口的织物开始，则会鼓励服装生产商在区域内采购织物，除非他们想通过投资，对进口纱线作进一步的织造加工。但是，从区域内采购织物，会产生贸易转移效应，或者意味着要在织物织造上进行投资。该例子所述情况已是不争的事实，孟加拉国、柬埔寨及其他发展中国家的小型供应商目前就面临这样的困境。

但是，在存在贸易转移的情况下，原产地规则会变得极其严格，这时就会产

① 贸易创造，是指本国所生产的产品减少，被来自贸易伙伴国的进口所替代。

② 贸易转移，是指自区域协定成员方以外的国家的进口减少，被来自伙伴国的进口所替代。

生第二种类似效应——遵守原产地规则的成本过高，以致超出了优惠幅度。这样一来，不仅会降低对从区域外国家进口轻向从区域内伙伴国进口的做法的激励作用，而且发展到极端时，还会导致不遵守原产地规则要求的结果，如此一来就得不到关税优惠，从而不能产生贸易效应。

因此，一方面，贸易优惠预期产生的贸易和发展效应，会由于给予优惠关税待遇所必需满足的过于严厉的原产地规则要求而受到限制或制约。另一方面，优惠幅度越高，原产地规则越宽松，对受惠国制造业的羁绊越小，贸易优惠预期产生的效应就越大。

需要吸取的教训是，如果原产地规则过于严厉，与受惠国现有的工业生产能力不相匹配，或者从商业上看完全抵消了优惠幅度，优惠所产生的贸易效应就会等于零，因为在这种情况下只能按最惠国（MFN）税率征税。

赫林（Herin）① 在其所进行的一项开拓性研究中，对欧洲自由贸易区与欧共体之间所签订的自由贸易协定中原产地规则的影响进行了测算。该研究发现，当优惠幅度不明显时，欧洲自由贸易区的很多出口商宁愿选择按最惠国税率缴纳关税，也不愿遵守原产地规则。

随后，克鲁杰（Krueger）② 对北美自由贸易协定中原产地规则对中间产品的影响进行了研究。克里希那（Krishna）和克鲁杰（1995 年）对原产地规则中潜在的“隐性”贸易保护主义的一个最具说服力的论点进行了论述。他们认为，原产地规则会诱导从区域外采购低成本原材料的生产商转而在区域内采购高成本的原材料，以便得到优惠税率所带来的好处。由于关税是按最终产品的成交价格计征的，只要优惠幅度大，而原产地规则又有限制性规定，就会驱使区域内的生产商在区域内采购中间产品，用来替代来自世界其他地区的低成本中间产品。这样一来，限制性原产地规则就为区域内的中间产品生产商提供了额外的保护，而明显对下游或者最终产品的生产商不利。这一显而易见的矛盾是可以解释得通的，因为零部件的生产商与用户之间存在着特定的生产关系。如果生产链中不同环节之间的联系非常紧密，国外的最终产品生产商就很难在区域内对零部件进行配置，并保持其竞争力。这样一来，原产地规则对中间产品生产商和最终产品生产商来说，都或多或少具有“出口保护”的作用。

此外，这会促使区域外受到限制性原产地规则损害的中间产品生产商将生产设施迁往区域内的低成本国家，即便这些生产商并不是世界上更具成本效益的生产商。这一情形很可能会扭曲有效的投资决策，抑制自由贸易协定的贸易自由化

① 参见 Herin，J.：《欧洲自由贸易区及欧洲经济共同体之间的原产地规则及关税水平差异》，《欧洲自由贸易区选集》，N. 13。

② 参见 Krueger A.：《作为贸易保护主义工具的自由贸易协定：原产地规则》，1993 年。

效应。

特别值得一提的是，当谈判人员和律师们纷纷参与到《北美自由贸易协定》的谈判时，克鲁杰从经济学的角度，一针见血地揭示了什么是当时的游戏规则。他把局部均衡模型理论运用到正在进行的谈判的逻辑当中，通过这种方法对其进行了经济解读和逻辑推理。

当时，美国谈判代表特别主张为纺织品和服装等进口敏感部门的产品设定限制性原产地规则。克鲁杰指出，自由贸易协定中的限制性原产地规则可能会是造成经济低效的一个因素。

像墨西哥这样一个国家，其对中间产品 b 的最惠国税率为零。人们会发现，在《北美自由贸易协定》实施后，为享受《北美自由贸易协定》的优惠待遇，原来从低成本的第三国进口原材料的该国生产商转而从美国进口原材料，即使如上文所述，墨西哥对这些生产商所进口的中间产品并不征收关税。

克鲁杰进一步认为，这种效应是因限制性原产地规则而产生的：向世界上低成本的供应商采购原材料的墨西哥生产商，转而向高成本的美国供应商采购原材料，以满足原产地规则，从而获得优惠待遇并进入美国市场。

非常重要的另一点，是原产地规则在争取公众支持自由贸易区的政治经济游戏中所扮演的角色。克里希那（2004）随后揭示了《北美自由贸易协定》项下原产地规则的效应①。

原产地规则可以起到把一个产业与自由贸易区的贸易自由化隔离开来的作用。因此，原产地规则可以根据建立自由贸易区的政治经济需要而进行塑造，使其或多或少为特定的国内选民所接受。克里希那所描述的原产地规则对生产成本的影响参见图 4. 2。

图 4. 2 摘录自克里希那（2004），其中 L 和 K 分别代表自由贸易区的原材料（L）和进口原材料（K）。要生产最终产品，就要混合使用 L 和 K。在没有约束性原产地规则的情况下，生产商可根据最佳原材料的供应来源，随意使用 L 和 K 作为原材料生产最终产品。这种情况用标记点表示，代表在没有约束性原产地规则时所使用的原材料的最佳组合。AB 线的高度代表可以获得的最低单位成本。约束性原产地规则将迫使生产商改变 L 和 K 的最佳组合，并把 Z 点从可行集合上移除。

假设原产地规则要求使用更多自由贸易区内原产的原材料，如射线 $\alpha > \alpha o$ 所示。在这种情况下，在 X 点相交的原材料组合代表最小单位成本，DE 线代表满足原产地规则时的单位成本。显而易见，DE 线高于 AB 线，单位成本就会有所

① 参见 K. Krishna：《了解原产地规则》，为区域贸易协定中的原产地规则研讨会撰写的文章：概念和实证研究方法，2004 年。

增加。如按产品结构中约束性原产地规则的要求增加 L 原材料的投入，单位成本也会继续增加。

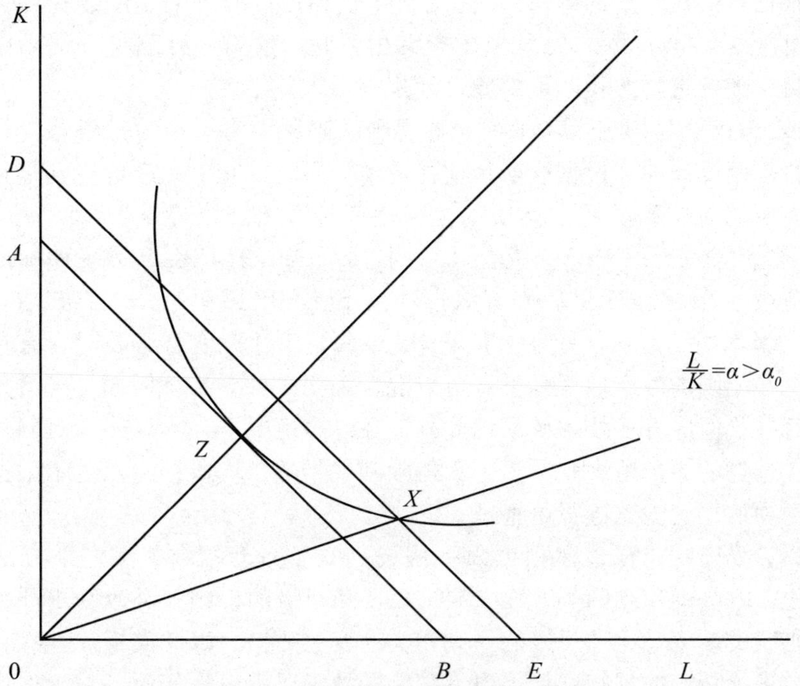

图 4.2 原产地规则和成本的实际内容

二、经济学与原产地规则研究的最新发展：限制性指数的探讨

在克鲁杰和克里希那之后，埃斯特迪瓦道尔（Esterdeavordal）（1999 和 2002 年）重点围绕北美模式原产地规则，其可能产生的影响及其在美洲地区自由贸易协议框架下的演变作了一系列深入研究。特别值得一提的是，在其研究中，他对与《北美自由贸易协定》所达成的关税减让表有关的原产地规则的限制性的特定测量方法进行了详细论述①。其后，为了准备南锥体共同市场国家与欧共体关于跨区域自由贸易协议的最终谈判，类似的评估②，在泛欧原产地规则框架下得以进行。

最终，在一系列运用回归分析的计量经济学论文中，埃斯特迪瓦道尔所阐述的限制性指数已被经常采用。人们将限制性指数的使用与优惠关税自由化的程度

---

① 参见《优惠市场准入谈判：〈北美自由贸易协定〉剖析》，美洲开发银行，1999 年 6 月。

② 《欧洲和美洲自由贸易区中的原产地规则：对欧共体—南锥体跨区域联盟协议的问题和启示》，INTAL－ITD，工作文件 15，2004 年 1 月。

或速度相结合（优惠关税自由化的程度或速度是用实现协议达成的零关税所需的年数加以衡量）。后一变量在《北美自由贸易协定》项下的关税减让表中已作出规定。根据自由化方案的结构，《协调制度》（HS）的每个8位数税目（有时为10位数税目）均与具体的关税减让方案相关联。这第一种测量方法用以确定有关的税目，随后把与之相匹配的原产地规则填入其中。

《北美自由贸易协定》项下原产地规则的限制性水平指数是根据自身的原产地规则特征而设计的。根据埃斯特迪瓦道尔的研究，北美原产地规则是在产品层面（大多数为6位数税目）达成的，采用三种方法加以界定：（1）税目改变；（2）区域价值成分（RVC）；或者（3）技术要求（TECH）。第一种标准可具体要求在章级（2位数HS编码）、品目级（4位数HS编码）、子目级（6位数HS编码）或者本国子目级（多于6位数HS编码）发生改变，必要时含有具体的例外规定。在相同的原产地规则下，可以混合采用三种方法，例如，子目改变加上具体的区域价值成分和技术要求。此外，在许多情况下，协议还针对同一产品规定了可供选择的原产地规则。为了获得限制性指数，埃斯特迪瓦道尔根据不同的标准对每项或每套规则进行了整理。

随后，埃斯特迪瓦道尔根据以下假设创立了一套指数，按定性方法进行排列：首先，章级的税则归类改变（CTC）比品目级的税则归类改变更严格，品目级的税则归类改变又比子目级的税则归类改变更严格，以此类推。其次，区域价值成分要求给特定的规则增加了更多限制；技术要求也是如此。对于适用于同一产品的每对（有时是三种）可供选择的规则，埃斯特迪瓦道尔选择了限制性指数更高的规则。

依据上述方法，原产地规则的类别变项得以出炉。该指数是按数字顺序编制而成，数字1代表比较宽松的规则，数字7代表比较严格的规则。一级的规则仅要求满足本国子目改变或者更低要求。二级的规则要求满足本国子目改变以上，但小于等于子目改变（CTSH）。三级的规则要求满足CTSH以上，但小于等于CTSH加上区域价值成分（RVC）。四级的规则要求满足CTSH加上RVC以上，但小于等于品目改变（CTH）。五级的规则要求满足CTH以上，但小于等于CTH加上RVC。六级的规则要求满足CTH加上RVC以上，但小于等于章改变（CC）。最后，七级的规则要求满足CC以上，但小于等于CC加上技术要求。

这套指数的主要局限在于，其初始假设是有前提条件的，当《协调制度》被用来拟订原产地规则要求时，这种前提条件与现实当中《协调制度》的结构并不吻合。第二个局限是，原产地规则的限制性不是根据拟订规则的方法加以衡量，而是根据需要进行管制的产品、贸易流和各国的生产制造能力加以衡量的。

众所周知，《协调制度》是为税则归类而非拟订原产地规则而设计的。因此，那种本国子目改变（8位数HS编码）比子目改变更宽松的假设是相当武断的。

正如人们在非优惠原产地规则的谈判中所见到的，《协调制度》有些章节，哪怕整章都采用子目改变标准，也有可能是极其严格的。化工产品就是如此。在这种情况下，重要的化学反应也许并未在子目改变中得到体现。

采用埃斯特迪瓦道尔的分类方法对原产地规则的限制性程度进行分类，不是不可能，但很难做到。下面就所遇到的困难举例加以说明。假设我们正在采用埃斯特迪瓦道尔设计的指数，对摘自《北美自由贸易协定》的下列章节的规则的限制性程度进行分类：

规则 1："从任何其他章改变到子目 6205.90，由品目 5106 至 5113、5204 至 5212 改变至此的除外……只要商品是在《北美自由贸易协定》的一个或多个缔约方境内裁剪、缝制或者用其他方法拼合的。"

规则 2："从任何其他章改变到品目 6206 至 6210，由品目 5106 至 5113 改变至此的除外……只要商品是在《北美自由贸易协定》的一个或多个缔约方境内裁剪、缝制或者用其他方法拼合的。"

规则 3："从任何其他章改变到品目 6105 至 6106，由品目 5106 至 5113、品目 5204 至 5212 改变至此的除外……只要商品是在《北美自由贸易协定》的一个或多个缔约方境内裁剪、缝制或者用其他方法拼合的。"

规则 4："从任何其他章改变到品目 6302，由品目 5106 至 5113、品目 5204 至 5212、品目 5307 至 5308、品目 5310 至 5311、第 54 章至第 55 章、品目 5801 至 5802、品目 6001 至 6002 改变至此的除外，只要商品是在《北美自由贸易协定》的一个或多个缔约方境内裁剪、缝制或者用其他方法拼合。"

由于这些规则中均不包含区域价值成分（RVC），因此，根据埃斯特迪瓦道尔所创立的指数，其限制性程度介于一级或二级之间。由于这些规则要求满足本国子目改变以上，因此上述所有规则可被归入二级。如果人们认为裁剪和缝制属于技术要求的话，也可将其归入七级。但是，仔细观察一下规则 1 至规则 4，人们就会发现，这些规则在限制性方面是迥然不同的。

规则 1 仅规定了从丝织物到丝织衬衣的单一改变要求。规则 2 要求必须经过双重改变：（1）织物加工；（2）制成服装。

规则 3 要求必须经过三重改变或称"纱线起步"：从纱线开始加工，直到制成男式短裤。规则 4 极其严格，要求必须经过四重改变。

这个例子显示，尽管"从任何其他章改变到品目……，由品目……改变至此的除外"这种草拟规则的样式有所相似，并且可根据埃斯特迪瓦道尔提出的方法将其归入特定的限制性等级，但这些规则的实质性要求及其相应的限制性程度会有很大差别。

随后，埃斯特瓦多道尔（Estevadeordal）和索米宁（Suominen）（2003 年和 2005 年）通过在世界范围内对包括泛欧原产地规则和南南协议所达成的原产地规则的分析和比较，对上文所概述的对这些规则的初步看法作了一些修改。

有关修改归纳如下：

● 价值成分（VC）规则（达到50%）等同于品目改变规则，两者的指数值均为4。

● 当VC要求中的非原产成分允许超过50%，或者当其与技术要求（TECH）相结合时，其最终的标准（或者组合标准）指数值为5。

● 如果例外规定涉及一个或多个品目，这些例外规定本身的指数值为1，如果这些例外规定涉及一章或多章，这些例外规定的指数值为2。

● 完全获得要求的指数值为7。

对指数的这些修改或多或少改进了方法。但是，在采用埃斯特迪瓦道尔所提出的假设确定限制性指数的特定程度，以及在确定不同的拟订原产地规则方法之间的等效性时，对有关标准和基准进行评估仍然是比较困难的。如前例所示，很显然，即使采用了类似的拟订技术，各种原产地规则之间的限制性程度仍会有很大差别。

尽管如此，在学者和经济学家看来，埃斯特瓦多道尔和索米宁所提出的指数仍然发挥了重要作用，使得对原产地规则进行实证分析成为可能。此类指数已被广泛应用于对《北美自由贸易协定》项下原产地规则的回归分析①当中。

限制性指数经此修改后，其他分析学家对此作了进一步阐述。最近，卡多特（Cadot）和德梅洛（De Melo）通过对非洲、加勒比海及太平洋（ACP）国家与欧共体之间所达成的《经济伙伴关系协议》（EPAs）的谈判进行了分析②，对限制性指数作了进一步修改。人们注意到，该指数并未考虑到允许接受的各种情况，尽管这些情况会使原产地规则的限制性发生根本性变化这一概念。其次，该指数把“完全获得”标准作为最严格的原产地规则。在这方面，人们认为这种分类方法会起到误导作用，因为完全获得标准主要适用于农产品，而农产品在遵守完全获得标准方面却极少遇到问题。

德梅洛和卡多特对最初的指数所作修改的优点是，他们试图系统地对什么是“附加要求”作出界定：税则归类改变基本标准的例外规定和允许接受的情况。

德梅洛和卡多特所提出的指数与埃斯特迪瓦道尔所提出的指数在获取《北美自由贸易协定》项下产品特定原产地规则的效果方面没有本质上的区别。但是，

---

① 参见Cadot：《评估〈北美自由贸易协定〉原产地规则的影响》，2002年，油印件。

② 《面向东部和南部非洲贸易的原产地规则：对经济伙伴关系协议（EPAs）谈判的分析和建议》，Cadot De Melo Tumurchudur，油印件，2005年。

上述两位著者引入了显著变化这一概念，因为欧共体的原产地规则中许多是在《协调制度》4 位数编码一级进行界定的，而《北美自由贸易协定》项下针对工业品的原产地规则一般是在《协调制度》6 位数编码一级进行界定的。考虑到这些区别，两位著者在《协调制度》6 位数编码一级，与 5485 个税目相对应，编制了一套指数。尽管两位著者已作出注释，但是，怎样把欧共体的原产地规则与《协调制度》6 位数编码的指数相对应，仍然是不明确的。事实上，《北美自由贸易协定》项下的原产地规则与欧共体的原产地规则在总体结构上有明显区别，会影响到这种转换的精确性。

表 4.2　主要涉及归入拆分品目及一揽子规则品目产品的纺织品规则

HS 编码	产品描述	赋予原产资格的制造或加工工序	
(1)	(2)	(3) 或	(4)
ex 第 62 章	非针织或钩编的服装及衣着附件，但不包括：	用纱线制造	
ex6202、ex6204、ex6206、ex6209 及 ex6211	绣制的女式和婴儿服装及衣着附件	用纱线制造	用非绣制织物制造，只要所使用的非绣制织物不超过产品出厂价格的 40%

考虑到“单一清单”所含的欧共体原产地规则结构，这种对应关系对分析结果具有重要意义。在此就其所蕴涵的意义举例如下。

如表 4.2 所示，在大多数情况下，欧共体的规则为归入《协调制度》某一章的大部分产品规定了一种产品特定原产地规则。这种规则通常被称为“章规则”。如第 62 章的章规则是用纱线制造。在某些特定情况下，欧共体的规则会从章规则中挑出一些品目，用“ex”标注，并列出某些具体描述。在欧共体的注释中，“ex”是指第 3 栏或第 4 栏所列的产品特定原产地规则，这些规则与章规则不同，仅适用于第 2 栏中所列品目项下的一部分产品。

由于章规则与“ex”规则在严格程度上迥然不同（如上例所示），欧共体主要在章级（2 位数 HS 编码）、品目级（4 位数 HS 编码或 ex 4 位数 HS 编码）对产品特定原产地规则进行描述。因此，很难使 ex 产品特定规则和 6 位数 HS 编码项下的规则协调一致。在表 4.2 中，带有第 2 栏商品描述的品目 ex6202、ex6204、ex6206、ex6209 及 ex6211 应该与相应的子目相匹配。在建立这一指数时，欧共体的规则是如何将这些重要方面纳入考量之中尚不甚明了。

尽管欧共体的原产地规则具有这些特征，但是，根据德梅洛和卡多特的理论，在欧共体的规则中，为满足“实质性改变”标准，最常见的要求是税则归类改变（CTC）规则。因此，在制成产品后，所使用的非原产材料必须归入不同的章（章改变 - △C）、不同的品目（品目改变 - △H）、不同的子目（子目改变 - △SH），以及不同的本国子目（本国子目改变 - △I）。

根据埃斯特迪瓦道尔的理论，假设章改变的要求比品目改变（△H）的要求更严格，以此类推，品目改变又比子目改变（△SH）更严格。因此，对于税则归类改变，按降序排列，假设其限制性如下：

$$\triangle C > \triangle H > \triangle SH > \triangle I$$

德梅洛和卡多特提出的指数及其对指数的阐述所体现的价值在于，他们认识到，税则归类改变标准很少以简单的形式被采用。正如上文对埃斯特迪瓦道尔最初提出的指数的评论中所指出的那样，会出现一些比较复杂的情况，例如，在简单的税则归类改变标准中设有例外规定。尽管这种认识使上述指数得到进一步改进，但是，原产地确定上的否定标准与简单的税则归类改变标准中的例外规定，在概念上仍然是混淆不清的。

根据卡多特和德梅洛的理论："肯定测试标准规定了出口货物生产过程中所使用的进口材料的税则归类改变（例如，不同子目项下的税则归类改变要求）。相反，否定测试标准规定了税则归类改变不得赋予原产资格的情形。大体上，否定测试标准比肯定的测试标准更严格"①。他们认为，这种区别在其指数中并未得到反映。

为了对这种假设进行阐释，卡多特和德梅洛引用了关于否定测试标准的两个例子。"在《北美自由贸易协定》中，为了保护墨西哥的番茄酱生产商不受智利的生产商影响［参见帕尔米特（Palmeter）（1997）］，用进口的番茄或者其他任何一章项下的产品生产的番茄沙司（HS 子目 2103. 20）将赋予原产资格，但用进口的番茄酱（HS 子目 2002. 90）生产的番茄沙司除外。在泛欧原产地规则中，除了第 11 章所列产品（例如，面粉）外，面包、饼干和糕点制品（HS 品目 1905）可以用任何进口产品制得。"

但是，在同一份研究报告中，他们还列举了他们认为属于例外规定的例子：

"例外规定（EXC）：原产地规则的另一个重要方面是税则归类改变（CTC）的例外规定。例如，任何非原产材料均可用于生产品目 2104 的汤料，但用品目 2002 至 2005（制作或腌制的蔬菜）所列的货品生产的汤料除外。因此，例外规定缩窄了准许使用的非原产材料的范围，从而使特定原产地要求更加严格。"（摘录自卡多特和德梅洛）

因此，作为否定测试标准的例子，根据《北美自由贸易协定》项下原产地规则对番茄沙司原产地要求的文字表述，否定测试标准与例外规定之间的差别是有点自相矛盾的："子目 2103. 20。由其他任何一章改变至税目 2103. 20. 10，由子

---

① 撇开这一假设的法律问题，《原产地规则协定》附件（b）关于优惠原产地规则的共同宣言第 3 段对否定的原产地规则规定为："它们的优惠原产地规则应以肯定标准为依据。作为对肯定标准的部分澄清，或者在无需使用肯定标准确定优惠原产地的个别情况下，允许采用说明什么情况下不赋予原产资格的优惠原产地规则（否定标准）。"

目 2002.90 改变至此的除外。”

“由……改变至此的除外”的表述在第一种看法中是被当作一种否定测试标准，而在第二种看法中则被当作一种“例外规定”。关键是人们可以对番茄沙司的规则进行释义，使其听起来像一种否定测试标准，而实际上它只不过是一种带有例外规定的税则归类改变标准。很明显，这种混淆会使人们对分析的最终结果和指数的准确性产生诸多疑问。

卡多特和德梅洛在其对指数的详细阐述中还包含了“允许接受的情况”及“选择性复合规则”的概念，同时包含了对此类新概念的限制性赋值的一系列设想。

根据其定义，“允许接受的情况”及“例外规定”在对特定的原产地规则制度的限制性进行评估时是同等重要的。“例如，针对品目 4418 项下的建筑用木工用品的原产地规则要求，所有非原产材料不得归入同一品目，但可以使用同一品目项下的蜂窝结构木镶板、木瓦及盖屋板。因此，这项“允许接受的情况”的规定增加了从非成员方进口符合原产资格的原材料数量，从而使特定原产地要求的限制性降低了一些。”

“选择性复合规则”源自这样的事实，即在某些情况下，欧共体允许在选择性复合规则中选择其中一种规则来判定产品的原产地。

表 4.3 为卡多特和德梅洛限制性指数的最新形式。

表 4.3　卡多特和德梅洛限制性指数

Index value	Criteria（y^*）			
	1st	2nd	3rd	4th
1	NC			
	EXC			
		Allow		
	ΔSH	Allow		
	ΔWH			
		Allow		
2	ΔSH			
	EXC			
		WH		
	TECH			
3	ΔSH	WH		
		TECH		
	TECH	EXC		
	ΔH	Allow		

Index value	Criteria（y*）			
	1st	2nd	3rd	4th
4	ΔH			
		EXC	Allow	
	VC > 40 percent			
		vc2		
		Nonor		
	WH	EXC	TECH	
5	VC < =40percent			
		vc2		
		Nonor		
	ΔH	WH		
		TECH		
		EXC		
		EXC	TECH	
		VC > 40percent		
		VC > 40percent	Nonor	
		VC > 40percent	Allow	
	VC > 40percent	TECH		
		WH		
		ΔSH		
		WH	Nonor	
6	VC < =40perctnt	TECH		
		WH		
		ΔSH		
		WH	Nonor	
	ΔH	VC < =40percent		
		VC < =40percent	WH	Alow
		VC < =40percent	Nonor	
		VC < =40percent	Allow	
		VC > 40percent	TECH	
		VC > 40percent	TECH	EXC
		WH	TECH	EXC
	ΔC			
		TECH		
		EXC		
7	ΔH	VC < =40percent	TECH	
		VC < =40percent	TECH	EXC
		EXC	TECH	VC
	ΔC	EXC	TECH	
		EXC	TECH	WH
		EXC	TECH	VC

正如这两位著者所指出的那样，指数的最新形式与前面所述的以埃斯特瓦多道尔最初提出的指数为基础所阐述的指数之间差别并不大。因此，上文关于埃斯

特瓦多道尔指数精确性的评论仍然有效。所作修正主要涉及完全获得产品赋值排布上的改进。在最新构建的指数中，就完全获得标准而言，对于归入《协调制度》第1类至第3类的产品，其严格程度给定为1级，对于第4类至第21类的产品，其赋值为4。如果完全获得标准连同价值成分或税则归类改变标准一起使用，则其赋值为6或7。同样，人们对赋值所作的假设尚有许多疑问。

与此同时，值得一提的是，卡多特和德梅洛采用两种不同指数，对泛欧原产地规则严格程度的最终结果作了比较。

如表4.4所示，卡多特和德梅洛指数和埃斯特瓦多道尔指数之间的主要区别在于对完全获得标准的不同处理，即新的指数对前三类所列产品赋值较低。

要考虑的重要因素是，埃斯特瓦多道尔所创建的指数及随后由卡多特和德梅洛创建的指数已被广泛应用于利用回归分析方法进行的各种计量经济学研究中。如上文所述，人们对这些回归分析的结果疑问重重，因为这些分析是以限制性指数为依据，而这些限制性指数并不能反映原产地规则的技术含义。

此外，这样一种限制性指数只是抽象地进行计算，与实施该原产地规则的国家的工业和制造能力并不相符。

为部分弥补这方面的不足，卡多特和德梅洛针对部分非加太（ACP）国家开展了一种“复合”效应研究。但是，这种“复合”只是简单地把限制性指数与有关国家的出口结构作比较。这种研究也许可以初步反映受严格的原产地规则影响最大的国家和产品的有关情况，但也有可能会得出错误的结果，因为这种研究虽然把抽象的指数与一个国家的出口结构相结合，但与该国的自然禀赋和生产能力不相匹配。

事实上，如果将某一特定原产地规则与实施这些规则的国家的自然禀赋和工业生产能力脱离开来，该规则的限制性程度就计算不出来。

棉质服装的纱线起步规则常被视为最为严格的要求之一。像中国或者印度这样一些具有垂直的集成制造能力和比较优势的国家，与普通的最不发达国家相比，在遵守这样的规则方面所遇到的困难要小得多。

表4.4　“单一清单”产品特定原产地规则限制性的选择指数

类别	新的原产地规则指数	泛欧原产地规则埃斯特瓦多道尔指数
1. 活动物	1.04	7.00
2. 植物产品	2.23	6.60
3. 油、脂	3.44	4.70
4. 食品、饮料和烟草	3.95	5.00
5. 矿产品	3.26	3.50
6. 化工产品	3.29	3.90

类别	新的原产地规则指数	泛欧原产地规则埃斯特瓦多道尔指数
7. 塑料	4.48	4.90
8. 皮革制品	3.12	3.30
9. 木制品	2.74	2.90
10. 纸浆和纸	4.67	4.40
11. 纺织品和服装	5.75	6.10
12. 鞋	2.79	2.80
13. 石料和玻璃	4.03	3.70
14. 珠宝首饰	4.13	3.70
15. 贱金属	4.61	4.20
16. 机器和电气设备	4.99	4.80
17. 运输设备	4.86	4.70
18. 光学仪器	4.98	5.00
19. 武器和弹药	5.00	4.00
20. 杂项制品	4.13	4.10
总计	4.21	4.50

完全获得要求也被认为是一种严格的要求。但是，对那些出口结构集中在为数不多的农产品的国家来说，遵守这样的要求是相当容易的。

带有例外规定的章改变（CC）被认为是一项相当苛刻的要求。假设一项原产地规则规定面食产品必须发生章改变，但从第11章的面粉改变至此的除外。对于那些具有磨粉加工能力的国家和那些不具有磨粉加工能力的国家来说，这项原产地规则就可能具有不同的涵义。前者将会发现，遵守此项规则是轻而易举的事，因为他们可以进口谷物，将其磨成面粉，然后将其制成面食。对后者来说，要么进口谷物并建立自身的磨粉加工设施，要么在其国内种植谷物并将其磨成面粉。只有这样才能满足该项规则。

海外开发学院（ODI）① 在一项研究中已考虑到其中一些问题。此项研究旨在为欧共体原产地规则的改革提供一些政策建议，它为原产地规则设定了两个可供选择的目标。第一是避免发生贸易偏转。该目标被确定为“基本目标”。第二个目标被确定为“新功能”，用以鼓励发展中国家的公司开展更多的加工业务，或者使用更多的国内或区域内的中间产品，以便获得关税优惠。

该项研究通过开展两种类型的分析，以求找到与实现增值相关的原产地规则的“基本目标”的基准点。第一种分析与卡多特和德梅洛所阐述的复合效应有点

① 参见《在欧共体构建有利于发展的原产地规则》，2006年8月。

相似。通过对发展中国家出口到欧共体的贸易流进行分析，找出那些与原产地规则最为相关的产品。

根据HS品目，研究人员将这些结果与联合国工业发展组织（UNIDO）所公布的增加值统计数据，而不是与限制性指数进行配对，然后，再将其与科托努规则的增值要求进行对比。毫不奇怪，结果显示，不同国家和不同产品之间差异很大，与科托努规则所要求的增值水平相比，其平均差异也很大。

第二种分析以局部均衡模型的建模实践为基础。上述两种分析均以联合国工业发展组织的工业增加值统计数据为出发点。此类统计数据是基于计算增加值得出的，增加值为劳动力和经营盈余占总产值的百分比。此类增加值是依据联合国工业发展组织统计数据库用户手册所列数据计算得出的：

“在一般的报告中增加值度量是一个普查概念，被定义为普查产出价值减去普查投入价值，其中包括：(1) 生产原产料及物料的价值（包括所有燃料和购买电力的成本）；以及 (2) 接受工业服务的成本（主要包括签订合同、支付佣金的支出及修理和维护工作的支出）。”

如何才能使这样一个增加值的定义与根据欧共体或《北美自由贸易协定》的公式计算得到的各种结果相吻合，以及如何把联合国工业发展组织的统计数据用于对原产地规则进行评估，人们对此有各种各样的看法。显然，如本书上一章所示，可以运用各种形式的分子及分母来计算增加值，并得出不同的结果，但似乎还没有一种计算方法与上文提及的联合国工业发展组织所采用的方法相接近。还要注意的是，在大多数的原产地规则（包括欧共体的原产地规则）中，燃料和购买电力的成本被定义为“中性成分”（即未被纳入增加值的计算当中的成分）①。最后，正如这项研究中所承认的，在数据汇总和综合上也有一些问题，因为增加值的数据是根据《国际产业标准分类目录》（ISIC）4位数编码的汇总数据进行分类的，这些编码必须与HS编码相匹配。

除上述几点外，这项研究中的建模实践也有待评说。建模的积极一面是，作为原产地规则的现实限制因素，它考虑到了中间材料的使用问题，如图4.3所示。

① 参见《欧盟—突尼斯协定》第11条（中性成分）：为确定一项产品是否原产，无须确定在生产中使用的下列成分的原产地：

（1）能源和燃料；

（2）工厂及设备；

（3）机器及工具；

（4）既未成为最终产品的组成成分，也没有打算成为最终产品的组成成分构成的商品。

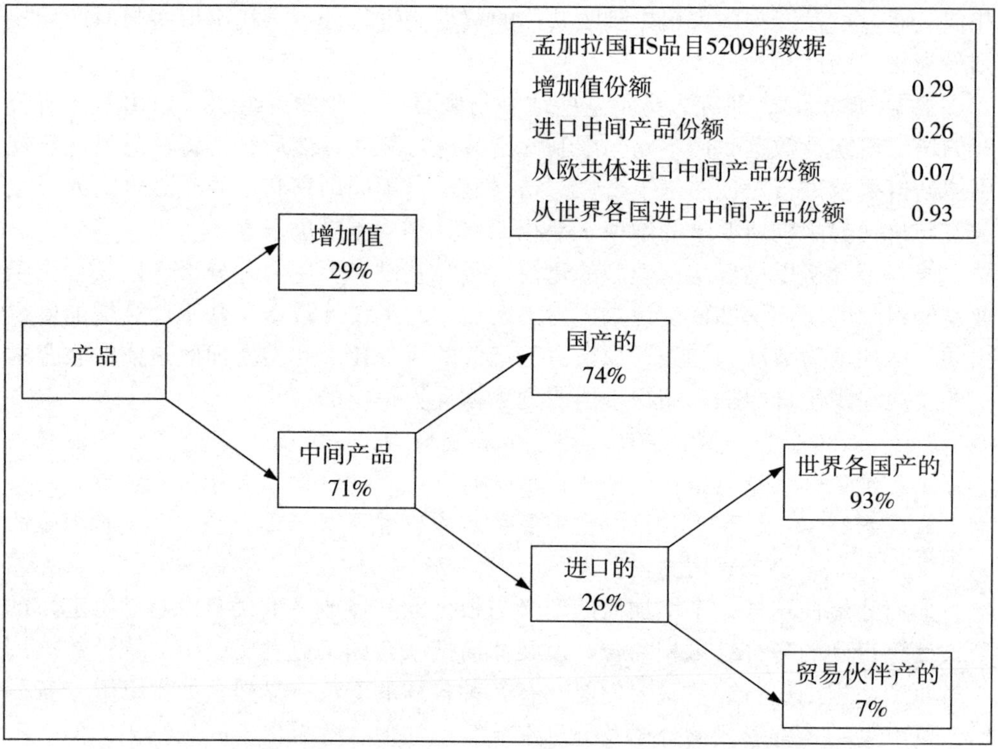

图 4.3　增加值的计算和原产地规则的限制性

注：中间产品是指非原产的中间产品。

资料来源：海外开发学院（ODI）。

这种积极特征被模型中所作的各种假设及平均水平所抵消。第一种假设是，采用联合国工业发展组织的统计数据，将最终产品的价值在中间产品与增加值之间进行分配。第二种假设是，中间产品没有定义。一般情况下，在原产地规则中，中间产品是指用于生产最终产品的上游产品。如上图精确所示，这些中间产品也许是进口产品，也许是国内产品。但是，一个重要因素是，它们是非常具体的产品。例如，以 HS 品目 5209 项下的织物为例，最直接的中间产品为纱线，这些纱线既可以是国内采购的，也可以是进口的。这正是原产地规则的限制因素之所在，因为这些规则大多对中间产品的使用进行规范。可是，除非中间产品指的是具体的产品，否则，衡量某些规则的限制程度就是建立在相当抽象的假设基础之上。

三、原产地经济分析现状的一些初步结论

针对正在进行的原产地规则经济影响的分析工作，可以提出三种最为引人注目的看法。第一种看法是，迄今为止，跨学科的分析几乎是完全缺位的。原产地规则是一个复杂问题，涉及不同的技术，还涉及法律背景和惯例等方方面面。除

非这些技术问题在回归分析中所使用的指数构成当中得到反映，否则，建模实践的最终结果都是错误的。

第二种看法与开展这些分析的背景和目的有关。当一种分析方法在理论分析和学术讨论中的运用受到限制时，所得出的结论是非常有限的。然而，人们依然进行了大量此类分析，以得出特定背景下所采用的最佳原产地规则的政策结论。这些分析常常是受国际组织委托而进行的，旨在为发展中国家的原产地规则谈判提供建议。在此领域，采用这些分析方法（不考虑现实中原产地规则的多面性及其技术层面）而得出的结果很可能会影响深远。

当开展这项研究的目的是要向谈判代表及贸易政策制定者提供建议时，在有争议的假设前提下，关于如何利用回归分析拟订原产地规则的政策结论，会得出有缺陷的政策建议。当这样的政策结论与分析结果脱节，从技术角度看非常值得商榷时，情况更是如此。例如，卡多特和德梅洛在其研究结论中就合理的原产地规则举例如下［与东部和南部非洲共同市场（COMESA）所采用的原产地规则相似。该规则是由布伦顿（Brenton）等人在 2004 年提出的］：

- 单一的品目改变；
- 最少 30% 的区域增值；或者
- 非原产材料不超过投入总值的 50%。

如本书第五章所论述的那样，乍看上去，采用可供选择的原产地标准有利于开展贸易和简化手续，但实际上，这种做法与原产地规则的限制性水平是毫不相干的，其技术上的合理性非常值得商榷。因为针对同样的产品采用不同的原产地规则，会得出不同的原产地结果。其他的建议包含在一份关于亚洲地区优惠原产地规则的详细政策报告中①。该报告建议，除增值标准外，税则归类改变应当作为增值规则之外的一种选择（而不是替代），作为一项涵盖所有产品的普通规则（例如，4 位数 HS 品目改变）。如果需要在普通规则之外增设产品特定规则的话，这些产品特定规则越少越好。

该建议同样忽略了这样一个事实，即《协调制度》是一部海关税则目录，而不是供原产地规则使用的。正如本书第五章所阐述的那样，采用涵盖所有产品的税则归类改变普通规则，会产生一系列不良影响，因此，不得不通过产品特定原产地规则加以补救。本书第二章论及的《非优惠原产地规则协调工作计划》（HWP）最新合并文本，围绕税则归类改变规则的优点及其局限性提供了颇有价值的范例。

第三种（也可能是最重要的）看法是，不能抽象地确定原产地规则的限制性

① 参见《东亚贸易问题：优惠原产地规则》，政策研究报告，2007 年 6 月，世界银行，40216。

水平，而应将其与运用这些原产地规则的国家的生产能力和贸易流联系起来。

迄今为止，人们很少在此领域进行分析。希望将来原产地规则的多学科特征能够得到研究机构和学术界更多关注，以便更好地为经济发展（特别是发展中国家和最不发达国家的经济发展）这一共同事业服务。

第二节　评估原产地规则的影响：普惠制中贸易优惠利用率的实证

普惠制是多边达成的首个贸易优惠安排，是在联合国贸易与发展会议的早期阶段由各方构想而出的。联合国贸易与发展会议在其内部组建了各种政府间机构，以监视普惠制的执行。在普惠制实施以来的三十年间，联合国贸易与发展会议原产地规则工作组及优惠安排特别委员会已经把普惠制利用率作为衡量普惠制实施情况的标准之一，由此积累了丰富的经验和教训。这些经验和教训对于评估原产地规则对贸易优惠利用率的影响是有帮助的。

自20世纪70年代初以来，联合国贸易与发展会议传统上采用为优惠特别委员会准备的政府间文件中列出的一系列指标来评估普惠制的执行情况。这些指标包括：

● 产品覆盖率（product coverage）。是指从受惠国进口的商品总值中，优惠贸易安排所涵盖的进口值与应税进口总值之间的比率。比例越高，显示给惠越多，这取决于从受惠国进口的应税商品结构。产品覆盖率不一定意味着有关产品在通关时可以获得优惠待遇。

● 利用率（utilization rate）。是指实际受惠商品进口值与已纳入受惠范围的商品进口值之间的比率。该比率以进口货物时进口商向海关申报的数据为依据。如下文所进一步阐述的那样，利用率的高低主要是原产地规则及其补充规则的严格程度及（或）复杂程度的结果。在某些情况下，由于缺乏相关的知识或者基于一些错误信息，出口商也许没有提交获取优惠待遇所必须提交的文件（例如，原产地证书或联运提单）。

● 使用率（utility rate）。是指实际受惠商品的进口值与所有应税商品（无论是否纳入受惠范围）进口总值之间的比率，用来表示受惠进口的应税商品值占进口应税商品总值的百分比。如这一比率较低，显示进口的大部分应税商品（无论是否纳入受惠范围）是按最惠国税率征税的。

从原产地规则的角度看，利用率是衡量原产地规则贸易优惠效应的最重要指标。

自普惠制实施的早期阶段以来，给惠国已通报了利用率的贸易流，以便于联合国贸易与发展会议行使其监督普惠制实施的职责。利用率是依据货物进口时进口商向海关申报的数据加以计算的。

其结果是，所通报的实际利用率的贸易流不一定很准确，因为进口商有可能申报优惠待遇，却被拒绝，或者申报优惠待遇，却殊不知根据最惠国税率，该货物已获得了免税待遇。给惠国的中央统计部门对其进行了调整，以反映其中一些情况。尽管有其局限性，给惠国通报的贸易数据作为贸易优惠利用率研究的可靠来源，已得到广泛认可和接受。

如上文所指出的那样①，联合国贸易与发展会议以外的其他机构所采用的传统方法常常假设有关优惠措施已得到充分利用。对发展中国家市场准入的分析是基于这样的假定：由于贸易优惠措施的存在，人们并不把最惠国税率视为实际市场准入的障碍。

与传统的看法相反，仅凭原产于受惠国的出口商品所获得的关税优惠或者市场准入方面的免税待遇，不一定能够确保贸易优惠措施得到有效利用。优惠待遇的给予是以满足一系列原产地规则相关要求为条件的。在许多情况下，受惠国也许无法满足这些要求②。

受单边优惠贸易和契约性优惠贸易蓬勃发展的驱动，近期的论著③越来越多地把原产地规则作为质疑贸易优惠措施利用率不足和自由贸易协定发生偏转的主要对象。过去十年来，尽管联合国贸易与发展会议发表的各种报告和有关研究均印证了这一点，某些论著却仍然把原产地规则与利用率偏低之间的实证关系作为一项新发现，而不是作为公认的事实来进行讨论。尽管如此，对受惠国来说，利用率与原产地要求紧密关联，这一点是非常明确的。

早在1983年，作为当时美国普惠制方案的受惠国之一的墨西哥④就表示，1983年，总计7.889亿美元的墨西哥出口商品本可从普惠制中受惠。除了必须提交原产地证书外，这些商品原则上不受任何限制，但其中58.7%（4.662亿美

① 参见Inama S. 著：《最不发达国家的市场准入，需要解决的问题》，世界贸易期刊，2002年2月第1期第36卷，以及联合国贸易与发展会议发表的《改善最不发达国家的市场准入状况》，UNCTAD/DITC/TNCD/4，2011年5月2日。

② 事实上，这是一种常识。例如，普惠制实施伊始，联合国贸易与发展会议秘书处就一直坚持，海关签章和普惠制Form A证书（普惠制Form A证书是一种特定的原产地证书格式）签证机构的签名资料应当登记备案。一般情况下，联合国贸易与发展会议的成员方应当把签名和签章的变更情况通报联合国贸易与发展会议，再由联合国贸易与发展会议秘书处将这些通报资料散发到所有的联合国贸易与发展会议成员方。联合国贸易与发展会议秘书处经常会接到进口商或报关代理人打来的紧急电话，声称货物在给惠国通关时受阻，原因很简单，就是其签章和签名与备案资料不符。无法遵守原产地规则意味着按最惠国税率征税。

③ 参见Estevadeordal, A. 著：《市场准入谈判，〈北美自由贸易区协定〉的利用》，世界贸易期刊，34（1），2000年；Brenton, P. 著：《把最不发达国家纳入世界贸易体系：〈除武器以外的产品倡议〉下欧盟优惠措施对现实的影响》，世界银行，2003年2月。

④ 参见联合国贸易与发展会议文件TD/B/C.5/WG（X）/2，第6页。

元）的商品优惠幅度少于5%。就这些商品而言，优惠措施得不到利用的主要原因是，相对于较低的优惠幅度，遵守原产地规则管理要求花费更多。对于其余41.3%的出口商品，其优惠幅度超过5%。这些商品不能受惠的原因主要是未能满足原产地规则。

正如本书第五章所讨论的那样，那时受惠国就向联合国贸易与发展会议原产地规则委员会反映，需要设计和运行一套在概念定义、账目运用、精确度、范围和监控等方面均与其内部法律规定截然不同的会计制度，这造成了无法逾越的障碍。该制度规定，必须提供成本信息以满足目的地国的规定，必须核对出口商品的单位成本中国产材料和进口材料的占比，在某些情况下，还要确定原材料的原产国，并确定直接和间接的加工成本。这些要求往往需要（至今仍然需要）采用应用数据处理技术，而这些技术并未被普遍使用，对于中小企业来说，情况尤为如此。同时，人们还发现，企业是否愿意改变或采用与常规制度不同的会计制度，取决于该企业的出口规模、出口值在其销售总额中的占比，以及需要投入的成本①。此外，运行一套平行的会计制度所产生的费用会超过从关税优惠措施中得到的实惠（例如，当优惠幅度低于5%时，情况尤为如此）②。

例如，联合国贸易与发展会议于1973年开展的一项针对纺织和服装原产地规则研究指出，现行的多阶段加工规则已经“远远超出了人们可以想象得到的实质性改变的界限”。

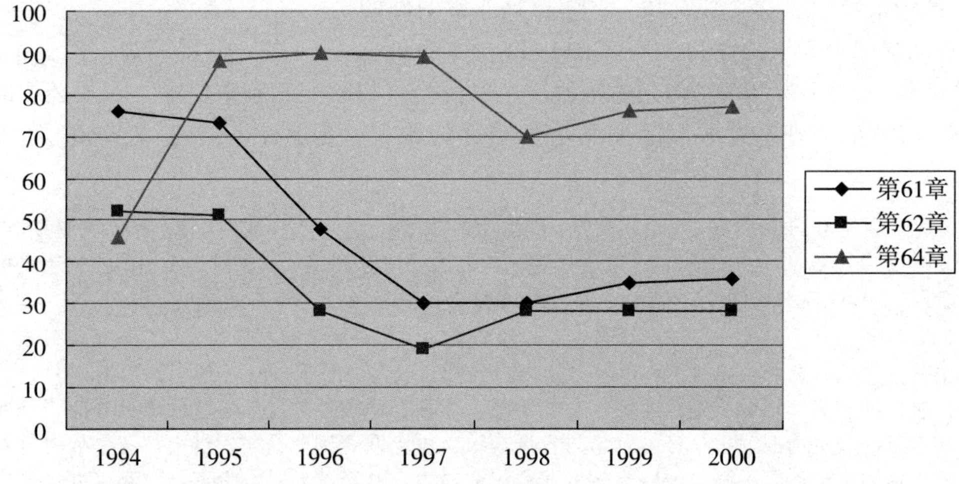

图4.4　选定的亚洲非最不发达国家在《协调制度》第61章和第62章（服装）及第64章（鞋）利用优惠措施的平均利用率（1994—2000年）

① 参见联合国贸易与发展会议文件TD/B/C.5/WG（X）/2，第6页。

② 同①，第5页。

由于这些纺织品和服装原产地规则自 1973 年以来只经过少许修改，把这些规则与这一领域贸易优惠利用率的近期数据进行对比是很有意义的。

图 4. 4 揭示了 1994 至 2000 年期间亚洲非最不发达国家在欧共体普惠制方案下第 61 章（针织或钩编的服装及衣着附件）、第 62 章（非针织或非钩编的服装及衣着附件）、和第 64 章（鞋靴和类似品及其零件）的优惠措施利用率（印度、菲律宾、越南和斯里兰卡的平均利用率）。该图显示，自 1995 年以来，利用率持续急剧下降。

图 4. 5 揭示了 1994—2005 年期间柬埔寨、老挝和孟加拉国在第 61 章和第 62 章利用优惠措施的平均利用率。如该图所示，十多年来，这三个亚洲最不发达国家在第 62 章利用优惠措施的利用率持续偏低，2005 年才接近 50%。自 1998 年以来，其在第 61 章利用优惠措施的利用率有显著提高，主要是因为原产地规则经过修改，允许使用进口纱线制作某些针织服装①。

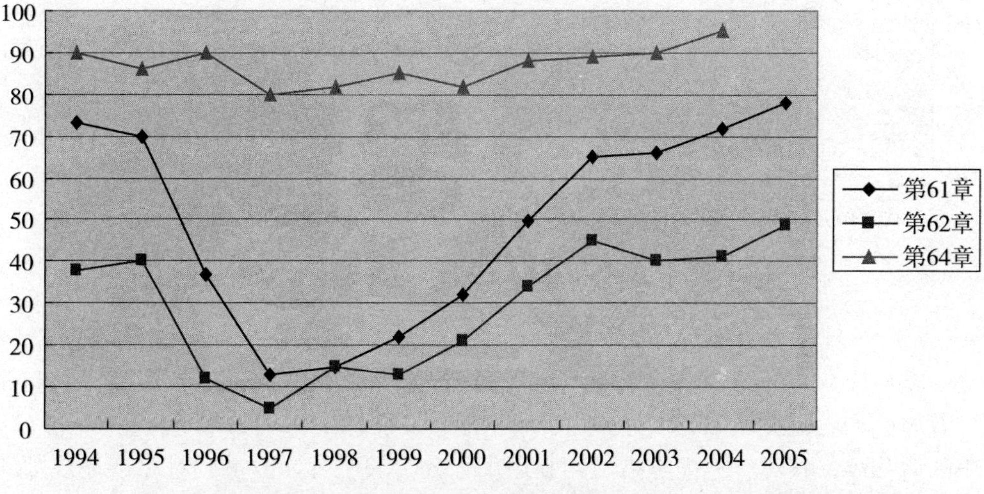

图 4. 5　孟加拉国、柬埔寨和老挝在《协调制度》第 61 章、第 62 章和第 64 章利用优惠措施的平均利用率（1995—2005 年）

如图 4. 6 和 4. 7 所示，在第 62 章，柬埔寨和孟加拉国对优惠措施的利用率一直很低。1997—1999 年期间，柬埔寨对有关优惠措施的利用率仅为 0. 8%；1994—1998 年期间，孟加拉国对有关优惠措施的利用率为 11% 或者更低。

---

① 参见《给予最不发达国家的优惠措施：初步评估及其改进建议》，联合国贸易与发展会议，2003 年。

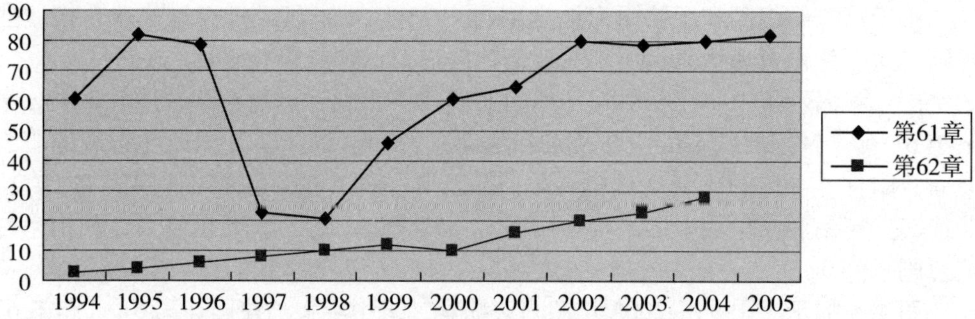

图 4.6 孟加拉国：欧盟普惠制框架下在《协调制度》第 61 章和第 62 章（服装）利用优惠措施的利用率（1994—2005 年）

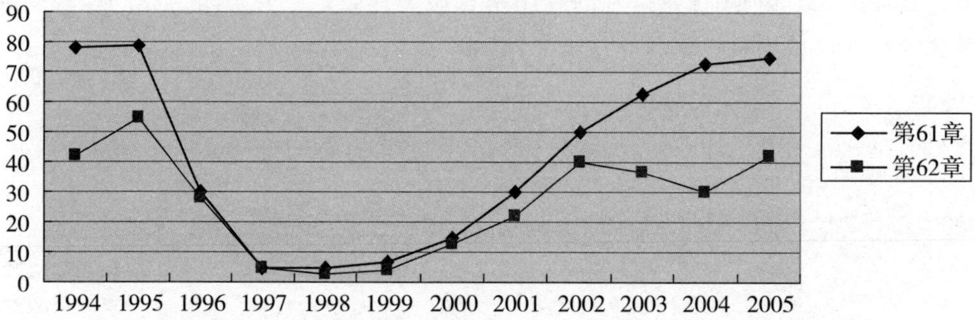

图 4.7 柬埔寨：欧盟普惠制框架下在《协调制度》第 61 章和第 62 章（服装）对优惠措施的利用率（1994—2005 年）

在后面章节的图表中可以看到，就柬埔寨而言，由于其某些纺织品和服装允许背离原产地规则的要求，在图表所示的十年（即 1995—2005 年——译者注）中的后几年，其对有关优惠措施的利用率十分引人注目。但是，对原产地规则的这种背离是以配额管理为条件的。配额行政管理的要求相当复杂，且不包括目前主要的织物供应国，这在很大程度上会影响对这种宽松规则的利用率①。在接下来的小节中，本书将结合贸易数据和实地考察，对 1995—2000 年间的利用率情况进行更加详细的分析。

---

① 《欧委会条例》第 292/2002 号对《欧委会条例》第 2454/93 号作了修订。《欧委会条例》第 1614/2000 号就普惠制项下柬埔寨出口到欧共体的某些纺织品的生产过程中所使用的原产产品的概念定义背离《欧共体条例》第 2454/93 号的问题作了规定（欧盟《官方公报》2002L46，第 14 页）。《欧委会条例》第 291/2002 号对《欧委会条例》第 1613/2000 号作了修订。《欧委会条例》第 1613/2000 号就普惠制项下老挝出口到欧共体的某些纺织品的生产过程中所使用的原产产品的概念定义背离《欧共体条例》第 2454/93 号的问题作了规定（欧盟《官方公报》2002L46，第 12 页）。这些条例仍然生效，直到 2008 年年底为止。

一、贸易优惠利用率偏低与原产地规则的联系：方法论

对原产地规则的经济影响进行探讨的第一批研究文章即已正确指出了限制性原产地规则对采购原材料的影响及其相关成本。克鲁杰、克里希那和帕尔米特（本章第一节已论及）提供了很有价值的案例，阐释了墨西哥的纺织品和服装生产商为遵守《北美自由贸易协定》项下的原产地规则，在进入北美市场时所遇到的困难及必须付出的相关成本。

随后，大批著者（由埃斯特迪瓦道尔算起，到最近的卡多特和德梅洛）广泛采用“利用率”的概念对原产地规则的经济影响进行研究（本章第一节同样作了论述）。简言之，前面章节中论及的最新经济学论著充分运用“利用率”的概念开展研究。但是，很少有人（或者根本没有人）在具体产品层面进行分析来找出利用率如此之低的确切原因。尽管人们普遍认识到，利用率偏低主要是原产地规则限制了中间材料的使用的结果，但是，迄今为止，就此问题进行实证分析，以进一步揭示严格的原产地规则对优惠措施利用率的影响的做法几乎没有过。

本节采用1994—2001年的贸易数据，对柬埔寨和孟加拉国在这段时期及近至2005年的优惠措施利用率的分析结果进行了阐述。案头研究得出的初步结果在随后前往这两个国家直接与生产商进行访谈的考察过程中得到了验证。特别一提的是，为了探测和确定利用如此之低的原因，在利用率趋势基础上出现了更进一步的有记录的分析。之所以把欧共体普惠制方案中对柬埔寨和孟加拉国的优惠措施作为样本进行分析，首先是因为相对于已经从纺织品和服装相关的欧共体普惠制毕业，或者由于其强大的供应能力而无需依靠优惠措施开拓其出口市场的那些邻国而言，这两个国家获得的贸易优惠比较广泛。其次，多年来柬埔寨和孟加拉国已经具备了相对稳定的产能基础，形成具有商业意义的纺织和服装产品贸易流。再次，也许是最重要的，这两个国家在地理位置上毗邻中国和印度这两个最具竞争力的中间纺织材料（纱线和织物）供应国。因此，对这种与已形成的持续稳定的产业关系和投资趋势相关的贸易流模式进行考察也相对容易一些。

我们以不同生产阶段的不同纺织材料（棉、毛、人造纤维、合成纤维）为基础，通过分解纺织品和服装的生产链进行分析。

其方法是，从弄清具体制成品的原材料和零部件入手，将它们与相应的HS品目一一对应。例如，可以通过以下方法找出与成衣的“生产链”相对应的某些纺织品和制衣物料。首先从原材料入手，然后确定生产阶段，再确定所制得的最终产品。在本书第五章中，在拟订原产地规则时，我们也建议采用类似的方法。

例如，棉制的非针织或非钩编服装及衣着附件（《协调制度》第62章）的生产链可列举如下：

原棉（HS 品目 5201）
↓
梳理
↓
已梳的棉花（HS 品目 5203）
↓
纺纱
↓
棉纱线（HS 品目 5205～5207）
↓
织造
↓
棉织物（HS 品目 5208～5212）
↓
缝制
↓
棉质制品（ex 第 62 章）

对于棉质针织或钩编制品（第 61 章），最后两个生产阶段——“织造和缝制”应当改为“针织或钩编”（第 60 章的针织或钩编棉织物）和“缝制”（第 61 章的针织或钩编棉制品）。

对于其他纺织材料（例如，羊毛、人造纤维和合成纤维等），同样可以对其生产链进行分解，并确定其相应的 HS 品目或子目。然后，将样本国家 1994—2001 年间按时间序列收集的进口统计数据与这些 HS 品目或子目进行对碰。这些统计数据为我们提供了历年根据制造业水平进口原材料的全景图，代表投入矩阵的第一层。

矩阵的另一层代表产出，即第 60 章（织物）、第 61 章（针织或钩编服装）和第 62 章（非针织或非钩编服装）所涵盖的出口产品。

然后，将投入和产出贸易流分别按进口商品的原产国和出口商品的目的地国进行分解。接着，对进口原材料的贸易流及其在生产链中的制造业水平与欧共体的原产地规则要求进行分析和比较，最后得出结论。通过实地考察及与柬埔寨和老挝服装协会进行研讨，这种分析得到了充实①。此外，上面的分析显示，柬埔寨和孟加拉国当地不同生产环节的纺织材料产量非常有限。

① 同时参见《后香港框架下贸易优惠措施的式微：从“贸易胜于援助”到“援助换贸易”》，联合国贸易与发展会议，2008 年。

以孟加拉国为例，联合国贸易与发展会议的一份研究报告提供了该国在这方面的具体数字①。报告显示，在孟加拉国的纺织行业中，纺纱行业和织造行业非常脆弱，染色和整理行业甚至更差，针织行业则生机勃勃。

特别是，研究发现，对纱线的需求约80%依赖进口。预计到2005年，该国对纱线的需求将翻番，届时其国内消费对纱线的需求量将达到2.63亿公斤，外向型成衣服装行业（RMG）对纱线的需求量将达到5.54亿公斤。目前该国的纱线产能仅占2005年预计需求量的13%。

该报告称，当地生产的织物大多不适合供外向型成衣行业使用，86%的需求依赖进口。据估计，按照2005年61亿公斤的预计需求量计算，孟加拉国的织物产能只能满足不到15%的需求。1997年，该国染色和整理行业有250家企业，年生产能力仅为6.53亿公斤，远远不能满足成衣行业的需求。

一份关于孟加拉国成衣行业状况的综合报告证实了这些初步的预测和调查结果②。根据这份报告，尽管该国采取了各种激励手段，建立了诸多保护性壁垒，纺织行业中的机织物织造业仍然无法弥补供求之间的差距，只能满足成衣行业总需求量的约五分之一，这一状况在过去5年中基本没有改变。因此，对机织物的过度需求（超过国内供给）年年增长。国产机织物的供给不足不仅延长了生产周期，而且说明了第62章对优惠措施的利用率偏低的原因，最终严重削弱了其出口商品的竞争力。

就柬埔寨而言，世界银行③及柬埔寨制衣业协会④所进行的研究发现，实际上柬埔寨并不生产织物⑤或衣着附件，出口服装所需的原材料完全依靠进口。

鉴于上述有关孟加拉国和柬埔寨纺织材料缺乏或者产能有限的研究结果，图4.6和4.7反映了1994~2005年间的利用率情况，这是分析的着眼点。就孟加拉国而言，显而易见，第62章的成衣出口中对贸易优惠措施的利用率一直比较低。第61章的孟加拉国产服装对贸易优惠措施利用率相当高的峰值也被1997和1998年骤跌的利用率所抵消。联系到欧共体当局发现的近1万份原产地证书属于错误

---

① 参见 Debapriya Bhattacharya：《后〈多种纤维协定〉时代孟加拉国纺织品和服装产业在贸易、可持续发展和性别问题方面的挑战》，联合国贸易与发展会议/EDM/Misc.78，1999年。

② 《多种纤维协议配额制度的终结：孟加拉国成衣产业的关键问题及战略选择》，世界银行，2005年。

③ 参见 Yasuo Konishi：《面向私营部门——引领柬埔寨的增长战略》，第1卷：《价格链分析》，世界银行撰写，2003年6月。

④ 参见 Van David：《纺织品和服装贸易的案例研究》，为联合国开发计划署亚洲贸易计划撰写的文章，柬埔寨，2003年10月。

⑤ 由美国企业曼哈顿纺织品公司出资的一家棉花种植园仍处于初期建设阶段。目前，相对于柬埔寨工厂自身正常需求的1,500吨棉纤维来说，其每年产能仅为120吨。

签发，由此造成了过渡贸易流中断的事件，就不难解释发生这种变化的原因了。

“孟加拉国产T恤衫案例

1995年3月，由于对产自孟加拉国的T恤衫进口增长感到困惑，一些欧盟成员方海关决定有系统地将原产地证明书Form A退回工业贸易部（DTI），要求对其有效性进行核实。

1995年整整一年，由于没有足够的人力处理此项重要任务，工业贸易部对欧盟海关的请求没有作出任何回复。根据欧盟的有关规定，应当在10个月内就有关原产地证书是否有效予以回复（这就意味着原产地证书没有造假，这些T恤衫符合原产地标准）。

由于10个月的最大时限于1995年12月届满，欧共体决定对1993－1995年间自孟加拉国进口的T恤衫开展清关后调查。

与此同时，欧共体要求15个成员方的海关收集欧洲进口商1993年以来从孟加拉国进口T恤衫时所提交的原产地证书。

欧共体成员方总共收集到1993－1995年间签发的9,000份原产地证书。

在对贸易流进行分析的基础上，欧共体认为，相对于孟加拉国的供给能力，T恤衫进口大幅增长（连续3年增长30%）使其对这些T恤衫的真正原产地产生怀疑。

欧共体决定在成员方海关官员的帮助下开展实地调查。

经过实地调查，结果发现，共有5,000份原产地证书被视为无效，其理由如下：

调查发现，4,000份原产地证书是错发的，因其使用了进口纱线，没有满足原产地标准。事实上，根据欧盟针对T恤衫的原产地规则，纱线必须原产于该国，或者必须是使用进口原棉制造的。1,000份原产地证书为假证，不是由工业贸易部签发的。

在工业贸易部撤销原产地证书之后，欧共体启动了清关后补税程序。结果，欧洲企业不得不补缴错发原产地证书所涵盖的所有货物的关税，并向海关缴纳罚款。这一案例对原产地证书签证程序产生了深远的影响。1997年初，工业贸易部召集纺织品和服装联合会进行解释时表示，除非完全满足原产地规则要求，否则将不再签发原产地证书Form A。原产地规则从严执法的此项政策无疑导致了1997—1998年间利用率的下降。”

1998—1999年之后，孟加拉国在针织服装生产中对贸易优惠措施的利用率显著提高，这得益于所适用的原产地规则的变化。第61章的原产地规则放宽了必须使用纤维的要求，允许使用进口纱线，这一变化为针织服装制造商带来了巨大商机。由于投资成本适中，许多服装制造商纷纷投资建设一体化的针织厂。由于原产地规则发生了变化，第61章的针织和钩编服装开始可以享受普惠制的免关税和免配额待遇，加上投资办厂，成衣产业所使用的针织物已经可以由当地生产。这就为孟加拉国出口的针织服装带来了比那些非最不发达国家的竞争者更有利的价格优势，因为欧共体对服装的最惠国税率比较高（达到 12.8%）①。

在服装产业的上游织造产业中并未出现类似的发展变化。究其主要原因，也许是因为建设纺纱和织造这样的上游关联产业需要投入大量资金。由于建设一体化针织厂的投资成本适中，使得针织服装制造商转而投入到针织物的生产当中。但是，对于大多数机织服装制造商来说，很难效仿同样的做法。据估计，生产一定规模的针织物所需的投资成本还不到生产同样规模的机织物的三分之一。而且，与针织产业不同，机织物织造和机织服装生产的生产活动是独立完成的（没有实现一体化）。纺织品初级加工的投资巨大，因全球产能过剩而造成的国际价格偏低，这些都限制了机织物制造业的发展。

柬埔寨对第 61 章和第 62 章的优惠措施利用率的变化趋势相似——1995 年的利用率比较高，但从 1997 年起其利用率却猛跌至个位数。

下面的图表（参见图 4.8 至 4.11）根据不同的纺织材料（棉和人造纤维）对柬埔寨和孟加拉国纺织材料的进口趋势进行了分析。在参阅这些图表时，应当注意欧共体的原产地规则中的以下要求：②

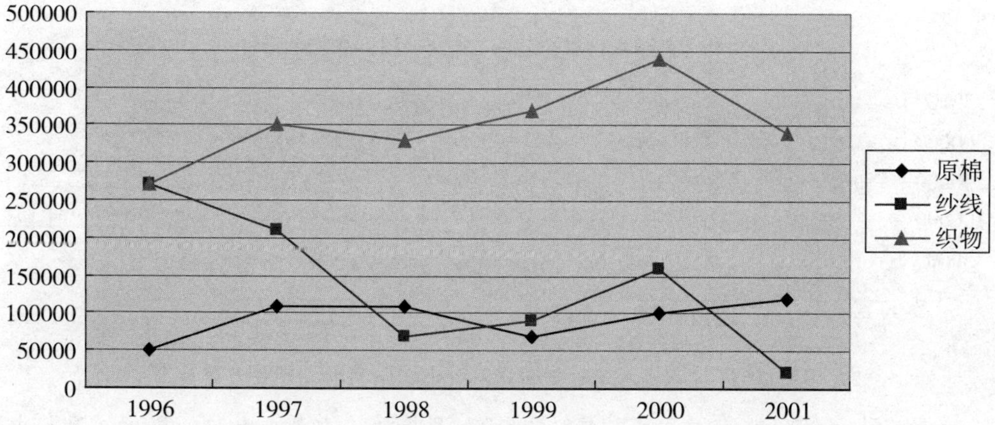

图 4.8 孟加拉国：棉产品进口情况（1996—2001 年）

● 对于归入第 62 章的非针织或钩编服装产品，欧共体的原产地规则规定，其制造工序中使用非欧共体成员方原产的纱线（即使用进口织物）是不允许的。

① 在这一点上，可参见《多种纤维协议配额制度的终结：孟加拉国成衣产业的关键问题及战略选择》，世界银行，2005 年。

② 对规则的详细描述及特定制造和加工要求，参见本书第三章提到的《欧共体普惠制方案手册》。

● 对于归入第 61 章的针织或钩编服装产品，原产地规则规定，其制造工序中使用的原产材料必须从天然纤维开始；就缝制而成的产品而言，其制造工序中使用的原产材料必须从纱线开始。

考虑到这些要求，我们就可以推断出为什么在出现织物进口峰值的同时，会出现优惠措施的利用率偏低的现象。这充分显示，由于难以满足原产地规则的要求，孟加拉国和柬埔寨的制造商只能放弃关税优惠。

如图 4. 8 至 4. 11 所示，对给定时期内孟加拉国和柬埔寨棉质和人造纤维材料进口流的分析清楚显示，与纱线进口价值极小或者下降相比较，两国织物的进口呈持续稳定增长之势。

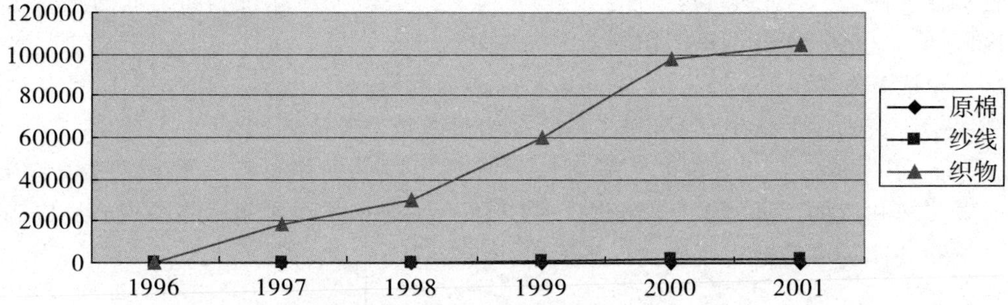

图 4. 9　柬埔寨：棉产品进口情况（1996—2001 年）

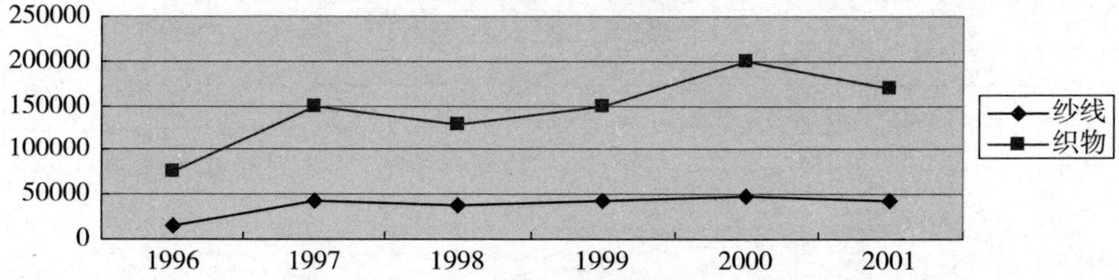

图 4. 10　孟加拉国：人造纤维和合成纤维进口情况（1996—2001 年）

就柬埔寨而言，值得注意的是，在多数图表中，纱线的进口值极低，我们并不能通过这种状况合理推断出该国现有的生产能力通过织造工序仅能将这些数量的纱线加工成织物。相反，孟加拉国进口原棉和纱线的规模较大，由此可以推断，该国有的产业加工能力较强，完全可以将较为大量的原材料加工成具有较高制造水平的产品。

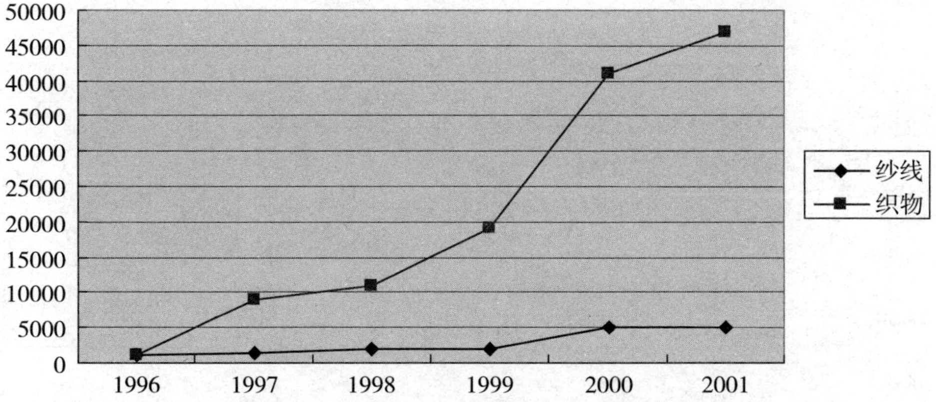

图 4.11 柬埔寨：人造纤维和合成纤维进口情况（1996—2001 年）

无论如何，与纱线及其他上游原材料（例如，原棉或长丝丝束等）的进口量相比较，织物的进口量占据绝对优势。这种趋势充分显示，孟加拉国和柬埔寨的制造业严重依赖于从第三国家进口的织物。

如图 4.12 至 4.15 所示，将棉质、人造纤维及合成纤维材料的进口贸易流与相应的第 61 章及第 62 章的成衣出口图表进行对比，即可得出一系列看法。当把图 4.8 至 4.11 与图 4.12 至 4.15 进行对比时，其总体趋势是，孟加拉国和柬埔寨进口的棉质和人造纤维织物越多，其成衣出口量就越大。这种趋势进一步显示，孟加拉国和柬埔寨的制造业过去是，现在依然是极度依赖于从国外进口织物。

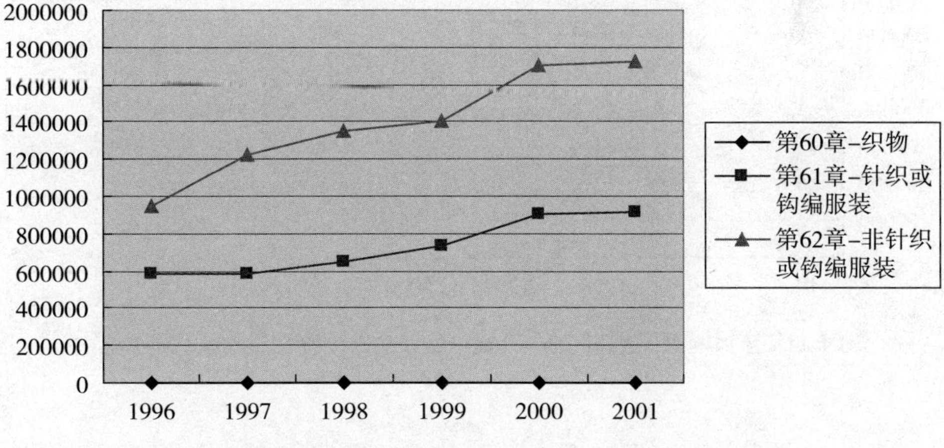

图 4.12 孟加拉国：棉织品出口情况（1996—2001 年）

柬埔寨对进口织物的依赖程度很高，而孟加拉国对进口织物的依赖程度相对较低。特别是，可以从中看到，与孟加拉国的原棉进口相对应，其对第 61 章的优惠措施利用率超过了平均水平，与其他市场相比较，其出口市场主要集中在欧共体（占 76%）①。

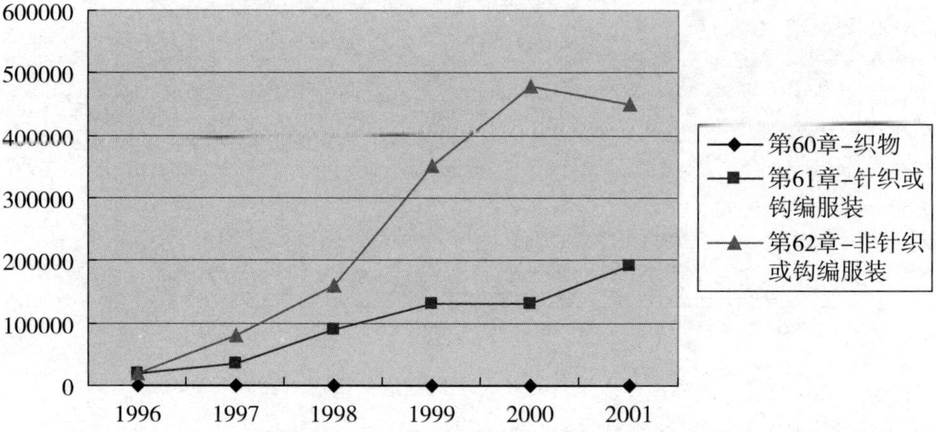

图 4.13　柬埔寨：棉织品出口情况（1996—2001 年）

最后，我们将织物进口比率和第 61 章、第 62 章的成衣出口比率与孟加拉国和柬埔寨对优惠措施的利用率进行比较。就孟加拉国而言，可以得出一系列看法。

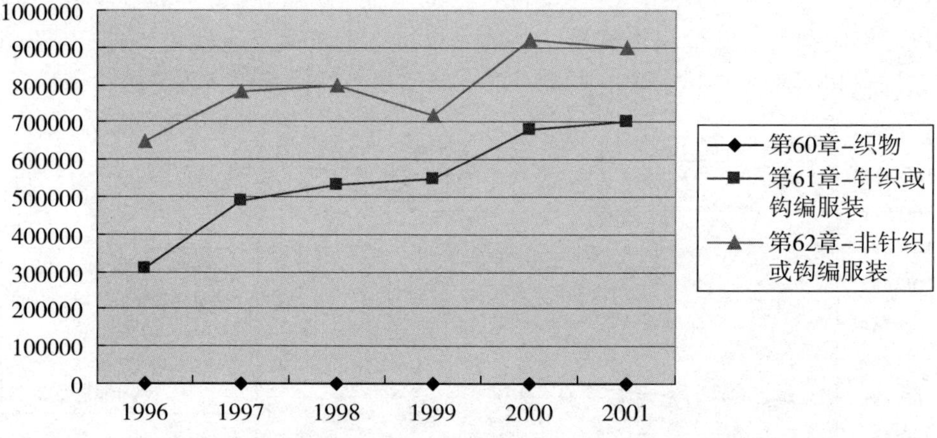

图 4.14　孟加拉国：人造纤维和合成纤维织品出口情况（1996—2001 年）

① 参见《给予最不发达国家的优惠措施：初步评估及其改进建议》，联合国贸易与发展会议，2003 年。

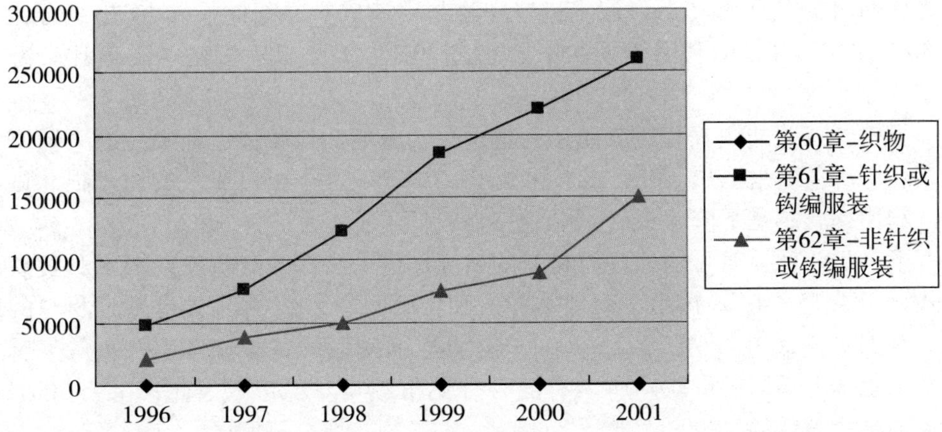

图 4.15 柬埔寨：人造纤维和合成纤维织品出口情况（1996—2001 年）

如前文所述，1997 年和 1998 年的利用率较低，主要是因为欧共体开展调查后，对原产地证书签证的执法和监督加强了。

1996—1997 年间截然不同的发展趋势出现了：相对于出口产品来说，进口的织物越多，利用率下降得越厉害。1998 年之后，在进出口贸易流几乎不变的情况下，利用率却有所提高。利用率之所以有所提高，是因为第 61 章的服装的原产地规则发生了变化。同时，孟加拉国在 1997—1998 年金融危机之后对纺织和服装产业进行了重组，以符合原产地要求。1999 年和 2000 年，利用率与进出口比率同步提高，这一事实进一步印证了上述结论。

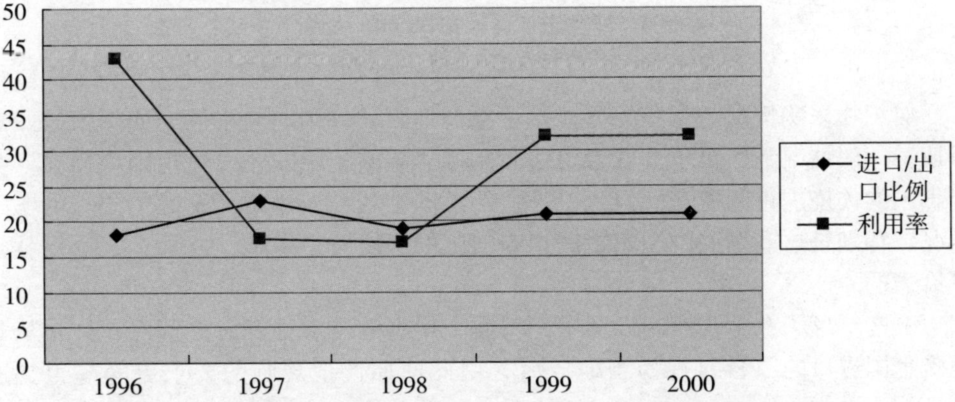

图 4.16 孟加拉国：织物进口与第 61 章和第 62 章（服装）出口欧共体普惠制利用率的对比情况（1996—2001 年）

1998 年进行了调整后，假定进口织物与出口成衣之间的投入/产出组合比率为 30% 左右，其相应利用率平均不会超过 30%。基于此，上述情况就比较好解释了。

显然，有关的图表和百分比还有待进一步分析。只要快速地瞄一眼柬埔寨的图表，即可清楚地看出其稳定的发展趋势。织物较之于出口成衣的比率提高得越快，利用率就越是下降，或者只能维持在较低水平。

下一步，就要对采购这些原材料的情况作进一步深入分析，以揭示其贸易流模式。图 4. 15 ~ 4. 18 揭示了柬埔寨和孟加拉两国于 2001 年采购这些原材料的情况。对 1998—2001 年及 2002—2004 年这两个时间段的贸易流作进一步考察后会发现，总体上不同的供应国所占有的百分比份额相对稳定。因此，可将 2001 年视为最具代表性的年份。

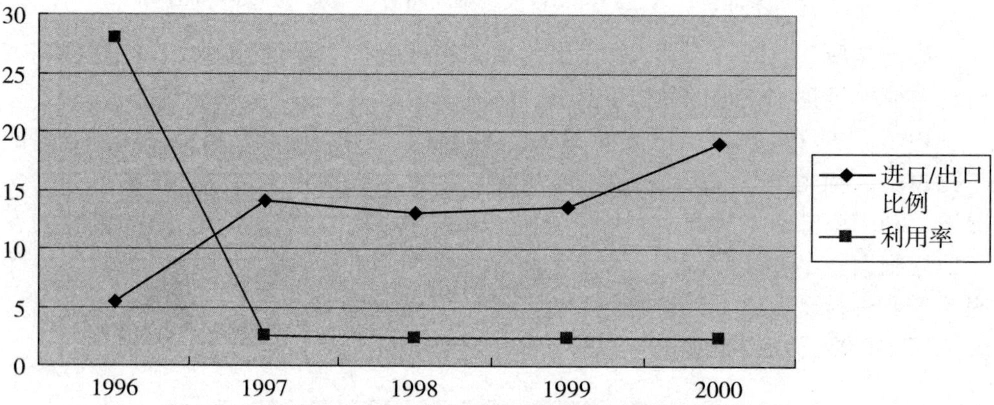

图 4. 17　柬埔寨：织物进口与第 61 章和第 62 章（服装）出口欧共体普惠制利用率的对比情况（1996—2001 年）

对织物采购情况的考察充分显示了原产地累积规则的局限性。如本书第三章所述，一般情况下，自主性或者单边契约性优惠措施中的原产地规则应当在一个受惠国的关境内得到遵守。但是，一些给惠国则认为，考虑到发展中国家的实际情况，特别是这些发展中国家之间正在实施的区域贸易措施，这种规定本身就是不恰当的。

一些给惠国在其普惠制方案中，对此项规则的要求已有所放宽，允许将从其他受惠国进口的原材料视为当地成分，由此使原产地规则的要求更容易得到遵守。

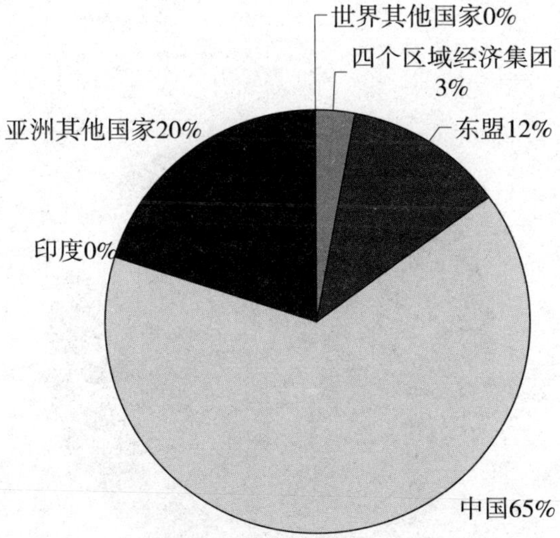

图 4.18 孟加拉国：棉织物进口情况（2001 年）

根据欧共体的普惠制方案，按地区进行累积是允许的（必须符合一定的条件）。有四个区域经济受惠国集团可以利用欧共体的区域累积制度。这四个区域经济受惠国集团是：东盟（ASEAN，包括文莱、柬埔寨、印度尼西亚、老挝、马来西亚、缅甸、菲律宾、新加坡、泰国和越南）；中美洲共同市场（CACM，包括哥斯达黎加、萨尔多瓦、危地马拉、洪都拉斯和尼加拉瓜）；安第斯集团（包括玻利维亚、哥伦比亚、厄瓜多尔、秘鲁和委内瑞拉）；南亚区域合作联盟（SAARC，包括孟加拉国、不丹、印度、马尔代夫、尼泊尔、巴基斯坦和斯里兰卡）。

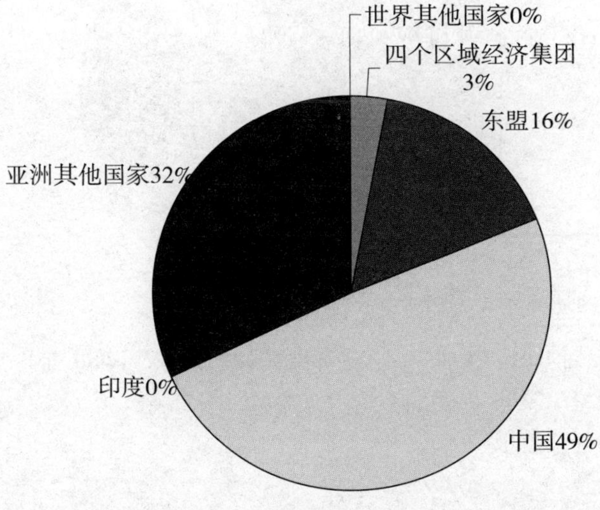

图 4.19 柬埔寨：棉织物进口情况（2001 年）

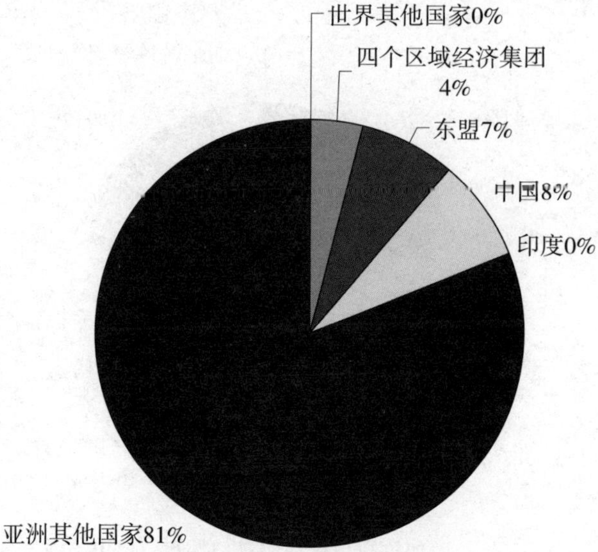

图 4.20　孟加拉国：人造纤维织物进口情况（2001 年）

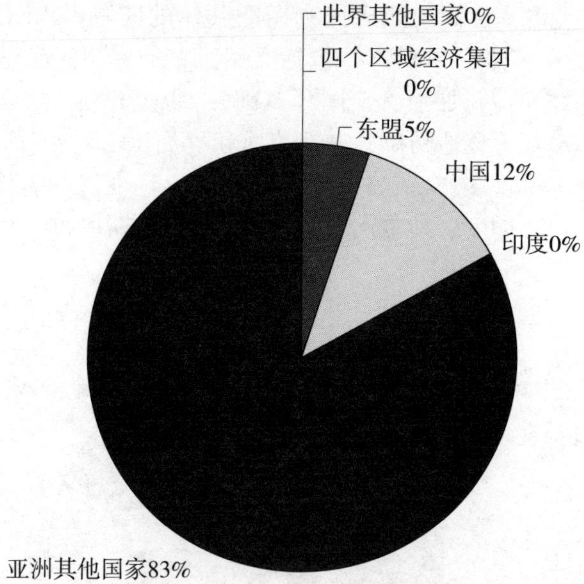

图 4.21　柬埔寨：人造纤维织物进口情况（2001 年）

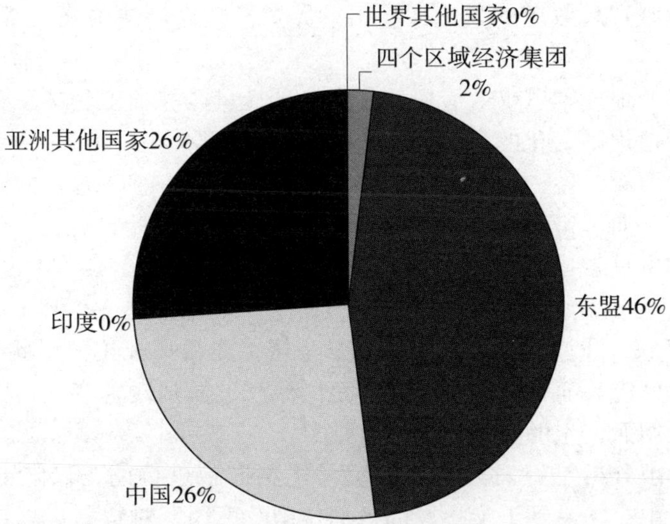

图 4.22 柬埔寨：人造纤维和合成纤维混纺织物进口情况（2001 年）

根据欧共体的区域累积规则，上述四个区域经济集团的任一成员方从同一区域经济集团的另一成员方进口用于进一步加工的材料或零部件，视为该制造国的原产产品，而不视为第三国的原材料，只要这些材料或零部件已被制成该区域经济集团的成员方出口的“原产产品”。原产产品是指根据欧共体普惠制项下的原产地规则，满足各自的原产地要求，从而获得原产资格的产品。

但是，就孟加拉国和柬埔寨而言，只要瞄一眼图 4.18 ~4.22 即可看出，织物的供应国既不是东盟成员方，也不是南亚区域合作联盟成员方。柬埔寨进口的棉织物当中，几乎一半来自中国，只有 16% 来自东盟成员方。而孟加拉国进口的棉织物中，产自中国的所占比例甚至高达 65%。至于人工纤维和合成纤维织物，孟加拉国和柬埔寨同样很少从他们在东盟及南亚区域合作联盟的贸易伙伴采购原材料。图 4.20 和 4.22 显示，孟加拉国和柬埔寨所采购的人造纤维织物当中，从亚洲其他国家（地区）（主要是中国台湾和韩国）进口的比例分别达到 81% 和 83%。在这种趋势下，累积规则作为提高贸易优惠措施利用率的一种手段，其可以发挥作用的空间十分有限。

即使织物是从南亚区域合作联盟或者东盟的贸易伙伴进口的，根据原产地分配规则，也会将原产地赋予织造这些织物的国家，考虑到这一点，上述结论也得到了印证。本书第五章将对欧共体普惠制原产地规则项下在同一区域集团的各个成员之间进行原产地分配的情况作详细论述。

原产地规则贸易效应的量化：基于世界贸易整合解决方案（WITS）的模拟分析

在评估原产地规则贸易效应所使用的各种计量经济学工具中，有一种方法被用来测试原产地规则变化的潜在贸易效应。①

从实践方面看，各种贸易优惠措施的利用率较低，意味着货物通关时是按最惠国税率征税，而不是按优惠税率征税。在上述模拟分析的最后一部分，我们对原产地规则的贸易效应进行了估算。原产地规则的成本是以"错过享受贸易优惠"的量（即已涵盖在优惠措施范围内，本来有资格享受优惠却未获得优惠的贸易量）来估算的。我们假设这部分贸易量是按优惠税率征税，以此来模拟②原产地规则的贸易效应。简言之，贸易效应是因原产地规则发生变化，导致贸易优惠措施的充分利用而产生的贸易流的估算结果。

本节的模拟分析是针对欧共体的贸易优惠措施进行的，仅限于最不发达国家，分析过程中会联系到上文提及的孟加拉国及柬埔寨对贸易优惠措施利用率的分析结果。值得注意的是，受惠的最不发达国家被分为两类：一类是根据《科托努伙伴关系协定》及先前的《洛美协定》，从欧共体给予非加太国家的优惠措施中获益的国家；另一类是未从欧共体给予非加太国家的优惠措施中获益的国家，即亚洲的最不发达国家。

直到《除武器以外的产品倡议》生效后，非加太地区的最不发达国家从贸易优惠措施（特别是农产品贸易优惠措施及原产地累积规则）中获得的优惠才比不是非加太地区的最不发达国家多，尤其是在农产品贸易范围和累积原产地规则使用方面。因此在该倡议生效前，非加太地区的最不发达国家宁愿利用《洛美协定》/《科托努伙伴关系协定》项下的贸易优惠措施，而不愿意利用欧共体对最不发达国家实施的普惠制方案项下的贸易优惠措施。《除武器以外的产品倡议》为所有最不发达国家提供了平等的市场准入待遇，随着该倡议的实施，这种区别就不复存在了。

但是，就其适用范围而言，当前的模拟分析是基于过去三年（2000－2003年）的平均数据进行的。顾及于此，为了保持数据库数据的连贯性，将其分为非加太地区的最不发达国家和不是非加太地区的最不发达国家是十分必要的。

完全自由化（即贸易优惠措施覆盖所有产品及/或得到充分利用）所产生的贸易效应的评估是通过世界贸易整合解决方案（WITS）进行的。世界贸易整合解决方案是由联合国贸易与发展会议秘书处与世界银行合作开发的一个简单工

① 此项分析是以联合国贸易与发展会议的一份研究报告——《给最不发达国家的贸易优惠：初步评估及其改进建议》（联合国贸易与发展会议，2003年）为背景而进行的。

② 世界贸易整合解决方案（WITS）是由世界银行和联合国贸易与发展会议共同开发的一种模拟分析模型。

具，用于对市场准入条件变化所引起的贸易流变化进行量化分析。该解决方案运用局部均衡模型，对分析具体产品贸易自由化的首轮效应或者冲击效应特别有帮助。在审视涉及各类产品的总值时一定要多加小心，因为这些数据还会受到不同产业部门间效应（一般均衡考虑）的影响，而一般情况下这些效应甚至会更大。尽管如此，考虑到最不发达国家的贸易总值较小，相对于更大范围的贸易自由化（例如，世界贸易组织谈判）来说，上述问题并不突出。

此项模拟分析是基于上文所作假设而进行的，并未涵盖可能被放宽的其他的非关税壁垒。特别是，此项模拟分析并未考虑《纺织品和服装协定》（ATC）项下的纺织品和服装限制预期取消后可能引发的贸易效应。这对模拟分析的结果会有很大影响，因为此项模拟分析中所提及的贸易效应多数是在纺织品和服装领域发生的。我们将在下一节就此进行论述。其他模型和研究对纺织品和服装①的贸易自由化效应进行了评估。此项模拟分析旨在对"错过享受贸易优惠"的情况加以简单量化，无论这些情况是因为未列入受惠范围而导致，还是因为优惠利用率偏低而导致的。因此，此项模拟分析的结果应当结合这样的背景加以解读。

模拟分析是按每一税目逐个进行的。在这一非集合水平上，很可能会出现某些产品的贸易量为 0 的情况，这有可能是因为受惠国没有出口这种商品，也有可能是因为该商品未被列入受惠范围。在这种情况下，当利用率的数据无法得到时，我们会采用 HS6（《协调制度》6 位数子目）或者 HS4（《协调制度》4 位数子目）一级的利用率数据，对优惠措施得到充分利用时的贸易效应进行计算。如果所有这些数据都无法得到，我们会采用同一级 HS4 项下所有其他非最不发达国家对优惠措施的平均利用率。此外，由于种种原因，每年的利用率变化很大，因此，在此项模拟分析中，我们采用的是过去三年的平均数据。尽管如此，表 4.5 中所显示的利用率是根据 2000 年的贸易数据计算得到的。

对于不是非加太地区的最不发达国家，相对于其他产品而言，纺织材料和纺织制品的贸易效应较为突出，贸易增长超过了 10 亿美元，如表 4.5 所示。这主要是由第 61 章和 62 章（服装及衣着附件）造成的。在这两章中，"错过享受贸易优惠"的贸易额较大，其优惠利用率分别为 41% 和 15%。对于"活动物及其产品"及"鞋、帽、伞等"一类产品，尽管其利用率已经相当高，但出口仍然出现了相应增长，只是增长的幅度要小得多。

---

① 参见 Spinanger 院长：《超越永恒：2003 年 12 月 31 日纺织品和服装配额消除后将会怎样?》，油印件。

表 4.5 充分利用欧共体给予非加太以外的最不发达国家优惠方案的预期贸易效应

	HS 类目	从 non – ACP LDCs 进口 *	免税额	受惠进口额 *	利用率%	TC *	TD *	TE *	TE%
01	纺织材料及制品	3,294,446	7,4125	3,220,321	31.68	902,460	420,546	1,323,006	96.90
02	鞋、帽、伞等	109,970	31	109,939	78.54	11,377	5,261	16,637	1.29
03	活动物及其产品	189,847	307	189,540	75.91	5,365	7,755	13,120	0.96
04	食品、饮料等	24,694	6	24,650	56.81	1,774	3,140	4,914	0.36
05	生皮、皮革等	109,414	17,721	91,693	86.10	1,930	797	2,727	0.32
06	机器及电气设备	23,766	11,302	12,464	11.56	813	651	1,464	0.11
07	塑料及橡胶	7,366	1,987	5,359	55.61	735	287	1,022	0.07
08	木材及木制品	50,140	33,798	16,342	68.71	96	464	560	0.04
09	杂项制品	14,296	8,441	5,855	63.93	364	150	514	0.04
10	运输设备	12,759	170	12,589	93.18	254	125	379	0.03
11	贱金属及其制品	4,823	2,144	2,679	46.96	139	138	278	0.02
12	石材、水泥等	12,641	49	12,592	96.11	138	66	204	0.01
13	植物产品	24,967	15,091	9,876	90.34	37	98	135	0.01
14	光学及精密仪器	3,245	2,158	1,087	7.36	81	51	132	0.01
15	宝石等	7,316	5,564	1,752	52.51	85	45	131	0.01
16	木浆、纸、书等	3,554	820	2,734	79.96	23	33	56	0.00

来源：著者计算。[a]

* 以千美元为单位。

a 采用 2000 年贸易数据和 2001 年《税则》进行模拟分析。不包括品目 2709（石油原油及从沥青矿物提取的油）、品目 2710［石油及从沥青矿物提取的油，原油除外；以上述油为基本成分（按重量计不低于 70%）的其他品目未列名制品］及第 88 章（航空器、航天器及其零件）。

模拟分析所涉及的国家在选定章节的贸易效应详见表4.6。如果第61章至第63章所涵盖的所有商品确实享受了应有的优惠待遇，那么从绝对值来看，这个国家将获益更多。这样的国家首先是孟加拉国，其次是柬埔寨。对大多数国家来说，受惠进口量将翻倍。该表未列出的其他产业部门数据也许不值得一提。尽管如此，以马尔代夫为例，可以看到其鱼和甲壳动物制品的受惠出口量增长了近20%；缅甸产的糖受惠出口量增长了近60%，鱼和甲壳动物受惠出口量增长了4%。

如表4.7所示，对于非加太地区的最不发达国家来说，最显著的贸易效应反映在第1类（纺织材料及其制品），尽管这些国家在这方面与亚洲最不发达国家相比要小得多。这主要是因为，欧共体从非加太国家进口的纺织材料及其制品的量较小，同时因为这一地区的相当大部分产品已经获得免税待遇。这样一来，马达加斯加因其“服装及衣着附件”出口增长超过8,700万美元而成为总体贸易效应的佼佼者。

“活动物及其产品”及“食品、饮料等”的出口同样因为优惠措施得到充分利用而有所增加（分别是4,000万美元和4,600万美元）；“运输设备”仅有小幅增长。从马达加斯加和莫桑比克受惠进口的鱼和甲壳动物增长了10%。从马拉维受惠进口的糖增长了近60%（相当于2,300万美元）（参见表4.6和4.7）。

结论

本节把与发展中国家的产业能力不相匹配的严苛原产地规则与贸易优惠措施利用率偏低的现状联系起来进行阐述。原产地规则最终阻碍了关税优惠措施的各项发展目标的实现，诸如提高制造加工能力，增加出口收入，促进受惠国的经济增长等。

利用率偏低削弱了给予发展中国家（特别是最不发达国家）的贸易优惠措施的价值和效能。利用率偏低在不同程度上取决于产品的类别和普惠制给惠国，是一个相互交织的问题，必须加以考虑和解决。

表4.6 充分利用欧共体给予非加太以外的最不发达国家优惠方案的预期贸易效应——选定国家和市场

HS类	HS章	章目	国别	受惠进口额	利用率%	TE *	相当于受惠进口额%
11	61	针织或钩编服装及衣着附件	阿富汗	571	2.98	348	60.95
11	61	同上	孟加拉国	1,186,006	49.55	360,514	30.40
11	61	同上	柬埔寨	193,799	6.97	113,284	58.45
11	61	同上	老挝	45,854	18.49	23,356	50.94

HS 类	HS 章	章目	国别	受惠进口额	利用率%	TE *	相当于受惠进口额%
11	61	同上	马尔代夫	8,035	0.02	4,958	61.70
11	61	同上	缅甸	151,160	31.58	64,078	42.39
11	61	同上	尼泊尔	7,624	76.59	1,081	14.18
11	61	同上	也门	1	0	0	0
11	62	非针织或非钩编服装及衣着附件	阿富汗	1,160	0.09	537	46.29
11	62	同上	孟加拉国	1,101,511	13.01	582,636	52.89
11	62	同上	不丹	2	50	1	50
11	62	同上	柬埔寨	61,593	3.84	37,710	61.22
11	62	同上	老挝	54,963	37.81	20,854	37.94
11	62	同上	马尔代夫	8,024	1.16	5,082	63.33
11	62	同上	缅甸	112,059	20.76	54,733	48.84
11	62	同上	尼泊尔	35,186	71.60	5,272	14.98
11	62	同上	也门	4	50	1	25
11	63	其他纺织制品；成套物品；旧衣着等	阿富汗	90	13.33	28	31.11
11	63	同上	孟加拉国	44,582	75.21	2,280	5.11
11	63	同上	不丹	1	100	0	0
11	63	同上	柬埔寨	11	0	3	27.27
11	63	同上	老挝	5	80	0	0
11	63	同上	缅甸	3	66.67	0	0
11	63	同上	尼泊尔	686	86.88	28	4.08

来源：联合国贸易与发展会议计算。[a]

* 以千美元为单位。

a 采用2000年贸易数据和2001年《税则》进行模拟分析。不包括品目2709（石油原油及从沥青矿物提取的油）、品目2710［石油及从沥青矿物提取的油，原油除外；以上述油为基本成分（按重量计不低于70%）的其他品目未列名制品］及第88章（航空器、航天器及其零件）。

表 4.7 充分利用欧共体给予非加太最不发达国家优惠方案的预期贸易效应

	HS 类目	从 non - ACP LDCs 进口 *	免税额	受惠进口额 *	利用率%	TC *	TD *	TE *	TE%
01	纺织材料及制品	526,028	224,076	301,952	34.87	66,181	34,111	100,293	40.91
02	食品、饮料等	340,972	58,632	281,976	46.92	15,462	31,086	46,548	18.99
03	活动物及其产品	637,834	8,807	629,027	77.49	17,434	23041	40,475	16.51
04	运输设备	264,390	190,697	73,693	0.43	15,636	9,860	25,496	10.40
05	植物产品	844,719	700,881	141,667	37.48	5,692	9,567	15,260	6.22
06	生皮、皮革等	103,239	34,427	68,812	49.15	2,813	937	3,751	1.53
07	油脂	83,797	2,152	81,645	64.65	2,097	1,574	3,671	1.50
08	机器及电气设备	78,704	42,081	36,623	17.88	1,570	1,253	2,823	1.15
09	贱金属及其制品	117,234	90,277	26,957	46.67	808	1,430	2,238	0.91
10	光学及精密仪器	21,738	5,586	16,152	18.75	1,229	662	1,891	0.77
11	鞋、帽、伞等	14,422	92	14,330	60.63	646	288	934	0.38
12	杂项制品	8,989	2,670	6,319	70.63	278	130	408	0.17
13	化工产品	133,998	129,079	4,651	50.27	166	201	366	0.15
14	塑料及橡胶	11,772	10,046	1,695	44.07	250	101	350	0.14
15	木材及木制品	177,355	164,269	13,086	81.79	95	158	252	0.10
16	石材、水泥等	3,717	191	3,526	75.38	51	89	140	0.06
17	宝石等	2,049,189	2,047,946	1,243	38.21	79	42	121	0.05

来源:联合国贸易与发展会议计算。[a]

* 以千美元为单位。

a 采用 2000 年贸易数据和 2001 年《税则》进行模拟分析。不包括品目 2709(石油原油及从沥青矿物提取的油)、品目 2710[石油及从沥青矿物提取的油,原油除外;以上述油为基本成分(按重量计不低于 70%)的其他品目未列名制品]及第 88 章(航空器、航天器及其零件)。

利用率偏低的大多数是工业品，特别是纺织品和服装。农产品在遵守原产地规则要求方面遇到的问题要少得多。但是，一项研究报告①连续两年对最不发达国家对贸易优惠措施的利用率进行分析后发现，农产品及加工农产品优惠措施的利用率时好时坏。

在某些产品类别上，原产地规则要求过高是导致贸易优惠措施利用率偏低的原因，无论是实证分析还是实地考察，这一点均已得到验证。就服装（发展中国家及孟加拉国和老挝等最不发达国家均具备潜在的供应能力）而言，情况更是如此。在该领域，现行的欧共体原产地规则明显对贸易优惠措施的利用率及这些国家的产业和贸易政策产生了影响。有必要开展进一步研究，以找出那些在制造加工要求方面既不切实际，在商业上又不可行的原产地规则。

尽管当今存在国际生产分工，并且经过一系列多边回合谈判，最惠国税率不断降低，但是，1970 年以来普惠制项下的原产地规则仍然保持不变。

在香港部长级会议所发布的文件当中，原产地规则方面的问题及其对贸易优惠措施利用率的影响再次没有得到充分考虑。该文件特别提到："发达成员，以及有能力这样做的发展中国家成员，应当……（b）确保适用于来自最不发达国家的进口商品的优惠原产地规则简单和透明，有助于便利市场准入。"

无需对法律和世界贸易组织了解太多即可认识到，这样一种表述充其量只是一种尽最大能力兑现的承诺，没有义务将其付诸实施。20 世纪 70 年代，联合国贸易与发展会议曾经尝试制定一套适用于普惠制等单边贸易优惠措施的协调优惠原产地规则。这种尝试最后归于失败，因为经合组织（OECD）国家的给惠机构认为这些优惠措施是自主给予的。

多年以后，原产地规则问题在多边层面重新受到关注。加拿大和欧共体已经展开行动，对其普惠制项下的原产地规则进行审议。有关机构应当努力将这些国家独自提出的倡议放到多边层面，就简化和放宽原产地规则的方式方法进行讨论。

最近，最不发达国家集团在世界贸易组织提出了一份原产地规则系统性建议。该建议以百分比标准作为普通标准，反映了该领域的最新做法。给惠国应当以此为出发点，展开深入讨论，结合最不发达国家的产业发展的实际情况来达成一整套原产地规则。除非最不发达国家和世界贸易组织成员作出进一步努力，否则不可能在多边层面展开行动。上述决议中原产地规则的有关表述在法律上是没有强制力的。它既未就建立任何工作组也未就原产地规则的模式规范作出规定，以防止原产地规则成为利用贸易优惠措施的障碍。

---

① 参见《后香港框架下贸易优惠措施的式微：从"贸易胜于援助"到"援助换贸易"》，联合国贸易与发展会议，2008 年。

在本书第五章，我们将围绕如何对原产地规则进行改革和创新的问题作进一步论述①。正如欧委会在最近发布的一个文件②中所承认的那样，20 世纪 70 年代以来，原产地规则鲜有修改。目前的改革应当引入创新，以放宽原产地规则。

在非洲次区域经济伙伴关系临时协议及其与加勒比共同市场国家达成的经济伙伴关系协议中，已经就欧共体的原产地规则提出了一些修改建议，其中双重改变的要求已被单一改变的要求所取代。但是，这种改进规则是在互惠的自由贸易协定（以取代单边给惠性质的原《科托努伙伴关系协定》）谈判中达成的。

为了帮助孟加拉国和柬埔寨等最不发达国家及《除武器以外的产品倡议》项下的非加太国家发展，一项针对第 61 章及第 62 章产品的新规则将替代原有规则，即用单一加工阶段要求取代双重加工阶段要求。新规则建议，就第 61 章而言，将最终产品针织或钩编成形的加工即可赋予原产资格。同时还建议，将针织或钩编裁片拼接成形也应视为一项赋予原产资格的工序。对于第 62 章，它建议将裁剪织物的工序及将裁片拼接成形均可视为赋予原产资格的工序。这些规则是受到了世界贸易组织/世界海关组织主导的非优惠原产地规则协调工作计划（HWP）目前谈判结果的启发而提出的。

乌拉圭回合《原产地规则协定》并未在优惠原产地规则方面作出规范，使优惠原产地规则扩散的领域成为“无人区”。在目前的争论中，以及在多哈发展议程所启动的各项倡议中，应当就制定一整套单边贸易优惠措施适用的切实可行的优惠原产地规则进行探索。现阶段就制定自由贸易协定项下互惠原产地规则的类似路径进行探索似乎还为时过早。

在世界海关组织就非优惠原产地规则协调工作计划所做工作的基础上，新的普惠制原产地规则应当予以制定，以适应充满竞争的现代产业发展的需要。在撰写本书时，世界贸易组织原产地规则委员会（CRO）的协调工作仍未达成协议，但这并不妨碍世界海关组织所建立的原产地规则技术委员会（TCRO）完成其大部分工作。在原产地规则技术委员会进行谈判期间，国际社会得以从整体上就原产地问题提出技术上可行的新思路。把这些新的努力转化成为新的法规，在免关税免配额（DFQF）倡议的框架下为最不发达国家制定更加宽松的原产地规则，现在恰逢其时。

---

① 关于放宽产品特定原产地规则的具体建议，参见《给予最不发达国家的贸易优惠措施：初步评估及改进建议》，联合国贸易与发展会议/ITCD/TSB/2003/8。

② 参见欧委会《关于优惠贸易协定项下原产地规则前景的绿皮书》，布鲁塞尔，COM（2003）787 final。

第五章

拟订优惠原产地规则

本章围绕原产地规则的各种拟订模式进行分析，旨在就拟订原产地规则时需要考虑和分析的问题，为决策者、海关和私营部门提供指引。本章分为三节，第一节就拟订普惠制原产地规则过程中所吸取的教训，以及联合国贸易与发展会议原产地工作组所取得的经验和反馈意见进行介绍。第二节包含了从拉丁美洲、非洲和亚洲的发展中国家之间所签订的几个主要区域贸易协议的原产地规则中所得到的经验。第三节围绕如何拟订原产地规则的问题总结经验并提出建议。这一节还包含了基于从《协调制度》演化而来的投入/产出列表拟订产品特定原产地规则的方法。

第一节　借鉴以往经验，拟订原产地规则：从普惠制原产地规则中获得的经验

总体评价及应吸取的经验教训

众所周知，联合国贸易与发展会议的第一任总干事劳尔·普雷维什（Raoul Prebistch）提出了普惠制的概念，并为其奠定了理论基础。尽管各方在联合国贸易与发展会议第二次大会上最终就联合国贸易与发展会议第21号决议（Ⅱ）所包含的普惠制的原则和目标达成了一致，但普惠制的要素和结构仍有待界定。为了促使联合国贸易与发展会议的成员方对这些要素进行界定并达成一致，各方在联合国贸易与发展会议框架内建立了各国政府间的协调机制。

这样一来，在拟订普惠制之初，为各个给惠国所采用的不同普惠制方案拟订一套统一的原产地规则，就成为联合国贸易与发展会议下设的优惠安排特别委员会的一个主要目标。为此，优惠安排特别委员会决定建立一个原产地规则工作组，其任务是启动原产地规则技术方面的磋商，拟订对所有普惠制方案普遍适用的原产地规则草案。该工作组是最早在各国政府间层面对原产地规则问题进行规范的多边倡议中的一个。

但是，1970年在巴黎举行的经济合作与发展组织（OECD）贸易委员会优惠安排特别工作组会议上，给惠国表示，由于优惠是单边给予的和非契约性的，其基本原则应当是，给惠国可以在听取受惠国意见的基础上，自主决定他们认为适当的原产地规则。① 根据这一原则，给惠国认为，对原产地规则的协调应仅限于实际操作的一些相关领域，例如认证、监管、核查、处罚及互助合作。其进展极为有限。

经济合作与发展组织会议所作决议的最初影响是，各国可根据其普惠制方案

① 参见经济合作与发展组织贸易委员会优惠安排特别工作组，原产地规则，第二份报告，TC/Pref./70.25，第9页，巴黎，1970年9月25日。

实施不同的原产地规则。结果，由于各国普惠制方案的产品范围不同，海关法规各异，此前为管理优惠贸易安排而实施的原产地规则也不同，每个给惠国都根据这些不同的参数塑造出了各自的原产地规则体系。

给惠国的原产地规则大致可以分为两类：采用加工工序标准的原产地规则和采用百分比标准的原产地规则，但两者之间存在着巨大差异。

尽管普惠制项下的原产地规则自20世纪70年代以来已经过了改造和修改，但是，这些规则的基本要求、不足之处和基本原理在那次会议以后的几乎30年里仍然大同小异。

由此看来，联合国贸易与发展会议原产地规则工作组和优惠安排特别委员会所进行的经验分析及从中得出的经验教训，在今天仍有现实意义。

尽管不同的普惠制方案中的实质性改变要求发生了一些微小的变化，会上所讨论的大多数困难和问题，在某种程度上是与关于原产地规则改革必要性的争论相匹配的，也是实际争论情况的再现。

应当注意，尽管各方认识到需要对原产地规则进行改进，个别普惠制方案中的某些具体条款也得到了一定的改进，但在满足原产地要求方面，其主要问题依然存在。后面的几节将围绕已取得的主要经验、应吸取的教训，以及联合国贸易与发展会议原产地规则工作组的研究分析情况进行介绍，因为这些方面的情况仍然是对原产地规则进行反思的宝贵资源，同时也是国际贸易界希望从中借鉴的范例。

第二节　拟订和实施普惠制项下的原产地规则的具体经验教训

一、两类产品的定义：完全获得产品和经过实质性改变的产品

如上所述[1]，早在各国的普惠制方案实施以前，许多工业化国家单独制定了具有自主和独立特征的、有利于某些发展中国家或者前殖民地的优惠贸易安排。这些优惠安排中的每一个都包含了根据给惠国的迫切需要而量身定做的原产地规则。因此，为了更好地组织需要开展的工作，特别委员会的第二次会议认为，有必要对不同的原产地制度进行全面的分析，以便：

“（ⅰ）对现行优惠安排中所适用的原产地规则的各种特征进行评估；

（ⅱ）列出给惠国和受惠国在实际应用这些规则时所遇到的问题。[2]”

---

① 参见本书第四章。本节来源于联合国贸易与发展会议原产地规则工作组的材料及分析。参见“联合国贸易与发展会议工作组和普惠制原产地规则会期委员会的工作和分析概要”，第一部分（UNCTAD/ITD/GSP/34，1996年2月21日）。

② 参见文件TD/B/AC.5/3，第ⅲ页。

分析表明，对货物原产地的界定一般基于两种不同的标准：

“（ⅰ）完全获得标准；

（ⅱ）实质性改变标准。”

研究发现，产品完全在受惠国的境内使用同一国家原产的原材料生产时，采用第一种标准；最终产品的生产涉及多个国家时，采用第二种标准判定其原产地。

二、关于完全获得标准定义的磋商和经验

在普惠制生效前，特别委员会在1968年举行的第二次会议上，对一些给惠国单独制订的优惠方案中实施的原产地规则进行了评估①，授权工作组在1970年3月举行的第一次会议上，对这种标准的主要特征加以了确定。事实上，完全获得标准旨在涵括两种类型的产品，即：

“（ⅰ）某一特定国家的天然产品，例如，未经加工的原材料，在该国种植、提取或收获的产品及某些海洋产品；以及

（ⅱ）在一国未使用从其他国家进口的材料或部件生产的产品。”②

此外，这一标准在一定范围内还被用于判定废旧物品及废碎料的原产地。但是，如果货品的加工工序涉及多个国家，在判定其原产地时，这一标准并不适用。

在工作组的第一次会议上，人们对于在第（ⅱ）项所述情况下能否采用完全获得标准心存疑虑。根据这一规则，如果货品是完全在一国或一个国家集团内，仅使用不含从第三国进口或原产地不明的材料生产的，即可考虑将这些货品视为完全获得。③ 在此情况下，生产商必须能够证明出口货物的所有零件和部件均是国产的。但是，实证经验表明，在许多情况下这是很难做到的，这就导致无法将有关货品视为“完全获得”。事实上，由于海关对出口产品所有零件的原产地实施监管时存在诸多困难，即使这些货品满足另一种原产地标准（加工工序标准或百分比标准），证明货品满足完全获得标准的原产地文件仍被视为假文件。④

同时，一般认为，所考察的各种现行原产地制度在完全获得标准方面并无太大差异。因此，就普惠制而言，对完全获得标准的界定不应存在难以克服的困难。但是，在工作组第一次会议上，大家还是结合通过对一些给惠国单独实施的不同原产地规则所进行的分析中得到的信息，就此进行了深入讨论。所取得的共

---

① 特别委员会对下列国家或地区的优惠原产地规则进行了评估：澳大利亚、欧共体、欧洲自由贸易区（EFTA）、英国和美国。参见文件TD/B/AC.5/3/Add.4，第10～74段。

② 参见文件TD/B/AC.5/3/Add.4，1970年3月19日，第70段。

③ 参见文件TD/B/AC.5/3/Add.4，第71段。

④ 参见文件TD/B/AC.5/3/Add.4，第71段。

识是，下列产品属于可视为完全获得的产品之列：未经加工的原材料（例如，从原产国的土地上提取的矿产品）；从一国领水以内的大陆架或者海床的其他部分提取的石油和其他矿物；以及从狭义的领水以外的海床提取的其他产品（只要声称具有其原产资格的国家对有关海床具有专属开采权）。①

某些农产品通常也会被视为完全获得产品，即：在一国收获的蔬菜类产品，在该国狩猎或捕捞获得的产品，在该国出生并饲养的活动物以及从饲养的活动物中获得的产品。对于最后一类产品，工作组提出了这样的问题：在有关国家的境内从任何活动物中获得此类产品的条件是否足够充分？或者是否需要用“活动物必须是在该国出生并/或饲养”的要求加以补充？例如，如果母鸡本身是从 Y 国进口，该母鸡在 X 国下的蛋是否视为原产？或者，该母鸡是否必须在 X 国出生或至少在 X 国饲养？② 对于海洋产品，一般认为，由某一特定国家的船舶在海上获得的产品通常视为原产于该国。但是，人们发现，早在 1968 年以前，一些优惠原产地制度已就“某一特定国家的船舶”这一术语作出了明确的定义。特别是，欧共体关于从联盟的非洲国家③进口的海洋产品的规则，还提出如是附加规定：该国的国民或总部设在该国的公司必须拥有该船舶至少一半的所有权，除此之外，必须由该国的国民担任总经理或董事会/理事会主席。而且，董事会中的多数成员也应该是该国的国民。如果该公司为合伙公司或有限责任公司，则至少一半的资本应当属于该国或者属于该国的公营公司或该国的国民。此外，该船舶的高级船员或者至少 75% 的船员必须是该国的国民。根据欧洲自由贸易区（EFTA）的规则，在其成员方注册并悬挂该国国旗的船舶视为该国的船舶。④ 在这方面，使用从海洋中捕捞的产品以及从海洋中获得的其他产品在加工船上生产的产品的问题受到了特别关注，因为许多发展中国家建立了合资企业，以开发海洋资源。

在工作组所考察的一些现行规则中，包含了废旧物品和废碎料的特别规定。欧洲自由贸易区的原产地规则将从该区域内的用户手中收集的、仅适用于材料回收的物品视为废旧物品，⑤ 将欧洲自由贸易区内生产过程中所产生的废碎料视为完全获得产品。当时，所有的欧共体规则均认可将生产过程中所产生的废碎料和废弃物品视为完全获得产品，只要它们是在有关国家收集的，并且仅适用于原材料的回收。⑥

---

① 参见文件 TD/B/AC.5/3/add.4，第 73 段。
② 参见文件 TD/B/AC.5/3/add.4，第 74 段。
③ 参见文件 TD/B/AC.5/3，第 18～23 段。在本节，EEC 指欧共体。
④ 参见文件 TD/B/AC.5/3/add.4，第 75 段。
⑤ 地区指欧洲自由贸易区国家的领土范围。
⑥ 参见文件 TD/B/AC.5/3/add.4，第 76 段。

工作组认为，有必要对货品（特别是先前已经进口的旧机器）在某一特定国家使用的程度和状况作出界定，以便将该特定国视为原产国。工作组提出，出口商品应当显示出被使用过的某些痕迹。必要时，还应对用于该用途的特定期限作出规定。据称，这样的规定可以避免出现通过受惠国运送的发达国家产的全新产品滥用优惠方案的情况。此外，一般认为，制定这一特别条款时，更严格的规定有利于出口商品的发展中国家的工业化。① 对现行优惠方案的分析显示，欧洲自由贸易区国家采用一种称为“基本材料清单”的补充规定，将特定的原材料和某些加工品视为来自欧洲自由贸易区的货品，无论其原产地如何。② 制定这一规则的原因在于区域内这些材料的供应不足。因此，欧洲自由贸易区国家对这些产品实行低关税或者零关税。但是，该基本材料清单仅在欧洲自由贸易区内使用，而从未用于普惠制。美国在其优惠条款中对从岛屿属地进口的货品实施了一项类似的规定。根据此项规则，可以免税进口到美国的材料不视为外国产材料。③ 在1973年举行的第四次会议上，一些发展中国家对新西兰方案中的规定表示了赞赏。依据该规定，完全使用未加工原材料生产的货品为完全获得货品，无论其原材料的原产地如何。发展中国家敦促其他给惠国将类似的规定纳入到他们的优惠方案之中。一些发达国家提出建立一份符合受惠的发展中国家利益的基本材料清单，清单中所列的产品，无论其实际来源如何，均应视为原产于受惠国。④

尽管基本材料清单的重要性和有效性得到了受惠国的认同，但是，在第一次会议上，工作组并未就建立这样一份清单的问题阐明具体看法或者提出建议。随后，1973 年举行的第五次工作组会议对基本材料清单的问题进行了讨论。给惠国表示，使受惠国充分利用基本原材料的问题，可以通过对清单 A 和清单 B 的适时调整，而不是制订一份基本材料清单的方式加以妥善解决。第一个工作组就完全获得产品提出了一些建议：

“（a）从其领土或者其领水内的海床提取的矿产品；

（b）在该国收获的蔬菜类产品；

（c）在该国出生并饲养的活动物；

（d）从［在该国出生并饲养的］活动物中获得的产品；

（e）在该国狩猎或捕捞获得的产品；

（f）在该国注册并悬挂其国旗的船舶通过海洋捕捞获得的产品及从海洋中得到的其他海洋产品；

（g）在该国领水以外的海床提取的产品，只要该国对有关海床具有专属开采

① 参见文件 TD/B/AC. 5/3/add. 4，第 77 ~ 79 段。

② 参见文件 TD/B/AC. 5/3，第 47 段和第 102 ~ 107 段。

③ 参见文件 TD/B/C. 5/WG（IV）/2，第 100 段。

④ 参见文件 TD/B/C. 5/WG（IV）/L. 1，1973 年 11 月 8 日，第 30 段。

权；

(h) 在加工船上用原产于该国的上述第（f）项所列产品制得的产品，只要该加工船在该国注册并悬挂其国旗；

(i) 仅适合原材料回收的废旧物品，只要它们是在该国收集的；

(j) 在该国进行加工过程中所产生的废碎料；

(k) 在该国仅用上述第（a）项至第（j）项所列的产品或其衍生物，或者不含［来自非受惠国的］［来自另一国家的］进口成分或原产地不明的材料生产的商品；

(l) 基本材料清单所列的商品。”

1970 年 7 月举行的第二次工作组会议专门就工作组第一次会议所提交的文本进行了讨论。必须指出，与会者在讨论中并未就现行的领水定义达成一致。① 特别是，一些发展中国家对上述第（a）项至第（g）项表示反对。他们建议使用“受惠的发展中国家大陆架”的概念来界定构成“完全获得商品”的范围。② 欧共体的代表对于第（f）项至第（h）项的表述表示关注。其指出，各国在船舶注册和悬挂国旗权利的相关法律方面存在着显著差异。因此，在某些情况下，悬挂国旗不能作为判定由渔船或加工船在海上获得的产品的原产地的充分标准。对于船员和船舶的所有权，也要作出具体规定。

在 1970 年 12 月举行的第三次会议上，工作组就可视为完全获得产品的议定文本达成共识：

“下列产品应视为在受惠国完全获得：

(a) 从其领土或者其海床提取的矿物产品；

(b) 在该国收获的蔬菜类产品；

(c) 在该国出生并饲养的活动物；

(d) 从该国饲养的活动物中获得的产品；

(e) 在该国狩猎或捕捞获得的产品；

(f) 该国船舶通过海洋捕捞获得的产品及从海洋中得到的其他海洋产品；③

(g) 在加工船上仅用上述第（f）项所列产品制得的产品；

(h) 仅适合原材料回收的废旧物品，只要它们是在该国收集的；

(i) 在该国进行加工过程中所产生的废碎料；

(j) 仅用上述第（a）项至第（i）项所列产品生产的货物。”

---

① 参见文件 TD/B/AC. 5/31，第 26 段。

② 参见文件 TD/B/AC. 5/31，第 27 段。

③ 发展中国家要求将租用的船舶和加工船的产品列入其中。给惠国同意，只要在定期审议期间就额外的完全获得产品作出清晰的定义，届时将把这些产品加入到清单中。

工作组第五次会议[①]对普惠制项下原产地规则的主要条款专门进行了审议。对于完全获得标准，人们发现，给惠国[②]实施的规则与上述议定文本大体上是对应的，只有以下三类产品所适用的规则例外：

(a) 海洋产品和在加工船上制得的产品；

(b) 从活动物中获得的产品；

(c) 废旧物品。

根据议定的文本，“如果海洋产品是由某一特定受惠国的船舶通过海洋捕捞获得的产品，或者从海洋中得到的其他海洋产品，或者是仅用上述产品在其加工船上制得的产品”，这些产品就应视为“在该国完全获得”。由于没有就术语“其船舶”及“其加工船”给出定义，给惠国对这些术语给出了不同的解释。一些解释还含有相当严格的要求。[③] 一些给惠国对术语“其船舶”和“其加工船”给出了不同的定义。当时，欧洲各国对此也没有形成共识：根据英国的规则，船舶必须在货品出口的发展中国家注册，而根据芬兰、瑞典和瑞士的规则，船舶必须在出口国注册，并且必须悬挂该国的国旗航行。此外，丹麦、欧共体、日本和挪威还规定，在受惠国对船舶和加工船的拥有权方面必须满足某些特定的条件。[④] 而且，船长、高级船员和至少75%的船员必须是该国的国民。奥地利对于在什么条件下可以把船舶或加工船视为属于某一特定国家所拥有，并未作出界定。

此外，“从一开始，受惠国就要求将租用的船舶或加工船的产品列入完全获得产品的任何定义当中”。在工作组第三次会议上，给惠国同意，只要在定期审议期间就额外的完全获得产品作出清晰的定义，即可将这些产品纳入到清单之中。[⑤] 但是，对于海洋产品和租用船舶，各方并未作出具体承诺。事实上，直到《洛美协定》第四议定书就原产地规则作出某些含糊不清的承诺，也就是说，在作出该项承诺20年后，这项承诺才变成现实。

早在1973年，联合国贸易与发展会议所做的一项研究[⑥]已经指出：“……建立捕捞船队是一项资本密集程度相当高的工程。”因此，许多发展中国家（如果不是大多数的话）没有自己所拥有的捕捞船队。对注册、所有权及船员实施严格的要求，将会使大多数发展中国家丧失开发其海洋财富，并在优惠条件下销售在

---

① 参见TD/B/C. 5/2，第14～112段。

② 下列国家或地区的原产地规则已经修订：奥地利、捷克斯洛伐克、丹麦、欧共体、芬兰、爱尔兰、日本、新西兰、挪威、瑞典、瑞士及英国。

③ 参见文件TD/B/C. 5/WG（IV）/2，第139段。

④ 参见文件TD/B/C. 5/2，第16段。

⑤ 参见文件TD/B/AC. 5/38，附件I，第2页。

⑥ 参见文件TD/B/C. 5/WG（IV）/2，1973年9月26日，第141段。

其领水内出产的产品的可能性。对于发展中国家内湖出产的产品，情况同样如此，因为对湖泊的商业开发同样需要大规模投资。

该项研究进一步认为，“许多受惠国的经济需求可以通过允许租用船舶或加工船的方式得到满足”。最起码，船舶和加工船在有关受惠国注册并悬挂其国旗就已经足够了。根据欧洲自由贸易区的原产地规则，尽管所有欧洲自由贸易区成员方在航运方面占据相当大的份额，但如果船舶是在其成员方注册的，并悬挂该国的国旗，该船舶就可被视为该国的船舶。①

“悬挂其国旗”这一表述给发展中国家带来了一些困难，因为在某些情况下，为了开发海洋资源，发展中国家之间已经建立了一些合资企业。考虑到这些情况，该项研究建议，该定义应当是指在有关受惠国的注册，因此，不必提及船舶悬挂国旗的要求。

此外，人们还对废旧物品提出了关注并给出不同的解读。瑞典认同将在发展中国家所收集的废旧物品视为在该国完全获得的产品，只要这些产品仅适用于材料的回收。与之相反，奥地利、丹麦、当时的欧共体、芬兰、挪威、瑞士和英国则按照议定的文本，规定仅适用于材料回收的此类产品符合完全获得的要求。根据欧洲自由贸易区的规则（瑞典的规则即以此为基础），在该自由贸易区内从用户那里收集的、仅适合材料回收的废旧物品，视为在欧洲自由贸易区内完全获得的产品。例如，从瑞士的用户那里收集并运到芬兰的废旧电池，无论是否原产于欧洲自由贸易区，将获得欧洲自由贸易区的关税待遇，只要它们仅适合铅和其他废碎料的回收。但是，如果这些电池被运到芬兰是为了对其进行修理，则这项规定并不适用。②

1976年举行的第六次工作组会议在其达成一致的结论中，责成联合国贸易与发展会议秘书处“继续就受惠国在原产地规则方面所遇到的困难进行研究”。③为收集受惠国在原产地规则领域所遇到的困难方面的信息，联合国贸易与发展会议秘书处向所有给惠国政府发放了一份调查问卷。④ 工作组第七次会议对收集到的信息进行了分析和评论。该调查问卷的反馈分析显示，在完全获得产品的概念方面，问题不是很多。一些给惠国所面临的主要问题与进口货物有关，尽管已经采用完全获得标准对这些进口货物进行核实，但这些标准并不适用。⑤ 在工作组看来，⑥ 这是因为某些受惠国的一些出口商和政府部门并未理解完全获得标准的

① 参见 TD/B/C. 5/WG（IV）/2，第142段。
② 参见 EFTA，原产地规则，第四版，修改，日内瓦，1971年1月，第28页。
③ 参见文件 TD/B/C. 5/55，第64段，以及文件 TD/B/C. 5/WG（VI）/5，第67段。
④ 参见 Verbale 笔记，1977年11月16日，索引 TD/423（Q）。
⑤ 参见文件 TD/B/C. 5/WG（VII）5，第7段。
⑥ 参见文件 TD/B/C. 5/WG（VII）5，第3页。

全部意义，特别是当其适用于工业制成品的时候。对于完全获得产品的定义，人们并未提出关注。完全获得产品的普通定义为给惠国所接受，这一事实被视为工作组的最重要成果。①

在奥地利、丹麦、欧共体、芬兰、挪威、瑞典及瑞士所适用的原产地规则中，根据议定的文本，在受惠国从活动物中获得的产品视为在该国完全获得。此项规则特别包括从进口到有关受惠国的活动物中获得的产品。②

从第五次工作组会议上的讨论③中可以看出，这种附加要求严格得没有必要。它的设立基础是假定将动物进口到受惠国仅仅是为了赋予动物或动物产品原产资格。事实上，这种滥用规则的情况在现实中是不大可能发生的。除了极少数例外情况外，发展中国家多被视为普惠制受惠国的国家，这种操作是无利可图的。④ 因此，这种附加要求缺乏理据。

三、拟订界定实质性改变的原产地标准的谈判及其经验

在优惠安排特别委员会第二次会议上，人们注意到，在普惠制方案生效前，给惠国给予发展中国家的贸易优惠安排中所采用的所有现行原产地规则均是以“实质性改变”标准依据。同时，很显然，这一基本标准并未达到“本身足够精确”的程度，而且，对其可以有“许多种不同的解读”。⑤ 对给惠国普遍实施的各种原产地规则的分析表明，实质性改变标准是采用不同方式规定的，因此，在确定此类货物的原产地时，可以采用多种标准。这些标准可以分为三大类：

(a) 所经过的加工工序的程度和性质；

(b) 最后改变工序的标准；

(c) 增值百分比。

第一类标准确定了完成被认为足以赋予所涉产品基本特征的特定加工工序，即可赋予原产资格的规则。为评定特定的加工工序是否充分，所采用的方法主要有两种：赋予原产资格的加工工序清单及采用《布鲁塞尔税则分类目录》(BTN)。也有将这两种方法结合运用的情况。

在第一种情况下，必须编制一份相当长的清单，详列纳入优惠范围的每种产品获得原产资格所需的加工工序。在第二种情况下，原产地规则是以《布鲁塞尔

---

① 参见 TD/B/C.5/76，第7段。

② 参见 UNCTAD 秘书处所作的报告：“惠及发展中国家的普惠制原产地规则”，TD/B/AC.5/3/add.4，第74~77段。

③ 参见 TD/B/C.5/3，第87~112段。

④ 参见 TD/B/C.5/2 中关于第五次会议就这一特定部门的讨论情况的介绍，第8页。

⑤ 参见 UNCTAD 文件 TD/B/AC.5/3，1968年11月29日，惠及发展中国家的普惠制原产地规则，第17页，第76段。

税则分类目录》项下的税目改变为基础。[①] 采用这种方法可以对允许使用的材料下“简短而精确的定义”。同时，人们发现，这一方法的最大缺点是，《布鲁塞尔税则分类目录》并不是为确定原产地而设计的。在某些情况下，税目改变并不足以发生实质性改变；而在其他情况下，虽然发生了实质性改变，但并未出现税目改变。这就要求为需要特殊规则的产品制订一份补充规则清单。正如反复指出的那样，《协调制度》同样有其局限性。因此，下节中所有关于税则归类改变的经验，在必要的地方稍作修正后，同样适用于现代的原产地规则中的税则归类改变或税目改变。

第二类界定标准——最终改变工序标准——是以欧共体第 802/6 号条例[②]所包含的非优惠原产地规则中确定的标准为基础：

“生产过程涉及两个或更多国家的产品，应视为原产于在经济意义上进行了最后的实质性加工的国家。这些加工是在为此目的而装备的企业内进行的，并最终制成了一种新产品，或者代表了一个重要的制造阶段。”

第三类标准今天仍在使用。这类标准设定了这样一项规则，即在受惠国或受惠地区内所进行的生产过程中增值达到一定百分比时，即可赋予原产资格。

在拟订一套统一的原产地规则，以便应用于给惠国的所有普惠制方案时，工作组所遇到的主要问题是遭到给惠国的反对。这些国家拒绝接受在非契约性优惠方案中采用一套统一的货物原产地判定规则的可能性。这些国家的反对意见被视为理所当然，因为自从优惠安排实施以来，给惠国的海关关员一直使用某些特定的标准和行政程序。无论这些规则怎样变化，都意味着增加原产地规则的管理成本。必须注意，当时美国和加拿大均未采用《布鲁塞尔税则分类目录》作为税则目录。最终，给惠国在原产地规则工作组第二次会议上宣布，在其普惠制原产地规则中，他们将采用过去各国单独实施的优惠方案（1970 年）中所采用的相同标准。[③] 但是，在 1970 年举行的工作组第三次会议上[④]，给惠国“意识到以多种不同方式界定实质性改变的概念可能产生的问题”。随着受惠国对确定原产地时采用不同的标准及给惠国实施每一标准时所存在的差异表示关注，给惠国将多种不同的原产地标准减少到两大类：加工工序标准和百分比标准。[⑤] 而且，采用加工工序标准的给惠国表示将“尽可能”消除各种加工工序标准规则之间存在的差

① 《协调制度》是以《布鲁塞尔税则分类目录》为基础制订的。
② 官方刊物 L1481/65，1968 年。现在，这一段文字已经被欧委会 2454/93 号法规取代。
③ 参见文件 TD/B/AC. 5/31，1970 年 7 月 8 日。
④ 参见文件 TD/B/AC. 5/38，1970 年 12 月 21 日。
⑤ 参见 UNCTAD 文件 TD/B/AC. 5/38，第Ⅱ章。

异[①]，采取百分比标准的给惠国则表示将“努力对各国的规则进行协调”。[②]

在第三次会议期间，[③] 受惠国同意引入这两套方法，分别用来对加工工序标准和百分比规则进行规范。他们“相信，根据其中一套规则符合普惠制原产资格的货品，根据另一套规则，其原产资格应当得到认可，以确保市场准入的同等性，避免贸易扭曲。”[④] 因此，原产地规则工作组的首要目标是对给惠国为确定原产地而实施的两类标准内在的主要差异进行分析。

必须指出，当时，所称“加工工序标准”，是指一些国家所采用的《布鲁塞尔税则分类目录》4 位数税目改变，连同各种例外情况说明的清单。各种例外情况说明包含在清单 A 和清单 B 中。下节中将就此作详细说明。

后来，在 20 世纪 80 年代后期，清单 A 和清单 B 被合并为“单一清单”。

（一）从加工工序标准得到的经验教训分析

如上所述，工作组在执行所分配的任务时，分析的第一种标准是加工工序标准，特别是给惠国各自实施的赋予或者不赋予原产资格的加工工序清单（清单 A 和清单 B）。但是，由于《布鲁塞尔税则分类目录》不是为确定原产地而设计的，因此，在多数优惠方案中，赋予或者不赋予原产资格的某些加工工序是以两份清单的形式被纳入原产地规则当中的。具体而言，清单 A 明确列出了尽管从原料到最终产品发生了税目改变，但不赋予最终产品原产资格或者仅在某些情况下才能赋予原产资格的加工工序。清单 B 包含了尽管没有发生税目改变，其制成品仍可赋予原产资格的加工工序。此外，对于部分税目，这些清单规定，只有在受惠国制造或加工非原产材料的价值不超过制成品价值的一定百分比的情况下，这些产品才能被视为原产于该受惠国。对各国规则的分析表明，尽管清单 A 和清单 B 大体上遵循了欧共体模式，但却存在着某些差异，其中既有实质性差异，也有拟订方法上的差异。联合国贸易与发展会议秘书处在 1982 年向工作组提交的一份题为《普惠制：原产地规则的比较研究》[⑤] 的早期报告中，指出了各种技术性差异，并将其分为五类：

1. 因涵盖产品范围不同而产生的差异；
2. 拟订方法上的差异；
3. 因用不同方法描述同一要求而产生的差异；
4. 百分比要求上的差异；以及

---

① 参见 UNCTAD 文件 TD/B/AC. 5/38，第 12 段。

② 参见 UNCTAD 文件 TD/B/AC. 5/38。

③ 参见 UNCTAD 文件 TD/B/AC. 5/38。

④ 参见 UNCTAD 文件 TD/B/AC. 5/38，第 16 段。

⑤ 参见文件 TD/B/C. 5/2，第二部分，第 97 段至第 111 段，1972 年 11 月 30 日，《普惠制：现行原产地规则的比较研究》。

5. 实质内容上的差异。

因涵盖产品范围不同而产生的差异

采用加工工序标准的任何优惠关税安排项下的原产地规则都仅对其涵盖的产品规定这样的要求。因此，给惠国在普惠制中规定的赋予或者不赋予原产资格的加工工序清单（清单A和清单B）都仅仅是针对其单独制订的优惠方案所涵盖的产品来制订原产地要求。无论是过去还是现在，各国单独制订的优惠方案所涵盖的产品范围都存在着差异，这些差异在《布鲁塞尔税则分类目录》的第1章至第24章最为普遍。对于纺织品来说，人们发现，只要这些差异存在，在赋予或者不赋予原产资格的加工工序的清单中就会相应地存在着差异。

拟订方法上的差异

根据这份报告，给惠国似乎未能就描述原产地要求的通用术语达成一致。首先，在许多情况下，清单A和清单B规定，只有在制造或加工的产品价值不超过制成品价值的一定百分比的情况下，在受惠国制成的产品才能被视为原产于该国。从摘自清单A的表5.1和表5.2中可以看出，各给惠国采用不同的措词对部件价值的要求进行表述。其次，对于加工工序要求，以下摘自清单A的例子，阐明了给惠国在对同样的要求进行描述时所使用措词在多大程度上存在着差异，如表5.1和表5.2所示。

表5.1 产品特定原产地规则拟订方法上的差异举例

制成品			
BTN品目	产品描述	满足下列条件的，可视为赋予“原产”产品资格的制造或加工工序：	有关给惠国
3815	配制的橡胶促进剂	生产过程中所使用的产品价值不超过最终产品价值的50%	欧共体、挪威、芬兰、瑞典
		生产过程中所使用的产品价值不超过最终商品价值的50%	丹麦、瑞士
		生产过程中所使用的“非原产产品”价值不超过最终产品价值的50%	日本
		50%的进口材料规则	英国

注：表中数据出自1972年的普惠制方案。当时，奥地利、丹麦、芬兰、瑞典和英国不是欧共体成员方，因此，这些国家独自制订普惠制方案。

表 5.2 产品特定原产地规则拟订方法上的差异举例

制成品			
BTN 品目	产品描述	满足下列条件的，可视为赋予“原产”产品资格的制造或加工工序：	有关给惠国
1104	归入第 8 章任何品目的果实细粉	用第 8 章的果实制成	欧共体
		用归入第 8 章的果实制成	挪威
		用果实制成	英国
1905	谷物产品经膨化或烘炒制成的食品（爆米花、玉米片及类似品）	用各种产品制成	欧共体、瑞士
		用任何产品制成	英国
3206	色淀	用归入品目 3204 和 3205 的材料制成的任何产品	欧共体、芬兰、挪威、瑞典
		用品目 3204 或 3205 的产品制成	奥地利
		用品目 3204 或 3205 的产品制成的任何产品	丹麦
		用品目 3204 或 3205 的材料制成	英国
		用归入品目 3204 或 3205 的产品制成	日本
		用品目 3204 或 3205 的产品制成	瑞士
2002	用醋或醋酸以外的其他方法制作或保藏的蔬菜	用归入第 7 章的“原产”产品制成	日本
		用第 7 章的“原产”产品制成	英国
4503	天然软木制品	用品目 4501 的产品制成	欧共体、丹麦、芬兰、挪威、瑞典、瑞士
		用编码 4501 的产品制成	奥地利
		用归入品目 4501 的产品制成	日本
		用品目 4501 的材料制成	英国

注：表中数据出自 1972 年的普惠制方案。当时，奥地利、丹麦、芬兰、瑞典和英国不是欧共体成员方，因此，这些国家独自制订普惠制方案。

表 5.3　产品特定原产地规则拟订方法上的差异举例

BTN 品目	产品描述	
1901	麦精	日本规定，用谷物制成麦精赋予“原产”产品资格
		英国规定，用麦芽制成麦精不赋予“原产”产品资格

注：表中数据出自 1972 年的普惠制方案。当时，英国不是欧共体成员方，因此，英国独自制订普惠制方案。

因采用不同方式对相同的原产地要求进行表述而造成的差异

对于《布鲁塞尔税则分类目录》许多品目项下的产品，一些给惠国列明了不赋予原产资格的制造或加工工序，而另一些给惠国则列明了在满足特定条件的情况下，对相同的产品可以赋予原产资格的制造或加工工序。其原产地要求本质上是相同的，其差别在于，一些给惠国以否定的方式确定原产地，而另一些国家则是以肯定的方式确定原产地。表 5. 3 所示的例子阐明了可能与拟订一套统一的原产地规则相关的一些差异。

在本例中，要使麦精获得享受英国优惠关税待遇的资格，生产商就必须像日本的规则所规定的那样，首先用谷物制成麦芽，然后制成麦精。

百分比要求上的差异

对于《布鲁塞尔税则分类目录》中的许多品目，给惠国拟订的清单 A 和清单 B 规定，对于表中列名并在受惠国制得的产品，只有在经过制造或加工的非原产产品的价值不超过制成品价值的一定百分比的情况下，才能被视为原产于该国。给惠国在其原产地规则中①规定，在确定这一百分比时，应当考虑以下价值：

（ⅰ）对于能够证明其进口来源的产品：进口到发展中国家时的海关价值；

（ⅱ）对于原产地不明的产品：进行加工的发展中国家最早可以确定的实付价格；

（ⅲ）对于制成品：在日本，为货物出口时扣除已退还或者应予退还的国内税后的离岸价格（FOB）；在奥地利、丹麦、欧共体、芬兰、挪威、瑞典、瑞士和英国，为货物出口时扣除已退还或者应予退还的国内税后的出厂价格。

工作组很清楚，制成品价值定义上的差异会造成有关给惠国市场准入条件上的不平等。出现这种情况是因为，尽管出厂价格包含了生产的成本和生产商的利润，但离岸价格还包含了在生产国产生的所有其他成本，特别是从工厂到边境或港口的运输成本，以及该国贸易中间商的任何成本和利润。制成品出厂后产生额外成本（例如，运输成本以及/或者交易成本）时，如果采用离岸价格确定制成

① 关于相关的摘录内容，参见文件 TD/B/C. 5/2 附件Ⅲ。

品的价值，这些成本将被计入到计算非原产产品的百分比上限的基数当中，由此会相对降低最终产品离岸价格中包含的生产过程中所使用的非原产产品的最高价值，从而使出口产品在两可的情况下获得优惠关税待遇。但是，如果采用出厂价格确定制成品的价值，这些成本就不会被计算到百分比上限当中，生产过程中所使用的非原产产品价值占比就可能超过所规定的最高百分比，从而造成最终产品无法获得优惠关税待遇。

正如普惠制项下的原产地规则在实施过程中所经历的那样，人们还认为，以离岸价格为基础的优点是它使得百分比价值要求的计算更为自由宽松。因为在实际运用中，与按制成品的出厂价格计算百分比上限的情况相比，按离岸价格计算时，可以在生产过程中使用占比更高的非原产产品。而且，人们注意到，离岸价格很可能是出口交易报价中用得最多的价格。① 该价格一般很容易得到，无需经过专门计算即可作为计算百分比的基础。按出厂价格计算时，情况就不一定是这样。另一方面，有人认为，离岸价格的缺点是在特定受惠国生产的特定产品得不到同等对待。由于所使用的非原产产品价值不得超过制成品价值的50%，生产过程中允许使用的非原产产品的实际占比将取决于有没有产生国内运输成本及/或贸易成本。因此，假定在两可情况下，在出口港附近设厂或者直接出口的生产商也许无法满足百分比要求，因为非原产产品的价值在制成品的价值中所占的比例略高于50%。相反，在其他地方设厂并按相同条件进行生产的生产商或许就能获得优惠，因其离岸价格中包含了国内运输成本，或者因为中间商参与了交易。但是，此时出现的问题是，在这种情况下，不得不承担额外的国内运输成本以及/或者交易成本的生产商，是否需要相应降低其利润率，以便与在港口附近设厂的生产商展开竞争。要是这样，上述假设的不公平待遇问题就不会出现。但是，有人进一步认为，出厂价格更接近真实的增值概念，因为它可以对生产工序进行准确衡量，无需考虑任何生产后续成本，例如，国内运输成本和交易成本。

实质内容上的差异

根据同一份报告，采用加工工序标准时，某些原产地要求的定义在实质内容上存在着差异。举例说明这些差异是很有用的，如表5.4所示。

1. 关于加工工序标准中对选定产品的具体要求的分析

拟订技术

联合国贸易与发展会议对加工工序标准进行研究时所发现的另一个问题，是与如何界定赋予货物原产地的加工工序的问题紧密关联的。事实上，通过采用众所周知并广为人们所接受的税则归类方法，界定加工工序标准的有关问题即可迎

① 参见联合国贸易与发展会议文件 TD/B/AC. t/3/Add. 4，第11段。

刃而解。通过某种方式对产品满足原产地要求所必须经过的加工工序加以界定，这同样是很有必要的。理论上，可以设想的最佳解决方案是，对每项产品的确切加工工序都给出定义。但是，这种方法所带来的问题是，在很多情况下，最终产品的品目将会被拆分成无数子目，正如大约20年后在非优惠原产地规则谈判中所出现的情况那样。

表5.4　实质性要求上的差异

BTN 品目	产品描述	
4106	油鞣皮革	日本规定，用进口的生皮（BTN 品目4001）制成的产品不赋予“原产”产品资格（清单 A）
		根据许多国家的原产地规则，油鞣皮革被视为原产产品（清单 A 中没有例外）；适用 BTN 品目改变的普通规则。
ex 3104	矿物钾肥及化学钾肥	瑞士规定，用进口的氯化钾或天然粗钾盐制成的产品可赋予原产产品的资格（清单 B）
		根据许多国家的原产地规则，化肥不赋予原产资格（附件 B 中没有例外；适用 BTN 品目改变的普通规则）
4108	漆皮及层压漆皮；镀金属皮革	奥地利、欧共体和北欧诸国规定，进口的皮革经上漆或镀金属可赋予“原产”产品资格，只要皮革的价值不超过最终产品价值的50%（清单 A）
		根据日本的原产地规则，只要制成品是用进口的生皮（BTN 品目4101）生产，即可获得原产资格（清单 A）
		爱尔兰规定，进口的皮革经上漆或镀金属可赋予原产产品资格，没有进一步要求（附件 A 中没有例外；适用 BTN 品目改变的普通规则）

注：表中数据出自1972年的普惠制方案。当时，奥地利、丹麦、芬兰、爱尔兰、瑞典和英国不是欧共体成员方，因此，这些国家独自制订普惠制方案。

在联合国贸易与发展会议上，人们发现，尽管《布鲁塞尔税则分类目录》某些品目所包含的产品彼此差异巨大，对这类同一品目下的所有产品仅仅规定一项加工工序是不可行的，但是《布鲁塞尔税则分类目录》还是被当作了讨论的基础。事实上，人们认为，在某些情况下，一个品目不仅涵盖了最恰当不过地被描述为原材料的商品，还涵盖了经过高度加工的商品。对于《协调制度》，人们也是这样认为的。HS 品目3003包括各种药品，从简单的植物混合物到用同样复杂的化工产品制成的最复杂的混合物。《协调制度》对该品目进行了拆分，在某些情况下，这种拆分使到对加工工序的描述既具经济意义，又易于理解。但是，如果针对《协调制度》每个子目规定不同的加工工序标准，就会导致原产地规则纷繁复杂，极度泛滥。人们感到，就许多产品而言，直接提及一项加工工序，例如，印花或滚轧，应当是比较简单的解决方法，因为就某些品目而言，这种描述方式甚至可以适用于整个品目。例如，对于归入品目 4901 或 4902 的产品（书籍、报纸等），可以提及印刷工序；欧共体在 20 世纪 70 年代所实施的普惠制项下的原产地规则中，即采用了类似的方法。[①]

但是，人们感到，即使是针对加工工序要求所给出的此类定义，还是需要加以完善。例如，“滚轧”一词对金属板材制造工序的描述似乎是明确的。但是，冷轧钢板经过了多道滚轧工序。首先，钢锭被轧成厚板或钢条，下一阶段就是生产热轧钢板。这就意味着，经过许多道加工工序后，钢板将被轧成所需的厚度。冷轧又是一个新阶段，同样需要完成多道工序，这取决于最终钢板所需的厚度。毫无疑问，滚轧工序是由仅对已经冷轧的钢板进行最后的滚轧的生产商完成的。如果其原产地标准旨在规定必须完成所有的冷轧工序，那就必须对其加以明确，例如，直接规定必须按上述规定完成所有的冷轧工序，或者规定其初始材料必须是热轧钢板。另一方面，如果其原产地标准旨在规定必须完成所有的滚轧（冷轧和热轧）工序，那么，一种解决办法是规定必须使用钢锭作为初始材料。

对于其他的加工工序，例如，印刷（如仅涉及一本书中几页纸的印刷）、油漆等，也可考虑采用类似的解决办法。但是，即使不提及滚轧工序，前面提到的防范措施（即对初始材料加以规定）已经足够了，因为将钢锭制成钢板，其唯一可行的方式就是滚轧工序。

2. 多阶段加工、“两级跳”及“双重改变”的初步经验和困难

联合国贸易与发展会议在 1973 年所做的一份题为《普惠制：改进和协调原产地规则的建议》的研究[②]，从不同的角度对普惠制清单 A 和清单 B 所包含的原产地规则进行了分析。这份研究报告首先认为，一般情况下，每项具有经济意义的加工工序都会使经加工的货品增加一定的价值。但是，该项研究又指出，清单 A 所规定的许多加工工序属于多阶段加工，仅经过一道生产工序的，不赋予原产资格（例如，用纱线制成服装，就是说，用织物作为初始原材料的，所制成的服装不赋予原产资格——归入 BTN 品目 6101－6104 的服装所需的加工工序），[③] 这些规则实际上意味着，最终产品必须完全在有关的受惠国生产。这些规则也被称为多阶段加工规则，它们受到了受惠国的批评，因其“超出了能够想象得到的实质性改变的极限”。[④] 由于它们当中多数今天仍在执行，对希望避免重蹈覆辙的

① 参见联合国贸易与发展会议文件 TB/B/AC. 5/3/Add. 1 第 3（b）条提到的附件 B，第 7 页。

② 参见文件 TD/B/C. 5/WG（IV）/2，1973 年 9 月 26 日，“普惠制：改进和协调原产地规则的建议”。

③ 目前，为了实施普惠制，欧共体对第 62 章中的产品采用了相同的规则。参见法规 2454/93，欧盟《官方公报》L 253/93，第 286 页。

④ 参见文件 TD/B/C. 5/18，第 15 页。

人们来说，下面的内容就显得十分重要了。

当时实施的普惠制原产地规则中的此类规定的内在含义，在1973年的研究报告中通过一些技术性示例作了说明。下面就此进行阐述。①

该项研究认为，原则上，多阶段加工的要求也许有其合理性，即在很多情况下，一道加工工序可以引发税目改变，但初始材料并未经过充分改变。因为《布鲁塞尔税则分类目录》（及《协调制度》）不是为确定原产地而设计的，有时它会把仅经过非常简单的加工工序的货品归入某一税目，而不是归入与其初始原材料相对应的税目。

例如，非供零售用的棉纱归入BTN品目5505，而供零售用的相同棉纱则归入品目5506。② 很容易理解，这种税目改变所涉及的加工工序，对于赋予供零售用的棉纱的原产资格来说是不够充分的。

但是，多阶段加工所涉及的内容远不止将简单的制造或整理工序排除在外那么简单。该项研究所列举的例子表明，清单A中所列的多阶段加工一般都要求在生产过程中实现极高的增值百分比，这就使受惠国难以从普惠制中受惠。③

在对清单A中所规定的百分比要求进行剖析时，人们注意到，在很多情况下，只有在非原产材料的价值不超过最终产品的一定比例时，清单A中所列的加工工序才能赋予原产资格。因此，在这种情况下，增值的概念就被用作一种补充规定。④ 当时人们发现，《布鲁塞尔税则分类目录》第1章至第24章中的两个税目和第25章至第99章的237个税目、总计239个税目（考虑到加工工序涵盖整章的情况）都是这样规定的。在第25章至第99章所列的409项加工工序中，58.4%涉及百分比要求。在涉及百分比要求的239项加工工序中，99项工序（占41.4%）规定了最终产品价值中非原产成分40%的占比上限（即要求在受惠国生产的过程中进口材料的增值必须达到150%），80项工序（占33.5%）规定了非原产成分50%的占比上限（即要求在原产国实现100%的增值）。一项工序对进口原材料规定了非原产成分70%的占比，因此仅要求42.9%的增值。13项工序（占5.4%）采用了综合计算公式，对最终产品的不同部件分别规定了40%

① 研究报告“普惠制：改进和协调原产地规则的建议”第68到90段，但不包括第84段。

② 采用《协调制度》解决了同样的问题；事实上，零售用棉纱线和非零售用棉纱线归入相同的品目（品目52.04）；前者归入子目5204.11，后者归入另一个子目5204.20。

③ 参见文件TD/B/C.5/10附件10，第67a段及文件TD/B/C.5/11，第24页。

④ 例如，对于铜粉及片状粉末（BTN品目74.06），只有在所使用的非原产材料不超过最终产品价值50%的情况下，加工工序才赋予原产资格。换句话说，在加工过程中必须对非原产产品再增加100%的价值。

和 50% 的非原产成分。①

下面所列举的例子中关于纺织品、塑料、金属及其他产品的计算，都包含在联合国贸易与发展会议于 1973 年所做的研究中，并且是以先进产业加工工序的平均值为基础。首先提请读者注意，该项研究是采用实证方法进行分析的。应当承认，各国的生产成本和生产技术迥然不同，这取决于相对的要素禀赋和工业化水平。因此，人们认为，根据发展中国家的实际成本状况举例是不可能的，只会浪费时间。为求省事，采用了从先进产业了解到的情况，因此，对于所得到的结果，应当慎重加以解读。另一个必要的前提是，在所使用的计算方法中，所投入的原材料（一般为非原产材料）的假设值等于 100。将这一假设数值计入到与具体生产工序相关的价值（加工工序因素）当中，以获得中间产品的价值。接下来，再加上与后续的生产工序相关的加工工序因素，即可得到最终产品的价值。通过将该项价值与所投入的原材料的价值（其价值始终是 100）进行比较，即可获得假定的原产地规则所需的增值比例的总和。②

3. 采用加工工序标准拟订产品特定规则的实例

纺织品和服装

根据普惠制项下原产地规则的要求，纺织品在其生产过程中必须经过多阶段加工。例如，20 世纪 70 年代初，普惠制项下的原产地规则规定，为获得原产资格，棉纱线（BTN 品目 5505）必须从棉花开始加工，而不是从已梳棉花、棉短绒或未梳的废棉开始加工（所需加工工序为"用品目 5501 或 5503 的材料制成"）。根据因具体加工工序因素而产生的平均价值，纺纱因素通常会把初始材料的价值提高 75%。拿 100 单位的原棉来说，棉纱的表面价值（face value）为 175，因此，该项加工工序所需的平均增值比例为 75%。③

就"其他棉机织物"（BTN 品目 5509）而言，原产地规则所规定的加工工序

---

① 在所有这样的计算中，均考虑到加工工序涵盖超过一个税目的情况。

② 参见联合国贸易与发展会议文件 TD/B/C. 5/WG（IV）/2，第 9 页。下面是一个计算的示例：

非原产原材料（例如，粗棉）的投入：100

\+ 第一个加工工序因素（例如，纺纱）75%

= 中间产品（例如，棉纱）的价值 175

\+ 第二个加工工序因素（例如，纺织）140%

= 最终产品（例如，织物）的价值 420。

因此，在本例中，所需的增值为 320%。

③ 欧共体现行的原产地规则仍然要求相同的工序。规则如下：品目 5204 至 5207，包括棉纱线和棉线，为用以下材料制得：（a）未梳或未经其他纺纱加工的天然纤维，（b）化学材料或纺织浆料，或者（c）造纸材料（摘自欧委会条例 2454/93 号，2008 年合订本，第 386 ~ 387 页）。

是“用品目5501、5503和5504的材料制成”。由于使用非原产棉纱作为原材料是不允许的，因此，生产织物的初始材料仍然必须是原棉。假设因纺织工序而产生的平均价值等于140%，则该项加工工序将棉纱的价值提高到420单位。因此，针对棉机织物的原产地规则所需的增值比例为不少于328。针对成衣我们以男式外衣（BTN品目6101）为例，原产地规则规定，赋予原产资格的制造或加工工序是“由纱线制成”。① 该项研究认为，按纺织工业常规，在成衣的出厂价格中，所使用的材料占1/3，全套服装加工工序占1/3，一般费用、特许权费、税费和利润等其他费用占1/3。但是，“所使用的材料”是指纺织织物，基于这一假设，机织物的价值将占成衣价值的33%，其增值约为230（假定机织物的价值为100）。原产地规则规定将棉纱作为初始材料，将得出以下结果：

棉纱的价值	100%
纺织的加工工序因素	约140%
纺织织物的价值	240%

因为织物占成衣价值的1/3，所以成衣的价值为720。而且，棉纱约占成衣价值的14%。成衣的原产地规则仅允许将非原产棉纱作为初始材料。从这种基于平均值的计算方法可以得出，该规则所要求的初始材料增值达到600%以上。②

上述两个例子阐明了两阶段加工工序的内在含义。在第一个例子中，“原产”织物必须是由原棉制成，必须增值320%，而不是纺织工序这一加工工序因素所占的140%。在成衣的例子中，其初始材料必须是棉纱，由织物织造而产生的200%至230%的工业增值比例被提高到600%以上。

对于化学纤维纺成的纱（连续的）（BTN品目5101），所规定的加工工序为

---

① 在欧盟普惠制原产地规则中，对于文中提到的《协调制度》第62章中的材料，如果他们是用棉纱线制成的，可以获得原产资格。对于《协调制度》第62章，欧盟的规则规定用棉纱线制成（对于通过缝纫或其他方法将两片或多片针织或钩织的织物进行拼接制成的成衣也有同样的要求）。

② 人们注意到，日本已经删除了对第62章中的多数服装和附件规定的“两级跳”要求；这一修改放宽了对第62章中产品获得普惠制优惠待遇的资格要求，即使是直接由进口织物制成也可以享受优惠待遇。但是，对于新规则有一些例外：品目62.13的“手帕”和品目62.14的“披肩、围巾等”必须是用纤维材料（化工产品等）制成，而品目62.15的“领带等”产品、品目62.16的“手套等”产品，以及品目62.17“其他成衣附件等”产品必须是用纺织纱线制成。

“由化工产品或纺织浆料制成。”① 就合成材料而言，纱线的出厂价格中约40%是化工原材料的价值。因此，加工工序因素约占150%。

对于化学纤维织物（连续的）（BTN 品目 5104），原产地规则同样规定，“由化工产品或纺织浆料制成。”机织物对纱线的增值比例从30%到40%不等。所要求的是两步加工工序，由此推导出以下计算结果：

原材料（化工产品）的单位价值	100
纱线的价值	250
增值	150%
机织物的价值	625 – 800
增值	150 – 220%

化工原料的价值占机织物价值的12.5%至16%。因此，用这种基于平均值的方法计算可以得出，合成纤维机织物的原产地规则要求其初始材料增值500%至700%。

对于羊毛制成的纺织品，人们发现，经过有关的加工工序，其增值比例较低。假设原毛的价值占羊毛纱线价值的55%，则加工工序因素所实现增值为80%。此外，一般认为，羊毛织物的价值中羊毛纱线的价值约占45%，即加工工序因素所实现的增值约为120%。原产地规则规定，羊毛纱线（BTN 品目 5306）所需的加工工序为“由品目5301和5303的产品制成”，羊毛机织物（BTN 品目 5311）所需的加工工序为“由品目5301至5305的材料制成”。在以上两例中，初始材料必须是原毛。但是，在羊毛织物的生产过程中，使用羊毛废料、甚至是拉伸或回收的羊毛（BTN 品目 5304），以及已梳羊毛（品目5305）是允许的。在现行的欧盟普惠制方案项下的原产地规则中，类似的规定仍然有效。对于羊毛织物（品目5106），原产地规则规定，其加工工序应当从未梳的或未经其他纺前加工的天然纤维开始。② 假设将原毛作为初始材料，按上述原产地规则所要求的两步加工工序，可以推导出以下计算结果：

原毛（初始材料）	100
羊毛纱线的价值	180
增值	55%
羊毛机织物的价值	400
增值	180%

---

① 比如，参见欧盟《官方公报》L 235 中的欧盟法规2454/93 附件10中的非优惠原产地规则，1993年10月11日，以及同一法规中的普惠制原产地规则；化学纤维长丝现在列在《协调制度》第54章。这些产品的原产地规则仍然是“由化工材料或纺织浆制成”。

② 参见文件 TD/B/C.5/WG（IV）/2。

通过计算可以得出，原毛的价值占羊毛机织物价值的25%。因此，从这种基于平均值的计算方法可以得出，羊毛织物的原产地规则要求其初始材料增值400%。

大麻机织物归入BTN品目5709，黄麻织物归入BTN品目5710。对于大麻织物，要求以BTN品目5701的材料〔“大麻，生的或经加工但未纺制的；大麻短纤及废麻（包括拉伸或回收的破布或废绳）”〕作为初始材料。对于黄麻织物，只有生黄麻才能作为初始材料。工作组考虑扩大BTN品目5710所需的加工工序范围，旨在允许使用品目5703的材料。这将促使受惠国的生产商不仅可以使用生黄麻，还可以使用经加工但未纺制的黄麻、黄麻短纤或落麻（包括拉伸或回收的破布和废绳）作为初始材料。由这些材料制成黄麻织物将构成实质性改变，由此实现的增值将远远超过最终产品价值的50%。

对于BTN品目5907、5908、5909、5911及5912的各类织物，只有由纱线制成才被视为赋予原产资格。但是，对于“用纺织材料结合橡筋线制成的弹性织物及装饰带（针织或钩编的产品除外）”（BTN品目5913），以及“用纺织材料机织、编结或针织而成的灯芯、炉芯、打火机芯、烛芯或类似品；煤气灯纱筒及纱罩”（BTN品目5914），要求从单纱制成。由于纱线的并捻是劳动相对密集的加工工序，人们对这些规则进行了复审。

在《布鲁塞尔税则分类目录》的第61章，对于归入品目6101至6104的服装，由纱线制成的可赋予原产资格。对于手帕（BTN品目6105），其特别的加工工序仅允许使用未漂白单纱。一些受惠国在手帕（特别是围巾式手帕）的出口方面有特殊利益，这些围巾式手帕在一定程度上是以手帕为基础制成的，这一特殊的加工工序不适当地限制了有关国家的出口潜力。①

塑料

普惠制的受惠国在满足原产地要求方面所面临的另一种困难，体现在与BTN品目3907产品相关的原产地规则中：② 当时，针对“品目3901至3906所列材料的制品”，即塑料制品，清单A将“用人造塑料、纤维素酯、纤维素醚及人造树脂制造”列为不赋予原产资格的加工工序。为了更好地理解这一加工工序，应当记住，《布鲁塞尔税则分类目录》的第39章包括“人造树脂及塑料、纤维素酯及纤维素醚及其制品”。人造树脂及塑料原料、纤维素酯及纤维素醚归入品目3901至3906；其制品归入品目3907。显然，这一加工工序规则原则上排除了由归入《布鲁塞尔税则分类目录》第39章品目3907之前各品目的塑料原料制成的归入品目3907的塑料制品。但是，这一加工工序的表述与这方面的类似规则有

① 参见文件TD/B/C. 5/WG（IV）/2，第14页。

② 参见文件TD/B/C. 5/10附件A，第65段。

很大的不同。它仅排除了用品目 3901 至 3906 的材料“制造”，而清单 A 则列出了不赋予产品“原产”资格的“制造或加工工序”。所得出的结论是，品目 3901 至 3906 所列的非原产初始材料可以用于制造“原产”产品，只要这些原料经“加工”而不仅仅经“处理”。在“处理”和“加工”均不合适的两可情况下，对所进行的制造或加工进行界定时，这两类制造或加工——“处理”与“加工”—— 的区别，就带来了一些问题。在此类情况下，其首要问题就是对规则的解释。

该项研究所揭示的另一个技术性问题是，对人造树脂进行“处理”实际上是不可能的。不同形态的人造树脂——诸如颗粒、团块、乳剂、溶液及分散体——经过某一加工工序，变成了具有明显不同特征的另一种产品。因此，最终产品不得视为“经过处理的人造树脂原料”。如此一来，将对人造树脂所进行的“处理”排除在外就是多此一举，因为只有对人造树脂所进行的加工在经济意义上才是可行的。另一方面，人造塑料制的箔可用以加热、涂布（甚至镀金）和压印塑料亮晶片。此类加工可视为“处理”，而不是“加工”，因此，不会赋予塑料亮晶片“原产”产品资格。但是，在某些情况下，初始塑料箔的价值在最终产品（塑料亮晶片）的价值中最多占 10%，因此，其加工过程中的增值最多可达 90%。然而运用所规定的加工工序规则，即使是此类加工，也不能赋予塑料亮晶片原产资格。

下面的例子进一步说明了 BTN 品目 3907 的加工工序规则所增添的麻烦。用《布鲁塞尔税则分类目录》第 29 章的单体生产聚合物材料，再制成塑料产品，可实现约 230% 的增值，因为在最终产品的价值中，初始单体所占价值平均不超过 30%。当然，由于有关货品种类的不同，该平均值也会有很大的不同。由聚苯乙烯材料制成的杯子，其价值为 25，其中所包含的线性单体材料价值不超过 3%。从单体到聚合物的加工工序要素可达到约 230%；从聚合物到最终制成杯子，其加工工序要素可达到约 150%。

为解决这一具体问题，该项研究对欧洲自由贸易联盟（EFTA）在制定 BTN 品目 3907 所列货品的原产地规则时对所遇到的问题采取的处理方法予以了关注。《斯德哥尔摩公约》[①] 附件 B 减让表 I（带有选择性百分比标准的赋予原产资格的加工工序清单）中所列的赋予原产资格的加工工序，允许在以下的加工工序中二择其一：

“用不归入第 39 章的材料、非人造树脂溶液（ex 品目 3209）及不含第 39 章所列材料的材料制造，或者用第 39 章注释 3（a）和 3（b）所述的归入品目

① 《建立欧洲自由贸易联盟公约》于 1960 年 1 月 4 日在斯德哥尔摩签署。参见欧洲自由贸易联盟 1967 年发布的《欧洲自由贸易联盟公约》。

3901 至 3903 的任何形态（不包括块状）的材料、归入品目 3904 至 3906 或第 32 章的材料，制造或者用本身不是、也不含第 39 章所列材料的材料制造，只要（a）其加工工序不仅仅是聚结（未发生聚合）、烧结或者这些加工工序的组合，以及（b）按重量计，所使用的人造树脂中 50% 以上原产于欧洲自由贸易联盟地区。”

《斯德哥尔摩公约》还包括某些人造树脂制品适用 50% 的附加条件的特殊安排。在所有其他情况下，一律适用 50% 规则。①

《布鲁塞尔税则分类目录》第 39 章与《协调制度》第 39 章大体上是对应的，《布鲁塞尔税则分类目录》第 29 章与《协调制度》第 29 章也基本对应，因此，与 1973 年的普惠制方案相似，其原产地规则会带来文中提到的同样问题。

采用与《斯德哥尔摩公约》相似的方式，即可解决欧共体项下的普惠制原产地规则中的问题；其规则如下：

品目 3901 至 3915	初级形状的塑料、塑料下脚料及废碎料	生产过程中
	添加均聚合产品	● 所使用的所有材料的价值不超过产品出厂价格的 50%，以及 ● 所使用的第 39 章的任何材料的价值不超过出厂价格的 20%
	其他	生产过程中所使用的第 39 章的任何材料的价值不超过产品出厂价格的 20%；或者 生产过程中所使用的所有材料的价值不超过产品出厂价格的 25%。

最近，在《协调制度》的同一章节，一些生产商在聚丙烯薄膜的原产地规则上遇到了困难（1987 年）②，该规则规定“所使用的第 39 章的任何材料的价值不超过产品出厂价格的 20%。”进口的材料通常为均聚物、共聚物和聚合物；生产工序为挤压、冷却纵向拉伸、横向拉伸、电晕处理及滚轧。在加工工序结束时，第 39 章的进口材料的价值平均占产品出厂价格的 28%；因此，尽管经过了一系列加工工序，产品仍不能获得原产资格。③

① 参见上文脚注中提及的 1567 年《欧洲自由贸易联盟公约》。

② 参见 TD/B/C. 5/WT（X）/2，1987 年 9 月 8 日，第 23 页。

③ 参见文件 TD/B/C. 5/WG（X）/2，《改进普惠制原产地规则的优先领域》，1987 年 9 月 8 日。

金属产品

在金属领域，人们发现，要求满足最低国内成分的原产地规则给生产商带来了各种问题。研究发现，对于此类产品，工作组认为，列明加工工序因素或加工过程中所产生的平均增值数据是极其困难，并且很容易引起误解的。其误解不仅源于所投入材料的价值之间的巨大差异和生产过程中所受到的资本、投资因素的不同影响，而且源于有色金属价格的巨大波动。

在这类产品中，与金属器皿的半成品相比，家居物品、加热设备、建筑用卫生设备及多数“其他”物品等较为复杂的产品似乎更容易满足50%的增值规则。对于金属器皿的半成品，50%的增值规则导致用进口的初级原料制成的半成品不能享受优惠关税待遇。50%的增值规则无异于要求这些物品必须在有关受惠国内完全获得。

其他产品

工作组和原产地规则会期委员会在开展工作的过程中，对与产品特定原产地规则相关的许多其他问题进行了研究。下面本书将对此进行介绍，但不可能穷尽所有问题。

《海关合作理事会税则分类目录》（CCCN）品目8520所列的电子安全灯的原产地规则要求进口材料的价值不得超过出厂价格或FOB出口价格的40%，许多生产商在满足这项规则时遇到了困难。在本例中，进口材料为各种灯、灯泡和变压器；其加工工序是将塑料和金属零件与电阻进行组装和黏合，对电气和电子元件进行组装和焊接，对线圈进行卷绕加工，最后组装，给灯泡上色，安装玻璃纤维，并进行最后测试。问题是进口材料占销售价格的53%，因此，该货品不能获得原产资格。①

另一个重要问题与贵重商品相关。采用百分比标准而不采用税目改变标准，意味着产品的原产地为最终产品中最贵重部分的原产地。例如，对于黄金首饰，根据欧共体的原产地规则，在一国使用进口黄金加工而成的金戒指可以获得原产资格，因为就HS品目7114的产品而言，上述加工已经足以导致发生税目改变。但是，加镶一块原产的宝石也许就不能获得原产资格，因为就税目7116的产品而言，原产地规则所允许使用的进口材料（在本例中是指黄金）不得超过50%的上限。②

对于玩具（HS品目9503），一些发展中国家的生产商发现，很难满足基于税目改变标准的原产地规则；因为现实中，某些国家需要进口同样归入品目9503的某些零件，这样一来，最终的玩具制成品就不能获得原产资格。

---

① 参见文件TD/B/C. 5/WG/2，1987年9月8日，第23页。

② 参见文件TB/B/C. 5/126，1989年7月12日。

一般来说，引起抱怨最多的原产地规则是对所使用的原材料带有投入限制的税目改变测试。以品目 8525 “无线电话、无线电报、无线电广播或电视的发送设备，无论是否装有接收装置或声音录制或重放装置；电视摄像机” 为例，欧共和欧洲自由贸易联盟原来的普惠制项下的相关原产地规则要求：

● 生产过程中所使用的所有非原产材料的价值不超过产品出厂价格的 40%（等于百分比测试）；

● 在上述上限（40%）内，所使用的归入品目 8529 的材料仅占产品出厂价格的 5%（等于对所使用的原材料带有限制）；

● 所使用的所有非原产地材料的价值不超过所使用的原产材料的价值（零件价值测试）；以及

● 所使用的品目 8541 所有晶体管为原产产品（等于对原材料的强制性要求）。

欧共体现行的原产地规则仍然保留了对品目 8525 的百分比测试和零件价值测试，但取消了其他要求。根据联合国贸易与发展会议的报告，制造商和出口商曾抱怨该项规则过于苛严，尤其是对原材料（晶体管）的强制性规定。特别是，人们发现，对于所有机器、电气设备和器具、大多数车辆及科学仪器和其他设备（第 84 章、第 85 章、第 86 章、第 87 章和第 90 章），税目改变的要求往往被进口原材料的上限要求（40%）所取代。针对这些章节，有关原产地规则还对许多重要产品所使用的进口材料加以更多限制。针对晶体管的规则同样适用于扩音器、扬声器、电唱机、磁带录音机和录像机。此外，有关规则还对归入不同税目的其他原材料的使用加以限制。人们可以在针对缝纫机（品目 8452）的规则中找到此类具体限制：除了对允许使用的进口原材料规定了 40% 的上限外，缝纫机头组装过程中所使用的进口材料不得超过所使用的原产材料的价值；并且，所使用的纱线张力装置、钩边和码边机构必须是原产产品。这一规则至今仍在实施。

同一份文件还提到，日本针对机电设备采用了相同的普通规则，对进口原材料规定了 40% 的上限，同时将允许使用的同一 4 位数税目的零部件限定在 5%。但是，日本的原产地规则通常未对此类产品提出额外要求。因此，与欧共体和欧洲自由贸易联盟的方案中的原产地规则相比，日本的规则还是要宽松一些。尽管如此，仍然有一些例外，例如，电动剃须刀和电动毛发推剪（HS 品目 8510）的生产过程中所使用的进口刀片：可以获得原产资格的唯一加工工序是，所归入的税目不同于制成品所属税目及 HS 品目 8510 的非原产刀片的非原产产品的价值，不得超过制成品价值的 40%，并且，与制成品归入同一税目的非原产产品（不包括刀片）的价值，不得超过该制成品价值的 5%。这些例外后来被取消了。

4. 引入《协调制度》与“单一清单”所经历的困难

这些独特困难也许完全不会再出现，因为，在世界范围内，给惠国海关目前均已实施了《协调制度》。但是，《协调制度》也在不断变化和发展，而且每当新的《协调制度》版本生效时，都必须对采用《协调制度》的原产地规则进行修订。

自从《协调制度》于1988年实施以来，采用加工工序标准的给惠国已根据新的海关税则分类目录实施这些原产地规则。但是，《协调制度》也像以前的《布鲁塞尔税则分类目录》和《海关合作理事会商品分类目录》一样，不是专门为原产地规则而设的，而且税目改变的基本规则并不是在所有情况下都会得出满足给惠国所要求的“实质性改变”的结果。因此，给惠国详细制订了一份根据基本的税目改变规则可以被接受的产品清单，并且针对这些产品逐项设定了具体的规则。该清单通常被称为“单一清单”，它包含了需要得到满足的各种要求，而且在多数情况下，这些具体要求在其内容上正是将以前的清单A和清单B加以合并的结果。

单一清单中所列的货品为税目改变不足以判定实质性改变的货品。据估计，该例外清单所包含的产品数量大，范围广。在整个《协调制度》的94章中，约84章的产品列入了该产品清单。给惠国具有特殊利益的《协调制度》中涉及纺织品和服装产品的所有章节均列入了该清单。人们发现，各种规则都重复了以前清单A和清单B中的种种要求，如：

- 用特定的材料制造，在某些情况下：
- 要求经过若干制造阶段；
- 不要求发生税目改变；
- 对其制造过程有一项百分比限制；
- 用特定的材料制造，并且有一项百分比限制；
- 其制造过程导致发生税目改变，并且有一项百分比限制；
- 对其制造过程有两项或三项百分比限制，在某些情况下，还额外要求某些特定材料或零件必须具有原产资格。

如表5.5所示，在清单A和清单B中，这些要求中许多是以《协调制度》的术语表示的，其他要求则是以平实的语言表达的，有些采用百分比标准，偶尔会同时采用两种或三种标准。百分比标准的计算公式中以进口成分为分子，以出厂价格（日本采用FOB价格）为分母。另一种规则具体列出了制成最终产品必须使用的材料。

表 5.5　“单一清单”的要求举例

HS 品目	商品描述	对此类原产材料进行的赋予原产资格的制造或加工
ex 4302	已缝制的已鞣毛皮，但片状、十字形或类似形状的除外	用未缝制的已鞣毛皮制造
4303	毛皮制的衣服、衣着附件及其他物品	用品目 4302 未缝制已鞣毛皮制造
第 61 章	针织或钩编的服装及衣着附件	用以下材料制造： ● 天然纤维 ● 未梳或者未经其他纺前加工的化学纤维短纤，或者 ● 化工材料和纺织浆料
7116	用天然或养殖珍珠、宝石或半宝石（天然、合成或再造）制成的物品	所使用的所有材料的价值不超过产品出厂价格的 50%
7117	仿首饰	所使用的所有材料与产品归入不同的品目，或者用镀贵金属的贱金属零件制造，只要所使用的所有材料的价值不超过产品出厂价格的 50%
8208	机器或机械器具的刀及刀片	生产过程中： 所使用的所有材料与产品归入不同的品目，并且所使用的所有材料的价值不超过产品出厂价格的 40%
8415	空气调节器，装有电扇及调温、调湿装置，包括不能单独调湿的空调器	所使用的所有材料的价值不超过产品出厂价格 40%
8418	电气或非电气的冷藏箱、冷冻箱及其他制冷设备；热泵，但税目 8415 的空气调节器除外	生产过程中： ● 所使用的所有材料的价值不超过产品出厂价格的 40%，并且 ● 在上述限定范围内，所使用的与该产品归入相同品目的材料的价值不超过产品出厂价格的 5%，并且 ● 所使用的所有非原产材料的价值不超过所使用的原产材料的价值

《协调制度》的应用给采用加工工序标准的给惠国的普惠制项下的原产地规则带来了一些变化。尽管这些原产地规则的基本特征保持不变，但是，了解并正确应用《协调制度》，对于正确理解和运用原产地规则是必不可少的。在只能适用基本规则（即税目改变）的情况下，生产商必须确保所使用的进口材料均不归入与最终产品相同的 4 位数税目。这就要求受惠国的认证机构对于各种货品的

《协调制度》归类具有一定的专业知识。在判定货物的原产地时还会出现这样的情况，就是在查阅了相关的出版物以后，仍然无法确定其在《协调制度》中的归类。

为满足并遵守加工工序标准的基本规则，需要保存加工过程中所使用的商品名称、在《协调制度》中的归类和材料来源的记录。确定其符合标准后，有时可能还需要进行重新评估，例如，所使用的进口材料的商品名称是否有了改变，或者其在《协调制度》中的归类是否有了改变。但是，所列货品不受百分比限制的，必须保存加工过程中所使用的进口材料的成本、数量及最终产品的价格等记录。当成本和价格出现波动时，必须重新进行计算，以确定是否符合这些规则。

人们发现，即使是在《协调制度》中，对于生产过程中所使用的进口材料的限制程度，仍然存在各种可能性。从一个极端看，规则显得极其宽松，因其允许一项产品完全用进口材料制造，只要这些材料与产品在《协调制度》中归入不同的品目。从另一极端看，它完全排除了使用归入“同一品目”的任何材料的可能性，无论这些材料在数量上多么微小。表 5.6 所列的一些实例表明这些可能性是如何出现的。

税目改变基本规则的影响要视不同情况而定，这取决于需要使用进口材料的情况和程度，其在《协调制度》中如何归类，最终产品的生产过程需要哪些加工工序，以及这些最终产品在《协调制度》中归入哪个品目。由于规则可能产生的影响各异，很难从总体上对规则的影响作出综合评价。如果充分拥有实例和准确的加工工序数据，进行综合评价是可行的。即便如此，准确鉴定既适合用于制造某一特定产品，又能够得到的材料的范围和来源，仍然是一项艰巨任务。

（二）百分比标准的经验教训分析

与加工工序标准一样，采用“百分比标准”的每个给惠国都使用各自的百分比公式。

加拿大、美国、澳大利亚、新西兰，以及当时的中东欧国家（CEECs）在其各自的普惠制方案中，完全采用百分比标准①来确定从受惠国进口的产品的原产地。

① 参见文件 UNCTAD/ITD/GSP/31，第 10 段，表 1。

表 5.6　品目改变标准的严格程度举例

最终产品	原产地规则	可能使用的材料	《协调制度》中的归类	评论
软玩具（HS 品目 9503）	税目改变，并且进口材料的价值不超过成品出厂价格的 50%	填充材料、线、眼睛、肢体的金属插件、织物	(a) 填充材料和线—不归入品目 9503 (b) 眼睛—未装配的，不归入品目 9503 (c) 织物—未裁剪成形的，不归入品目 9503 (d) 肢体部位的金属插件－"仅用于或主要用于"软玩具的，归入品目 9503	本例说明了具有《协调制度》归类专业技能的必要性。除了已安装的眼睛外，即使所使用的全部材料均原产于受惠国，并且满足 50% 规则，最终产品仍然可能无法获得原产资格。
皮革手袋（HS 品目 4202）	税目改变	成块的皮革制品、金属或皮制提手、金属手袋框（包含扣子和锁）、金属手袋角件、手袋锁、线、胶、铆钉	(a) 成块的皮革制品、线、胶、铆钉—不归入品目 4202 (b) 金属手袋提手—归入品目 8302 (c) 金属手袋框架—归入品目 4205 (d) 金属手袋框架—归入品目 8301（包括扣和锁） (e) 金属手代角件—归入品目 8302 (f) 手袋锁—归入品目 8301	满足基本规则，即手袋可用所列的材料制造，即使所有材料都是进口的，也不影响其享受普惠制的优惠。

欧共体、挪威、瑞士和日本采用"加工工序标准"。这项标准通常采用税目改变规则与所谓的单一清单①相结合的方式表示，单一清单列出了最终产品获得原产资格所需的具体的非原产材料制造或加工工序。但是，单一清单所包含的许多规则详细列出了对使用进口材料②的百分比限制。

与已经分析的"加工工序标准"（税目改变）一样，本节将对"百分比标准"进行阐析。

尽管原产地规则工作组和后来的会期委员会③对原产地标准的协调进程进行了推动，但是，无论是过去还是现在，在以"百分比标准"作为判定实质性改变

① 关于单一清单特征的定义和解释，参见文件 UNCTAD/ITD/GSP/31，第 86 段和第 87 段。

② 在欧共体的原产地规则中，这规则主要涉及第 80～99 章的机械和消费品，但并不仅限于这些产品。

③ 关于工作组和会期委员会推动协调进程的介绍，参见引用的联合国贸易与发展会议的文件。

的主要规则的给惠国之间，都存在着许多差异。

之所以存在这些差异，是因为在实施本国的普惠制方案之前，许多工业化国家一直通过具有自主和独立特征的优惠安排对某些发展中国家或前殖民地给予支持。[①] 每个优惠安排中都包含了按给惠国的特定情况量身订制的原产地规则。[②]

在制定普惠制项下的原产地规则时，给惠国担心在其普惠制方案中丧失给予优惠方面的控制权。由于给惠国可以独立实施本国的普惠制方案，这就保持了给惠国在征求受惠国意见后自主决定其认为合适的原产地规则的基本原则。[③] 因此，目前存在的差异反映了各给惠国的普惠制方案实施前就已经存在的差异。

下面就给惠国在普惠制项下的原产地规则中制定和实施“百分比标准”方面的差别作重点分析，无论“百分比标准”是作为判定进口货物原产地的主要标准，还是辅助标准。

初读表5.7所摘录的各种原产地规则，即可找出各种“百分比标准”所共有的基本要素，即：

“（a）用作百分比计算依据的以下定义（即分子和分母）：

（ⅰ）国内成分或进口成分（分子）；以及

（ⅱ）确定原产地的成本评估依据（分母）；

（b）所需的百分比水平；

（c）可能的额外要求。”

1. 采用不同方法拟订“百分比标准”所得到的经验教训

与联合国贸易与发展会议原产地规则工作组所做的分析一样，本节围绕给惠国所采用的以百分比为判定标准的各种原产地制度的特征及其利弊进行分析。

分子的不同拟订方法

美国、新西兰和澳大利亚在计算百分比时，是以“国内成分”为分子，而加拿大、欧盟、日本及采用“加工工序标准”的其他国家，是以“进口成分”为分子。这些不同的“百分比标准”拟订方式意味着：

（a）以“国内成分”为分子时，原产于出口受惠国的材料、零部件的总值和加工成本必须达到一定的最低百分比。

（b）以“进口成分”为分子时，进口材料不得超过最高比例，即允许使用的非原产材料、零部件（或原产地不明的材料）占最终产品价值的最高百分比。[④]

---

① 参见文件UNCTAD/ITD/GSP/31，第9段。

② 参见文件TD/B/AC.5/3/Add.4，第2页。

③ 参见经济合作与发展组织的文件TC/Pref/70.25，1970年9月25日，第37段。

④ 参见文件TD/B/C.5/WG（VI）/4，第55~78段。

“国内成分”中分子的不同拟订方法

根据澳大利亚、新西兰和美国判定原产地时所采用的国内成分规定，本地的材料和劳动均可计入最低的国内成分要求当中。但是，如何对这些要素进行计算，并将其分配到最低的百分比要求当中，却有着各种各样的定义。各国对允许计入的成本的定义各不相同。澳大利亚的规则将其定义为“受惠国的劳动和材料”。新西兰的规则将其定义为“原产于某一受惠国的材料和部件”的支出和“出厂成本的其他项目的支出”。[①] 美国的规则将其定义为“受惠国所生产的材料的成本或价值”和“在受惠国进行制造或加工的直接成本”。[②]

可计入国内成分的成本的定义可能是不一样的，这取决于允许计入的成本的定义。澳大利亚的规则允许将最终产品的生产过程中直接产生的成本（例如，工厂技工、领班和经理的薪金成本）计入其中。另一方面，却将产品的广告或销售成本排除在外。特别是将“受惠国的材料”解释为通过满足澳大利亚的普惠制规则而获得受惠国原产资格的材料。对于混合原产地的材料，澳大利亚于1994年发布了新的解释性规则，将其界定为“既包含优惠地区成分又包含其他地区成分的材料”。根据这些规则，对出口到澳大利亚的产品中所包含的混合原产地材料的支出进行计算时，应当按如下方式处理此类材料的成本：

（a）只要最后的加工工序是在受惠国完成的，部分视为符合原产资格的地区成分。符合原产资格的地区成分，将直接按比例计入实际的优惠地区成分中，即，如果一项材料具有30%的地区成分，则该材料的支出中30%将按符合原产资格的成分被计入最终产品的价值当中。

① 参见文件TD/B/C.5/WG（VI）/4，第65段。

② 参见文件TD/B/C.5/WG（VI）/4，第64段。

表 5.7 部分给惠国所采用的百分比标准规则一览表

国家/国家集团	规则	辅助规则/唯一规则	要求	分子	分母	百分比水平
美国	为获得普惠制的免税待遇，产品必须原产于受惠的发展中国家，并且从这些国家直接进口。受惠的发展中国家生产的材料的成本加上在该国加工的直接成本之和至少必须等于该货品进口到美国时估定价值的 35%。①	“实质性改变要求”的辅助规则	最低当地成分要求	受惠国生产的材料的成本加上在该国加工的直接成本之和	出厂价格或美国海关的估定价值	最低 35%
澳大利亚	货物必须满足两个要求：(a)最后的制造工序必须是在要求获得优惠待遇的国家进行；以及(b)货品的工厂总成本中至少有一半是由来自一个或多个最不发达国家和发展中国家的劳动以及/或者材料的价值构成的(就本项要求而言，任何澳大利亚成分可视为发展中国家成分)。②	唯一规则	最低当地成分要求	来自受惠国、其他受惠的最不发达国家及澳大利亚的劳动和材料(作为其他发展中国家的劳动和材料支出适用25%的限制)	出厂成本	最低 50%
新西兰	…在每件最终产品的工厂成本中，至少有一半是由以下价值构成的： ● 任何发展中国家的材料，或者 ● 产自新西兰的材料以及/或者 ● 在任何发展中国家或新西兰产生的工厂成本的其他项目③	唯一规则	最低当地成分要求	原产于该受惠国、另一受惠国和新西兰的材料和部件支出	出厂成本	最低 50%

① 参见美国 1974 年《贸易法》，第 93～618 号公法，V，88，1978 年，2066－71，19，U. S. C. A。第 2463 条（b）项。也可参见《美国（普惠制）方案手册》，UNCTAD/TAP/173/Rev. 12，1989 年 4 月。参见《澳大利亚（普惠制）方案手册》UNCTAD/TAP/259/Rev. 1，1989 年 12 月。

② 进一步的详情也可参见《澳大利亚海关手册》，第 8B 卷，2008 年。

③ 参见 UNCTAD/TAP/258/Rev. 2，《新西兰（普惠制）方案手册》，1988 年，第 78 页及《新西兰海关与消费税法规》第四部分，1996 年。

续表

国家/国家集团	规则	辅助规则/唯一规则	要求	分子	分母	百分比水平
加拿大	…如果进口成分的价值不超过装运到加拿大的货品出厂价格的 40%（对于最不发达国家，不超过 60%）。	不是唯一规则，连同针对最不发达国家纺织品和服装的特惠措施项下的产品特定规则一起使用	最高进口成分	进口原材料价值为其在进口到某一受惠国时的海关价值；对于原产地不明的原材料，为在该国最早可以确定的实付价格	装运到加拿大的货品出厂价格	不超过 40%（最不发达国家不超过 60%）
欧共体、日本	例如，品目 8207…所使用的所有材料的价值不超过产品出厂价格的 40%（日本为 FOB 价格）。	辅助规则	进口原材料的最高比例	进口原材料的海关价值；对于原产地不明或难以确定的材料，为最早可以确定的实付价格	出厂价格	最高 30%、40% 或 50%，以及针对机械类产品的其他选择性百分比

（b）“最后的加工工序”必须在受惠国完成的要求得不到满足的，整体不得视为地区成分。①

美国将“在受惠国生产的材料的成本或价值”的含义更详细地界定为“完全在受惠国生长、生产或制造”的材料。

特别是，人们发现，“在受惠国生产的材料的成本或价值”包括：

（a）制造商在材料上所花费的实际成本；

（b）将材料运抵制造商的工厂而产生的运费、保险费、包装费用和所有其他费用，只要这些费用未计入制造商在材料上所花费的实际成本；

（c）废料或废品的实际成本，减去可回收废碎料的价值；

（d）对材料征收的税费，这些税费在出口时未予退还的。

材料免费或按低于公平的市场价值供应给制造商的，其成本或价值应当按以下各项费用之和加以确定：

“（ⅰ）材料生长、生产、制造或组装过程中所产生的所有费用，包括一般管理费用；

（ⅱ）利润；

（ⅲ）将材料运抵制造商工厂而产生的运费、保险费、包装费用和所有其他费用。”

此外，根据美国的规则，经过“实质性改变……制成全新并且不同的商品”的中间材料的价值，也可计入在受惠国生产的材料的成本或价值当中。

但是，“实质性改变”的概念并未在美国的规则中得到清晰的界定。事实上，在这类情况中，“实质性改变”的定义涉及美国联邦巡回法院所作的一项判例法。根据美国法院所作的定义，当“经过制造或加工制成具有独特的名称、特征或用途的全新且不同的产品”时，即视为发生了实质性改变。②

正如权威学说所指出的那样，“何谓全新且不同的产品，以及何谓独特的名称、特征或用途？毫无疑问，这是很难回答的问题。由于法院会根据不同的案例作出不同的裁决，同时因为海关在其制定的规章中并不使用一贯的术语，加上国会宁愿在这些问题上保持沉默，因此，这些问题就变得更加难以回答。”③ 由于该问题未直接涉及普惠制项下的原产地规则，“实质性改变”的定义只能根据美国法院对具体个案的裁决逐案加以解释；逐案征询美国有关政府

---

① 根据原规则提供的解释，“受惠国的材料”只能解释为通过满足澳大利亚的普惠制规则而获得受惠国原产资格的材料。

② Anheuser Bush Brewing Assn 诉美国案，207 U. S. 556（1997）。

③ 参见帕米特尔（Palmeter）：《美国的原产地规则》，凡马斯特（Vermulst）、瓦尔（Waer）及布尔乔亚（Bourgeois）：《国际贸易中原产地规则的比较分析》，密歇根大学出版社，1994 年，第 35 页。

部门的解释意见。美国海关列举了一些经过实质性改变的材料的示例。① 例如，将生皮进口到受惠国并鞣制成皮革，这些皮革在随后用于制作皮衣时，可视为经过实质性改变的原材料。② 将金条进口到受惠国并铸成首饰底托，这些底托在制成出口到美国的戒指时，可视为经过实质性改变的材料。将皮革进口到菲律宾，经裁剪成片状后制成手套。这些裁片可视为经过"实质性改变"，可将其价值计入其中，以满足35%的要求。③ 将蜡从印尼进口到新加坡，与添加剂（染料、香料、硬脂酸）混合制成蜡烛。与添加剂混合的蜡不应视为经过了实质性改变，在确定蜡烛是否满足35%的要求时，不得将其价值计入其中。④ 更多的示例还包括：将塑料片切成护目镜镜片，将金属线和磁心组装成磁心存储器，用金属线、电缆、连接器、支架和录音轨组装成录音磁头。⑤ 经过上述加工制成的中间产品的全部价值均可计入其中，以满足最终产品的原产地标准。

人们发现，这项"实质性改变"规则给最终产品获得优惠待遇带来了阻碍和不确定性。"制造或加工的直接成本"是指在所涉具体商品生长、生产、制造或组装的过程中直接产生或者可以合理分配其中的成本。此类成本包括、但不限于：

（a）在具体商品生长、生产、制造或组装的过程中直接产生的所有实际成本，包括额外福利、在职培训，以及工程、监管、质量控制成本及类似人工成本；

（b）模具、型模、工具，以及可分摊到具体商品的机器设备的折旧费；

（c）具体商品的检验和测试成本。

"制造或加工的直接成本"不包括那些不是由所涉商品直接产生的项目，以及那些不属于该产品的生产"成本"的项目。这些成本包括、但不限于：

（a）利润；

（b）一般营业费用，它们既不能分摊到具体商品中，又与商品的生长、生产、制造或者组装无关，诸如行政工资、伤亡和责任保险、广告费、推销员薪金、佣金或其他费用。

还有一些其他成本，它们虽然与货品的生产有关，但依据美国的规则，无法清晰界定其资格。例如，包装、能源、燃料及机械设备的成本（不包括"模具、

---

① 参见文件 TD/B/373/add. 5/Annex，也可参见附件Ⅰ。

② 参见文件 TD/C. 5/WG（VI）/3，第58段。

③ 参见文件 UNCTAD/TAP/133/Rev. 3，第20段。

④ 同③。

⑤ 参见 TD/B/C. 5/WG（VI）/3，附件Ⅱ。

型模和工具”的成本，只有在它们与特定的最终产品相关时，其成本才予以计入）。

根据上文所述，很显然，三个有关给惠国所实施的“国内成分”规则在若干方面存在着差别。由于无法获得有关规则的详尽解释，只能摘取其中的部分差别进行重点分析。

其中存在的实质性差别概括如下：

“（ⅰ）确定在受惠国进行制造的过程中使用的、允许计入最终产品的国内成分的第三国材料、零部件等的范围和条件。

澳大利亚的规则与受惠国的“材料”有关，但并未详细说明该术语具有何种含义，或者在此类材料的价值中，多大比例可以算作“国内成分”。新西兰的规则提到“原产于”受惠国的材料时，同样存在类似的晦涩不明的情况。

（ⅱ）劳动成本的处理。”

例如，澳大利亚的规则仅简单地提到了“劳动”，未作进一步澄清；新西兰的定义提到了“出厂成本的其他项目”；而美国对“制造或加工的直接成本”这一术语所下的定义比较复杂。

进口成分中分子的定义

在利用“百分比标准”对实质性改变进行认定的给惠国中，只有加拿大将进口成分的价值作为分子进行计算。

但是，采用“加工工序标准”的国家（欧共体、其他西欧给惠国和日本）均在单一清单中将“进口成分”方法作为补充规则。

“进口成分”方法的其中一个特征是采用进口材料的海关价值作为进口成分。进口材料的海关价值应当依据1979年《关税与贸易总协定》（GATT）海关估价守则（后来，该守则于1994年演化成WTO《海关估价协定》）所达成的海关估价规则进行审定。

此类多边工具为进口材料、零部件海关价值的确定提供了共同的估价方法。受惠国实施上述规则，确保了他们采用一致的方法对输入其境内的材料、零部件的价格进行估价，从而使“进口成分”的概念在实际操作中得到完善。

2. 采用不同方法拟订百分比标准中的分子所得到的初步结论及教训

对“国内成分”与“进口成分”进行比较所得到的经验

一般来说，“国内成分”的概念包含两个要素：为满足所需百分比要求而投入的劳动与材料的定义，以及所使用的原产材料的成本。而“进口成分”仅仅基于一个要素，即最终产品的制造过程中所使用的材料，无论其是进口材料还是原产地不明的材料。因此，“进口成分”方法具有简单透明的优点。

如上文所概述的那样，采用“国内成分”方法的给惠国以不同方式对劳动和材料的要素进行界定时，存在着或显著或细微的差别。因此，制造商可能发现，根据美国的规则，计算劳动和材料的成本是允许的，而根据新西兰的规则，这种计算是不允许的。[①]

分清允许计入国内成分和不允许计入国内成分的劳动成本并非易事。此外，无论其分界线在哪里，“国内成分”的计算都显得比较武断。

除了因为可分摊到国内成分的国内成本的定义不够协调而引起的问题外，这些定义还五花八门，又很不完整，这不仅给受惠国的贸易商造成了巨大的行政管理负担，而且其计算方法是否有效和准确，也广受质疑。在此情形下，应当记住，无论劳动成本还是材料成本，都会随汇率的波动而变动，由此导致“国内成分”处于不同的水平，如此便会造成这样一种结果：尽管产品在受惠国所经过的实质性改变的程度大同小异，但该产品可能会获得优惠待遇，也可能会丧失优惠待遇。

通过比较可以发现，“进口成分”更易于界定，其确切价值更易于确定，较少会出现令人怀疑或者错误解读的情况。尽管最终产品的受惠资格会随进口材料价值的波动而发生变化，但与采用“国内成分”时可能出现的情况相比，这种可能性更小，因为在计算“国内成分”时，还必须考虑到劳动成本的变化。此外，人们还发现，“国内成分”方法存在着以下不足：

（ⅰ）根据某些给惠国的原产地规则，一项产品即使是完全在某一受惠国使用原产材料生产，仍然可能达不到必需的“国内成分”水平，由此丧失享受优惠待遇的资格；而在“进口成分”的概念下，这种情况是不会发生的。例如，在美国普惠制项下的原产地规则中，“国内成分”是按“直接加工成本”的概念加以界定的，因此会出现上述情况。事实上，完全获得的产品达不到35%的原产地要求——当间接成本超过进口到美国的产品估定价格的65%时——在理论上是可能的。[②] 使用与国内成分相关联的“直接加工成本”作为分子，还会缩小使用进口材料及部件的范围。[③] 例如，如果某项产品的估定价格为100美元，其中50美元为直接加工成本和当地生产的材料及部件，50美元为间接加工成本。根据美国的原产地规则所规定的35%的要求，这就意味着，只能允许使用价值为15美元的进口部件（50美元的直接成本减去35美元的所需原产地要求）。此类范例说明见下表。

---

① 参见《关税与贸易总协定》，《基本法律文件及文件选编》增补本第26号（销售编号GATT/1980-3），第117页。

② 参见联合国贸易与发展会议文件TD/B/C.5/WT（VI）/3。

③ 参见文件TD/B/C.5/WT（VI）/3，第47段。

	情形一	情形二	情形三	情形四
估定价格	100	100	100	100
间接成本	66	50	40	25
原产材料的最低价值和直接加工成本	35	35	35	35
进口成分的最高价值	即使是完全获得的，也不能满足35%规则	15	25	40

上表所述例子表明，在上述四种情形中，有三种情形的估定价格分别只有15%、25%和40%可以计入进口成分当中。这样一来，进口成分的最高价值就与间接成本在估定价格中所占的比例就呈反比关系。

联合国贸易与发展会议的一份研究报告对选定的发展中国家制造业的成本状况进行了剖析。如下表所示，在剖析过程中，可以把生产成本粗略地分为直接成本和间接成本。数据显示，“有效增值”的要求远远高于35%的国内加工成本规则的要求。① 事实上，对于在东非地区生产的波特兰（Portland）水泥，即使是完全在一个发展中国家进行生产，仍然无法满足35%的要求。而且，根据50%的原产地累积规定，加上许多额外的生产工序，也无法使其获得原产资格。

下面的例子阐明了为什么说在判定原产地方面，进口成分规则比国内成分要求更加宽松。

	进口成分（最高50%）	国内成分（直接加工成本）
（a）国产材料	1.00	1.00
（b）外国材料（未经过实质性改变）	4.00	4.00
（c）直接加工成本	2.00	2.00
（d）一般管理费用	1.50	1.50
（e）利润	1.50	1.50
（f）估定价值	10.00	10.00
（g）进口成本/国内成分	40%（满足规则要求） （d/f）×100	30%（不满足规则要求） [（a+c）/f]×100

如上述例子所示，在进口成分方法中，由于进口材料的成本（4美元）不超过产品估定价值（10美元）的50%，该产品应可获得优惠待遇。但同样是这种产品，由于其国内材料的成本（1美元）加上直接加工成本（2美元）少于估定价值（10美元）的35%，因此该产品不能享受优惠待遇。在进口成分被设定为

① 参见文件TD/B/C.5/WT（VI）/3，第51段。

50%的情况下，如果所有材料均为外国原产（5 美元），而估定价值仅增加到 10.01 美元，则该产品仍可享受优惠待遇。此时，外国材料的成本刚好低于产品价值的 50%。

（ⅱ）在“国内成分”方法中，必须进行会计分析，必须保存最新的劳动和材料成本记录。与“进口成分”方法相比，此类分析和记录要详细得多，也麻烦得多。“进口成分”方法仅需对进口材料及原产地不明的材料进行估价。在“进口成分”方法中，如果材料（即进口材料和国产材料）的总成本低于给惠国所规定的百分比水平，尽管仍需对材料的总成本进行估价，但无需在记录或者库存方面对国产材料与进口材料加以区分。相应地，行政管理上的负担也会减轻一些。

人们发现，以“进口成分”为分子，较之以“国内成分”为分子，具有以下优点：

（ⅰ）更加简单，减轻了受惠国行政管理上的负担，包括仅需保存进口材料的记录；由此降低了错误签发原产地证书的可能性；

（ⅱ）减少了在能否享受优惠待遇方面的不确定性；

（ⅲ）降低了导致货品不符合原产资格的可能性。

分母的不同拟订方法

概述

普惠制项下的原产地规则所使用的分母一般是以声称可以获得优惠待遇的货品的价值表示。该价值可以设定在营销链的不同节点上（即从最终产品的工厂成本到其 FOB 出口价格，甚至是在给惠国进口时的 CIF 进口价格）。总的来说，当以“进口成分”为分子时，分母的价值越高，规则就越宽松。与之相反，当以“国内成分”为分母时，分母越大，其百分比规则就越严格。

分母的不同定义及其拟订方法的比较

最初，在给惠国所使用的“百分比标准”和“加工工序标准”中，确定分母的方法有四种：

（ⅰ）出厂成本（澳大利亚和新西兰）；

（ⅱ）出厂价格（加拿大、欧共体和西欧的其他给惠国）；

（ⅲ）“估定价值”（由美国政府部门确定）或出厂价格（美国）；

（ⅳ）FOB 价格（日本）。

暂且不论美国当前所使用的方法（该方法比较独特），其他方法涉及出厂成本、出厂价格和 FOB 价格。三者之中，与出厂成本相应的价值最低，与出厂价格相应的价值高一些，与 FOB 价格相应的价值最高。

对这三种方法的优点进行比较时，必须考虑到：

（ⅰ）根据分母计算的需要而建立的会计制度所要求的行政管理方面的优点

或缺点；

（ⅱ）方法与“实质性改变”概念的相关性；

（ⅲ）由于生产效率或者工厂所在地不同等原因而可能造成各个生产商之间的不平等。

新西兰的方案对“出厂成本”界定得较为详细，[①] 理出了一些细微的差别。例如，特许权费如与货品的生产工序或者所使用的设备相关，可以将其计入其中；如与最终产品本身相关，则应予以排除。“外包装”的包装成本及包装材料的成本也应予以排除。

人们发现，将“出厂成本”作为分母，并与分子相结合，可以合理地反映出发生改变的特定程度。但是，一些合法的支出也许会被排除。例如，出口包装成本在判定发生实质性改变的过程中也许会起到举足轻重的作用，对于需要长途运输及需要通过多种方式进行运输的某些最终产品来说，情况尤为如此。

“出厂价格”超过了出厂成本，因为它包含了额外的要素，诸如生产利润、进行包装所花费的劳动成本及包装材料等，其中包括零售包装。除美国以外，属于经济合作与发展组织成员的给惠国所使用的出厂价格的定义为“向进行最后的制造或加工的制造商支付的价格，只要该价格包含了制造或加工过程中所使用的所有产品的价值”。人们发现，该定义有时是不完整的。生产商销售或者买方购买时的条件千差万别，这取决于买方或卖方所负责的搬运、运输和保险等项目的范围，而该定义却不包含这些方面的内容。

确定出厂成本对许多企业来说是通行的会计做法，尽管在商业实践上不太可能像新西兰的规则所要求的那样，对每项产品的微小要素（例如，特许权费、办公费用和销售成本）逐一加以确定。要满足这些额外要求，就要做更多工作。根据不同的产品，其工作量也会有所不同。同时，应当注意到，进口/出口贸易通常不会按“出厂价格”进行，因为这将要求进口商自货物离开工厂之时起，必须负责货物的运输和保险安排，并支付所有费用，而这些工作对制造商或其代理商来说会简单得多。

只有日本的方案采用了“FOB 价格”的概念。在商业条款中，将货物装运到出口的船舶、飞机或其他运输工具上面而产生的所有费用由出口商承担。因此，FOB 价格被认为是迄今为止所比较的三种概念中价格最高的一种（尽管比 CIF 价格低。在 CIF 价格条款中，将货物运抵最终目的港或目的地而产生的一切费用由出口商承担）。

尽管 FOB 价格所包含的一些额外要素（例如，运输费、保险费和搬运费等）

① 参见文件 UNCTAD/TAP/133/rev. 6，第 19 段。

本身可能与最终产品在受惠国经过改变的程度并未直接相关，但它们仍然是该国提供的服务和基础设施所贡献的增值要素，因而仍可视为声称拥有原产资格的一种形式，以这种方式进行计算以确定产品本身的原产资格时，应当将其计入其中。

在国际贸易中，人们通常更愿意采用 FOB 价格，因为外国顾客：

（ⅰ）可以将发运给他的其他货物同时出口，以便节省运费；

（ⅱ）可以使用其本国的船舶及其他服务，以节省外汇（在某些情况下，这种可能性微乎其微）；

（ⅲ）可能不了解出口受惠国当地的运输、保险等情况。

当然，出厂价格与 FOB 价格之间的差异程度因个案而异，这取决于货物的属性、运输成本、工厂所在地等。以海运方式将织物从英国出口到米兰，以此作为一个典型事例，可以说明其在实践中的差别。在本例中，货品的价格（出厂价格，未经包装）为 6,000 美元。包含了包装费用、运输到出口船舶的费用、港口费用及装船费等的 FOB 价格为 6,810 元。由此得知，不包含额外保险费的 FOB 价格比出厂价格高 13%。如果该交易是在受惠国与给惠国之间进行，并且如果其原产资格是依据最低占出厂价格的 50% 而设定的“国内成分”加以判定，那么，其转换成 FOB 价格的效果就是要满足约 6.5% 的额外国内成分。如果判定其原产资格所依据的是 50% 的“进口成分”，那么，6.5% 的额外进口材料是可以使用的。

这说明①，采用 FOB 价格会造成获得普惠制待遇上的不公平，这取决于工厂所处的地理位置，因为工厂越靠近出口地点，FOB 价格就越低。这样，依据这种计算方法，距离出口地点较近的工厂所生产的产品，在获得优惠待遇方面，有可能会变得更容易，也有可能会变得更困难，继而出现原产地规则的宽松程度变化不定的情况。但是，不公平情况的出现也可能与工厂成本或工厂价格相关。例如，与效率较低的制造商相比，最有效率的制造商以更低的单位成本组织生产。这时人们会发现，在允许使用的进口材料所占比例方面，“百分比标准”的限制性更强。由此可以看到，依据“百分比标准”得出完全公平的结果是不可能的，因为成本和价格是不断变化的。

美国应用的“出厂价格”和“估定价值”制度有别于其他给惠国的制度。在填制表 A 时，出口商必须就材料成本与直接加工成本之和（以出口商品“出厂价格”的百分比表示）进行申报。但是，如果美国海关决定把商品的价格估定在高于“出厂价格”的水平之上，就必须基于该高估的价值进行重新计算，以确定产品能否获得优惠待遇。这就可能导致该产品丧失享受普惠制优惠待遇的权

---

① 参见文件 TD/B/C.5/WG（IV）/2，第 78 段。

利。在某些情况下，这还会使到受惠国的出口商需要做大量的工作，就其能否获取优惠进行重新计算。据分析，在审定“估定价值”方面有9种不同的可能性。①

更为重要的是，出口商无法预测是否适用“估定价值”条款，以及在适用该项条款的情况下，该价值是否会超过出厂价格，超过多少。因此，在美国政府部门接受其申请之前，出口商不敢保证（如果不是根本不能保证的话）其产品可以获得优惠待遇。享受普惠制优惠待遇的权利有赖于在出口国无法获得的数据，这种情况显然无法令人满意。

3. 百分比标准中分母的不同拟订方法所得出的初步结论及教训

百分比标准中分母的拟订

概括而言，人们发现，相对于其他拟订方法，以“FOB价格”作为分母具有诸多优点：

（ⅰ）它是国际贸易中最常见的报价和最常用的价格条款，因此无需耗费更多的精力和金钱即可轻易得到，用以判定货物的原产国；

（ⅱ）可将制造商的行政管理费用降至最低，与需要详细界定的工厂成本和工厂价格相比，它显得更有利；

（ⅲ）它包含了其他拟订方法所不包括的、可视为“原产要素”的重要成分，例如，当地运费、保险费、包装费及搬运费。

在其他方法中，美国的拟订方法在受惠国的贸易商所承担的行政管理负担方面存在着许多缺点。一个主要弊端就是美国政府部门进行最终估价所带来的不确定性。这种不确定性似乎不会通过实施海关估价规则而得到消除。

4. 利用普惠制方案中的百分比标准方面所得到的早期经验教训

工作组和会期委员会举行了多次会议，对百分比标准的合理性和局限性进行了研究。② 在两份不同的文件中，工作组③和会期委员会④对各国普惠制方案中

---

① 参见文件TD/B/C.5/WG（VI）/3，第64~94段。

② 参见下列文件：

- TD/B/AC.5/3，1970年7月10日。
- TD/B/AC.5/3/Add.4，1970年3月19日。
- TD/B/AC.5/38，1970年12月21日。
- TD/B/C.5/WG（IV）/2，1973年9月26日。
- TD/B/C.5/WG（V）/L.2/Add.1，1974年12月6日。
- TD/B/C.5/WG（VI）/4，1977年3月14日。
- TD/B/C.5/WG（VII）/2，1980年7月18日。
- TD/B/C.5/141，1992年2月28日。

③ 参见文件TD/B/C.5/WG（IV）4，第77段以后。

④ 参见文件TD/B/C.5/WG（VIII），第29段。

百分比标准表达式的差别所导致的结果进行了评估。

如前所述，某一受惠国指出①，由于受惠方需要创建并实行一套在概念的定义、计账、精度、范围和控制等方面均与其国内法律要求有所不同的会计制度，一些不可逾越的障碍因此而生。根据这一制度，受惠方必须提供成本信息，以满足目的地国的规则。必须对出口货物的单位成本中本国产原材料和进口原材料所占比例进行核实。在某些情况下，必须确定原材料的原产地，并确定直接和间接的加工成本。这种做法常常要求（现在仍然要求）利用不常用（对中小企业来说尤为如此）的数据处理技术。应当指出，企业是否愿意改变或采用有别于正常体系的会计制度，取决于可以享受普惠制优惠待遇的出口量、此类出口在其总销售额中所占比例及其相关成本。② 此外，例如，如果优惠幅度低于5%，实行并行的会计制度所产生的支出就会超过从普惠制中获得的利益。③

其他限制性因素包括通货膨胀、国际市场价格变化，以及获得外部资金困难所导致的原材料供给的不确定性。还有就是，由于货币持续贬值，出于原产地规则的考虑，需要不断对成本制度进行更新。当出口商品范围较广的时候，需要采用更严格的会计方法，以确定单位成本，这同样需要利用数据处理系统。当所使用的国产原材料本身是由进口材料制造时，获取这方面的证据是很困难的。此类原材料因此会被当成进口产品。这种情况出现在纺织手帕、皮革制手帕及用色素或色料制成的其他手帕、化学品及药品等产品中。为满足某一特定给惠国原产地规则的要求而采用的会计制度，却无法提供另一给惠国原产地规则所需的数据，在这种特定情况下，上述的所有问题就会变得更加突出。④

另一受惠国所提供的实际案例，揭示了各种原产地标准及其实施方面的差异是如何使得对普惠制的充分利用大打折扣的。许多受惠国指出，在进口材料、零部件的使用上，不仅受到各种原产地规则的限制，还受到各种原产地规则之间差异的限制，这些限制主要反映在纺织品和电子产品等特定敏感部门。⑤

下面的假设性示例显示，假定在成本结构相同的情况下，仅仅将货物运输到

① 参见文件 TD/B/C. 5/WG（X）/2，第 6 页。

② 参见文件 TD/B/C. 5/WG（X）/2，第 22 页。

③ 参见文件 TD/B/C. 5/WG（X）/2，第 5 页。举例说明，1983 年，墨西哥对美国出口中，享受普惠制优惠待遇的出口额为 7. 889 亿美元，原则上，除出示原产地证书外没有其他限制，58. 7% 的出口（4. 622 亿美元）享受的优惠幅度低于 5%。对于这些商品，优惠待遇未得到利用的主要原因是，与这样低的优惠幅度相比，为满足原产地规则在管理要求上花费的成本更高。对于余下的 41. 3% 的出口，它们享受的优惠幅度大于 5%，但多数货物不能满足原产地规则的要求。

④ 参见文件 TD/B/C. 5/WG（X）/2。

⑤ 参见文件 TD/B/C. 5/WG（X）/2，第 10 页。

美国，即可满足百分比标准（运输到澳大利亚、加拿大则不行）：

Ⅰ. 进口材料、零部件	750
Ⅱ. A 在受惠国“X”生产的材料	200
B 在“X”国进行加工的直接成本 1. 直接劳动成本	100
2. 一般管理费用	135
Ⅲ. 间接费用、一般管理费用及相关的其他生产成本	5
出厂成本（I + II + III）	1,190
Ⅳ. 利润	50
出厂价格（出厂成本 + IV）	1,240
Ⅴ. 从工厂到边境或港口的运输费/代理费/搬运费	10
FOB 价格（出厂价格 + V）	1,250

国家	计算方法	示例	百分比要求	是否满足
澳大利亚	$\frac{\text{国内劳动和材料成本}}{\text{出厂成本}}$	$\frac{100+200}{1,190}=25\%$	最低 50%	不满足
加拿大	$\frac{\text{进口材料和零件价值}}{\text{出厂价格}}$	$\frac{750}{1,240}=60\%$	最高 40%	不满足
新西兰	$\frac{\text{国内材料支出}}{\text{出厂价格}}$	$\frac{200}{1,190}=17\%$	最低 50%	不满足
美国	$\frac{\text{国内材料和直接工序}}{\text{出厂价格}}$	$\frac{200+100+135}{1,240}=35\%$	最低 35%	满足

另一受惠国强调，基于百分比标准的各种原产地规则（特别是美国、加拿大、日本和欧共体的方案①）之间缺乏协调，使得受惠国按优惠条件进入重要市场的努力受阻。因此，该受惠国举例说明，滚珠轴承（CCCN 品目 8462）可以享受的不同待遇取决于出口给惠国：

● 美国：它们可享受普惠制优惠待遇，因为国内材料成本加上直接加工成本超过 35% 的要求；

● 欧共体：它们不能享受普惠制优惠待遇，因为所使用的进口材料超过制成品价值的 40%；

● 日本：利用累积和给惠国成分，它们可以享受日本的普惠制优惠待遇。

其他受惠国抱怨，由于在计算方法上缺乏统一的制度，在确定进口成分或国内成分时，也不清楚可以将哪些成本计入，应当将哪些成本排除（例如，加拿大和新西兰在计算加工成本时将劳动成本予以剔除，而澳大利亚和美国则将其计

① 参见文件 TD/B/C.5/WG（X）/2，第 16 页。

入），这令其出口商感到困惑。①

不同给惠国的海关对百分比标准中所使用的同一术语给出不同的解释，有些国家对此表示关注。例如，这些国家指出，澳大利亚和新西兰将出厂成本作为估定价值（分母），而美国、加拿大、欧洲自由贸易联盟和日本则将成交价格或FOB价格作为估定价值。②

5. 对百分比标准中所使用的术语进行诠释时所遇到的困难

受惠国的出口商在满足基于百分比标准的给惠国原产地规则要求的过程中所遇到的问题可归纳为两类：

（a）与法律术语的解释相关的问题；

（b）无法或难以按给惠国海关的解释满足行政管理上的要求。

下列各段给出了一些实际案例，以便于读者对所涉及的问题有所了解：

（a）所需的实质性改变程度明显不同，造成同一产品按不平等的优惠条件进入给惠国市场；

（b）为遵守各种优惠方案项下的原产地规则，受惠国的出口商和政府部门需要做不同程度的行政管理工作；

（c）各种要求的复杂性令出口商感到困惑；以及

（d）生产能够满足一个以上给惠国的原产地规则的商品的积极性受挫。

采用“加工工序标准”的给惠国在运用百分比标准时都会存在这些弊端。但是，由于受影响的产品范围相对较小，与四个给惠国采用“百分比标准”所带来的影响相比，这些弊端所带来的影响是十分有限的。尽管如此，该规则还是涵盖了一些重要的工业产品。

除了这些一般意义上的弊端以外，受惠国对两个给惠国集团所采用的百分比标准均表示不满。必须注意到，受惠国已多次要求对各种百分比规则（分子、分母的定义及百分比的水平）进行协调和简化。③ 在其第八次会议上，原产地规则工作组指出，必须采取协调和简化的措施。④ 工作组强调，此类措施的选择必须

---

① 参见文件 TD/B/C. 5/WG（X）/2，第 17 页。

② 参见文件 TD/B/C. 5/WG（X）/2，第 7 页。

③ 在原产地规则工作组第三次会议上，77 国集团向给惠国提出了一些要求，主要涉及百分比标准，具体包括：“采用百分比标准的给惠国应当尽最大可能在这方面进行协调。特别是，希望通过协调旨在保留规则应用过程中的下列最佳特征：

（ⅰ）采用不超过出口产品价值 50% 的共同的增值百分比；

（ⅱ）倾向于将出口产品中进口材料的占比作为确定该增值比例的共同基础；

（ⅲ）对此类出口产品采用基于 FOB 出口价格的共同估价方法。”

参见文件 TD/B/C. 5/WG（VI）/4，第 3 段。

④ 参见文件 TD/B/C. 5/WG（VIII）/2，第 32 段。

考虑到：

“（a）原产地规则的作用之一就是避免出现贸易偏转（即普惠制项下的进口货物实际上不是在普惠制的受惠国制造）。基于此，规则对第三国材料、零部件所占的比例加以限制；

（b）需要协助促进受惠国的工业化。”

人们注意到，每一项分子和分母的定义与百分比的水平相互作用，会对发生改变的程度（即规则的宽严程度）带来影响。人们发现，分子和分母的定义对于实施原产地规则所需的行政管理负担和成本具有重要影响。

普惠制实施30多年后，在该领域缺乏协调成为普惠制项下的原产地规则亟待解决的最重要议题之一。本书将在后面围绕受惠国在遵守给惠国的原产地规则要求方面所遇到的主要问题，列举一些实例加以说明。

四、百分比标准与加工工序标准拟订方法的比较

基于上述各段的分析，两种拟订方法之间最重要的差别，在于加工工序标准广泛采用《协调制度》，而百分比标准使用比较平实的语言加以表述，相对较为透明。要理解和遵守加工工序标准，就要准确地对《协调制度》加以理解和解释。而在百分比标准中，对于以“进口成分”为分子的版本，基本不需要专业知识即可理解。[①] 就此而言，百分比标准似乎比加工工序标准更加简单。对于以“国内成分”为分子的一些百分比标准版本，则需要听取专家建议，以便划清允许计入的和不允许计入的成本之间的细微差别，并予以遵守。如何将这些版本的百分比标准的拟订方法与加工工序标准的拟订方法进行比较，是难以作出评估的。

两种拟订方法之间的差别有何实际影响，这只能靠猜测。据合理推断，对于刚刚开始接触普惠制的新手来说，加工工序标准规则的拟订方法和表述方式肯定会对其起到阻吓作用。对于缺乏应用《协调制度》经验的新手，或者仅仅熟悉百分比标准的人们来说，情况尤为严重。如果能够通过可靠的渠道获得与《协调制度》有关的信息和建议，人们所遇到的这些困难就可迎刃而解，同时，也便于人们熟悉这种标准。因此，受惠国提供此类信息和指引的能力至关重要；当然，这将因各国的情况而异。

一般来说，在有关行政管理工作方面（即建立遵守标准及后续监控的相关机构，以确保标准持续得到遵守），两者都差不多。实践中，采用百分比标准所需的行政负担更重，因为采用这种标准时，需要不断对计算结果进行更新（特别是在通货膨胀期间）。在某些情况下，需要在原产地证书上注明出口货物所含成分的确切百分比时，其行政负担尤其繁重。相反，采用加工工序标准对监控的要求

① 参见文件TD/B/C.5/141，第23段。

似乎要少一些，除非货物不适用基本的税目改变规则而适用百分比规则。当然，在普惠制的优惠幅度持续缩窄的情况下，在行政管理上所花费的成本愈加显得重要。

理论上对这两种方法的利弊的评估仅能作为一项参考指标，现实情况也许完全不同。对给惠国和受惠国实施这两种标准的实践经验进行分析，也许能够帮助我们作出更加正确的判断。

“实质内容”这个术语是指实施原产地规则的要素，特别是指原产地标准对产品的制造或加工过程中所使用的进口材料和零部件所设置的限制及其苛严程度。这些限制旨在：

（ⅰ）减少或者防止“贸易偏转”（即有损给惠国的海关关税制度）。仅在受惠国过境或者仅经微小加工的第三国货物获准免税进口，就是发生了“贸易偏转”；

（ⅱ）将优惠的市场准入待遇给予真正由受惠国制造的产品，以改善其出口贸易环境，并促进这些国家的工业化和就业。

尽管原产地标准需要实现上述第（ⅰ）项和第（ⅱ）项所列的目标，但它们并不是为了给普惠制的利用制造不必要的障碍。为此，给惠国实施了一系列保障措施，例如，上限、配额及毕业制度等进口限制，旨在对普惠制贸易进行管制。

第（ⅰ）项所述的目标对于希望维护其关税的保护作用的给惠国来说至关重要。就允许使用进口材料的程度而言，他们自然希望原产地规则更严格而不是更宽松。另一方面，受惠国则希望原产地规则不要太严格。他们相信这样才能更好地实现第（ⅱ）项所述的目标，特别是增加出口贸易。这些利益各不相同，彼此相左，因此，在拟订“实质性改变”定义的时候，应当找到平衡点。

如下文所述，联合国贸易与发展会议原产地工作组对两种标准的实质内容进行了研究，试图对它们当中每一种的方式及范围进行描述，以实现原产地规则的目标，并达到各方可以接受的平衡。但是，这项研究并没有考虑到影响这两种标准效果的若干其他因素。这些因素因给惠国的情况而异，包括“给惠国成分”的概念、“累积”的不同形式，就欧共体而言，还包括豁免原产地规则制度的有效性。这些因素往往可以适度减轻实施原产地标准的实质内容所带来的影响，使这些标准变得更加宽松。

（一）百分比标准与加工工序标准实质内容的比较

为与百分比标准进行比较，可以选取加工工序标准的任何一种版本（既可选择基本规则，也可选择产品特定规则），因为加工工序标准的各种版本在其实质内容上十分相近。但是，百分比标准的四种版本在其实质内容上差别就很大。有必要选取其一，以便进行比较。在此选取了加拿大版本，因其与某些产品（被加工工序标准的基本规则所排除）所适用的百分比规则极其相似。

就加工工序标准的基本规则而言，该规则与百分比标准在设定限制的方法上是不同的。后者采取定量限制，前者采取定性限制（即对材料进行描述）。加拿大所实施的百分比标准允许在任何产品的生产过程中使用不超过40%的进口材料。根据加工工序标准的基本规则，所使用的进口材料可以达到100%，或者仅因使用了极小量进口材料而使到产品不符合原产地标准，两种情况都是有可能的，这要取决于最终产品和所使用的进口材料在《协调制度》中的归类情况。[①]这个例子虽然比较极端，但阐明了不同的原产地标准所导致的实际结果。一项产品经过加工可以满足加拿大标准；但同样的产品也有可能无法满足加工工序标准。

这两种方法在其套路上完全不同，因此，仅仅通过对有关条文进行研究，不可能得出全面而有意义的比较结果。其结果取决于个案的实际情况。如果某一制造商必须使用进口材料，并且没有一种进口材料与最终产品归入同一 HS 品目，那么在该个案中，基本规则就比百分比标准更宽松（即制造商可随意使用这些材料）。另一方面，如果制造商所使用的材料与最终产品归入同一品目，哪怕所使用的材料数量极少，也是不允许的，否则就不能享受普惠制的优惠待遇。而运用百分比标准就不会得出这样的结果。在该个案中，基本规则实际上比百分比标准严格得多。

对于被排除的产品所适用的规则，可以通过举例进行有效的比较。例如，将含有百分比要求的规则与加拿大版本的百分比标准进行比较。被接受的产品所适用的百分比规则是以进口成分的一定百分比水平表示的，可与加拿大版本的百分比标准（以同样的方式表示，对所有产品设定的最高比例为40%）直接进行比较。但是，必须说明的是，如本书第三章所提到的，联合国贸易与发展会议就此进行比较时，加拿大已针对纺织品和服装实施了产品特定规则。

比较研究是针对这些税目展开的。概括而言，就是把大约有50个4位数 HS 品目的加工工序标准规则与加拿大版本的百分比标准相对应。有10个4位数品目的加工工序标准规则比加拿大版本的百分比标准更宽松。有14个品目的加工工序标准规则（50%的进口成分及税目改变），其限制程度实际上与加拿大的规则相当。其他3个品目规定了多重百分比要求。从条文表述上看，这些规则实际上比加拿大的百分比标准严格得多。

表 5.8　加拿大所采用的百分比标准与加工工序标准项下某些特定制造与加工工序的比较

商品	加工工序标准规则	以百分比表示的进口材料限制
1. 棉纱线	用纤维制造	57
2. 棉机织物	用纤维制造	23.8
3. 用棉机织物制的服装	用纤维制造	13.6

① 参见 TD/B/C.5/141，第38段。

最终产品	原产地规则要求	进口材料	加工及增值	最终产品出厂价值	进口成分百分比
1. 棉纱	用纤维制造	棉纱价值 100 美元（a）	纺纱：增值 75 美元（b）	175 美元（c）（a）+（b）=（c）	（a+c）×100 = 57%
2. 棉机织物	用纤维制造	棉纱价值 100 美元（a）	纺纱：增值 75 美元（b） 织造：增值 145 美元（c）	320 美元（d）（a）+（b）+（c）=（d）	（a+d）×100 = 23.8%
3. 用棉机织物制的服装	用纤维制造	棉纱价值 100 美元（a）	织造和缝制：增值 145 美元（b） 织物的价值 245 美元（c）	735 美元（d）	（a+d）×100 = 13.6%

如表 5.8 所示，可以通过另一种方式，直接将采用平实语言表述的加工工序标准（涉及例外产品）进行比较。这些标准规定了初始加工时必须使用的材料，例如，“用（各种）纤维制造”或者“用品目……的材料制造”。在这些示例中，为了说明其相对于百分比标准的限制性，在某些情况下，可将这种表述方式转换成与其相当的百分比方式。采用这种表述方式时，需要细分特定最终产品的加工成本，以确定进口原材料的成本和各种生产工序所占的成本（或增加值）。然后，以加工成本为分子，以出厂价格为分母进行计算，确定进口材料的百分比成分。加工数据最好是从受惠国采集，以便使其得出的计算结果与在这些国家进行的生产活动相关。

基于其商业秘密性质，这些信息很难得到。但是，有些信息已经公布，显示出在某一给惠国加工的一些最终产品的加工成本。① 这些数据所涉及的最终产品包括：（a）棉纱；（b）棉机织物；以及（c）由此类织物制成的衣服。对于这些产品，加工工序规则要求（a）和（b）均应用纤维制造，要求（c）应用纱线制造。采集到的数据显示了每个主要加工阶段的增加值。以此为基础进行计算，得出加工这些特定产品所允许使用的进口材料的最大百分比：棉纱为 57%，棉机织物为 23.8%，衣服为 13.6%。② 这些源自某一给惠国相关生产数据的结果（也需要更新）显示，在三种产品中，有两种产品的加工工序标准规则比基于进口成分的 40% 百分比标准严格得多。

上述结果仅仅是将加工工序标准规则（在很大程度上已经过协调）与现行的

---

① 参见文件 TD/B/C. 5/WG（VI）/2，第 31 段和第 27 段。

② 参见网址 http：//aseansec. org/20750. pdf。

百分比标准中的一种进行比较而得出的。如果与其他版本的百分比标准进行比较，毫无疑问会得出不同的结果。但是，对这些不同版本的百分比标准进行评估是非常困难的，因为这些百分比标准对进口材料的限制是以国内成分表示的，对这些国内成分的解释各不相同，极其复杂。

根据上述各段的阐析和计算结果，从理论上将加工工序标准的限制性与（一个版本的）百分比标准的限制性进行比较，只能得出以下有限的推论：

（a）税目改变基本规则的影响具有很大的可变性，因此，无法将其限制性与一个版本的百分比标准的限制性进行全面比较（与其他版本的百分比标准进行比较，其影响同样具有可变性，这似乎也支持同样的推论）。直接将税目改变基本规则中被排除的某些产品与（一个版本的）百分比标准进行比较，会得出不同的结果：就某些被排除的产品而言，其限制性是相同的，但在其他情况下，其限制性或大或小。

（b）通过进一步的阐析和研究，或许可以作出其他更为准确的比较。但是，上述推论仍然支持这样一种观点：在两种标准中，每一种都会独自产生可变的影响，因此，无法对一种标准与另一种标准的总体对应关系进行评估，这一点对可能采取的协调措施来说非常重要。

（c）两种标准在其实质内容上存在显著差异，这种情况凸显了在实务中进行协调的重要性，即现有的差异越显著，就越能证明，协调将会降低现存的市场准入壁垒。

下表对原产地规则工作组和会期委员会对各种标准的优缺点进行比较后所得出的各项结论进行了概括：

	税目改变	从价百分比	加工工序
优点	● 规则是可见和可确定的 ● 定性更客观，透明和贸易中性 ● 取消了主观因素 ● 制造商/出口商确切知道其产品是否获得原产资格 ● 通常不必知道投入材料的原产地 ● 减轻了保留记录的负担，减少了私营部门询问 ● 海关可及时核实是否遵守规则 ● 相对较直接 ● 单独实施时无需花费成本	● 规则是通用的，可与其他规则同时使用 ● 表面上，规则在概念上较简单 ● 基本成本分析公式私营部门可单独确定 ● 如本国产原材料占比较高，规则的实施比较简单 ● 即使技术革新了，也无需改变规则	● 规则可准确、客观地对确定原产地的条件作出规定 ● 直接、不复杂 ● 避免制造商/出口商造假 ● 私营部门可单独确定 ● 海关核查相对容易

	税目改变	从价百分比	加工工序
缺点	●《协调制度》本身较复杂、技术性强 ●《协调制度》本身不是专为原产地而设 ● 需要较复杂的例外和补充规则 ● 私营部门缺少税则专业知识，导致出错和高行政成本 ● 需对规则进行调整，与技术发展同步 ● 使用增值和加工工序清单作为辅助工具，因此必须对三种规则有所了解 ● 发展中国家难以管理	● 成本分析差别较大，因国家而异，取决于其经济状况 ● 对于哪些因素可计入生产成本，存在争议 ● 百分比临界值各不相同 ● 在两可情况下的解释问题较多 ● 取决于世界市场价格和汇率的波动 ● 对低成本国家造成歧视 ● 生产商/出口商可操纵结果 ● 海关难以进行核查（即仅可通过详细的成本审计进行核查） ● 必须依赖外国的记录和会计账册	● 其本身并不特别适合税则应用 ● 需制订大范围的清单 ● 如果与其他方法一同使用，或者针对特定的产品部门使用，会更加有效 ● 描述不能过于复杂，但又必须足够明确 ● 实际使用很有限

第三节　从现在起学习拟订原产地规则

原产地规则是自由贸易区中最折磨人的一个问题。原产地在自由贸易区中处于核心地位。自从北美原产地规则或者泛欧原产地规则过于严格的有关问题被登上国际媒体的头条以来，这种情况愈加明显。下面围绕发展中国家之间所达成的一些主要区域贸易协议的经验（包括它们的演变过程及应从中吸取的教训）进行概述。

一、东盟自贸区及中国—东盟自贸区中的原产地规则

亚洲地区的原产地规则是自相矛盾的。一方面，无论是在普惠制①等优惠协议方面，还是在规避反倾销税方面，该地区整体上一直是前所未有多的一系列调查和原产地核查的对象；② 另一方面，该地区总是严格遵守原产地规则，并且愿意严格执行纪律、执法和管辖。虽然如此，东盟自由贸易区和中国—东盟自由贸易区（ACFTA）等最初的南南协议所含的原产地规则，在拟订方法和技术上还远远不够完善。考虑到这一简单的事实，最近的工作所取得的成效依然是喜忧参

① 参见本书第六章。

② 例如，可参见《对最不发达国家的优惠贸易安排——初步评估和改进建议》一文中报告的孟加拉国T恤衫的著名案例，联合国贸易与发展会议2003年发布，以及欧洲反欺诈办公室于2001—2003年发布的报告。

半。由于缺少清晰而明确的原产地规则，即使是经验丰富的海关关员心存善意，技能娴熟，他们也会因管制着世界上贸易增长最快的地区的产业间贸易流的规则不够完善而感到惘然。

最近，东盟原产地规则工作组已经着手对最初东盟自贸区所包含原产地规则的不足之处进行矫正。这些工作成果现已整合在一个详尽的产品特定规则附件中。①

中国—东盟自由贸易区项下的原产地规则，在总体结构及其构思上与东盟自由贸易区项下的原产地规则非常相似，因而令人遗憾地重蹈其覆辙。在某些情况下，明显受到最初的东盟自由贸易区项下原产地规则影响的中国—东盟自由贸易区项下的原产地规则甚至更不精细，更不透明，最终使整个规则文本每况愈下。

东盟自由贸易区项下的原产地规则包含 8 条主要规则（即条款）、详列一些计算方法的两个附件，以及关于东盟自由贸易区共同有效优惠关税方案（CEPT）项下原产地规则认证操作程序的 23 条单独规则。

总的结果是，最初的东盟自由贸易区项下原产地规则更专注于原产地规则的行政管理方面，而不是原产地规则的实体要求本身。

与东盟自由贸易区项下的原产地规则相似，《越南协定》附件 3 所包含的中国—东盟自由贸易区项下原产地规则的 22 条规则（该附件被细分为规则，而不是更恰当地被细分为条款）专注于原产地规则的行政管理方面。实体规则仅限于完全获得货品的定义及关于判定非完全获得货品原产地的要求的规则 4。

因此，如下文所示，中国—东盟自由贸易区项下原产地规则的核心，是相当简单的百分比标准。这种百分比规则是根据下面的文本框所示的东盟自由贸易区所得到的经验而制定的，是相当简单的百分比标准：

“东盟自由贸易区共同有效优惠关税方案的原产地规则②

文本框 1：非完全获得

（a）

（ⅰ）如果一项产品的成分中至少 40% 原产于东盟任一成员方，该产品就应视为原产于该国。

（ⅱ）由获得许可的制造商依照国内法规生产的当地获得材料，应当视为符合共同有效优惠关税方案的原产地要求；从其他来源得到的当地获得材料，必须经过共同有效优惠关税方案的原产地测试，以确定其原产地。

（ⅲ）在遵守第（i）项的规定的前提下，为了实施规则 I（b）项的规定，制造或加工制成品所使用的原产于非东盟国家或者原产地不明的材料、零件或产

① 关于产品特定规则，参见 http：//www. aseansec. org/20750. pdf。

② （得到了第 17 次东盟理事会的确认）。参见 http：//www. aseansec. org/17293. pdf。

物的总值，不得超过制成品 FOB 价格的 60%，并且最后的制造工序应当在出口成员方的境内完成。

(b) 非原产材料、零件或产物的价值应为：

(ⅰ) 产品进口时（或者其进口能够得到证明）的到岸价格（CIF）；或者

(ⅱ) 在进行制造或加工的成员方境内最早可以确定的原产地不明的产品的实付价格；

40% 的东盟成分可用公式表示如下：

$$\frac{\text{进口的非东盟材料、零件和产物价值} + \text{原产地不明的材料、零件和产物价值}}{\text{FOB 价格}} \times 100\% \leqslant 60\%$$

(c) 当地/东盟成分的计算方法在这些规则的附件 A 作了规定。同时，应当严格遵守确定东盟原产地成本的原则及附件 B 所列的成本计算方法指南。”

如上所述，最初东盟自由贸易区项下的原产地规则，在拟订方法上是相当模棱两可的，其包含的许多条款在表述上留下了太大的解释空间，未能给实施该规则的海关或私营部门的相关人员提供明确的指引。无论是规则的各项要素，还是规则的定义，均未做到有序排列。

例如，第（a）（ⅰ）项规定，如果一项产品的成分中至少 40% 原产于东盟任一成员方，该产品就应被视为原产于该国。

第（a）（ⅰ）项并未就采用何种标准来确定和计算上述的 40% 当地成分作出更为明确的规定。而且，“原产于东盟任一成员方”这句话蕴涵了这样一种情况，即当地成分可能源自不同的成员方，并且可以累加，以达到所需的 40% 数值。对于在何种情况下可视为当地成分，并未给出定义。除非对当地成分加以适当界定，不然它就是一个非常模糊的概念。

第（b）（ⅱ）项所列的公式并未对当地成分的定义作出任何澄清，因为它是以间接的方式进行表述的：它规定，所使用的第三国材料或原产地不明材料的价值不得超过 FOB 价格的 60%。

第（c）项提到的东盟自由贸易区项下原产地规则附件 A 和附件 B 对某些要素的定义及东盟原产地规则的计算方法作了一定的说明。仅从下面引述的附件 A 中的文字，读者即可了解到，可以通过两种方法计算出所需的当地/东盟成分：直接方法和间接方法。

该附件进一步规定，东盟成员方仅须遵从其中一种方法：直接方法或者间接方法。但是，附件 A 并未列出采用直接方法进行计算时所需的公式及其他要素。

附件 A 并未明确规定当地成分的计算方法，仅对 FOB 价格、出厂价格和生产成本的要素作了限定。

例如，人们想知道，根据当地成分的定义，在东盟一个或多个国家产生的劳动成本应否被计入分子当中，以达到 40% 的要求？或者，是不是只有在不同的东盟国家获得的原材料才能被用于累积?

“附件 A

当地/东盟成分的计算方法

1. 成员方仅须遵从其中一种当地/东盟成分计算方法，即直接方法或者间接方法，但这并不妨碍成员方在认为必要时改变其计算方法。计算方法的任何变化应当向东盟理事会通报。

2. FOB 价格应当按以下方式计算：

a. FOB 价格 = 出厂价格 + 其他成本

b. 计算 FOB 价格时所涉及的其他成本是指将货物装船出口所产生的费用，包括但不限于：国内运输费用、储存和仓储费用、港口搬运费用、报关费用、服务费等。

3. 出厂价格公式：

a. 出厂价格 = 生产成本 + 利润

b. 生产成本公式：

ⅰ. 生产成本 = 原料成本 + 劳动成本 + 一般管理费用

ⅱ. 原料成本应当包含：

● 原料成本

● 运费及保险费

ⅲ. 劳动成本应当包括：

● 工资

● 报酬

● 与制造工序相关的其他雇员收益

ⅳ. 一般管理费用（非穷尽清单）应当包括，但不限于：

与生产工序相关的不动产项目（保险、工厂租金、建筑物折旧、维修和保养、税款及贷款利息）。

● 厂房和设备的租金和利息支出

● 厂房保安”

下面摘录的附件 B 并未就如何界定直接方法中的分子给出更明确的指南，仅仅给出了一些原则和指引。在对分子进行界定方面缺乏明确规则的情况下，只能通过解读得出结论。直接方法所适用的公式如下①：

$$\frac{\text{东盟原材料} + \text{劳动成本} + \text{间接费用} + \text{利润} + \text{其他成本}}{\text{FOB 价格}} \times 100\% > 40\%$$

① 摘录自菲律宾海关的 Aaron C. Redubla 在亚洲发展银行研讨会上所做的演示文稿（2004 年）。

"附件B

共同有效优惠关税方案—东盟自由贸易区
项下原产地规则的原则和指南

A. 确定东盟原产地成本的原则

ⅰ. 实质性——对评估和确定原产地具有实质性作用的所有成本；

ⅱ. 一致性——分摊成本的办法应当保持一致，除非经商业实际证明其是合理的；

ⅲ. 可靠性——计算成本时所涉及的信息必须可靠，能够得到相关信息的支持；

ⅳ. 相关性——成本必须依据客观的量化数据进行分摊；

ⅴ. 准确性——成本计算方法应当以所涉及的成本要素准确地加以表示；

ⅵ. 出口国公认会计原则（GAAP）的实施——计算成本时所涉及的信息必须依照公认会计原则进行编制，其中包括避免对成本项目进行重复计算；

ⅶ. 货币——应当根据公司现存会计和成本记录，采用最新的成本信息对原产地进行核算。

B. 成本计算方法指南

ⅰ. 实际成本——实际成本的基础应由公司界定。实际成本应当包括产品的生产过程中所产生的所有直接成本和间接成本。

ⅱ. 预计成本和预算成本——只要理由正当，可以采用预计成本。在申明原产资格的过程中，公司应当提供成本差异分析和证据，以表明预计成本的准确性。

ⅲ. 标准成本——应当注明标准成本的基础。公司应当提供证据，证明成本是用于会计目的。

ⅳ. 平均成本/滑动平均成本——只要理由正当，可以采用平均成本；应当注明计算平均成本的基础（包括时间等）。公司应当提供成本差异分析和证据，以表明平均成本的准确性。

ⅴ. 固定成本——应当根据可靠的成本会计原则对固定成本进行分摊。它们应当具有代表性，能够反映特定时期内公司的单位成本。分摊方法应当予以注明。"

同时，规则4（a）（ⅱ）并未就"当地获得的材料"给出定义。这一规定是否可以理解为：来源于当地的任何材料均可视为原产材料？怎样把这一规定与原产地的概念相协调？显然，这一规定应当连同东盟各国各自指定的东盟公司清单一并理解。这些公司生产的原材料或中间产品应当视为"当地获得的材料"。但是，显而易见，该清单是非公开的，至少未在东盟网站上公布。

经验表明，这两个附件所列的计算方法指南在东盟得到实施并非易事。① 由于拟订方法不确定，规则4中所包含的累积规则也不容易管理：

“规则4 原产地的累积规则

(a) 符合规则1所列原产地要求的产品，在某一成员方用作可以享受另一成员方的优惠待遇的最终产品的原材料时，只要最终产品的东盟成分不低于40%，应当视为原产于制造或加工最终产品的成员方的产品。

(b) 如果材料的东盟成分少于40%，合格的东盟各国的国内成分应当按比例直接计入实际的国内成分当中，只要该比例等于或大于所议定的20%的临界值。”

显然，进行累积时，很难界定其计算方法。对于哪些项目可被计入其中，以达到40%的东盟累积成分，并未给出定义。规则4（b）并未就此给出更明确的指引，因为在实际的国内成分当中，哪些是合格的东盟各国的国内成分并不明确。

最近，规则4增加了一项注释②，以便对累积规则在东盟的作用作出更明确的解释：

“进行最后加工的国家原产的材料、零件或产品中的当地/东盟成分不低于20%时，才能视为部分累积；

(b) 其计算公式与计算40%当地/东盟成分的公式相似。

(c) 进口成员方不得把共同有效优惠关税方案的优惠待遇扩大给予该特定中间产品。”

遗憾的是，该注释并未就当地/东盟成分的定义给出任何解释。

鉴于东盟自由贸易区项下的原产地规则是这样拟订的，人们在听到东盟成员方就如何解释和实施东盟自由贸易区项下原产地规则的问题争论不休时，就不会感到奇怪了。遭遇上述困难的明显迹象是，1995年举行的第七届东盟理事会通过了针对纺织原料及纺织品的辅助产品特定规则，并声明如下：

“认识到现行共同有效优惠关税方案项下原产地规则的百分比标准无助于实现纺织原料及纺织品东盟内部贸易增长的目标，1995年9月6日举行的第七届东盟理事会决定，为确定纺织原料及纺织品的原产地，出口国既可采用百分比标准，也可采用实质性改变标准。第七届理事会同时决定，制订一份东盟单一清单，明确每种纺织原料及纺织品的加工工序，以对实质性改变标准进行管理。

2. 出口国选择采用实质性改变标准时，应当适用下列原产地规则。原产地

---

① 这一点清楚地出现在东盟地区召开的一系列研讨会上。自2008年6月起，已经无法在东盟秘书处的网站上获得附件A和附件B。

② 参见东盟秘书处谭东鹏（Tran Dong Phuong）司长在亚洲开发银行于2008年3月在曼谷举办的“原产地规则的简化和协调”研讨会上所做的介绍。

规则应当与随附的东盟单一清单一并加以解读。”

与欧共体模式不同，根据东盟的单一清单，普遍适用的百分比普通规则连同单一清单所包含的产品特定规则继续适用。从前文得知，出口国可以自主选择采用百分比标准或者实质性改变标准。

单一清单所包含的产品特定规则一般相当宽松，仅规定了非原产材料必须经过的单一加工工序。下面就第 61 章及第 62 章的服装产品进行概述：

“通过裁剪和拼接工序，将零件制成成品（服装和帐篷），以及在未经加工或未漂白的织物或成品织物上进行刺绣、加入饰物或者进行印花（制成品）。”

最近，东盟采纳了其他产品的产品特定规则，包括《协调制度》第 76 章的铝产品（税目改变，带有或者不带例外情况说明）；第 72 章的钢铁产品（带有例外情况说明的税目改变、章改变）；小麦面粉（章改变）；第 44 章的木制品；品目 9401 至 9403 和品目 9406（6 位数子目改变）。

对于小麦面粉和木制品，产品特定规则附有解释，说明在运用实质性改变标准时，出口国可以自主选择采用这些产品特定规则。

近期在东盟网站（网址为 http：//www. aseansec. org/20750. pdf）上公布的一个文件，似乎是将以前的产品特定原产地规则整合成一个单一文本，该文本涵盖了东盟在更好地界定和规范东盟自贸区原产地规则方面所取得的进展。

这份名为“产品特定原产地规则”的文件共 166 页，包含一份涵盖大多数（但非全部）《协调制度》章节的产品特定规则的长清单、附件 1（关于纺织品和服装产品的实质性改变标准）和附件 2（关于产品特定规则的注释）。

在其拟订技术上，产品特定原产地规则沿用了相当平常的模式：几乎所有规则都规定了区域价值成分（RVC）。作为选项，可以选择以章改变为形式的税则归类改变（CTC）标准：

“区域价值成分不低于货物 FOB 价格的 40%；或者从任何其他章改变至子目 1605. 30。”

源自另一品目的改变：

“区域价值成分不低于货物 FOB 价格的 40%；或者从任何其他品目改变至子目 2304. 00。”

源自另一子目的改变：

“区域价值成分不低于货物 FOB 价格的 40%；或者从任何其他子目改变至子目 4409. 10。”

对于第 50 章至第 63 章的纺织品和服装，可以选择采用一系列选择标准，包括区域价值成分、税则归类改变和特定的制造或加工工序：

“区域价值成分不低于货物 FOB 价格的 40%；或者从任何其他章改变至子目 6105. 10，只要货品是在任一成员方的境内裁剪和缝制的；或者符合附件 1 所列的纺织原料及纺织品的加工工序规则。”

附件1对单一阶段制造或加工工序作了具体规定：

“赋予非原产材料原产资格所必须经过的制造或加工工序：通过裁剪及拼接工序，将下列货品制成成品（服装和帐篷），或者在下列货品上进行刺绣、加入饰物或者进行印花（制成品）：

未经加工或未经漂白的织物

成品织物”

附件2包含了区域价值成分的定义和实质性改变的规定。在该附件中，区域价值成分（RVC）的公式规定如下：

1. 产品特定规则所列的货品区域价值成分，应按以下公式计算：

(a) 直接方法

$$RVC = \frac{\text{东盟材料成本} + \text{直接劳动成本} + \text{直接管理费用} + \text{其他成本} + \text{利润}}{\text{FOB 价格}} \times 100\%$$

(b) 间接方法

$$RVC = \frac{\text{FOB 价格} - \text{非原产材料、零件或产物的价值}}{\text{FOB 价格}} \times 100\%$$

为了计算第1款所列的区域价值成分：

(a) 进口的非东盟材料、零件和产物的价值应为：

(ⅰ) 产品进口时（或者其进口情况能够得到证明）的CIF价格；或者

(ⅱ) 在进行制造或加工的成员方境内最早可以确定的原产地不明的产品的实付价格；

(b) 劳动成本应当包括工资、报酬和与制造工序相关的其他雇员收益。

(c) 一般管理费用的计算应当包括，但不限于：与生产工序相关的不动产项目（保险、工厂租金、建筑物折旧、维修和保养、税款及贷款利息）；厂房和设备的租金和利息支出；厂房保安；保险（厂房、设备及货品生产过程中所使用的材料）；公共设施（能源、电力、水和与货品的生产直接相关的其他公共设施）；研究、开发、设计和工程；模具、型模、工具和折旧、厂房和设备的维修；（与货品的生产中所使用的受专利权保护的机器或制造工序相关的，或者与货品的制造权相关的）特许权费或许可费；材料和货品的检验和测试；在工厂内的储存和搬运；对可回收废物的处理；计算原料价值的成本要素，即港口和清关费用和为应税部件缴纳的进口关税；以及

(d) FOB价格是指货物的船上交货价格，包括运抵最终装运港口或地点的费用。FOB价格可通过将材料价值、生产成本、利润和其他成本相加后加以确定。

(e) 其他成本是指将货物装船出口过程中产生的成本，包括（但不限于）国内的运输成本、储存和仓储费用、港口搬运费、报关费和服务费等。”

附件2中实质性改变标准的定义如下：

“B. 实质性改变标准

“1. 原产国是指完成最后的实质性改变或加工，制成新的产品的国家。据此，在一国经过实质性改变的材料，应被视为该国的产品。

2. 产品的生产涉及两个或多个国家的，该产品应被视为原产于完成实质性改变，制成新的产品的国家。

3. 产品经过实质性制造或加工，制成新的不同商品的，该产品应被视为发生了实质性改变或加工。

4. 经过制造或加工工序，产品在以下方面发生改变的，一般可视为制成新的不同商品：

ⅰ. 商品名称或特性

ⅱ. 基本特征，或者

ⅲ. 商业用途

5. 确定一项产品是否经过实质性制造或加工时，应当考虑以下因素：

ⅰ. 经过制造或加工，材料或商品所发生的物理变化；

ⅱ. 在完成制造或加工的国家所进行的制造或加工所耗费的时间；

ⅲ. 在完成制造或加工的国家所进行的制造或加工的复杂程度；

ⅳ. 制造或加工所需的技能以及/或者技术的水平或程度。

C. 纺织材料及纺织制品所适用的特定规则

1. 本规则所涵盖的纺织材料及纺织制品列于附件1中。

2. 如果纺织材料或制品进口到另一成员方前经过下列任何制造或加工工序，该纺织材料或制品应被视为原产于某一成员方：

ⅰ. 石油化工产品经过聚合或缩聚反应或者任何化学或物理加工，形成聚合物；

ⅱ. 聚合物经过熔融纺丝或熔体挤压，形成合成纤维；

ⅲ. 将纤维纺成纱线；

ⅳ. 通过机织、针织或者其他方式，制成织物；

ⅴ. 将织物裁剪成部件，并将其拼接成制成品；

ⅵ. 织物染色，伴随任何整理加工，直接对商品造成染色效果；

ⅶ. 织物印花，伴随任何整理加工，直接对商品造成印花效果；

ⅷ. 浸渍或涂层，经过该项处理，制成归入特定税目项下的新产品；

ⅸ. 刺绣的面积至少占刺绣产品总面积的5%。

3. 无论共同有效优惠关税方案项下的原产地规则有何规定，仅经过以下加工的商品或材料，不得视为原产于某一成员方的境内：

ⅰ. 简单组合、贴标签、挤压、清洁/干洗或包装处理，或者上述处理的组合；

ⅱ. 裁剪成一定长度或宽度、对织物进行缝边/封边或锁边，以便用于特定的商业用途；

ⅲ. 加工整理，以及/或者通过缝制、钩接、连接或粘贴等方式，将带子、镶边、珠子、绳子、环及孔眼等附件接合起来；

ⅳ. 对纱线、织物或其他纺织品进行一项或多项整理加工，例如，漂白、防水、蒸呢、收缩、丝光或类似处理；

ⅴ. 对织物或纱线进行染色或印花。”

本节的篇幅不允许对后面的这些规则进行广泛的评论。这里只消记住，包含产品特定规则的文本及附件与上文所评述的原产地规则文本之间的关系是不明确的，也未加以界定。

文本所包含的产品特定规则是总规则的选择性标准，抑或是总规则的例外？区域价值成分的定义同样适用，抑或是作为总规则中直接计算方法和间接计算方法定义的补充？附件2中实质性改变的定义是一项辅助性标准，抑或可按另外一种方式加以解释？在谈及这些问题时，人们该作何理解呢？

在这些规则的可预测性方面，人们总有着这样或那样的问题。

因术语问题而引起的误解，对我们了解东盟原产地规则的状况是有启发的：事实上，一些东盟官员和一些官方文件将纺织品和服装所适用的实质性改变标准①作为百分比改变标准的选择性标准。

但是，无论是世界各国，还是WTO《原产地规则协定》和修订后的《京都公约》附约K，均把“实质性改变”这一术语作为一项普通标准。相关方必须在技术层面更明确地对这项标准进行界定，并采用不同的原产地判定方法对其进行表述。根据修订后的《京都公约》附约K，这些方法可以是（a）税则归类改变，或者是（b）从价百分比。

此外，WTO《原产地规则协定》第9条（2）（c）（ⅲ）项也规定，可将具体的制造或加工工序作为实质性改变标准的其他表述方法。

因此，多边条约所认同的是，“实质性改变”并不是一种从价百分比的选择性标准，而是与税则归类改变标准和特定制造或加工要求并列的“实质性改变”标准表述方法中的一种。

这一术语问题在东盟是如此根深蒂固，以至于最近关于优先部门一体化的《东盟框架协议》第7条（b）项仍然规定：“将实质性改变作为赋予原产资格的选择性标准”。

当人们对下面框述内所示的中国—东盟自由贸易区项下原产地规则的规则四

① 这一注释得到2005年4月26日哈龙（Ha Long）东盟经济部长会议的确认。

进行研究时，人们针对东盟自由贸易区项下的原产地规则中所提出的普通观点仍然适用：

“中国—东盟自由贸易区项下的原产地规则第4条①

a. 在规则2（b）项中，一项产品满足下列条件的，应当视为原产产品：

（ⅰ）原产于任一成员方的成分不低于40%；或者

（ⅱ）原产于某一成员方境外（即非中国—东盟自由贸易区）的材料、零件或产物的总值，不超过产品FOB价格的60%。这些产品是在成员方的境内完成最后的制造工序而制成的。

b. 在本附件中，规则4（a）项所规定的原产标准应当称为“中国—东盟自由贸易区成分”。40%的中国—东盟自由贸易区成分的计算公式如下：

$$\frac{\text{原产地不明的材料价值}+\text{非中国}-\text{东盟自由贸易区材料价值}}{\text{FOB 价格}}\times 100\% < 60\%$$

因此，中国—东盟自由贸易区成分 = 100% − 非中国—东盟自由贸易区材料 = 至少40%。

c. 非原产材料的价值应为：

（ⅰ）材料进口时的到岸价格；或者

（ⅱ）在进行制造或加工的成员方境内最早可以确定的原产地不明的材料的实付价格；

d. 在本规则中，“原产材料”应当视为这样一种材料，根据这些规则确定的该材料的原产国，与使用该材料进行生产的国家为同一国家。”

● 在第4条（a）（ⅰ）项中，“其成分中40%原产于任一成员方”的定义不明确；

● 第4条（b）项可以被解释是对中国—东盟自由贸易区成分的概念作出澄清，但其援引的不是（a）（ⅰ）项，而是（a）（ⅱ）项。

● 其结果是，在第4条中，我们有两项规则可供选择：一项是（a）（ⅰ）项所规定的规则，另一项是（a）（ⅱ）项所规定的、并在（b）项中规定得更明确的规则。

为了弄清（a）（i）项的规定，我们可以将其理解为，根据这项规定，通过累积达到40%的当地成分的要求是允许的。

但是，中国—东盟自由贸易区关于原产地规则的附件第5条的累积规则，不仅未就第4条（a）（ⅰ）项的规定作出澄清，而且产生了另外的问题：

① 纺织品和服装规则的序言规定：“东盟自由贸易区理事会第七次会议在其1995年9月6日举行的会议上决定，为了确定纺织品和服装产品的原产地，出口国既可采用百分比标准，也可采用实质性改变标准。第七届理事会还决定，应当制订一份东盟单一产品清单，指明每一项纺织材料及产品的加工工序，以便对实质性改变标准进行管理。”

“除非另有规定，符合规则二的原产地要求的产品，在某一成员方的境内用作生产可以享受《协议》项下优惠待遇的最终产品的材料时，应当视为原产于制造或加工最终产品的成员方境内，只要最终产品中所累积的中国—东盟自由贸易区成分（即完全累积，可在所有成员方之间进行）不低于40%。”

这项规定在表述上是相互矛盾的。其第一部分提到“符合规则二的原产地要求的产品”。由于《万象协定》附件3的规则二确定了原产产品的规则，因此，只有已经获得原产资格的产品才能用于累积。这就意味着，中国—东盟自由贸易区所实行的是部分累积或者对角累积。但是，第5条的最后一句明确规定：“在所有成员方之间适用完全累积”，这就给这一累积条款的适用范围及其实施留下了极大的不确定性。

最后，《万象协定》附件3第6条规定，必须在下一阶段就产品特定原产地规则进行谈判。

在撰写本书时，针对已加工的鱼、塑料、皮革产品、纺织品及服装等约565项产品的产品特定原产地规则已经出台,[①] 作为总规则的排除标准。但是，关于这些产品特定原产地规则的性质和内容的更详尽的信息，却依然无法得到。

研究制定产品特定原产地规则，可以使规则更明确、更可预测，易于实施和管理。另一方面，如果规则的拟订方法不对头，或者过于严格，这些产品特定原产地规则就有可能成为另一种难以逾越的障碍，影响中国—东盟自由贸易区的有效运作。

此前制定南南协议项下产品特定原产地规则的经验未如理想。例如，在南美地区，墨西哥、委内瑞拉和哥伦比亚三国所达成的《G3协定》所拟订的原产地规则显然受到了《北美自由贸易协定》的影响。其结果是，相对于该地区的制造或加工能力及区内的贸易流，这些规则显得过于复杂和严格。在另一地区，由于南非坚持制定严格的产品特定原产地规则，以鼓励利用本地区生产的原材料，少用进口原材料，这一做法造就了南部非洲发展共同体（SADC）令人失望的经验。

使原产地规则谈判变得艰难的另一个因素是，在原产地规则实质内容的谈判中，发展中国家的海关往往未能发挥重要作用。据报道，东盟自由贸易区和中国—东盟自由贸易区的谈判就存在这种情况。其结果是，原产地规则的实质性要求是由贸易官员达成的，在某些情况下，采纳了私营部门的意见。这也许是东盟自由贸易区和中国—东盟自由贸易区项下的原产地规则从技术层面看质量比较差的原因之一。

实践经验和意见交流表明，许多亚洲国家的海关都把注意力集中于原产地证

---

① 摘录自《万象协定》第三议定书。参见 http：www.thaifta.com/English/index_eng.html。

书的核查及协议的实施机制层面。直到最近，他们才对规则的实质内容，以及如何设计、拟订产品特定原产地规则表现出少许兴趣。实施过程中所遇到的问题似乎已促使东盟自由贸易区项下的原产地规则发生了变化，但在提高透明度和可预测性方面仍有大量工作要做。东盟自由贸易区项下原产地规则谈判的状况和工作方法还不够透明，谈判的结果并未公之于众，甚至连私营部门也不知晓。此外，当取得进展时，有关部门很少将谈判的结果与之前制定的法律规定进行协调。

二、南部非洲发展共同体及东部和南部非洲共同市场的经验

东部和南部非洲共同市场（COMESA）和南部非洲发展共同体（SADC）是东部和南部非洲两个较大的地区集团，其原产地规则的发展路径颇为相似。南部非洲发展共同体最初的议定书中所包含的最早订立的原产地规则受到了东部和南部非洲共同市场原产地规则的影响。其原产地规则规定，如果货物经过了税目改变、最低35%的区域增值、或者其所包含的南部非洲发展共同体以外的进口材料的价值不超过所使用的原材料总价值的60%，那么该货物就能获得南部非洲发展共同体的关税优惠。在最初的议定书中，税目改变规则与同一条第2款的规定同时使用。按该款规定，需要制订一份对非原产材料进行制造和加工，以便使制成品获得原产资格的清单。① 另一款对在一个或多个成员方经过加工的产品的累积处理方式作了规定。最后，依照规则12的规定，可以豁免这些要求。②

早在关于实施《南部非洲发展共同体贸易议定书》的谈判中，南部非洲关税同盟（但主要是南非）就提议，通过制定产品特定原产地规则（特别是针对非常重要的制造业，例如，纺织品和服装业③）来实施上述第2款的规定。南非担心，贸易议定书的最初方案规定了三项普通的原产地规则可供选择，这使得规避规则成为可能。

对南部非洲发展共同体项下的原产地规则的研究启动时，南非已经与欧共体缔结了《贸易与发展合作协定》（TDCA）。《贸易与发展合作协定》是一项新型的自由贸易协定，除了货物贸易之外，还涵盖了其他领域。在原产地规则方面，《贸易与发展合作协定》采纳了泛欧原产地规则，仅对其作了微调。在《贸易与发展合作协定》的谈判期间，南非显然希望在南部非洲发展共同体中采用类似的模式。南非的此项建议起初遭到南部非洲发展共同体其他成员方的反对。但是，在随后的谈判中，各方同意采用一个部分以欧共体优惠原产地规则的总体结构为

① 按照原来的计划，这一清单应当在其后几个月内，或者在贸易议定生效前，或者在3个月的试验期结束以后加以制订。

② 规则3包含本身不赋予原产资格的制造和加工工序清单。

③ 参见弗莱特斯（Flatters）：《南部非洲发展共同体原产地规则：削弱区域自由贸易》，2002年TIPS论坛。

基础的谈判文本。这标志着在谈判上从《南部非洲发展共同体贸易议定书》所包含的全面适用的原产地规则向产品特定原产地规则的巨大转变。

在技术层面，各方希望在南部非洲发展共同体地区实施透明、公平的原产地规则，这一愿望或许可以为这种转变添加合理成分。但谈判期间很快就显示出，采用这一模式其实是另有原因的。

在南部非洲关税同盟（SACU）最初关于产品特定原产地规则的建议中，其中一项是针对许多农产品章节（包括按食品加工产品归类的产品）的完全获得要求。

在许多情况下，南部非洲关税同盟规定，为了使制成品获得原产资格，原材料必须经过“双重改变”，而不是税目改变。例如，对于《协调制度》ex 第 62 章的“非针织或非钩编的服装及衣着附件”,[①] 按原产地规则规定，必须用纱线制成。服装的制造商从区域外进口机织物，将不能在进入南部非洲关税同盟市场时享受优惠，因为其最终产品不符合上述原产地规则。因此，要么纱线是在当地纺织的，要么织物是从南部非洲发展共同体的另一个生产商那里进口的。只有这样，才能通过累积满足这项规则的要求。南部非洲关税同盟认为，这些原产地规则应当有利于区域内工业的发展，使得区域内生产的原材料比当地产的原材料更受优待。

南部非洲发展共同体的其他成员方则认为，这项双重改变规则基本上照搬了欧共体的规则，在过去几十年间，这项规则阻碍了对普惠制或洛美/科托努优惠贸易安排项下贸易优惠措施的有效利用。

最终，实行产品特定原产地规则的模式为游说者和有实力介入的南非工会打开了潘多拉盒子。其直接后果是，争论的领域被扩大，波及到小麦、小麦粉及其制品、咖啡、茶及调味香料、机械和电子产品。诸如环境考虑之类的奇谈怪论有时也会成为支持采用限制性原产地规则的正当理由。

在大多数情况下，谈判中的争论焦点是产品特定原产地规则对南部非洲发展共同体地区现有生产链的影响。双重加工的要求也许与某些垂直导向型生产设施相匹配。当生产主要集中在单一阶段加工工序时，采用具有双重加工要求的产品特定原产地规则就可能出现问题，因为，生产商要么必须改变其原材料的来源，要么必须购置新的机械设备，要么只能放弃关税优惠。谈判非常激烈，有时言词还十分尖刻[②]。最终，南部非洲关税同盟与 MMTZ 诸国（马来维、莫桑比克、坦桑尼亚和利比亚）就某些服装的原产地规则达成了妥协。根据此项安排，允许

---

① 下列品目例外：ex6202、ex6204、ex 6206、ex 6209 及 ex 6211；ex 6210 及 ex 6216；ex 6213 及 ex 6214；以及 ex6217。这些品目适用其他原产地规则。

② 关于南部非洲发展共同体原产地规则谈判的一系列案例及背景，F. 弗莱特斯（Flatters）。

MMTZ诸国使用进口的织物进行服装加工，并按配额制度向南部非洲关税同盟出口。这一妥协使各方在最低限度上达成了共识，使《南部非洲发展共同体贸易议定书》具有了可操作性。但是，在南部非洲关税同盟的部长们于2000年批准《南部非洲发展共同体贸易议定书》谈判最终的一揽子协议时，许多产品特定原产地规则没有达成一致。后续谈判也未能就此达成妥协。南部非洲发展共同体的原产地规则被公认为是最具限制性、非商业友好型原产地规则的一个范例。

在撰写本书时，东部和南部非洲共同市场的原产地规则基本保留了其全面适用（across - the - board）、“挑三拣四”（pick - and - choose）的模式：

“1. 如果货品是从某一成员方直接发运给另一成员方的收货人，并满足下列条件，该货品应被视为原产于该成员方：

a. 货品是完全获得的，符合本议定书规则3的规定；或者

b. 货品是在成员方的境内完全或部分使用从成员方的境外进口或原产地不明的材料，经过了导致材料发生实质性改变的生产工序而制成的，其中：

（ⅰ）这些进口或原产地不明的材料的CIF价格不超过货品的生产过程中所使用的材料总成本的60%；或者

ⅰ. 生产过程中所产生的增加值至少占货品出厂价格的35%；或者

ⅱ. 货品归入或可归入其进口时所属税目以外的税目；或者，在某一成员方生产，根据（贸易与海关）委员会通过政府间委员会提出的建议，被（东部和南部非洲共同市场——**译者注**）理事会在清单中指定为对成员方的经济发展特别重要的货品。尽管有本规则第1款（b）（ⅱ）项的规定，货品含有不低于25%的增加值。”

东部和南部非洲共同市场的原产地规则规定了可供选择的原产地标准，包括税目改变、进口材料的价值不超过所使用的材料总值的60%及增值35%等。东部和南部非洲共同市场项下的原产地规则，在其总体结构上与南方共同市场、南部非洲发展共同体和东盟项下的原产地规则的最初文本比较相似。可把这套规则界定为一种“挑三拣四”模式，因为，它允许进口商/生产商在不同的标准中选择最适合于他们的标准。

对同一产品规定选择性原产地规则是没有问题的。泛欧模式的原产地规则、《北美自由贸易协定》项下的原产地规则和近期拟订的、受到美国影响的其他原产地规则，都包含了选择性原产地规则或者不同百分比的规定。但是，从逻辑上讲，这些选择方案在其限制程度上必须是相同或相当的（借用非优惠选择性原产地规则的术语来说，它们应当同等严格）。如果做不到这一点，将会驱使出口商/生产商挑选最容易满足的规则。

众所周知，税目改变对某些产品来说很容易满足，而对其他产品来说则是相当严格的。因此，在税目改变容易得到满足的情况下，生产商会选择税目改变，

当税目改变的要求不能得到满足时，他们就会转而选择满足百分比的要求。这听起来是一种商业友好型的举措，但实际上对于原产地规则的管理是不可操作的。无人能够知道，或者需要进行广泛的研究才能够搞清楚，在哪些情况下税目改变更容易得到满足；对于百分比规则，反之亦然。这一点已经在本章第二节第二点作了论述。最终，采用税目改变作为全面适用的标准，无异于靠甩骰子来确定原产地。非优惠原产地规则协调工作计划（HWP）最新的合并文本也许是在最大限度地利用税目改变规则方面的一个有价值的示例。

东部和南部非洲共同市场提出了一项计划，旨在将原来对所有产品全面适用的税目改变原产地标准转变为产品特定规则，同时保留采用百分比要求的选择性方案。

根据这一计划，对于像小麦和小麦产品（即面粉）之类的产品，建议仅可使用原产的小麦生产面粉。就东部和南部非洲共同市场而言，这样一项规则显得过于严格。除此之外，允许选择其他全面适用的规则，这将意味着，出口商/生产商可以选择满足35%的百分比要求，而不选择满足苛严的产品特定规则。

东盟、东部和南部非洲共同市场和南部非洲发展共同体，都曾经在面粉的原产地标准上遇到过问题。一些成员方认为，把第10章的小麦磨成第11章的面粉，不应赋予原产资格。其他成员方则认为，把小麦磨成面粉是一种可赋予原产资格的加工。

如果我们采用所建议的规则，选择采用35%的百分比标准，那么，研磨加工是可以赋予原产资格的，因为经过计算，其增加值最终会满足35%的要求。相反，如果我是进口国的海关关员，我会认定面粉不符合产品特定原产地规则，因为相关的产品特定规则规定，必须使用原产的小麦的制作面粉。

因此，根据所使用的标准，我们可以得出两种不同的结果。下面再举一例：

材料成本（货币单位）

木材	
当地产的木材	200
来自于成员方 Z	100
原产于马来西亚	900
其他成本：	
胶（从巴西进口）	5
清漆（从德国进口）	8
工厂的一般管理费用：	
房租	100
机器折旧	80
直接劳动成本	300

出厂价格　　1,693

计算：

(a)（ⅰ）进口材料成分

$$=\frac{900+5+8}{200+100+900+5+8}=\frac{913}{1213}=75\%$$

或者

（ⅱ）当地材料成分

$$=\frac{200+100}{200+100+900+5+8}=\frac{300}{1213}=25\%$$

(b) 增加值

$$=\frac{1693-913}{1693}=\frac{780}{1693}=46\%$$

材料成分和增加值应当四舍五入计算到整数。

解释[①]

显然，桌子大体上满足增值标准。但是，同样的桌子不能满足东部和南部非洲共同市场的材料成分标准，因为进口材料超过生产桌子所使用的材料总成本的60%。

这个例子显示了采用“挑三拣四”模式所得出的结果。但是，有些人认为，带有不同选择性方案的这样一种模式是商界友好型的，因为生产商/制造商可以灵活选择最适合于他们的规则。但是，如果把这一立论推向极端，可以选择满足简单的税目改变标准显然会驱使奸商们利用这样的漏洞，最终有违避免出现贸易偏转的原产地规则的初衷。

东部和南部非洲共同市场成员方已在其内部谈判机制中对现行原产地规则的许多问题进行了研究和讨论。[②] 这些困难最后促成了当前的计划，即利用产品特定原产地规则更明确地界定议定书中规则 2（1）（b）（ⅲ）项的涵义。根据这项计划，基于简单的税目改变标准或者带有例外情况说明的税目改变或其他标准的产品特定规则取代了原来全面适用的税目改变标准。基于增加值和当地材料成分的选择性原产地规则仍然适用。如下面的例子所示，在第 61 章中，简单的税目改变规则已被带有例外情况说明的税目改变标准所取代，以防止使用品目 6217 的零配件制成的第 62 章的产品获得原产资格，如下表所示：

---

① 从《所有你必须了解的东部和南部非洲共同市场的原产地规则》一文中选取的示例，可以在以下网站获得：http://www.ecatradehub.com/reports/rp.downloads/2005.COMESA.Rules.of.Origin.pdf。

② 参见贸易与海关委员会 2006 年 10 月的东部和南部非洲共同市场报告，CS/TC/XIX/21，其中对成员方之间关于原产地规则的一些争论进行了报告。

HS 编码	商品名称	对非原产材料进行赋予原产资格的制造或加工
A	B	C
ex 第 62 章	非针织或非钩编的服装及衣着附件	用所归入的税目不同于产品所属税目的材料制造，用品目 6217 的材料制造的除外
6217	其他制成的衣着附件；服装或衣着附件的零件，但税目 6212 的货品除外	用所归入的税目不同于产品所属税目的材料制造，用本章其他品目的材料制造的除外

跟南部非洲发展共同体的情况一样，产品特定规则的拟订打开了贸易保护主义意图和相关关注的潘多拉盒子。这就意味着，对于一些税目，特别是品目1101、1102、1507、1508、8422、8439 至 8442、8476 至 8479、8509、8510、8512、8516 及第 50 章、第 51 章、第 53 章、第 54 章、第 55 章，以及相关品目，各方一直存在着分歧。

以往的经验表明，在具体产品层面展开如此复杂而旷日持久的讨论之前，有必要理顺东部和南部非洲共同市场项下原产地规则的总体结构。东部和南部非洲共同市场的成员方应当尽最大努力，避免采用那种不能反映该地区生产实际的限制性产品特定原产地规则。

三、南锥体共同市场的原产地规则

在《亚松森条约》附件Ⅱ中可以找到南锥体共同市场项下原产地规则的最初文本。尽管该文本的文字稍嫌详密，但该原产地规则是按全面适用的模式进行表述的：

“第 1 条

下列产品应被视为原产于成员方：

(a) 完全在任一缔约方的境内，仅使用缔约方原产的材料生产的产品；

(b) 拉丁美洲一体化联盟代表委员会第 78 号决议附件 1 所述的拉丁美洲一体化联盟税则分类目录的章或品目项下的产品，只要这些产品是在其各自的境内生产的。

下列产品应被视为是在缔约方的境内生产的：

(ⅰ) 在其领土、领水或专属经济区提取的矿物、收获或采集的植物产品、出生并饲养的动物产品，包括狩猎及捕捞的产品；

(ⅱ) 在其领水以外及专属经济区，由悬挂其国旗或在其境内建立的公司所租用的船舶提取的海洋产品；以及

(ⅲ) 在其境内经过制造或加工获得的产品。经过制造或加工，形成产品出售时的最终形态，仅仅经过组装、包装、分成若干份、挑选及分类、标记、将各类产品组合在一起或者其他相应处理或加工的除外；

(c) 使用不是缔约方原产的材料制造的产品。该产品在某一缔约方的境内经过加工后发生改变，其在拉丁美洲一体化联盟税则分类目录中重新归入的品目，

不同于该材料所属的品目，但经缔约方认定，必须同时满足本附件第2条所列要求的除外。

但是，如果在缔约方的境内经过制造或加工制成的产品，经过制造或加工，形成了产品出售时的最终形态，而在此类制造或加工中，仅使用了不是这些国家原产的材料或投入品，并且仅经组装、包装、分成若干份、挑选及分类、标记、将各类产品组合在一起或者其他相应处理或加工，那么，该产品不应被视为原产于该缔约方；

(d) 截止1994年12月31日，在缔约方的境内使用缔约方和第三国原产的材料组装而成的产品，所使用材料的价值不低于最终产品FOB价格的40%的；以及

(e) 除了在缔约国的境内生产之外，还必须满足拉丁美洲一体化联盟代表委员会第78号决议附件A所列具体要求的产品。

第2条

由于经过加工后未发生商品分类目录的税目改变而不能满足第1条(c)项的要求，而来自第三国的材料在目的港或者海港的CIF价格又不超过有关产品FOB价格的50%的，也应被视为满足要求。

对于运往没有出海口的缔约方的第三国原产的材料，如果该材料是通过海路运达的，那么，其他缔约方准予设立的仓库或自由区应被视为目的港。

第3条

经彼此同意，缔约方可以制订优先于普通归类标准的具体原产地要求。

第4条

在确定第3条所述的具体原产地要求及对已制订的具体原产地要求进行审议时，缔约方应当以下列一项或多项要素为依据：

Ⅰ. 生产中所使用的材料和其他投入品：

(a) 原材料：

(ⅰ) 在数量或重量上占优势或者赋予产品基本特征的原材料；以及

(ⅱ) 主要原材料。

(b) 零部件：

(ⅰ) 赋予产品基本特征的零部件；

(ⅱ) 主要零部件；以及

(ⅲ) 零部件占总重量的百分比。

(c) 其他投入品。

Ⅱ. 所经过的加工。

Ⅲ. 从第三国进口的材料的价值，在依个案所商定的估价程序审定的产品总值中所占的最大比例。”

南锥体共同市场的基本规则是基于拉丁美洲一体化联盟（ALADI）税则分类目录的税目改变规则。在无法满足该规则的情况下，应当采用百分比规则，其中，基于 CIF 价格计算的进口材料的价值，不得超过最终产品 FOB 价格的 50%。第 3 条和第 4 条为制定产品特定规则的规定。事实上，自原产地规则的最初版本拟订以来，该规则已经发生了许多变化。

最近，南锥体共同市场原产地规则的综合文本[①]对所有的修改和变化进行了整合。现行的规则体系表明，原产地规则正从全面适用的规则模式向产品特定规则的模式转变。

对于所提到的原产地规则最初版本，全面适用的税目改变规则仍然是南锥体共同市场所使用的基本标准，但所采用的是南锥体共同市场税则分类目录，而不是以前的拉丁美洲一体化联盟税则分类目录。此外，还附有一个冗长的关于产品特定规则的附件。

根据综合文本的（d）项,[②] 未能满足税目改变要求的产品，依据 CIF 价格计算的进口材料价值不超过最终产品 FOB 价格的 40% 的，该产品仍可视为原产产品。与原来 50% 的要求相比，40% 的要求似乎有所放宽。

此外，（d）及（e）项进一步规定，用来自第三国的原材料组装而成的产品必须符合上文所规定的同一规则：依据 CIF 价格计算的进口原材料价值不得超过最终产品 FOB 价格的 40%。

综合文本新的（f）项规定，资本密集型产品应当符合 60% 的区域价值成分要求。但是，综合文本中没有提到区域价值成分的计算方法。

同时，综合文本中还增加了一个冗长的关于产品特定原产地规则的附件。附件中所含的产品特定要求涵盖了第 1 章至第 90 章的大部分税目。产品特定要求通常为 60%，其中有些附带了税目改变要求，有些则不附带此项要求。作为一项技术要求，电子产品必须符合具体的组装工序规则。

综合文本缺少明确的区域价值成分计算方法，这与前文提到的东盟原产地规则的独特之处颇为相似。人们只有通过解读，才能推断出（e）项中 40% 的计算方法就是 60% 区域价值成分的计算方法。显然，这一解读会引起争议，并与东盟所经历的情况一样，在其实施中会引发一系列问题。

综合文本第 7 条关于累积的规定及其相关脚注相当令人困惑。它首先明确提到了完全累积，但在部分条文中又提到了材料和百分比，而不是明确无误地规定，在南锥体共同市场所进行的任何制造或加工均可加以累积。

---

① Mercosur/XXXV CCM/DI no. 28/06，西班牙语和葡萄牙语的版本可在以下网址获得：http：//www. mercosur. int/msweb/portal%20intermediario/es/index. htm。

② 在撰写本书时，仅可获得西班牙语和葡萄牙语版本的综合文本。

第四节 拟订原产地规则：应吸取的教训与建议

一、拟订和管理原产地规则的主要参与者

如前面各章所阐述的那样，原产地规则是一个非常复杂的问题，无论是在谈判中，还是在管理上，情况都是如此。

原产地规则要求技能与经验兼备，符合这样要求的人员甚为稀少。事实上，原产地规则要求具备多学科的知识，包括海关法、产业贸易政策及经济学方面的知识。

最初，原产地规则与海关估价、海关归类一道，被视为主要海关法律体系当中的一种。显而易见，在处理原产地规则的相关问题时，需要有《协调制度》、海关估价方面的知识及海关管理的实践经验。

曾几何时，原产地规则被视为相当晦涩的海关技术性问题，与贸易和经济政策关系不大。但是，这样的时代已经一去不复返了。

因此，一方面，原产地规则中所涉及的海关问题经常被归结为或者被认定为主要与原产地规则的实施阶段相关（这种观点在一定程度上是目光短浅的），甚至海关关员也持这种观点。另一方面，人们经常可以看到，高级海关关员等候在谈判室的外面。他们仅仅是为了就原产地规则的一些技术问题（谈判人员无法领会或者理解的问题）接受几分钟的咨询而已①。

不可否认，近来原产地规则日益成为谈判人员、经济学家和贸易政策制定者研究的主题。

一方面，这是一项积极发展，因为关于原产地规则的争论越来越透明，越来越开放，社会各方均可介入其中。另一方面，人多误事。在柏拉图式的场景中，制定原产地规则的理想顺序应该是由商品的制造商/生产商提供第一手资料。因为事实上，制造商/生产商最了解情况，也最能说清楚最终产品是如何制成的，经过了哪些制造或加工工序。因此，在拟订原产地规则的过程中，生产商/制造商应当被置于核心地位。

随后，海关法律专家应当将生产商/制造商提供的原始素材转化为技术上切

① 在南部非洲发展共同体关于原产地规则的谈判中就实实在在地出现了这种情况。在多边层面下，一旦技术委员会完成非优惠原产地规则的工作，相关工作必须交由日内瓦的WTO原产地规则委员会（CRO）继续开展。那些曾经深度参与相关工作并且在技术委员会中受到广泛咨询的世界海关组织（WCO）官员，尽管他们在原产地规则方面具有丰富的经验和知识，他们却在获准参加WTO原产地规则委员会工作时遇到了程序上的困难。当时，这是一个典型的悖论，因为WTO原产地规则委员会的大多数代表主要是外交官，或者充其量是贸易官员，他们在原产地规则的技术问题上几乎没有什么经验。

实可行的能够反映生产商的制造和加工工序的原产地规则。因此，如果我们以制造商使用进口的平板生产平板轧材为例，那么，依据目前常用的其中一种原产地规则拟订方法，可以将其原产地规则解读如下：

方案一	方案二	方案三
用品目 7207 的平板和半制成品制造	税目改变	制造过程中所使用的进口材料的价值不超过最终产品出厂价格的 xy%

显然，在说客的影响下，这样的拟订程序也许会打开产品特定原产地规则的潘多拉盒子。在这方面，《北美自由贸易协定》项下原产地规则的谈判无疑树立了一个先例。正如许多评论家和此前参与《北美自由贸易协定》项下原产地规则谈判的谈判人员所指出的那样，说客和生产商第一次认识到，原产地规则具有成为寻租工具的内在潜力。

海关专家一旦完成了规则的拟订，就应当交由贸易政策制定者/谈判人员结合谈判的总体情况进行研究，慎重地对不同谈判领域的优先关注进行平衡，就产品特定规则对经济和产业的影响作出评估，以求作出选择。

以两种不同的区域贸易安排为背景，若干例子或可说明，贸易谈判人员有时会在贸易和经济政策上面临艰难的抉择。

孟加拉国的经济严重依赖服装的出口。然而，落后的成衣关联生产未臻完善，在成衣的制造过程中，对进口织物的需求量很大。与此同时，当地一些生产商接受挑战，生产出在当地具有竞争力的纱线和织物，部分取代了进口的织物和纱线。

南亚区域合作联盟（SAARC）国家曾经与欧共体就欧共体普惠制项下的原产地规则中准予区域累积的问题进行磋商。在与欧盟的讨论中，孟加拉国的织物生产商反对准予区域累积，因为这将允许将印度产的织物用于成衣生产。在这种情况下，贸易政策制定者显然必须从政治经济学的角度进行考虑，在上游织物产品、下游成衣出口商、产业发展战略及谈判的优先关注之间寻求平衡。

类似的两难选择已经成为南部非洲发展共同体自由贸易区原产地规则谈判中一个最具争议的问题。对于南部非洲发展共同体中许多最不发达国家来说，从这样一个自由贸易区得到的最密切相关的实惠，就是改善其服装产业在南非市场准入的前景。但是，人们很快就清楚，南非的谈判人员在其国内服装产业贸易工会（以及农业部门）的巨大压力之下，要求借鉴其此前与欧共体商谈自由贸易区时所采用的服装原产地规则。

根据南非提出的原产地规则，使用从南部非洲发展共同体的境外进口的织物所生产的成衣，不能免税进入南非市场。最不发达国家则认为，无论在数量上，还是在质量上，本地区的纱线和织物产能都十分有限，采用类似的原产地规则无异于造成一种零和困境，因为关税减让的效果会被过于严格的原产地规则所抵消。

在理想环境下，谈判上的这些两难选择和争议，应当在工业会计和征求私营部门意见的基础上，通过分析研究加以解决，以在谈判桌上确定采用不同的原产地规则，确保国内产业的中长期活力和可持续发展。在这样一种务实分析的基础上，谈判人员才有可能作出一个富有远见的决定。海关和贸易政策专家可以贡献他们从其他地区得到的经验，为推动谈判拟订可行的谈判方案。经济学家可以借助模型对每项建议的利弊进行分析。

实际上，这种情况很少发生。有限的技术力量和资源有时会成为制约谈判的因素。在发展中国家之间所进行的自由贸易区谈判中，情况尤为如此。但是，考虑到对许多发展中国家的技术援助正在不断增加，这个问题就算不了什么大问题了。

经验表明，技术力量的缺乏和国内层面谈判机构不能有效运作是达成共识的最大障碍，在进行原产地规则谈判时，这样的问题有时会导致致命的错误。

在《北美自由贸易协定》的谈判中，原产地规则成为游说团和产业利益的最大牺牲品。除此之外，还有很多人为因素和政治因素，可以把拟订原产地规则变成一场噩梦。

在此背景下，一些发展中国家在原产地规则谈判中所面临的主要问题是，“南—北自由贸易区”中的原产地规则建基于工业化程度更高的贸易伙伴所创建的“模式”之上。由于这些模式是美国、日本、欧共体在其与国内选民和利益相关者协商并进行微调的基础上拟订的，因而这些原产地规则的要求和管理技术便依照相关产业的利益和产业战略量身定制。由此而造成了这些原产地规则有可能与发展中国家的制造能力不相匹配的结果。例如，对于具有较强产业基础的东欧国家来说，在与其达成的自由贸易协议中，泛欧原产地规则也许运作良好。但是，在欧共体与非加太国家商谈的自由贸易协议或者经济伙伴关系协议中，相同的规则就不一定合适。在美国与中美洲国家商谈自由贸易协议或者美洲自由贸易的北美原产地规则时，情况同样如此。

在“南—南自由贸易协议或区域贸易安排”的谈判中，原产地规则的谈判和拟订遇到了同样的困难。可以预料，从普惠制的应用、洛美/科托努原产地规则及与工业化国家的谈判中所得到的经验教训，均可用于拟订平衡、可操作的原产地规则。与之相反，在发展中国家之间所达成的某些主要区域贸易安排中，在此领域已经造成、并将继续造成严重的错误。

总体而言，发展中国家在原产地规则谈判中所遇到的情况有四种。第一种情况与其参与协调非优惠原产地规则的谈判相关。第二种和第三种情况与自由贸易区项下原产地规则的谈判和实施相关。在第二种情况中，发展中国家正在与发达国家进行原产地规则谈判。在第三种情况中，发展中国家之间正在进行自由贸易区谈判。第四种情况与普惠制、《非洲增长与机遇法案》（AGOA）及《科托努伙伴关系协定》（CPA）之类的自主性优惠关税减让中的优惠原产地规则有关。在后一种情况中，这些优惠安排的单边性意味着，真正的谈判无从进行，充其量只是定期举行的各种论坛中的讨论而已。

随着区域化进程的不断加快，发展中国家可能面临和经历的主要挑战，就是自由贸易区原产地规则的谈判和实施。

欧共体是传统上自由贸易协议的多产集团。尽管如此，美国、日本，以及中国、巴西、韩国和南非等最近也启动了一系列自由贸易区谈判。

美国、欧共体及日本能够不断创建其原产地规则“模式”，这些带有变化的原产地规则模式在这些自由贸易区谈判中许多已得到应用。非优惠原产地规则的塑造和拟订，在很大程度上受到了这两种模式的影响。

一方面，美国和欧共体在创建各自的原产地模式的过程中难免犯错误。另一方面，从错误中得到的经验教训又使其各自的原产地规则模式能够不断发展。与此同时，与原产地规则的谈判和实施所涉及的不同利益相关者进行协商的谈判和管理机制已大为改善。目前，有关部门已可以通过交换电子信息的方式与私营部门进行协商。

两种原产地规则体系——即美国参与的受到《北美自由贸易协定》项下原产地规则影响的模式及泛欧原产地规则模式——都在审议当中。在《北美自由贸易协定》中，美国、加拿大和墨西哥的三方磋商正在进行，以简化《北美自由贸易协定》中令人气恼的某些原产地规则。人们注意到，最近美国所签署的自由贸易协议已经显示，区域价值成分的计算方法已在一定程度上得到简化，变化十分明显。

发展中国家，特别是最不发达国家，在原产地规则的谈判和拟订方面仍有获取相当经验的空间。下面本书将就如何考虑和拟订原产地规则方面提出一些考虑因素和建议。

二、拟订原产地规则的主要参数

本节提出了拟订原产地规则的一些总体建议和指南。这些建议的本意不是、也不应被解释为要对各国拟订本国原产地规则的可能性和权利加以限制。

这些总体建议分为两部分。第一部分以 WTO 香港部长级会议关于提供免关税、免配额待遇（DFQF）倡议的决议为例，说明怎样为最不发达国家拟订原产地规则。必须指出，这些指南和建议也可用于拟订自由贸易协议或区域性“南—南协议”等其他用途的原产地规则。第二部分阐述了拟订可适用于不同的优惠原产地规则的产品特定原产地规则的方法。

本节旨在根据普惠制和其他优惠贸易安排项下原产地规则所得到的经验，为发展中国家阐明原产地规则的一些问题。这些阐述建基于近期关于优惠原产地规则的讨论和文献之上，旨在理清貌似受欢迎的优惠原产地规则问题的快速解决办法。

需要提醒的是，完美无缺的原产地规则是不存在的。本节的结论部分就采取切合实际的、技术上可行的方法拟订自由贸易协议和普惠制或双免倡议等自主制度项下的原产地规则提供了指引和选择方案。

（一）拟订原产地规则的困境：原产地规则的优劣；怎样拟订一部优质的原产地规则

学术上关于原产地规则的争论属于新生事物，主要源于经济学家对自由贸易协议或双免倡议等自主性优惠贸易安排所准许的优惠贸易流的日益关注。本书纯粹采用经济学方法开展研究，其根本问题是对原产地的多学科属性不够重视。就其本质来说，原产地规则属于“规则大成”，涵盖了法律、海关和产业等多方面的综合考虑，十分复杂。而且，这些方面相互交织，使原产地规则几乎成为最为棘手的问题。对此类多学科属性的忽视导致了政策建议上的缺陷。

事实上，普惠制实施 30 多年的经验充分证明，完美无缺的、均衡的原产地规则是不存在的。

理由非常简单。因为原产地规则是与产业相关联的，对北美或欧洲的产业界来说用得挺好的原产地规则，对中部非洲来说也许会显得很荒谬。原则上，原产地规则应当反映贸易优惠受惠国或者自由贸易协议缔约方的工业生产能力并与之相匹配。这种颇为直观的观点被一系列因素所抵消，包括对转运或者贸易偏转的顾虑和担忧，以及区域贸易安排中中间产品生产商的贸易保护主义利益。真理就寓于这两个极端的中间。

在对原产地规则的优劣进行评估时，会用到两个基本参数。第一个参数是“限制性指数”（index of restrictiveness）。[①] 该指数与给定原产地规则相对于协议缔约方或者优惠贸易安排受惠国的工业生产能力和贸易流的宽严程度有关。这一参数不能以抽象的方法加以衡量，因为它取决于优惠贸易安排和相关国家的工业生产能力、贸易流及贸易政策目标。对该指数的评估是一件非常复杂的事情，并会受不同观点的影响。但是，正如本章所揭示的那样，人们可以从中吸取许多教训。

第二个参数是“技术稳定性指数”（index of technical soundness）。这一参数是依据以最简单和最可预测的方式得出原产地结果的给定原产地规则的准确性和可预测性及其管理上的难易程度而确定的。国际社会已有的一些相关的经验教训

① 不应将这一指数与 Estedeavordal（2002）所采用的限制性指数相混淆，在建立这一指数的过程中使用了一系列假设。

可以为特定规则的技术稳定性提供指南。诸如《协调制度》和海关估价协议等客观的技术因素以及得到国际认同的法律文件对于划清技术稳定性的界线是非常有帮助的。

由上文中关于限制性指数的定义可见，脱离了优惠贸易安排所设定的实施环境来对特定原产地规则进行评估是没有意义的，因为这无异于武断行事。在本节第三部分将对这一指数作进一步讨论，对拟订产品特定原产地规则的方法进行评述。本节侧重就给定的或拟订的原产地规则的一些技术稳定性指数要素的定义进行论述。

国际社会及原产地专家可以从许多中间地带收获良多，借此厘清一些错误认识。

（二）技术稳定性指数的界定

在设计和拟订原产地规则时，最直接的挑战是确定实质性的原产地要求：（ⅰ）得出可预测的、商界友好型的原产地结果，符合拟订原产地规则时所设定的贸易政策目标；以及（ⅱ）保障给惠国或者优惠贸易安排缔约方的合法利益，防止转运或规避，确保优惠措施仅适用于那些真正在受惠国生产的产品。

经验表明，基于原产地规则的复杂性，在拟订原产地规则的过程中，一些误解会产生。那些不能反映商业实际或生产能力的规则一旦付诸实施，这些误解便会产生灾难性的影响。

最近，有人建议采用仅需增值 10% 的原产地规则；一些研究报告则提出，经济伙伴协议中应当采用的较为切合实际的原产地规则，就是对所有产品采用全面适用的、简单的税目改变标准。

有些人则提出，像南部非洲发展共同体一样的“南—南自由贸易协议”应当采用下面的原产地规则：

对于可被视为原产于南部非洲发展共同体的货品，切合实际的原产地要求应当是：

- 完全在该地区生产，或者
- 经过单一的税目改变，或者
- 所包含的非南部非洲发展共同体原产的进口材料价值，不超过货品净成本的 65%（或者区域价值成分占净成本的 35%），或者不超过货品出厂价格的 60%（区域价值成分为 40%）。①

以这些原产地规则为例提出建议，目的就是希望更好地确定将什么指标作为技术稳定性指数，并就拟订原产地规则的过程中所出现的一些最为常见的错误或

---

① 参见 Breton，Flatters 与 Kalenga 著：《原产地规则与南部非洲发展共同体：议定书中期审议中提出变革的理由》，非洲地区，工作文件系列第 83 号，世界银行，2005 年。

误解进行澄清：

(a) 完全生产的产品，或者符合其他定义的完全获得产品，而不是原产地标准本身，通常是指经修订的《京都公约》中所列的一类产品。尽管欧共体事实上在一些产品特定原产地规则要求中采用了完全获得的定义，两个概念仍应有所区别，以避免混淆。

完全获得产品之所以被视为原产产品，是因为它们不含任何进口原材料。正因如此，它们不应作为原产地标准，而应作为一类产品。可以采用一份适用于所有原产地规则的标准清单（如下文所述）。在该清单中，必须对“船舶”的定义加以明确规范，以免出现像现行欧共体规则那样过于严格的原产地规则。同时要对一些定义的其他要求进行规范。

(b) 根据建议采用的规则，只要4位数税目改变的要求得到满足，或者非原产的进口材料价值不超过货品净成本的65%（或者区域价值成分为35%）、货品出厂价格的60%（区域价值成分为40%）或者基于原材料CIF价格的35%增值，即可获得原产资格。

如上文所述，对同一产品设定选择性原产地规则是没有问题的。泛欧模式的原产地规则、《北美自由贸易协定》和近期拟订的、受到美国影响的其他原产地规则，都包含了选择性原产地规则或者不同百分比的规定。但是，从逻辑上讲，这些选择方案在其限制程度上必须是相同或相当的（借用非优惠选择性原产地规则的术语来说，它们应当同等严格）。如果做不到这一点，将会驱使出口商/生产商挑选最容易满足的规则。最终就会出现无政府状态，从而导致规避和贸易偏转的发生。

对同一产品设定宽严不一的选择性原产地规则，其主要弊端是，依据所采用的标准，会对同一产品得出不同的原产地结果。因此，这些规则的技术稳定性指数等于零。这已为南部非洲发展共同体及东部和南部非洲共同市场在原产地规则管理上的经验及其所遇到的困难所证明。这些国家集团最初采用了这样的模式，但渐渐地被迫转而采用产品特定原产地规则。令人遗憾的是，有关部门本来有机会对《南部非洲发展共同体贸易议定书》所含的原产地规则最初文本进行重新审查，并通过纳入产品特定规则矫正其弊端，但结果却让人失望、令人惋惜。然而，错过这样一次机会不应被解读为一种失败。

事实上，不能凭这些反面教材得出这样的结论，即将产品特定原产地规则作为拟订原产地规则的一种方法，本质上是不妥当的，从技术角度看是错误的。但是，同样的经验表明，制定产品特定原产地规则：(1) 是一项非常复杂的技术性工作，最为重要的是，(2) 它为贸易保护主义者和游说团的介入提供了回旋余地。

制定产品特定原产地规则的需要，还应当被理解为优惠协议中贸易流量、优惠幅度及给定产业部门的进出口敏感性的一个函数。

尽管存在着弊端，在美国的普惠制方案实施了 30 多年后，35% 的增值要求依然适用。《非洲增长与机遇法案》和《美国—摩洛哥自由贸易协定》也采用同样的规则。

但是，美国的普惠制方案并未涵盖纺织品和服装，而《非洲增长与机遇法案》和《美国—摩洛哥自由贸易协定》则包含了纺织品和服装的产品特定规则，作为 35% 增值基本要求的例外。

显然，美国给予纺织品和服装产品的优惠幅度较大，以及这些产品在进口上的敏感性使得需要针对这一产业制订产品特定原产地规则。而这些特定规则对于美国普惠制方案所涵盖的其他贸易流来说是不必要的，只需保持全面适用的标准即可。

如前例所示，同时使用税目改变标准与其他百分比要求的做法，引发了采用《协调制度》拟订原产地规则是否合适的问题。一方面，众所周知，《协调制度》并不是为实施原产地规则而设，而是为海关归类而设；另一方面，同样不可否认的是，《协调制度》被广泛应用于拟订欧共体和《北美自由贸易协定》项下的原产地规则，最近还被应用于 WTO《原产地规则协定》项下的协调工作计划。

相对于百分比或特定制造或加工工序等其他拟订方法，协调工作计划所采用的税则归类改变更加受到一些谈判人员和贸易政策制定者的青睐，这已成为国际贸易界一致转向同一方向的风向标。

但是，必须考虑到，协调工作计划所采用的基于《协调制度》的原产地规则并不是全面适用于所有产品的简单的 4 位数税目改变标准。

如本书第二章所论述的那样，非优惠原产地规则所采用的税则归类改变标准，与采用简单的税目改变或子目改变标准的情况迥然不同。

就欧共体而言，基本的税目改变规则是与例外情况说明同时使用的。而从《北美自由贸易协定》和协调工作计划来看，基于《协调制度》的原产地规则常常设在 6 位数一级，并带有例外情况说明。

尽管如此，在某些圈内，仍然演绎了采用全面适用的税目改变或子目改变标准的都市传奇。从业者都知道，采用 4 位数税目改变标准，就是意味着，不充分的制造或加工工序有时也会引起 HS 品目的变化；但有时，即便经过充分的制造或加工工序，HS 品目或子目也不会发生变化。

在拟订原产地规则的过程中，税目改变或税则归类改变标准也许是非常有用的，但它作为一种全面适用的原产地标准还未臻完美。

一些评论者认为，制订一份微小加工或处理清单，把简单组装、包装和贴标签等处理从赋予原产资格的制造或加工中剔除出去，或者可以对前面提到的问题或不一致性起到矫正的作用。然而如本章第二节第三部分所指出的那样，用列表的方式列出可能发生税目改变的所有微小处理几乎是不可能的。除此之外，如何对简单组装的概念进行界定也是一个无法回避的问题。为克服税目改变标准本身的局限，一些给惠国以特定产品清单的形式对相关规则进行了调整，并列出了不赋予原产资格的简单处理，例如，裁剪、分类、装瓶、包装及粘贴标志等。

协调工作计划尽可能地对微小加工或处理的定义加以限定，因其被视为导致混乱的根源。

最后，从业者和熟悉协调工作计划谈判过程的谈判人员也许能够证明，在数以百万计的组装加工中，哪些可视为简单的组装，哪些可视为复杂的组装，对此是难以作出评估的。

根据税目改变标准，如果最终产品所归入的 HS 税目不同于加工过程中所使用的任何原材料所属的 4 位数品目，任何进口原材料就应被视为经过了充分的制造或加工。因此，只要使用了进口材料或原产地不明的材料，产品要获得原产地资格就必须发生 HS 品目改变。

下面的例子为采用全面适用的税目改变标准所带来的影响提供了佐证：

例 1：可可和可可制品

HS 品目 1801	可可豆
1802	可可壳
1803	可可膏
1804	可可脂
1805	可可粉
1806	巧克力等

在本例中，《协调制度》反映了巧克力棒的加工链。从此例中可见，税目改变的要求非常宽松。例如，将可可豆打碎获取可可壳，即可视为赋予原产资格的加工。用可可膏制作可可脂的加工过程包括对可可膏进行精炼、提纯加工，同样是一种可赋予原产资格的加工。有人也许认为，较之于用可可膏制作可可脂的加工过程，将可可豆打碎是一种相当简单的加工。这就意味着，采用全面适用的税目改变标准，必然会导致这样的不公平。

例 2：钢铁

铁矿	→ 生铁	→ 铸铁	→ 钢条	HS 品目 7211
				HS 品目 7213
				HS 品目 7214
				其他
HS 品目 2501	HS 品目 7201	HS 品目 8206	钢板	HS 品目 7208
				HS 品目 7209
				HS 品目 7210

其他

本例对钢铁产品的加工链（例如，将铁矿砂制成钢条、钢棒）作了说明。即便是在本例中，税目改变的要求也是相当宽松的，因为每个加工阶段均可赋予原产资格。一方面，有人会认为，像对钢条及钢板进行包覆、镀层或涂层这样的实质性加工，不能视为实质性改变。因为经过这些加工，产品并未发生税目改变，仅在某些情况下发生了子目改变。另一方面，也有人质疑，在某些情况下，为什么通过轧制工序减小平板轧材的宽度可以视为实质性改变，原因仅在于它反映出发生了税目改变，但用其他标准衡量的话，这种加工是不充分的。

经包覆、镀层或涂层的宽度小于600毫米的铁或非合金钢平板轧材归入品目7212。

经包覆、镀层或涂层的宽度在600毫米及以上的铁或非合金钢平板轧材归入品目7210。

将一种产品的宽度从500毫米轧制到400毫米，这种轧制工序不应赋予原产资格，因其最终产品仍归入品目7212。但是，将其宽度从600毫米轧制到500毫米，即可赋予原产资格，因其产品所属的品目从7210挪到了7212。

例3：

表芯 → 手表

HS 品目 9104

表壳 → HS 品目 9103

HS 品目 9112

组装表壳和表芯的工序可以赋予原产资格吗？尽管表芯和表壳是进口的，但仅仅发生了税目改变，也将意味着发生了实质性改变。事实上，税目改变规则并不将这种组装加工视为一种测试标准，这样一种明显宽松的规则因而被抵消了。

例4：

新鲜蔬菜 干蔬菜

→

HS 子目 0701.09 HS 品目 0712

蔬菜脱水能视为一种发生实质性改变的加工吗？

例如，制作棉夹克衫大体上需要经过以下这些主要工序：

例5：（正常案例）棉夹克衫

获得原棉（纤维）	HS 品目 5201
纺成棉纱	HS 品目 5205
织造棉织物	HS 品目 5208
制造棉夹克衫	HS 品目 6203

应当注意，一方面，仅仅采用税目改变标准可以排除双重或三重改变的要

求。另一方面，在税目改变层面，像染色、洗涤和印花这样的工序将不能赋予原产资格。

例6：钻石

粗钻石/未加工钻石　　　HS 品目 7102
经切割/加工的钻石

与前面的例子截然相反，在某些情况下，制造或加工并不伴随 HS 品目上的变化，但完全可以认为，产品经过此类制造或加工后发生了实质性改变。

例7：对于玩具（HS 品目 9503），一些发展中国家生产商发现，满足基于税目改变的原产地规则是不可能的；事实上，对于一些国家，需要进口同样归入品目 9503 的一些零件，如玩具熊的眼睛之类。

机械和电子类产品采用简单的税目改变标准所引发的问题

《协调制度》将零件分为三大类：（a）通用零件，（b）专用于或主要用于特定品目项下的机器的零件，以及（c）本身用作其他货品的零部件的最终产品。因此，对于一些货品，将零件组装成最终产品会发生税目改变（例如，用品目 8708 的零件制造品目 8701 至 8705 的机动车辆）；对于其他货品，会发生子目改变（例如，用子目 8716.90 的零件制造品目 8716 的挂车或半挂车）。但是，在某些情况下，零件与所生产的整车归入同一品目（该品目项下未设子目），此时，用这些零件制成婴孩车等产品，就不会发生税则归类改变。

这些例子说明，将税目改变要求作为一种全面适用的标准，会得出不同的原产地结果。根据《协调制度》的结构，采用税目改变要求常常会出现这样的情况：极其复杂的组装加工有可能不赋予原产资格；而零件组装加工即使是用螺丝刀完成的，也可赋予原产资格。

（三）关于界定技术稳定性指数的建议

建议一：将产品分为两大类（a）完全获得产品，以及（b）使用进口原材料生产的产品或一个以上国家参与了其生产过程的最终产品。

理由

根据经修订的《京都公约》及实际应用的所有原产地规则，可将产品分为两类：

完全获得产品。对于这类产品，有关方根据一份清单草案制订了一份标准清单，如下所示：

“下列产品应被视为在受惠国完全获得：

（a）从其领土或海床提取的矿产品；

（b）在该国收获的植物产品；

（c）在该国出生并饲养的活动物；

（d）在该国从活动物中获得的产品；

(e) 在该国狩猎或捕捞获得的产品；

(f) 该国船只在海上捕捞获得的鱼类及其他海洋产品①；

(g) 在该国的加工船上完全用第（f）项的产品加工所得的产品；

(h) 仅适合原材料回收的旧物，只要它们是在该国收集的；

(i) 在该国进行制造或加工的过程中所产生的废碎料；

(j) 在该国完全用第（a）项至第（i）项的产品生产的货品”

使用进口原材料生产的产品。当两个或多个国家参与了货品的生产过程时，货品的原产地应当根据实质性改变的标准加以确定。

在一国的境内完全或部分使用进口材料、零部件（包括原产地不明的材料）生产的商品，只要那些材料或零部件发生了“实质性改变”，或者经过了“充分的制造或加工”，则生产出的商品应被视为原产于该国。

“实质性改变”或者“充分制造或加工”的一般概念，在各项多边协议文本或者各国的原产地规则中均有明确规定。这一方面反映出，各方需要达成共同的谅解，以便更明确地对什么是“实质性改变”作出界定；另一方面反映出，人们开始采用不同的“模式”对“实质性改变”进行界定。当代关于“实质性改变”的最古老定义是由一名法官在一个著名案例中给出的②：

“经过加工工序制成的产品，其名称、特征或用途与该加工工序所使用的原材料不同，此时该产品即发生了实质性改变。”

在欧洲，欧共体层面的第一个定义出现在 1968 年③：“一个以上国家参与生产的商品，应被视为原产于这样一个国家：它们在该国专门为该用途而设的生产设施中经过最后的、实质性的、具有经济意义的制造或加工，被制成一种新的产品，或者产品在该国所经历的制造或加工代表了一个重要的生产阶段。”

在其后的几十年间，情况越来越清楚，这种一般性定义与国际贸易的演变和增长不相适应。正如本书第一章所分析的那样，《京都公约》的附约 DI 是在多边层面对实质性改变的定义所引起的一些概念性问题进行澄清的一种尝试。

当今在拟订原产地规则方面的许多技术问题已在本书中作了广泛讨论。不同拟订方法的利弊已在本节关于从普惠制项下的原产地规则中所吸取的经验部分④及本书通篇作了详细讨论。

建议二：采用全面适用的规则还是采用产品特定规则？

这个问题既涉及技术方面，也涉及实体方面。事实上，尽管许多评论者仍然

---

① 必须对该定义加以详细说明，以免出现像欧共体那样对本条所作的限制。

② 参见“Anheuser – Busch Brewing Assn. 诉美利坚合众国”案，207 U. S. 556（1907）。

③ 参见 2000 年 6 月 23 日在科特鲁签订的《非加太国家—欧盟伙伴关系协定》第 1 议定书第 38 条中关于“原产产品”概念的定义及行政合作的方法。

④ 同时参见第 2 章中关于从协调工作计划中吸取的经验部分。

建议采用全面适用的原产地规则，但世界的发展趋势是向产品特定原产地规则转变，逐步摈弃全面适用的规则模式。与此同时，产品特定规则的发展理所当然地被认为是导致原产地规则越来越复杂、越来越严格的原因之一。

从技术角度看，全面适用的标准会给人以简单、灵活的印象，但缺乏准确性。由于数以千计的不同商品均适用同一标准，因此有可能得出武断的结果。产品特定原产地规则可微调、可预测，但常常成为贸易保护主义和专家政治的牺牲品。为了找到应予采用的最佳标准，建议对协议缔约方在每个税目上的贸易流进行分析。基于这样的分析，并考虑到不同的参数（例如，贸易量、优惠幅度、进口敏感性及出口相关性、产品属性，即初级农产品、加工农产品、纺织品和服装、电子产品等），才有可能确定，究竟采用产品特定原产地规则还是采用全面适用的标准，才能更好地为其合法利益服务。

为了确定出口产品加工过程中所使用的进口原材料，还要进行第二种分析。

这种分析方法将在本章第四节第三部分作进一步讨论。

建议三：在采用百分比标准判定实质性改变的情况下，可以考虑采用基于材料价值的标准，而不采用增值标准。

理由

如本章第二节所述，在联合国贸易与发展会议工作组会议期间，从出口商和生产商所提交的调查问卷可以看出，在出口商/生产商中有一种倾向（如果不是共识的话），他们更愿意采用进口原材料的上限，而不愿采用最低的增值要求。他们之所以有此偏向，原因有二：

1. 进口原材料或材料价值的百分比比较容易计算，进口原材料的价值可从供应商的发票中得到。长期以来，欧共体一直采用这种方法。“进口材料的价值”这一术语并不模糊，也不由海关自主确定，可以援引根据《关于实施1994年〈关税与贸易总协定〉第7条的协定》所确定的海关价值。最近，中美洲自由贸易区（CAFTA）根据累加法和扣减法，对基于材料的计算方法进行了界定。尽管其计算方法因欧共体模式和美国模式而异，但这些计算方法在本质上是相同的。因为，在两种情况下，它们都援引了最终产品的制造或加工过程中所使用的“材料”这一概念。

2. 增加值或“净成本”的计算比较复杂，因其需要：

● 将可按当地增加值计算的成本区分开来；

● 逐条记录每个生产单位的此类成本。因此，常常会用会计方法自主估算其单位成本。此外，受惠国汇率的波动也会影响到价值的计算。

● 发展中国家的低劳动成本会使到增加值偏低，这不仅不能成为提升竞争力的因素，反而会使设在发展中国家的生产商受到惩罚。

百分比计算公式中的分子和分母，在其拟订方式上差别很大。分子的主要差别反映在两种处理方法上：一种是对进口材料的使用规定了上限，另一种是对受惠国所创造的国内成分规定了下限。

本章第二节第三部分还就采用不同方法对进口原材料进行估价的利弊作了论述。一个可能的解决方案是，在 FOB 价格和 CIF 价格的使用上给予一定的灵活性。《中美洲自由贸易协定》（CAFTA）就是比照这种方式做的。

根据《中美洲自由贸易协定》的规定，增加值可按两种方法（称为扣减法和累加法）进行计算。其公式如下：

基于非原产材料的计算方法（“扣减法”）

$$RVC = \frac{AV - VNM}{AV} \times 100$$

基于原产材料价值的计算方法（“累加法”）

$$RVC = \frac{VOM}{AV} \times 100$$

其中：

● RVC 为区域价值成分，以百分比表示；

● AV 为经调整的价值；

● VNM 为货品的生产商获得并用于商品生产的非原产材料的价值；VNM 不包括自产材料的价值；以及

● VOM 为生产商获得或自产并用于货品生产的原产材料的价值。

在《美国—中美洲自由贸易协定》中，分母以经调整的价值的概念为基础，其定义如下：

“在本条注释中，所谓的‘经调整的价值’，是指依据《关于实施 1994 年〈关税与贸易总协定〉第 7 条的协定》（《海关估价协定》）第 1 条至第 8 条、第 15 条及相应注释的规定确定的价值，除非该价值经过调整，扣除商品从出口国运抵进口地的国际运输过程中所产生的运输、保险和相关服务的任何成本、费用或支出。”

此外，《中美洲自由贸易协定》第 4.4 条还就“材料价值的进一步调整”作了规定（这意味着，材料无论是否原产，均可据此进行调整）：

“1. 缔约各方应当规定，对于原产材料，依据第 4.3 条的规定未予计入的下列费用，可以计入材料的价值当中：

(a) 在缔约一方的境内或者在两个或多个缔约方的领土之间，将材料运抵生产商所在地的过程中所产生的运费、保险费、包装费及所有其他费用；

(b) 在一个或多个缔约方的境内缴付的税费和报关费，不包括已免除、已退还、可退还或者可以通过其他方式追缴的税费，包括实付或应付税费的抵免；以及

(c) 使用材料进行商品生产的过程中所产生的废次品的成本，减去可回收的

废碎料或副产品的价值。

2. 缔约各方应当规定，对于非原产材料，依据第4.3条的规定予以计入的下列费用，可以从材料的价值中扣除：

(a) 在缔约一方的境内或者在两个或多个缔约方的领土之间，将材料运抵生产商所在地的过程中所产生的运费、保险费、包装费及所有其他费用；

(b) 在一个或多个缔约方的境内缴付的税费和报关费，不包括已免除、已退还、可退还或者可以通过其他方式追缴的税费，包括实付或应付税费的抵免；

(c) 使用材料生产商品的过程中所产生的废次品的成本，减去可回收的废碎料或副产品的价值；以及

(d) 在缔约一方的境内生产非原产材料的过程中所使用的原产材料的成本。”

简单地说，根据上述第1款的规定，原产的材料被用于累加百分比的计算时，允许计入运费、税费及报关费用。相反地，非原产材料被用于百分比的计算时，允许扣除运费、税费及报关费用。在这两种情况下，这样的规定将为遵守原产地规则带来极大的便利。而且，这样的规定特别有利于发展中国家，对于受高运费影响的内陆国家来说，情况尤为如此。

基于这些考虑，从实践中得到的基本教训是，应当采用基于材料价值的百分比标准，而不是基于增加值或者制造或加工成本的百分比标准。这也许不是完美无缺的解决方案，但肯定比采用基于百分比标准的其他方法要好。

建议四：拟订一个包含所有要素并反映缔约各方关注点的结构完整的草案，将其作为谈判工具

原产地规则是一整套规则，不仅用以得出原产地结果，而且用以对这些规则进行管理，以增强其可预测性。有人建议拟订一个包含下列要素的草案，通过谈判逐步对该草案进行磋商和完善，以逐步形成完整的建议草案。这将为缔约各方之间的谈判提供指引和框架。

原产地规则草案的要素：

- 术语的定义
- 一般要求
- 完全获得产品，包括船舶的定义
- 实质性改变：适当方法的定义
- 非充分的制造或加工
- 容忍规则
- 累积
- 累积中原产地的分配
- 关于原产地证明及相关贸易便利化方面的管理规则的定义
- 核查程序及对伪报原产地的处罚

三、拟订产品特定原产地规则时贸易限制性指数的界定：不同情况下所采用的方法

正如上一节建议二中所简要阐述的那样，在拟订原产地规则时，需要解决的第一个难题就是采用全面适用的标准还是产品特定规则。面对当前原产地规则的发展状况，在这个问题上的争论或许会变成一场学术讨论。因为在国际贸易界，采用产品特定规则的倾向非常明显。但是，采用产品特定原产地规则的区域贸易安排（RTA）之间差别极大，这取决于：

(a) 所采用的方法，

(b) 产品特定规则的严格程度，

(c) 产品特定规则的差异程度，以及

(d) 产品特定规则的数量。

例如，东盟及南锥体共同市场的原产地规则的很多章节几乎完全一样，或者非常相似，这一点令人印象深刻。在北美模式或泛欧模式中，产品特定原产地规则的要求则有可能明显不同，并按子目、品目或章级加以设定。

这些差别表明，不同的地区需要不同的产品特定原产地规则，并且产品特定规则不一定需要涵盖《协调制度》的所有税目或品目。只要对区域贸易安排缔约方的贸易流加以分析，很快就能显示出哪些品目最需要和最有理由设定产品特定原产地规则。例如，在美国与约旦和摩洛哥商谈自贸区时，大概是基于贸易流的分析，才使得美国纳入针对纺织品和服装的产品特定原产地规则。

初级农产品和矿产品、石油及杂货常常是一些发展中国家的大宗出口产品，它们一般都是完全获得产品，因此符合原产产品的要求。

鱼和渔产品是其中引人注目的例外，特别是在欧共体的优惠原产地规则中，有关方对各种要求进行了一系列重要考虑，本书第二章和第三章已对此进行了阐述。

确定需要设定产品特定规则的品目或子目后，还需要确定产品特定原产地规则的限制性指数。

但是，由于一些发展中国家的贸易额较小，供应能力也有限，这样的分析也许收效甚微。例如，对最不发达国家向日本出口的分析就可能出现这样的情况。

有人会认为，最不发达国家出口到日本的优惠贸易额之所以这样低，是由限制性原产地规则造成的。2004 年及 2005 年的相关数据表明，日本从最不发达国家进口的优惠贸易中，85% 集中在 4 个 10 位数税目上。

但是，这无法回答第二个问题：人们希望看到的宽松的产品特定规则是什么样的？

通过对可能构成最不发达国家的潜在贸易流的非最不发达国家的贸易流进行分析，我们也许能够回答这个问题。

贸易流的指标显示，在给惠国与非最不发达国家所进行的贸易中，大量的产品其实都可以在最不发达国家生产（例如——第 42 章的产品——旅行袋——日本以 8% 的最惠国税率从中国进口，货值超过 11.4 亿美元；以及第 94 章——弹簧床垫——日本以 3.8% 的最惠国税率主要从中国进口，货值约 4.4 亿美元）。如果对最不发达国家的原产地规则更宽松一些，最不发达国家就可以在这些产业部门吸引外国直接投资（FDIC），以便利用这些优惠待遇。

对其他国家或国家集团也可以采取类似的举措，以挖掘潜在的贸易机会。

本节建议采用《协调制度》拟订产品特定原产地规则，使之与区域贸易安排的给定缔约方的产业发展水平相匹配，这与本书第四章第二节所论述的情况相似。

现行方法的着眼点在于《协调制度》的结构。前面所列举的关于《协调制度》在拟订原产地规则方面的局限性的例子说明，《协调制度》并未找出解决问题的有效方法。但是，人们可以利用《协调制度》的结构制作一个投入/产出矩阵。当其与区域贸易安排的给定缔约方或者单边优惠贸易安排的受惠国的贸易流相匹配时，该矩阵即可在拟订原产地规则方面提供重要指南。[①] 这种分析还能用以确定使用进口原材料生产的出口产品。但这不应被理解为，这种方法偏向于采用《协调制度》作为界定实质性改变的主要标准。

相反，通过投入/产出矩阵确定有关产品后，即可利用各种技术拟订产品特定原产地规则。

投入/产出矩阵与进口贸易流相关联，可借此确定可能用于生产最终出口产品的进口原材料。显然，其结果可以通过与国内生产商磋商得到证实。如果投入/产出分析的初步结果得以证实，原产地规则要求改变这一格局的话，就意味着增加成本。

在这样的情况下，将一项给定的原产地规则对比另一项原产地规则的成本进行评估分析，对谈判人员或者研究人员来说都是一项很有用的工具。如果强迫马拉维使用原产于南部非洲发展共同体而不是中国的织物生产服装向南非出口，这样的要求会耗费多少成本？

进一步阐释这一方法的着眼点，就是将其他要素纳入考虑的范围。第一项要素是优惠幅度。之所以拟订原产地规则，是因为它们与减免税优惠相关。采用难以满足的或者需要增加原材料成本的次优原产地规则，必然会产生成本。

根据各种不同的函数，此类成本及其对贸易的影响也各不相同：（a）相同品质、相同价位的原材料是否可以从国内得到；（b）可以从国内得到这些原材料

① 表 2.9 中供考虑的一些产品特定原产地规则是根据这一方法的结果得出的，已在谈判中得到应用。

时，与进口原材料相比，这些原材料在价格和质量上有何差异；以及（c）优惠幅度，即最惠国税率与优惠税率的差幅。

在上述（a）项所述情况下，由于生产商不能从国内获得原材料，而原产地规则又不允许使用进口原材料，其惩罚与优惠幅度相当。在局部均衡模型的这一情形下，区域贸易安排是不会产生贸易创造效应的，因为原产地规则无法得到满足，而最惠国税率依然适用。在（b）项所述情况下，最简单的情形是，所产生的成本与国产原材料与进口原材料之间的价格差异及其贸易转移效应相当。

但是，如果原材料质量上的差异不能满足进口商的要求，或者所使用的国产原材料的价格超过了优惠幅度，在局部均衡模型中，其结果将与（a）项所述的情况相同：生产商会选择忽略原产地规则，在最惠国条件下开展贸易。

必须承认，在这些假设中，许多变量是无法得到的。尽管如此，通过这种分析可以得出一些有用的数据，这也许能为谈判提供一些指引。我们在试图确定这些数据，以便使等式成立时，可以发现下列情况：

● 在（c）项下的数值为优惠幅度的情况比较容易出现。

● 在（b）项所述情况下，其数值也许是国产原材料与进口原材料之间按单价计算的价格差异。此数值有可能被转换成对最终出口产品征收的关税，这将会使优惠幅度缩小。在原材料的质量存在差异的情况下，必须与私营部门磋商后才能进行计算。如果转而使用国内质量的原材料意味着销售损失，则该数值为零，因其没有贸易效应。如果转而使用国内质量的原材料意味着要压低出口价格以利于销售，通过将这些损失与优惠幅度的潜在收益进行对比，即可得出该数值。

人们必须进行更多的分析，才能进一步发展从不同的经验教训中得出的这一方法。有关的经验教训将在下面的章节中进行阐述。

（一）欧盟普惠制项下原产地规则的经验

本书第四章已经利用这种方法，查找欧共体针对原产于孟加拉国、柬埔寨和老挝的某些服装的普惠制方案项下贸易优惠措施利用率较低的原因。这种方法的第一步，是根据服装生产过程中所使用的纱线和织物等材料和投入品，对《协调制度》进行分解，以契合服装的生产链。第二步是将 HS 品目和税目与服装生产过程中所使用的不同原材料的进口数据相对应。通过这样的分析可以发现，三国生产服装制成品所使用的大部分织物是进口的。因此，《除武器以外的产品倡议》（EBA）中某些税目项下的优惠措施利用率较低，是因为欧共体的原产地规则不允许使用进口织物进行服装生产。

这一结论可以通过对国内生产及其后向联动延伸可能性的分析加以补充。尽管如此，在与国内私营部门进行磋商时，根据这种方法而进行的案头分析仍然是非常有价值的。

接下来，如本书第四章所述的那样，必须把这种分析方法所得出的结论转化成新的原产地规则。这将促使欧共体针对第 62 章的原产地规则发生变化，如下表所示：

HS 编码	产品描述	赋予原产资格的制造或加工工序
ex 第 62 章	非针织或钩编的服装及衣着附件，但不包括：	用纱线制造（现行） 用织物制造（已修订）
ex6202、ex6204、ex6206、ex6209 及 ex6211	绣制的女式和婴儿服装及衣着附件	用纱线制造（已改为用织物制造），或者用非绣制织物制造 （只要所使用的非绣制织物不超过产品出厂价格的 40%） （根据已修订的规则，建议删除百分比要求）

在欧共体现行的《除武器以外的产品倡议》中，针对归入《协调制度》第 62 章的产品（服装）的原产地规则规定，使用进口原材料时，服装的加工工序应当从纱线开始。因此，必须在出口受惠国经过两道加工工序（纺织和缝制——"两级跳"）。

世界海关组织（WCO）/世界贸易组织（WTO）近期关于非优惠原产地规则的谈判及在优惠原产地规则领域的最新倡议显示，除了纯粹的纺织品和服装部门生产阶段以外，其他单一的或组合的实质性加工也可赋予原产资格。

例如，多年来，为了生产出款式新颖和有竞争力的织物和服装来紧跟时尚潮流和技术革新的步伐，漂白、印花、染色、涂层、层压、预纺、丝光、变形、膨化、与棉及化学纤维混纺或用橡胶处理的织物等生产工序不断发展。这些生产工序有些也许不能视为微小加工，因为它们需要复杂的生产工艺。因此，在考虑赋予原产资格的要求时，这些生产工序不应忽略不计。

现行的优惠原产地规则规定，必须经过两个甚至三个加工阶段才能实现实质性改变。人们吃惊地发现，作为目前所进行的非优惠原产地规则谈判的核心的同一个实质性改变概念，并未被转化为生产阶段，而是被转化为了组装加工。事实上，针对 ex 第 62 章服装的优惠原产地规则的现行条文规定，货品应当在一个国家经过组装加工。例如，织物经过裁剪后，对零件的所有缝制加工必须在一个国家进行。也就是说，规则要求用裁片制造，例如，用织物裁片或针织成形的衣服部件制造。

在赋予原产资格的加工工序方面，优惠和非优惠原产地制度之间存在着这么大的差异，只能被部分解释为，它们的目的各不相同，因为人们都是从实质性改变的同一概念出发，对它们进行构想和谈判的。就非优惠原产地规则而言，人们是从中立的原则出发而进行构想和谈判的。

（二）南部非洲发展共同体的经验

南部非洲发展共同体就第 62 章服装的原产地规则进行谈判期间，采用了与本书第四章所提出的方法相似的做法，将生产链的 HS 品目与马拉维、毛里求斯、南部非洲关税同盟、坦桑尼亚、赞比亚及津巴布韦等选定的南部非洲发展共同体国家纺织品和服装部门的进出口贸易数据相对应。

其中主要的问题是针对服装工业的产品特定原产地规则。最初在拟订现行的《贸易议定书》时，规定了三种普遍适用的选择性原产地规则，包括简单的税目改变规则。

在谈判中，需要研究的关键点是产品特定原产地规则对南部非洲发展共同体现有的生产链可能造成的影响。双重加工要求也许与某些垂直导向的生产设施相匹配。在生产主要集中于单一阶段加工工序的情况下，采用具有双重加工要求的产品特定原产地规则很可能会出现问题，因为生产商要么必须改变原材料的来源，要么必须投资购买新的机器，要么放弃关税优惠。

表 5.9 南部非洲关税同盟项下建议采用的产品特定原产地规则清单摘要

HS 编码	产品描述	根据规则二 1（b）及（c）项赋予原产资格的规则
第 60 章	针织物及钩编织物	用以下材料制造： ● 天然纤维 ● 未梳或者未经其他纺前加工的化学纤维短纤，或者 ● 化工材料和纺织浆料
第 61 章	针织或钩编的服装及衣着附件： ● 通过缝纫或者其他方式将两件以上裁剪成形或者直接成形的针织或钩编织物裁片拼接在一起； ● 其他。	用纱线制造 用以下材料制造： ● 天然纤维 ● 未梳或者未经其他纺前加工的化学纤维短纤，或者 ● 化工材料和纺织浆料
ex 第 62 章 ex 6202 ex 6204 ex 6206 ex 6209 及 ex 6211	非针织或钩编的服装及衣着附件，但不包括： 刺绣的女式及婴儿服装及婴儿服装附件	用纱线制造 用纱线制造，或者 用未经刺绣的织物制造，只要所使用的未经刺绣织物不超过产品出厂价格的 40%

接下来我们利用进出口投入/产出矩阵，来分析不同的原产地规则对该特定产业部门的影响。例如，如果南部非洲发展共同体的某一国家从亚洲大量进口针织物，并向南部非洲发展共同体的其他国家出口服装，那么，该国在满足双重加工要求方面遇到困难是明摆着的。显然，我们必须完成这一分析，并将其与当地的生产数据进行对比。

无论如何，所采用的方法是确定与本地区的生产能力相适应的原产地规则的第一步。可按不同的规则将《协调制度》分解，得出投入/产出表，制作一系列与之相匹配的表格，这些不同的规则可作为分析特定国家表格的基础：

（1）目前《贸易议定书》所包含的简单的税目改变；

（2）具体列明的南部非洲发展共同体产品特定规则。

毫不奇怪，这一方法的结果表明，南部非洲发展共同体中多数成员方（包括毛里求斯）均从该地区以外进口一些税目项下的织物。更具体地说，就是从亚洲国家进口织物并将其加工成服装，然后出口到南部非洲发展共同体市场。尽管如此，产品特定规则（特别是南部非洲发展共同体议定书中针对纺织品和服装的产品特定规则）的谈判变成了最艰难的谈判之一。

（三）中国—东盟自由贸易区的经验

根据这种方法，我们对中国—东盟自由贸易区的产品特定原产地规则谈判进行了分析。其中，区域内贸易及产业内贸易的规模和种类可用以进一步检验这一方法的适用性。我们制作了两套表格。第一套表格包含了过去三年中国向东盟出口量最大的产品税目。第二套表格包含了从全世界进口量最大的产品税目。然后把根据《协调制度》制作的进口/出口矩阵应用到这些表格中，以在进口原材料与出口产品之间建立关联。

计算机零部件归入 HS 子目 8473.30。2002 年东盟各国与中国之间贸易量最大的进出口商品均归入该子目。该子目的贸易流反映出，中国与东盟之间存在着大量的计算机零件和子部件的组装加工。

这些贸易流也反映了产业内贸易的情况，即中国从东盟各国进口计算机零件，组装成归入同一品目项下的子部件，再向东盟出口。

这些情况自然需要与有关的电子产业进行沟通，以对初步假设的情况进行核实。假定与国内产业会商后这一产业内贸易的发展趋势得到确认，即可按以下方式拟订原产地规则：

（A）从任何其他品目改变至品目 8473。[①]

该规则实际上意味着，在中国使用从东盟进口的零件制造子部件的所有组装加工不得视为原产于中国，因为最终产品归入同一品目。

当然，如果从东盟进口的零件是东盟原产的，累积规则就可以发挥作用。否则，可以考虑选用其他方法，例如，可以采用基于明确的百分比的百分比标准和规则进行计算：

（B）无需从其他品目改变至品目 8473，只要区域价值成分不低于：

（1）依据累加法计算时，为 35%；或者

① 这一规则摘自《美国—新加坡自由贸易协定》。

（2）依据扣减法计算时，为45%。①

然后，有关方必须与国内产业进行磋商，以找到按累加法还是扣减法计算从价百分比的正确方法。

另一个例子是归入HS子目8414.30的压缩机；该产品是2002年中国向东盟出口的第五大产品。

投入/产出矩阵显示，HS子目8414.90——压缩机零件——名列同一时期从美国和日本进口产品的第36位。根据这一发现可以确定，出口到东盟的压缩机的某些零件中含有从该地区境外进口的零件。假定这一发现在有关部门与国内产业磋商后得到确认，即可按以下方式拟订压缩机组装加工的规则：从任何其他子目改变至子目8414.30，从子目8414.90改变至该子目的除外。这就意味着，向东盟出口的压缩机因使用从日本和美国进口的零件而不符合原产地规则的要求。

这一简单例子说明，通过研究分析、与私营部门磋商，并利用技巧，拟订与自贸区伙伴国的产业能力和贸易流相匹配的透明的原产地规则并不是不可能的。

（四）《经济伙伴关系协定》项下产品特定原产地规则的谈判

尽管与所有非加太国家（ACP）的经济伙伴关系协议谈判已于2002年9月启动，但欧盟和非加太国家均低估了达成经济伙伴关系协议的复杂性和所需时间，特别是非洲国家。2007年第四季度，随着截止日期的临近，欧盟和6个非加太国家中的5个（不包括加勒比海国家，已于2007年12月与这些国家达成并签署了涵盖货物和服务的全面经济伙伴关系协议）同意促成签署一项经济伙伴关系临时协议，使欧盟与有关非加太国家的贸易关系符合WTO规则（特别是《关税与贸易总协定》第24条）。

如表3.7所示，并非所有地区都能够启动经济伙伴关系临时协议的谈判。

在这些临时协议中，双方均承诺继续谈判，以便在2008年年底前（签署东部非洲共同体（EAC）文本的国家应在2009年年中前）签署全面的经济伙伴关系协议。

各方组织了多项研究和多次会议，以确定经济伙伴关系协议中可以采用的最佳原产地规则。这些研究有的已在本书第四章中被论述过。但是，多数地区未能提出技术上可行的合理建议。有的地区希望引入不对称的原产地规则；有的地区则坚持采用全面适用的子目改变规则。在所有非加太国家继续采用累积的规则，是非加太国家估计过高的另一个谈判目标。

非加太国家集团最初商定，在经济伙伴关系协议中采用共同的原产地规则，而不是6个预期达成的经济伙伴关系协议采用各自不同的原产地规则。但是，

---

① 这个例子摘自《美国—新加坡自由贸易协定》。关于累加法和扣减法计算的参数，参见本章第四节。

2007年在斐济举行的非加太集团部长理事会上，各方一致认为，所剩时间不多了，因此，每个区域谈判小组应当着手各谈各的原产地规则。为了避免出现每个谈判区域采用根本不同的原产地规则的情况，各方还商定，非加太国家集团秘书处应当制作一个模板，以供各区域的谈判人员进行原产地规则谈判时使用。

在部长会议召开前，非加太国家集团秘书处于2006年10月19日至20日在非加太组织所在地举办了一次原产地规则研讨会。所有6个非加太经济伙伴关系协议谈判区域的代表和许多原产地规则专家出席了会议。会上达成了以下共识：

● 必须把原产地规则置于经济伙伴关系协议谈判的核心地位，而不应将其当成一个纯粹的技术问题，因为没有适当的原产地规则，就不会有真正的优惠待遇。

● 应当制定简单、非限制性的原产地规则，以巩固地区一体化，并鼓励优惠措施的利用。

● 就应当采用的原产地标准而言，最好采用全球普遍适用的规则，而不是涉及利益集团的产品特定规则，因为后者将使规则的制定和实施变得非常困难。

● 增值方法在概念上非常简单，但实施起来非常复杂，因为这种方法需要有良好的会计制度，而这正是某些非加太国家所缺少的。

● 可以考虑采用采用材料百分比标准，这在某种程度上比增值方法简单。

● 应当对纺织品和渔产品等关键产业部门给予特别关注。

● 应当尽可能避免在6个谈判地区采用各不相同的原产地规则。

● 最初制定并提出的原产地规则模式为启动谈判打下了很好的基础，但它只是一种一般模式，需要进一步加以完善，使之变成一种范式，以确保6个非加太谈判实体采用同一种模式。

● 该范式应当尽可能考虑原产地规则专家小组在其第三次会议上提出的建议。

● 应当对海洋渔产品的原产地规则进行研究，充分考虑到该产业的可持续发展性、沿海国家管理其资源的能力，以及在这些产业部门的投资收益等问题。

● 对于渔产品，可能的解决方案是对初级产品和加工产品采用不同的标准。

非加太国家集团秘书处设计了一个模板，旨在协助6个非加太谈判地区达成以科托努原产地规则为基础的原产地规则。一经采用，将会增强6个地区与欧共体所达成的原产地规则的一致性。

专家小组会议提出的一项主要建议是，有关机构应当采取一切办法来防止6个地区与欧共体达成6个不同的原产地规则。否则，目前为加强并深化区域一体化进程（特别是在非洲）所作的努力会遇到阻碍。

正是基于上述原因，专家小组同意拟订一份原产地规则议定书范本草案。一旦6个非加太谈判区域就这一草案达成一致，它将作为与欧共体开展原产地规则谈判的基础。尽管谈判是在地区层面进行的，非加太国家集团秘书处还是想发挥协调作用，以确保所有地区了解所有其他地区谈判的进展情况。

第五次非加太国家原产地规则专家小组会议于 2007 年 2 月举行。会议提出了议定书范本草案的第一稿。草案建议采用全面适用的增值标准。建议采用这一方法的主要理由是，经济伙伴关系协议项下原产地规则谈判的时间不多了。人们认为，采用全面适用的标准也许是一条捷径，因为已没有时间就每个税目项下的产品特定原产地规则进行谈判。

2007 年 2 月，在布鲁塞尔举行的第五次会议上，专家们经过讨论认为，本次会议所提交的议定书范本草案应当结合专家组的意见进行修改。专家组的意见概括如下：

● 应当同时采用税则归类改变和增值标准对经济伙伴关系协议项下的原产地规则进行界定；

● 应当以东部和南部非洲议定书草案为源文件，对非加太国家范围内适用的建议文本进行修改；

● 应当把与认证和管理程序相关的问题列入非加太国家范围内适用的草案修改稿。

在这些前期工作的基础上，修改后的议定书范本草案于 2007 年 7 月被提交给了非加太国家专家组。该草案是按以下设想进行拟订的：

● 引入税则归类改变标准意味着，需要像东部和南部非洲议定书草案所列的那样，就产品特定原产地规则进行谈判。

● 但是，没有必要达成一整套毫无遗漏地涵盖所有产品的产品特定原产地规则，这是因为，要么非加太地区在某些 HS 品目的贸易量并不大，要么欧共体在其他税目上的最惠国税率为零。因此，应当把注意力集中在为贸易流量大的税目制定产品特定规则。为此，议定书范本草案随附了一个模板，模板上包含了现行科托努原产地规则的详尽信息、优惠幅度、来自不同非加太地区的特定品目或章节项下的贸易流，以及建议采用的经简化的产品特定原产地规则。

● 模板所包含的产品特定原产地规则利用专家小组所建议的不同拟订技术，并借鉴其他协议的经验，旨在使现行的科托努产品特定原产地规则变得宽松一些。

● 模板将作为一项灵活的谈判工具。一旦清稿，即可成为各个非加太地区包含产品特定原产地规则的议定书。

● 至于认证和管理程序，考虑到各方对所提出的欧共体公约草案的意见，作为一项过渡性措施，各方认为应当采纳现行的科托努程序，并根据东部和南部非洲议定书，对其进行微调。应当利用过渡期，对引入欧共体公约或者其他替代方案建议推行的新制度所产生的影响进行评估。

议定书范本草案对两大类原产产品作了规定：

“（ⅰ）完全获得产品，是指在出口国采集、开采、生长和饲养的农产品和矿产品等（例如，原产于有关成员方的矿产品、蔬菜产品、活动物、从活动物中获得的产品等）。《京都公约》附约 D1 包含了构成完全获得产品的定义，大多数优惠原产地规则沿用了这一定义。

（ⅱ）实质性改变，可以通过随附的模板中具体产品层面的下列一种或几种方式加以实现：

a. 税则归类改变；

b. 以材料的价值表示的增加值；

c. 特定加工工序。”

就税则归类改变而言，《协调制度》主要是一套海关归类制度，而不是界定实质性改变的方法，因此，有时发生了税则归类改变，但不构成实质性改变；有时发生了实质性改变，却没有发生税则归类改变。这方面的例子不胜枚举。为了克服这一技术难题，避免拟订过程中因采用子目改变（CTSH）或者拆分子目改变（CTSHS）而导致产品特定原产地规则过于复杂，科托努原产地规则所采用的“从任何品目制造”的表述方式被借用了过来。

正如模板上的注释和科托努原产地规则先前的注释所述的那样，这一表述意味着，只要一项规则采用“由任何品目的材料制造”的表述，任何品目的材料（即使材料的商品描述和品目均与产品的商品描述和品目相同）均可使用。上述品目显然也包括子目，但这些材料的使用有可能会受到有关规则中所列的具体限制的影响。

这一规则是一项宽松的子目改变规则（在六位数一级），甚至发生在同一子目内的某些加工工序，都允许赋予原产资格。

在这种极端情况下，借助微小加工或处理要求清单，仍可确保将这些加工视为实质性改变。

采用“从任何品目制造”的表述方式，就是允许在许多情况下采用非常宽松的规则，以免拟订产品特定原产地规则的过程进一步复杂化。但是，基于技术上的理由，有些人会反对采用这种方式。在其他情况下，会采用简单的税目改变方式，含有或不含例外情况说明，以保持产品特定规则的宽松特征。

在某些情况下，特定加工工序的定义会被采用，以便使规则通俗易懂，便于经营者理解。特别是在纺织品和服装部门（对许多非加太国家的出口商来说，这是一个关键领域）采用包括染色和漂白等在内的相关加工工序。

增值标准主要用于机械和电子产品章节（第 84 章至第 96 章）。在这一领域，应当注意两个问题：第一个问题与建议采用的分子和分母的计算方法相关，该方法与现行科托努制度所采用的方法不一样。增加值是按两种计算公式计算，称为累加法和扣减法，是从《中美洲自由贸易协定》（CAFTA）借鉴而来，其公式如下：

基于非原产材料价值的方法（“扣减法”）

$$RVC=\frac{AV - VNM}{AV}\times 100$$

基于原产材料价值的方法（“累加法”）

$$RVC=\frac{VOM}{AV}\times 100$$

其中：

● RVC 为区域价值成分，以百分比表示；

● AV 为经调整的价值；

● VNM 为商品的生产商获得并用于商品生产的非原产材料的价值；VNM 不包括自产材料的价值；以及

● VOM 为生产商获得或自产并用于商品生产的原产材料的价值。

引入这些变化是考虑到与非加太国家进口材料的运费有关的特殊情况。总的来说，所采用的计算方法是以对议定书草案第 6 条所规定的材料价值所作的调整为基础。议定书草案第 6 条一方面允许在采用“扣减法”时将运到区域内最近港口的 CIF 价格成本予以扣除，另一方面允许在采用“累加法”时将区域间的内陆运输成本计入其中。这种计算加工过程中所使用的材料价值的方法，为非加太国家遵守欧共体的原产地规则带来了极大的便利。

第二个问题与百分比的水平有关。在“累加法”中，其百分比暂定为 20%；在“扣减法”中，其百分比暂定为 30%。为了能够就如何让这些临界值顾及非加太国家加工能力的问题进行切合实际的评估，进一步的工作有待进行。

一般来说，为特定的产业部门拟订更宽松、更简单的产品特定原产地规则时，可采用以下基本做法，人们不时会从世界海关组织原产地规则技术委员会（TCRO）和 WTO 原产地规则委员会（CRO）所开展的大量技术工作中吸取经验来调整这些做法：

● 在加工农产品部门，科托努规则对加工农产品的生产过程中所使用进口的初级材料加以限制。例如，在生产奶酪时，不能使用进口牛奶。在饮料生产中，对使用第 17 章（糖）的材料作出了一系列限制。采用简单的税目改变标准可以消除这些限制，从而允许使用此类进口的初级材料。

● 在第 28 章至第 40 章的化工品部门，建议采用章级普通规则，以便将化学反应、粒子尺寸的改变及提纯等加工视为赋予原产资格的加工。

● 在皮革产品部门，染色、鞣制和复鞣可视为赋予原产资格的加工。

● 在纺织品和服装部门，单一阶段改变可赋予原产资格，取代了此前的双重改变要求。此外，染色、印花及刺绣也可赋予原产资格。

● 在第 84 章至第 91 章的机械和电子产品部门，采用“累加法”的临界值暂定为 20%，采用“扣减法”的临界值暂定为 30%。

● 计划于2007年秋天在非加太地区对制造商进行一系列实地调研，同时进行问卷调查，以便就采用百分比要求时最为符合各产业部门实际的临界值作出评估。

尽管近期在探索制定非加太地区范围内适用的原产地规则方面进行了尝试，但这些尝试并未转化为谈判立场。大概是因为时间过于仓促，在一些问题上，各区域的立场也出现分化。与此同时，由于欧委会内部意见不统一，欧共体的原产地规则改革也进展缓慢。

2007年年末，由于时间仓促，在对第3章的规则作出若干修改后，科托努规则被应用到经济伙伴关系临时协议当中。

尽管失去了机会，但继续与欧共体进行原产地规则谈判的大门仍然是敞开的。撇开关于采用全面适用的规则还是采用产品特定规则或者其他拟订技术的争论不说，刚刚在本章第四节第三部分作了概述的方法已被用于确定（a）原产地规则可以发挥作用的产品，以及（b）顾及非加太国家产业加工能力的那些产品的产品特定规则。

以非洲东部和南部地区为例，按东部和南部非洲国家对欧共体出口量最大的产品部门统计，最有可能遇到困难的当属服装和渔业产品部门。服装部门遇到的困难对毛里求斯和马达加斯加的许多出口商品造成了影响。他们遇到的困难与欧共体原产地规则中双重加工要求相关。渔业产品部门则受到本书第3章所述及的严格原产地规则的影响。

评估工作的目的还在于确定一些东部和南部非洲国家各自在满足现行的欧共体原产地规则方面可能遇到困难的其他产品。专家们制作了三套表格，第一套表格列出了近年（2004年）在子目一级，东部和南部非洲国家向欧共体出口量最大的产品。第二套表格列出了该地区对全球出口量最大的产品的相同信息。第三套表格列出了它在子目一级进口量最大的产品。

经对这些表格进行研究，可以发现，在东部和南部非洲国家集团仍在进行内部谈判的同时，肯尼亚对欧共体出口量最大的产品归入27个税目，贸易量超过10亿美元。最重要的产品为鲜花、新鲜蔬菜、咖啡和茶。这些产品在满足原产地规定方面一般不会遇到太大的问题，因为它们都是在肯尼亚生长和收获的产品。

但是，查看一下进口量最大的原材料即可了解到，2004年，茶的进口量达到1,500万美元。这些进口茶既可用于当地消费，也可用于与当地的品种混合，制成品质更好的混合茶以供出口。这一做法会对原产地的要求产生影响。欧共体对茶的原产地要求是从任何品目（包括该产品所属品目）制造。这就意味着，可以用进口茶随意与肯尼亚产的茶进行混合，以制成混合茶向欧共体出口。由此可见，对于这种特定产品，满足现行的泛欧原产地规则不会有困难。

进口统计数据还揭示了食品或饮料制品生产中所使用的糖和其他芳香物质混合物的进口情况。这些产品用于果汁（对欧共体出口量最大的八种产品之一）生产时，就会遇到原产地规则方面的问题。因为，欧共体针对品目 2009 的规则规定，所有水果、干果或者第 7 章至第 8 章的蔬菜及第 17 章的任何糖产品必须是原产的。在这种情况下，更宽松的原产地规则有待制定。

就毛里求斯而言，出口统计数据显示，除了纺织品、服装和渔业产品外，子目 8525. 20 项下电视机的出口额达到 8，800 万美元，在 2004 年对欧共体出口量最大的产品中名列第四位。再来看进口统计数据，同样归入子目 8525. 20 的产品在从全球进口量最大的产品中名列第二位，总贸易额达到 2. 84 亿美元。在毛里求斯对世界出口量最大的产品中，该产品名列第三位，贸易额为 2. 65 亿美元。从这些分析中可以看出，电视机的某些组装加工是在子目 8525. 20 内进行的。在毛里求斯进行的这些组装加工是否足以满足欧共体的原产地规则仍有待观察。欧共体的原产地规则规定，进口原材料的价值不得超过出厂价格的 40%，并且非原产料件的价值不得超过所有原产材料的价值。其选择性规则规定，进口原材料占最终产品出厂价格的最高比例为 25%。

表 5. 10 包含了根据本节所述方法制作的完整原产地规则草案模板，供东部和南部非洲和南部非洲发展共同体与欧共体进行原产地规则谈判时参考。为方便查阅，模板包含了科托努协议项下的原产地规则及其平均优惠幅度。

表 5.10　科托努规则与东部和南部非洲及南部非洲发展共同体针对部分对欧共体出口量最大的产品建议采用的规则（包括选择性普通规则）对照表

HS 编码	产品描述	现行科托努规则				ESA 贸易额	SADC 贸易额	选择性规则
		ACP 税率	MFN 税率	优惠幅度	对非原产材料实施的可赋予原产资格的制造或加工			
0201	鲜、冷牛肉	4.07	16.8	12.8	用任何其他品目的材料制造，但用品目 0202 的冻牛肉制造的除外	无	44.273	可能的选择性方案： a）用活动物制造，即屠宰为赋予原产资格的加工 b）一段时间的育肥可赋予原产资格
03	鱼、甲壳动物、软体动物及其他水生无脊椎动物	0.0	10.82	10.82	其生产过程中所使用的第 3 章的所有材料为完全获得	352.795 所使用的第 3 章的所有材料必须是完全获得的	544.460	建议采用的规则：参见渔业产品的完全获得定义 可能的选择性方案： a）将鱼切片为赋予原产资格的加工 b）将鱼干燥和盐渍为赋予原产资格的加工 c）对鱼的重腌为赋予原产资格的加工 d）制造鱼粉或鱼片为赋予原产资格的加工
08	食用水果及坚果；柑橘属水果或甜瓜的果皮	2.27	13.56	11.52		43.783 所使用的第 8 章的所有水果和坚果必须是完全获得的	794.735 所使用的所有水果和坚果为完全获得	

续表

HS 编码	产品描述	现行科托努规则				ESA 贸易额	SADC 贸易额	选择性规则
		ACP 税率	MFN 税率	优惠幅度	对非原产材料实施的可赋予原产资格的制造或加工			
					其生产过程中： － 所使用的所有水果和坚果为完全获得 － 所使用的第 17 章的所有材料价值不超过产品出厂价格的 30%			所使用的所有水果和坚果为完全获得
09	咖啡、茶、马黛茶及调味香料				其生产过程中所使用的第 9 章的所有材料为完全获得	407. 380 用本品目以外的材料制造	47. 011 所使用的第 9 章的所有材料是完全获得的	与科托努规则相同
0901	咖啡，不论是否焙炒或浸除咖啡碱；咖啡豆荚及咖啡豆皮；含咖啡的咖啡代用品	0. 0	6. 05	6. 05	用任何品目的材料制造	261. 912	39. 101 用任何品目的材料制造	与科托努规则相同
0902 0910	茶，不论是否加香料 ex 0910 调味香料混合物	0. 0	0. 80	0. 80	用本品目以外的材料制造 用本品目以外的材料制造	111. 595	7. 845 所使用的所有材料的价值不超过产品出厂价格的 50%	与科托努规则相同

续表

HS 编码	产品描述	现行科托努规则				ESA 贸易额	SADC 贸易额	选择性规则
		ACP 税率	MFN 税率	优惠幅度	对非原产材料实施的可赋予原产资格的制造或加工			
16	肉、鱼、甲壳动物、软体动物及其他水生无脊椎动物的制品					281.277 用本品目以外的材料制造	1.606 其生产过程中： – 用第 1 章动物产品制造，及/或 – 所使用的第 3 章的所有材料是完全获得的	税目改变
1604	制作或保藏的鱼	0.0	17.83	17.83	用第 1 章的动物制造。所使用的第 3 章的所有材料必须是完全获得的	280.996	无 用本品目以外的材料制造	
1701	固体甘蔗糖、甜菜糖及化学纯蔗糖	0.0	15.13	15.13	用本品目以外的材料制造	468.948	15345 所使用的第 17 章的所有材料的价值不超过产品出厂价格的 30%	精炼糖可视为赋予原产资格的加工
20	蔬菜、水果、坚果或植物其他部分的制品	N. A.	0.41 20.8	N. A.	其生产过程中所使用的所有水果、坚果和蔬菜为完全获得	83.143 用本品目以外的材料制造	122.016 用本品目以外的材料制造	用本品目以外的材料制造

续表

HS 编码	产品描述	现行科托努规则				ESA 贸易额	SADC 贸易额	选择性规则
		ACP 税率	MFN 税率	优惠幅度	对非原产材料实施的可赋予原产资格的制造或加工			
ex2008	坚果，不加糖或加酒	0.0	19.95	19.95	其生产过程中所使用的品目0801、0802及1202至1207的原产坚果和含油子仁的价值不超过产品出厂价格的60%	44.168	89.348	用本品目以外的任何品目的材料制造
	－花生奶油；谷物混合物；棕榈芯；玉米				用本品目以外的材料制造			
	－其他，用蒸煮以外的其他方法加工的水果或坚果，不加糖，冷冻的				其生产过程中： －用本品目以外的材料制造，以及 －所使用的第17章的所有材料的价值不超过产品出厂价格的30%			
ex2009	未发酵及未加酒精的水果汁（包括酿酒葡萄汁）、蔬菜汁，不论是否加糖或其他甜物质	0.0	24.46	24.46	其生产过程中： －用本品目以外的任何品目的材料制造，以及 －所使用的第17章的所有材料的价值不超过产品出厂价格的30%	12.194	32.575	用本品目以外的任何品目的材料制造

续表

HS 编码	产品描述	现行科托努规则				ESA 贸易额	SADC 贸易额	选择性规则
		ACP 税率	MFN 税率	优惠幅度	对非原产材料实施的可赋予原产资格的制造或加工			
24						烟草、烟草及烟草代用品的制品	256.823 用本品目以外的材料制造	107.656 用本品目以外的材料制造
2401	烟草;烟草废料	59.8	43.85 69.4	9.6	生产过程中所使用的第 24 章的所有材料为完全获得	255.207 所使用的第 24 章的所有材料是完全获得的	107.656	用本品目以外的材料制造
48	纸及纸板;纸浆、纸或纸板制品	0	0.13 9.3	9.3	用本品目以外的材料制造	1.569 用其他品目材料制造	121.069 用本品目以外的材料制造	
4802	未经涂布的手工制作书写纸…成卷或成张				用第 47 章的造纸材料制造	无	33.033	税目改变
4804	未经涂布的牛皮纸及纸板,成卷或成张(不包括品目 4802 或 4803 的货品)	0	9.9 9	9	用第 47 章的造纸材料制造	无	87411	税目改变
52	棉花					100.877 用本品目以外的材料制造	17.199 用本品目以外的材料制造	
	未梳或已梳棉花				用本品目以外的材料制造	66.332	9.468	与科托努规则相同

续表

HS 编码	产品描述	现行科托努规则				ESA 贸易额	SADC 贸易额	选择性规则
		ACP 税率	MFN 税率	优惠幅度	对非原产材料实施的可赋予原产资格的制造或加工			
61	针织或钩编的服装及衣着附件					453.877 用本品目以外的材料制造，但用品目 6117 的材料制造的除外	5.918 用其他章的材料制造，只要所使用的非原产织物的价值不超过产品出厂价格的 60%。对于仅经裁剪(或编织成形)并缝制的产品，产品的裁剪(或编织成形)、缝制或其他拼接工序必须在缔约方境内完成(11)。	
第 61 章	针织或钩编的织物通过将两块以上的针织或钩编织物裁片或直接成形的针织或钩编织物缝制或拼接在一起制得 - 其他				用以下材料制造： 用纱线制造 ● 天然纤维 ● 未梳或者未经其他纺前加工的化学纤维短纤，或者 ● 化工材料和纺织浆料			通过将两块以上的针织或钩编织物裁片或直接成形的针织或钩编织物缝制或拼接在一起制得

续表

HS 编码	产品描述	现行科托努规则				ESA 贸易额	SADC 贸易额	选择性规则
		ACP 税率	MFN 税率	优惠幅度	对非原产材料实施的可赋予原产资格的制造或加工			
62	非针织或非钩编的服装及衣着附件	0.0	12.00	12.00	用纱线制造	104.100 用本品目以外的材料制造，但用品目 6217 的材料制造的除外	32.080 用其他章材料制造，只要所使用的非原产织物的价值不超过产品出厂价格的 60%。对于仅经裁剪（或编织成形）并缝制的产品，产品的裁剪（或编织成形）、缝制或其他拼接工序必须在缔约方境内完成（11）。	通过将两块以上的针织或钩编织物裁片或直接成形的针织或钩编织物缝制或拼接在一起制得
ex6202 ex6204 ex6206 ex6209 及 ex6211					刺绣的女式及婴儿服装及婴儿服装附件	用纱线制造（2），或者	用未刺绣织物制造，只要所使用的未刺绣织物不超过产品出厂价格的 40%	
ex6210 及 ex6216	用铝箔包覆的聚酯纤维织物制的耐火器材				用纱线制造(2)，或者 用未涂布织物制造，只要所使用的未涂布织物不超过产品出厂价格的 40%			

续表

HS 编码	产品描述	现行科托努规则				ESA 贸易额	SADC 贸易额	选择性规则
		ACP 税率	MFN 税率	优惠幅度	对非原产材料实施的可赋予原产资格的制造或加工			
6213 及 6214	手帕，披巾、领巾、围巾、披纱、面纱及类似品				用未漂白单纱制造			用织物制造，伴随印花或染色或刺绣，以及至少两道预处理或整理加工
	- 刺绣的				用未漂白单纱制造(1)(2)或者用未刺绣织物制造，只要所使用的未刺绣织物不超过产品出厂价格的 40%			
	- 其他				用未漂白单纱制造(1)(2)或者伴随两项预加工或整理工序(例如，精炼、漂白、丝光、热处理、起绒、研光、抗缩水加工、永久定型、蒸呢、浸渍、织补及修补)，只要所使用的品目 6213 和 6214 的所有未印花产品的价值不超过产品出厂价格的 47.5%。			
72	钢铁					63.823 用本品目以外的材料制造	1,688.529 用本品目以外的材料制造	所使用的所有材料为本品目以外的材料
7202	铁合金	0	3.9	3.9	用品目 7201、7202、7203、7204 或 7205 的材料制造	59.144	1,078.475	

续表

HS 编码	产品描述	现行科托努规则				ESA 贸易额	SADC 贸易额	选择性规则
		ACP 税率	MFN 税率	优惠幅度	对非原产材料实施的可赋予原产资格的制造或加工			
7208 至 7216	铁或非合金钢平板轧材、条和杆、角材、型材、异型材	0.6	4.9	4.3	用品目 7206 的锭或其他初级形状产品制造	2.965	148.415 用品目 7206、7207 的锭或其他初级形状产品制造	税目改变或包覆或电镀处理
7217	铁丝或非合金钢丝	0.3	5.3	5	用品目 7207 的半成品材料制造	无	41432	税目改变，但从品目 7213 至 7215 改变至此的除外
ex721，7219 至 7222	不锈钢半成品，平轧产品，钢条和钢棒，角材和型材	N. A.	N. A.	N. A.	用品目 7218 的锭或其他初级形状产品制造	277.303 用品目 7218 的锭或其他初级形状产品制造	295.519 用品目 7218 的锭或其他初级形状产品制造	税目改变
73	钢铁制品				用本品目以外的材料制造	1.761 用本品目以外的材料制造	20.718 用本品目以外的材料制造	税目改变

续表

HS 编码	产品描述	现行科托努规则				ESA 贸易额	SADC 贸易额	选择性规则
		ACP 税率	MFN 税率	优惠幅度	对非原产材料实施的可赋予原产资格的制造或加工			
7308	钢铁结构体（品目 94.06 的活动房屋除外）及其部件(例如,桥梁及桥梁体段、闸门、塔楼、格构杆、屋顶、屋顶框架、门窗及其框架、门槛、百叶窗、栏杆、支柱及立柱);上述结构体用的已加工钢铁板、杆、角材、型材、异型材、管子及类似品	0	4. 1	4. 1	完全用其他品目材料制造,但不得使用品目 7301 的角材、型材和异型材		20. 586 用本品目以外的材料制造,但用品目 7301 的角材、型材和异型材制造的除外	税目改变或从任何品目的材料制造
84	核反应堆、锅炉、机器、机械器具及其零件				其生产过程中: - 用本品目以外的材料制造 - 所使用的所有材料的价值不超过产品出厂价格的 40%,或者所有材料的价格不超过产品出厂价格的 30%。	10. 637	1,773. 296 用本品目以外的材料制造	

续表

HS 编码	产品描述	现行科托努规则				ESA 贸易额	SADC 贸易额	选择性规则
		ACP 税率	MFN 税率	优惠幅度	对非原产材料实施的可赋予原产资格的制造或加工			
8407	点燃往复式或旋转式活塞内燃发动机	0	5.7	5.7	所使用的所有材料的价值不超过产品出厂价格的 40%	497 用其他品目产品制造	148.430	税目改变
8408	压燃式活塞内燃发动机（柴油或半柴油发动机）	0	4.4	4.4	所使用的所有材料的价值不超过产品出厂价格的 40%。	610 用本品目以外的材料制造	111.344	税目改变
8409	专用于或主要用于品目 8407 或 8408 所列发动机的零件	0	3.3	3.3	所使用的所有材料的价值不超过产品出厂价格的 40%	1.335 用本品目以外的材料制造，但从品目 8407 及 8408 的材料制造的除外	71.476	税目改变
8411	涡轮喷气发动机，涡轮螺桨发动机及其他燃气轮机				其生产过程中： – 用本品目以外的材料制造 – 所使用的所有材料的价值不超过产品出厂价格的 40%	373	33.238	子目改变
8473	专用于或主要用于品目 8469 至 8472 所列机器的零件	0	4.3	4.3	所使用的所有材料的价值不超过产品出厂价格的 40%	无	用本品目以外的材料制造，但从品目 8469 至 8472 的材料制造的除外	26.376 用任何品目的材料制造
8474	分类、筛选、黏聚、砂模成形机器	0	5.2	5.2	所使用的所有材料的价值不超过产品出厂价格的 40%	无	用其他品目产品制造，包括从第一列所述品目的其他材料制造	

续表

HS 编码	产品描述	现行科托努规则				ESA 贸易额	SADC 贸易额	选择性规则
		ACP 税率	MFN 税率	优惠幅度	对非原产材料实施的可赋予原产资格的制造或加工			
8483	传动轴、曲柄、离合器及联轴器(包括万向节)	0	2.1	2.1	所使用的所有材料的价值不超过产品出厂价格的 40%	用本品目以外的材料制造	21.794	用任何品目的材料制造
85	电机、电气设备及其零件;声音的录制和重放设备及其零件、附件				其生产过程中: – 用本品目以外的材料制造 – 所使用的所有材料的价值不超过产品出厂价格的 40% 所使用的所有材料价格不超过产品出厂价格的 30%。	8.538 用本品目以外的材料制造	229.960 用本品目以外的材料制造	
ex8511	各种类型的电点火及电启动装置,断流器等	N. A.	N. A.	N. A.	其生产过程中: ● 所使用的所有材料的价值不超过产品出厂价格的 40%, ● 所使用的所有非原产材料的价值不超过原产材料的价值,或者 ● 所使用的所有材料的价值不超过产品出厂价格的 25%	无	21.011	

续表

HS 编码	产品描述	现行科托努规则				ESA 贸易额	SADC 贸易额	选择性规则
		ACP 税率	MFN 税率	优惠幅度	对非原产材料实施的可赋予原产资格的制造或加工			
8525	无线电广播、电视发送设备，不论是否装有接收装置或声音的录制、重放装置；电视摄像机	0	3.6	3.6	其生产过程中： ● 所使用的所有材料的价值不超过产品出厂价格的 40%， ● 所使用的所有非原产材料的价值不超过原产材料的价值，或者 ● 所使用的所有材料的价值不超过产品出厂价格的 25%	92937	826	税目改变
8527	无线电话、电报、无线电广播接收设备，不论是否与声音的录制、重放装置或时钟组合在同一机壳内	0	10.7	10.7	其生产过程中： ● 所使用的所有材料的价值不超过产品出厂价格的 40%， ● 在上述比例限制内，所使用的品目 8529 的材料不超过产品出厂价格 5%， ● 所使用的所有非原产材料的价值不超过原产材料的价值，以及 ● 所使用的所有品目 8541 的晶体管为完全获得	无	46.018	税目改变

续表

HS 编码	产品描述	现行科托努规则				ESA 贸易额	SADC 贸易额	选择性规则
		ACP 税率	MFN 税率	优惠幅度	对非原产材料实施的可赋予原产资格的制造或加工			
8535 及 8536	电路的开关、保护或连接用的电气装置	0	4.6	4.6	其生产过程中: ● 所使用的所有材料的价值不超过产品出厂价格的 40%, ● 在上述比例限度内,所使用的品目 8538 的材料不超过产品出厂价格的 10%,或者 其生产过程中: ● 所使用的所有材料的价值不超过产品出厂价格的 25%	1317	232	税目改变
8537	用于电气控制或电力分配的盘、板、台、柜及其他基座,装有两个或多个品目 8535 或 8536 所列的装置,包括装有第 90 章所列的仪器或装置,以及数控装置,但品目 8517 的交换机除外	0	4.2	4.2	其生产过程中: ● 所使用的所有材料的价值不超过产品出厂价格的 40%, ● 在上述比例限度内,所使用的品目 8538 的材料价值不超过产品出厂价格的 10%, ● 所使用的所有材料的价值不超过产品出厂价格的 30%	无	1681	税目改变

续表

HS 编码	产品描述	现行科托努规则				ESA 贸易额	SADC 贸易额	选择性规则
		ACP 税率	MFN 税率	优惠幅度	对非原产材料实施的可赋予原产资格的制造或加工			
ex8541	二极管、晶体管及类似的半导体器件,但未切割成芯片的硅晶片除外				其生产过程中: - 用本品目以外的材料制造,以及 - 所使用的所有材料的价值不超过产品出厂价格的 40% 所使用的所有材料价值不超过产品出厂价格的 25%	无	87134	扩散或组装工序
8542	集成电路及微型组件 - 单块集成电路	0	12.9	12.9	其生产过程中: - 所使用的所有材料的价值不超过产品出厂价格的 40%,以及 - 在上述比例限度内,所使用的品目 8542 的所有材料不超过产品出厂价格的 10%,或者 扩散处理(其中,集成电路是在半导体芯片上通过适当引入掺杂物制造的),不论是否在第 3 条和第 4 条指定的国家组装以及/或者检测,或者 其生产过程中所使用的所有材料的价值不超过产品出厂价格的 25%	2301	无	扩散或组装工序

续表

HS 编码	产品描述	现行科托努规则				ESA 贸易额	SADC 贸易额	选择性规则
		ACP 税率	MFN 税率	优惠幅度	对非原产材料实施的可赋予原产资格的制造或加工			
	- 其他				其生产过程中： - 所使用的所有材料的价值不超过产品出厂价格的 40%，以及 - 在上述比例限度内，所使用的品目 8541 及 8542 的所有材料不超过产品出厂价格的 10%，以及所使用的所有材料的价值不超过产品出厂价格的 25%			
8544	绝缘（包括漆包或阳极化处理）电线、电缆（包括同轴电缆）及其他绝缘电导体，不论是否有接头；从每根被覆光纤组成的光缆，不论是否与电导体装配或装有接头	0	6. 3	6. 3	所使用的所有材料的价值不超过产品出厂价的 40%	53	所使用的所有材料的价值不超过产品出厂价格的 55%。但不得使用品目 8544 的金属导体 70. 117	用任何品目材料制造
8548	机器或设备的本章其他品目未列名的电气零件	0	4. 2	4. 2	使用的所有材料的价值不超过产品出厂价格的 40%	用本品目以外的材料制造，但用品目 8501 至 8547 的材料制造的除外		

续表

HS 编码	产品描述	现行科托努规则				ESA 贸易额	SADC 贸易额	选择性规则
		ACP 税率	MFN 税率	优惠幅度	对非原产材料实施的可赋予原产资格的制造或加工			
87						1728	1127962	
8703	主要用于载人的机动车辆	0	9.7	9.7	其生产过程中： - 所使用的所有材料的价值不超过产品出厂价格的 40%	用本品目以外的材料制造	其生产过程中（14），所使用的所有材料的价值不超过产品出厂价格的 60%	税目改变
8704	货运机动车辆	0	13	13	其生产过程中： - 所使用的所有材料的价值不超过产品出厂价格的 40% - 所使用的所有材料的价值不超过产品出厂价格的 30%	用其他品目产品制造，包括从第一列所述品目的其他材料制造		税目改变
8708	机动车辆的零件、附件，品目 8701 至 8705 所列车辆用	0	3.7	3.7	其生产过程中： - 所使用的所有材料的价值不超过产品出厂价格的 40%	用本品目以外的材料制造		用贱金属货品制造或税目改变（需在子目一级进一步明确）

续表

HS 编码	产品描述	现行科托努规则				ESA 贸易额	SADC 贸易额	选择性规则
		ACP 税率	MFN 税率	优惠幅度	对非原产材料实施的可赋予原产资格的制造或加工			
9401	坐具(不论是否可折叠成床)及其零件	0	5.6	5.6	用本品目以外的材料制造,或者从已经缝制成形的棉布与品目9401或9403的材料制造,只要 – 布的价值不超过产品出厂价格的25%,以及 – 所使用的所有其他材料是原产的,且不归入品目9401或9403,或者 其生产过程中所使用的所有材料的价值	88	376.274	区域成分价值不低于:(1)采用累加法时为20%,或(2)采用扣减法时为30%

注:本表仅供参考。东部和南部非洲(ESA)与南部非洲发展共同体(SADC)在产品特定规则和章级及品目级原产地规则上存在差异。本表选定SADC及ESA地区贸易最集中的章和品目,对其原产地规则进行了对比。

“与科托努规则相同”,是指科托努协议项下的相同规则可继续适用。需作进一步完善。

SADC贸易额包括南非在内。

CTH是指品目改变。

对于品目7221及7222,需在子目一级经过进一步精加工,以考虑到某些特定制造或加工工序。

第六章

原产地规则的管理

原产地规则的一个要素在于对它的管理。原产地规则是三大海关基本法律工具之一：基于《协调制度》的海关归类、海关估价及原产地规则。这些海关法律工具旨在帮助海关关员应对这样一些问题：货物如何归类？货物如何估价？货物产自哪里？

在日常商务中，原产地规则是边境日常管理的一部分，必须对其进行有效的管理，以提高通关效率，而不是阻碍贸易开展。

对原产地规则的管理通常集中在三个环节：（1）原产地证明文件（即原产地证书）的签发；（2）直接运输条件及其相关证明文件；以及（3）核查和货物通关后的补税程序。

在原产地规则的管理上没有多边规则。一方面，WTO《原产地规则协定》显然对此只字未提，另一方面，《京都公约》也仅是订出了一些指引。与此同时，随着自由贸易区协议的蓬勃发展，各方必须在多边纪律几乎完全缺失的情况下，就原产地规则及其管理要求进行谈判。

这些自由贸易协议大多正在取代原来的单边优惠措施。美国原来给予的单边优惠措施已为中美洲自由贸易区所取代，《科托努伙伴关系协定》及《洛美协定》原来给予的单边贸易优惠措施也正在被欧共体与非加太国家达成的《经济伙伴关系协定》所取代。

从单边贸易优惠措施向贸易互惠措施的转换意味着，原产地规则的管理及其实施将成为发展中国家海关管理的又一重要领域。发展中国家的海关除了维护其传统地位（例如，根据欧共体或美国的原产地规则签发出口货物原产地证书）以外，还要在进口环节对原产地规则进行管理。签订自由贸易协议和经济伙伴关系协议事实上意味着：从欧共体或美国进口到非洲国家和最不发达国家的货物将可享受优惠关税税率。

因此，确保优惠待遇是给予真正原产于欧共体或美国的货品，而不是经欧共体或美国转运，或者在欧共体或美国仅经微小加工和不充分加工的产品就成为必要之举。

在许多发展中国家，关税收入在财政预算中的占比依然很高。此外，许多发展中国家脆弱的产业结构对以优惠税率涌入的竞争产品贸易流高度敏感。基于这两个因素，在进口环节对原产地规则进行管理，将是发展中国家海关所面临的未来挑战之一。

由于缺乏这方面的多边规则，本章首先围绕普惠制项下原产地规则所取得的经验进行探讨。人们首先在普惠制领域就协调原产地规则管理相关的某些程序作出了努力。本章将对欧共体和美国所创设的展现原产地规则管理不同发展趋势的两大原产地规则“范式”作进一步考察，并对欧共体各国管辖下的一些重要原产地规则案例作出评析。

第一节　普惠制项下原产地规则的管理

普惠制项下原产地规则的管理是依照普惠制的实体规则进行的。尽管付出了种种努力，协调的成果却十分有限。与其他原产地规则一样，普惠制项下原产地规则管理的主要因素包括：（1）原产地证书的签发；（2）直接运输及相关证明；以及（3）核查。

一、原产地证书（Form A）的签发或进出口商声明

申明享受普惠制待遇必须得到相关原产地和运输证明文件的支持，下面将就此进行详细论述。对于价值较小的货物，包括邮递物品在内，许多给惠国简化了证明文件方面的要求。

最初，联合国贸易与发展会议工作组打算将 Form A 原产地证书作为一种通用的原产地证书。但是，各方分歧非常明显：美国、澳大利亚、新西兰等国从一开始就选择采用出口商声明，将普惠制 Form A 原产地证书作为一个选项。其后，美国已转为由进口商出具原产地声明。

目前，普惠制 Form A 原产地证书仍然为以下给惠国的官方所采用：欧共体、日本、挪威、瑞士和土耳其。俄罗斯的情况不明。所有其他给惠国已逐步转为采用其他证明形式。

采用普惠制 Form A 原产地证书意味着，这些国家必须以签发 Form A 原产地证书的认证机构为基础，建立一套海关合作制度。

部分普惠制方案包含了关于签发和接受原产地证明文件的规定，它们大致可分为适用于给惠国的规定和适用于受惠国的规定。这些规定概述如下：

适用于受惠国的规定

（a）Form A 原产地证书的申领

只有在出口商或其授权代理人提出书面申请后，才能签发原产地证书。规定还建议出示 Form B（出口商声明）。出口商或其代理人提交的申请应随附相应的证明文件，以证明出口商品符合签发原产地证书的条件。

（b）Form A 原产地证书的签发

出口受惠国的政府主管部门或其他机构有责任确保正确填制证书及申请表。每份证书应标有编号（不论是否印制），以便于识别。编号应标注在 Form A 原产地证书右上角的空格内。

（c）Form A 原产地证书副本的签发

欧共体、日本、挪威和瑞士规定，可以签发和接受 Form A 原产地证书的副本，以确保受惠国的出口商在证书被盗、遗失或损毁时仍可获得普惠制待遇。为此签发的 Form A 原产地证书副本应当在第 4 栏注明“DUPLICATE”或“DUPLI-

CATA”字样。该副本应注明证书正本的签发日期和编号，并自签发日期起有效。

（d）临时 Form A 原产地证书的签发

日本规定，将货物运往第三国的展览会、交易会等场所展览，导致受惠国出口货物的最终目的地不明时，可以签发临时原产地证书。

（e）Form A 原产地证书的补发

尽管原产地证书一般在货物出口时签发，加拿大、欧共体、挪威和瑞士对于补发的 Form A 原产地证书仍予以接受（加拿大接受的是“出口商原产地声明”）。因差错、非故意遗漏或任何其他特殊原因而未能在货物出口时申领原产地证书时，就会出现这种情况。对于因不可避免的原因（包括出口时未申领证书）而补发的证书，日本予以接受。补发的 Form A 原产地证书应当在第 4 栏用墨水注明“ISSUED RETROSPECTIVELY”或“DELIVER A POSTERIORI”字样予以确认。

适用于给惠国的规定

（a）报验 Form A 原产地证书的期限

欧共体、瑞士和挪威规定，Form A 原产地证书必须自签发之日起 10 个月内向货物报关所在地海关报验。日本规定的期限为一年，但在特殊情况下，该期限可予以延长。加拿大规定，可以在四年内提交 Form A 原产地证书或“出口商原产地声明”。

（b）超出有效期的 Form A 原产地证书的报验

欧共体和瑞士规定，因不可抗力或特殊情况未能遵守有效期的规定的，对于超出有效期的原产地证书（Form A），可予以接受。此外，只要货物是在原产地证书过期前报验的，进口给惠国的主管海关可以接受此类原产地证书。日本规定，在特殊情况下，如果可以令海关确信，无法在有效期内出具原产地证书的，该有效期可予以延长。

（c）Form A 原产地证书与其他单证在内容上的差异

原产地证书与为履行商品进口手续而向海关报验的单证在内容上存在微小差异时，如经核实原产地证书与商品相符，不应据此认定该原产地证书无效。

（d）欧共体、挪威和瑞士对替代 Form A 原产地证书的签发与接受

如果大部分的转运条件得到满足，这些国家对于由其本国海关或上述其他国家的海关根据出口受惠国的主管机构签发的 Form A 原产地证书而签发的替代原产地证书，是予以接受的。替代原产地证书可以由这些国家的海关根据出口商的书面申请签发。替代原产地证书上应当注明商品的原产国，并签注“Replacement Certificate”或者“Certificat de remplacement”字样，同时在第 4 栏注明签发日期和原证书编号。替代证书可随附原来的 Form A 原产地证书的复印件。

二、直接运输

原产产品必须由出口受惠国直接运抵给惠国，这项规则是所有普惠制项下的原产地规则所共有的一项重要特征（澳大利亚的原产地规则除外），旨在使进口

给惠国的海关确信，进口产品与运离出口受惠国的产品相同，即它们未被处理、替换、进一步加工，或者在任何第三国进入贸易领域。根据各个给惠国的规定，运输的条件表列如下。

部分给惠国规定的条件

国家	条件
加拿大、欧共体、日本、新西兰、挪威和瑞士	这些国家认可的运输条件： (a) 产品未运经另一国家的境内； (b) 产品运经出口受惠国以外的其他国家的境内，无论是否在这些国家转运或仓储，只要产品在转运或仓储国家处于海关监管之下，未进入商业领域，未被交付家庭使用，除装卸或者为保持产品良好状态所需的任何其他处理以外，未经其他处理。

特定国家实施的其他规定

此外，特定国家实施的规定如下：

国家	条件
加拿大、欧共体、瑞士	允许在其他国家进行分装
欧共体	运经第三国必须是基于地理原因或者纯粹是基于运输需要。由于欧共体是一个海关同盟，从某一受惠国直接运输到欧共体的产品只要运抵欧共体关境内的任一入境地点，即可视为符合运输条件。因此，产品运抵某一成员方后，在该国进入贸易领域，再运至另一成员方的，不会丧失享受普惠制待遇的资格。在某一区域集团生产的产品可由该集团的任一成员方运至欧共体。
欧共体及欧洲经济区（EEA）给惠国（挪威和瑞士）	产品可运经这些国家中的任一国，并在随后整体或部分复出口到这些国家中的任一国，只要产品在转运或仓储国家处于海关监管之下，未进入商业领域，未被交付家庭使用，除装卸或者为保持产品良好状态所需任何其他处理以外，未经其他处理。
日本	运经第三国必须是基于地理原因或者纯粹是基于运输需要。一般来说，只有在转运国家的装卸、转运和临时储存是处于海关监管之下，日本才予以接受。如果货物在转运国家处于海关监管之下，并且随后是由同一受惠国的同一出口商出口至日本，临时储存是允许的。
美国	产品从生产国启运时，必须以美国为目的地。运经受惠国自由贸易园区的产品，适用特殊规则①。
澳大利亚	对运输规则未作规定

---

① 特殊规则如下：

(a) 商品不得进入设有自由贸易园区的国家的商业领域；

(b) 除以下处理外，具备受惠资格的物品不得经过其他任何处理：

● 分类、分级或者测试；

● 包装、拆包、更换包装、更换容器或者重新装入其他容器；

● 在这些特殊规定所允许的范围内进行处理时，附带在物品及其包装上粘贴标记、标签或其他类似标识；或者

● 在商品进入自由贸易园区时为保藏产品所需的处理；

(c) 商品可以在自由贸易园区内采购或者转售，但不得零售。在这些特殊规则中，自由贸易园区是由政府机构公布设立或者监管的某一预定区域，在该区域内可以对物品进行相关处理，此类物品不得进入设立该自由贸易园区的国家的商业领域。

直接运输证明

向欧共体、日本、挪威和瑞士出口的货物运经第三国的境内时，为证明其符合直接运输要求，必须向进口国海关报验以下单证：

(a) 在出口受惠国签发的涵盖转运国家运输行程的联运提单；或者

(b) 转运国家海关出具的证明：

- 对产品进行准确描述；
- 注明产品的装卸日期或者其装船或卸船日期，标明所使用的船舶情况；
- 对产品在转运国家所保持的状态予以核实；或者

(c) 无法提供以上单证时，应提供任何必要的证明文件（例如，产品订单的复印件、供应商发票、标明产品运输路线的提单）。

原来运往欧洲自由贸易区的某一给惠国（挪威和瑞士）、而后转售到该自贸区另一给惠国或欧共体的货物，即使 Form A 原产地证书上未标明最终目的地国，仍可享受优惠关税待遇。欧共体所实施的规则与欧洲自由贸易区给惠国所实施的规则相同。但是，转运国家（无论是欧洲自由贸易区给惠国还是欧共体国家）的海关应当根据出口受惠国签发的原 Form A 证书，签发一份新的 Form A 原产地证书。新的证书应当在相应栏目内注明“replacement certificate”或“certificate de replacement”字样。

加拿大规定，联运提单上必须注明加拿大某一具体港口的收货人。经中间国转运时，进口人还须出具证明文件。

向美国出口时，进口商必须提交相应的货运票据、发票或者证明物品直接进口的其他文件。美国关区海关负责人通过其他方式确认有关商品明显具备享受普惠制待遇的资格的，可免予提交直接运输证明。对于转运货物，发票、提单及其他相关运输文件上必须注明美国为最终目的地。

三、行政管理合作安排

在普惠制的执行过程中，要求给惠国海关与受惠国相关机构间进行紧密合作与互助，以确保各个普惠制方案的规定和要求得到遵守，包括对产品原产地及运输情况的有效监管与核查。

作为彼此合作的一部分，给惠国可要求受惠国提供与签发 Form A 原产地证书的主管机关/机构相关的某些信息，如下表所示：

信息	国家
签证机关/机构的名称与地址	所有给惠国，美国、澳大利亚和新西兰除外。上述三个国家并未规定必须作出此类通知。
印章样本	同上
签名样本	给惠国均不要求提供签名样本

核查与监管

作为一项规则，应当由进口给惠国的海关直接向出口受惠国的相关签证机关/机构提出原产地证书（Form A）的核查请求。进口给惠国的相关海关对文件的真实性或者有关产品原产地信息的准确性表示怀疑时，可选择性地或者随机地对相关原产地证书提出核查请求。

提出此类核查请求时，进口给惠国的主管海关应当将 Form A 证书发还给出口受惠国的主管机关/机构，必要时应就核查的形式或内容作出说明。可能的话，Form A 证书应当随附商业发票或其复印件。海关已经得到的可据以断定证书或者表格上的相关内容有误的任何信息，也应发送给对方。

核查请求提出后，出口受惠国的主管机关/机构应当开展核查，并在收到进口给惠国主管机构的请求的 6 个月内，将核查结果告知对方。对于欧共体、挪威或瑞士海关签发的替代 Form A 原产地证书，回复期限可延长至 8 个月。核查结果必须说明有关 Form A 原产地证书是否真实，是否与实际出口产品相对应，这些产品是否确实具备享受优惠关税待遇的资格等情况，并说明其符合所适用的原产地规则的理由。在存在合理怀疑的情况下，如果在规定的 6 个月内未收到回复，或者回复未包含可以确定文件真实性或产品的确切原产地的足够信息，有关机构可以向签证机关/机构提出第二次请求。其后，如果对方没有尽快向请求机构反馈核查结果（在任何情况下必须在 4 个月内反馈），或者根据核查结果无法确定文件的真实性或有关产品的确切原产地，除不可抗力或特殊情况外，请求机构将拒绝给予任何普惠制优惠。

出于后续核查的需要，必要时，所签发的证书副本及与其相关的任何出口文件，必须由出口受惠国的主管机关/机构保存至少三年。如前所述，大多数给惠国都在规则中对此作了详细规定。

第二节　美国原产地管理的经验

在与加拿大签订自由贸易协议（其后被《北美自由贸易协定》所取代）之前，美国在优惠原产地管理方面的经验主要与普惠制、加勒比海盆地倡议(CBI)，以及与以色列签订的贸易协议相关。基于所涉及的贸易总额及对美国多方面利益的考虑，《北美自由贸易协定》改变了美国对原产地规则的看法。无论如何，《北美自由贸易协定》代表了一个高峰，在其实施过程中，美国得到了许多教训，这就决定了美国贸易谈判人员的态度和后《北美自由贸易协定》框架下的规则。表 6.1 将《北美自由贸易协定》与近期签订的其他自由贸易协议作了对比，并就从《北美自由贸易协定》的经验中得到的教训作了最好的概括。从表中明显可以看出，《北美自由贸易协定》是唯一要求出口商承担遵守原产地规则首要责任的协议。在所有其他自由贸易协议中，首要责任已转为由进口商承担。这种变化意味着以签证机构、海关合作和原产地证书为基础的制度向进口商声明的转变。这种变化对与美国签订自由贸易协议的伙伴国来说有着多重含义，其中之一是，人们注意到，在以进口商为基础的制度中，海关提出怀疑或者开展核查时，原产地的举证责任将会落到进口商的头上，原产地信息的真实状况有赖于进口商是否有能力确保从出口商或制造商那里获得商品原产地的信息。但是，这种能力的大小取决于进口商与出口商之间贸易量及交易次数的相关商业实际。提供和出示原产地有关证明文件是一件既吃力又耗时的事情，有时还会涉及商业秘密。例如，智利出口商为将商品出口到有利可图的美国市场，会努力长期与其美国进口商保持商业关系。而反过来，当智利进口商请求美国的大出口商或制造商提供原产地信息，而智利的相关进口额在美国出口销售总额中所占份额很小或者微不足道时，情况与前例就不尽相同了。应该采纳哪种管理制度，是以签证机构为基础，还是以进口商为基础，抑或两者相结合？其中的利与弊尚在探讨之中。这些争论大部分包含在本章第三节第九部分中，其中就欧委会关于欧共体原产地规则改革的绿皮书中的不同选择性方案作了阐述。下面围绕《非洲增长与机遇法案》、《北美自由贸易协定》管理中一些更为显著的特点，以及以进口商为基础的比较先进的管理制度进行论述。

表 6.1　不同的自由贸易协定中签证要求及相关立法比较

法规条款	《北美自由贸易协定》	《美国－新加坡自贸协定》	《美国－智利自贸协定》	普惠制	《美国－澳大利亚自贸协定》
总协定	《北美自由贸易协定》实施法案	《美国－新加坡自贸协定实施法案》	《美国－智利自贸协定实施法案》	普惠制	《美国－澳大利亚自贸协定实施法案》
《美国法典》	第 19 篇 3301－3473	第 19 篇，注释 3805	第 19 篇，注释 3805	第 19 篇 2461－2467	第 19 篇，注释 3805
《联邦法规汇编》	第 19 篇 181 部，及原产地规则法规	早期起草阶段的法规	联邦公报 70FR10868，2005 年 3 月 7 日（第 19 篇 10－H）	第 19 篇 10.171，10.178	早期起草阶段的法规
《协调税则》美国总注释	总注释 12	总注释 25	总注释 26	总注释 4	总注释 28
守法首要责任	出口商	进口商	进口商	进口商	进口商
特别方案代码	CA 或 MX	SG 或 9999.00.84（ISI）	CL	A，A+，A*	AU
有效期	无	无	无	2006 年（将进行更新）	无

资料来源：美国海关与边境保护局（CBP）。

一、《非洲增长与机遇法案》项下针对纺织品与服装的海关程序与执法

受惠的撒哈拉以南非洲国家（SSA）首先必须证明自己拥有一套行之有效的签证制度，来确定有关的服装及纺织品的确是依据有关的原产地规则在这些国家生产的。这些国家必须经美国贸易代表（USTR）指定，才能从允许使用产自这些国家的进口织物的原产地规则的特惠措施中受惠。美国贸易代表指定可享受《非洲增长与机遇法案》项下服装及纺织品优惠待遇的国家时，将在联邦公报上发布公告①。

具体地说，为申明适用服装及纺织品的有关规定，撒哈拉以南非洲国家必须开展以下工作②：

（a）实施有效的签证制度、国内法律和执法程序，以便在符合条件的纺织品进口到美国时，防止非法转运和利用伪造文件情况的发生；

（b）通过立法或颁布法规，准许美国海关对转运情况进行全面调查；

（c）同意通报国内相关产品的总体进出口情况；

（d）与美国开展反瞒骗合作；

（e）同意要求国内相关产品的所有生产商和出口商保存相关产品（包括生产过程中所使用的材料）生产和出口情况的完整记录（在产品生产或出口后保存至少两年）；

（f）同意向美国海关提供确定相关产品原产国的证明文件，其内容包括生产记录、生产所在地的相关信息、生产过程中所使用的机器的数量及型号、生产中所雇佣的工人人数，以及生产商和出口商出具的证明。这些记录应当保存五年。

指定的撒哈拉以南非洲国家申明适用《法案》项下服装及纺织品优惠待遇时，美国贸易代表将指示海关署长，要求进口商提供该国适当的出口签证③。

货物装运时，应当在其原始商业发票正面加盖仅使用蓝色油墨的圆形签证章的原章，不得在发票副本上加盖该原章。享受优惠关税待遇时，必须提交盖有签证章原章的发票正本，不得使用发票以及/或者签证的副本。每个签证章均应包括：（a）签证号码，包括受惠服装的优惠组别、国家代码及货物运输的数字编号；（b）签证日期；（c）受惠国授权官员的签名；（d）装运货物的数量。

如果签证号码、签证日期、授权官员签名、正确组别、货物数量或者数量单位存在缺失、错误、难以辨认、被划去或者任何更改，该签证均不被接受，货物

---

① 有关国家受惠资格的信息可登录 http：//www. ustr. gov 查询。

② 《法案》第 113（a）（1）节。

③ 参见《非洲增长与机遇法案》项下的签证要求，《联邦宪报》7837，第 66 卷，2001 年 1 月 25 日。

也不得享受优惠关税待遇。

如果签证不被接受的话，在申明享受优惠关税待遇前，必须从受惠国签证官员或候任签证官员那里取得新的签证。自动放弃是不允许的。

如果美国海关认为签证发票无效，货物报关后，海关不会将原始单证退还，但会出具一个经核准的副本，用以获取准确无误的新签证发票正本。

《非洲增长与机遇法案》同样规定，对出口商的转运行为要进行处罚①。如果总统有充分证据确定出口商从事了非法转运活动，总统应当在五年内拒绝给予该出口商或其任何继承实体享受《非洲增长与机遇法案》项下的所有优惠。总统授权《纺织品协定》执行委员会（CITA）作出此类决定。

二、《北美自由贸易协定》项下原产地规则的管理

申明某些服装及纺织品享受优惠待遇的任何进口商，应当遵守与《北美自由贸易协定》② 第五章的相关程序和要求相似的海关程序和要求。

《北美自由贸易协定》项下的原产地规则体系基于三大支柱：（1）由货物出口商填写并签名的原产地证书；（2）进口商进行原产地申报时所应承担的责任；以及（3）原产地及核查相关记录的保存。

正如美国海关与边境保护局 2005 年 7 月 26 日发布的第 3810 - 014A 号令所指出的那样，原产地证书的作用对《北美自由贸易协定》项下的原产地规则来说至关重要：

“2.1 原产地证书是申明享受《北美自由贸易协定》项下优惠的关键文件，它赋予了法律权利和义务。填制证书本身，已确认签名人仔细查看了《北美自由贸易协定》的条款，确认证书上所填货物的原产地符合《北美自由贸易协定》的规定，并保留了相关记录。

2.2 证书必须由出口商或者了解相关事实的出口商授权的代理人签名。如果生产商与出口商不是同一人，生产商可以选择填制好证书并将其提供给出口商，但这并不是生产商应尽的义务，出口商填制证书的责任也不会因此而减轻。

2.3 申明享受《北美自由贸易协定》项下优惠的每票进口货物均须提交证书，并且仅涵盖证书上所列货物。并非每批货物均须随附证书，但应美国海关与边境保护局要求，必须提供证书。

2.4 在申明享受优惠待遇时，进口商必须持有证书。但是，如果口岸海关港务局长以其他方式确认货物具备享受《北美自由贸易协定》项下优惠待遇的资

---

① 《法案》第 113 条（b）（4）项规定：“根据原产国、物品及其任何部件的制造、加工或组装等方面的实质性虚假信息申明享受本《法案》项下的服装或纺织品优惠待遇时，转运就发生了。”

② 《北美自由贸易协定》第五章可登录 http：//www. mac. doc. gov/nafta/ch05. htm 查询。

格，他可以根据《联邦法规汇编》第19篇181部第22条（d）（i）项的规定，以书面形式免除此项要求。”

《北美自由贸易协定》第501条第3款对原产地证书的签发作了规定：

“缔约各方应当规定：

(a) 其境内的出口商应当为其任何出口货物填制并签署原产地证书，以便货物进口到另一方境内时，进口商用以申明享受优惠关税待遇；以及

(b) 如果其境内的生产商与出口商不是同一人，该出口商可根据以下信息填制并签署证书：

（ⅰ）据其了解，货物是否具备原产货物资格；

（ⅱ）根据生产商的书面陈述，有理由断定货物具备原产货物资格；或者

（ⅲ）生产商自愿向出口商提供的已填制并签署的证书。”

《北美自由贸易协定》第502条对原产地相关进口程序方面的责任作了规定：

“除非本章另有规定，货物从另一方进口到其境内，进口商申明货物享受优惠关税待遇时，缔约各方应当规定：

(a) 进口商应当依据有效的原产地证书进行书面申报，申明货物具备原产货物资格；

(b) 进行书面申报时，进口商应当持有证书；

(c) 应该缔约方海关要求，进口商应当提供证书的副本；

(d) 进口商未遵守本章规定的，该缔约方可以拒绝给予货物优惠关税待遇；

(e) 进口商根据证书进行申报，有理由相信证书上的信息有误时，应当立即更正申报，并补交所欠税款；并且

(f) 根据（e）项的规定主动更正申报的进口商，不应由于申报有误而受到处罚。”

《北美自由贸易协定》第505条关于记录应当保存五年的规定，强化了进口商和出口商应尽的义务：

“1. 缔约各方应当规定：

(a) 在其境内填制并签署原产地证书的出口商或生产商，应当自证书签署之日起五年内，或者自该缔约方所规定的更长期限内，保存在另一方境内申明享受优惠关税待遇的货物原产地相关的所有记录，包括以下方面的记录：

（ⅰ）从其境内出口的货物的采购、成本、价格及支付；以及

（ⅱ）从其境内出口的货物的生产过程中所使用的所有材料（包括间接材料）的采购、成本、价格及支付；以及

（ⅲ）从其境内出口的货物的生产过程（其出产时的状态与其出口时的状态相一致）；以及

(b) 申明进口到该缔约方境内的货物享受优惠关税待遇的进口商，应当自货

物进口之日起五年内，或者自该缔约方所规定的更长期限内，保存证书副本及与货物进口相关的所有其他所需文件。”

最后，《北美自由贸易协定》第506条设置了详细的原产地核查程序：

“1. 为确定从另一方进口到其境内的货物是否具备原产货物资格，缔约一方可以通过其海关，采用以下方式统一进行核查：

(a) 向另一方境内的出口商或生产商进行书面问卷调查；

(b) 到另一方境内视察出口商或生产商的生产场所，调阅记录，查看货物生产所用设施；或者

(c) 缔约各方商定的其他程序……”

下面摘录的美国实施的法规，大致反映了《北美自由贸易协定》的条款规定。很明显，依据《北美自由贸易协定》的规定，进口商应当根据《北美自由贸易协定》项下的原产地证书进行申报。

“第181.21条 进口时申明享受优惠关税待遇应当提供的文件

依据《北美自由贸易协定》的规定申明货物享受优惠关税待遇时，美国的进口商应当就货物具备享受这种待遇的资格进行书面申报。可以在报关单证或者等效文件上进行书面申报，在每项具备原产资格的货物所归入的《美国协调税则》子目前面标注‘CA’（加拿大产的货物）或者‘MX’（墨西哥产的货物）。

……应当根据进口商持有的原产地证书正本或其副本进行申报，该证书应当完整有效，并涵盖申报进口的货物。

第181.22条 进口商记录的保存及证书的提交

(a) 记录的保存。为进口到美国的货物申明享受优惠关税待遇的各个进口商，应当自货物进口之日起，在美国保留与货物进口相关的所有文件五年。此类文件应当包括原产地证书副本及本章第163.1条（a）项所规定的任何其他相关记录。

(b) 证书的提交。应口岸海关港务局长要求，依据本节第181.21条申明货物享受优惠关税待遇的进口商，应当提交其持有的与该货物相关的每份原产地证书的副本。依据本款或本节第181.32条（b）（3）项的规定，向海关提交的原产地证书：

1. 应当用第434号海关表格印制（包括按该表格自行印制的副本），或者用加拿大或墨西哥海关允许使用的其他表格印制，或者用美国海关现场管理办公室（华盛顿特区20229）特许的电脑化格式或类似的其他媒体或格式代替第434号海关表格印制。替代格式必须包含第434号海关表格上列出的相同信息和认证内容；194057T。”

三、从《北美自由贸易协定》到《美国—智利自由贸易协定》

有关机构应当将上文提到的《北美自由贸易协定》的条文与本部分所述的

《美国—智利自由贸易协定》的规则进行比较，以便衡量两种原产地规则管理制度上的差异及考查原产地规则从基于原产地证书和由出口伙伴国实施的核查程序的管理制度向基于进口商的管理制度演变的情况。如表6.1所示，《北美自由贸易协定》是唯一采用前一种管理制度的优惠贸易体制。继《北美自由贸易协定》之后，美国签订的所有自由贸易协议均采用基于进口商的管理制度及国内核查方式。如下列规定所示，基于进口商的管理制度并未完全排除原产地证书的存在：

“《美国—智利自由贸易协定》第4.12条：原产地申报

1. 缔约各方应当规定，申明货物享受优惠关税待遇的进口商：

(a) 在进口文件中就货物具备原产资格进行书面申报；

(b) 应进口方海关要求，制订并提交原产地证书或者证明货物具备原产资格的信息；

(c) 进口商有理由相信证书或据以申报的其他信息有误时，应当立即更正申报，并补交所欠税款。”

此外，《美国—智利自由贸易协定》第4.13条对进口商或出口商签发原产地证书作出了明确规定。然而，根据下文所述的有关规定，原产地申报的最终责任显然是由进口商承担的，进口商并不能依赖出口商出具的原产地证书。因此，出口商所出具的原产地证书的价值是十分有限的，远不能与其在《北美自由贸易协定》项下原产地规则管理中的核心地位相媲美。

“第4.14条：与进口相关的义务

1. 缔约各方应当规定，进口商负责提交原产地证书或证明货物具备原产资格的其他信息，并对其中所载信息及数据的真实性负责；应缔约一方海关要求，负责提交任何证明文件，并对文件中所载信息的真实性负责。

2. 缔约各方应当规定，进口商根据出口商或生产商提供的信息出具原产地证书，事实上不得免除第1款所规定的进口商所应承担的责任。”

最后要提的是，基于进口商的管理制度并未消除核查的必要性。不过，这种核查是在国内进行的。《美国—智利自由贸易协定》实际上并未就某一缔约方的海关对另一方进行核查访问作出规定。核查是根据进口商的申报在国内进行的。

美国的实施法规甚至没有提及原产地证书这个字眼。显然，出口商或生产商出具的证书并不能免除进口商自身应当承担的责任。

“《美国—智利自由贸易协定》

第10.412条 进口商的义务

(a) 总则。依据第10.410条(a)项进行申报的进口商，对其申报内容及原产地证明所载的所有信息和数据的真实性负责；应美国海关与边境保护局要求，负责提交任何证明文件，并对证明文件中所载信息的真实性负责。

(b) 遵守规定。依据本小节第10.410条申明享受优惠待遇时，进口商：

(1) 必须持有可以说明进口商如何确定货物具备原产资格的记录。这些记录必须包括能够证明所涉产品符合其所适用的《美国协调税则》(HTSUS) 总注释26及本小节的原产地规则、具备享受优惠待遇资格的文件。这些记录中可以包括一份按本小节第10.411条的规定正确填制的证明文件；以及

(2) 进口产品经中间国运输时，需要证明本小节第10.463条所列条件得到满足。

(c) 出口商或生产商提供的信息。进口商根据出口商或生产商提供的信息出具证明文件，事实上不得免除本条 (a) 项所规定的进口商所应承担的责任。主动进行更正申报的美国进口商，不应因申报不实而受到处罚（参见本小节第10.481条)。

(d) 内部管理。依照本章第163节的规定，进口商应当建立并实施内部管理制度，以便定期对本条 (b) (1) 项中所列的证明文件或其他记录的准确性进行检查。

第10.413条 证明文件的效力

依照第10.411条的要求填制、签名并签署日期的证明文件，美国海关与边境保护局应当接受，自签署之日起四年内有效。如果口岸海关港务局长认为证书难以辨认、存在纰漏或者未按第10.411条的要求进行填制，进口商可以在不少于5个工作日内提交经更正的证明文件。”

《北美自由贸易协定》项下进口商所承担的义务的范围，同样可以通过比较《北美自由贸易协定》第181.22条的规定与下文摘录的《美国—智利自由贸易协定》中的相关条款进行衡量。后者明确要求保留大量具体记录和文件，而《北美自由贸易协定》没有这方面的要求。

“第10.415条 记录的保存

(a) 总则。为进口到美国的货物申明享受优惠待遇的进口商，应当自货物进口之日起，在美国保留能够证明货物具备原产资格的证明文件（或其副本）或者其持有的与货物原产地相关的任何记录及文件五年。相关记录及文件包括：(1) 货物的采购、成本、价格及支付；(2) 在适当时，货物的生产过程中所使用的所有材料（包括回收品及间接材料）的采购、成本、价格及支付；以及 (3) 在适当时，货物的生产过程（其出产时的状态与其出口时的状态相一致)。

(b) 保存方式。本条 (a) 款中所指记录必须由进口商依照本章第163.5条的规定加以保存。”

美国海关与边境保护局的指引①明确说明，《美国—智利自由贸易协定》（U. S. –CFTA）将申明优惠关税待遇有效性的举证责任交由进口商承担。进口商可根据其知识或者其掌握的信息，申明货物具备原产资格。美国海关与边境保护局可以对进口商申明事项的有效性进行核实，并通过向进口商发放美国海关与边境保护局第28号表格（要求核实信息）的方式，指示进口商进行核实。

此外，应美国海关与边境保护局要求，除证明文件以外，进口商还应提供其他文件，例如，其他成本和生产信息等。此类信息包括申明获得优惠时所使用的计算区域价值成分的相关信息，例如，《协调税则》总注释26所列的累加法或扣减法等。这些信息包括，但不限于：货物采购、成本、价格及支付的相关记录、货物的生产过程中所使用的所有材料的采购、成本、价格及支付的相关记录，以及实际出口货物生产的相关记录。

“第10.416条 未遵守规定的后果；无法提供转运文件的情况

（a）未遵守规定的后果。如果进口商未遵守本小节的规定，包括未提交第10.411条（a）项所规定的原产地证书，或者未提交第10.413所规定的更正证明文件，口岸海关港务局长可以拒绝给予进口货物优惠关税待遇。

（b）无法提供转运文件的情况。如果货物经过除智利和美国之外的国家运输或转运，并且货物的进口商未能应口岸海关港务局长要求，提供能够证明货物满足第10.46条所列要求的文件副本，即使本小节中关于优惠关税待遇的其他要求得到满足，口岸海关港务局长仍然可以拒绝给予原产货物优惠关税待遇。”

最近，美国海关与边境保护局的指引②对《美国—智利自由贸易协定》中的许多条款作了明确说明。

《美国—智利自由贸易协定》规定：“……为满足第4.12条（1）（b）项的要求，进口商可以提交原产地证书，作为申明货物为原产货物的有效依据。缔约各方应当规定，原产地证书无需固定格式，证书可以电子形式提交。”

本文件中提及的所有“原产地证书”并不是指美国海关与边境保护局发布的“官方格式”（例如，《北美自由贸易协定》项下的CF434表格）。原产地证书可使用多种形式，例如，在印有公司名称抬头的信笺上的声明、商业发票上的声明，或者能够证明进口货物具备优惠待遇资格的文件等。无论采用何种形式，必须包含附件A中所列的数据元素。

应美国海关与边境保护局要求，进口商应当提交原产地证书或证明文件，以

① 该指引可登录http：//www. cbp. gov. linkhandler/cgov/ trade/trade_ programs/international_ agreements/ free _ trade/us _ cfta/chile _ trade _ agreement. ctt/chile _ trade _ agreement. doc. 进行查询。

② 参见http：//www. cbp. gov/ linkhandler/ cgov/ trade/ trade_ programs/ international_ agreements/ free_ trade/ us_ cfta/ chile_ trade_ agreement. ctt/ chile_ trade_ agreement. doc. 。

证明进口货物具备享受关税优惠的资格。申明进口货物具备优惠待遇资格时，证明文件无需存档，但是，进口商应当负责保留这些证明文件，以便在美国海关与边境保护局就货物享受优惠待遇的资格提出要求时提供。所提交的原产地证书应当使用英语或西班牙语；使用西班牙语的，美国海关与边境保护局可要求其提供英文译本。

进口商可提交由出口商或生产商填制或发出的原产地证书，也可根据出口商或生产商提供的关于货物具备原产资格的信息，出具原产地证书；但是，进口商在对提交给美国海关与边境保护局的信息的准确性和真实性进行核实时，必须合理审慎地加以处置。无论进口商是根据出口商或生产商提供的信息出具原产地证书，还是提交经出口商或生产商签名盖章的原产地证书，事实上不得免除进口商在合理审慎地加以处置方面所应承担的责任。

第三节　欧盟管理原产地规则的经验

泛欧原产地规则逐步得到采纳，这体现了协调原产地规则及其相关程序的不懈努力；然而，许多差异依然如故。在原产地证明及行政合作方式上，其差异主要表现在：

- 作为原产地证明使用的适当格式（Form A 原产地证书仅适用普惠制；EUR. 1 和 EUR - MED 流动证书适用于其他优惠协议）；
- 用于累积的原产地证书的签发（EUR. 1 格式、EUR - MED 格式、普惠制格式、发票声明、供应商声明）；
- 简化的原产地证书签发程序。

所有的互惠协议均把 EUR. 1 证书或 EUR - MED 证书作为原产地证书。除存在一些差异以外，所有协议项下的原产地证书的签发及其附属规则大致相同，下文将就此进行阐析。普惠制所使用的是 Form A 原产地证书，这是普惠制实施伊始即在联合国贸易与发展会议上经多边议定的。在有些情况下，Form A 原产地证书和 EUR. 1 证书的签证程序相似，其主要区别在于：

- EUR. 1 证书或 EUR - MED 证书往往由海关签发；
- Form A 原产地证书由海关或受惠国指定的其他政府机构签发；
- 需填制的栏目数；
- 证书签发后的有效期；
- 与简化程序相关的许多附属规则。

Form A 原产地证书只能用于普惠制项下的优惠。但是，由于各种贸易优惠相互重叠，使得现行《科托努伙伴关系协定》和《经济伙伴关系协定》、某些地中海协议等优惠贸易安排项下受惠国的出口商，宁愿采用 Form A 原产地证书，而不采用EUR.1证书。在此情况下，出口商就有可能失去受惠的机会。事实上，对于原产于非加太国家或地中海国家的产品，如果所提交的是EUR.1证书，货物可获得更好的贸易条件，但是，一旦提交了普惠制项下的Form A原产地证书，欧共体海关就必须采用普惠制的原产地规则、产品清单和关税税率。

之所以会出现这种情况，主要是因为，即使这些国家在双边协议下往往能够享受更多贸易优惠，但他们目前仍被列为普惠制受惠国。尽管如此，在特殊情况下，提交普惠制Form A原产地证书仍被认为是正当的。只有在双边协议中存在关税配额的时候，才会出现这种情况。一旦达到关税配额，就要重新适用最惠国税率，只要产品是在普惠制方案所包含的范围之内，出口商仍然可以享受普惠制项下的降税优惠。今天这种做法是否还有效？如何使其有效？这需要作进一步探讨。

实施《除武器以外的产品倡议》（EBA）时，最不发达国家的许多出口商仍然采用EUR.1证书，而不采用该倡议所要求的Form A证书。这主要是因为，在过去数十年间，对于出口到欧共体的货物，非加太地区的这些最不发达国家的出口商一直是按照《科托努伙伴关系协定》和先前的《洛美协定》的规定采用EUR.1证书。但是，2001年实施的《除武器以外的产品倡议》对某些产品给予了比科托努体制更多的优惠。此外，在撰写本书时，科托努体制已失效，除非最不发达国家加入某项《经济伙伴关系协定》，否则，他们必须换用普惠制的Form A证书。

如果不换用Form A证书，这些国家就会眼睁睁地失去《除武器以外的产品倡议》所带来的市场准入机会。不过，如果他们签署了《经济伙伴关系临时协定》，并且可以在区域内进行累积，他们或许仍可提交EUR.1证书，因为根据《除武器以外的产品倡议》的普惠制原产地规则，累积的种类和范围十分有限。

2006年实施的泛欧洲—地中海累积规则是泛欧模式原产地规则的最新发展。除了传统的EUR.1证书以外，这种累积规则还引入了EUR-MED证书及一套相当复杂的管理制度，这将在下一节进行阐析。

之所以实施这样一种复杂的管理制度，是因为在各项协议（一方面是欧共体与其欧洲经济区伙伴国、瑞士之间所签订的协议，另一方面则是这些国家与地中海伙伴国之间所签订的协议）之间存在差异。

累积规则本身也存在着差异，欧共体与欧洲经济区、瑞士及土耳其之间实施的是完全累积，这些国家与地中海国家之间实施的是对角累积，而其中欧共体与突尼斯、摩洛哥及阿尔吉利亚之间实施的又是完全累积。

不同协议（包括下文所列的协议）项下的退税规定也各不相同，需要进一步加以区分。

在欧共体、土耳其、瑞士、挪威、冰岛及法罗群岛之间进行的贸易中，无论是双边贸易还是对角贸易，以及在欧共体与以色列之间签订的协议中，均适用禁止退税规则。

但是，纯粹在欧共体与摩洛哥、阿尔及利亚、突尼斯、埃及、约旦河西岸及加沙地带、约旦、黎巴嫩及叙利亚之间签订的双边协议中，退税依然是有可能的。

下面的例子①可进一步阐明这种差别：

“双边贸易中退税的可能性范例：

将原产于阿联酋的铝进口到埃及，在那里加工成铝制螺丝钉（HS 品目 7616），最终产品作为埃及原产产品出口到欧共体。

由于产品的埃及原产资格是经过充分加工获得，而不是根据与第三条及第四条所列的任一国家的原产材料进行累积获得的，因此，该原产产品出口到欧共体时，对于该产品的生产过程中所使用的非原产材料，埃及海关可以给予退税。

但是，上述螺丝钉不能在欧共体用于泛欧洲—地中海累积。在本例中，埃及原产的螺丝钉只能凭流动证书 EUR.1 或者发票声明出口到欧共体。”

摩洛哥、阿尔及利亚、突尼斯、埃及、约旦河西岸及加沙地带、约旦、黎巴嫩和叙利亚可以适用部分退税规则。部分退税规则的适用并不排除对货品的原产地进行对角累积。

根据书面申请，出口国海关可以签发 EUR.1 证书和 EUR－MED 证书。书面申请的格式为“签发 EUR.1 及 EUR－MED 流动证书申请表”。EUR.1 证书及目前使用的 EUR－MED 证书已成为欧共体所签订的所有优惠协议的共同特征。

EUR.1 证书和 EUR－MED 证书必须用一种或多种欧共体官方语言印制。每份证书的尺寸应为 210×297 毫米，允许加长 8 毫米或者缩小 5 毫米。所用纸张必须为白色，适于书写，不含机械纸浆，重量不少于 60 克/平方米，印有绿色扭索状图案背景，使得利用任何机械或化学方式伪造均能通过肉眼识别。非欧共体国家可以自行印制证书，或者由经授权的印刷商印制证书，在后一种情况下，每份证书上必须标有授权信息。每份证书上必须注明印刷商的名称、地址或者识别标记。无论印制与否，证书上还必须标有序列号，以兹识别。

一、EUR.I 及 EUR_ MED 原产地证书的签证程序②

泛欧原产地规则是在欧共体与东欧国家签订的欧洲协议中开始实施的，当时这些东欧国家还不是欧共体成员。

---

① 这些范例摘自 2006 年 1 月 21 日欧盟《官方公报》C16/8“关于《泛欧—地中海原产地规则议定书》的注释”。

② 本例及本节的部分材料摘自《欧共体、其他欧洲国家及欧洲—地中海伙伴关系成员方之间贸易项下优惠原产地规则使用手册》。

从1998年至今，伴随欧共体的不断扩张和巴塞罗那进程的同步发展，欧共体与阿尔及利亚、突尼斯、摩洛哥、以色列、约旦、黎巴嫩、巴勒斯坦、叙利亚和埃及签订的各项欧洲—地中海联盟协议已付诸实施。

所有地中海国家、欧共体、欧洲自由贸易区国家（冰岛、列支敦士登、挪威及瑞士）、法罗群岛、安多拉、圣马力诺及土耳其之间的原产地累积制度（泛欧洲—地中海累积）已经建立。

所有伙伴国参与的工作小组草拟了泛欧洲—地中海原产地规则议定书。该议定书于2003年7月7日在巴勒莫举行的欧洲—地中海贸易部长级会议上得到签署。

泛欧洲—地中海累积制度并未包含明显不同于以前的创新内容，也未改变传统的欧共体原产地规则政策及其管理制度的发展方向。

但是，泛欧洲—地中海累积制度引入了一些新的概念，显现了一些新的特点，使得与该制度相关的规则发生了一些变化，特别是设计了一种新的证书格式（EC－MED），并制定了相应的管理规则，对目前称为可变几何规则及累积上的差别作了规定。根据这一概念，一旦泛欧洲—地中海区域内的三个国家之间签订了具有相同原产地规则的自由贸易协议，即可在这三个国家之间进行累积。这样一来，在未建成完整的自由贸易区网络的情况下，由有限的国家组成的集团即可实施这一制度（通常称之为“可变几何规则”）。

《欧共体—瑞士协定》（实际应为《欧共体—瑞士协定第三议定书》，即《原产地规则议定书》，下同——译者注）第17条分别对EUR.1及EUR－MED原产地证书的签证程序规定如下：

“1. EUR.1或EUR－MED流动证书应当由出口商或其授权的代理人（责任由出口商承担）提出书面申请，由出口国海关签发。

2. 为此，出口商或其授权的代理人应当依据出口国国内法律的规定，用本协定所用语言之一填制EUR.1或EUR－MED流动证书及其申请表。EUR.1或EUR－MED流动证书及其申请表的格式见附件Ⅲa和b。手写填制的，应当使用墨水及印刷字体填写。对产品的描述必须填写在指定栏目内，不可留下空白项。栏目未填满的，必须在产品描述最后一行的下面划一横线，并划去空白处。

3. 应签发EUR.1或EUR－MED流动证书的出口国海关要求，申请签发EUR.1或EUR－MED流动证书的出口商应当准备随时提供证明有关产品原产资格的所有适当文件，并且满足本议定书所规定的其他要求。

《欧共体—瑞士协定》第17条第4款EUR.1证书的签发（着重强调）：

4. 在不损害第5款的前提下，欧共体成员方或瑞士的海关在下列情况下应当签发EUR.1流动证书：

● 在不与第3条（2）项、第4条（2）项所列国家（地中海国家）之一原产的材料进行累积的情况下，有关产品可被视为欧共体、瑞士或者第3条（1）项、第4条（1）项所列的适用于累积规则的其他国家（欧共体、欧洲经济区国家、土耳其）之一原产的产品，并且满足本议定书所规定的其他要求；

● 在不与第3条、第4条所列国家之一原产的材料进行累积且满足本议定书所规定的其他要求的情况下，如果有关产品可被视为第3条（2）项、第4条（2）项所列的适用于累积规则的国家（地中海国家）之一原产的产品，并且原产国已经签发 EUR－MED 证书或 EUR－MED 发票声明。"

泛欧洲—地中海累积制度中存在着不同的累积规则和退税规定，因此，签发 EUR. 1 和 EUR－MED 证书的条件也各不相同。由于制造或加工的累积不属于泛欧洲—地中海原产地累积的范畴，因此，根据完全累积规则获得原产资格的产品被排除在泛欧洲—地中海贸易之外。

供欧共体、其他欧洲国家及欧洲—地中海伙伴关系成员方间贸易使用的《优惠原产地规则用户手册》（以下简称《手册》）推荐了一些做法①，下面对此进行介绍。

二、选择使用 EUR 与 EUR_ MED 证书及强制使用 EUR. I 或 EUR_ MED 证书的规定

如上文所述，原产地证书相当复杂，又是泛欧洲—地中海累积制度中的最重要要素之一。实行这套错综复杂的制度，对于管理可变几何规则、完全累积及禁止退税规则方面的差异是十分必要的。

有些情况下，出口商可以选择申领 EUR. 1 流动证书或者 EUR－MED 流动证书。在未与法罗群岛或任何地中海国家（土耳其除外）进行累积的情况下，有关产品无论是原产于出口国，还是原产于欧洲—地中海区域任一其他国家，均可签发 EUR. 1 或 EUR－MED 流动证书。

特别是在泛欧洲—地中海贸易中，符合下列条件的，可以签发 EUR. 1 流动证书：

● 产品原产于该区域任一国家；

● 符合"禁止退税"规则；

● 未进行完全累积。

但是，在泛欧洲—地中海对角贸易中，凡是不符合下列条件的，必须签发 EUR. 1 流动证书：

① 本节提及的 EUR. 1、EUR－MED 证书及其他证书格式的样本可以在任一欧洲—地中海协议中找到，例如，参见埃及与欧共体签署的《欧洲—地中海协定原产地规则议定书》（欧盟《官方公报》304，2004年9月30日）和"关于《泛欧—地中海原产地规则议定书》注释"（欧盟《官方公报》C16/8，2006年1月21日）。

● 产品原产于该区域内任一国家，以及
● 进行了完全累积，或者
● 已给予退税。

签发了 EUR. 1 流动证书的有关产品必须留在进口国市场，在复出口到区域内的其他国家（欧共体—地中海伙伴国间的双边贸易）时，不得享受优惠待遇。

“1. 进行累积（但未与地中海伙伴国进行累积）时使用 EUR. 1 流动证书的范例：

将原产于欧共体的糖（HS 品目 1701）进口到瑞士，在那里加工成糖果（HS 品目 1704）。欧共体原产的糖的价值超过出厂价格的 30%。

将瑞士原产的糖果出口到土耳其。

由于产品的原产资格是基于累积规则在瑞士获得的（未与地中海伙伴国进行累积），同时，由于欧共体、瑞士和土耳其三国互相签订了自由贸易协议，瑞士海关可以为出口到土耳其的产品签发 EUR. 1 证书。

但是，在本例中，如果糖果可以在土耳其用于与第 3 条及第 4 条所指的其他任一国家进行累积（例如，如果将糖果从土耳其复出口到突尼斯），那么，瑞士海关也可以签发 EUR－MED 流动证书。因此，如果瑞士的出口商按规定向瑞士海关申领 EUR－MED 证书，海关应当接受其申请，并签发 EUR－MED 证书。EUR－MED 流动证书上的第 7 栏应当注明‘已与欧共体进行累积’。

2. 未进行累积时使用 EUR. 1 流动证书的范例：

刺绣窗帘（HS 品目 6303）是在黎巴嫩用非原产的单纱制成。最终产品出口到欧共体。

由于产品的原产资格是在黎巴嫩经过充分制造及加工获得的，未与任何泛欧洲—地中海国家进行累积，黎巴嫩海关可以为出口到欧共体的产品签发 EUR. 1 流动证书。

但是，在本例中，只要有关产品在黎巴嫩符合禁止退税规则，同样可以使用 EUR－MED 证书，这就为把刺绣窗帘复出口到第 3 条及第 4 条所指的任何其他国家提供了可能。

因此，与第一个范例相似，如果黎巴嫩的出口商按规定向黎巴嫩海关申领 EUR－MED 证书，海关应当接受申请，并签发 EUR－MED 证书。EUR－MED 流动证书上的第 7 栏应当注明‘未进行累积’。”

泛欧洲—地中海对角原产地累积的条件未得到满足时，必须签发 EUR. 1 流动证书。当泛欧洲—地中海区域内任何两个国家间的双边贸易未实行禁止退税规则，或者与摩洛哥、突尼斯、阿尔及利亚进行了累积时，就会出现这种情况。

欧共体、欧洲经济区、瑞士及土耳其在累积规则、退税规定和泛欧洲—地中海累积规则方面存在着差异。因此，在下列泛欧洲—地中海对角累积的条件得到满足的情况下，可以签发 EUR－MED 流动证书：

● 产品原产于该区域任一国家；

● 符合“禁止退税”规则；

● 未进行完全累积。

但是，在上述泛欧洲—地中海对角累积的条件得到满足的情况下，如果该货物与任何地中海国家进行了累积，就必须对其签发 EUR－MED 流动证书。这是因为，欧共体与地中海伙伴国的自由贸易区网络还没有完全建成，因此，有必要追溯累积所依据的有关国家参与获得原产资格的情况。

签发 EUR－MED 流动证书后，有关货物从进口国复出口到适用于泛欧洲—地中海累积规则的区域内其他国家（欧共体—地中海伙伴国间的对角贸易）时，即可享受优惠待遇。

签发 EUR－MED 流动证书时，第 7 栏必须填写。如果产品依据累积规则获得了原产资格，必须列出材料原产国的名称。如果原产产品为完全获得产品，或者生产过程中所使用的非原产材料经过了充分加工，必须在“未进行累积”栏目打钩。

强制使用 EUR－MED 流动证书的规定①

如果有关货物原产于出口国或者第 3 条及第 4 条所指的任何其他国家，并且与法罗群岛或者任何地中海国家（土耳其除外）进行了累积，就必须签发 EUR－MED 流动证书。

举例：

1. 与某一地中海国家原产的材料进行累积的范例

将埃及原产的织物（HS 品目 5112）进口到挪威，在那里制成男式长裤（HS 品目 6103）。与埃及原产的材料进行累积后，产品在挪威获得了原产资格。因此，当最终产品出口到欧共体时，挪威海关必须签发 EUR－MED 流动证书，证书上应当注明“已与埃及进行累积”。

2. 在某一地中海国家进行累积的范例

将已裁切的挪威产木板（HS 品目 4407）进口到摩洛哥，在那里加工成木盒（HS 品目 4415）。与签署《巴塞罗那宣言》的某一国家进行累积后，产品获得了摩洛哥原产资格。因此，当最终产品出口到欧共体时，摩洛哥海关必须签发 EUR－MED 流动证书，证书上应当注明“已与挪威进行累积”。

三、原产地证书的简便签证程序：经核准的出口商

泛欧原产地规则所采纳的欧共体—瑞士协议新的议定书中包含了简化原产地

① 这些范例摘自“关于《泛欧—地中海原产地规则议定书》的注释”，欧盟《官方公报》C16/8，2006 年 1 月 21 日。

认证程序的规定（第22条）：

“1. 第16条（1）（c）项所指的发票声明或者EUR-MED发票声明应当：

（a）由符合第23条定义的经核准的出口商出具；或者

（b）由装有原产产品的一件或多件包装组成的任何货物（其总值不超过6,000欧元）的出口商出具。

2. 在不损害第3款规定的前提下，在下列情况下可以出具发票声明：

● 在不与第3条（2）项、第4条（2）项所列国家之一原产的材料进行累积的情况下，有关产品可被视为欧共体、瑞士或者第3条（1）项、第4条（1）项所列的适用于累积规则的其他国家之一原产的产品，并且满足本议定书所规定的其他要求；

● 在不与第3条、第4条所列国家之一原产的材料进行累积的情况下，有关产品可被视为第3条（2）项、第4条（2）项所列的适用于累积规则的其他国家之一原产的产品，满足本议定书所规定的其他要求，并且原产国已经签发EUR-MED证书或EUR-MED发票声明。

3. 如果有关产品可被视为欧共体、瑞士或者第3条、第4条所列的适用于累积规则的其他国家之一原产的产品，并且满足本议定书所规定的其他要求，在下列情况下可以出具EUR-MED发票声明：

● 与第3条（2）项、第4条（2）项所列国家之一原产的材料进行了累积；或者

● 产品可以作为材料在出口到第3条（2）项、第4条（2）项所列国家之一的产品的生产过程中被用于累积；或者

● 产品可以从目的地国复出口到第3条（2）项、第4条（2）项所列的其他国家之一。

4. EUR-MED发票声明上应当包含用英文填写的以下内容：

● 如果产品的原产资格是通过与第3条及第4条所列的一个或多个国家原产的材料进行累积而获得的，应当填写‘CUMULATION APPLIED WITH……（国名）’（即‘与____国进行累积’）；

● 如果产品的原产资格不是通过与第3条及第4条所列的一个或多个国家原产的材料进行累积而获得的，应当填写‘NO CUMULATION APPLIED’（即‘未进行累积’）。

5. 应出口国海关要求，出具发票声明或EUR-MED发票声明的出口商应当准备随时提交所有能够证明有关产品原产资格并满足本议定书其他要求的相关文件。

6. 出口商应当在发票、发货单或其他商业单证上以打字、盖章或打印的方式出具发票声明或EUR-MED发票声明。应当按照附件Ⅳa和b所列文本，并依

据出口国的国内法律，用其中一种文字进行声明。如果声明是手写的，应当用墨水及印刷字体书写。

7. 发票声明或 EUR – MED 发票声明上应有出口商本人的手写签名。但是，如果符合第 23 条定义的经核准的出口商向出口国海关递交了书面承诺，愿意承担以其名义出具的任何发票声明的全部责任，即可视同发票声明已经其手写签名，无需再要求其在上述声明上签名。

8. 发票声明或 EUR – MED 发票声明应当由出口商在有关产品出口时出具，也可以在产品出口后出具，但必须在有关产品进口后两年内提交给进口国。”

《手册》建议按以下程序填制发票声明或 EUR – MED 发票声明：

“(a) 声明的措辞必须与议定书附件中的措辞相一致；

(b) 如果一批货物中包含了多个泛欧洲—地中海累积区域国家原产的产品，应当在发票声明或 EUR – MED 发票声明的内容中注明有关国家的名称或官方缩写，或者引用发票上的具体信息（参见对第 17 条的解释中对第 3 个问题的解答及该条对名称缩写清单的注释）；

(c) 应当在发票上对应每项产品逐一注明有关国家的名称或官方缩写；

(d) 可以在发票的复印件上作出声明，但与发票正本一样，发票复印件上必须有出口商的签名。经核准无需在发票声明或 EUR – MED 发票声明正本上签名的经核准的出口商，在发票复印件上作出此类声明时，无需在上面签名；

(e) 可以在发票的背面作出发票声明或 EUR – MED 发票声明；

(f) 可以在发票的分离页上作出发票声明或 EUR – MED 发票声明，但该页必须明显是发票的一部分；

(g) 如果进口商在标签上作出发票声明或 EUR – MED 发票声明，该标签随附在发票上，那么出口商应当将标签粘贴好，并在标签和发票上加盖骑缝章和签名；

(h) 在发货单或其他商业单证上出具的发票声明或 EUR – MED 发票声明必须指明出口商；

(i) 出具 EUR – MED 发票声明时，必须注明‘与____国进行累积’或者‘未进行累积’。”

经核准的出口商

《欧共体—瑞士协定》第 23 条规定如下：

“1. 出口国海关可以授权任何经常从事本协定项下产品出口的出口商（以下简称‘经核准的出口商’）出具发票声明或 EUR – MED 发票声明，无论有关产品的价值多少。申请此类授权的出口商必须提供能够满足海关要求，证实产品原产资格并满足本议定书其他要求所需的各种担保。

2. 海关可以在其认为合适的任何情况下，授予其经核准的出口商资格。

3. 海关应当给予经核准的出口商一个授权编码，该编码应当在发票声明或EUR-MED发票声明上注明。

4. 海关应当对经核准的出口商使用授权的情况进行监控。

5. 海关可以随时撤回授权。如果经核准的出口商不提供第1款所述的担保，未满足第2款所述条件，或者存在使用授权不当的其他情况，海关应当撤回授权。”

在以上程序中，EUR.1或EUR-MED证书被“经核准的出口商”出具的发票声明所取代。

泛欧洲—地中海原产地规则议定书注释”① 第25条规定如下：

“所谓‘出口商’，是指从缔约一方的境内出口货物的人或企业，无论他们是生产商还是贸易商，只要其遵守本议定书的所有其他规定。本议定书所指的经核准的出口商资格不应授予报关代理人。海关在进行审核时应当考虑以下几点：

● 出口商是否定期出口：海关与其把审核重点放在特定的一批或数批出口货物上，不如把审核重点放在出口商从事出口活动的规律性上；

● 出口商是否始终能够提供出口货物的原产地证明。为此，有必要考虑出口商是否了解现行的原产地规则，并且是否持有所有原产地证明文件。对于生产商，海关必须确保通过企业的库存账册可以确定货物的原产地；对于新企业，必须确保通过这些企业建立的制度可以确定货物的原产地。对于自身仅是贸易商的经营者，应当更多地把审核的重点放在其日常的贸易流上；

● 根据出口商以往的出口记录，出口商能否提供有关货物原产资格的充分担保，是否具有承担由此而产生的所有责任的能力。”

一旦获得授权，出口商必须：

“● 只为其在作出声明时已掌握所有必要证明文件或者会计要素的货物出具发票声明或EUR-MED发票声明；

● 对授权的使用（尤其是原产地声明的错误或其他滥用授权的情况）承担全部责任；

● 在确保企业内负责出具发票声明或EUR-MED发票声明的人员了解并理解原产地规则方面承担相应责任；

● 自出具声明或者发票声明之日起，负责保存所有原产地证明文件至少三年；

● 负责随时向海关提供原产地证明，并允许海关随时进行检查。”

海关必须定期对经核准的出口商进行监控，以确保授权的使用始终符合规定。监控可以根据风险分析标准（如果可能的话）有间隔地开展。

---

① 参见欧盟《官方公报》C16/8，2006年1月21日。

海关必须将其用以指定经核准的出口商的全国编号制度通报欧委会，由欧委会将有关信息转发给其他国家的海关。

经核准的出口商在取得资格之前，必须使海关确信给予其授权的适当性。但是，为保持其经核准的出口商资格，贸易商必须满足下列条件，并承担相应的责任。

四、供应商声明

供应商声明制度在《欧共体—瑞士协定》中并不突出，但依然保留在《欧共体—摩洛哥协定》第 27 a 条中：

“第 27a 条①

供应商声明

1. 欧共体或摩洛哥为原产产品签发 EUR. 1 流动证书或者出具发票声明时，如果这些产品在其生产过程中使用了在阿尔及利亚、摩洛哥、突尼斯或欧共体经过制造或加工，但未获得优惠原产资格的货物，应当依据本条的规定对这些货物的供应商声明予以考虑。

2. 第 1 项所述的供应商声明，应当作为有关货物在阿尔及利亚、摩洛哥、突尼斯或欧共体经过制造或加工的证据，用以确定使用这些货物生产的产品能否被视为欧共体或摩洛哥原产的产品，是否符合本议定书的其他要求。

3. 除了第 4 项所述情况外，一份供应商声明应当对应一批货物，由供应商按照附件 V 所规定的格式在一页纸上开具，附在发票、发货单或者能够详细描述有关货物以便于识别的任何其他商业文件之后。

4. 如果供应商定期向特定客户供应在阿尔及利亚、摩洛哥、突尼斯或欧共体经过制造或加工的货物，供货预计持续相当长的时间，那么，供应商可以出具一份供应商声明，用以涵盖随后发运的货物，以下称为“长期供应商声明”。

长期供应商声明通常自其出具之日起一年内有效。出具声明的所在国家海关可以规定更长的有效期。

供应商应当按照附件Ⅵ所规定的格式出具长期供应商声明，声明中应当对有关货物进行详细描述，以便于识别。应当在声明所涵盖的第一批货物发运前，把声明提供给相关客户，或者与第一批货物一同交付给客户。

如果长期供应商声明不再适用于其供给的货物，供应商应当立即通知其客户。

5. 第 3 项、第 4 项所述的供应商声明应当根据出具该声明时所在国家的国内法律，用拟订协定所用的语言之一，以打字或打印的方式出具，声明上应当有供应商的手写签名。

---

① 参见欧盟《官方公报》L336/15，2005 年 12 月 21 日。

声明可以手写，但必须用墨水和印刷字体书写。

6. 应出具声明所在国家海关要求，出具声明的供应商必须准备随时提交所有能够证明该声明上所载信息正确无误的相关文件。”

为便于对EUR.1原产地证书进行管理，并便于出具发票声明，欧洲理事会第1207/2001号条例①制定了一套关于泛欧原产地规则项下供应商声明及其审核方式的制度。《欧共体—摩洛哥协定》沿用了这套制度。

供应商声明的主要目的，就是为签发原产地证书或者出具发票声明提供便利。供应商应当按照附件Ⅴ和Ⅵ中所列的格式出具声明。声明必须在与具体批次货物相关的商业发票或者任何其他商业单证上作出，必须对有关货物作详细描述，以便于识别。

在某些情况下，可以出具长期供应商声明，其有效期不超过一年。声明上应当有供应商的手写签名。但是，如果供应商作出书面承诺，表示对以其名义出具的、视同有其手写签名的供应商声明承担责任，那么，尽管发票是用电脑打印的，声明也无需供应商手写签名。

五、签发原产地证书所需的证明文件

正如《欧共体—瑞士协定》第17条第3款所规定的那样，签发原产地证书需要证明文件。该款中所称“适当文件”，其含义在《欧共体—瑞士协定》项下的《原产地规则议定书》第27条中得到明确。根据该条规定，适当的原产地证明文件主要包括下列文件：

“第17条（3）项与第22条（5）项所述的、用以证明EUR.1或EUR-MED流动证书、发票声明或EUR-MED发票声明所列产品可被视为欧共体、瑞士或者第3条、第4条所列其他国家之一原产的产品，并且满足本议定书其他要求的文件，主要包括下列文件：

（a）出口商或供应商为获得有关货物而进行加工的直接证据，例如，包含在其账目或内部账册中的证据；

（b）在欧共体或瑞士签发或出具的证明所使用材料原产资格的文件，这些文件必须依照上述国家的国内法律使用；

（c）在欧共体或瑞士签发或出具的证明所使用材料在上述国家经过制造或加工的文件，这些文件必须依照上述国家的国内法律使用；

（d）依据本议定书的规定，在欧盟或瑞士签发或出具的证明所使用材料原产

① 欧洲理事会第1207/2001号条例（Council Regulation (EC) No. 1207/2001）“关于便利欧共体与部分国家优惠贸易管理规定项下签发EUR.1流动证书、出具发票声明和EUR.2证书、发布对某些经核准的出口商的授权的程序，以及撤销欧洲理事会第3351/83号条例”，欧盟《官方公报》L165，2002年。

资格的 EUR.1、EUR－MED 流动证书、发票声明或 EUR－MED 发票声明；或者依据与本议定书项下原产地规则相同的原产地规则，在第 3 条、第 4 条所列其他国家之一签发或出具的上述文件；

(e) 依据第 12 条的规定，在欧盟或瑞士境外进行制造时证明该条规定得到遵守的适当证据。”

EUR.1 和 EUR－MED 证书的效力及原产地证明和证明文件的保存

EUR.1 或 EUR－MED 证书通常必须自出口国海关签发之日起 4 个月内提交给货物进口国海关。

《欧共体—瑞士协定》第 29 条规定如下：

“1. 申请签发 EUR.1 或 EUR－MED 流动证书的出口商，应当保存第 17 条 (3) 项所述文件至少三年。

2. 出具发票声明或 EUR－MED 发票声明的出口商，应当保存该发票声明的复印件及第 22 条 (5) 项所述文件至少三年。

3. 签发 EUR.1 或 EUR－MED 流动证书的出口国海关，应当保存第 17 条 (2) 项所述申请表至少三年。

4. 进口国海关应当保存向其提交的 EUR.1 和 EUR－MED 流动证书，以及发票声明和 EUR－MED 发票声明至少三年。”

开展核查时，或者基于相关原因，需要查阅据以签发 EUR.1 或 EUR－MED 原产地证书或者发票声明的证明文件。因此，无论是出口商还是海关，均有义务保留出口货物的相关文件（即申请签发 EUR.1 或 EUR－MED 证书的申请表、上述证书本身、发票声明或 EUR－MED 发票声明）三年。基于贸易原因，EUR.1 或 EUR－MED 证书只有 4 个月的有效期，尽管如此，这些证书必须保留三年，以备后续核查。

六、原产地证件的核查

作为原产地规则管理的重要组成部分，《欧共体—瑞士协定》第 33 条对此作了详细规定：

“1. 进口国海关对原产地证件的真实性、有关产品的原产资格及其满足本议定书其他要求的情况存在合理怀疑时，可以对此类文件进行随机后续核查，也可随时进行核查。

2. 为执行第 1 款的规定，进口国海关应当将 EUR.1 或 EUR－MED 流动证书、发票（如果已提交的话）、发票声明或 EUR－MED 发票声明、或者上述文件的复印件发回出口国海关，必要时应当说明核查理由。进口国海关所获得的能够证明原产地证件所载信息有误的任何文件和信息也应一并发送，以支持其核查请求。

3. 核查应当由出口国海关开展。为此，出口国海关应当有权要求提供任何证据，并对出口商的账目进行调查或者进行其认为合适的任何其他检查。

4. 进口国海关决定在等待核查结果期间暂缓给予有关货物优惠待遇时，在采取必要的预防措施后，应当允许进口商办理产品放行手续。

5. 核查结果应当尽快通知请求核查的海关。此类结果必须明确说明文件是否真实可信，有关产品能否被视为欧共体、瑞士或者第3条、第4条所列的其他国家之一原产的产品，并满足本议定书的其他要求。

6. 在合理怀疑的情况下，如果自提出核查请求之日起10个月内未收到回复，或者回复中未包含充分信息，以确定有关文件的真实性或者产品的真实原产地，除特殊情况外，提出请求的海关应当拒绝给予优惠。”

欧共体与其伙伴国签订的所有自由贸易协议中，均对相关海关在原产地规则管理互助方面的彼此义务作了规定①。第33条列出了对海关的要求，并对其如何开展核查作了规定。

进口国海关可以就原产地证件的真实性及有关产品的原产资格，向出口国海关提出核查请求。提出此类核查请求的理由可源于对货物真实原产地的怀疑；对于EUR.1或EUR－MED证书所涵盖的货物，也可源于对证书上所用印鉴的怀疑。根据该条规定，还可以进行随机核查。其注释规定，对于签发EUR.1或EUR－MED流动证书或者出具发票声明或EUR－MED发票声明三年后收到的后续核查请求，任何国家都没有义务给予回复。在等待核查结果期间，进口国海关可以决定暂缓给予调查所涉货物，以及同一出口商后续出口的任何类似货物优惠关税待遇。但是，在采取必要的预防措施（例如，要求进口商支付相当于全部应付税款的保证金，或者由银行出具缴税担保）后，进口国海关应当允许进口商办理货物放行手续。

在合理怀疑的情况下，如果自提出核查请求之日起10个月内未收到回复，或者回复中未包含充分信息，以确定证书的真实性或者所申报的原产地真实与否，海关应当拒绝给予优惠。

泛欧洲—地中海原产地规则议定书的注释②就核查问题提供了下列参数和指引：

“第33条——未经核查拒绝给予优惠待遇

这涵盖了主要基于下列理由原产地证件被视为不适用的情况：

● EUR.1或EUR－MED流动证书上所列的货物不适用优惠待遇；

---

① 在欧盟—瑞士协定中，第32条对此类合作作了规定：（1）欧共体成员方海关和瑞士海关应当通过欧委会互相提供各自海关签发EUR.1和EUR－MED流动证书时所使用的印章样本，以及负责核查上述证书、发票声明及EUR－MED发票声明的海关的地址。（2）为确保本议定书的有效实施，欧共体和瑞士应当通过其主管海关，就核实EUR.1和EUR－MED流动证书、发票声明及EUR－MED发票声明的真实性，以及上述单证上所列信息的正确性开展互助。

② 参见欧盟《官方公报》C 16/8，2006年1月21日。

● 商品描述的栏目（EUR.1 或 EUR－MED 证书上的第8栏）没有填写，或者所列货物与所报验的货物不符；

● 尽管货物的原产国属于优惠体系，但原产地证件却是由不属于该体系的国家签发（例如，产品原产于叙利亚，但 EUR.1 或 EUR－MED 证书是在乌克兰签发的）；或者原产地证件是由不适用于累积规则的国家签发（例如，在叙利亚为出口到挪威的货物签发 EUR.1 或 EUR－MED 证书，但这两个国家尚未签订自由贸易协议）；

● EUR.1 或 EUR－MED 流动证书上某一必填栏目中有未经验证的擦除或涂改痕迹（例如，商品描述、包装数量、目的地国或原产国栏目）；

● 除规定允许的情况（例如，特殊情况）外，由于其他原因造成 EUR.1 或 EUR－MED 流动证书过期，但货物在证书过期前报验的除外；

● 原产地证件是在货物不正当进口后出具的；

● EUR.1 或 EUR－MED 流动证书第4栏所列的国家不是申明享受优惠待遇所属协议的缔约方；

● EUR.1 或 EUR－MED 流动证书第4栏所列的国家为不适用累积规则的国家（例如，在欧共体为进口到摩洛哥的法罗群岛产品签发的 EUR.1 或 EUR－MED 证书，但摩洛哥与法罗群岛尚未签订自由贸易协议）。”

注释规定，在上述情况下，应当采取以下措施：

“对于所报验的原产地证件，海关应当注明“不适用”，并予以保留，以免继续使用。进口国海关认为有必要这样做时，应当及时将拒绝接受原产地证件的情况通知出口国海关。”

注释第33条对术语“合理怀疑”的含义作了进一步明确。可纳入合理怀疑范畴的情况列举如下：

“● 文件未经出口商签名（依据经核准的出口商出具的发票或商业单证所作的声明除外，不排除会出现这种情况）；

● EUR.1 或 EUR－MED 流动证书未经签证机构签署或者未署明日期；

● 货物或包装上的原产地标记或者其他随附文件上显示的原产地与 EUR.1 或 EUR－MED 流动证书上所列的原产地不同；

● EUR.1 或 EUR－MED 流动证书上的细节显示，货物未经充分加工即赋予其原产资格；

● 签署文件所用的印章与备案印章不符。”

在上述情况下，注释建议采取以下措施：

将文件发送签证机构进行后续核查，并随附提出核查请求的理由。在等待核查结果期间，海关应当采取其认为必要的所有措施，以确保任何应付税款的缴纳。

海关也可以不提出对已报验的原产地证件进行核查的请求，而是直接拒绝给予优惠。采取此类措施的理由举例说明如下：

“（a）与原产地证件相关的货物没有资格享受优惠待遇；

（b）未填写商品描述栏目；

（c）原产地证件上所列货物与报验的货物不符；

（d）报验时原产地证件超过了有效期，未能给出令人信服的理由，证明其为特殊情况；

（e）原产地证件上的字迹经过擦除或者篡改；

（f）EUR. 1 或 EUR－MED 证书第 4 栏列出了不是协定缔约方的国家，该国不适用于累积规则。”

七、根据泛欧原产地规则、普惠制、区域累积及《科托努伙伴关系协定》进行累积的原产地证书的签发

（一）根据欧共体普惠制项下的原产地规则进行累积的原产地证书的签证程序

在我们研究的优惠安排中，为累积目的而签发的原产地证书在其签证程序上存在着差异。根据欧共体的区域和双边累积规则，为得益于累积规则的最终产品签发的 Form A 原产地证书，是依据之前在另一成员方对应最终产品生产过程中所使用的原产材料以及/或者零件签发的 Form A 证书而签发的［《欧共体海关法典》（CCC）第 72a 条第 5 款］。

例如，C 国的出口商希望出口含有属于同一区域集团的 A 国和 B 国原产的进口成分的最终产品。出口商必须向主管机构提交由 A 国和 B 国的主管机构签发的分别对应两国的原产成分的两份 Form A 证书。然后，C 国的主管机构便可根据这两份证书，为即将出口的最终产品签发最终的 Form A 证书。

迄今，有三个区域集团可以从普惠制项下原产地规则的区域累积规则中得益：

● 东盟（ASEAN）（文莱、印度尼西亚、马来西亚、菲律宾、新加坡、泰国及越南）；

● 中美洲共同市场（CACM）（哥斯达黎加、洪都拉斯、危地马拉、尼加拉瓜及萨尔瓦多）① 及安第斯集团（玻利维亚、哥伦比亚、厄瓜多尔、秘鲁及委内瑞拉），以上可视为一个集团；

● 南亚区域合作联盟（SAARC）（孟加拉国、不丹、印度、马尔代夫、尼泊

① 参见欧共体关于中美洲共同市场国家的通报 95/C 343/09，欧盟《官方公报》C343（1995 年）。

尔、巴基斯坦及斯里兰卡)。

原产地分配、转运、行政程序方面的辅助规则非常详细，旨在确保普惠制 Form A 证书签证程序上，适当地开展海关合作。第72a 条第 1 款就确定最终产品原产地的规则作了规定：

“原产于区域集团某一成员方的货物，在同一区域集团的另一成员方内经过制造或加工时，这些货物应被视为原产于进行最后制造或加工的该区域集团的成员方，只要：

(a) 在该国实现的增加值①高于所使用的该区域集团任一其他国家原产产品的最高海关价值；并且

(b) 在该国进行的制造或加工超出了第 70 条所规定的范围（不充分的制造或加工)，对于纺织品，这些制造或加工还超出了附件 16 所规定的范围。”

事实证明，欧共体普惠制项下的原产地分配是一个敏感话题，尤其是在涉及东盟的时候。事实上，1994 年实施的欧共体普惠制针对原产于东盟国家的产品的普惠制待遇实行了各种限制措施和配额管理。因此，原产地分配是针对单个东盟国家的配额制度正确实施的决定性因素。2001 年，《除武器以外的产品倡议》实施，但原产地分配的规定仍然发挥着重要作用，对东盟来说尤为如此。实际上，老挝和柬埔寨的纺织品和服装可以享受免税进口待遇，而与它们相邻的东盟国家要么已经毕业，要么只能享受最惠国税率降低所带来的实惠。

（二）根据先前的《科托努伙伴协定》进行累积的原产地证书的签证程序

在撰写本书时，《科托努伙伴协定》已经失效。书写本节就是为了将所有非加太国家之间保持了 20 多年的完全累积制度留在人们的记忆里。根据先前《科托努伙伴协定》的规则及其对累积的要求，其签证程序与普惠制项下的签证程序是不同的。特别是，为中间成分或者在另一非加太国家进行的制造或加工签发特定原产地证书的要求，已经被供应商声明制度所取代。

如果在非加太最终产品的生产过程中选择使用给惠国成分进行累积，那么，“收到签证申请的非加太国家的主管海关，为使用来自其他非加太国家、欧共体或海外国家及领土（OCT)② 的材料生产的产品签发证书时，应当考虑到非加太

① “增加值”是指出厂价格减去包含在产品中的该区域集团的另一国家原产的各项成分的海关价值。

② 《洛美协定》(四) 所指的海外国家和地区（OCTs)，包括荷兰的海外国家（阿鲁巴及荷属安地列斯群岛)、法国的海外国家（新喀里多尼亚、瓦利斯和富图纳群岛、法属波利尼西亚、法属南部领土)、法国的领地行政单位（马约特、圣皮埃尔和密克隆)、英国的海外国家和地区（安圭拉、开曼群岛、福克兰群岛、桑德韦奇群岛及其附属领土、特克斯科斯群岛、英属维尔京群岛、蒙特斯拉特、皮竺凯恩群岛、圣赫勒拿及其附属领土、英属南极领地、英属印度洋领地）和丹麦的海外国家（格陵兰)。

国家或海外国家及领土境内的出口商出具的声明，声明既可以在上述材料所适用的商业发票上作出，也可以在该发票的证明文件上作出。”①

此类声明必须在与装运货物有关的商业单证上出具。声明的文本在《原产地规则议定书》所附的特定格式中作了规定。声明分为两种，第一种涉及的产品本身已在出口国获得了原产资格，不受其在非加太进口国进一步制造或加工的影响。第二种涉及的产品还未获得原产资格，需要在非加太进口国经过某种制造或加工，才能被视为本协议项下的原产产品。

下面举例说明这些表格是如何使用的：

● 非加太国家A的出口商购买在非加太国家B生长并收获的蔬菜，计划将蔬菜罐头出口到欧共体。在申领EUR.1证书时，该出口商必须提交附件VI所规定的供应商声明，因为根据协议条款的规定，他打算出口到欧共体的产品已经是原产于非加太国家的产品（即完全获得）；

● 非加太国家的出口商打算将棉质夹克衫出口到欧共体。棉质夹克衫必须满足单一清单的要求。为了生产夹克衫，出口商从非加太国家A进口织物，并从织物开始生产。但是，从非加太国家A进口的织物不得视为原产产品，因为该织物是由进口纱线制成，而不是按单一清单的要求由天然纤维制成。用橡胶处理的织物应当归入品目5906。因此，供应商应当针对未获得原产资格的产品出具声明。

这些声明的目的，就是要申明这些原材料原产于非加太国家或欧共体，以确保协定中关于累积和给惠国的规定，不会因为通过从非协定成员方的第三国进口材料的行为而受到规避。同时，它还使得负责签发EUR.1证书的非加太出口国海关能够更好地执行和实施协定的规定。对供应商声明的核查可以随机开展，也可以在进口国海关对声明的真实性存在合理怀疑时开展。在后一种情况下，进口国海关可以请求出口国海关签发一份信息证明（其格式模板同样包含在议定书的附件中），或者要求最终出口商出具一份经出口国海关签证的信息证明。

八、欧共体关于后续退税或免税及原产地核查的程序及决策

根据欧共体的法律，欧共体成员方海关征收的税款均须提交欧共体相关机构，作为欧共体的资源加以利用。欧共体成员方海关对于海关及税收法规的执行和管理不再拥有专属权。目前，这些权力已为各成员方和欧委会所共有。

经过核查或调查，一旦确定原产地证书无效，通常会启动清关后补税程序。在这些情况下，进口商有义务补交因原产地证书无效而涉及的未付税款。清关后补税程序既可由欧共体成员方启动，也可应欧委会要求启动。

在特定情况下，清关后的报关手续可予以免除。由于认识到有必要在优惠安

① 参见《洛美协定》（四）第一议定书第23条。

排的特定情况下对“海关过失”及“纳税义务人的诚信”的概念加以界定，欧共体对《欧共体海关法典》（CCC）进行了修订①。欧共体的观点是，如果是因为第三国有关机构的失误造成制度失灵，进口商不应为此承担责任。但是，如果出口商的申请中包含了不正确的信息，这些机构据此签发了不正确的证书就不能被视为一种过失。对出口商的申请中所含信息有误的定性，必须根据其申请中所包含的各种要素据实加以评估。如果纳税义务人能够证明其已小心在意，即可断定他是诚实的，除非欧共体已在其《官方公报》上发布了通知，说明存在怀疑的理由。

因此，《欧共体海关法典》第220条（2）（b）项规定，在以下情况下，清关后补税程序可以免除：

“……由于海关一方的过失，纳税义务人在合理情况下没有察觉，造成依法应缴税款未入账，而纳税义务人的行为诚实，并遵守法规中关于向海关申报的各项规定。

如果货物享受优惠的资格是基于与第三国有关机构的行政合作制度得到的，而这些机构所签发的证书被证明是错误的，那么，它将构成第一款含义范围内所指的“在合理情况下没有察觉的过失”。

但是，如果不正确的证书是根据出口商所提供的对事实的错误描述而签发的，据此签发不正确的证书就不能构成一种过失，除非签证机构显然已知道或者应当已知道，货物不能满足享受优惠待遇的条件。

如果纳税义务人能够证明，他在从事有关贸易期间已小心在意，以确保享受优惠待遇的各项条件得到满足，即可断定他是诚实的。

但是，如果欧洲议会已在欧共体的《官方公报》上发布了通知，证明其有理由对受惠国是否正确实施有关优惠安排表示怀疑，则不能断定纳税义务人是诚实的。”

（一）免予清关后补税的程序

免予补税不一定要相关方提出申请。如果第2454/93号条例第869条所列的各项条件均得到满足，就应由各国海关决定免予补税。第869条规定如下：

“在下列情况下，海关应当自行决定不将未征税收补征入账：

(a) 优惠关税待遇是在实行关税配额、关税上限或其他安排的情况下实施的，但在接受海关申报时这种优惠关税待遇已被终止。在相关货物获得放行可以自由流通前，以上情况未在欧共体的《官方公报》上公布；或者，以上情况虽未

① 参见2000年11月16日欧洲议会及欧洲理事会“关于修订制定《欧共体海关法典》的理事会（欧共体）第2913/92号条例”的第2700/2000号条例，欧盟《官方公报》L311/17，2000年12月12日。

经《官方公报》公布，但有关成员方已以适当形式将其公之于众，而纳税义务人的行为诚实，并遵守法规中关于向海关申报的各项规定；

(b) 除了依据第 871 条的规定必须将文件传送至欧委会以外，海关认为《法典》第 220 条（2）（b）项所列的条件得到满足。但是，在适用第 871 条（2）项第 2 段规定的情况下，海关不得作出免予补税的决定，直到依据第 871 条至第 876 条的规定而启动的程序结束为止。”

但是，如果主管机构认为《海关法典》第 220 条（2）（b）项所规定的条件得到满足，或者对上述条款所规定的标准适用特定个案的准确范围存有疑问，主管机构应当将个案提交欧委会处理；所提交的卷宗中必须包含开展全面审查所需的所有信息（第 2454/93 号条例第 871 条第 1 款）。欧委会必须在收到卷宗之日起 15 天内将卷宗的副本转交各成员方（第 872 条第 1 款）。随后，由所有成员方的代表组成的专家小组将在海关委员会的框架内召集会议，对所涉个案进行研究。欧委会在咨询专家小组意见后，应当就所涉税款无需补征入账的情况属不属实作出裁定（第 873 条第 1 款）。

欧委会必须在收到成员方所提交的卷宗之日起 6 个月内作出裁定（第 873 条第 2 款），并尽快将裁定通知有关成员方（第 874 条第 1 款）。

应当指出，随着第 1677/98 号条例实施，与免征关税所适用的规定一样，上述各段所述的免予补税的程序规则已经过修订。T－147/99 号判例（Miller）已实施了新的规则。

因此，第 1677/98 号条例主要插入了第 872a 条，新的条款规定如下：

“在执行（第 2454/93 号条例）第 872 条及第 873 条所列程序的任何时候，欧委会拟作出不利于所提交的个案的相关人的裁定时，应当将其反对意见，连同作出该项反对意见所依据的所有文件，书面通知相关人。已提交委员会的个案的相关人应当在上述反对意见发出之日起 1 个月内，书面表达其意见。相关人未在该期限内表达意见的，应当视为相关人放弃了表达其立场的权利。第 2454/93 号条例第 873 条所规定的 6 个月期限已经改为 9 个月。”

九、欧共体原产地规则的未来：《关于优惠贸易安排项下原产地规则前景的绿皮书》及其最新发展

2004 年 1 月，欧委会发布了《关于优惠贸易安排项下原产地规则前景的绿皮书》。发布《绿皮书》是要在欧共体相关机构、民间社会及其伙伴国之间围绕原产地规则及其管理领域的改革方案展开讨论。欧委会请所有利益相关方通过一份调查问卷（2004 年 3 月至 4 月间可在互联网上得到）发表意见。目前，欧委会仍在考虑如何对原产地规则进行修订，并进行了多项研究。但是，发布《绿皮书》四年多以后，欧共体原产地规则在不远的将来会变得怎么样，前路依然迷茫。与此同时，正如本书第三章在有关经济伙伴关系协议的论述中所阐释的那

样，经济伙伴关系协议项下原产地规则议定书中的一些成规已发生了变化，《绿皮书》的某些关注已在其中成形。

《绿皮书》之所以出台，是因为在欧委会看来，欧共体关于优惠原产地及应缴关税的法律和判例法的现状难以令人满意。欧委会指出，下面所列举的几点尤为突出，亟须对“现状”进行改革：

“根据欧共体关于免税、补税、免予补税的法律，如果涉及的商业风险被视为‘异常’，行为‘诚实’的进口商可以免予缴付应缴关税；例如，进口商所遇到的过失是主管机构在认证或核实优惠原产地时留下的，或者进口商一方在这种特别情况下并无疏忽；

在这种情况下，欧共体的财政预算将遭受相应的损失，这种情形对保持优惠措施的平衡，确保公平贸易和竞争构成了威胁。

这是由不合理的制度造成的。在这种制度中，一方要为另一方的疏忽承担经济和财政上的后果。”

从欧共体及其贸易伙伴国的利益出发，公平、正确地实施各项协议这一愿望，也促成了欧委会的行动。在实践中，瞒骗和无法满足享受优惠待遇的条件，对欧共体来说不仅意味着财政上的损失，还意味着欧共体及其伙伴国的合法经济利益因扭曲的竞争而受到损害。

为加强对欧共体利益的保护，《绿皮书》列出了一系列举措，以改进原产地规则的实施：

● 加强欧共体预防和应对瞒骗和错误实施优惠原产地规则等问题的能力。要使保护措施取得实效，就必须在欧共体层面明确欧委会与各成员方管理部门之间的职责分工，对经营者和受惠国遵守原产地规则的情况进行监控。同时，必须在监控方面加强合作和协调，对实施监控所需的各种手段进行配置。

● 在互惠的基础上，将出现瞒骗或其他不正常情况以及/或者缺乏行政合作时暂缓给予优惠的条款逐步纳入到优惠协议当中。当反复出现的问题对优惠贸易安排的正确实施、遵从其管理目标产生不利影响时，这项规定即可发挥作用。它对企图滥用优惠贸易安排或者疏于监管的情形将起到预防或遏制作用。正如本书第三章所阐释的那样，这项条款目前已被纳入到所有经济伙伴关系临时协议当中。

● 向未能正确实施优惠安排而对另一方造成损害的任何缔约方摊派财务责任的条款。这项条款不应被视为用来对其中一方进行报复的工具，而应被视为确保所有缔约方公平实施协议的关键因素。

除这些政策指引外，《绿皮书》还着重提出了对传统上基于签证机构的欧共体原产地管理制度进行改革的各种替代方案和选择性方案。由此，《绿皮书》把关键问题锁定在了原产地规则的实施，以及如何完善或者改变目前基于签证机构的欧共体原产地管理制度上，并围绕以下关键问题提出了选择性方案：

- 出口国优惠原产地认证；
- 进口商的优惠原产地申报；
- 核查。

出口商品优惠原产地认证

该选择性方案是以现行制度为基础。本书将在下文中介绍一些其他选项，以便引入一些变化，使现行制度更为有效。

改进出具原产地证件的现行制度

- 围绕原产地规则的准则及实用性、证书签发、对产品原产资格的相应核查、对经核准的出口商的授权及其出具发票声明情况的核查，开发培训项目和信息工程。
- 开展监控与行政合作互助，包括联合实地调查。
- 提升对瞒骗和实施规则不力情况的识别和应对能力。
- 通过引入暂缓给予优惠的规定，促使受惠国的有关机构承担责任，在遵守规则不力或行政合作缺失时，视情况启动财务责任条款。

引入仅由出口商认证的制度

- 在不妨害主管机构为确保原产地规则得到遵守而进行的任何核查的前提下，仅由出口商负责对产品的原产资格进行认证，作为出口商与进口商的商业关系的一个因素。
- 证书的标准格式应当包含所需的各项细节（以便于后续核实），以便对出口商、货物及据以确定其原产资格的生产情况进行核实；出口商应当填制该表后发送（可以通过电子格式）给进口商。

引入“经核准”或“经注册”出口商中间认证制度

- 废除由签证机构认证的制度，由出口国委托指定的出口商负责此项工作。
- 在两种方式之间进行选择：“核准”需要进行审计（主要针对公司的管理架构、财务状况和业务运营时间长短）及前期授权加上实际监控；“注册”，仅限于打算进行优惠原产地认证的所列出口商，以便于后续核查。

这似乎是本章第三节中所阐释的协议草案所构想的认证制度。

进口货物优惠原产地申报及进口商的责任

以下提出的一系列选项，旨在强化纪律，责成进口商承担更多责任。

强化补征欠交税款的纪律

- 在不改变现行认证制度和行政合作制度的前提下，废除因拒绝给惠而造成纳税义务人补税时所涉及的公平和合法期望的任何规定，又或者：
- 详细列出进口商/纳税义务人获准免予清关后补税或免税必须满足的条件（特别是他与出口商的关系）。

假定仍然由出口国的有关机构负责对原产地进行认证

● 责成申明享受优惠的进口商作出更多承诺，承担更多义务（允诺遵守原产地规则的特别声明，或者在与出口商订立的合同中设置一项“原产地条款”等）。

● 修订/增补有关报关以及/或者优惠原产地规则的《欧共体海关法典》实施细则（系统地要求进口商进行具体申报）。

假定仅由出口商（无论其是否经注册或经核准）承担原产地的认证责任

● 确保进口商基于其与出口商的直接、专有商业关系而承担优惠原产地申报的义务。

● 详细列出进口商依据从出口商那里收到的证书和信息进行优惠原产地申报时自身应负的责任。要求进口商必须保存上述信息，并且在对产品的原产地存在疑问时，应要求提供更多信息。

● 建立一种优惠原产地举证责任倒置机制，以便在核查后仍无法确定产品的原产地或者出口国未给予合作的情况下，进口国可以拒绝给惠。

优惠原产地核查

《绿皮书》中包含了一系列选项，旨在强化对货物优惠原产地的监控程序。

加强对进口商的检查

● 在欧共体层面建立机制和标准，以便锁定优惠原产地申报的监控目标，并对进口商（必要时也包括出口商）进行直接调查。利用上述机制加强对进口货物的检查，确保进口商履行义务。

● 假定在出口国的相关机构仍然负责对原产地进行认证的情况下，加强对出口商的检查。

● 发挥现行清关后核查程序和行政合作程序的作用。

假定由出口商（无论是否经注册或经核准）对原产地认证负全责

由进口国直接进行核查

● 规定法律依据和程序，允许进口国通过调查问卷形式或者像《北美自由贸易协定》所规定的那样，到企业直接对出口商进行核查。

出口国向进口国提供协助

● 建立互助和具体合作机制，以便使进口国能够要求出口国对出口产品的原产地进行核查，必要时，进口国还能参与核查。

● 通过这种方式开展核查，能够使有关机构确定产品的优惠原产地申报真实无讹。如果产品的原产地不能明确而令人满意地得到证实，进口国可以根据其掌握的信息拒绝给惠。

● 引入援助和控制程序。对贸易商的申诉范围作出比现行规定更为详细的说明。

十、《绿皮书》发表后的最新发展

2007年年中，欧共体散发了与非加太国家签订经济伙伴关系协议时用以规范原产地规则的公约草案，这标志着《绿皮书》中提出的一些选项朝付诸实施迈出了第一步。公约中所包含的一些要素成为经济伙伴关系临时协议和新的普惠制原产地规则草案中的重要内容。

公约标志着传统的原产地规则管理制度在许多方面发生了改变：

● 把原产地管理上的合作与责任分担作为公约总体结构的支柱。设立欧共体—非加太国家原产地联合委员会，以便对公约各个方面的执行进行管理。同时，对各国主管机构之间原产地管理与核查的各种合作方式作出规定。

● 摈弃签证机构的中心地位，并对海关所扮演的角色进行改革，以便让其他政府机构参与到原产地规则的管理与核查当中。

● 建立由上述主管机构管理的注册出口商制度。

根据该草案所塑造的新的原产地规则管理制度引发了不少评论。该公约明确地将出口商分为两种：经注册的出口商和未经注册的出口商。

未经注册的出口商所适用的规则包含在公约的第16条中，具体为："未经注册的出口商应当将其根据普惠制方案的规定为其出口商品出具的原产地声明告知受惠国的主管机构。"该条款并未回答这么一个基本问题：进口方的有关机构能否接受由未经注册的出口商出具的原产地声明？从公约的总体结构看，这显然是不可能的，因为公约旨在建立一种出口商注册制度，作为原产地核查的基础。此外，第24条（标题为"优惠待遇的拒绝"）第1（c）项明确规定：

"在下列情况下，进口国海关不必要求其提供其他证明或者向出口国提出核查请求，应即拒绝给予普惠制方案项下的优惠待遇：

（c）进口商持有的涵盖价值超过6,000欧元的货物的原产地声明不是由出口国经注册的出口商出具的。"

因此，只有经注册的出口商才有资格出具原产地声明，声明可以不同形式出具，例如，可在协议所列的样本格式上作出声明，也可在其他商业文件（包括电子格式）上作出声明。进口商在货物进口时必须提交原产地声明，并负责核实出口商是否已经注册。

第20条对经注册的出口商数据库的维护和管理的各项义务作了规定：

"1. 出口国的主管机构应当对在当地注册的出口商的电子记录进行维护和管理，并及时进行更新。

2. 记录中应当包含以下信息：

（a）经注册的出口商的名称及完整地址；

（b）经注册的出口商的数量；

（c）产品范围；

(d) 有效期。

为了开展核查，欧委会、成员方及区域内各国的海关应当通过适当形式（包括电子方式）获得经注册出口商的记录。

3. 各国的主管机构必须将本国指定经注册出口商所使用的编号制度通知各方。编号应当以有关国家的 ISO－alpha 代码开头。

4. 不再按普惠制方案所规定的条件出口货物的出口商应当通知出口国的主管机构，该出口商应当立即被从有关出口国的经注册出口商名录中删除。

5. 在不违反出口国所适用的处罚制度的前提下，对于出具或者致使出具含有错误信息的原产地声明或任何证明文件以便使产品获得优惠待遇的出口商，应当根据其违规或实施瞒骗的严重程度予以处罚，该出口商将被暂时或永久从经注册的出口商名录中删除。如果出口商是法人，其经理也将被从经注册的出口商名录中删除。”

建筑在设立和维护这样一个数据库基础上的公约构架，对公约的实施具有重要意义，对非加太国家来说尤为如此。数据库建立后，主管机构有义务定期对其自身的数据库进行核查，这两者是相互关联的。

通过对公约的初步分析，可以看到欧共体与非加太国家的主管机构在责任分担方面的显著转变。各国的管理部门均要承担责任，出口方需要对其自身的经注册出口商数据库进行维护，进口方则应当能够进入该数据库，以便对原产地声明进行核查。由于欧共体成员方与非加太国家的管理部门之间在设备及专业技能上存在较大差别，这些实施要求可能会带来一系列后果，并耗费不少实施成本：

● 非加太国家在建立和维护上述数据库方面的专业技能及电子手段十分有限。

● 主管机构在核准经注册的出口商方面所拥有的自由裁量权会导致贪污和权力的滥用。

● 非加太国家的主管机构对出口商进行注册时，其在设备/能力方面的缺失会变成一种非关税壁垒。

● 非加太国家的主管机构对遵守欧共体进口货物原产地要求的情况进行认证和核查的能力和专业技能有限。

要弄清楚这种制度的利弊，其中一种途径是在一些非加太国家对其可行性进行测试。

十一、欧共体内部的原产地管理及海关合作

欧共体各国海关均已开发了自身的风险评估软件，主要对优惠协议及原产地声明管理中产生的风险进行监控。

本书并不打算在此对这种制度进行深入论述。尽管如此，进行一些一般性评析，对读者了解欧共体的经验是有帮助的。

在欧共体成员方，进出口交易都是通过电子方式完成的。但是，文书工作和证明文件还不能完全被淘汰，因为 EUR. 1 原产地证书、发票声明等仍然与电子方式及风险评估软件同时存在。

尽管如此，电子方式的使用仍然大大推进了贸易便利化，并节省了大量时间，因为只有在少数情况下才会对证明文件进行审核，并对货物进行查验。对进口申报情况的监控是根据对申报进口情况的不同监管水平而进行的，可将其归纳如下：

● 无需进行后续核查，也不要求出示证明文件，海关即可清关，货物即可放行；

● 货物即可放行，但必须将证明文件提交海关审核；

● 货物不予放行，必须进行查验，并对证明文件进行审核。

目前，欧共体还未设置风险评估软件用的共同参数。因此，每个成员方都是根据其风险评估情况，结合本国的参数开发本国的系统。这种系统无一例外地要求提供反馈结果，其准确性和有效性取决于用户与该系统之间的互动质量和强度。

在整个欧共体层面，欧洲理事会第 515/97 号条例①（下文简称为“条例”）是欧共体法律的基石，它对成员方海关与欧委会之间、欧共体与第三国之间的互助模式作了规定。

据称，颁布该条例的目的是在成员方管理部门之间及其与欧委会之间制定明确的规则，并建立相关机制，着重通过对违反海关及农业法律法规行为加以防范和进行调查，确保这些法律法规的正确实施。

同时，该条例还规定，在欧共体层面建立一套海关信息计算机系统（CIS），以确保在欧共体成员方与欧委会之间快速、系统地进行信息交换。

该条例含有七章，其中五章涉及互助的形式，即：

第一章：应请求提供协助

第二章：主动提供协助

第三章：与欧委会的关系

第四章：与第三国的关系

第五章：海关信息计算机系统（CIS）

依据第 9 条所规定的协助形式，被请求方的相关机构应当发送：

“能够确保海关或农业法律规定得到遵守的任何信息，特别是涉及以下方面的信息：

● 收缴关税及等额税费的情况，以及根据共同农业政策或者某些加工农产

---

① 理事会条例第 515/97 号，“关于成员方管理部门间开展互助和成员方与欧委会开展合作，以确保海关及农业事务法律正确实施的条例”，欧盟《官方公报》L82（1997 年）。

品所适用的特殊安排的规定，收缴农业税费及其他税费的情况；

● 构成欧洲农业指导和保证基金所资助的一部分的实际操作。

为了获得所需信息，被请求方的相关机构或者其所求助的管理机构应当自行展开行动，或者应该国另一管理机构的请求展开行动。”

此外，当有理由相信存在违反海关法规的行为时，请求方的相关机构可以要求被请求方的相关机构作出安排，对有关人员、地点、货物流动情况及运输方式进行特别的观察。

被请求方的管理机构应当提供其可获得的任何信息的副本，并展开适当的行政调查。第 9 条第 2 款对开展联合行政调查的形式作了规定。

“2. 经请求方与被请求方的相关机构商定，请求方的相关机构所指定的官员可以参与第 1 款所述的行政调查。

行政调查应当自始至终由被请求方的职员实施。请求方的职员不得主动行使本应由被请求方的官员行使的调查权力。但是，请求方的职员通过其中间人或者纯粹出于行政调查目的，应当可以与被请求方的职员一样，进入同一场所，并可接触到同样的文件。

如各国的刑事诉讼程序规定某些行动必须由本国法律具体指定的官员执行，请求方的职员不得参与此类行动。特别是，在任何情况下，他们不得依据刑事法律参与对场所进行搜查或者对人员进行正式询问。但是，在第 3 条规定的情形下，他们可接触到由此获得的信息。”

该条例第 13 条至第 16 条对主动提供协助的形式作了规定：各个主管机构应当向其他机构发送与构成或其认为与构成违反海关法规行为相关的所有信息。

第三章对欧共体成员方主管机构与欧委会之间的关系作了规范。具体来说，第 17 条规定：

“1. 各成员方的主管机构应当在获得下列信息后立即向欧委会通报：

(a) 该主管机构认为与下列内容相关的任何信息：

● 货物为或者涉嫌为违反海关或农业法规行为的对象；

● 用于或者涉嫌用于违反海关或农业法规的方法或实践；

● 能够揭示海关及农业领域的瞒骗趋势的、实施第 4 条至第 16 条时所提出的协助请求、所采取的行动和所交换的信息。

(b) 明显的或者从其实施中推断出的海关及农业法规中的缺点或漏洞的任何信息。

2. 获得有助于各成员方的主管机构实施海关或农业法规的任何信息后，欧委会应当立即向上述主管机构通报。”

此外，欧委会本身也可以上述形式向成员方的主管机构提出协助请求。

第 17 条第 4 款明确赋予了欧委会发起调查的权力，欧委会官员可参与调查：

"……欧委会认为在一个或多个成员方出现不正常情况时，应当通知有关成员方，有关成员方应当尽早展开调查，在本条例第9条（2）项和第11条规定的情形下，欧委会官员可以参与调查。"

该条例第四章则对与第三国的关系及行政合作的形式作出了规定，后者包含在第四章第19条中。开展这类行政合作必须满足两个基本条件：

"1. 第三国作出法律承诺，应允提供协助，搜集足以构成违反海关法规，行为违规的定性证据；

2. 主管机构同意向第三国提供信息。"

就第三国而言，法律承诺通常是指在双方行政机构之间开展海关事务互助的议定书，该议定书一般作为自由贸易协议的附件，已经与欧共体建立此类贸易关系的墨西哥、智利及其他第三国即属此类。在其他情况下，海关合作协议也许是一种单行法律文件，例如，与印度签订的海关合作与海关事务行政互助协议①。

该条例第五章对开发海关信息计算机系统（CIS）作了规定。该条例第23条第2款规定：

"2. 根据本条例的规定，开发海关信息计算机系统旨在通过更加迅速的信息传送，提高本条例所述的主管机构间合作与管理程序的效率，以协助对违反海关或农业法规的行为进行防范、调查和追究。"

海关信息计算机系统由一套中央数据库设备组成，各成员方和欧委会可通过终端进入该数据库。它仅包含实现第23条（2）项规定的目标所需的以下几类数据，其中包括个人信息：

"（a）商品；

（b）运输方式；

（c）业务；

（d）人员；

（e）瞒骗趋势；

（f）专业知识的可用性。"

只有欧共体成员方指定的国家机构和欧委会指定的部门，才能直接获取海关信息计算机系统中的数据。海关信息计算机系统也可用于对离散式监控或具体核查的情况进行观测和报告。第五章的一系列规定旨在保护个人信息，并对个人信息的保护和监督作出规定。

各成员方的代表组成了一个由欧委会主持的委员会，负责对互助的开展和海关信息计算机系统的运行进行管理。该委员会负责对所有与互助相关的事项进行

---

① 2004年3月30日理事会关于签订《欧共体与印度海关合作及海关事务行政互助协定》的决议，欧盟《官方公报》L304（2004年）。

检审，特别包括：

"● 本条例所规定的互助安排的总体工作；

● 对信息传送的实际安排；

● 发送给欧委会的信息，看看从中能发现什么情况，决定需要采取何种措施，以遏止违反海关或农业法规的行为，并在适当时就修订现行欧共体规定或者草拟新的规定提出建议；

● 为在欧委会及各成员方驻欧共体代表团协调下由各成员方展开的调查所做的准备；

● 为依据本条例进行交换的信息（特别是个人信息）保密所采取的措施；

● 海关信息计算机系统的启用和正常运行，以及确保该系统安全所需的所有技术手段和操作方法；

● 在海关信息计算机系统中存储信息的必要性；

● 为依据本条例录入海关信息计算机系统的信息（特别是个人信息）保密所采取的措施，以确保负责对信息进行处理的人员承担义务；

● 各国海关对原产地要求的执行和监控情况。"

十二、欧共体反欺诈办公室开展原产地调查的经验

欧共体反欺诈办公室的作用和职能

欧共体反欺诈办公室（OLAF）设立于1999年，其核心任务是在欧共体各机构范围内指导和协调反欺诈行动，以保护欧共体的预算，同时对瞒骗和非法活动展开调查。由此可见，欧共体反欺诈办公室并不是专为打击海关瞒骗或者开展原产地核查而设立的。事实上，欧共体反欺诈办公室的活动范围很大，包括农业补贴、结构基金、援助项目和其他领域的反欺诈活动。

在具体的海关领域，必须记住，关税同盟及共同商业政策均属欧共体统一管理的范畴（《欧共体条约》第23条及第131条）。相应地，欧委会有权针对构成或者涉嫌构成违反海关法规行为采取行动。（欧共体）第515/97号条例①是一部基本法规，包含了在成员方之间及成员方与欧委会之间开展互助的规定。欧共体反欺诈办公室负责这部法规的实施。

根据实施细则②及国际协议，欧共体反欺诈办公室有义务在各个层面组织开展有效合作，以确保海关法规的有效实施。为此，该办公室负责进行信息交换，协调成员方的行动，参与在成员方与非成员方进行核查与查验，并进行实地核查。

---

① （欧共体）理事会关于在成员方管理机构之间开展互助和在成员方与欧委会之间开展合作，以确保海关及农业法律正确实施的第515/97号条例。（欧盟《官方公报》L 082，第1页，1997年3月22日）。

② 尤其是第515/97号条例及第2185/96号条例。

所有海关调查都是依据构成或者涉嫌构成违反海关法规行为的相关信息，对欧共体与非成员方之间的货物交换情况（进出口、转运、仓储、加工）予以关注。

与成员方的信息交换和欧共体反欺诈办公室的责任

欧共体反欺诈办公室主要通过《互助协定》和反瞒骗信息系统/海关信息系统（AFIS/CIS）与成员方开展合作。

据欧共体反欺诈办公室报告，平均每天有3,000多个活跃用户在800多个反瞒骗信息系统终端上交换2,500条信息。欧共体反欺诈办公室致力于对反瞒骗信息系统加以改进，并为此批出了多个新合同。该办公室与成员方合作，在开发海关信息系统方面取得了进展。为帮助完成此项工作，部分成员方向欧共体反欺诈办公室派出了技术专家，以提供支持。

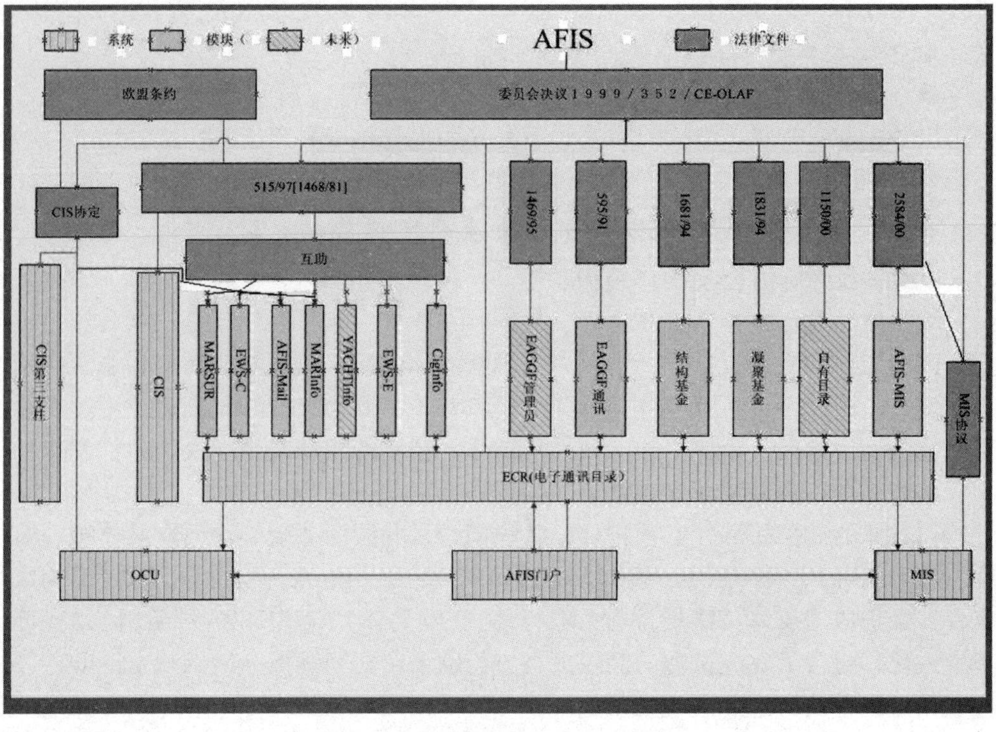

图6.1　通过反瞒骗信息系统（AFIS）实施的法律依据

图6.1阐明了欧共体反欺诈办公室的职责范围，以及它是如何在一个共同的信息技术总体结构中实施不同的法律行为的。这就是AFIS实施关于在海关领域开展互助的理事会第515/97号条例及《海关信息系统协定》的总体结构。欧共体反欺诈办公室还通过电子通讯注册制度搜集瞒骗相关数据并进行分析，成员方与欧共体反欺诈办公室之间的文字信息可通过电子通讯注册制度安全地进行交换。

海关的相关活动受（欧共体）理事会第515/97号条例管辖。该条例对海关信息系统（CIS）、海上监视系统（MARSUR）、关税预警系统（EWS－C）、海运信息系统（MARInfo，YACHTInfo）、国内税预警系统（EWS－E）及香烟查扣信息系统（CigInfo）作了规定。它还构成了AFIS邮件传输系统（AFIS Mail）的法律依据，该系统可确保在反瞒骗信息系统的伙伴之间安全地进行文本交换。

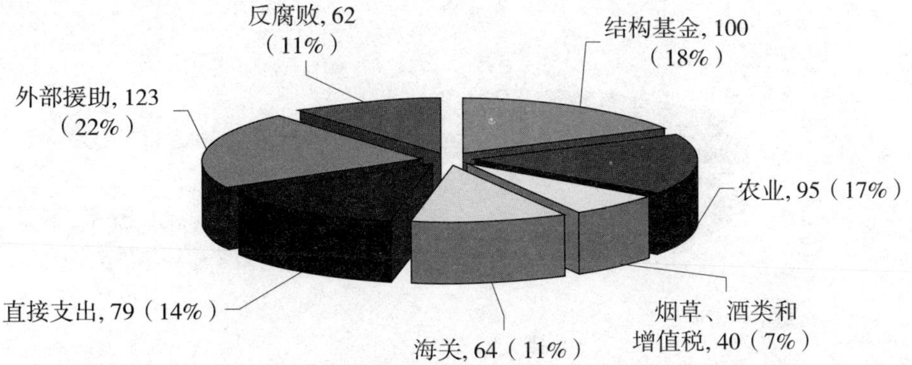

图6.2 欧洲反欺诈办公室在一定时期内按不同部门报告的新案例记录

资料来源：欧共体反欺诈办公室2003年报告。

在理事会第515/97号条例的背景下，若干欧委会条例和委员会决议对各个领域的系统化信息交换作了规定。这些规定构成了反瞒骗信息系统各个模块的法律依据，成员方可利用这些模块向欧委会报告。这些模块包括农业基金模块（EAGGF通讯）、EAGGF操作员模块（开发中）、结构基金模块及凝聚力基金模块（Cohesion Funds Module）。最后要提到的是交互信息系统（MIS），它具体对输往俄罗斯的肉制品信息进行处理，对欧共体基金而言，这是一个高风险领域。该系统是依据欧共体反欺诈办公室与俄罗斯签订的《MIS管理安排》建立的，运行的第一年就交换了7,000多条信息。

《海关信息系统协定》预见到：必须建立和运行一个中央海关信息系统，以履行第三大支柱所涵盖的职能（例如，贩运毒品、洗钱等）。定期组建运行监控小分队（OCU），展开涉及成员方和第三国的具体反瞒骗行动。这种行动日益变成一种“虚拟”行动。就是说，无需设立一间所有成员都在其中办公的实体中央监控办公室。尽管运行监控小分队涉及第三根支柱所涵盖的职能，但它仍然利用反瞒骗信息系统（海关信息系统第三根支柱）的组织系统开展工作，欧共体反欺诈办公室并不介入其中。

欧共体反欺诈办公室正在与各成员方合作，以便对成员方在欧共体各个政策领域的信息交换的法律依据加以简化和明确。

与2002年相比，欧共体反欺诈办公室各部门之间的数据在2003年出现了较大的波动①。如图6.2所示，海关案件记录的占比从2002年的20%降至2003年的11%，而“直接支出与外部援助”的记录则从上一年的32%升至36%。“结构基金”部分也从15%增至18%，与农业基金的情况相当（从14%增至17%）。涉及反腐败、烟草、酒类及增值税的案件占比比较稳定，分别为11%和7%②。

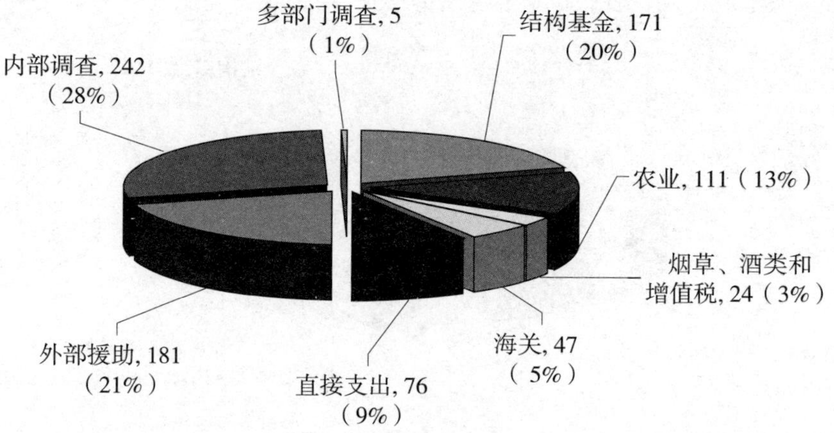

图6.3　欧洲反欺诈办公室在一定时期内按某一部门报告的新案例记录

资料来源：欧共体反欺诈办公室2005年报告。

如图6.3所示，2005年，已经公开的海关案件占比再次验证了之前报告的趋势。与前几年相比，案件频率更低。2005年，海关案件的占比已从2003年的11%降至5%。

如表6.2所示，根据欧洲反欺诈办公室2005年报告，涉及原产地伪报的案件已占据违规案件的榜首，因为在全部70宗案件中，有41宗涉及原产地伪报。根据这些数据，原产地伪报占所有海关瞒骗案件的三分之一。

原产地核查及瞒骗的具体案例

一般来说，现行的反倾销措施更容易引发原产地瞒骗案件，因为反倾销税税率可高达30%，而优惠关税的平均税率较低。传统上，原产地瞒骗案件涉及纺织品、服装及鱼类产品。

具体到鱼类产品，原产地和价格瞒骗不断发生。这两种瞒骗的根源在于鱼类产品的高关税水平（部分鱼类产品的税率超过20%）。这种状况诱使不诚实的经营者将产品申报为原产于适用优惠税率的国家，或者低报产品的价格，以少纳关税。同时，欧共体的卫生要求使得部分经营者规避规则，并进行原产地瞒骗。

① 参见“欧共体反欺诈办公室报告—截至2002年6月的第三个活动报告”。

② 由于数据修正原因，引用的早年数据可能与以上报告所列数据略有差别。

表 6.2 海关针对不同类型欺诈行为进行调查的情况

瞒骗类型	办理中	调查中	非案件	总计
商品描述有误	7			7
原产地申报不实	19	1		20
数量申报不实	2			2
证明文件有误	1			1
其他方面申报不实	2			2
其他瞒骗	16			16
其他转运瞒骗	1			1
非案件			11	11
总计	48	1	11	60

资料来源：欧洲反欺诈办公室 2005 年报告。

据欧洲反欺诈办公室 2003 年报告，成员方通报的针对纺织品和服装产品的调查数量已有所下降，主要有两个原因：纺织品配额制度的逐步放宽，以及更早期、更有效的预防措施，后者部分得益于欧洲反欺诈办公室与某些国家（例如，越南、老挝和柬埔寨）在签订优化行政合作协议方面所取得的进展。

下面的案例研究选自欧洲反欺诈办公室 2005 年报告①，就伪报原产地以获得服装产品税收优惠、规避反倾销税的一些传统案件作了说明。

案例研究：来自加勒比海地区的纺织品

2005 年 3 月，加勒比海地区某国海关吊销了前三年为出口到欧共体的2,100多万件针织品（主要是羊毛衫、套头衫、开襟衫）签发的所有 EUR. 1 流动证书。这是由欧洲反欺诈办公室官员和受到有关纺织品进口影响的成员方海关代表组成的小分队展开行动的结果；这次行动得到了该国有关机构的协助。

收到某一成员方对货物输入欧共体时所提交的 EUR. 1 证书的真实性表示怀疑的信息后，欧洲反欺诈办公室于 2004 年 3 月展开了外部调查。进口商将这些证书作为原产地证件使用，旨在享受《科托努伙伴关系协定》框架下欧盟给予相关国家原产产品的优惠待遇（零关税）。货物必须满足相关的优惠原产地规则。对有关纺织品而言，其优惠原产地规则要求纺织品必须用纱线制造。

为准备联合核查行动，欧洲反欺诈办公室进行了广泛调研。调研结果显示，所谓的加勒比海地区生产商只供应了极少量的纱线，不可能满足出口到欧共体的大量服装的生产。实际上，后续调查发现，大多数出口到欧共体的产品，要么是在该国用已裁剪成形的进口针织物裁片制成，要么是将原产于亚洲的成衣复出口。亚洲产品由某一跨国纺织品集团属下的公司供给，该跨国纺织品集团同时管

① 参见 http：//ec. europa. eu/anti_ fraud/reports/olaf/2005/en. pdf. 。

理着驻在加勒比海地区的公司。后者向当地海关申请签发 EUR. 1 证书时，伪报出口产品是由纱线制成的。2005 年 1 月，就在针对供给欧洲市场的亚洲纺织品的数量限制被取消后，驻在加勒比海地区的公司立即停止了运营。在这次调查观察中，欧洲反欺诈办公室得到了该国有关机构的全力协助和支持。

到目前为止，有关成员方已经针对货物输入欧共体时因伪报成原产于受惠国而偷逃的 2,000 多万欧元关税启动了补税程序。成员方的有关机构正面临一些进口商应该跨国纺织品集团的要求而提出的申诉。

案例研究：来自亚洲的彩色电视机

2001 年 9 月，某一欧洲贸易协会宣称，原产于两个亚洲国家的彩色电视机被伪报成原产于另一国家，以便在进口到欧盟时逃避缴纳反倾销税。欧委会贸易总司的反倾销调查结果证实了这一说法，欧委会贸易总司确认，彩色电视机的原产地确系伪报。欧洲反欺诈办公室通过自己的手段展开调查并将所得到的信息于 2002 年 9 月通报给了成员方海关的调查部门。

2002 年 12 月，欧洲反欺诈办公室请求第三国的有关机构提供协助，并于 2003 年 2 月对亚洲的制造商进行了初次预备访问。2004 年 1 月，欧洲反欺诈办公室牵头展开核查，四个成员方海关的调查部门和当地机构参与了行动。调查认定，有关公司向欧盟出口彩色电视机时确实伪报了原产地。相关报告及数据均转交给相关成员方海关，由其采取后续行动，包括补征反倾销税。民事债务追偿程序已通知八个成员方的进口商，据估算，补征的反倾销税达 1,800 万欧元。在一些成员方，针对补税的申诉正在进行中。

案例研究：活页夹装置

某一欧洲贸易协会宣称，原产于亚洲的活页夹装置被伪报为原产于某一特定国家，以逃避缴纳欧盟反倾销税。欧洲反欺诈办公室展开了调查。欧委会贸易总司于 2004 年 6 月公布的反倾销调查结果证实了上述说法，确认存在规避反倾销税行为。随后，欧洲反欺诈办公室收到新的情报，显示某一第三国也被用来规避反倾销税，于是欧洲反欺诈办公室将该国纳入到调查的范围。

欧洲反欺诈办公室通过自己的手段展开调查，并将所得到的信息通报给了成员方海关的调查部门。2004 年 7 月，欧洲反欺诈办公室请求亚洲国家的有关机构提供协助。2004 年 11 月和 12 月，欧洲反欺诈办公室牵头展开核查，三个成员方海关的调查部门和当地机构参与了行动。调查认定，有关公司向欧盟出口活页夹装置时确实伪报了原产地。

驻在三个国家的各个公司为关联企业。两个案件的相关报告及数据均被转交给了成员方海关，以便采取必要的后续行动，包括补征反倾销税。民事债务追偿程序已通知六个成员方的进口商，据估算，补征的反倾销税达 600 万欧元。在一些成员方，刑事调查正在进行中。

十三、欧共体原产地相关事务及核查要求的司法救济概览

货物原产地问题多次被诉诸法庭。这方面的典型案例显示了正确确定货物原产地所带来的经济后果。

在吉田（Yoshida）案①中，严格说来，该案与第三国进口无关，而与荷兰的有关机构拒绝为欧共体制造的某些拉链扣签发欧共体原产地证书一事相关。制造商是一家位于荷兰的日本公司，该制造商因遭到拒绝而提出异议。根据第177条的规定，此案被提交到欧洲法院（ECJ）。

该制造商特别对第2067/77号条例的效力提出了质疑。该条例列出了确定拉链扣原产地的产品特定规则。该条例是确定非优惠贸易项下货物原产地的一系列产品特定规则当中的一个。必须指出，该案例的情况清楚表明，第2067/77号条例是一项专门针对日本原产产品的商业政策措施②。

该条例规定，拉链扣必须在欧共体的境内制造，才能赋予最终产品原产资格。吉田拉链扣的大部分零件是在欧共体的境内生产的，但拉链头是在日本制造的。法庭根据第802/68③号条例第3条对第2067/77号条例进行了分析，以确定欧委会所规定的具体要求是否合理。法庭不接受欧委会所规定的关于拉链头必须在欧共体的境内制造的具体要求，因为从经济角度看，这样的要求是不合理的。法庭裁定：

“要求某个产品的所有部件（哪怕是价值很小的部件，不结合成一体的话，它们本身毫无用处）必须原产于欧共体，这与原产地判定规则的真正目的是背道而驰的。因此，欧委会事实上超越了第802/68号条例第14（3）条所规定的权限。”

在Brother案④中，在清关后补征反倾销税方面，人们根据最初的欧共体条约第177条提出了复杂的原产地问题。特别是，德国有关机构认为，申报为台湾原产的某些打字机应当视为日本原产，由此应当纳入第1698/85号条例的适用范围。该条例规定，对日本原产的进口打字机应当征收反倾销税。德国有关机构据此要求Brother公司缴纳反倾销税的等额税款。法庭所面临的问题是，如何诠释第802/68号条例第5条的规定，以确定把该打字机视为台湾地区原产还是日本原产。正如本书第五章第四节所探讨的那样，该条例的措辞模糊不清——没有涉及打字机的产品特定规则，它仅仅给出了评定该产品原产地的指导意见。

---

① 判例114/78，吉田，欧洲理事会第151号条例（1979年）。

② 参见总法务官在同一案例中归纳先前情况时所持的意见。

③ 理事会第802/68号条例，欧共体《官方公报》L148（1968年）。

④ 判例C-26/88，Brother，欧洲理事会第4253号条例（1989年）。同样可参见本书第三章第五节。

值得注意的是：在该案发生时，在确定非优惠贸易项下产品的原产地方面尚缺乏具体和客观的规则①。Brother 公司能够针对德国有关机构所作的清关后补税决定提出质疑，可以说是相当幸运的。事实上，对各国海关依据其管理规定所作的货物原产地决定或者原产地委员会所作的决议提出质疑，虽然并非不可能，但也是十分困难的。此类决定有时会非正式地被送达相关人，就其本质来说，很难依据第 173 条或 177 条的规定提请法庭审议。从进口商的角度看，当原产地确定已明显构成权力滥用时，诉诸法庭也许是一种救济方式，就像吉田案那样。

另一案例——Trend - Moden Textile Handels 案②同样与货物原产地的问题相关。该案争议的问题并不在于原产地的确定，而在于证明所涉货物原产地所需的证明文件。

Trend - Moden 是一家德国公司。该公司将纺织品从荷兰进口到德国时无需缴纳关税，因为货物是可以在荷兰境内自由流动的。但是，德国海关经检查后要求该公司缴纳关税，因为该公司未能遵照欧共体内部转运程序，按第 222/77 号条例的规定出示 T2 表。

提交法庭裁决的问题是，是否只有 T2 表才能作为证明货物欧共体原产资格的证件，或者如进口商所建议的，也可接受其他替代证明文件。考虑到欧共体为便利其境内货物运输所作的努力，法庭裁定，原则上，只有 T2 表才能作为赋予货物欧共体原产资格的声明。

当时，欧共体成员方之间的实体边界已被取消，与此相对照，人们即可充分体会到该案例的相对重要性。第三国的出口商普遍认为，简单地通过另一成员方进行货物转运（就是说，将货物投放在该成员方境内自由流动后，再将其转运到最终目的地国），即可轻松规避尚未在欧共体层面实现协调统一的各国标准和规定。但是，恰恰相反，在法律制度尚未在欧共体层面实现协调统一的情况下，看来只要借助 T1 和 T2 表对欧共体境内的运输进行管理，而且将其视为证明货物原产资格的唯一方式，各国海关即可确定有关货物的原产地，并根据其真实原产地给予相应的待遇，实施各国的规定③。

从经济视角看，与原产地问题相关的一个重要方面是货物清关后的补税，这可能是因各国海关发现伪报原产地行为而引起的。除了第三部分已经讨论过的刑

① 参见 Vermulst 和 Waer 著：《欧盟原产地规则—贸易政策工具》，1990 年《密歇根国际法杂志》201 ~ 275 页。同样可参见 S. Inama 和 E. Vermulst 著：《欧盟海关与贸易法律》，Kluwer 出版社，1999 年。

② 判例 C - 117/88，Trend - Moden Textile Handels，1990 年欧洲理事会第 631 号规章。

③ 欧共体相关机构似乎已经意识到了这个问题。参见关于依据产品安全规则对从第三国进口的货物进行查验的第 339/93 号条例，特别参见序言 4 和 6。

法和处罚问题外，这一点曾在欧盟法院①被多次提及，在原产地问题涉及根据欧共体与不同的第三国所签订的各项贸易协议给予优惠关税的时候，情况尤为如此。

在海关诉Soulange Chiffre一案中，问题关系到印度海关签发Form A原产地证书过程中一个简单却相关的细节：印度海关所签发的普惠制Form A原产地证书上，注明的货物目的地国为捷克斯洛伐克和波兰。在法国办理海关手续时，法国海关拒绝接受此类证书，因为证书上未注明欧共体为最终目的地。他们坚持认为，在证书上注明最终目的地是确定货物原产地的唯一方式，根据欧共体普惠制项下的原产地规则，应当由出口国正确填制。另一方面，法国进口商则声称，所签发的普惠制Form A证书上之所以注明波兰和捷克斯洛伐克为最终目的地国，是因为最初的交易是在补偿贸易的框架下进行的。然而，这并不排除印度海关补发证书的可能性。考虑到补偿贸易的特殊性，在普惠制项下的原产地规则中，这种可能性是存在的。法院否决了原证书的有效性，同时又认为，根据欧共体原产地规则，补发普惠制Form A证书是允许的。

接下来再讲述一个法院审议的有趣的原产地规则和清关后补税案件。该案蕴含了法律和程序不同方面的问题，② 涉及由法罗海关官员签发的EUR.1证书。欧委会会同英国和丹麦海关展开调查后，英国海关认定该证书无效。调查结果显示，涉及渔船的相关原产地规则（即渔船人员组成的规定）未得到遵守，因为渔船上第三国船员的比例不符合要求。其次，两家工厂将分别原产于法罗群岛和第三国的虾进行了混合。

根据调查结果，英国海关宣布法罗海关签发的EUR.1原产地证书无效，并启动了清关后补税程序。但是，法罗海关坚持认为，上述EUR.1证书是根据欧共体原产地规则签发的，是完全有效的。特别是，他们并不是针对调查确认的事实提出异议，而是针对调查小组对欧共体原产地规则的应用和解释的做法提出异议。在此背景下，英国法院向欧洲法院提出了一系列问题，其中一些问题与程序规则所涉及的某些原则及欧共体原产地规则的解释相关。

英国法院审议的问题之一是，在法罗海关对调查结果表示异议，并坚持认为证书完全有效的情况下，英国海关是否有权启动清关后补税程序。此外，法罗海关指出，在此问题上，有关方未征求根据第802/68号条例建立的原产地委员会

---

① 案例368/92，海关/Solange Chiffre，（1994年）欧洲理事会第605号条例。同样参见案例C-12/92，Huygen，（1993年）欧洲理事会第I-6381号条例；案例218/83，Les Rapides Savoyardes，（1984年）欧洲理事会第3105号条例；以及案例C-432/92，Anastasiov，（1994年）欧洲理事会第3087号条例。

② 联合案例C-153/94和204/94，女王诉海关与消费税署署长案，法罗海鲜有限公司单方面及其他，（1996年）欧洲理事会第I-2465号条例。

的意见。

法院首先认为，一旦展开后续调查，而调查结果认定主管机构错误签发了原产地证书，就应当征收相应税款。基于法罗海关坚持认为原产地证书有效这一事实，法院根据以前原产地证书核查海关合作方面的案例法对该案作了进一步审议。尽管法院认为这种合作是由进口方和出口方的海关共同开展的，法院仍然把贸易优惠措施的性质作为条件。

法院特别认为："成员方海关对出口国海关所作的评估加以认可是必要的。但是，当优惠制度不是依据欧共体与非欧共体成员的某国所签订的国际协定（该协议在承担彼此义务的基础上对欧共体和非欧共体成员方均具有约束力）而是依据欧共体的单边措施而建立时，情况就并非如此了。"① 考虑到欧共体所签订的多种贸易安排，这种差别意味着，根据普惠制（在一定程度上以先前的《洛美协定》为基础）由海关作出的原产地确定，与互惠性自由贸易协定项下各国海关所作的原产地确定，其涵义是不一样的。这似乎是 S. R. industries 案②中所作区分的重演。法院进一步认为，成员方海关没有义务将此类原产地诉讼提交原产地委员会，因为该委员会的主要任务是通过欧委会与成员方的协作来对原产地规则加以界定。

除了其他相关事项以外，法院还对进口商进行原产地申报时遵循诚信原则和合理期望原则的情况进行了审查。事实上，根据第 1697/79 号条例第 5 条第 2 款的规定③，纳税义务人可免予补征关税。该条特别规定，清关后免予补税必须同时满足三个条件，即税款漏征是由有关机构的失误所造成；纳税义务人必须具有诚信。也就是说，在合理情况下，他一定未能察觉到有关机构的失误；并且纳税义务人向海关申报时，必须遵守与之相关的现行法规所有规定。为此，法院对满足这三个条件的情况进行了审查：

（A）主管海关的失误

法院对何谓"主管机构的失误"的问题进行了审查，并认为，只有当主管机构自身为这种期望提供了基础时，纳税义务人对得到第 5 条（第 1697/79 号条例）所规定的保护的合理期望才能适用。"因此，主管机构的行为所造成的任何失误均赋予了清关后免予补税的权利。"但是当主管机构因被出口商提供的错误声明误导而出现失误时，情况就并非如此了。

（B）主管机构方面的失误能否被纳税义务人察觉

---

① 参见上一条脚注中联合案例 153/94 和 204/94 的法院判决，欧洲理事会第 I－2522 号条例（1996）。

② 案例 385/85，S. R. 产业公司诉海关案，欧洲理事会第 2929 号条例（1985）。

③ 欧共体《官方公报》L197（1979）。上文中提到的 2913/92 号条例第 251 条对有关规定加以整合后，该条例已废止。

法院首先对以前的案例进行了回顾①。在这些案例中，法院认为，上述条件意味着，各国的法院必须查明，考虑到失误的性质、贸易商的专业经验及小心在意的程度，在合理情况下，纳税义务人是否一定未能察觉到主管机构的失误。尽管欧洲法院授权上述案件涉及的国家法院对本案的具体情况进行评估，但它自身对该案具体情况所作的较为详尽的评估意见是有利于法罗的出口商的。

（C）向海关申报时，与之相关的现行法规所有规定是否得到遵守

法院认为："申报人必须依照欧共体的规定向主管海关提供所有必要的信息……但是，这种提供信息的义务不应超出期望申报人在合理情况下所拥有和获得信息的范围。因此，如实提供此类信息已经足够了，即使所提供的信息不实。"

最近，一个具有里程碑意义的案例促使欧共体的有关机构重新认真考虑原产地核查和修订管理程序的问题。

该案涉及在土耳其组装的彩色电视机进口到欧共体的问题。这些彩色电视机由多家土耳其公司生产，在制造过程中，除了土耳其原产的部件外，还使用了欧共体原产的部件和来自其他第三国或地区（一般来自韩国、日本、中国香港和新加坡）的部件。

欧共体—土耳其联盟理事会认为，只有对在最终产品的生产过程中所使用的第三国产的原材料补税后，从土耳其出口到欧共体的货物才能享受优惠待遇。欧共体—土耳其联盟理事会联席会议达成了第 2/72 号和第 3/73 号决议，就进口部件的补税程序制定了详细规则。

1991 到 1994 年间，土耳其制造的彩色电视机持凭 A. TR. 1 证书进口到欧共体，据此享受《联盟协定》和《附加议定书》所规定的免税待遇。

欧委会收到众多投诉和异常情况通报后，于 1993 年向土耳其派遣了一个由两名欧委会代表和来自比利时、法国、荷兰、德国、英国海关的五位代表组成的调查团。经调查认定，土耳其的相关机构在未予补税的情况下签发了 A. TR. 1 证书。

欧委会在调查报告中认定，上述证书是无效的。因为这些证书与土耳其生产的使用了第三国产的部件的彩色电视机相关。这些部件要么尚未清关以获流通资格，要么必须进行补税后尚能流通。因此，这些彩色电视机进口到欧共体时，不得让其免税进入欧共体市场。

于是，欧委会于 1994 年 3 月 2 日和 4 月 21 日致函有关成员方，指示有关成员方在三年补税期限的具体时间内，对从土耳其进口电视机的公司按《共同海关税则》所列税率（即按电视机进口到欧共体时其总价值的 14%）补征关税。但

① 案例 C371/90，Beirafrio 诉 Alfandega do Ronto 案，（1992 年）欧洲理事会第 2715 号条例；案例 C187/91，Belovo（1992 年）欧洲理事会第 4937 号条例。

是，欧委会允许成员方按其意愿，在调查团得出最终评估结果之前免予补税或者延缓补税。

最后，欧委会在其1994年11月25日的函件中确认，有必要在三年补税期限内，立即对持凭1994年1月15日以前签发的A. TR. 1证书进口的彩色电视机补征关税。

所有进口商都提出了清关后免予补税的请求。但是，欧委会认为此类请求缺乏依据。

事实上，欧委会认为，根据已有的判例法，只有当主管机构自身为贸易商的合理期望提供了基础时，贸易商的合理期望才能得到保护。欧委会在有争议的决定中接着指出，土耳其的出口商在A. TR. 1证书第13栏申明，证书上所列的货物符合发证条件。事实并非如此，因为调查团在土耳其调查发现，在土耳其生产的电视机含有来自第三国的部件，这些部件并未清关，不能自由流动，根据《附加议定书》第3条（1）项的规定，应当予以补税。

欧委会据此认为，土耳其的主管机构是被出口商的不实声明误导了，这些机构并不是主动犯错。因此，土耳其的相关机构根据出口商所作声明签发了有争议的证书这一事实，并不足以证明进口商方面对这些证书有效性的合理期望的正当性。

欧委会还认为，争议中关于A. TR. 1证书签发条件的法律规定是众所周知的，并且相当简单。因此，进口商不可能对此毫无所知。欧委会同时指出，一个勤勉认真的贸易商理应对上述A. TR. 1证书的有效性产生怀疑。根据上述调查结果，欧委会认为免税或免予补税的条件没有得到满足。

进口商对欧委会不批准清关后免予补税的决定提出了异议。法院在其推理中首先认识到，正如在Mecanarte案第23段和第24段所认为的那样，只有在主管机构自身为纳税义务人的合理期望提供了基础时，纳税义务人的合理期望才能得到第1697/79号条例第5条（2）项所规定的保护。因此，只有当主管机构的行为所造成的差错在合理情况下不为纳税义务人察觉时，才能在清关后免予补税。当主管机构被纳税义务人的申报不实（特别是货物原产地申报不实）误导时（主管机构不一定非要对其进行审核和评估），就不能视为此项条件得到了满足。在此情形下，法院一贯认为，在后续核查中发现商业单证不实而引起的风险，必须由纳税义务人承担。

另一方面，上述规定并未阻止纳税义务人援引其他事实来支持其依据第1430/79号条例第13条（1）项的规定申请免予补税。主管机构的差错本身也有可能是由于欧委会对实施《联盟协定》规定的情况监控不足而造成的。先前的判例法清楚表明，这种情形可构成第1430/79号条例第13条（1）项所述范围内的特殊情形。

由于法院认为土耳其海关被土耳其出口商误导的事实本身并不排除第1430/79号条例第13条（1）项所规定的特殊情形的存在，法院继而需要审查确定本案的情况是否构成这样一种特殊情形。

因此，法院首先认为，20多年来，土耳其的相关机构未对《附加议定书》第3条（1）项和第2/72号决议所规定的补税法规进行转换。由于法规没有转换，土耳其海关不能依法为含有不能在土耳其自由流动的第三国产部件的彩色电视机等货物签发A. TR. 1证书。

其次，从1991年到1993年，土耳其的相关机构所采取的措施要么与《联盟协定》和《附加议定书》的规定不符，要么不利于针对出口到欧共体的货物（包括彩色电视机）的上述规定的正确执行。

法院还认定，许多申请人提供的看似可信的证据显示，特别是根据出口申报和A. TR. 1证书所给出的信息，并且基于这些机构对出口激励计划的执行情况进行监管的任务，这些机构知道（或者至少应当知道）彩色电视机中含有出口激励计划项下从第三国进口的部件。

事实证明，如欧委会报告所述，正是根据海关的进出口单证，调查团得以认定，来自第三国的部件是免税进口的，而最终产品是在出口激励计划项下出口的。签注认可这些单证的土耳其海关本应得出同样的结论。他们未作进口申报这一事实（如欧委会所指出的那样），在法院看来只能证明其管理方法不当。

法院还认定，联盟理事会的上述两个决议没有公布，后果特别严重。令法院感到惊讶的是，欧委会指责申请人不了解补税的有关规定，而这些规定中有些却未予公布。例如，由于第2/72号决议未予公布，因此不能认为欧共体的贸易商和欧共体以外的贸易商知道联盟理事会确定了补税的税率。无论如何，由于第2/72号和第3/72号决议具有普通法性质，从原则上说，将其在《官方公报》上予以公布是使这些决议对相关人具有约束力至关重要的前提条件。

此外，即使申请人知道补税的税率已经确定，仅仅通过阅读A. TR. 1证书背面所列的条件，他们也无法知晓土耳其海关在为有关货物签发此类证书时出了差错。如果有关电视机的部件是土耳其或欧共体原产的，或者，即使它们来自第三国，但已经清关，可以在土耳其自由流通，海关便可依法签发A. TR. 1证书而无需补税。

此外，要察觉到土耳其海关出错，不仅要全面了解有关优惠待遇的一般法律规定，还要了解到，土耳其并未对该法律规定进行转换。只有了解到土耳其海关法规中未包含补税的规定，进口商才能知道，他们需要确定电视机中所含的第三国部件已经清关，可以在土耳其自由流通。法院认定，欧委会自身——尽管被委以监控《联盟协定》和《附加议定书》实施的职责——不但在20多年后才查明，土耳其的相关机构并未对补税的法律规定进行转换，而且花了五年之久，并组织调查团开展实地调查，才弄清了土耳其法规中关于第三国部件进口的规定。

不仅如此，该项法律规定还非常复杂。首先，土耳其的相关机构制订了出口激励计划；其次，法院最终认定，由于缔约方的严重疏漏，导致申请人与从事相同贸易活动的其他贸易商相比，处于一种特殊地位。毫无疑问，这些疏漏助长了种种违规现象的发生，导致申请人在清关后仍需缴付关税。况且，在本案中，申请人一方并不存在明显的疏忽或欺诈行为。

因此，法院认定，欧委会在有争议的决议中认定“第 1430/79 号条例第 13 条（1）项或者《海关法典》第 239 条（视情况而定）所规定的免征关税的条件未得到满足”时，作出了明显错误的判断。

还有一个涉及先前的《洛美协定》项下背离原产地规则问题的相当独特的案例。案例 C－430/92 为荷兰诉欧委会案①，涉及欧委会的一项决定②。欧委会在该项决定中拒绝了荷属安地列斯群岛提出的关于豁免品目 8524 项下预先录制的录像带的原产产品定义③的请求。荷兰政府认为，应当宣布该项决定无效。因为，欧委会拒绝荷属安地列斯群岛背离原产地规则请求的决定，是在超出 60 个工作日的期限后作出的。因此，上述请求应当视为已被受理。

根据该案的案情，该项请求是由荷属安地列斯群岛政府通过荷兰常驻欧共体代表提交给原产地委员会主席的（后者于 1992 年 6 月 1 日收到该项请求）。该项请求涉及在库拉索（安地列斯群岛的一个岛屿——译者注）生产的预先录制的录像带。这些录像带用从韩国、日本及美国进口的材料制成，之后出口到欧共体和美国。该项请求是以标准的申请表格式提交，填制符合要求。该项请求提到了有关投资为安地列斯群岛所带来的经济利益，并提到了最终产品无法满足原产地规则的原因。

收到该项请求后，欧委会立即致函原产地委员会，特别对有关产品的敏感性及其在荷属安地列斯群岛所进行的加工似乎属于相当微小的加工等情况表达了保留意见。

1992 年 7 月 31 日，欧委会致函荷兰政府，要求荷兰政府在欧委会就豁免原

---

① 欧洲理事会第 I－5197 号条例（1995）。

② 参见欧委会的最终决定 C（92）2655，1992 年 11 月 6 日。

③ 参见理事会决议 91/482/EEC，欧盟《官方公报》L. 263（1995 年），关于海外国家与领土与欧共体结盟的决议（OCT 决议）。对原产产品概念的定义规则见 OCT 决议的附件Ⅱ。附件Ⅱ第 30 条对背离原产地规则的可能性作了规定。特别是在第 8 款中，其规定：“（a）理事会和欧委会应当采取一切必要措施，以确保迅速作出决定，在任何情况下，不得晚于原产地委员会主席收到请求后 60 个工作日内作出决定。就此而言，决议 90/523/EEC 在适当地方加以修正后适用于 OCT。（b）如未能在（a）项所述期限内作出决定，应视为该项请求已被受理。”参见 Inama 和 Vermulst 著：《海关与欧共体贸易法》，Kluwer 出版社，1999 年。

产地规则的请求作出决定前，就某些事项向欧共体作出进一步解释。欧委会还宣称，60个工作日的期限自其收到有关事项的充分信息之日起开始计算。欧委会坚持认为，只有背离原产地规则的请求包含了欧共体对其进行审查所需的所有信息时，上述时限才能开始计算。

总法务官Gulmann认为，显然，欧委会不能单纯为了赢得时间作出决定而要求提供更多信息。欧委会就是否需要更多信息尽快作出决定是理所当然的。在本案中，欧委会1992年7月31日发出的信函中所提及的情况，不足以构成延长时限的充分理由。总法务官进一步指出，设立60天的确切时限，可以确保豁免原产地规则的请求能够得到欧共体相关机构的快速有效处理，而且提供了法律上的确定性。

欧委会要求提供的其他信息主要涉及以下三个问题：

1. 欧委会提到，荷属安地列斯群岛可以从欧共体（不再从第三国）进口制造工序所需的材料，以便使最终产品满足正常的原产地规则。因此背离原产地规则是毫无必要的①。但请求本身已经指出了这一具体问题。荷属安地列斯群岛政府已在其中做了明确解释，即所需原材料也可从欧共体进口，但是，与第三国的相同产品相比，欧共体的材料不是质差就是价高，或者两者兼有。因此，运用原产地累积规则并不能从质量上或者经济上解决这个问题。

2. 请求中并未提到，有关公司将采取必要的步骤，至少是长期步骤，以满足正常的原产地规则，而无需背离原产地规则。

3. 有关产品的种类有可能对欧共体的现有产业造成损害，特别是使欧共体的国民或公司的知识产权面临险境。因此，欧委会要求荷属安地列斯群岛政府为欧共体的有关知识产权提供某种保障。

相关条文②规定，自原产地委员会主席收到请求之日起计算，60天的处理期限已经足够，当然，该项请求必须满足形式上的要求（尽可能详尽的信息，特别是包含上述要点的信息）。

在原产地委员会会议上，荷兰代表于1992年10月1日发表了声明。荷兰政府在声明中认为，由于欧委会在60天的期限（自6月1日至8月21日）内未作出决定，该项请求应当视为已被受理。

欧共体在1992年11月6日所作决定中拒绝了该项请求。1992年12月，荷兰（不仅仅是有关的海外国家与领土，因这些海外国家与领土无权请求欧委会撤销其决定）根据《欧共体条约》第173条第1款的规定采取行动，寻求撤销该项

---

① 欧委会特别引用了海外国家与领土（OCT）原产地规则第30条第4款（参见第一议定书第31条第4款），按其要求，应当利用此类机会，以免需要提出背离原产地规则的请求。

② 关于海外国家与领土与欧共体结盟的决议（OCT决议）附件Ⅱ第30条。同样参见第一议定书第31条。

有争议的决定。法院从有利于荷兰的角度进行解释，作出了裁定：“确保上述问题迅速解决的唯一途径，就是要确保在有关期限内对该项请求予以受理或者拒绝受理”。“在本案中，对有争议的措施所提出的理由，并不能说明该项请求未满足形式上的要求，而是说明，在欧委会开始考虑该项请求的正当性后，对其合理性提出了疑问，并要求其提供更多信息……由于欧委会此举不能中断60个工作日的时限，根据第30条第8款（a）项的规定，荷属安地列斯群岛政府所提交的请求，在超出答复期限的情况下，必须被视为已被受理…鉴于此，有争议的决定是与法律规定不符的，因为就属时管辖权而言，欧委会无权在暗示受理该项请求后，又拒绝受理该项请求。因此，该项决定应予撤销。”

译者的话

《国际贸易中的原产地规则》作者斯特凡诺·伊那马（Stefano Inama）是联合国贸易与发展会议项目管理人及贸易与海关事务高级专家。他为各国政府、私营企业和区域贸易组织秘书处提供原产地规则谈判方面的各种建议，迄今已出版了《欧盟的海关和贸易法》、《对最不发达国家贸易优惠政策》等14本著作。

《国际贸易中的原产地规则》自2009年出版以来，引起了国际上的广泛关注。《世界贸易评论》（World Trade Review）杂志评价该书："达到了引人瞩目的高度，弥补了原产地规则分析研究仅涵盖部分领域的缺憾……该书在写作风格上简明易懂，即使非专业人士也能使用，是对原产地规则领域的莫大贡献。"

海关总署关税司于2009年底启动了本书的翻译工作。历经两个寒暑，翻译组人员秉承精益求精、兼容并蓄的宗旨，发扬善于钻研、认真严谨的精神，追根溯源、收集资料、积极求证，反复推敲有关文字表述，付出了辛勤劳动，终于完成了这部著作的中文翻译工作。全书共分六章，约60多万字。第一章对全世界范围内构建多边规则的努力进行了概述；第二章对世界贸易组织（WTO）非优惠原产地规则协调工作计划及其进展进行了介绍；第三章对当今世界主要经济体的优惠原产地规则模式进行了阐述；第四章介绍了原产地规则在贸易经济学中的运用；第五章围绕原产地规则的各种拟订方法进行了分析；第六章对原产地管理制度进行了论述。

本书第一章由孙彦彧翻译；第二章由方征宇翻译；第三章由厉力翻译；第四章由袁子伟翻译；第五章由徐晓雪翻译；第六章由朱珏翻译。全书由郑存强校译、刘平审译。

孙毅彪副署长拨冗为本书作序，孙群司长和康强副司长对本书翻译给予指导并终审定稿。全体翻译人员在此表示衷心感谢。在本书中文版即将付梓之际，我们还要对中国海关出版社、剑桥出版社以及作者本人——我们的朋友斯特凡诺给予我们的信任及对本书翻译过程的关心和帮助致以诚挚的谢意。

因译者水平有限，谬误之处在所难免，敬请读者不吝指正。

《国际贸易中的原产地规则》翻译组